하나님의 도성, 그 빛과 그림자

일러두기

1. 본문에서 인용한 《하나님의 도성》(조호연, 김종흡 옮김)은 CH북스 역본이며, 인용 부분에 표시된 페이지와 각주번호 역시 CH북스 역본의 페이지와 각주 번호입니다. CH북스의 허락을 받아 사용했습니다.
2. 이 책에서 인용한 성경은 대한성서공회에서 펴낸 개역개정판입니다. 단 CH북스 역본《하나님의 도성》에서 역자가 사역私譯한 70인역을 사용한 경우에는 본문에 별도로 표시하였습니다.
3. 인명과 지명 표기는 국립국어연구원의 외래어 표기법을 원칙으로 하되, 예외적으로 몇몇 경우에는 독자에게 익숙한 영어식 표기를 사용하였습니다(예: 히에로니무스→제롬).

하나님의 도성, 그 빛과 그림자

김희권 지음

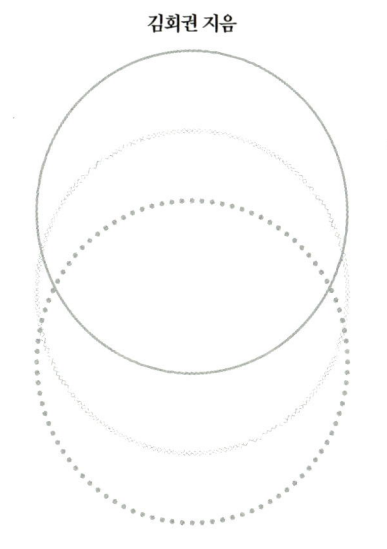

기독교 사상의 저수지,
아우구스티누스의 《하나님의 도성》 해설

머리글

5세기의 라틴 교부 아우렐리우스 아우구스티누스의 《하나님의 도성》은 기독교 역사상 위대하며 기념할 만한 저작이다. 본서는 바로 그 《하나님의 도성》에 대한 독후감이자 해설서다. 2011년 봄학기에 숭실대학교 기독교학대학원 기독교문화학과(지금은 '기독교역사문화학과'로 바뀜)에서 "하나님의 도성" 강좌를 개설해 수강생 50여 명에게 강의했고, 이어 2012년에는 "하나님나라연구소" 주최로 더 자세히 강의했다. 이 책은 이 두 차례 강의와 강의 후에 이어진 연구의 결과물이다. 두 차례에 걸친 이 강좌의 기획 의도는 기독교 고전을 공부해 온고이지신溫故而知新의 원리를 익히는 것이었다. 온고이지신은 《논어》의 "위정爲政"편에 나오는 말이다.

온고이지신溫故而知新
가이위사이可以爲師矣.

이 말은 "옛 것을 덥혀 깊이 연구해 앎과 삶을 바르게 하면, 스승이 될 수 있다"는 의미다. 저자는 기독교 고전을 우리 믿음의 조상이

팠던 우물이라고 보며, 기독교 고전 공부가 오늘날 한국 교회의 위기를 돌파하는 데 필요한 통찰과 지혜를 제공한다고 믿는다. 기독교 고전에는 시대나 상황에 상관없는 항구적 영향력과 가치가 있다. 기독교 고전은 그리스도인의 인격과 영성을 함양하는 데 길잡이가 되는 지침이며, 교회가 자신의 신앙과 삶으로 이 세상을 거룩하게 도전하고 변혁하는 데 필요한 청사진을 제공한다. 종교개혁 500주년을 기념하는 방식 중 하나는 기독교 고전의 중요성을 환기하여 하나님나라 복음의 원음(原音)을 재생하는 것이다.

15세기 르네상스와 16세기 종교개혁을 관통하던 키워드는 "원천으로 돌아가자 ad fontes"였다. 교회와 그리스도인들이 돌아가야 할 원천은 우리 믿음의 조상이 판 우물인 기독교 고전이다. 아버지 아브라함이 판 우물을 블레셋 사람들이 메웠지만 다시 판 이삭처럼(창 26:15-22) 우리는 믿음의 조상이 샘물을 퍼마시던 고전을 자세히 연구하여야 한다. 기독교 고전은 오늘날 한국 교회와 한국 사회가 안고 있는 많은 곤경과 정신 질환을 진단하고 고칠 통찰력을 제공한다. 아우구스티누스의 《하나님의 도성》은, 세상 역사 속에서 자라고 세상 역사 한복판을 통과해 순례하지만 세상 역사를 하나님의 종말 심판의 자리로 소환하는 기독교회의 영적 위엄과 선교적 사명을 상기시킨다. 《하나님의 도성》은 자기애(自己愛) 원리로 구축되어 운영되는 인간의 도성을, 자기부인(自己否認)과 하나님 사랑으로 세운 하나님의 도성이 발전적으로 해체하고 흡수할 것이라고 믿는다. 즉 《하나님의 도성》은 세상 역사 전체를 하나님의 도성을 건설하는 과정으로 보는 강한 목적론적 역사관을 주창한다. 이 장엄한 종말론은 교회가 세상과 인간의 도성에 구금되거나 예종해서는 안 된다는 것과, 인간의 도성을 견인하고 향도하는 것이 교회의 사명임을 되새겨준다.

이 책은 오늘날 한국 교회와 그리스도인들에게 더 적실한 내용들을 중심으로《하나님의 도성》을 압축하고 요약한다. 이 책에서는 필립 샤프Philip Schaff가 편집한 교부문헌 시리즈 중 제7권 *St. Augustine's City of God*(1956년)과 1980년에 영국에서 출간한 *The City of God*을 대본으로 삼은 한국어 번역판《하나님의 도성》을 사용했다. 한국어 번역판은 조호연과 김종흡이 번역하고 CH북스에서 2007년에 중쇄한 책으로 교과서 같은 방식으로 편집해서 읽기가 나쁘지 않다. 본문 앞에 데이비드 노우리스의 긴 해설이 있어서 독자가《하나님의 도성》에 입문하는 것을 돕는다. 2004년의 가톨릭 분도출판사에서 출간한 성염의《신국론》에는 긴 서론과 역주가 있으며 라틴어 원문과 한국어 번역문을 병렬 배치해놓았다.《신국론》은 간결한 명사형 표제로 각 권의 각 장을 나누며, 각 장을 더 세분화해 소단락으로 한 번 더 나눴기 때문에 중심논지를 파악하기가 용이하다. 하지만 용어나 외국어 인명이나 지명 번역어는 낯설다. CH북스판은 각 권 모든 장에서 주제문장으로 표제를 대신하긴 하지만 중심논지를 파악하려면 시간을 들여 정독해야 한다. 저자는 "하나님의 도성" 강의에서 CH북스의《하나님의 도성》을 교과서로 썼다. 따라서 이 책과 함께 CH북스의《하나님의 도성》을 읽으면 이 놀라운 기독교 고전의 진정한 면모를 섬세하게 살펴볼 수 있다.

이 책은 아우구스티누스의 중심논지를 중심으로《하나님의 도성》을 압축했으며 이 과정에서 현대 독자들에게 잘 와닿지 않는 예화나 로마역사나 로마신화에 대한 장황한 논의는 압축하거나 아예 생략했다. 이 책에서 언급하는 쪽수나 각주번호 등은 CH북스의《하나님의 도성》의 쪽수나 각주번호를 가리킨다. 이 압축해설서는 각 장에 압축한 소제목을 붙였으며[1] 한국어번역이 어려운 경우에는《하나님의 도성》 영어판이나 성염의 《신국론》에 있는 라틴어 원문을 참조했다. 독자의 이해를 돕기 위해 많은 주註를 추가했으며 CH북스판에서 직접 인용한 경우에는 각주를 달지 않고 본문에서 괄호 안에 쪽수를 명기했다.

1부 1-10권은 로마제국을 지탱하는 다신교적 우상숭배, 국가숭배적 다신교체제의 어리석음과 자기파멸적인 모순을 심층적으로 파헤치고, 2부 11-22권은 창세기부터 요한계시록을 하나님의 도성의 완성 관점으로 해설하고 있다. 이 책은 CH북스판(조호연·김종흡 역) 《하나님의 도성》을 권별과 장별로 압축 요약하며 결론에서 각 권 각 장에서 발견되는 도전과 통찰을 덧붙인다. 이 중에 1-10권을 다룬 부분은 2014년 1년 동안 〈복음과 상황〉에 연재한 원고를 수정하고 보완한 것이다.

이 책의 각주는 거의 대부분 브리태니카 백과사전과 각종 교회사 사전류 책을 참조해 준비했으며, 프롤로그 뒤에 나오는 "《하나님의 도성》의 배경이 되는 로마역사 개관"은 《하나님의 도성》이 전제로 하면서 단편적으로 언급하는 사건들의 배경을 소개하는 글이다. 아우구스티누스는 1-10권에서 로마의 신화들과 신들을 소개하는 헤시오도스의 《신통기神統記》[2], 로마공화정의 시작과 몰락과정을 상술한 살루스티우스의 《로마역사》와 로마역사가 리비우스의 저작, 호라티우스의 시와 키케로의 《공화국》을 포함한 산문저작, 세네카의

---

[1] 이 독후감 성격의 해설서에서 각 권의 제목은 저자가 붙였지만 각 장 제목은 CH북스판의 제목들(문장형 제목)을 참조해 명사형으로 끝나도록 수정해서 붙였다. CH북스의 《하나님의 도성》에는 각 권 제목이 없으며 각 장 소제목은 라틴어판 *De Civitate Dei: Contra Paganos Libri I-XXII* (Aristeus Books, 2012)의 소제목들을 그대로 따왔다.

저작, 플루타르코스의 《그리스-로마 영웅전》, 플라톤의 대화록, 아리스토텔레스와 포피리를 비롯한 신플라톤주의 철학자들, 호머의 《일리아드》와 《오딧세이》, 로마제국 시대의 위대한 시인들(《아이네이스》를 쓴 베르길리우스, 오비디우스, 핀다로스, 소포클레스, 유리피데스, 사포 등), 신학적으로는 유대인 역사가 요세푸스, 순교자 유스티누스, 테르툴리아누스, 키프리아누스, 유세비우스, 오리게네스, 락탄티우스, 테오도르, 제롬, 알렉산드리아의 키릴과 같은 이들의 저작을 빈번하게 인용한다.

1-10권에서 로마제국의 역사 저작을 빈번하게 인용하거나 인증하는 주된 목적은 로마제국의 역사가 처음부터 이교도적이고 야만적일 정도로 다신교적이었으며, 로마제국은 살육과 불의, 전쟁과 폭력, 음란과 무질서의 세계였으며, 기독교 신앙 때문에 로마제국이 붕괴되고 있다는 비난과 중상모략은 역사적으로 전혀 근거가 없다는 것을 밝히는 것이었다. 11-22권은 두 도성의 기원과 갈등적 병진並進을 다룬다. 창세기부터 요한계시록의 구속사를 인간도성과 하나님의 도성의 알력과 갈등, 대결과 경쟁의 관점에서 분석하고 왜 하나님의 도성이 인간의 도성을 발전적으로 해체하고 흡수·통합할 수밖에 없는지를 논증한다. 11-22권에서는 기독교 신학자들을 인

---

2 헤시오도스는 주전 8-7세기 그리스 서사시인으로 그리스 신화와 그 신화에 나오는 신들의 계보를 다룬 《신통기Theogony》의 저자로 알려져 있다. 우리나라에서는 이윤기가 쓴 그리스-로마신화 관련 책들이 대중적으로 읽힌다. 그리스-로마신화에는 창세기에서 시작하여 요한계시록으로 진행하는 직선적 시간 순서로 전개되는 통일적 서사구조가 없고, 모든 신화들은 단편적이며 특정인물, 국가, 관습의 원인을 설명하는 전설적 사담史談으로 구성되어 있다. 그리스-로마신화의 신들에게는 인간과 역사에 대한 통일적 목적이나 의도가 전혀 없으며 바람직하고 이상적인 인간과 사회에 대한 청사진도 없다. 그리스-로마신화는 그리스-로마인을 도덕적으로 훈육하기 위해 저술한 정경 문서가 아니라 그리스-로마인의 문예적 감수성과 통속적 인간관과 세계관을 반영하는 오락문학entertainment literature이다.

용하거나 인증하는데, 이는 자신의 가톨릭교리를 옹호하거나(테르툴리아누스, 키프리아누스) 혹은 자신의 신학과 다른 주장을 비판하기 위해서다(오리게네스). 1-10권은 매우 논리적이며, 11-22권은 하나님의 도성의 상승적 분위기에 편승해 성경의 구원드라마를 로마가톨릭교회가 상속하고 있음을 광폭으로 논증한다. 중간 중간에 아주 감동적인 명문이 갈무리되어 있어 독자들은 하나님의 도성 중심의 세계종말 비전에 마음이 뜨거워질 것이다.

저자는 이 책에서《하나님의 도성》에서 옮겨온 극소수 각주를 제외한 모든 주註를 직접 붙였다. 또《하나님의 도성》에서 빈번하게 인용, 인증하거나 전제로 하는 역사적 사건과 인물에 대한 간결한 해설을 이 책 마지막 부분에 첨부했다. 주註, 신학개념, 용어, 역사적 사건과 인물에 대한 간결한 해설은 후스토 곤잘레스의《기독교 사상사 I, II》, 폴 틸리히의《그리스도교 사상사》, 앨리스터 맥그래스의《신학이란 무엇인가?》, 브리태니카 백과사전을 광범위하게 참조하였으며, 인물 각주를 작성하는 과정에서는 제자 김도영과 도화영의 도움을 일부 받았다.

저술하려고 기획한 지 7년 만에 이 책을 출간한다. 그 과정에서 당연히 여러 사람들의 도움을 받았다. 무엇보다도 먼저 한국어번역본의 상당 부분을 이용하도록 허락한 CH북스의 배려에 깊이 감사한다. 6, 7년 전에 "하나님의 도성" 강좌를 들으며 열성적으로 호응해주고 이 책을 내도록 격려해준 숭실대 대학원 제자들과 "하나님나라연구소" 수강생들에게 감사한다. 초고를 정리해준 제자 김도영, 도화영, 이범진에게 감사한다. 김도영, 도화영은 각주를 준비하는 데 필요한 기초자료 일부를 찾아주었고, 이범진은 1-22권 원고 전체를 읽고 완성도를 높이는 데 필요한 제안을 해주었다. 언제나 그렇듯이 아내 정선희는 저자 초교 원고를 철저히 읽고 많은 실수들과 어색한 구문들을 교정하는 데 큰 도움을 주었다. 아내는 나의 큰 감사를 받아 마땅하다. 아울러 저자 초교 원고를 또 다시 읽고 교정하는 데 도움을 준 여러 제자들에게 감사드린다. 끝으로 어려운 출판여건 가운데서도 이 책이 조금이라도 더 독자친화적인 책이 되도록 온갖 정성을 다해준 비아토르 김도완 대표와 이여진 편집자에게도 감사한다. 이들은 이 책 초고를 꼼꼼하게 읽고 중요한 길목에서 사실관계를 정확하게 바로잡는 교정에도 기여했다. 모쪼록 이 고전읽기 시리즈가 한국 교회를 성숙시키는 데 크게 이바지하기를 기도한다.

2018년 8월 상도동 살피재에서 김회권

목차

머리글 ⎯⎯⎯⎯⎯⎯⎯⎯⎯⎯⎯⎯⎯⎯⎯⎯⎯⎯⎯⎯⎯⎯⎯⎯⎯⎯⎯⎯⎯⎯ 4

서문_ 로마제국, 하나님의 도성, 그리고 우리
- 《하나님의 도성》을 우리 시대에 다시 읽어야 하는 이유 ⎯⎯⎯⎯⎯ 21
- 《하나님의 도성》의 배경이 되는 로마역사 개관 ⎯⎯⎯⎯⎯⎯⎯⎯ 43
- 《하나님의 도성》에서 언급하는 로마역사상 주요 사건 연표 ⎯⎯⎯ 60

1부_ 로마제국의 붕괴 원인은 무엇인가
1-5권, 로마 사람들을 논박하다

1권: 서고트족의 로마 유린은 기독교 때문인가
- 서문: 영광스러운 하나님의 도성 ⎯⎯⎯⎯⎯⎯⎯⎯⎯⎯⎯⎯⎯⎯ 67
- 로마 유린이 기독교 때문이라는 주장에 대한 논박(1-7장) ⎯⎯⎯ 71
- 고난의 신비와 유익(8-9장) ⎯⎯⎯⎯⎯⎯⎯⎯⎯⎯⎯⎯⎯⎯⎯⎯ 74
- 무덤이 없는 이는 하늘에 의해 덮인다(10-29장) ⎯⎯⎯⎯⎯⎯⎯ 76
- 기독교 비방자들 논박(30-36장) ⎯⎯⎯⎯⎯⎯⎯⎯⎯⎯⎯⎯⎯⎯ 85
- 결론 ⎯⎯⎯⎯⎯⎯⎯⎯⎯⎯⎯⎯⎯⎯⎯⎯⎯⎯⎯⎯⎯⎯⎯⎯⎯⎯⎯ 87

2권: 로마제국의 쇠락은 기독교 때문인가
- 로마는 기독교 도래 전부터 쇠락하기 시작했다(1-3장) ⎯⎯⎯⎯ 92
- 로마인들의 도덕적 부패: 연극과 다신들(4-14장상) ⎯⎯⎯⎯⎯⎯ 94
- 플라톤 vs. 로물루스: 전체 작품의 축소판(14장하-16장) ⎯⎯⎯ 100
- 로마의 쇠락과 부패에 대한 살루스티우스의 온건한 견해(17-20장) ⎯ 102
- 로마의 쇠락과 부패에 대한 키케로의 극단적 급진적 견해(21-24장) ⎯ 106
- 요약과 결론(25-29장) ⎯⎯⎯⎯⎯⎯⎯⎯⎯⎯⎯⎯⎯⎯⎯⎯⎯⎯ 109

결론 ··· 112

3권: 로마제국, 내우외환과 천재지변으로 무너지다
　　로마공화국을 몰락시킨 권력투쟁적 내전의 장본인들(1장) ········· 115
　　살루스티우스가 칭찬했던 시대의 해악과 무질서들(2-17장) ······· 116
　　포에니 전쟁과 그 결과들: 치명적 위기(18-22장) ················· 125
　　내부의 해악들과 무질서 상황들(23-31장) ························· 128
　　결론 ··· 134

4권: 로마제국은 다신숭배 덕분에 번영한 것이 아니다
　　로마신들의 정체를 폭로하는 1권의 중심논지 요약(1장) ··········· 138
　　410년 로마의 재난을 기독교 탓으로 돌리는 로마인들을
　　논박하는 2-3권(2장) ··· 139
　　로마제국보다 더 궁극적이고 영원한 하나님의 도성(3-7장) ······· 139
　　로마 다신교에 대한 아우구스티누스의 견해(8-23장) ··············· 146
　　로마의 철학적 견해들(24-32장) ····································· 153
　　기독교의 발흥(33-34장) ·· 158
　　결론 ··· 159

5권: 로마제국의 번영은 하나님의 섭리였다
　　운명론(점성술)에 대한 반박(1-8장) ································ 162
　　하나님의 예지와 인간의 자유의지 문제(9-10장) ····················· 166
　　로마의 번영에 대한 설명(11-23장) ································· 169
　　그리스도인 황제의 참된 행복(24-26장) ····························· 178
　　결론 ··· 180

6-10권, 로마의 이교도들을 논박하다

6권: 로마의 다신숭배는 영생을 주지 못한다

현세의 행복은 물론 사후 세계의 영생을 보장하는 데도 무능한

로마의 신들(1장) ·········· 189
바로의 삼중신학(2-9장) ·········· 190
네로의 가정교사 세네카의 견해(10-12장) ·········· 198
결론 ·········· 200

7권: 영원한 생명은 어디에서 오는가

선택된 신들과 직무와 명예(1-4장) ·········· 205
자연신학의 해석(5-7장) ·········· 208
야누스와 주피터에서 파생된 신들(8-13장) ·········· 211
그 외 잡신들(14-26장) ·········· 214
자연철학자들의 허구와 일관성 부재(27-28장) ·········· 221
예수 그리스도 안에서 성취된 영원한 생명(29-33장) ·········· 222
불태워진 누마 폼필리우스의 저서와 물점(34-35장) ·········· 225
결론 ·········· 226

8권: 플라톤주의자들의 '중재자 신' 숭배가 영생을 줄 수 있는가

자연신학을 주창하는 플라톤주의자들의 오류(1장) ·········· 233
최선의 철학이지만 영적 무지몽매에 갇힌 플라톤철학(2-12장) ·········· 233
플라톤주의자들과 논쟁하다(13-27장) ·········· 242
결론 ·········· 251

9권: 마귀숭배론과 천사숭배론의 허구

9권의 중심 논제(1장) ·········· 255
인간을 하나님께 인도하는 선한 영들의 중재사역 부정(2장) ·········· 256
악령들과 정념들(3-8장) ·········· 257

영적 중개자들로서의 악령들(9-13장) 262
또 다른 중재자의 가능성(14-15장) 265
중재자 신은 없다(16-18장) 268
거룩한 천사들(19-23장) 270
결론 272

10권: 성육신의 신비

서론(1-3장) 278
희생제사(4-7장) 281
기적들과 예배(8-22장) 283
영적 정화: 포르피리오스와의 논쟁(23-32장) 291
결론 297

2부_ 인간의 도성과 하나님의 도성, 그 기원과 종말

11-14권, 두 도성의 탄생과 대립적 병렬의 역사

11권: 천상의 도성과 지상의 도성, 그리고 그 각각의 기원

서론(1장) 309
중보자의 역할과 정경의 권위(2-3장) 310
삼위일체 하나님의 천지 창조물과 그 사역에 관한 논의(4-28장) 311
하나님께 충성한 거룩한 천사들(29-34장) 324
결론 328

12권: 기원들—천사의 타락과 인간 창조

천사들(1장하-9장) 334
인간 창조(10-28장) 341
결론 355

13권: 기원들—인간의 타락과 그 함의

타락의 결과: 죽음(1-11장) 361

타락의 결과: 둘째 죽음—죽음은 죄에서 온다(12-18장) 369

타락의 결과: 몸의 물질적 및 영적 양상들에 대한 고찰(19-24장상) 375

첫째 아담과 둘째 아담(24장하) 380

결론 381

14권: 기원들—두 종류의 사랑, 두 종류의 도성

서론(1-5장) 385

타락한 인간 의지와 타락하지 않은 인간 의지(6-14장) 389

타락한 인간 행동과 타락하지 않은 인간 행동(15-28장) 396

결론 404

15-18권, 두 도성의 병렬적이고 대립적인 병진의 역사

15권: 인류 구속의 역사—창조부터 홍수까지

서론(1장상) 415

전쟁 중인 두 도성:(1장하-8장) 417

연대기상 난점들과 성서의 여러 판본의 권위 논의(9-16장) ... 423

가인으로부터 홍수까지 역사(17-21장) 429

홍수(22-27장) 435

결론 440

16권: 인류 구속의 역사—홍수부터 이스라엘 왕정 초기까지

셈의 후예들: 아브라함 언약 체결 이전 인류의 전반적 상황 고찰(1-11장)
.... 449

아브라함과 하나님이 맺은 언약(12-34장) 457

아브라함부터 다윗까지 역사(35-43장) 470

결론 474

17권: 인류 구속의 역사–성서와 열왕기 시대의 예언

예언자 시대의 시공간적 의미(1-3장) ··············· 480
한나와 사무엘과 사울의 예언–새로운 제사장 제도(4-7장) ··············· 482
시편을 통한 다윗과 솔로몬의 예언(8-20장) ··············· 484
솔로몬과 그리스도 시대까지의 메시아 대망 예언(21-24장) ··············· 492
결론 ··············· 494

18권: 지상도성과 하나님의 도성의 계보 참조

14-17권 요약(1장) ··············· 500
지상도성과 천상도성의 병행 과정–아브라함 때부터
세상 종말까지(2-54장) ··············· 501
결론 ··············· 527

19-22권, 두 도성의 완전히 다른 결말

19권: 인류역사의 종국들–평화

서론: 배로의 288개 철학분파 구분(1-4장) ··············· 535
인간 조건의 참혹함(5-9장) ··············· 541
평화(10-26장) ··············· 544
하나님의 도성의 목표지점, 평화 그리고 인간도성의 종착지,
전쟁(27-28장) ··············· 558
결론 ··············· 559

20권: 최후 심판의 확실한 집행

서론(1-4장) ··············· 565
신약성경에서 말하는 하나님의 심판(5-20장) ··············· 568
구약성경에서 말하는 하나님의 심판(21-29장) ··············· 577
심판주 그리스도(30장) ··············· 582
결론 ··············· 583

21권: 마귀 도시의 예정된 종말

합리적으로 설명할 수 없는 실제 사건들(1-8장) ········ 598

악마와 악인에게는 꺼지지 않을 불(9-12장) ········ 605

생시나 사후에 정화되는 죄벌과, 죄를 정화하지 않는 죄벌(13-16장) · 608

오리게네스파 자비론자들의 내생관(17-22장) ········ 610

하나님의 말씀을 근거로 자비론자들 반박(23-27장) ········ 613

결론 ········ 618

22권: 구원받을 자들의 더 없는 행복과 하나님나라

부활과 영생을 신앙과 이성으로 궁구한다(1-10장) ········ 628

몸은 부활한다(11-21장) ········ 634

영원한 생명(22-30장) ········ 639

결론 ········ 647

별지부록 1: 《하나님의 도성》 부별 주제 요약 ········ 655

별지부록 2: 《하나님의 도성》 권별 요약 ········ 655

별지부록 3: 《하나님의 도성》 각 권 및 각 장별 요약 ········ 657

전체 결론_ 하나님나라 운동 관점에서 보는 《하나님의 도성》의 의의 ········ 695

부록 1: 과연 유일신 신앙은 인류문명의 적인가 ········ 705

부록 2: 주요 용어, 인물, 사건 해설 ········ 729

부록 3: 〈지상의 도성과 하나님의 도성의 계보〉 일람표 ········ 765

참고문헌 ········ 768

서문:
로마제국, 하나님의 도성, 그리고 우리

《하나님의 도성》을 우리 시대에 다시 읽어야 하는 이유
《하나님의 도성》의 배경이 되는 로마역사 개관
《하나님의 도성》에서 언급하는 로마역사상 주요 사건 연표

《하나님의 도성》을 우리 시대에 다시 읽어야 하는 이유[1]

로마제국의 몰락을 지켜보며 저술하다

아우구스티누스Aurelius Augustinus(354-430)는 로마제국이 쇠락하던 시점에 등장해 로마제국의 붕괴를 알리는 시한폭탄의 초침 소리를 들으면서 생애를 마감했다. 아우구스티누스가 영원할 것 같던 인간의 도성 로마제국이 무너지는 가운데 하나님나라(당시 기준으로는 주교중심의 가톨릭교회)가 건설되어 가는 비전vision을 보면서 413-426년에 쓴 역작이 바로 《하나님의 도성》이다. 아우구스티누스가 이 책을 저술하던 시기에 로마제국은 서방지역에서 정치적 통치력을 거의 잃어가고 있었다. 아울러 로마제국의 세계통치적 기상에 편승한 콘스탄티누스적 교회도 제국의 통치로 인한 혜택을 서서히 잃고 있었다. 그래서 그만큼 깨어있는 그리스도인들은 로마제국의 실체를 더 분명하게 자각하기 시작했다. 《고백록》에서 회고하듯이 아우구스티누스는 "밤이 깊고 낮이 가까웠으니 그러므로 우리가 어둠의 일을 벗

---

1 〈복음과 상황〉 2014년 1월호에 실린 필자의 글을 수정하고 보완한 글이다.

고 빛의 갑옷을 입자"는 로마서 13장 12절에서 어둠에 포박당한 자기 개인의 삶에 구원의 여명이 비치는 것을 깨달았으며, 로마제국의 쇠락에서는 역설적으로 하나님나라의 역사적 확장가능성을 내다보았다.

《하나님의 도성》은 기독교 신앙마저 본래의 동력을 잃고 신앙적으로 염세주의가 득세하던 때 쓰였다. 따라서 이 책에는 혼란스럽고 곤경에 처한 인간도성의 역사가 창조적으로 해체되어 하나님의 도성으로 흡수되는 날을 상상하는 아우구스티누스의 노년기 정서가 담겨 있다. 그러다 보니 이 책에서는 기독교 신앙이 초기 200년 동안 이 땅에 대조·대항·대안 공동체를 만들어 하나님나라 운동을 펼치던 공세적이고 역동적인 면모가 사라지고, 탈세상적이고 완성도 높은 천국을 앙망하는 방향으로 초점이 이동하고 있다.

천상도래 새 예루살렘성을 향한 갈망 자체가 나쁘거나 열등한 것은 아니다. 다만 그러한 갈망 때문에 그리스도인들이 세상 역사에 대한 무겁고 진지한 책임의식에서 탈각脫却할 위험이 있다. 게르하르트 로핑크는 《예수는 어떤 공동체를 원했나?》(분도)의 부록으로 실은 "아우구스티누스의 유산"에서 《하나님의 도성》이 세상변혁적 기독교 기상의 상실 시점을 예고하는 세상포기적인 책이라고 주장한다. 로핑크는 콘스탄티누스 이전 기독교를 비교적 순수하고 야생적인 원시기독교, 국가권력의 호의와 통제를 벗어나 독자성이 있던 기독교라고 본다. 이런 평가의 타당성에 대한 판단은 이 책의 독자들에게 맡기고자 하지만, 로핑크의 평가는 다소 가혹한 평가절하로 보인다. 아우구스티누스 당대의 기준으로 보면 《하나님의 도성》은 세상포기적인 영성과 신앙을 장려하기보다는 로마제국과 너무 가까워지려는 호국적 기독교회에게 일종의 이유식離乳食을 제공하는 것으로 보이기 때문이다. 아우구스티누스는 기독교회는 로마제국의 운명과 같이 해서는 안 되며, 로마제국 쇠락 너머를 겨냥하며 존속해야 하는 하나님의 도성이라는 점을 강조했다. 따라서 로핑크의 주장이 《하나님의 도성》에서 느낄 아쉬움 한두 가지에 대한 지적이 될 수는 있어도 《하나님의 도성》이 기독교 역사에 끼친 선한 영향력마저 사상捨象하는 말이 되어서는 안 된다.

오히려 《하나님의 도성》은 세상포기적인 한국 그리스도인들에게 시사하는 바가 적지 않다. 인간역사에 어른거리는 묵시론적 멸망 분위기를 상쇄하며 신적 낙관주의를 고취할 수 있기 때문이다. 핵전쟁, 환경재앙, 지구문명을 전파全破할 딥임팩트deep impact를 초래할 소행성충돌, 아마겟돈 전쟁으로 비화될 3차 세계대전 시나리오와 같은 온갖 비관주의 미래전망이 대세인 세기말적 음산함이 지배하는 오늘날에 《하나님의 도성》의 메시지는 강력한 안티테제Antithese를 구성한다. 역사는 하나님의 자기계시며, 하나님은 인간이 초래한 모든 혼란과 무질서를 질료 삼아 당신의 영광스러운 나라를 마침내 완성하실 것이다. 하나님의 아들 그리스도의 보혈로 구원받은 순결한 하나님의 백성은 자기파멸적 자기애와 타자혐오에서 동력을 얻는 인간의 도성을 창조적으로 해체함으로써 하나님 사랑으로 단련된 시민으로 구성된 천상적 하나님의 도성을 마침내 완성할 것이다. 그러므로 우리는 초대교회에서 중세교회로 넘어가던 혼란스러운 과도기에 나온 기념할 만한 대작 《하나님의 도성》이 안고 있는 시대적 한계를 인정하면서도, 그 중심메시지에서 선한 영향을 받을 수 있다.

413-426년에 저술된 《하나님의 도성》은 주목할 만한 전환기적 특징을 몇 가지 드러낸다. 그 전환기적 특징을 알려면 이 시기 전후에 등장한 교회사 인물들의 면면을 살펴보아야 한다. 아우구스티누

스는 2세기 중반 리용의 주교 이레네우스Irenaeus, 카르타고의 주교 테르툴리아누스Tertullianus, 카르타고의 키프리아누스Cyprianus, 양태론적 삼위일체론을 주장한 교부인 노에투스Noetus와 프락세아스Praxseas와 사벨리우스Sabellius, 우의적 성경해석을 개척한 알렉산드리아의 클레멘트Clement와 오리게네스Origen 같은 인물들보다 100-150년 후에 활동했다. 또 아타나시우스Athanasius(295-373년), 교회사가 유세비우스Eusebius of Caesara(260-339년), 시리아 교부 에브라임Ephrem the Syrian(306-373년), 갑바도기아의 세 교부 바실Basil the Great(330-379년)과 니사의 그레고리Gregory of Nissa(332-395년)와 나지안주스의 그레고리Gregory of Nazianzus(331-390년), 성 암브로시우스Ambrosius(337-397년)와 같은 인물들 보다는 60-70년 후에 활동했다. 아우구스티누스보다 약간 이른 시기에 활동했으나 넓게 보아 동시대인으로 보는 인물로는 라틴어 성경 번역자이자 주석가 제롬Jerome(348-420년, 390-405에 불가타 성경번역 출간)[2], 콘스탄티노플 대주교 요한 크리소스톰John Chrisostom(349-407년) 등이 있다. 약간 더 후대에 활동한 교부는 알렉산드리아의 키릴Cyril of Alexandria(413-444년), 중세신학을 개시했다고 평가받는 위僞디오니소스Pseudo-Dionysos, 보에티우스Boetius 등이 있다. 아우구스티누스 전후의 인물들을 살펴보면 아우구스티누스가 초대교회의 종결자이면서 동시에 중세가톨릭신학의 향도자嚮導者로 불리는 이유를 어느 정도 짐작할 수 있다.

《하나님의 도성》은 중세가톨릭 신앙과 신학을 예고하는 전환기적 특징을 드러낸다. 첫째, 아우구스티누스는 노예제를 용납하고 정

---

2 18권 43장에서 아우구스티누스는 70인역을 제롬(히에로니무스)의 라틴어 역본보다 더 존중해야 한다고 말한다.

부 공권력의 신적 기원을 옹호한다. 로마공화정주의자인 스키피오의 공화정 정의를 수긍하되 참된 공화정은 하나님의 도성에서만 가능하다고 주장한다(5권, 19권). 아우구스티누스는 로마공화정체의 숭고한 이상을 인정하면서도 가장 이상화한 정치를 실현했다고 자부하던 공화정 시대에도 로마제국은 결코 공화정의 이상을 실현한 적이 없다고 비판했다. 아울러 아우구스티누스가 인간 정부의 신적 기원을 주장한 것을 넘어 개별 주권자나 군주(폭군이라 할지라도)의 등장도 하나님의 섭리와 연관 지은 것은 왕권신수설에서 악용할 실마리를 제공한 것으로 비판받는다(5권 21장).

둘째, 아우구스티누스는 키프리아누스의 궤적을 따라(330년부터 로마가 아니라 콘스탄티노플이 로마의 수도 역할을 상속했는데도) 로마감독의 우위성을 공인한다. 그는 알렉산드리아, 안디옥, 콘스탄티노플의 감독들과 권위가 동등하던 로마감독에게 경쟁 교구들의 감독보다 더 보편적인 권위를 부여했으며 중세적 의미의 교도권과 통치권까지는 아닐지라도 로마감독의 수위권을 상당한 수준으로 공인한다. 로마가톨릭교회에서 아우구스티누스가 로마가톨릭교회의 교회론과 신학을 선구적으로 정초하는 데 결정적으로 기여했다고 보는 것도 무리가 아니다.[3]

셋째, 아우구스티누스는 철학 중에서는 플라톤철학이 기독교 신학에 가장 근접한다고 주장했다(특히 8권). 그러면서도 플라톤철학마저도 기독교철학과 신앙에 비하면 지극히 볼품없고 결함이 있는 이론이라고 평가한다. 비록 플라톤의 여러 대화편(소크라테스의 변명, 파이

---

[3] 로마가톨릭교회는 물론 서방기독교의 교리형성에 결정적인 영향을 미친 아우구스티누스의 저작은 《하나님의 도성》 외에도 《고백록 *The Confessions*》, 《기독교교리론 *On Christian Doctrine*》, 《삼위일체론 *On the Trinity*》이 있다.

돈, 프로타고라스, 국가, 향연, 티마이오스, 고르기아스 등)을 인용하고 인증하지만 아우구스티누스가 말하는 플라톤철학은 엄격하게 말하면 3세기에 만개한 신플라톤주의자 플로티누스의 철학이다. 플로티누스는 플라톤철학을 형이상학, 윤리학, 신학, 인식론으로 체계화한 3세기 중엽의 철학자로서 아우구스티누스 당시의 지배적 철학담론의 생산자였다. 플로티누스는 철학의 목적이 최고 존재인 신과 결합하는 것이라고 주장했을 뿐 아니라 신과 인간 사이의 중간자로서 공중에 거하는 영의 존재를 인정했다. 이 사상이 나중에 기독교영지주의자들의 신학적 착상에 끼어들었다. 신과 인간의 영적 중간자의 중개활동에 대한 신플라톤주의 철학에는 사제주의적 중재신학이나 가톨릭교회의 천사론의 근거가 될 실마리가 있다. 아우구스티누스는 이외에도 신플라톤주의 용어에 기대어 물질과 비물질, 영과 육, 현세적인 것과 영원한 것을 대조했다.

넷째, 아우구스티누스는 악의 우주적, 실재적 토대를 부정하고 단지 선의 결핍이 악이라고 설명함으로써 교회사 2000년 내내 계속된 신정론의 문제를 던졌다. 아우구스티누스의 천사타락론은 서방교회에 거의 절대적으로 영향을 미친 신학으로 원죄론과 밀접하게 관련 있다. 선악이원론을 주장하던 마니교에 오랫동안 빠져있던 자신의 사상편력을 보상하기 위해서였는지 몰라도 아우구스티누스가 악의 우주적 실재성을 무시하고 간과한 것은 아직도 논쟁을 유발한다.

다섯째, 1부에 비해 2부는 다소 산만하고 느슨한 성경요약과 때로는 기이하기까지 한 성경해설이 주를 이룬다. 2부에서 구속사 논의를 다루면서 아우구스티누스는 성경연대기에 구애하지 않고, 자신의 성경해설을 전개한다. 여기에서 궁금증을 유발할 수 있는 인물, 관습, 법에 대한 곁길 논의에 상당히 많은 노력을 할애한다. 21권 13

장의 정화적 불심판과 형벌적 불심판 논의는 후에 정교해지는 가톨릭교회의 연옥설을 예기케 한다("사실 어떤 이들은 현세에서 용서받지 못한 일들에 대해서 내세에서 용서를 받을 것이다"). 그런데 놀랍게도 죄를 정화시키는 이 형벌사상은 베르길리우스의 《아이네이스》 6권(733-735행)에서 유래했다(참조. 고전 3:13, "각 사람의 공적이 나타날 터인데 그 날이 공적을 밝히리니 이는 불로 나타내고 그 불이 각 사람의 공적이 어떠한 것을 시험할 것임이니라").

여섯째, 《하나님의 도성》에는 중심논지를 벗어난 기이한 능력을 가진 사람들 이야기도 있고(14권 24장), 장황한 기적 이야기도 있다(22권 8장에 나오는 기적 열다섯 편, 부활주일에 일어난 기적 목격담). 22권에서는 성물숭배, 기적 중시 사상의 실마리가 보인다.

마지막으로, 《하나님의 도성》에서는 숫자의 신비적 의미에 대한 집착이 보인다(11권 30-31장). 아울러 중심논지를 벗어난 이야기들과 고대문화와 관습지식에 대한 백과사전적인 인용(신들의 위계와 우열을 논의하는 7권)을 읽을 때는 인내심을 발휘해야 한다. 진부한 연대기와 귀신론과 천사론과 같은 장황한 논의는 현대 독자들에게 지루할 수도 있다. 그래서 본 해설서에서는 이런 부분을 과감하게 생략했다.[4]

로마제국의 아프리카 식민지 출신인 아우구스티누스는 그리스철학이나 라틴 고전 사상을 아주 체계적으로 교육을 받지는 못했을 것이다. 이 책을 쓸 때 참조한 자료도 그다지 방대하지 않아서, 그는 베드로의 제자로 불린 로마의 클레멘트, 사도 요한의 제자로 알려진 서머나 감독 폴리캅, 이집트의 파피아스, 이레네우스, 바실, 나지안주스의 그레고리, 니사의 그레고리, 요한 크리소스톰(요한네스 크리소스토무스)

---

[4] 데이비드 노우리스, "해제," 아우구스티누스, 조호연·김종흡 역, 《하나님의 도성》(CH북스, 2007), 76-77.

과 같은 인물의 저작은 거의 참조하지 않았으며, 알렉산드리아의 클레멘트, 오리게네스, 카르타고의 테르툴리아누스, 키프리아누스, 가이사랴의 유세비우스, 암브로시우스, 제롬 등 희랍 교부들이나 라틴 교부들의 저작도 기대만큼 두루 섭렵하지는 못한 것으로 보인다.

아우구스티누스가 주로 활동한 아프리카 지역은 오늘날 튀니지와 알제리에 해당되는 곳이다. 주전 146년에 일어난 3차 포에니 전쟁[5] 이후로 로마제국의 곡물 생산기지였고 로마인들의 식민지였으나 교육 혜택이 적었다. 아프리카는 테르툴리아누스와 키프리아누스를 배출했고, 이집트의 수도사도 여럿 나오긴 했으나 라틴의 고급 문물에서 소외된 지역이었다. 그래서인지 아우구스티누스는 그리스와 라틴 철학이나 사상을 깊이 이해하지 못했으며, 라틴 산문도 키케로나 줄리우스 시저와 같은 이들의 고전 라틴어 문장에 미치지 못한다는 평가를 받는다. 아우구스티누스는 철학과 신학을 거의 독학한 것으로 보인다.[6]

히포의 환난 속 인간도성의 필멸성을 확신하다

아우구스티누스는 일생 큰 논쟁에 두 차례 연루되었다. 배교한 자들이 집전하는 성례는 전혀 효력이 없다는 인효론人效論을 주장하는 도나투스파들과 논쟁을 하면서, 정통 교리를 가르치는 감독의 중요

---

[5] 주전 264년에서 146년 사이에 지중해 제해권을 쟁취하기 위해 벌어진 로마와 카르타고의 전쟁이다. 포에니는 페니키아의 라틴어 발음이다. 카르타고는 페니키아인(투로와 시돈)의 식민지로서 페니키아인의 본거지였다. 포에니 전쟁은 페니키아인들과의 전쟁이라는 뜻이다.
[6] 노우리스, "해제," 아우구스티누스, 앞의 책, 55.

성과 성례는 집전자의 개인적 성덕에 관계없이 효과가 있다는 사효론事效論을 옹호했다.[7] 또 인간의 자유의지를 강조하고 원죄와 그리스도의 구원과 세례 등을 부정하는 펠라기우스와 논쟁을 하면서는 은총의 절대적 주도성과 원죄론을 강조했다.[8] 그런데 두 논쟁의 내용을 《하나님의 도성》에서는 거의 다루지 않는다. 《하나님의 도성》은 로마제국의 기독교인 고관인 마르켈리누스의 권고에 따라, 기독교에 우호적이던 이방인 고관高官 볼루시아누스Volusianus를 위해 "이교도들이 이해할 수 있는 수준의 말로" 저술한 책이다. 즉 하나님 교회의 영속성과 대비하여 로마제국이 대표하는 인간도성의 잠정성을 부각하는 일종의 회심 유도용 전도 문서다. 아울러 이 책은 410-411년 '서고트족의 로마 약탈'이 촉발한 위기 상황을 신학적으로 해설한다는 점에서 상황의 산물piece of circumstance이기도 하다.

아우구스티누스는 처음에는 성경을 읽지 않았다. 33세 이전까지는 로마의 수사학 관점에서 성경을 열등한 책이라고 평가했기 때문이다. 아우구스티누스는 십여 년 이상 마니교[9]에 빠졌다가, 플라톤주의 철학의 회의주의와 도덕적 지향의 영향을 받아 마니교에서 벗어난다. 이때 요한복음이 큰 영향을 미쳤다. 아울러 아우구스티누스의 회심에는 어머니의 기도, 학식이 풍부하며 도덕적 각성을 일으키던 밀라노 주교 암브로시우스의 설교, 밀라노에서 목격한 이집트 수도사들의 수도원 생활, 플라톤철학의 저서 등도 합목적적으로 작용했다.

---

[7] 도나투스 논쟁에 대한 자세한 논의를 보려면, 후스토 L. 곤잘레스, 이형기·차종순 역, 《기독교 사상사 II》(장로교출판사, 1988), 38-42쪽을 참조하라.

[8] Justo L. González, "Pelagianism," in *Essential Theological Terms* (Westminster John Knox Press, 2005), 128.

[9] 동방 혼합종교로서 영적인 지식靈知, gnosis을 통해 구원에 이른다는 이원론적 종교.

아우구스티누스는 《하나님의 도성》을 완성(426년)하고 3년 후에 반달Vandal족이 히포를 포위하고 유린하고 약탈하는 상황을 참회시편들을 낭송하면서 온몸으로 견뎌냈다. 그렇게 이방인들이 포위한 인간의 도성에서 8개월 동안 환난을 겪다가 430년 8월 28일에 죽었다. 아우구스티누스는 로마의 몰락을 보고 피신한 반反기독교적 로마 시민들과 지식인들을 염두에 둔 《하나님의 도성》을 완성한 후, 한때 가톨릭교회가 융성하던 아프리카 지역이 철저하게 유린당하고 파괴되는 것을 보면서 인간도성의 필멸성을 확신하고 하나님의 도성으로 돌아갔을 것이다.

《하나님의 도성》의 빛과 그림자

《하나님의 도성》은 서구 2000년 교회사를 통틀어 그리스도인의 천국관과 구원관에 가장 결정적인 영향을 끼친 책이다. 로마제국이 자기애로 구축된 나라, 헛되고 잠정적인 번영을 누리며 폭력을 통한 평화를 누리는 나라인 반면, '하나님의 도성'은 하나님 사랑과 이웃 사랑으로 구축된 불멸의 나라다. 로마제국에 있던 순결하고 사랑 가득한 그리스도인들의 공동체가 잠정적 모습이라면, 하나님의 도성은 영구적인 평화와 사랑이 넘치는 공동체로서, 자기애로 가득 찬 지상의 인간도성과 대립하면서 역사 속에서 자라간다.

그러나 하나님의 도성은 지상에서 완성될 수 없다. 그리스도인과 교회가 이루는 성취와 진보, 심지어 그리스도의 장성한 분량까지 이르는 성장도 하나님의 도성을 완성하지는 못한다. 하나님의 도성은 오직 역사 저편에서 다가올 새 하늘과 새 땅이 완성한다. 다시 말해,

하나님의 도성은 역사 속에서 건설되기 시작하지만, 인간의 도덕적· 영적 분투가 아닌 하나님의 절대주권적인 은혜로 완성된다. 아우구스티누스의 이러한 겸손하고도 비관주의적인 전망이, 역사 저편에서 오는 '하나님 절대주권'의 나라, 즉 '다가오는 천국'을 능동적으로 기대하면서 하나님나라를 이루려고 분투하기보다는 '천국으로 떠날' 열망을 강화했다.

군이 분류하자면 성 아우구스티누스는 무천년설 관점[10]으로 천국관을 피력했다. 그런데 한국 교회 그리스도인들은 하나님의 영원한 도성이 이 땅에서 성취될 수 없다고 믿고, 지구라는 행성을 탈출해 우주 저편에 있는 내세를 향해 떠나려는 지구이탈적 구원관을 견지한다. 이러한 지구이탈적 구원관과 천국관은 사도들과 속續사도 교부 시대인 기독교사 첫 300년 동안 대조·대항·대안공동체를 건설하려던 하나님나라 운동과는 상당히 다르다.

F. F. 브루스Bruce나 스티븐 니일Stephen Neill, 게르하르트 로핑크Gerhard Lohfink 등이 한결같이 말하듯 기독교사 첫 300년 동안 기독교 천국관은 지구이탈적이지 않았다. 기독교는 악하고 음란한 세대를 떠나 역사 안에서 새로운 공동체와 나라를 건설하려고 했다. 하나님의 절대주권적인 은혜를 받아 이 땅을 떠나는 것이 아니라, 이 땅에서 기독교 신앙으로 살아가는, 총체적이고 전면적인 사회공동체를 창조하는 역사변혁적 참여로 구원을 이해했다. 돈과 탐욕의 노예가 된 세상, 온갖 차별과 압제가 판치는 세상에서 남자와 여자, 종과 주인, 지혜자와 무식자, 유대인과 이방인이 하나가 되는 종말론적인 화해와 평화 공동체 창조가 첫 기독교인들이 이해한 구원이었다. 콘

---

10 가톨릭교회 시대를 그리스도와 함께 성도가 왕 노릇하는 천 년 시기라고 보는 관점.

스탄티누스 이전의 기독교는 대조·대항·대안공동체를 창출하여 기독교적 사랑과 박애, 헌신과 평화를 이 세상 운영의 중심 원리로 삼으려는 운동이었다.

그러나 콘스탄티누스 이후 기독교는 세계변혁적인 대조·대항·대안공동체 창조에 헌신하던 운동성을 잃어버리고, 지상의 권력자들과 성직자들의 교도와 교인 관리 체계인 제도권 교회로 축소되었다. 3세기 라틴 교부인 테르툴리아누스(160-225), 키프리아누스(200-258), 5세기 아우구스티누스 등을 통해 삼위일체설, 원죄설, 성만찬 성사, 주교직제 신학과 교황권 신학, 성인과 성물 숭배 사상 등을 중심으로 가톨릭교회가 성립하면서, 기독교는 영원하신 참 하나님의 나라 보좌에 앉으신 그리스도의 지상 대리자 교황이 통치하는 왕국이 되었다. 영원한 이데아 질서를 지상에 구현하는 그림자 질서가 바로 로마가톨릭교회였고, 그것이 원시 기독교의 운동성과 생명력을 증발시켰다.

아우구스티누스는 플라톤(주전 427-347)의 이원론을 3세기에 부흥시킨 플로티노스(205-270)의 신플라톤철학의 세례를 받으며 지적으로 성장했기에,《하나님의 도성》에는 신플라톤 사상의 짙은 음영이 있다. 이상화된 가톨릭교회를 곧 영원한 하나님의 도성의 그림자로 도식화했다는 점에서 아우구스티누스가 신플라톤철학의 영향을 받았다는 평가는 대체로 받아들여진다. 물론 영향력의 크기에서 보면 《하나님의 도성》은 성경의 역사관에서 가장 크게 영향을 받았다. 특히 다니엘 2, 7, 8장에 등장하는 하나님나라 사상이 책 제목에 결정적인 틀을 제공했고, 지상의 짐승 제국들을 대체할 하나님나라 비전이《하나님의 도성》전체 구조에 영향을 끼쳤다. 쇠락하는 로마제국과 인간의 도성을 대체할 뿐 아니라 창조적으로 초극하는 하나님의 도성 이미지는 다니엘서에서 취한 것으로 보인다.

그럼에도 게르하르트 로핑크가 《예수는 어떤 공동체를 원했나?》에서 비판하듯이, 서구교회사에 끼친 아우구스티누스의 이원론적 신학, 내세적 구원으로 무게중심을 옮겨놓는 듯한 천국관, 개인(영혼) 구원주의(개인 단위의 구원) 등에 대해서는 비판적으로 성찰하고 평가해야 한다. 따라서 우리는 아우구스티누스의 《하나님의 도성》의 빛과 그림자를 동시에 음미하고 평가해야 할 것이다.

세상포기적 기독교 vs. 세상변혁적 기독교

오늘날 많은 한국 교회 그리스도인들의 구원관과 천국관에서는 이 땅에서 하나님나라를 이루려는 현실참여적, 역사변혁적 기상과 소명감이 약하다. 칼 헨리가 《복음주의자의 불편한 양심》에서 개탄하는 미국 복음주의 교회의 세상포기적 사고방식[11]이 대다수 한국 교회의 정적주의적 세상사 무관여 노선에 고스란히 반영되어 있다. 주류 한국 교회와 그리스도인들은 역사의 모든 부조리와 모순을 대파국적인 변혁을 통해 성도 중심의 천년왕국을 개시하실 재림 예수님에게 맡겨버리는 역사적 전천년설을 신봉한다. 지구이탈적인 구

---

11 칼 F. H. 헨리, 박세혁 역, 《복음주의자의 불편한 양심》(IVP, 2009), 78-82. 칼 헨리는 기독교의 사회참여 전통을 붕괴시킨 주요인 중 하나가 전천년설이라고 본다. 전천년설은 그리스도의 재림이 이 땅에서 있게 될 천년왕국 이전에 일어날 것이라고 믿는 견해인데, 천년왕국은 문자 그대로 1000년 동안 실현될 그리스도의 왕국을 가리킨다. 전천년설주의자들은 세상의 정치, 경제, 환경, 인권을 포함한 모든 첨예한 쟁점을 재림 예수가 해결하도록 맡기고 기다리기만 하면서 역사의 발전이나 개선에 노력을 기울이지 않는다. 칼 헨리는 전천년설주의자들의 역사포기적 신앙일탈을 비판한다.

원관을 스스로 각인하고 지상의 모든 중요한 일들은 무신론자들에게 맡겼다. 혁명, 정치, 경제, 노동, 인권, 환경, 정의, 전쟁, 교육 등 공공 영역의 관심사들을 비신앙인들에게 맡겨놓고 오로지 영적인 일(목회·선교·수도원생활 등)만 하다가 지구 너머에 있을 천국으로 날아갈 생각만 한다.

지구이탈적 천국관을 고착화한 책은 아마도 17세기 청교도 목회자 존 버니언(1628-1688년)의 《천로역정》일 것이다. 죄와 심판으로 불타게 될 장망성將亡城을 떠나 천국으로 가는 주인공의 파란만장한 이야기는 엄혹한 시대를 살던 한국 교회 그리스도인들의 지구이탈적 구원관을 심화시켰다. 물론 《천로역정》이 지구이탈적인 천국관을 노골적으로 펼친 책은 아니다. 오히려 《천로역정》은 그와는 반대 주장을 펼친 책이다. 《천로역정》을 읽고서 영국의 많은 비국교도와 청교도는 자신들을 박해하던 찰스 1, 2세 치하의 절망적인 영국을 떠나 아메리카로 이주할 결심을 했다. 이들은 신앙의 자유가 있는 새 땅을 찾아가려 했지, 지구이탈적이며 내세주의 신앙관으로 기울어지지는 않았다.

그러나 《천로역정》 오독誤讀은 지구이탈적, 세상포기적, 이단적 기독교를 배태한다. 놀랍게도 많은 그리스도인들이 《천로역정》을 오해하여 그릇된 구원관을 품고 살아간다. 죄 많은 이 세상에서 육신이 죽고 영혼이 하나님의 낙원에서 쉬다가 대파국적인 종말 이후 임하는 새 하늘과 새 땅에서 부활할 것이며, 그 후 천 년 동안 그리스도와 함께 왕 노릇할 것이라고 생각한다. 이 땅에서 왕 같은 제사장의 책임감으로 살아본 적 없는 세상도피적인 그리스도인일수록 천국에서 이룰 신분의 대반전에 기대를 건다.

《하나님의 도성》을 강독하면서 우리는 세상변혁적이고 대조·대항·대안공동체 형성에 투신된 창조적 기독교를 세상포기적, 지구이탈적 기독교와 비교할 것이다. 나아가 이 책이 건전한 구원론과 천국관에 터 잡은 그리스도인들이 이 황무한 땅을 새롭게 기경하도록 조금이라도 위로하고 용기를 북돋아줄 것을 기대한다.

기독교 간조기에 저술한 《하나님의 도성》

앞서 말했듯이 아우구스티누스의 천국관은 무게중심이 약간 내세로 기울어있다. 그래서 《하나님의 도성》에서는 죽어서 가는 천국이 아닌, 이 땅에서 하나님나라를 이루려던 313년 이전의 사도들과 속사도 교부들의 주장을 찾아보기 힘들다. 이 책은 기독교의 영적 위력이 현저하게 낮아졌을 때 쓰였다. 따라서 총독과 황제를 두려워하지 않고 순교를 각오하고 이 땅에 하나님나라를 이루려던 사도 교부들의 기독교 사상과는 차이가 있다.

예를 들어 313년 이전 로마의 클레멘트, 서머나의 폴리캅, 안디옥의 이그나티우스, 순교자 유스티누스(저스틴), 순교자 키프리아누스 등은 목숨을 바쳐서라도 이 땅에서 하나님나라를 이뤄야 한다고 믿었다. 이들은 세상변혁적인 신앙을 지키면서, 노예와 여자와 이방인이 하나가 되는 보편적인 하나님나라를 이 땅 가운데 이루려다 죽임당했다. 비록 믿는 이들의 숫자는 적었을지라도 당시 신앙은 만조기滿潮期를 지나고 있었다. 반대로 《하나님의 도성》은 신학의 관점에서 볼 때, 기독교 신앙의 간조기干潮期에 나온 책이다.

아우구스티누스는 기독교가 사정없이 밑바닥을 드러낸, 매우 비극적인 시대에 살았다. 313년 로마제국의 공인을 받은 기독교는 로마의 권력층에 접근했고, 하나님나라를 이루려던 야성도 잃어버렸다. 로마 주교이자 서방교회의 총수였던, 자칭 천상 왕권의 지상 대리자인 교황이 지상 영토의 한 거점을 근거지로 확보하게 되자, 이제 기독교는 하나님나라의 도래에 목마르지 않았다.

즉 아우구스티누스가 활동하던 시기에 기독교는 권력이 강해지고 교인 수는 늘었을지 몰라도, 신앙의 바닥이 드러나는 간조기를 막 지나는 때였다. 이런 영적 상황에서 아우구스티누스는 지상에서 이루어지지 못한 하나님나라가 영원 속에서, 시간의 바깥에서 이루어질 비전을 품고 《하나님의 도성》을 집필했다. 바로 이것이 로핑크가 《예수는 어떤 공동체를 원했나?》에서 아우구스티누스가 말하는 기독교 공동체와 사도들이 이루려던 기독교 공동체의 비전이 달랐다고 비판하는 이유다. 갈수록 아우구스티누스는 지상적이고 일상적인 기독교 신앙이 아니라 다소간 신비적이고 타계주의적인 기독교 신앙으로 흘러갔다.

그런데 불행하게도 하나님나라 관점에서는 매우 수세적인 신앙의 간조기 때 쓰인 《하나님의 도성》이 서구 교회 2000년에 걸쳐 교회론, 구원론, 원죄설 등에 많은 영향을 끼쳤다. 아우구스티누스의 신비주의와 성물 숭배는 가톨릭에서, 원죄설은 개신교에서 계승했다. 특히 아우구스티누스의 두 도성론, 연옥설 일부, 성물 숭배, 성자 숭배 등 기적과 신비에 기댄 신앙 경향은 오늘날 비판받는 가톨릭의 통속적 신앙 양태이다. 도스토옙스키의 《카라마조프가의 형제들》 '대심문관' 편에서처럼, 가톨릭 권력은 기적과 신비에 상당히 의존한다고 비판받는다. 비판자들은, 가톨릭교회가 일상적 신앙 실천이 없기 때문에 제도권 종교 권력자들이 기적과 신비에 기댄다고 말한다. 일상에서 하나님 사랑을 매순간 느끼는 것이 바로 미분화微分化한 신비인데, 이를 느끼지 못하면 신비와 기적에 의존하게 된다는 것이다. 아우구스티누스의 마지막 강의(22권)에 신비와 기적에 관한 부분들이 지나치게 많이 나온다. 성물 숭배가 여기에서 시작된다. 로핑크는 서구 기독교 유산 중 개인주의와 내세주의가《하나님의 도성》에서 시작되었다고 주장한다.

그러나 아우구스티누스를 비판하려면 먼저 그의 사상과 주장을 정당하게 음미해야 한다. 당시의 시대적 한계를 인정하면서《하나님의 도성》을 읽어야 한다. 13년에 걸쳐 쓰인 이 책의 신학적 가치를 평가하고 엄밀하게 분별해야 한다. 오늘날 독자들이《하나님의 도성》에 나오는 모든 주장과 신념에 전적으로 동의하지 못할 수도 있겠지만, 자기 당대에 자기 경험을 통해서 신학의 꽃을 피우려고 아우구스티누스가 노력한 부분은 높이 평가할 수 있을 것이다.

《하나님의 도성》의 역사적 배경과 구성과 개요

410년 서고트족의 이탈리아 본토 유린에 충격을 받은 사람들이 지중해 건너편 아프리카 지역으로(지중해를 보면 아프리카와 유럽이 하나임을 알 수 있다), 로마에서 카르타고, 타가스테, 알제리 지역까지 피난을 갔다. 이후 411-413년에 로마 전통 종교를 신봉하던 지식인들은 기독교가 로마제국에 퍼졌기 때문에 로마제국의 국력이 총체적으로 쇠락했다고 주장했다. 이런 주장에 대해 아우구스티누스는《하나님의 도성》 1-10권에서 로마제국이 쇠락한 여러 원인(탐욕·쾌락·권력욕·정복욕)을 로마 천 년 역사에서 찾아 비판하면서 로마제국 쇠락과 기독교의 관계성을 부인한다. 아우구스티누스는 오히려 로마제국 쇠락은 로마의 철저한 탐욕 숭배, 욕망 숭배 세계관의 필연적 귀결이라고 주장한다. 내재적 원인으로 로마제국이 쇠퇴했다는 아우구스티누스의 이 주장은 로마의 다신교적이고 무신론적인 세계관에 대한 심층해부였다.

11-22권에서 아우구스티누스는 두 도성의 기원과 종국을 설명하면서 성경 해석을 펼친다. 기독교와 문화라는 관점에서 성경을 압축하고, 기독교인들에게는 로마제국을 넘어서는 하나님의 도성이 있음을 강조한다.

여기서 주목할 요소 중 하나는 아우구스티누스가 플라톤철학(엄밀히 말하면 3세기에 만개한 신플라톤주의자 플로티노스의 철학)이 기독교 신학에 가장 근접하다고 주장한다는 점이다. 플로티노스는 플라톤의 철학을 형이상학·윤리학·신학·인식론으로 체계화한 3세기 중엽의 철학자다. 그는 최고 존재인 신과 결합하는 것이 철학의 목적이고, 신과 인간 사이에서 정령과 악령들이 중개 활동을 한다고 주장했다. 신플라톤철학의 가장 핵심은 일자—^{者}다. 가장 신적인 일자에서 가장 거룩하지 않은 육체까지, 우주는 거룩과 비거룩의 위계질서로 구성되어 있다는 것이다. 일자인 신과 가장 가까운 사람이 정신노동을 하는 성직자이고, 가장 먼 사람이 육체노동을 하는 농노였다. 그래서 거룩의 위계질서를 내세우던 철학이 플로티노스의 철학이고, 여기서 가톨릭의 성직 우위가 나온다.

아주 거칠게 말하면 우리는 아우구스티누스를 플라톤주의자, 또는 신플라톤주의자로 분류할 수 있다. 아우구스티누스가 의도한 바는 아니지만, 천국의 영원한 모습을 지상에서 가장 유사한 모델로 보여주는 것이 가톨릭교회라는 인상을 주었기 때문이다. 아우구스티누스는 영원하신 하나님의 도성이 완성된 실체라면, 그 완성된 실체를 수렴해가는 조직은 교회뿐이라고 생각했다. 이 땅의 교회를 하나님의 도성이라는 이데아의 반사물反射物로 여긴 것이다. 이는 교회가 변화하여 하나님의 도성이 될 것이라는 진화론적 사관이라 할 수 있다. 하나님의 도성이 이 땅에 세워진다고 하지 않고 모호한 견해를 보이며 내세주의로 빠져 오해를 주었을지언정, 이 땅에 하나님나라로 발전될 수 있는 공동체가 있음을 확신했다는 점을 아우구스티누스의 신학에서 확인할 수 있다. 지상에 하나님나라의 도성을 방불케 하는 역사내재적 공동체가 있다는 확신이 아우구스티누스의 사상에 영향을 끼친 것이다. 아마도 히포의 수도원에서 경험한 공동체 생활에서 영향을 많이 받았을 것이다. 하나님나라의 영원한 도성으로 질적 전환을 하기 직전 단계인 하나님 사랑, 이웃 사랑으로 뭉친 공동체가 있다고 믿는 확신은 굉장히 중요하다.

이 땅에서 좋은 신앙 공동체를 맛보아야 그에 걸맞은 신학적 상상력이 착상된다. 만일 하나님나라 도성에 관한 상상력이 미약하고 수세적이라면, 지상에 하나님나라 도성을 구축하려는 의지는 쇠퇴한다. 아울러 역사 저편에서 오는 시간 밖의 천당만 기다린다면, 천당구원론에 빠져버리게 되어 이성적·일상적 실천을 통해 하나님나라를 구축하기보다는 신비에 의존하게 된다. 좋은 교회에 다녀야 하는 이유가 여기에 있다. 좋은 교회에 다녀야 믿음이 생기고, 하나님나라에 대한 비전이 생긴다.

이런 웅장한 신학적 전망을 잉태하기 이전의 젊은 아우구스티누스는 10년 이상 마니교에 빠져서 방탕하게 살았다. 그러던 중 플라톤철학을 읽으면서 마니교가 유치하고 열등하다고 생각하게 되었다. 플라톤철학이 아우구스티누스를 마니교에서 서서히 끌어낸 것이다. 그러나 아우구스티누스는 이렇게 '고상한' 플라톤철학도 인간의 욕정에 대해 방부제 역할을 전혀 못했으며, 기독교 복음 앞에서는 형편없는 우상숭배일 뿐이라고 주장하기에 이르렀다. 독자들은 《하나님의 도성》에서 아우구스티누스가 기독교 신앙과 가장 근접하다고 본 플라톤철학을 높이 평가하면서도 비판하는 모습에서 기독교 변증의 진수를 맛보게 될 것이다. 《하나님의 도성》은 로마제국의 멸망 원인이 로마의 타락하고 음란한 다신교 신앙과 그것이 지지한 방탕, 음욕, 호색, 정복욕 등의 일상생활에 있다고 진단하고, 로마제국이 의지하는 가장 고상한 플라톤철학마저도 로마의 방탕과 자기 파멸적 우상숭배, 귀신숭배를 막지 못했다고 비판한다. 이제 로마에게 살 길은 하나밖에 없다. 참되고 유일하신 하나님께 돌아가는 것이다. 로마가 피난해 갈 진정한 공화국적 상호부조의 공동체는 교회이기 때문이다. 하지만 《하나님의 도성》의 저작 당시 교회는 한편으로는 몰락하는 로마의 운명과 궤적을 같이 했으며, 또 다른 한편으로는 로마와 완전히 다른 영적 자생력을 과시하기 시작했다.

거룩한 누룩처럼, 새 포도주처럼

그렇지만 앞서 언급했듯이 《하나님의 도성》은 하나님나라 도래에 대한 기독교의 열정과 확신이 식고, 죽어서 천국 가는 데 관심이 쏠린 시대에 저술되었다. 그래서 그런지 가나안 땅을 재구성하려 한 여호수아 시대의 이스라엘 백성에게서 볼 수 있는 분투가 보이지 않는다. 이 책에는 이런 여호수아 수준의 공세적 신앙 패기가 약간 후퇴해있다. 또 이 책은 영원한 하나님나라의 지평에 시선을 고정하여 오히려 예수의 재림 사상도 약간 희석된 상황에서 쓰였다. 사도 바울도 전천년설에 가까운 대파국적 종말을 믿었으며, 요한계시록도 마찬가지다. 그러나 아우구스티누스 당대의 교황들은 이미 지상에 천국이 이뤄졌다고 보았기에 더는 박해의 대상이 될 만한 행동을 하지 않았으며, 무천년설에 가까운 입장을 보였다. 가톨릭교회가 천국이 이미 이뤄졌다는 듯이 교황권을 중심으로 구원을 배분해주고 파문을 내리는 신정통치를 구사했기 때문이다. 오늘 개신교회의 소위 '큰' 교회 목사들은 자기가 앉은 자리가 하나님의 중심 보좌라고 생각해서인지 예수님의 재림을 기대하지 않는 것처럼 보인다. 우리 또한 예수님의 재림을 기대하지 않거나 믿지 않기 때문에 급진적인 신앙 실천으로 나아가지 못한다.

그러나 한편에서는 하나님나라 도래에 목마르고 마음이 가난한 성도가 교회와 사회에 하나님의 통치가 시원하게 관철되어 세상을 거룩하게 전복하기를 열망하고 있다. 《하나님의 도성》을 독파하면서 우리 모두 거룩한 누룩처럼, 낡은 가죽 부대를 터뜨리는 새 포도주처럼 이 땅에 임하는 하나님나라에 사로잡히길 열망한다.

더 깊은 이해를 위한 참고 도서

마지막으로 《하나님의 도성》을 좀 더 잘 이해하기 위한 참고 도서를 몇 권 소개한다. 가장 쉽게 구할 수 있는 책은 후스토 L. 곤잘레스의 《기독교 사상사 I》과 《기독교 사상사 II》(한국장로교출판사)다. 특히 《기독교 사상사 II》에는 아우구스티누스의 원전 인용이 많아 아우구스티누스 사상의 신학사적 맥락을 파악하는 데 유익하다. 폴 틸리히의 《그리스도교 사상사》(대한기독교서회)는 곤잘레스의 책보다 간결하고 관점이 분명하다. 곤잘레스가 이성과 계시를 종합해서 썼다면, 틸리히는 비교적 이성 중심으로 서술했다. 둘 다 성육신적 관점에서 기독교 사상의 형성 과정을 천착하는데, 틸리히가 이런 관점을 좀 더 일관성 있게 밀고 나간다. 성육신적 관점은 기독교 사상이 진공 상태에서 출현했다기보다는 이미 존재하던 이교도 철학 사상들을 적절하게 취사선택하여 하나님나라에 복속시키는 방향으로 변형한 것이라는 주장이다. 곤잘레스와 틸리히 모두 기독교 사상이 그 시대보다 앞서 있던 이교도(혹은 비기독교철학이나 종교사상) 사상의 옷을 입고 등장하기 때문에, 성육신적 관점에서 기독교 사상을 이해해야 한다고 말한다. 곤잘레스가 상대적으로 순혈주의적 관점에서 기독교 사상의 성육신적 관점을 파헤치려 한다면, 틸리히는 융합적이며 혼성적인 관점을 견지하며 기독교 사상의 성육신을 이해하려고 한다. 그래서 틸리히는 예수의 인성만 강조하는 사람도 인정하려는 경향을 보였고 계몽주의를 매우 강조한다. 반면 곤잘레스는 정통 기독교에 더 가깝게, 계시와 이성의 절묘한 균형과 종합을 강조한다.

이 둘과는 약간 달리 계시의존적이고 상대적으로 순혈주의적 관점에서 기독교 사상사를 천착하는 책이 J. L. 니이브의 《기독교 교리사》(대한기독교서회)다. 원전 인용을 많이 해서 고대 기독교 사상사에 대한 심화학습을 하는 사람들에게 도움을 주며 자세한 교리해설을 제공한다. 이 책에서도 역시 아우구스티누스 해설에 상당한 원천자료 인용이나 인증을 제공한다. 이 외에도 김영한의 《안토니우스에서 베네딕트까지》(기독교학술원)와, 개신교만 다뤘지만 알리스터 맥그래스의 《기독교, 그 위험한 사상의 역사》(국제제자훈련원)도 기독교 사상사의 흐름을 어렵지 않게 포착하는 데 도움을 준다.[12] 다만 맥그라스의 저작은 개신교 사상을 교부들 시대까지 거슬러 역추적하는 데는 별다른 노력을 기울이지 않았다는 아쉬움을 남긴다.

---

12 본서에서는 그리스도인/기독교인, 그리스도교/기독교 등의 용어를 호환한다.

《하나님의 도성》의 배경이 되는 로마역사 개관[1]

《하나님의 도성》에서 로마제국의 역사는 이중적 평가를 받는다. 로마제국의 역사는 한편에서 보면 기독교 신앙을 온 세상에 퍼뜨리는 데 사용되는 신적 섭리의 결과물이다. 또 다른 편에서 보면 철저히 인간도성의 역사를 대표한다. 《하나님의 도성》은 주전 753년에서 주후 426년 사이 로마역사를 주제적으로 압축한다. 아우구스티누스는 로마사 지식을 로마역사가 살루스티우스(주전 86-주후 34년), 리비우스(주전 59-주후 17년), 노老플리니Pliny the Elder(주후 23-79년), 그리스 역사가 플루타르코스(주후 46-120년)의 책 등에서 취득했다.

아우구스티누스는 주전 753년 로마 건국에서 시작하여 작은 도시 국가인 로마가 인근 도시와 부족을 통합해서 로마제국으로 확장해

---

[1] 이 분야에 대한 간략한 논의를 보려면 박영실, "신의 도성에 나타난 어거스틴의 로마사 이해,"〈성경과 신학〉36(2004), 341-369쪽을 참조하라. 서문의 《하나님의 도성》의 배경이 되는 로마역사 개관"과 《하나님의 도성》에서 언급하는 로마역사상 주요 사건 일람표"는 테오도르 몸젠 저, 김남우, 김동훈, 성중모 역,《몸젠의 로마사》1-3권(푸른역사, 2013-2015)과, 대중적인 필치로 로마사를 쓴 시오노 나나미 저, 김석희 역,《로마인 이야기》1-15권(한길사, 1992-2006년)에 의거해 작성했다.《하나님의 도성》에서 언급하는 로마사를 잘 이해하려면《플루타르코스 영웅전》이나《로마인 이야기》2-4권을 참조하면 된다.

가는 과정에서 결정적으로 중요한 사건과 인물을 선택하여 다룬다. 그 중요한 사건은 트로이 전쟁(주전 11세기), 로마 건국자 로물루스-레무스 형제살육적 건국사화(주전 753-727년), 도시국가 로마가 커지는 과정에서 이웃 나라들(에트루리아, 알바, 토스카나 등)과 전쟁하다가 범한 악행들(사비니 여인들 납치와 전쟁), 2대 왕 누마의 로마종교국가화 정책, 공화정 개시(주전 510년) 전후 역사상황, 120년에 걸친 세 차례 포에니 전쟁(주전 264-146년), 공화정을 지키려는 자들과 왕정으로 회귀하려는 자들의 내전(그라쿠스 형제의 혁명적 입법), 줄리우스 시저 등장 이전에 발생한 마리우스와 술라의 살육적 내전(주전 108-79년),[2] 로마제국 종교의 음란한 야만성의 역사, 기독교공인 이후에 순치되는 로마황제들의 등장 등이다.

공화정 몰락 전후의 로마역사[3]와 줄리우스 시저[4]의 등장

이 중에서도 아우구스티누스는 로마공화정의 몰락 장면과, 포에니 전쟁 이후 급작스런 번영으로 빈부격차가 심해지고 그라쿠스 형제가 혁명적 공화정체제를 개창하려던 민중정변 전후 혼란하던 시기를 자주 인용하거나 인증한다.《하나님의 도성》독자는 적어도 로

2　아우구스티누스가 로마역사를 자세히 논할 때 인용하거나 인증하는 원천자료들은 호메로스의《일리아스》와《오딧세이》, 베르길리우스의《아이네이스》와 리비우스, 노老플리니, 플루타르코스, 살루스티우스, 키케로 등의 저작이다.

3　로마공화국 몰락사 개관은 안재원의 〈경향신문〉 기고문에 어느 정도 빚지고 있다("로마공화정은 왜 몰락했을까?,"〈경향신문〉 2016년 12월 23일자). 로마역사 개관 전체는 시오노 나나미의《로마인 이야기》2-4권, 11-14권을《하나님의 도성》독자에게 맞추어 압축했다.

4　카이사르는 로마 황제를 칭하는 보통명사인데(눅 3:1; 요 19:15) 로마역사에서는 줄리우스 시저를 부를 때에 한정해서 카이사르(영어발음=시저)라고 부른다. 이 책에서는 제1차 삼두정치의 주동자 카이사르를 줄리우스 시저라고 표기한다. 불가피하게 '카이사르'를 사용하는 경우에도 줄리우스 시저를 가리킨다고 보면 된다.

마공화정의 이러한 몰락사를 이해해야 결론부인 19-22권을 더 감동적으로 이해할 수 있다. 아우구스티누스는 부분적으로는 로마인들의 희생정신, 용감함, 명예를 얻고 싶은 마음 등 비교적 고상한 열정 덕분에 로마가 번영했다고 본다. 또 부분적으로는 로마제국 등장 자체를 하나님의 선한 의도를 실현하기 위한 신적 섭리로 파악한다. 하지만 아우구스티누스는 대체로 로마가 처음부터 끝까지 폭력, 살육, 음란, 미신적 광신주의를 조장하던 로마 다신교체제 때문에 역사 내내 악과 고난에 시달렸으며, 마침내 해체되고 말아야 했던 인간의 도성이라고 보는 데는 한 치의 의심도 없다.

《하나님의 도성》에서 로마공화정 몰락사를 언급하는 경우에는 대체로 당시 원로원 보수파를 대변하던 인물이자 로마 국민시인이던 베르길리우스Vergilius(주전 70-주후 19년)의 주장과, 평민개혁파를 우호적으로 바라보는 인물이자 로마역사가이던 살루스티우스의 주장을 절충하여 종합한다. 베르길리우스는 로마원로원 보수정객인 키케로가 집정관이던 주전 63-46년에 일어난 내전을 보수파의 시각에서 해석한다. 이 내전은 귀족 중심인 원로원의 이익을 대변하던 집정관 키케로 체제를 평민파 수장인 카틸리나가 전복하려는 시도로 발발했다. 키케로는 이 전복시도를 내란으로 단죄했다. 그래서 베르길리우스는 카틸리나의 급진적 사회개혁요구가 로마공화정을 몰락시켰다고 보며 카틸리나가 음부에서 철저하게 응징받고 있다고 주장한다.

거기서 조금 떨어진 곳에 불카누스는 또 타르타루스[5]의 거처들과, 디스[6]의 높다란 출입구와, 범죄자들의 처벌과, 카틸리나여.

---

5 저승의 가장 깊은 곳.

낭떠러지에 매달린 채 복수의 여신들의 얼굴을 보며

두려움에 떨고 있는 그대와 외딴 곳에 있는 경건한 자들과

그들의 경건한 입법자 카토를 덧붙였다.[7]

반면에 로마의 공화주의 역사가인 살루스티우스Sallustius는 카틸리나의 개혁시도를 긍정적으로 보았다. 살루스티우스는 경제적 공정함의 붕괴와 빈부격차가 로마공화국 위기의 원인이라고 보았기 때문이다. 아우구스티누스는 살루스티우스의 관점에 좀 더 가중치를 두면서 로마역사를 해석한다.

아우구스티누스보다 앞서 살루스티우스의 견해를 수용한 사람이 리비우스Livius다. 리비우스는 "이미 오래전부터 그토록 맹위를 떨쳤던 민중의 힘이 포에니 전쟁의 승리 이후부터 스스로 쇠하는 길로 들어서게 되었다"고 말했다(리비우스,《로마 건국기》서문 제4장). 리비우스는 주전 146년, 즉 약 120년에 걸친 포에니 전쟁을 로마 전체 인민이 일심동체concordia하여 승리로 끝낸 그 해를 로마공화국 쇠락 원년으로 보았다. 로마의 힘이 최정상에 도달했을 때 나타난 현상들, 즉 외부의 적과 싸울 때는 나타나지 않았던 "다투는 마음"이 계급과 계층 갈등, 귀족과 평민 갈등, 속주와 로마본토인 갈등을 촉발함으로써 로마인들의 심장을 파쇄했다는 것이다.

포에니 전쟁의 결과 지중해 지배자가 된 후에 로마는 전쟁터의 용기, 희생정신, 공동체정신을 상실하고 말았다. 대신 무제한적 탐욕과 사치 풍조가 로마귀족층부터 부식해가기 시작했다. 로마 병사들

---

6   저승의 신 플루톤의 다른 이름.
7   베르길리우스 저, 천병희 역,《아이네이스》(숲, 2007), 284 (8권, 666-670행).

이 정복한 해외속주는 공평하게 배분되지 못했으며, 전쟁승리로 얻은 혜택이 민중이나 전쟁참여 자유농민들에게 돌아가지 않았다. 오히려 해외 정복 토지는 장군들과 그 장군들의 후견인인 원로원 귀족층의 거대농장_latifundium_으로 변했다. 이 거대농장주들은 곡물시장의 거대기업으로 군림하였고, 고리대금업 같은 불법금융업에까지 손을 뻗쳤다. 소수 귀족층의 대토지 사유는 자영자작자유농민_colonus_을 빈농으로, 빈농을 도시 빈민으로 내몰았다. 결국 아프리카 속주의 농업생산량 증가, 부와 사치품 증가, 소비향락문화 확산 등으로 인해 한 몸이던 공화정 로마는 철저하게 분열하였다. 아우구스티누스는 탐욕을 조장하는 로마 음란종교가 이러한 사회양극화를 더욱 심화했고 로마공화정 몰락에 박차를 가했다고 본다.

토지를 잃고 도시 빈민으로 몰락한 자영자작자유농민의 실업과 빈곤으로 로마공화국 자체가 붕괴할 위험이 현실화되었다. 이 상황에 응답한 호민관이 티베리우스 그라쿠스_Tiberius Gracchus_(주전 162-133년)다. 그라쿠스의 개혁요체는 부자들의 토지소유 제한, 지주들이 차지한 국유지의 농민재분배와 같은, 토지소유체제의 획기적 개변이었다. 이런 혁명과 같은 개혁법령들을 발의하는 민회에서 티베리우스 그라쿠스가 한 연설은 《플루타르코스 영웅전》에 실릴 정도로 유명했다.

> 이탈리아에 살고 있는 야수들도 저마다 굴이 있고 몸을 숨길 은신처가 있습니다. 그러나 이탈리아를 위해 싸우다 죽은 사람들은 공기와 햇빛 외에는 아무것도 가진 것이 없습니다. 그들은 집도 고향도 없이 처자를 데리고 떠돌고 있습니다. 우리의 장군들이 전투에 앞서 적으로부터 무덤과 신전을 지키라고 군사들을 격려한다면 그것은 거짓말

을 하는 것입니다. 그토록 많은 로마인들 가운데 선조에게서 물려받은 제단이 있고 조상의 분묘가 있는 사람은 아무도 없으니까요. 남들의 부와 사치를 지켜주려고 싸우다 죽는 꼴이지요. 그들은 세상의 주인이라고 불리지만, 그들에게는 자기 것이라고 부를 흙 한 덩이도 없습니다.[8]

이 감동적인 법안이 통과되자 선점했던 공유지 ager publicus를 몰수당하게 된 대지주 중심의 귀족세력이 저항의 횃불을 들었고, 급기야 원로원 보수적 지주 지지세력이 봉기해서 그라쿠스와 추종자 300명을 무참히 살해했다.

10년 후, 이 상처가 아직 아물지 않은 주전 123년에 티베리우스 그라쿠스의 동생 가이우스 그라쿠스 Gaius Gracchus(주전 154-121년)가 호민관에 선출되었다. 가이우스 그라쿠스는 형의 실패를 거울 삼아 기사계층과 평민의 정치참여를 강화하는 복합 정책을 추진하였다. 값싼 가격으로 곡물을 배급하는 농지법을 완성해 기사계층과 평민의 지지를 이끌어내기도 했다. 가이우스 티베리우스 법령 때문에 기득권을 잃을 수 있다고 생각한 원로원 권문세가들은 주전 121년에 가이우스 그라쿠스와 추종자들마저 학살해버렸다. 그러자 가이우스 티베리우스 법령으로 혜택을 입게 될 동맹시들(고린도 등)이 불만을 토로했고, 급기야 주전 91-88년에는 반反로마 동맹시 전쟁을 일으킨다. 이 전쟁을 진압하는 과정에서 악명 높은 마리우스와 술라가 로마권력을 장악한다.

마리우스와, 마리우스의 부관이자 군사담당 부하인 술라는 로마

---

8 플루타르코스 저, 천병희 역, 《플루타르코스 영웅전》(숲, 2010), 419.

공화정이 급격하게 쇠락하는 데 기여한 상호적대적인 정파를 대표했다. 마리우스는 일곱 번이나 집정관에 선출된 공화정 옹호파다. 술라는 로마를 지킨다는 명분으로 대량살육을 서슴지 않은 장군이요 독재관이자, 제1차 삼두정치의 거두 중 하나인 폼페이우스를 로마 정계에 데뷔시킨 상관이다. 술라는 마리우스를 몰아내고 소아시아 미트리다테스 원정을 떠난다. 원정에서 돌아온 후에 술라는 마리우스 추종자인 킨나를 비롯한 정적들을 무자비하게 숙청한다. 마리우스와 술라의 권력투쟁은 1차 삼두정치를 거쳐 줄리우스 시저가 종료시킨다. 제1차 삼두정치를 계기로 줄리우스 시저가 혜성처럼 나타나 마리우스와 술라의 권력투쟁으로 흔들리던 로마를 진정시켰다.

그라쿠스 형제의 부분적 재림이라고 불리는 줄리우스 시저가 등장할 때까지 거의 100년 동안 대지주-보수적 권문세가와 평민, 양 세력은 갈등하고 쟁투했다. 이 과정에서 로마공화정이 몰락하고 줄리우스 시저가 종신독재관에 취임(주전 45년)한다.[9] 하지만 로마공화정을 지킨다는 명목으로 원로원의 젊은 의원들이 시저를 암살하고 (주전 44년) 나서 로마는 다시 제2차 삼두정치의 시대로 접어든다. 제2차 삼두정치는 옥타비아누스가 안토니우스-클레오파트라 연합군을 악티움 해전에서 격파하여(주전 31년) 황제권력을 쟁취함으로 종결되었다. 결국 포에니 전쟁 종결 이후 150여 년 권력투쟁과 내전의 결과는 로마제정帝政의 시작이었다. 로마공화정의 이상을 실현한다는 명분으로 옥타비아누스가 황제로 등극하는 역설에 직면했던 것이

---

9 아우구스티누스는 주전 46년에 시저의 권력장악으로 공화제가 붕괴되는 상황을 지켜보다가 피를 토하며 자살한 카토를《하나님의 도성》에서 여러 번 언급한다.

다. 베르길리우스는 아우구스투스를 이 150여 년 내전 종결자로 매우 우호적으로 소개한다.

> 여기에 아우구스투스가, 이탈리아인들을 독전하는 카이사르가
> 원로원 의원들과 인민들과 함께, 조상신들과 위대한 신들과 함께
> 높이 솟은 뱃고물에 우뚝 서 있도다. 그의 이마에는 두 줄기의
> 광채가 뿜어져 나왔고, 정수리에는 아버지의 별이 맴돌았도다.
> …
> 맞은편에는 야만의 전리품과 다양한 무구와 함께 안토니우스가
> 인디아의 해안가와 동방의 나라들로부터 개선하는 승리자의 모습이
> 이집트와 동방의 군인들과 멀리는 박트리아의 용사들이 전열을 함께
> 짜고 있도다.[10]

베르길리우스의 팍스 로마나, 영원불멸 로마제국 칭송이 《아이네이스》의 주조음이다. 베르길리우스가 보기에 로마는 주신主神 주피터(유피테르)가 지켜주는 무한제국이다.

> 두려워 마라, 베누스여, 네 백성의 운명은 확고하다.
> …
> 백성들은 로물루스의 이름에서 자신들을 로마인이라 부를 것이다.
> 나는 그들에게 시간과 공간의 한계를 주지 않았다.
> 나는 무한제국을 주었다.
> …

---

10 베르길리우스, 《아이네이스》, 285, 제8권, 678-690행.

이것이 나의 뜻이다.[11]

아우구스티누스의 《하나님의 도성》은 베르길리우스 특유의 로마 칭송에 대한 강력한 안티테제다. 로마는 기껏해야 필멸할 《인간의 도성》에 불과하다는 것이다. 하나님나라의 시좌視座에서 보면 로마는 결코 무한하지 않으며 미신, 불의, 폭력, 음란이 가득 찬 악의 나라일 뿐이다. 따라서 로마제국의 쇠락은 교회가 세계만민을 하나님의 도성으로 향도하고 견인해가는 데 유리한 환경을 제공한다. 하나님의 도성은 이미 가톨릭교회로 시작되었으나 세속역사에 대해 순례자요 나그네로서의 위상을 가지며, 오메가 포인트에 가서 완성될 하나님나라의 이정표요 향도. 세계역사는 하나님의 도성에 창조적으로 흡수되어야 하며, 로마의 평화가 아니라 하나님나라의 영구 평화로 종결되어야 한다.

제정시대의 팍스 로마나(주전 27-주후 180년)

베르길리우스가 그토록 칭송하던 아우구스투스가 개시한 제정시대 로마의 역사도 《하나님의 도성》에서 광범위하게 인증하며 언급한다. 따라서 제정시대의 로마역사와 기독교 공인 이후 서로마제국 말기 역사를 간략하게 개관할 필요가 있다.

앞에서 살펴보았듯이 제1차 삼두정치(크라수스·폼페이우스·시저) 및 제2차 삼두정치(안토니우스·레피두스·옥타비아누스) 시대를 지나 주전 31년 옥타비아누스파가 악티움 해전에서 안토니우스-클레오파트라 연합군을 패퇴시킴으로써 제정帝政시대가 시작된다. 주전 44년 3월

---

11 위의 책, 232-233, 제1권, 257-283행.

15일 브루투스-카시우스 일파가 시저를 암살한 후 전개된 내전의 궁극적 승리자이자 시저의 양자인 옥타비아누스가 주전 29년에 원로원의 제1인자가 되었다. 이어 주전 27년에는 공화국 복원을 명분으로 내걸고 황제가 되었는데, 적어도 외형상으로는 공화국 친화적인 황제가 되었다.

옥타비아누스는 이집트나 메소포타미아의 황제가 누리던 전제적 통치권한을 포기하고 공화제국가를 회복시켰다. 이에 대한 보답으로 원로원은 옥타비아누스에게 '아우구스투스(존엄한 자)'라는 존칭을 주었다. 옥타비아누스는 형식적으로는 공화제를 재건하였으나 실질적으로는 다양한 통치권능과 권한을 보유하게 되었다. 호민관 직권, 집정관 명령권을 비롯하여 공화제적 관직에 부수하는 권한을 종신토록 누렸고, 로마제국 전체의 거의 절반에 달하는 속주屬州 통치권을 손에 넣었다. 일약 로마제국 내 최대 부자인 동시에 사병私兵급 대규모 상비군을 거느린 원수元首 아우구스투스Augustus(지존자)가 된 것이다. 아우구스투스는 전쟁에 능한 야전사령관이 아니라 국가 재정을 투명하게 운영하고 군대를 잘 관리한 수성형守成型 통치자였다. 아우구스투스는 율리우스 클라우디우스가家 일원인 티베리우스를 양자로 삼아 황위를 물려주었다. 누가복음 3장 1절에 등장하는 로마제국 2대 황제 티베리우스(재위 14-37년)는 로마가 아니라 나폴리 근처 외궁에서 로마를 통치했으며 속주 통치체제를 정비하고 제국관료帝國官僚 기구도 정비했다.

3대 황제 칼리굴라(재위 37-41년)는 난폭한 인물로서 국고를 거듭해서 엄청나게 낭비하며 로마시민들의 재산을 몰수하는 폭정을 일삼았다. 또 자신의 신격화를 극단적으로 추진함으로써 반세기 후에 소아시아 등지에서 강행한 황제숭배皇帝崇拜 관습 도입을 재촉하는 길을 터놓기도 했다. 칼리굴라가 근위군 장교에게 암살된 뒤, 4대 황제로 추대된 인물이 사도행전 11장 28절과 18장 2절(모든 유대인들 로마 추방령 선포자)에 나오는 클라우디우스 1세(재위 41-54년)다. 클라우디우스는 제국의 도시화와 시민권 확대정책을 추진하는 한편, 궁정관료제도를 완비하고, 제국의 행정과 재정 조직 정비에도 힘을 씀으로써 황제권력을 강화했다. 클라우디우스의 뒤를 이은 네로(재위 54-68년)는 로마시에 불을 지르고 그 죄를 기독교인들에게 덮어씌워서 많은 기독교인들이 순교하게 하는 공포정치를 폈다. 네로의 폭정을 막기 위해 제국 각지에서 4명이나 자신을 황제로 칭稱하며 각축했으나, 66-70년에 유대 반란을 진압한 베스파시아누스가 마지막 승리자가 되어 평화와 안정의 시대를 되찾았다. 베스파시아누스의 아들인 티투스가 유대 진압을 이어받아서 예루살렘을 완전히 파괴했다. 베스파시아누스(재위 69-79)는 변경수비를 강화하고, 시민권 확대정책을 추진하는 한편, 원로원과 협조해 거대한 관료조직을 구축했다. 베스파시아누스 사후에 티투스(재위 79-81년), 도미티아누스(재위 81-96년)가 황제 자리를 계승했지만, 전제군주적인 도미티아누스가 암살당하고 기록도말형에 처해지자 베스파시아누스 왕가도 붕괴되었다. 도미티아누스는 당시 소아시아의 기독교인들에게 '환생한 네로'(짐승의 숫자 666은 네로의 로마이름 NERO의 숫자값이다)로 통했으며, 이 황제의 소아시아 기독교회 박해정책이 요한계시록의 저작 배경이 되었다.

도미티아누스 이후에는 기이하게도 평화치세, 즉 팍스 로마나 시대(주전 27년-주후 180년)가 이어진다.[12] 소위 로마 오현제伍賢帝가 팍스 로마나 시대를 주도했다. 오현제 시대에는 황제 자리가 세습으로 이

---

12 팍스 로마나는 주로 로마가 정복한 해외 속주에 대한 로마제국의 견고한 통치력을 의미한다.

어지지 않았다. 원로원 의원 중에서 가장 유능한 인물을 황제로 지명했기 때문에, 훌륭한 황제들이 연이어 등극했다. 네르바부터 마르쿠스 아우렐리우스까지 약 200년간 로마제국은 정치가 안정되고, 경제가 번영했으며, 제국의 영토 또한 최대로 확장되었다. 로마 문화는 속주屬州 각지에 전파되어 모방효과를 불러일으켰다. 로마제국은 제국의 위용을 과시하며 최성기最盛期를 이루었다.

로마제국은 유사불멸적 인간의 도성이었다. 온순한 네르바 황제(재위 96-98년)는 로마제국의 사회복지 정책을 입안하고 시행했으며, 외유내강형 정복군주 트라야누스(재위 98-117년)는 제국의 판도를 넓혔고 기독교 신앙의 공공연한 전파행위를 금하는 법령을 제정했다. 트라야누스는 최초의 속주屬州(에스파냐) 출신 황제로서 대외정책과 자선사업을 적극적으로 추진하는 한편 동방 나바티아왕국(에돔 지역)을 합병한 데 이어 파르티아왕국의 수도 크테시폰을 공략하고, 다키아(현재의 루마니아)·아라비아(나바티아)·메소포타미아·아시리아 등 여러 동방속주를 추가하여 제국영토를 엄청나게 넓혔다. 반평생을 속주순행屬州巡幸에 바친 인물이자 그리스 문화의 애호가이던 하드리아누스(재위 117-138년)는 제국수성에 투신했다. 하드리아누스는 제국 각지를 순수巡狩하면서 국경방위 강화에 힘쓰는 한편, 속주의 통치조직·제국행정제도·관료제도·군대제도를 개선하고 정비했다. 하드리아누스에 이어 제위에 오른 안토니누스 피우스(재위 138-161년)는 경건하였으며, 야심찬 통치경영 계획도 추진하지 않았고 아무것도 하지 않았지만 통치를 훌륭히 해낸 황제였다. 오현제의 마지막 황제인 마르쿠스 아우렐리우스(재위 161-180년)는 스토아철학자였고 우리에게는《명상록》의 저자로 알려진 인물이다. 플라톤의 이상국가의 군주에 어울리는 이 철인哲人 황제는 로마제국 국경의 안보가 흔들리는 사태를 등극 초기부터 겪는 바람에 국경수비, 특히 북쪽 변경 수비에 진력했다. 하지만 다뉴브강 중류 지방으로 쇄도하던 게르만족의 침입을 끝내 막지 못하고 일부 게르만족에게 제국 내의 토지를 떼어주어 소작농으로 삼고 제국 방위를 맡길 수밖에 없었다.

그러나 로마제국의 위기는 더 근본적이었다. 아우렐리우스 황제 때 비로소 시작된 것이 아니라 평화로워 보이던 팍스 로마나 시대 초기부터 누적된 위기였다. 아우렐리우스 시대는 로마의 평화가 얼마나 취약한지를 서서히 드러내는 위기였다. 오현제 시대에 제국 내부에서 싹트던 위기는 로마제국 토대 자체의 동요였다. 제국 번영을 노예의 무상노동력에 의존한 것이 근본 문제였다. 생산품 대부분을 수출하던 공화제 말기부터 제정 초기 이탈리아 노예제 대농장(라티푼디움) 경영에 문제가 발생한 것이다. 노예는 노동력인 동시에 자본투자의 대상이기도 하였으나 노예제도 자체가 지속적인 경제 번영을 담보하지 못했다. 노예 공급원의 감소, 대규모 노예제 농장에 투자한 자본의 수익성 감소, 그리고 노예제 대농장에서 생산된 제품들의 판로 정체 등이 노예제사회를 뿌리째 뒤흔들었다. 그 와중에 로마제국의 통치를 원활하게 해주는 세포단위인 도시들이 쇠락하자, 대지주들의 농업 수익도 덩달아 감소했다. 결과적으로 생산성이 낮은 토지를 경작하던 소작인의 부담도 점차 무거워져갔다. 로마황실은 거대국가로 탈바꿈한 로마를 더는 법치의 이름으로 통치할 수 없는 지경에 이르렀고, 마침내 야전에서 황제가 선출되는 군인황제 시대가 열렸다.

세베루스 왕조와 군인출신 황제 시대

오현제의 마지막 황제인 마르쿠스 아우렐리우스의 뒤를 이은 아들 코모두스(재위 180-192년)가 전제정치를 행하다가 암살된 후에 셉티미우스 세베루스(재위 193-211)가 혼란을 수습했다. 그 후 약 50년 동안 황제 26명이 난립하는 '군인황제' 시대가 열렸다. 군인황제 시대를 끝내고 제위에 오른 황제가 기독교 박해자인 디오클레티아누스와 기독교 공인자인 콘스탄티누스였다. 이 두 황제를 《하나님의 도성》에서 비중 있게 다룬다.

한편 기독교를 박멸하려는 조직적인(국가적) 시도가 처음으로 보이기 시작한 것도 3세기의 일이었다. 이전에는 산발적으로, 비체계적으로 기독교를 박해했다. 일찍이 네로는 로마 대화재의 책임을 전가해 기독교인들을 죽였다. 트라야누스 황제는 트라야누스법을 반포해 기독교인이라고 공공연히 고백하기만 해도 징벌하고, 주교급 인물은 더욱 엄격하게 다스렸다. 아우렐리우스가 치세하던 165년에 트라야누스법에 따라 유스티누스(저스틴)가 최초로 순교했다. 외래종교에 관용을 보이던 로마제국은 250년 데키우스 황제 때 이르러 기독교를 분명하게 적대하기 시작했다. "모든 주민은 로마의 신에게 희생을 바쳤다는 증명서를 지녀야 한다"는 데키우스의 포고령이 선포되자 많은 배교자들이 발생했다. 257년, 258년에 발레리아누스 황제가 기독교를 박해했다. 그러나 그 아들 갈리에누스는 교회에 신교(信敎)의 자유를 허락했다. 그런데 디오클레티아누스(재위 284-305년)가 황제가 되자 다시 반기독교 정서가 고조되었다. 그런데 뒤이어 기독교 친화적인 콘스탄티누스 황제가 나타나서 로마제국과 기독교회는 급속히 우호적 호혜관계에 들어선다.[13]

기독교를 통해 제국의 정치적 안정을 도모한 콘스탄티누스의 기독교 후원

디오클레티아누스는 정제 두 명과 부제 두 명을 두어 제국을 분할

통치하는 동시에 강력한 중앙집권적 전제군주정체를 구축했다. 그러나 이 사분체제와 중앙집권적 전제정치의 부조화는 디오클레티아누스 사후에 일어난 내란의 근인根因이기도 하다. 황제 사후에 로마는 최고 황제권을 놓고 내란이 벌어졌는데, 이 내란을 수습하고 우월한 정제의 지위를 차지한 사람이 콘스탄티누스 1세(재위 306-337년)였다. 전설에 따르면[14] 콘스탄티누스는 312년에 하늘에서 십자가 표지를 보고 경쟁자 막센티우스를 격파했으며, 로마로 입성한 다음 해인 313년 밀라노에서 부제인 리키니우스와 회담해 그리스도교 공인 칙령(밀라노 칙령)을 발표했다. 황제는 325년에 니케아에서 종교회의를 열고 교리논쟁敎理論爭을 해결하려고 했다. 이어서 330년에는 콘스탄티노플로 천도해 제국과 동방 로마에 융성하던 기독교의 결합을 더욱 굳건히 하였다. 하지만 콘스탄티누스 1세 사후에 제국은 아들들과 일족一族의 내분으로 황폐화하였다. 콘스탄티누스가 이끌어 가던 역사의 흐름에 역행한 '배교자' 율리아누스(재위 361-363년) 황제는 전통적 로마종교 제의祭儀와 이교異敎를 부흥시켜 기독교를 공격하고, 로마 고제古制의 회복을 꾀하였으나 페르시아와 전쟁을 치르면서 전사하여 단명으로 치세가 끝났다.

---

13 디오클레티아누스의 업적 중 하나는 사분통치체제의 확립이었다. 디오클레티아누스가 등극할 때 로마제국은 너무 넓어 정제正帝 2명과 부副황제 2명이 분할통치할 수밖에 없었다. 다만 디오클레티아누스는 변경 수비를 다시 굳게 하고 통치기구를 정비함으로써 로마제국을 중앙집권적인 관료국가로 바꾸는 데 전력을 쏟았다. 286년에는 부제副帝인 막시미아누스를 정제正帝로 승진시켜 서방 로마를 통치하게 하고 자신은 동방 로마를 맡았다. 그러나 얼마 못되어 293년에 그는 동방 로마와 서방 로마에 부제를 각각 새로 임명하여, 사분통치제四分統治制를 확립했다.

14 가이사랴 유세비우스, *Life of Constantine: Vita Constantini* 1:28(John H. Haaren, et al., *Famous Men of Rome* [Yesterday's Classics, 2006], 229).

게르만의 침략과 서로마제국의 멸망

율리아누스 사후에 동방과 라인강, 다뉴브강 쪽에서 이민족이 거듭 침입해왔다. 서부를 통치하던 발렌티아누스 1세(재위 364-375년)와 동생인 동제東帝 발렌스(재위 364-378)가 분투했지만 제국의 국경은 급속도로 불안정해졌다. 서부에서는 알라만인人이 침입하고, 갈리아 반란亂도 격화하였으며, 브리타니아·파노니아·북아프리카 등에서도 로마제국의 통치력은 와해되고 있었다. 그중에서 로마제국 동부로 몰려드는 고트족이 가장 위협적이었다. 365년에는 고트족이 반란을 일으켰고, 376년에는 흉노匈奴에게 쫓긴 서西고트족이 정주할 땅을 찾아 남하하여 고트족들과 함께 트라키아 전토를 짓밟고 마침내 발렌스의 군대를 궤멸했다. 이러한 안팎의 위기를 돌파하려고 로마제국을 철저한 군사국가(상시전쟁수행국가)로 바꾸었으나 군인은 거의 야만인으로 구성되었고, 한편 경제활동은 극심하게 정체停滯되었다.

《하나님의 도성》에서 아우구스티누스가 크게 칭찬하는 믿음의 황제 테오도시우스 1세가 이런 상황에서 등극한다. 테오도시우스는 경건과 기독교 신앙의 전범典範이었으나 현실정치에서 커다란 업적을 남기기에는 주변 상황이 좋지 않았다. 로마제국 전체를 통치할 수 있던 마지막 황제이던 테오도시우스 1세가 죽자(395년), 제국은 최종적으로 동서로 분리되어 동반부는 아르카디우스, 서반부는 호노리우스가 영유하였다. 이제 로마는 서로마제국의 중심지였을 뿐이었으며 주변에서 육박하는 이민족들의 침략을 견디기에는 너무 약해져 있었다. 서로마제국에서는 게르만 출신 무장武將 스틸리코가 정치적 실권을 장악하였으나, 스틸리코가 처형된 뒤 각지에서 황제를 참칭하는 자들이 난립하여 정정政情이 어려워지고 있었다.

410년에는 서고트족의 알라릭왕이 로마시를 점령해 3년 정도 유린했다. 그 뒤 서고트족은 방향을 돌려 에스파냐로 진격했으며, 그 사이에 게르만족인 반달족이 아프리카로 진출하여 왕국을 세웠다. 게르만족인 부르군드족과 프랑크족은 갈리아에 침입하고, 색슨족은 브리튼섬으로 건너가 브리타니아 지역을 정복했다. 한편 카탈라우눔 전투에서 서로마 아에티우스 장군이 서고트족과 프랑크족의 힘을 빌려 아틸라가 지휘하던 흉노족을 격퇴하였으나(451년), 455년에 로마시는 반달족에게 다시 약탈당했다. 그 후 게르만인 장군이 로마의 정치적 실권을 쥐었으며, 결국 게르만인 용병대장 오도아케르가 황제 로물루스 아우구스툴루스를 폐하여 서로마제국을 완전히 멸망시켰다(476년).

《하나님의 도성》은 서로마제국의 멸망을 예감하고, 몰락하는 인간의 도성 로마에서 하나님의 도성으로 로마의 기독교인들을 정신적으로 소개疏開하는 안내서다. 아우구스티누스는 반달족에 약탈당하던 레기우스의 히포에서 로마인들의 비명을 들으며 그들을 하나님의 도성으로 소개疏開하였다.

《하나님의 도성》에서 언급하는 로마역사상 주요 사건 연표

트로이 전쟁(주전 11세기)–로마 건국 조상들(아이네아스 집단) 이탈리아 상륙

로마 건국(주전 753년)

왕정 시대(주전 753-509년)

1대 왕 로물루스(주전 753-715년)

2대 왕 누마 폼필리우스(주전 715-673년)

3대 왕 툴루스 호스틸리우스(주전 673-642년)

4대 왕 안쿠스 마르키우스(주전 642-617년)

5대 왕 타르퀴니우스 프리스쿠스(주전 616-579년)

6대 왕 세르비우스 툴리우스(주전 578-535년)

7대 왕 타르퀴니우스 수페르부스(주전 534-509년). 왕정 멸망과 공화정 개시

공화정 시대(주전 509-31년) 주요 사건들

주전 405-396년: 마르쿠스 카밀루스의 베이Veii 침략과 함락

주전 390년: 켈트족(갈리아족, 현재 프랑스의 조상인 골Gaul)의 로마 침략. 로마공화국 첫 패전

주전 4세기 초: 캄파니아 정복

주전 326-290년: 이탈리아 반도의 북부와 중남부 지역 산니움, 움브리아, 에트루리아 정복(산니움 전쟁)

주전 282-275년: 이탈리아 남부 도시국가이자 스파르타 식민지인 타렌툼 정복. 타렌툼 요청으로 그리스 에페이로스의 왕 피로스가 참전하나 로마의 승리로 종료(피로스 전쟁)

주전 273년: 지중해 진출 교두보 시칠리아를 놓고 카르타고와 격돌. 포에니 전쟁 서곡.

주전 264-146년: 세 차례에 걸친 포에니 전쟁 승리.

주전 141년: 지중해 제해권 장악. 로마의 유일패권시대 시작. 로마 사회의 양극화 심화.

주전 133-121년: 티베리우스 그라쿠스[1]와 가이우스 그라쿠스[2] 형제의 사회양극화 개혁운동과 좌절

주전 108-86년: 로마공화국을 결정적으로 몰락시킨 귀족과 평민의 대결을 대표한 가이우스 마리우스와 루키우스 술라의 권력투쟁과 내전

주전 59-54년: 제1차 삼두정치(크라수스, 폼페이우스, 줄리우스 시저)

주전 58-51년: 시저의 갈리아 전쟁

주전 49-45년: 시저가 루비콘 도강으로 폼페이우스와 내전, 내전 승리 후 종신 독재관 취임

---

1 티베리우스 그라쿠스의 사회양극화 해결정책은 국유지나 지주들의 땅을 유상몰수하여 농민들에게 무상분배하는 것이었다. 이 법안에서는 국유지의 공정한 분배와 자작농의 보호를 꾀했다.

2 가이우스 그라쿠스의 주요 개혁법안 중에는 형 티베리우스가 추구하던 자작농 육성법인 농지개혁법과 국가가 빈민에게 밀을 싼 값으로 제공하는 곡물법 등이 있었다. 이 모든 법들은 로마의 권문세가와 지주세력의 보루인 원로원의 격분을 사기에 충분했다.

주전 44년: 시저 암살

주전 44-31년: 제2차 삼두정치(안토니우스, 옥타비아누스, 레피두스)

주전 31년: 옥타비아누스가 악티움 해전 승리로 안토니우스 제압

주전 27년: 옥타비아누스 로마황제 등극

공화정 시대 이후 도입하거나 제정한 평민 보호 혹은 평민 정치참여 장려법

주전 449년 12표법: 로마 최초의 성문법. 평민들의 권익을 보호하는 법치주의 기틀 마련.

주전 445년 카눌레이우스 법: 호민관 카눌레이우스가 발의. 귀족과 평민의 결혼을 인정한 법으로 결혼을 통한 신분 이동 가능성 수용.

주전 367년 리키니우스-섹스티우스 법: 호민관 리키니우스와 섹스티우스가 발의. 집정관consul 두 명 중 한 명은 평민 중에서 선출한다는 법. 주전 366년에 최초의 평민 출신 집정관 섹스티우스 선출.

주전 287년 호르텐시우스 법: 평민 출신 독재관 호르텐시우스가 제정한 법으로 평민회의 결의나 결정이 귀족에게도 적용된다고 규정.

제정시대(주전 27년-주후 476년)

아우구스투스, 티베리우스, 클라디우스로 이어지는 제정 안정기

5대 황제 네로(54-68년)의 기독교 박해(64-65년)

베스파시아누스(69-79년), 티투스(79-81년)의 유대 침략과 예루살렘 함락(66-70년)

94-96년: 도미티아누스(81-96년) 소아시아 기독교 박해

96-180년: 로마 오현제 시대. 네르바(96-98년)-트라야누스(98-117년)-하드리아누스(117-138년)-안토니우스 피우스(138-161년)-마르쿠스 아우렐리우스(161-180년)

118년: 트라야누스(98-117년) 황제 기독교 신앙전파 주동자 처벌령 공포

165년: 순교자 유스티아누스(100-165년) 순교

235-284년: 군인황제 시대[3]

250년: 데키우스 황제의 기독교 박해

280년: 반기독교 황제 발레리아누스의 기독교 박해

284년: 디오클레티아누스 황제의 전제정치와 기독교 대박해[4]

293년: 두 정제, 두 부제로 사분된 대로마제국 시대 시작

306년: 콘스탄티누스 황제

313년: 콘스탄티누스 황제 밀라노 칙령 공포

325년: 콘스탄티누스 니케아 공의회 소집

330년: 콘스탄티누스 황제 콘스탄티노플 천도遷都

361년: 배교자 율리아누스 황제의 로마전통 종교부활

392년: 테도오시우스 황제 기독교 국교화 강행

410년: 서고트족 로마 유린

413-426년: 《하나님의 도성》 집필

---

3   오현제의 마지막 황제 마르쿠스 아우렐리우스를 이은 아들 코모두스(재위 180-192년)의 전제정치로 시작된 정치 혼란을 셉티미우스 세베루스(재위 193-211년)가 수습한다. 그 후 약 50년 동안(235-284년)은 26명의 황제가 난립하는 '군인황제'시대였다.

4   아우구스티누스는 18권 52장에서 기독교를 박해한 로마 황제 열 명을 거명한다. 이 일람표의 로마황제 치세목록에 나오는 네로, 도미티아누스, 트라야누스, 안토니우스, 아우렐리우스, 발레리아누스, 데키우스, 디오클레티아누스 외에도 세베루스 암살 후 등극한 최초의 군인황제 막시미누스(235-238년), 4세기 말 디오클레티아누스의 충복이자 서방 로마를 다스린 막시미아누스(250-310년) 두 명을 포함하여 열 명이다.

430년: 아우구스티누스 별세

476년: 게르만 용병대장 오도아케르에 의해 서로마제국 멸망

1부
로마제국의 붕괴 원인은 무엇인가

1-5권, 로마 사람들을 논박하다
6-10권, 로마의 이교도들을 논박하다

1-5권
로마 사람들을 논박하다

1권: 서고트족의 로마 유린은 기독교 때문인가
2권: 로마제국의 쇠락은 기독교 때문인가
3권: 로마제국, 내우외환과 천재지변으로 무너지다
4권: 로마제국은 다신숭배 덕분에 번영한 것이 아니다
5권: 로마제국의 번영은 하나님의 섭리였다

제1권:
서고트족의 로마 유린은 기독교 때문인가

《하나님의 도성》 1권에서 아우구스티누스는 세상의 재난, 특히 410년 서고트족의 로마 약탈이 기독교의 득세와 그로 인한 로마의 전통신 숭배 금지 때문이라는 이교도들의 주장을 반박한다. 로마 유린 사태에 대한 책임이 기독교에 있다는 로마인들의 비판을 아우구스티누스는 세 가지 논지로 반박한다. 첫째, 410년 로마 유린 사태 동안 기독교는 구원의 표상이었으며, 교회는 침략자들에게도 예우를 받은 구원의 피난처였다. 둘째, 고난은 하나님의 불가해한 섭리 가운데 일어나는 사태다. 셋째, 로마의 곤경과 환난은 기독교가 로마에 들어오기 전에 초래된 것으로, 특히 포에니 전쟁의 승리감에 도취된 로마귀족층의 도덕적 방탕과 타락 때문에 일어났다(30-36장).

서문: 영광스러운 하나님의 도성

1권 서문의 첫 문장은 이렇다.

내 사랑하는 아들, 마르켈리누스여, 그대가 제안하였고 내가 그렇게 하겠다고 약속한 이 작업의 주제는 영광스러운 하나님의 도성이네. 나는 그 도성을 건립한 분보다 자기들의 신들을 더 좋아하는 자들에 대항하여 영광스러운 하나님의 도성을 옹호하는 일에 착수하였네. 이 도성은 쏜살같은 시간 속에서 믿음으로 살아가는 동안(합 2:4; 롬 1:17; 갈 3:11; 히 10:38), 불신자들 가운데 이방인처럼 보이나 의를 회복하실 공평한 판결이 이뤄질 때까지 인내로 기다리며 영원한 보좌에 확고하게 앉아 마침내 뛰어난 덕성으로써 최후 승리와 완전한 평화를 얻게 될 놀랍도록 영광스러운 모습이네. 이 일은 엄청나고 힘든 작업이지만 하나님이 나의 도움이 되신다네(시 118:6, 저자 사역).

'하나님의 도성'이라는 제목은 시편 87편 3절에서 나왔다. "하나님의 성이여 너를 가리켜 영광스럽다 말하는도다(셀라)." 히브리어 원문은 "오 하나님의 도성이여, 영광스러운 것들이 네게 대하여 말해지고 있도다(셀라)"로 직역할 수 있다. 이 외에도 시온 찬양 시편들과 이사야 등이 시온에 터 잡은 하나님의 도성을 말한다. 특히 시편 46-48편과 이사야 1, 11, 32, 33장을 보면 시온, 곧 하나님의 도성은 공평, 자비, 정의, 하나님을 아는 지식이 가득 찬 곳이며 경건치 않은 죄인은 접근 불가능한 이상화된 인간 사회다. 공평과 자비와 정의가 일상에서 현실화한 곳이 곧 하나님의 도성이다. 하나님의 도성은 인간 역사 속에 존재하며, 불신자가 다수파인 로마제국 내에서는 이방인처럼 보인다. 하지만 하나님의 도성은 하나님의 완전한 공평과 정의가 이 땅에 실현될 때까지 인내하며, 최후 승리와 완전한 평화에 도달할 때까지 하나님의 통치를 받으면서 자라갈 것이다.

여기서 중요한 것은, 하나님의 도성이 하나님의 공평과 정의만 있고 악의 가능성은 전혀 없는 사회가 아니라는 점이다. '하나님의 도성'은 16세기 종교개혁자들이 말하는 불가시적인 교회이면서도 동시에 죽어 완전케 된 의인들과 지상에 살아있는 성도의 총회를 의미한다(히 12:22-24). 그것은 한편으로는 지상적이면서 동시에 영원한 하나님나라로 수렴되는 천상天上 지향적이고 영원한 신-천사-인간 연합 공동체다.

기독교가 로마의 전통 신 숭배를 금지했기 때문에 서고트족이 로마를 유린했다는 이교도들의 주장에 대해 아우구스티누스는 인생의 길흉화복은 악인과 선인을 가리지 않고 찾아온다고 답변한다. 또 로마 여인들이 이방 군대에게 능욕당한 것이 기독교인 때문이라는 주장이 터무니없는 오해라고 주장한다.

로마 유린이 기독교 때문이라는 주장에 대한 논박(1-7장)

로마역사, 그리스-로마신화, 로마의 국가적 서사시 베르길리우스의 《아이네이스》, 플라톤철학 등에 대한 선先지식이 있다면 《하나님의 도성》을 더욱 풍요롭게 음미할 수 있다. 아우구스티누스는 트로이 전쟁부터 시작되는 로마 건국의 역사, 그리스-로마신화에 등장하는 신들의 행태들을 친숙하게 인용하거나 인증한다.

1장. 서고트족의 410년 로마 유린 생존자들의 기독교 비난 논박

아우구스티누스는 야만인들이 로마를 노략할 때 그리스도 때문에 살아놓고도 그리스도의 이름을 반대하는 자들을 논박한다. 아리우스파[1] 기독교인이었던 서고트족 알라릭은 성 베드로와 성 바울 교회로 피신한 사람들을 관대하게 대했다. 아우구스티누스는 이를 강조하며 기독교 신앙이 로마인들에게 재난 중에 피난처와 구원을 제공했지, 재난의 원인은 될 수 없음을 역설한다.

2장. 피난처가 된 교회와 그리스도

승리자들이 패배자들을 그 신에 대한 존중심으로 살려준 사건은 보통 전쟁 관행과는 정반대라는 점과, 교회로 피신한 많은 로마인들이 구출받았다는 사실을 들어 그리스도와 교회가 로마인들에게 구원의 표상임을 역설한다.

3장. 자신들을 구원하지 못했던 신들을 여전히 믿는 로마인들의 맹목신앙 비판

3장은 트로이 전쟁사를 배경으로 로마인들의 어리석은 신앙행태를 비판한다. 이 장에서 인용하는 베르길리우스의 《아이네이스》는 트로이 전쟁의 패배자인 아이네아스가 로마 건국의 아버지가 되는 과정을 그린 서사시인데, 이 서사시는 아우구스티누스 당시 로마인들이 열렬히 신봉하던 주피터(제우스, 혹은 유피테르)의 아내로 여신 우두머리인 유노(헤라)가 로마인들을 싫어하는 장면을 묘사한다. 아우구스티누스 당시 로마인들이 가장 열렬히 믿던 주피터와 아내 유노는 트로이 전쟁 때 로마 건국조상이 될 트로이인들을 전혀 돕지 않았다. 이렇게 아주 오래 전에 트로이도 지켜주지 못한 신들이 410년 서고트족의 침략에서 자기들을 보호해줄 것이라고 로마인들은 믿

---

1 아리우스파는 325년 니케아 종교회의에서 삼위일체 하나님 중 성자의 신성에 대한 논쟁에서 아타나시우스파에 패배해 이단으로 몰린 기독교종파다. 아리우스파는 예수 그리스도는 하나님의 아들이긴 하지만 성부 하나님만큼 영원하지는 않으며, 성부 하나님이 낳은 아들 하나님이며 따라서 존재하지 않았던 적도 있다고 주장한다.

었다. 이 맹목적인 신앙은 로마인들이 평소에 보여주는 현명함과 거리가 멀다는 것이다. 로마인들의 파멸원인은 '쉽게 패배당하고 소멸되기 쉬운' 신들을 보호자로 믿은 것이다. 로마인들은 자신들을 지켜줄 것이라고 믿던 로마제국의 전통 신들이 오히려 로마제국을 지켜주지 못한 사실에 직면해야 했다. 로마의 신학과 달리 기독교 신학은 하나님이 우리를 지켜주지 않으시면 '우리가 죄 지어서 벌받는 것'이라고 해석한다. 그러나 로마의 종교는 자기비판적 신학을 결여하고 있다고 비판한다.

4장. 구원에 무기력한 유노의 성소와 환난 날의 피난처가 된 그리스도의 교회

트로이의 유노(헤라) 성소는 그리스인들에게서 아무도 구원해주지 못했지만, 야만인 알라릭의 군대는 사도들의 교회로 피한 로마인들을 구원해주고 보호해주었음을 강조한다. 그리스인들이 유노의 신전을 자기들의 탐욕과 오만을 과시하는 장소로 선택한 반면, 알라릭 군대는 그리스도의 교회당을 겸손과 친절을 과시하는 장소로 선택했다.

5장. 로마가 외국도성을 노략질할 때보다 관대했던 서고트족의 정복자 알라릭

5장에 언급되는 살루스티우스가 쓴 로마역사에는 주전 1세기의 스토아적 미덕을 과시한 장군 카토 우티켄시스 Cato Uticensis(88쪽 각주 12)가 당시 전쟁에서 자행되는 온갖 종류의 참혹한 살육과 야만적 생명유린의 행태를 보고하는 인용문이 담겨 있다. "소년소녀들은 끌려가고 젖먹이들은 부모의 품에서 떼어집니다. 여인들은 정복자들의 쾌락의 도구가 되며 신전과 집은 노략질당합니다. … 싸우는 사람들, 시체들, 유혈과 애곡소리로 모든 것이 혼란합니다"(88쪽).

6장. 피정복민들의 신전을 초토화한 로마인들

아우구스티누스는 로마인들이 이탈리아의 인근 나라(시라쿠사, 타렌툼)를 정복할 때 자행한 신전 파괴와 약탈행위를 비판했다. 로마인들은 물론이요 당시 다른 나라 정복군 대부분은 알라릭과는 달리 이방인의 도성을 장악했을 때 신전으로 피신한 피정복민들을 그냥 두지 않았음을 상기시킨다.

7장. 그리스도의 이름으로 실행된 알라릭의 친절

로마가 약탈당할 때 일어난 잔인한 행동들은 전쟁에 부합했지만, 전혀 예기치 않았던 알라릭 군대의 관대한 행위들은 그리스도의 이름으로 실행되었음을 부각한다. 아우구스티누스는 시편을 인용하여 서고트족의 야만적 약탈 분위기가 하나님의 간섭으로 완화되고 억제되었다고 주장한다. "내가 회초리로 그들의 죄를 다스리며 채찍으로 그들의 죄악을 벌하리로다. 그러나 나의 인자함을 그에게서 다 거두지 아니하며 나의 성실함도 폐하지 아니하리로다"(시 89:32-33).

고난의 신비와 유익(8-9장)

앞에서 말했듯이 이 책의 저작 목적은 로마제국 다신교체제의 어리석음과 악마성을 폭로함으로써 기독교 신앙의 정당성을 옹호하는 것이다. 8-9장에서 아우구스티누스는 기독교를 공격하는 데 동원된 거짓된 증거를 참된 증거, 즉 기독교의 신앙 내용을 들어서 논박하는 변증의 진수를 보여준다.

8장. 악인과 선인을 가리지 않는 복과 불행

종종 복과 불행이 악인과 선인에게 무차별적으로 임한다는 사실을 강조한다(마 5:45). 그러나 자신에게 다가오는 하나님의 자비를 보고 악행과 불경건을 고치는 악인이 있는 반면에, 하나님의 인자하심과 용납하심과 풍성한 오래 참으심을 악용해 하나님의 의로운 심판 날에 임할 진노를 쌓는 악인도 있다(롬 2:4-5). 또 아우구스티누스는 선인과 악인에게 무차별적으로 닥치는 불행과 환난의 결과가 동일하지는 않다고 말한다. 선인은 환난과 불행을 통해 더욱 단단해지고 여물어지며 영적 성장을 맛본다. 악인은 환난과 불행을 통해 무너진다. 금을 빛나게 만드는 불이 왕겨는 태운다. 선인을 정련하고 정화하는 환난이 악인은 파멸시키고 근절한다. 똑같은 환난을 당하면서 선인은 기도하고 하나님을 찬양하며, 악인은 하나님을 증오하며 모독한다.

9장. 세상의 정과 욕심을 초극하게 하는 환난

아우구스티누스는 여기서 서로 긴밀하게 연결된 두 질문을 제기한 후 답변한다. 하나님의 복이나 고난이나 재앙이 왜 선인과 악인을 구분하지 않는가? 악인에게도 복이 임하고, 의인에게도 고난이 찾아오는 이유가 무엇인가? 이 두 질문을 따져본다. 악인에게 고난이나 재난이 임하는 것은 만유의 경험칙이니까 해명의 여지가 없다.

그러나 의인에게 고난이 닥치고 악인이 형통하는 까닭에 대해서는 모호하게 답변할 수밖에 없어 보인다. 하나님의 의로운 자녀들(로마의 기독교인들)에게 재난이 닥치는 이유는 여러 가지가 있을 수 있다. 성도에게 고난과 재난은 회개의 계기이면서도 동시에 응보와 징벌의 목적을 성취하거나, 정화와 개선의 기회를 제공하기도 한다. 더 나아가 환난은 성도에게 경건한 삶에 대한 격려, 현세의 삶을 집착하듯 사랑하는 것에 대한 경계, 그리고 세상살이의 이유식離乳食 과정이다(94쪽).

무덤이 없는 이는 하늘에 의해 덮인다(10-29장)

이 부분에서는 재산 손실(10장), 기아와 아사(11장), 합당한 매장 부재(12-13장), 유배와 투옥(14-15장), 강간과 자살(16-27장)을 포함하여 로마가 직면한 혼란과 참혹한 곤경을 자세히 묘사한다.

10장. 결코 약탈될 수 없는 정금 같은 신앙인격

세상 재물을 빼앗겨도 성도는 아무것도 잃는 것이 없으며(딤전 6:6-10, 공수래공수거 교훈) 오히려 "돈을 사랑하는 것이 일만 악의 뿌리"(딤전 6:10)라는 점을 강조한다. 하나님 앞에서 값진 인격의 소유물은 전쟁에서도 상실되지 않는다(눅 12:21). 아우구스티누스의 친구인 놀라Nola의 주교 파울리누스[2]는 포로가 되었을 때에도 다음과 같이 기도했다. "오 주님, 당신은 저의 재물이 어디에 있는지 아시므로 제가 금은 때문에 괴롭힘 당하지 않도록 해주십시오"(96쪽).

11장. 허무한 인생에도 불구하고 빛나는 성도의 삶

이르든지 늦든지 반드시 닥쳐오는 인생의 종결에 관하여 말한다.

---

2   놀라의 주교 파울리누스St. Paulinus, Bishop of Nola(354-431년)는 생몰연도가 아우구스티누스와 거의 같은 인물로서 금욕적 생활을 하며 고위성직자의 직분도 감당했다.

반드시 죽는 피조물인 인간에게 죽음 자체는 문제가 아니며 어떻게 죽느냐, 죽음 이후에 어디로 가느냐 하는 것이 더 중요하다고 강조한다. 나사로의 죽음이 어리석은 부자의 죽음보다 낫듯이(눅 16:19 이하) 경건하게 살다가 불의의 재난으로 죽임을 당한 성도는 부질없는 운명의 희생자가 아니다. 아무리 끔찍하게 죽음을 당한다고 해도 경건하고 의로운 삶을 살아온 성도는 아무 해도 입지 않는다.

12장. 하나님께 갈무리되는, 제대로 매장되지 못한 가련한 시신들

제대로 매장되지 못했다는 이유로 하나님의 사랑과 구원에서 배제되지는 않는다는 점을 역설한다. 사악한 피조물이 몸은 죽여도 영혼은 죽이지 못하며(마 10:28), 피조물의 악한 공격이 기독교인의 복된 지위를 파괴하지 못한다. "무덤이 없는 이는 하늘에 의해 덮인다"(로마 서정 시인 루칸[39-65]의 시).

13장. 하나님의 품 안에서 안식을 누리는 그리스도인

성도의 시신을 매장해야 하는 이유를 말하면서 죽임 당한 그리스도인들을 합당하게 매장해주지 못했다고 괴로워하는 생존자들을 위로하고, 제대로 매장되지 못한 그리스도인들도 하나님의 품 안에서 안식을 누릴 것을 상기시킨다.

14장. 적에게 사로잡힌 성도를 버리지 않으시는 하나님

사로잡힌 성도에 대한 하나님의 위로는 그치지 않을 것이며, 하나님은 다니엘과 세 친구들을 버리지 않으셨듯이 그들을 결코 버리지 않으실 것을 확신시킨다(단 3장).

15장. 무분별한 자살예찬 경계

비록 거짓 종교이긴 하지만 종교를 위해 자기에게 이익이 되지도 않는 자발적인 포로 생활을 견디어 낸 마르쿠스 레굴루스[3]의 예를 들어 자살자들의 논리를 비판한다. 레굴루스는 1차 포에니 전쟁 중(주전 256년) 카르타고에 포로로 잡혔다가 끝까지 숭고한 자세를 유지하며 죽임을 당했다. 거짓 신을 위해서 자신을 희생한 레굴루스도 칭송을 받는다면 그리스도를 위한 고난에 참여하는 순례자들이 그리스도인이라는 이유로 비난받을 이유는 없다.

16장. 적군의 성폭력도 앗아갈 수 없는 정결한 영혼

포로로 잡혀 정절을 잃은 성별된 처녀들과 다른 그리스도인 처녀들의 영혼은 더럽혀지지 않으며, 의지적으로 동의하지 않은 성행위는 영혼은 물론 육체도 더럽힐 수 없기 때문에 그 처녀들의 육체와 영혼은 여전히 정결함을 강조한다.

17장. 징벌이나 불명예에 자살로 맞서거나 맞서지 않은 사람 모두에 대한 배려

아우구스티누스는 징벌이나 불명예 때문에 자살한 사람이나 자살하지 않은 사람 모두 정상을 참작해주어야 한다고 말한다. 아우구스티누스는 참혹한 상황을 이겨내기 위해 자살한 사람의 심정도 이해하지만, 가룟 유다는 그리스도를 죽인 자신의 목숨을 징벌해 죽인

---

[3]   마르쿠스 아틸리우스 레굴루스 Marcus Atilius Regulus(주전 299-250년)는 1차 포에니 전쟁(주전 264-241년) 동안 포로로 잡혔지만 견인불발적 기상으로 갖은 굴욕을 이겨냈다(주전 267-250년). 아우구스티누스는 굴욕을 못 이겨 자살한 루크레티아와 대조하기 위해 극단적인 곤경에도 자살하지 않고 버틴 레굴루스를 찬양한다. 조호연·김종흡 역, 《하나님의 도성》, 102쪽 각주 24도 참조하라.

것이면서 또 다른 한편으로는 자신을 죽이는 죄를 범함으로써 또 다른 죄를 범했다고 본다. 자기를 죽인 사람을 명백한 살인자라고 봄으로써 자살한 사람들을 은근히 책망하는 것처럼 보인다.

18장. 타인의 정욕으로 파괴될 수 없는 정신적 순결 옹호

아우구스티누스는 상스러운 육체의 요구에 저항하다가 폭력의 희생자가 되었다고 하더라도 그 정신적 순결성은 조금도 손상되지 않는다고 말한다. 의사가 처녀를 치료하다가 부주의로 처녀막이 손상되었다고 하더라도 그 처녀의 육체적 순결은 손상되지 않는 것과 같은 이치라는 것이다. 정결하게 하는 정신의 결단력이 남아있는 한 그 사람의 육체가 타인의 정욕에 잠깐 희생당했다고 해도 그 요동하지 않는 자제력이 보존한 순결은 결코 손상당할 수 없다. 이 장은 성폭력을 당한 모든 사람들을 의미 깊게 위로하는 상담적 권면이 될 수 있다.

19장. 루크레티아 자살로 자살하지 않은 여자들을 비난하지 말아야 할 이유

아우구스티누스는 로마의 정숙한 열녀 루크레티아(?-주전 509년)의 영웅적 자살무용담을 지나치게 이용하는 것을 경계한다. 서고트족 침략군의 강간에 맞서 자살하지 않은 사람은 더욱 따뜻하게 목회적으로 배려해주어야 한다고 말한다. 시숙媤叔에게 강간당하자 자살한 루크레티아처럼, 410년 로마 유린 사태 때 강간당했는데도 자살하지 않았다며 일부 생존 여성들을 비난하는 것은 옳지 않다는 것이다(109쪽). 오히려 아우구스티누스는 자살자들을 약간 책망하는 듯이 보인다.

20장. 그리스도인들이 자살해서는 안 되는 이유

"살인하지 말라"(출 20:13)는 제6계명이 자살을 금지하기 때문이다.

21장. 사람을 죽여도 살인죄로 단죄되지 않는 경우

하나님의 권위로 전쟁을 수행하는 사람들이나 국가의 정당한 형벌권을 이용해 사형을 집행하는 경우, 살인죄가 성립되지 않는다. 이삭을 번제로 바치려던 아브라함의 행위는 믿음의 행위로 칭찬받았고, 입다의 딸 번제도 칭찬받을 행위지 살인이 아니다(삿 11:29-30). 삼손이 블레셋의 다곤 신전을 무너뜨려 자신도 죽고 블레셋 사람을 죽인 것도 살인죄가 안 된다(삿 16:28-30).

22장. 자살은 강한 정신력의 표징이라는 이방인들의 속설 논박

아우구스티누스는 플라톤의 영혼불멸설을 믿고 성벽에서 뛰어내려 자살한 클레옴브로투스Cleombrotus가 강한 정신력의 소유자로 알려진 사실을 제한적으로 인정하면서도 자살을 찬양하는 논리는 경계한다. 주님은 박해를 받으면 피하라고 가르치셨지 결코 자살을 가르치신 적이 없다는 사실을 상기시킨다. 자살은 하나님을 모르는 이방인들(살전 4:5)에게는 강한 정신력의 산 증거로 칭송될 수 있을지 몰라도 한 분 참 하나님을 섬기는 사람들에게는 어떤 경우에도 용납될 수 없다. 여기서 자살을 예찬하는 분위기를 막으려는 아우구스티누스의 목회적 고뇌가 느껴진다.

23장. 줄리우스 시저에게 패배해 자살한 카토 비판

줄리우스 시저(카이사르)의 승리를 참지 못하고 모욕당한 극단적 공화주의자 마르쿠스 카토의 자살마저도 칭찬받을 수 없다. 카토의 자살은 호소력이 있는 타당한 명분을 주창하기 위한 자살이라고 칭찬받았지만, 너그러운 시저가 정적인 자신을 용서해주는 명예를 누리게 될 상황을 견디지 못한 옹졸함의 표출로 보일 수도 있음을 암시한다.

24장. 자살보다는 극한의 고난과 굴욕을 참아낸 레굴루스

자살한 카토보다는 극한 고난과 굴욕 속에서도 자살을 하지 않고 모욕과 굴욕을 참아낸 욥이나 레굴루스가 더 훌륭한 사람임을 강조한다. 참된 하나님을 경배하며 하늘나라 시민권을 열망하는 그리스도인들은 자살하지 말아야 한다. 그리스도인들이 믿는 하나님은 아주 높은 하늘에서 낮고 낮은 곳으로 내려와 치욕을 겪으셨기에 치욕과 환난에 빠진 성도를 결코 버리지 않으신다. 적도 쉽사리 죽여서는 안 되는 우리 그리스도인들이 자신을 죽여서는 더더욱 안 된다.

25장. 자살이 용납될 수 없는 이유

죄(자살)로써 그 앞선 죄(능욕당함)를 회피할 수 없기 때문이다. 심지어 자신들이 살아있는 경우 스스로 죄를 범할 것을 걱정해서 목숨을 끊어서도 안 된다. 우리 육신에 여전한 불순종적 욕망이 있어서 우리의 의지를 거슬러 독자적으로 행동해 죄를 지을 수 있다. 그런데 그와 같은 육신의 불순종은 우리가 잠들었을 때 발동된 육신의 불순종이다. 의지가 동의하지 않는 불순종적 욕망발동은 책망받을 수 없다. 이 점은 논란의 여지가 있다. 과연 의지가 발동된 욕망인지 아니면 의지와 상관없는 불순종적인 욕망 발동인지 어떻게 구별할 수 있느냐 하는 문제가 남기 때문이다.

26장. 쉽사리 모방해서는 안 되는 어떤 순교자의 행동

박해를 피하려고 강물에 몸을 던져 죽은 성 펠라기아 St. Pelagia[4]의 행동을 반드시 본받아야 하는 것이 아님을 강조함으로써 자살을 반대한다. 창세기 22장 아브라함의 이삭 번제 시도가 칭찬받았으나 모방해서는 안 되는 행동이듯 영웅적인 순교자의 행동을 보통의 기독교인들이 교조적으로 모방해서는 안 된다는 것이다.

27장. 죄를 피하기 위해서라도 자살을 택해서는 안 되는 이유

만일 쾌락의 유혹이나 고통의 위협 때문에 죄를 짓게 되는 경우를 피하려고 자살한다면 우리는 세례를 받자마자 즉 죄 씻음을 받고 거듭난 그 순간에 자살하도록 권고를 받아야 한다. 죄는 살아있는 성도를 그만큼 집요하게 괴롭히기 때문이다.

28장. 정결한 여자 그리스도인에게 가해진 성적 폭력의 비신화화

아우구스티누스는 적군이 정결한 여자 그리스도인의 몸을 이용하여 자신의 정욕을 만족시킬 것을 허락받았느냐는 질문에 로마서 11장 33절을 제시하여 답변한다. "깊도다. 하나님의 지혜와 지식의 풍성함이여, 그의 판단은 헤아리지 못할 것이며 그의 길은 찾지 못할 것이로다." 여기서 아우구스티누스는 경건한 신비와 불가지론적 겸허로 후퇴하는 것으로 보인다. 로마 여인에 대한 이방 군대의 능욕을 감히 '신의 뜻'이라고는 말하지 못한다. "적이 그렇게 허락받은

---

[4] 4세기 밀라노의 주교 성 암브로시우스가 언급한 성 펠라기아는 4-5세기에 시리아 안디옥에 살았던 순교자 여성 그리스도인이었다. 디오클레티안 황제 때 이방신에게 희생제물을 드리라고 하는 강압에 맞서 순교로 저항했던 15세 처녀 순교자로서 암브로시우스와 요한 크리소스톰 등이 설교에 언급하면서 알려졌다(St. Ambrose, De Virgin III, 7, 33).

이유를 당신이 묻는다면, 우리는 온 우주를 다스리며 창조하신 하나님의 섭리에는 우리의 생각이 미칠 수 없으며 '그의 판단은 측량치 못할 것이며 그의 길은 찾지 못할 것이로다'라고 대답할 수밖에 없다." 분명한 것은 경건하였으나 성적으로 폭행당한 로마 여인들의 성적 순결은 마음의 동의 없이는 결코 약탈될 수 없는 보물이라는 점이다. 그것은 신체상의 상해일 뿐이라는 것이다.

29장. 당신의 백성마저도 구원해주지 않았다고 하나님을 비난하는 자들

하나님이 적군의 흉포함에서 그리스도인들을 구원하지 않았다고 공개적으로 비난하며 "네 하나님이 어디 있느뇨?"라고 조롱하는 불신자에게는 (시 42:3) 다음과 같이 답변하라고 권고한다.

> 나의 하나님은 어디든지, 온전히 어디든지 계신다. 그를 제한하는 경계는 전혀 없다. 그는 모습을 드러내지 않고도 계실 수 있다. 그는 움직이지 않고도, 다른 데로 가실 수 있다. 내가 곤경을 당하여 고통당할 때, 그는 나의 믿음을 시험하고 계시거나 나의 잘못을 벌주고 계신다. 그리고 그는 내가 현재의 고통을 충성스럽게 인내하고 나면, 그 보답으로 주실 영원한 상급을 예비하고 계신다. 그런데도 내가 당신들 같은 사람들과 함께 당신들의 신에 대하여 논의할 필요가 있는가? 하물며 "만방의 모든 신은 헛것이지만 하늘을 지으시며 모든 신보다 경외할"(시 96:4, 5) 우리 하나님에 대하여 당신과 논할 가치는 더더욱 없다(121쪽).

410년 로마 유린 사태 동안 침략자들의 로마 여인 강간과 이에 맞선 로마 여인들의 자살이 빈번하게 발생했다. 그런데 이 사태 이후

로마 대중은 강간당한 이유로 자살한 주전 6세기의 '정숙한 로마 여인' 루크레티아를 갑자기 숭배하기 시작했다. 그러자 성폭행을 당하고도 자살하지 않은 여인들을 비난하는 분위기가 조성되었다. 자살하지 않은 사람들 대부분이 부끄러워하는 상황에서 아우구스티누스는 이들을 도덕적으로 비난하기를 멈추어야 한다고 주장한다. 그는 루크레티아 같은 순교적 순결녀처럼, 로마를 침략한 자들에게 능욕당하기보다는 자살로 맞선 여인들을 과도하게 칭찬하는 분위기를 목회적으로 안돈安頓시키려고 했다. 그래서 그는 소박한 자살 반대론을 펼친다. 침략군의 능욕에 자살로 저항하지 않고 능욕을 당한 채 살아남은 여인들을 위로하면서 자살을 부정적으로 보는 견해를 피력했다.

결론적으로 아우구스티누스는 남자의 위계僞計와 폭력에 따른 성행위는 여인의 순결을 파괴할 수 없음을 강조한다. 그래서 성폭행당한 사람이 자살로 그 더럽힘을 청소해야 할 것처럼 "엄청나게 나쁜 짓을 당했다"고 말하는 것은 옳지 않다는 것이다. 하나님은 폭력적인 이성에게 순결을 잃었다고 간주된 사람의 정신은 물론, 육체마저도 정결하게 유지시켜주신다. 여기서 우리는 아우구스티누스의 따뜻한 목회자 마음을 볼 수 있다. 아우구스티누스는 루크레티아와 카토의 자살을 미화한 당대 로마 대중의 전통적 속견을 과감하게 비판했다. 자살하면 지옥에 간다는 극단적 자살 반대론을 견지하는 가톨릭 사상이 이런 분위기에서 배태되었을 것이다.

기독교 비방자들 논박 (30-36장)

30장부터 아우구스티누스는 본격적으로 로마인을 신랄하게 비판한다. 로마의 역사를 인간성 타락사의 관점에서 본다. 여기에는 로마인들의 사악한 행태와 수치스러운 악행, 부도덕의 역사가 등장한다. 지중해 세계의 패권을 둘러싸고 로마가 카르타고와 3차에 걸쳐 치른 포에니 전쟁(주전 264-146년) 이후 급격하게 타락과 방종으로 일주逸走한 로마인들을 비판하는데, 이 비판은 매우 적확하고 신랄하다.

30장. 억제되지 않는 욕정을 방출하고 살기를 원하는 로마인들

그리스도교에 대하여 불평하는 자들은 사실 수치스런 쾌락을 억제당하지 않고 살기를 원하고 있다. 로마공화정을 지켜주던 외적 카르타고가 멸망당하자 로마에서는 번영 후에 겪는 재앙 때문에 편한 날이 사라지고 파멸적인 내란, 자국민 학대, 압제가 일어났고 로마의 멸망 원인인 권력욕이 로마의 심장부를 지배하기 시작했다.

31장. 권력욕과 지배욕 때문에 도덕적 방벽이 무너진 로마

로마의 권력의지와 권력욕은 카르타고 멸망 후에 무한정 증가했다. 아우구스티누스는 외적에 대한 두려움이 로마의 방탕을 억제하고 도덕을 유지하는 외부 장치였는데 카르타고가 멸망하자 로마의 도덕성도 붕괴되기 시작했다고 분석한다.

32장. 로마를 쇠락하게 만든 퇴폐적 종교제의 연극

아우구스티누스는 로마에 유입된 그리스의 신 숭배용 퇴폐적 연극공연과 이 공연물을 로마인들에게 유포한 사악한 로마신들을 정조준해서 비판한다. 아우구스티누스는 그리스의 퇴폐적 연극공연장 건설을 반대한 로마의 대제사장 대(大)스키피오 나시카 코르쿨룸이, 음란한 연극을 통해 숭배받기를 원하는 로마의 신들보다 더 낫다고 말한다!

33장. 국가적 쇠락기에 접어들고도 조금도 진정되지 않는 로마인들의 악덕

로마가 붕괴되었는데도 로마인들이 자신들의 악(권력욕, 야망, 교만, 색정, 방탕, 압제)을 교정하지 않았음을 지적한다.

34장. 로마의 완전파멸을 막고 계시는 하나님의 자비

그러나 하나님이 로마의 완전한 파멸을 막아주시는 자비를 베푸셨음을 강조한다.

35장. 하나님의 도성 안에 들어와 있는 인간의 도성 시민들

사악한 자들 가운데도 교회의 아들딸이 숨어살며, 교회 안에도 거짓 그리스도인들이 암약하고 있는 역설과 부조리를 논한다. 전에는 불신자들과 함께 퇴폐적 극장을 가득 채우던 사람들이 지금은 그리스도인들과 합하여 교회를 가득 채우는 사태를 비판한다. 현세에는 하나님의 도성과 인간의 도성이 혼재하지만 최후의 심판일에는 분리될 것이다. 아우구스티누스는 하나님의 도성의 영광을 드높이기 위해 인간의 도성 이야기도 곁들인다고 말한다.

36장. 로마의 다신교 숭배를 막아 재난을 초래했다고 비난받는 기독교 신앙 옹호

2권의 주제를 소개한다. 2권의 주된 논지는 기독교가 로마신들에게 희생제사를 드리지 못하게 했기 때문에 로마에 재난이 닥쳤다는 사람들에게 반박하는 것이다. 아우구스티누스는 로마의 여러 신을 현생의 유익을 위해서가 아니라 내세의 삶을 위해 숭배해야 한다고 주장하는 자들의 논거를 공격한다.

> 이 문제는 상당히 어려우며 아주 정교한 논의를 요구한다. 우리는 철학자들, 보통 철학자들이 아니라 우리의 반대자들 중에서 영혼의 불멸성, 하나님의 우주창조, 피조물을 다스리는 하나님의 섭리 등 많은 점에서 우리와 견해를 달리하는 유명한 철학자들과 논쟁을 벌여야 할 것이다(127쪽).

이 단원은 시오노 나나미의 《로마인 이야기》 2-4권에 해당하는 부분으로, 아우구스티누스와 마찬가지로 시오노 나나미도 카르타고가 역사 속으로 사라지면서 로마가 급격하게 타락했다고 본다. 카르타고 멸망 이후 아프리카에서 엄청난 식량과 재산이 밀려들어 왔기 때문이다. 로마에게는 카르타고가 존재하는 것이 좋았다. 카르타고 덕분에 로마에 법치가 살아 있었고, 로마 시민의 폭동을 막을 수 있었기 때문이다.

결론

410년 로마 유린의 원인이 기독교라고 정죄하는 로마 이교도들의 주장을 아우구스티누스는 논리적으로 치밀하게 반박한다. 아우구스티누스는 말년에 자기가 쓴 모든 책을 스스로 논평한 《재론고 *Retractationes*》를 남겼는데 거기에 《하나님의 도성》 집필계기를 이렇게 설명한다.

> [410년] 알라릭 지휘로 전쟁을 걸어온 고트족의 침략과 공격으로 로마가 파괴되었다. 그러자 여러 거짓 신들을 숭배해 오던 숭배자들, 즉 우리가 으레 이교도라고 부르는 사람들이 들고 일어나 그 재난의 원인을 기독교 탓이라며 전례 없이 가혹하고 신랄하게 참된 하나님을 모독하기 시작했다. 그래서 하나님의 집에 대한 열심에 불타 나는 그들의 신성모독과 오류에 맞서 adversus eorum blasphemias vel errores 《하나님의 도성》이라는 책을 집필하기로 작정했다(저자 사역).[5]

《하나님의 도성》은 로마 이교도들의 신성모독과 오류를 바로잡고자 저작되었다. 아우구스티누스는 1권에서 곧바로 로마역사에 대한 해박한 지식을 바탕으로 대적자들의 기독교 공격이 얼마나 어리석고 뻔뻔한 거짓말인지를 잘 지적한다. 1-2권에서 보이는 아우구스티누스의 기독교 신앙 옹호는 기독교 변증의 모범이다. 대적자들이 구사하는 논리, 대적자들에게 유리하다고 생각된 지식과 정보에서도 자신이 논증할 무기를 발견하는 아우구스티누스의 변증술은 신선하다.

아우구스티누스가 로마 정신세계와 종교에 가한 비판 중 가장 인

---

5   *Interea Roma Gothorum irruptione agentium sub rege Alarico atque impetu magnae cladis eversa est. Cuius eversionem deorum falsorum multorumque cultores, quos usitato nomine paganos vocamus, in christianam religionem referre conantes, solito acerbius et amarius Deum verum blasphemare coeperunt. Unde ego exardescens zelo domus Dei adversus eorum blasphemias vel errores libros de civitate Dei scribere institui*(Retractationes 2.43). 이 라틴문장의 또 다른 번역은 성염,《신국론》1-10권(분도출판사, 2004), 15-16쪽에 있다.

상적인 부분은 로마인들의 자기비판 결여이다. 성경의 가장 위대한 신神인식 중 하나는 자신의 곤경 배후에 하나님이 계시다고 해석하는 예언자적 역사 이해다. 곤경과 재앙의 날에 하나님이 우리를 지켜주시지 않는 것은 '우리가 죄 지어서 벌을 받는 것'이라고 해석하는 역사관이다. 고대 바빌론의 주신主神 마르둑도 자신의 숭배자들을 정화하려는 신적 징벌을 했고, 모압왕 메사(왕하 3장)가 남긴 비문에도 모압의 신 그모스Chemosh가 자신의 숭배자들을 징계하기 위해 분노를 터뜨렸다고 말한다. 하지만 이러한 예언자적 자기비판이 로마의 신학에는 전혀 없다. 모든 재난과 곤경을 남의 탓으로 돌리는 로마인의 정신에는 심층 상담치료가 필요한 정신착란 징후가 있는 셈이다.

    아우구스티누스는 《하나님의 도성》 2권에서 로마제국의 종교와 정신적 부패를 비판하는 데서 한걸음 더 나아가 기독교 진리가 모든 인류를 위한 신앙임을 역설할 것이다. 시대의 중심정신과 가치를 비판하고 대안적, 대항적 사유체계를 제시한 셈이다. 칼 바르트는 《교회교의학》에서 현대에 접어든 인간들과, 과학주의적이고 자율주의적 자연주의에 매몰된 현대정신을 상대로 기독교 신앙의 정당성과 타당성을 변증하고 옹호한다. 이 《교회교의학》의 기획 의도의 규모는 《하나님의 도성》을 닮았다. 칼 바르트는 다원주의 세계관이 대세가 된 현대를 사는 인류에게 자기 나름으로 기독교 신앙을 옹호하고 그 정당성을 주창한다. 이성이 왕 노릇하는 현대에는 예수 그리스도의 십자가와 부활 복음이 결정적으로 필요하다는 주장을 편 것이다. 결국 하나님을 믿지 못하고 예수 그리스도의 복음을 영접하지 못하는 가족, 친지, 동료 들에게 우리 자신도 기독교 신앙의 정당성과 유효성을 일상에서 옹호할 수 있어야 한다. 우리가 기독교 신앙의 정당성과 긴급한 필요성을 호소하고 옹호하려면 우리 시대의 사람들에게 《하나님의 도성》이나 《교회교의학》 수준으로 체계적이고 치열하게 변증할 능력을 길러야 한다.

《하나님의 도성》의 저작 목적에 비추어 볼 때 우리는 자신에게 먼저 기독교 신앙의 진수를 밝혀 옹호해야 하고 그것의 보편타당성을 확신해야 한다. 우리 안에 스며든 불신앙, 하나님에 대한 냉담을 녹일 감동적인 하나님 옹호학과 신앙 논리를 주창해야 한다.

서고트족을 위시한 게르만족의 로마 유린과 침략은 역사적 앙화映禍이기만 한가? 결코 그렇지 않다. 로마가 몰락하면서 그 품에 야만족을 품어 안아 기독교 복음으로 교화했다. 서고트족, 동고트족, 반달족, 롬바르드족 등 게르만족은 로마제국을 강타하면서 기독교를 만나게 된다. 이 모든 게르만 부족들은 로마를 정복하였으나 로마의 기독교에 감화되었다. 침략자들은 로마라는 '시체'를 뜯어 먹으면서 기독교인이 되었다. 토마스 머튼은 《칠층산》 제1부 '박물관의 성모님'에서 서고트족을 비롯한 서구 유럽의 야만족이 서로마제국의 기독교 문명을 침략하고 나서 역으로 복음의 역삼투압 작용으로 기독교인으로 변화한 역사와 그 결과를 증언한다.

> 세상의 찌꺼기들은 서유럽에 모였다고 해도 지나친 말이 아니다. 고트족·프랑크족·노르만족·롬바르드족이 옛 로마의 썩은 뿌리와 뒤섞여 잡동사니 종족을 만들어 냈다. 그 종족들은 하나같이 난폭하고 증오심이 강하며, 우둔하고 간교하며, 야수적 종족들로 유명하다. 그런데 이들한테서 어떻게 그레고리오 성가, 수도원들, 대성당들, 프루덴티우스의 시詩, 베다의 역사책과 주해서들, 그레고리오 대 교황의 《윤리론》, 성 아우구스티노의 《신국론》과 《삼위일체론》, 성 안셀모

의 저서들, 성 베르나르도의 아가서 강론, 캐드먼과 키너울프와 랭글런드와 단테 같은 시인들, 성 토마스의 《신학대전》, 던스 스코터스의 《옥소니엔세Oxoniense》[6] 같은 책이 나올 수 있었을까?[7]

기독교 문명이라는 금자탑을 쌓은 서유럽의 역사야말로 하나님의 복음이 얼마나 위대한지를 입증하며, 원래 그 족속의 바탕이 야만적이었음을 안다면 하나님을 찬미할 수밖에 없다는 논리를 편 것이다. 결론적으로 1권은 외래종교인 기독교가 아니라 로마제국 사람들의 권력욕과 탐욕, 로마인들의 영적 일탈과 우상숭배가 로마제국의 쇠락 원인임을 역설한다.

---

[6] 던스 스코터스Duns Scotus(1266-1308년)의 신학·철학의 대표작이다. 제목인 옥소니엔세 Oxoniense는 '옥스포드에서'라는 뜻이다. 스코터스는 마리아 무념무죄잉태설을 주창했다.
[7] 토마스 머튼 저, 정진석 역, 《칠층산The Seven Storey Mountain》(바오로 딸, 2009), 85-86.

제2권:

로마제국 쇠락은 기독교 때문인가

《하나님의 도성》 2권은 로마인의 종교, 연극, 다신교 숭배, 욕정, 탐욕 등 도덕적 실패가 로마제국 쇠락의 원인임을 상세히 논증한다. 기독교가 로마제국에 도입되기 전부터 로마의 여러 신들은 로마를 재난에서도 전혀 구해주지 못했고, 로마인들에게 도덕적, 윤리적 성숙함이나 단정함을 요구하지 않았다. 로마신들이 로마인들의 외설성, 타락성, 방탕의 근본적인 원인을 제공했다. 서고트족을 포함한 게르만 민족의 침략이 로마에 닥친 최대의 재앙이 아니었다. 주전 146년에 3차 포에니 전쟁이 일어나고 그로 인해 라이벌 국가 카르타고가 멸망하면서 관습과 도덕과 윤리와 영혼의 부패와 타락이 급속도로 진행된 것이 진정한 재앙이었다.

로마는 기독교 도래 전부터 쇠락하기 시작했다(1-3장)

1장. 로마 쇠락이 기독교 탓이라는 로마 이교도들의 주장 논박

1장은 "기독교 신앙이 로마의 쇠락을 초래했다"고 주장하는 기독교 대적자들의 왜곡된 고집, 공허한 억측, 판단 오류를 반박한다(시 94:4; 딤후 3:7 참고). 아우구스티누스는 기독교가 로마제국 안에 들어와 로마제국이 재난에 직면했다는 대적자들의 논리를 조목조목 비판할 태세를 갖춘다.

2장. 1권 요약

2장은 1권의 내용을 요약한다. 첫째, 이 책《하나님의 도성》은 로마의 신들에게 바치는 가증스러운 희생제사들을 그리스도인들이 금지했기 때문에 410년에 서고트족이 로마를 유린했다는 주장을 반박하기 위해 저작되었다. 서고트족의 로마 유린 당시, 교회로 피한 많은 로마인들이 구출받은 사실은 그리스도와 그분의 교회가 로마인들에게 구원의 표상임을 증거하는 사례인데 왜 기독교와 그리스도를 로마인들이 겪는 재앙과 연결하느냐고 반문한다. 둘째, 1권에서는 하나님의 복이나 고난, 재앙이 선인과 악인 구분 없이 닥친다는 사실과 의인에게도 고난이 임하는 이유를 논했다. 구체적으로 서고트족 병사들에 의해 '더럽혀졌는데도' 자살하지 않았다고 비난받던 경건하고 정숙한 여인들을 위로했다. 410년 로마 붕괴의 본질은 목재와 돌로 된 물리적 방어벽의 붕괴가 아니라 도덕적 방어벽의 붕괴였다. 물질이 아니라 영혼의 광채가 붕괴한 사건이었다.

3장. 기독교가 도입되기 전에도 로마를 타격한 재앙들

로마에서 이교신異敎神들 숭배와 그리스도교 사이의 분쟁이 일어나기 전에 로마인들이 어떠한 재앙을 당했는지는 역사를 읽어만 봐도 알 수 있다. 로마 건국 이래 본국이나 속주에서 발생한 재앙들을 살펴본 결과, 로마인들이 겪은 재앙이 기독교나 그리스도와는 아무

상관이 없음이 밝혀졌다.[1] 아우구스티누스는 로마의 기독교 대적자들을 향해 "사실을 알지 못하는 척하면서, 어떤 장소에서 어떤 시기에 인간에게 발생되는 재앙들을 자기들의 신들을 무색케 만들 정도의 엄청난 명성과 유례가 없는 인기를 누리고 있는 그리스도교 탓으로 돌리는 천박한 생각을 지지하기 위하여 최선을 다하고 있다"(130-131쪽)고 비판한다. 아우구스티누스는 기독교 이전의 로마역사 자체가 재앙의 역사였다는 사실을 강조한다. 기독교의 발흥 때문에 로마가 재앙을 겪는다고 주장하는, 로마의 반기독교 지성인이자 로마시장격인 고관 심마쿠스의 황제 상소문과 그것을 반박하는 암브로시우스의 반박문을 보면 이 논점이 더욱 분명히 드러난다.[2]

로마인들의 도덕적 부패: 연극과 다신들(4-14장상)

4장. 로마인들의 덕성교육에 무관심한 로마의 여러 신들 비판

이교도의 신들을 숭배하던 자들은 신들에게 건전한 교육을 전혀 받지 못했고, 숭배행위를 하면서 온갖 부정한 행동을 저질렀다. 로마신들은 외설적인 종교제의극이나, 신전의 종교의식으로 숭배를 받으며 로마인들의 도덕적 타락을 방조하고 촉발할 뿐이다. 로마의 신이나 신전에서 로마인의 악행을 책망하고 바른 삶을 살아가도록

---

1 "모든 재난을 그리스도인들 탓으로 돌리는 로마 대중들의 반기독교인 혐오증"을 언급하는 테르툴리아누스의 원전을 인용하는 《하나님의 도성》, 130쪽 각주 2를 참조하라.
2 《하나님의 도성》 131쪽 각주 3 참조. 시오노 나나미의 《로마인 이야기》 11권은 두 글을 자세히 비교하고 분석한다. 암브로시우스의 논박은 《하나님의 도성》의 중심 논지를 미리 반영한다.

타이르고 깨우치는 예언자를 보낸 적이 없다. 로마의 신성모독적, 외설적, 인간 존엄 파괴적인 연극, 포르노 수준의 예술 표현들은[3] 인간의 고상한 도덕감과 정숙함을 파괴하는 악마적이고 야수적인 감정 표현이자 정욕을 표출하는 제전이었다.

5장. 무녀신 시빌레 여신축제의 외설로 오염된 로마인들의 도덕성

5장은 "신들의 어머니"를 기념하여 로마인들이 행한 외설에 관하여 말한다. 신들의 어머니로 불리는 무녀신 시빌레 여신 축제는 로마인의 도덕성 파괴의 중요한 계기였다. 귀한 생명을 사냥하는(잠 6:26) 사술詐術을 펴는 여인 같은 역할을 한 여신 시빌레를 기리는 이 축제는 로마인들의 자만심과 자기기만을 조장했다. 이에 대해 아우구스티누스는 "종교와 경건이 없이는 아무리 국가적으로 뛰어난 재능을 가진 사람이라고 할지라도 자만심에 수반되는 파멸 가운데서 사라지고"만다고 일갈한다(134쪽).

6장. 거룩한 생활을 전혀 가르치지 않는 이교도의 여러 신들

아우구스티누스는 로마에서 숭배하는 이교신들이 거룩한 생활은 전혀 가르치지 않았음을 지적한다.[4] 이교신들은 자기들을 숭배하는 도시와 사람들의 도덕성에 무관심했다. 탐욕을 절제하고 야욕을 억누르는 삶의 근본에 대해서는 아무 가르침도 내리지 않았다. 아우구

---

3 시빌레 여신의 정화 축제, 음란 조장 및 다산의 여신인 베레킨티아 여신 축제.
4 《하나님의 도성》 136쪽 각주 10의 페리우스(34-62년)의 *Saturae*직접 인용문이 중요하다. "우리 인간이 무엇이며 우리가 태어난 목적이 무엇인가. …하나님이 당신들에게 어떤 인간이 되도록 의도하시는지, 그리고 그분이 당신들에게 어떤 역할을 감당하도록 명령하시는지를 배우라." 이것은 이사야 40-55장의 반反우상 논쟁을 방불케 한다.

스티누스는 로마인들에게 "숭배를 위하여 모인 사람들에게 이런 신적 계명이 정기적으로 공포되는 장소가 거명되도록 해보라. 말하자면 우리 측에서 그리스도교가 퍼진 곳에는 어디든지 바로 이런 목적을 위하여 세워진 교회를 지적할 수 있듯이 말이다"라며 기독교 신앙의 도덕적 우월성을 변증한다.

7장. 부도덕하고 타락한 로마의 신들을 모방해 타락한 로마인들

플라톤 이전의 자연주의 철학자들의 주장[5]에는 신적인 가르침에 속한 권위가 없었다. 또 사람은 본성적으로 인간의 교훈에 순종하기보다는 신들의 모범을 따르는 경향이 있기 때문에, 철학이 도덕적인 영향을 전혀 행사할 수 없었다. 아우구스티누스는 이처럼 철학의 영향력이 미미한 것이 로마인들의 종교적 방종과 도덕적 타락의 원인 중 하나라고 본다. 로마인들이 차라리 플라톤철학을 숭배하고, 플라톤을 신적 스승으로 모시고 배웠더라면, 훨씬 고상해졌을 것이라고 본 것이다. 시빌레 여신 숭배 제전처럼 사제들이 파렴치하고 잔혹한 행위를 하는 것을 보고 즐기는 신전에 있는 것보다는, 플라톤을 신격화한 플라톤 신전을 지어서 플라톤의 교훈을 배우는 것이 나았을 것이다. 하지만 인간은 본성적으로 인간 철학자의 교훈보다는 연극에서 실연하는 신들의 간음·음란·폭력·간계·협잡 같은 행동을 모방하는 경향이 있기에 로마인들은 타락과 방종으로 질주할 수밖에 없었다. 그 결과 로마인들은 고상한 플라톤을 닮기보다는 음탕하고 호색적인 주피터를 닮아갔고 내부부터 쇠락해갔다. 국력 쇠락 이

---

5 만물의 근원을 물, 공기, 바람, 불, 원자 등 궁극토대물질에서 찾아내려는 탈레스, 헤라클레이토스, 엠페도클레스, 데모크리스투스 등 궁극원인 추적 철학자들을 가리킨다.

전에 윤리도덕적 자제력 파탄이 일어났다.

8장. 외설적인 공연으로 신들의 비위를 맞추다가 도덕적으로 무너진 로마

신들에게 수치스러운 행동을 표현한 극장 공연물은 신들을 성나게 하기보다는 오히려 비위를 맞추어주었다. 사제들은 로마에 역병이 퍼졌을 때 수치스러운 행위를 공연하는 극장 공연물들을 도입했다. 신들 스스로 그런 공연을 엄히 명령했고 자기들의 영예를 위하여 봉헌되어야 한다고 강요했기 때문에, 신들을 숭배하는 외설적 연극을 예배 행위로 도입한 것이다. 그 공연들은 신의 진노를 누그러뜨리고 비위를 맞추는 데 초점을 두었다.

9장. 살아있는 명망가를 조롱하고 야유하는 시인들을 엄벌에 처한 로마

그리스인들은 연극적 맥락에서 배우들이 신들이나 명망가들을 조롱하는 시적인 방종을 허용했지만 로마인들은 금지했다. 키케로는 《공화국론》 4권에서 2차 포에니 전쟁의 승장勝將인 대大스키피오(주전 234-184년)의 입을 통해 극작가나 배우가 신들의 이름은 모욕해도 되지만, 로마 정치가들이나 명망 있는 시민들의 이름을 중상모략하거나 더럽히면 실형(12표법 규정)에 처하기로 한 과정을 상론詳論한다. 아우구스티누스는 그리스의 신들은 자신을 풍자하는 극작가의 조롱과 야유를 견디었는데 로마가 생존 인물들을 실명으로 조롱하고 야유하는 것을 금지한 것은 그리스인과 비교해볼 때 일관성이 없는 행동이라고 비판한다. 결국 아우구스티누스는 그리스인들이 신들은 물론이요 페리클레스 같은 명망가마저 중상모략적 시구절로 조롱하는 그리스 시인들(희극 시인 크라티누스와 아리스토파네스 등)의 시적 방종을 참았다는 점에서 로마인들보다는 일관성이 있다고 칭찬함으로써 로마인들의 일관성 없는 행동을 꼬집는다.

10장. 악마숭배에 가까운 로마의 퇴폐적인 신 숭배제의 비판

아우구스티누스는 왜 로마의 신들은 자기들의 명예와 이름을 거룩히 여기지 않느냐고 문제를 제기한다. 왜 로마의 신들은 십계명의 3계명 "나의 이름을 망령되이 일컫지 말라"와 같은 계명을 반포하지 않는가? 거짓이든 참이든 로마의 신들, 즉 악마들은 자기들에게 혐의가 덧씌워진 죄악을 참아가면서까지 사람들에게 해를 끼치고자 한 것이다. 결국 로마인은 도덕성, 윤리성, 건전성 등 시민 생활 토대를 허무는 신들을 숭배하는 데 몰두했던 셈이다. 아우구스티누스는 여기서 로마의 신들을 사실상 악마로 부르는 극언을 서슴지 않음으로써 로마종교에 대한 극단적 혐오를 드러낸다. 왜냐하면 로마의 신들로 숭배되는 그 악마들은 인간들의 오류와 일탈에서 기쁨을 얻고 인간들이 오류를 많이 범할수록 파멸과 속임수를 위하여 고안된 갖가지 술책을 통해 숭배받기 때문이다.

11장. 신들을 위해 연극공연을 수행한 배우들을 예우한 그리스

그리스인들은 신들을 즐겁게 해주는 연극배우들이 동료 인간들에게 모욕적인 대우를 받아서는 안 된다는 이유로 연극배우들에게 공직을 허용했다. 또 그리스인들은 시인과 배우의 혀를 통해 자신들의 행동이 난도질당할 정도로 비판받는 것을 참아냈다. 왜냐하면 배우들의 연극공연이 신들에게 기쁨을 안겨준다고 생각했기 때문이다. 11장은 시인과 연극배우에 대한 일관성 없는 로마인들의 태도를 비판하는 12장의 서론에 해당한다.

12장. 신들의 명예 보존보다는 인간들의 명예와 위엄 보존에 더 민감한 로마

그리스인들과 달리 로마인들은 시인[6]들이 신들에게 조롱·중상모략·칭찬·비난 등으로 방자하게 행동하는 것을 허락했으면서도 인간에게는 그렇게 행동하는 일을 금지함으로써 신들보다 인간들에게 더 민감하게 반응했다.[7] 그러면서도 로마인들은 테렌티우스 같은 시인들이 로마의 주신主神 주피터의 음탕과 호색을 자세히 묘사해 (신을 모욕함으로써) 로마 청년들의 정욕을 충동질하도록 허용했다.

13장. 도저히 숭배해서는 안 되는 음탕하고 부패한 로마의 신들

아우구스티누스는 음탕한 공연물로 숭배를 받고자 하는 신들이라면 신으로서 명예를 누릴 자격이 없음을 로마인들이 이해했어야 함을 지적한다. 로마인들은 음란한 자들을 신으로 숭배할 정도로 미신에 빠졌으면서, 동시에 외설적인 신 숭배(사실상 신성모독 연극)를 공연하는 배우들에게서는 시민권을 박탈할 정도로 전래의 위엄과 덕성을 보존하는 데 관심을 기울였다. 이 얼마나 어처구니없는 모순인가? 아우구스티누스는 로마인들이 이 둘 사이의 모순을 깨닫고 일관성을 되찾기를 기대하며[8] 음탕하고 부패한 로마의 신들은 결코 신

---

[6] 플라톤이나 아우구스티누스가 말하는 "시인"은 신이나 신적 존재 혹은 신을 모방하는 인간들을 등장시켜 윤리도덕적으로 해악스러운 이야기(비극)를 만드는 예술인을 지칭한다. 《일리아스》와 《오딧세이》를 쓴 호메로스가 바로 그런 시인이라는 것이다. 플라톤이 이상국가에서 추방해야 하는 직능인에 시인을 넣은 이유는 시인들의 모방적 시들이 청년들의 윤리도덕적 타락을 조장하고 이성적 사유를 와해시키기 때문이었다(박종현 역주, 《플라톤의 국가(政體)》[서광사, 2005], 595b). 플라톤은 "비록 어릴 적부터 호메로스에 대해서 갖고 있는 일종의 사랑과 공경"이 자신으로 하여금 호메로스를 비판하는 것을 말릴지라도, "진리에 앞서 사람이 더 존중되어서는 안 된다"(같은 책, 595b-c)고 말한다.

[7] "플라우투스나 나이비우스가 푸블리우스와 그나이우스 스키피오를 공격한 것이나 카이킬루스가 카토를 공격한 것은 강하게 단죄하고 테렌티우스가 주피터의 사악한 모범에 의해 젊은이의 정욕을 충동질한 것은 아주 온당했다는 말인가?"(《하나님의 도성》, 142쪽, 저자 私譯)

으로 숭배될 수는 없다고 못 박는다.

14장상. 로마의 신들보다 더 공경을 받아야 할 그리스철학자 플라톤

아우구스티누스는 '시인들' 즉, 신들의 행동을 모방하도록 부추기는 음란·외설 연극의 작가들을 이상국가에서 추방한 플라톤이, 외설적이고 방탕한 연극으로 숭배받기에 여념이 없던 로마의 신들보다 더 위대하다고 말한다. 시인의 작품을 통해 신들이 모욕당하고, 시민 정신이 타락하고 병드는 것을 참을 수 없던 플라톤은 시인들을 이상국가에서 영구 추방한 것은 물론 음란 연극공연으로 숭배받기를 원했던 그리스 신들마저 문제시했다.

플라톤 vs. 로물루스: 전체 작품의 축소판(14장하-16장)

14장하. 로마 쇠락을 초래한 로마의 신들

아우구스티누스는 다시 한번 연극공연물로 숭배받고자 한 신들보다는, 시인들을 질서정연한 국가에서 배제한 플라톤이 훨씬 뛰어나다고 말한다. 후반부에서는 플라톤마저도 예언자는커녕 신실한 그리스도인에게 견주어도 모자란다고 보지만, 역설적으로 신으로 숭배받는 아주 열패劣敗한 신들과 비교할 때 플라톤은 반신적半神的으로 보이는 존재라고 한다. 프리아푸스[9], 케노케팔루스, 페브리스 등과

---

8 《하나님의 도성》143쪽의 각주 29에서 아우구스티누스는 전차 모는 사람들, 배우들, 운동선수들, 검투사들이 공직이나 시민적 명예를 박탈당하는 과정의 불합리성을 비판한 테르툴리아누스의 글을 인용한다. "로마인들은 자기들이 벌 준 사람들에 의하여 매혹당했고, 자기들이 인정한 사람들을 천하게 생각했다."

같은 신들은 연극을 통해 자신들의 행동을 본받게 함으로써 사람들이 악행을 익숙하게 저지르게 하려고 몹시 안달했다. 아우구스티누스는 키케로의 《공화국론》을 인용해 다시금 플라톤의 시인 추방령을 확증한다. "시인들이 위대하고 현명한 교사의 칭찬인 양 대중들로부터 열광적인 인정을 받을 때, 사람들의 정신에다가 얼마나 심한 흑암을 불어넣으며 얼마나 큰 두려움을 불러일으키며 얼마나 사악한 열정을 불붙이는가!"(146쪽) 아우구스티누스는 로마인들의 부패를 가속화한 것은 로마의 연극이며, 그 음란하고 호색적인 연극공연의 근원에는 로마의 그릇된 종교가 있으며, 그 로마종교의 뿌리에는 음탕하고 호색적인 로마의 신들이 있다고 확언한다.

15장. 허영심과 자아숭배에서 착상된 로마의 세 주신

로마의 3대신으로 숭앙받는 주피터, 마르스(전쟁의 신), 로물루스(로마 건국신화에 나오는 로마 건국자)를 언급한다. 로마의 신들을 만든 것은 이성이 아니라 허영심(헛것 숭배욕·자아 숭배욕)이다. 플라톤을 위해서는 아무 사당도 마련해주지 않는 로마인들이 로마 건국자이자 살인자인 로물루스를 반신半神 이상으로 숭배하고 추앙한다.

16장. 공평과 정의에 무관심했던 신들 때문에 법을 수입해야 했던 로마

신들이 공의에 어느 정도 관심이 있었더라면, 로마인들은 좋은 법률을 다른 나라에서 차용하기보다는 신들에게서 받아들였을 것이다. 즉 로마의 신들은 공의에 무관심했다. 그래서 로마인들은 좋은

---

9 미美의 여신 아프로디테와 술의 신 디오니소스(혹은 아레스) 사이에서 태어난 남신으로 거대한 남근을 가진 것으로 유명하다. 케노케팔루스와 페브리스도 호색적 음란축제의에서 숭배되는 디오니소스 계열의 신들이다.

법률을 외국에서 수입해야 했다. 로마인들은 건국 300년 만인 주전 454년에 그리스 솔론의 법을 받아들였다.[10] 로마의 신들은 자기 숭배자들이 국가를 붕괴시키는 도덕적 부패, 생활 및 행동의 부패에 빠지지 않도록 보호하는 데는 완전히 무관심했다.

로마의 쇠락과 부패에 대한 살루스티우스의 온건한 견해(17-20장)

17장. 악행과 불의로 점철된 로마의 역사

17장부터는 로마인들의 악행의 역사를 회고한다. 로마는 칭찬받을 만한 시기에 불의한 일을 저질렀음에도 신들의 제지나 책망을 받은 적이 없다. 로마역사의 초창기에 일어난 사비니족 여인들 약탈과 강제 결혼 사건은 지극히 불의한 일이었다. 여인들을 납치하고 그 부모들에게 청혼을 요청해 거절당하자 로마인들은 사비니족에게 전쟁을 개시했다.[11] 이것은 로마식의 정의와 도덕성이 얼마나 자의적인지를 보여주는 대표 사례다. 로마공화정이 도입되기 전 왕정기의 마지막 왕 타르퀸의 아들이자 자신의 시숙에게 성폭행을 당해 자살

---

10 참고. 주전 450년 12표법; 스파르타의 리쿠르고스법.
11 사비니족의 강탈로 인한 전쟁은 벨기에 화가 페테르 파울 루벤스(1577-1640년)의 유명한 그림인 "사비니 여인들의 납치"(1645-1650년 제작, 루브르 박물관 소장)로 널리 알려진 로마 건국사의 중요한 일화다. 기원전 753년 전 로마를 건국한 로물루스가 로마로 몰려드는 청년들(3천명)에게 아내를 구해주기 위해 인근 사비니족의 처녀들을 축제에 초청해 거의 강제로 납치한다. 그러나 온순한 사비니족이 전쟁을 감수하며 딸을 찾으려고 하는 과정에서 전쟁이 일어났다. 사비니 여인들이 친정 식구들과 자신들의 남편들의 전쟁을 막으려고 중재에 나섬으로 전쟁은 종료되었다. 창세기 34장의 하몰과 세겜이 야곱 부족에게 시도한 수법이나 사사기 21장의 베냐민 지파가 실로Shiloh 여인들을 납치한 행위도 로물루스의 수법을 닮았다.

한 루크레티아의 남편 콜라티누스를 추방한 것도, 로마의 정의와 도덕성이 얼마나 자의적인지를 보여준다. 로마의 숙적 베이Veii성을 정복해(주전 405-390년) 로마에 승리를 안겨준 마르쿠스 카밀루스를 박대하고 박해한 로마 평민들과 그들이 선임한 평민 호민관의 불의 등은 로마식의 정의와 도덕이 얼마나 부질없는 것인지를 보여주는 사례다.

18장. 포에니 전쟁 승리감으로 망가진 로마공화국의 도덕성과 정의감

로마의 정치가 살루스티우스(주전 86-35년)는 《역사Historiae》에서, 로마인들은 삶에 두려움이 있을 때는 공명정대해지고 평안함이 있을 때는 느슨해진다고 묘사했다. 살루스티우스에 따르면 2, 3차 포에니 전쟁 시기는 로마인들의 윤리와 도덕이 모범적이던 시기였는데, 이 시기에 사회질서가 조화롭고 순수하게 유지된 이유는 로마인들이 정의를 사랑했기 때문이 아니라 카르타고와 로마 사이의 평화가 깨질까봐 '두려워했기' 때문이라는 것이다. 살루스티우스에 따르면, "하지만 카르타고가 파괴된 후에 분쟁, 탐욕, 야망, 그리고 보통 승리한 후에 생겨나는 다른 여러 악들이 이전보다 더 증대되었다"(150쪽).

그러나 살루스티우스가 주장하는 '가장 공평하고 훌륭한 때 드러난 천성에 의한 로마식의 공평과 정의'마저도 형편없었다. 살루스티우스는 포에니 전쟁(주전 264-146년) 이후에 로마의 공평과 정의가 붕괴했다고 보지만, 아우구스티누스는 로마 쇠락의 책임이 로마신들에게 있음을 집요하게 논증한다. "사악한 술수로써 사람들의 마음속에다가 그런 해악을 사방으로 확장시킨 생각을 주입한 자들이 바로 그런 신들"이다(152쪽). 반면에 "그리스도는 신적인 권위를 가지고 사람들의 모든 사악하고 해로운 욕망을 비난하고 그에 대한 혐오감을 나타내면서, 자신을 숭배하는 백성의 헛된 환호성이 아니라 진리의 판단에 그 영광을 두는 영원한 도성을 건축하기 위하여, 이런 악들로 인하여 타락하고 파멸로 치닫는 세상으로부터 로마인들을 서서히 이끌어내신다"(153쪽, 저자 사역).

19장. 기독교가 로마에 들어오기 전부터 목격된, 로마공화국의 증대된 부패

기독교가 로마의 전통적 신 숭배를 폐지하기 전에 로마공화국에는 이미 부패가 심해지고 있었다. 카르타고의 멸망 이후에 로마의 도덕적 붕괴는 급속히 진행되었고, 청년들은 사치와 탐욕에 깊게 물들었다. 그런데도 로마신들은 정결과 절제를 전혀 말하지 않았다. 그리스도가 강림하기 전에 이미 공화국을 사악하고 부패하게 한 사치와 탐욕, 잔학하고 방탕한 삶에 대해 신적 경고나 책망을 전혀 하지 않았다. 반면 그리스도인은 다르다. "어떠한 형편에 있든지, … 비록 사악하고 방탕한 이 세상이지만 인내하도록 명령받았다. 그들은 이를 통하여 하나님의 법이 통용되는 하늘 공화국과 아주 거룩하고 격조 있는 천사들의 총회에서 빛나는 자리를 얻을 수 있게 되는 것이다"(153쪽).[12]

20장. 기독교를 맹렬히 비난하는 자들이 추구하는 지극히 세속적 행복과 욕망

아우구스티누스는 그리스도교를 맹렬히 비난하는 사람들이 기뻐

---

12 여기서 아우구스티누스는 '하늘 공화국', '천사들의 총회'라는 개념을 구사하면서, 기독교 신앙실천의 본거지가 세상 복판이라고 믿은 사도들, 속續사도교부들 시대의 영적 기상을 다소 약화시키는 것처럼 보인다. '하늘 공화국,' '천사들의 총회'는 타계주의他界主義 분위기가 물씬 풍기는 말이다(참조. 히 12:22-23).

하는 행복과 생명은 많은 재물과 경제적 번영, 전쟁 승리를 통한 영광 획득, 지상의 평화와 안전임을 꼬집는다. 로마인들의 타락과 방종의 대헌장이라고 할 수 있는 다음 인용문은 걸작이다.

> 우리의 관심사는 모든 사람이 매일의 낭비적 생활을 계속할 수 있도록 재물을 증식시킬 수 있으며, 강한 자들이 자기목적을 위하여 약한 자들을 복종시키는 일이다. … 부자들로 하여금 자신들의 자만심을 충족시킬 수 있도록 하기 위해 가난한 자들을 예속민으로 혹사시키게 하라. 사람들로 하여금 유익한 충고를 하는 자들이 아니라, 쾌락을 공급해주는 자들에게 성원을 보내게 하라. 어떤 엄격한 의무도 부여되지 않도록 하고, 어떠한 징벌도 금지되도록 하라. … 법률로 하여금 어떤 사람의 인격에 가해진 모욕보다도, 다른 사람의 재산에 가해진 손해에 더 민감하도록 하라. … 원하는 모든 사람, 특히 너무 가난하여 개인적으로 아내를 부양할 수 없는 사람들을 위하여 충분할 정도로 공창公娼이 공급되게 하라. … 원하는 사람은 누구든지 밤이나 낮이나 먹고 마시고 토해내고 주색에 빠져 있을 수 있는 성대한 연회를 개최하라. … 사람들에게 이런 것들을 가능하게 해주고 또 그것을 계속 유지하도록 해주는 이들을 신으로 떠받들어라. 이런 신들로 하여금 원하는 대로 숭배되도록 하고 그 숭배자들로부터 혹은 숭배자들과 함께 즐길 수 있도록 어떤 종류의 구경거리든지 요구하도록 하라. 신들로 하여금 그런 복된 상태가 적이나 질병이나 다른 재앙에 의해 위협당하지 않도록 보장하게끔만 만들어라(153-154쪽).

로마의 쇠락과 부패에 대한 키케로의 극단적 급진적 견해(21-24장)

21장. 로마의 쇠락과 부패 원인에 대한 키케로의 진단

로마공화국의 부패에 대한 키케로의 견해는 살루스티우스보다 훨씬 더 급진적이고 비관적이었다고 소개한다. 여기서 아우구스티누스의 이이제이以夷制夷 논법이 다시 위력을 발한다. 로마공화국 최고의 교양인이자 지성인인 키케로의 입을 통해 로마의 헛된 자만심과 탐욕과 방탕을 비판하는 것이다. 키케로는 "다양한 계급들이 이성적인 통제력을 발휘해서 조화를 이루고 연합해야 하는 공화국의 이상"은 파괴되었다고 말한다. 키케로는 로마공화국의 쇠락 원인이 로마인들에게 있음을 고백한다. "왜냐하면 공화국이… 그 실재를 상실하게 된 원인은 어떤 불운에 있는 것이 아니라 바로 우리 자신의 악덕에 있기 때문이다"(157쪽)라는 키케로의 말은 아주 중요하다. 아우구스티누스는 키케로가 이상화한 로마공화정의 모습이 사실 로마의 역사상 한 번도 실현된 적이 없다고 주장한다. 아우구스티누스는 시편 87편 3절이 말하는 '하나님의 도성' 외에는 시민의 행복을 영속적으로 보장해주는 정의가 없기에 로마에는 참된 의미의 공화국이 존재한 적이 없다는 결론을 내린다.

22장. 로마의 도덕적 부패와 정치적 쇠락을 고치는 데 나태한 로마의 신들

로마신들은 공화국이 부도덕성 때문에 파멸당하는 것을 보고도 아무런 대책도 내지 않았다. 로마의 가장 학식 있는 학자들도 "로마는 그리스도가 강림하기 오래 전에 최악의 수치스러운 상태가 되었고… 이런 일을 막기 위해 수호자격인 로마의 이런 신들은 그렇게 많은 종류의 의식으로, 그렇게 많은 연중제례와 그렇게 많은 사치스러운 공연물을 통하여 자기들을 숭배하는 사람들에게 올바른 생활 태도를 갖게 하기 위한 계명을 부여했어야 했다"(158쪽)고 말한다. 로마신들은 로마의 재앙을 초래한 방탕한 생활의 개선에는 도무지 관심이 없었다. 로마인들의 도덕성 타락이 외부의 어떠한 재앙보다 더 가공할 재앙이었고, 로마신들의 태업怠業 혹은 직무유기가 로마의 도덕성 타락의 가장 큰 원인이었다. 도덕적 방벽의 붕괴가 핵심 재앙이었던 것이다.

23장. 현세의 부침을 주재하시는 참된 하나님

아우구스티누스는 현세의 부침浮沈은 신들의 호의나 적의에 달린 것이 아니라 참된 하나님의 의지에 달려있음을 설명한다. 로마신들은 사람들의 욕망을 억제하기는커녕 그 욕망을 충족시키는 데 도움을 주었다. 잔혹한 내란을 일으켜 로마공화정을 결정적으로 쇠퇴시킨 가이우스 마리우스Gaius Marius(주전 157-86년)와 그 후임자 루키우스 술라Lucius Cornelius Sulla Felix(주전 138-79년)의 역사를 보면 로마신들의 도덕적 타락과 직무유기를 명확히 볼 수 있다. 왜 신들은 신들의 도움을 받아 일곱 번이나 집정관에 오른 마리우스에게 그 무수한 극악무도한 행동을 자제하라고 명하지 않았는가? 아우구스티누스는 신들의 적대자인 마리우스와 신들의 친구인 경건한 레굴루스의 상반된 운명을 보면, 즉 마리우스는 무병장수와 권력을 누린 반면, 레굴루스는 전쟁 중 포로가 되어 고문과 비난 중에 유배지에서 사망한 것을 보면 로마신들을 아무리 숭배해보았자 소용없다는 결론을 내릴 수밖에 없다고 말한다. 아우구스티누스는 일시적이고 현세적인 복을 보아도, 로마신들이 자기들이 미워하는 자들을 징계하지 않고 자기들이 사랑하는 자들에게 이익을 주지 않는다면, 과연 이러한 신들을 숭배해야 하느냐고 반문한다.

24장. 잔인무도한 술라를 도덕적으로 통제하지 못한 악마적 신들

아우구스티누스는 로마신들이 자신들이 술라를 후원했다고 자랑하는 점을 문제 삼는다. 왜냐하면 자신들이 도와서 입신출세케 했다는 술라의 행동이 그토록 포악하고 잔인한 것을 보고도 신들은 조금도 술라를 통제하지 못했기 때문이다. 그래서 술라의 잔악한 폭정이 로마신들의 무능력과 공화국 보호라는 직무유기의 예가 된다고 지적한다. 술라가 마리우스에게 전쟁을 걸 때, 신들은 동물 내장 점을 통해 길조를 보여주었다. 로마신들은 술라에게 성공과 길조를 예언했지만, 술라의 악한 열정은 억제하려고 하지 않았다. 술라는 미트리다테스를 정복하리라는 주피터의 신탁까지 받아 승리했지만, 신들에게 도덕적 경고는 전혀 받지 않았다. 자기와 자기의 친구들을 모욕한 적대자들을 응징하는 과정에서도 주피터의 신탁이 있었으나 술라의 악행을 멈출 경고와 신탁은 없었다. "술라여, 승리는 당신의 것입니다"라는 신탁은 있었으나 "술라여, 악행을 멈추어라" 소리치는 신탁은 없었다. 술라는 자기가 왕이 될 것이라는 신탁(송아지 내장점)에 의지하여 로마 시민들에게 악행을 저질렀다. 아우구스티누스는 로마의 신들이 "진정으로 슬퍼하고 개탄할 만한 이런 재앙들에 관해서 동물들의 내장으로나, 새를 통한 점으로나, 꿈으로나, 예언으로 전혀 예시해주지 않았다. 왜냐하면 신들은 … 술라가 행실을 바르게 할까 두려워했기 때문이다"(164쪽)라며 조롱한다.

요약과 결론(25-29장)

25장. 사악한 영들에게 지배되는 로마인들

아우구스티누스는 사악한 영들(로마의 신들)은 사람들의 행동에 거짓 신적 권위를 부여함으로써 로마인들이 악행을 저지르도록 부추겼다고 고발한다. 내전 당시 로마인들이 동족에게 저지른 잔악무도한 행동과 전투는 연극장에서 공연되는 신들의 사악한 행동들을 모방한 것이었다. 로마의 저술가들도 시민들의 도덕적인 타락 때문에 공화국이 파멸되었다고 선언했는데도, 로마의 반기독교적 지성인들은 우리 주 그리스도에게 이 세상 악의 원인이 있다고 주장한다. 이들은 자기 신들을 비판해야 하는데 오히려 그리스도를 비난하는 것이다. 로마의 신들은 해로운 본을 보여주어서 시민들의 도덕성이 더욱 부패하게 했고, 로마공화국의 파멸을 촉진했다. 반면 그리스도는 수많은 말씀을 통해 교훈을 말하고 덕성을 심어주고 악을 억제했다.

26장. 악행 교사에 능하지만 도덕적 훈계에는 미온적인 로마의 악마적 신들

악마들이 의식儀式을 통해 공개적으로 온갖 악행을 가르친 반면에, 모호한 도덕적 교훈은 아주 은밀하게 소수에게만 전달했다고 언급한다. 카일레스티스(하늘의 처녀) 비의秘儀에 입회한 보통 사람들은 그 여신이 어떤 선한 교훈을 주는지 모른다. 창녀들의 장엄한 행렬과 처녀 여신을 바라보았으나 음란한 의식이 요구하는 모든 것만 충족되었을 뿐 아무런 덕이나 고상한 삶의 지침도 보지 못했다. 공개된 극장에서 성행위와 그와 방불한 행위를 실연하는 배우들의 몸짓에서 정숙한 여인들은 고개를 들 수가 없을 지경이었다. 무제한적 악행이 신들의 종교적 가르침의 일부라는 사실이, 그런 음탕한 공연을 하지 않으면 신의 진노를 살 것이라는 사실이 얼마나 놀라운가! 아우구스티누스는 선량한 소수를 속이기 위해 중간 단계에서는 도덕적인 가르침을 약간은 제공하지만 악한 다수를 꼬드겨 공개적으로 방탕한 생활로 초대하는 바로 그 영은 신이 아니라 악마라고 규정한다.

27장. 신들에게 헌정된 외설적 연극으로 무너지는 로마의 공적 질서

로마인들이 자기 신들을 진정시키기 위하여 봉헌했던 그런 외설적 연극들은 주로 공적인 질서를 전복하는 데 기여했다. 국가적 위기가 닥쳤을 때에도 열흘 동안 음탕한 연극이 쉬지 않고 공연되었다. 마치 절제된 생활로 신들의 분노를 일으키는 것보다는 방탕함으로 신들을 달래는 것이, 혹은 정직한 생활로 신들의 적대감을 불러일으키는 것보다 수치스런 일을 행함으로 신들의 화를 진정시키는 편이 더 만족스럽다는 듯이 말이다. 그토록 역겨운 행위와 불법적 행위로 위로받아야 하는 신들과 연합하는 것보다 더 국가에 해로운 일이 있을까? 자기 신체에 닥친 위험을 모면하기 위해 정신에서 덕성을 추방함으로써 신들과 화해한 로마인들은 스스로 사회질서 토대를 붕괴하는 짓을 한 셈이다. 신들이 자신들의 불법 행위를 로마인이 모방하기를 바란다고 믿은 이들은 신들과 함께 로마 공적 질서의 전복자 자리에 스스로 앉은 것이다.

28장. 공화정을 붕괴시키는 로마의 외설종교와는 너무나 다른 기독교

반면 기독교는 로마의 불경건함, 호색과 방탕(로마서 13:11-14 참고)에서 인간을 끌어내어 경건한 빛으로 구원하는 종교다. 영생을 얻으려면 현재 생에서 어떻게 살아야 하는지 배우려고 교회로 무리지어 몰려드는 이들을 적대시하는 것은 사악하고 불결한 영에 사로잡힌 사람들뿐이다. 성경과 의에 대한 교훈을 믿어 순종하면 구원에 이르고 불순종하면 심판을 받는다. 교회는 아무리 추악한 사람이라도 변하는 장소다. 추악하고 사악한 행동은 아무도 주목하거나 모방하지 않는다. 교회에서는 참된 하나님의 계명을 알리며 그분의 기적을 언급하며 그분의 은사를 찬양하며 그분의 은혜를 간구한다.

29장. 로마인들에게 들려주는 감동적인 기독교 복음

29장은 아주 감동적인 전도 문서다. 아우구스티누스는 그러므로 로마인들에게 기독교에 대한 험담과 중상모략, 비난을 그치고 잡신 숭배를 즉각 포기하라고 권고한다. 적에게 체포당해 죽음의 위기에 처하자 죽음을 경멸한다는 것을 보여주기 위해 자기 팔을 불 속에 던진 스카이볼라, 2차 포에니 전쟁을 승리로 이끈 대大스키피오, 1차 포에니 전쟁의 영웅 레굴루스, 뇌물을 거절하고 정의를 지킨 파브리키우스(주전 280년)[13]의 후손인 로마인이 선택할 종교는 기독교라는 것이다. 아우구스티누스는 빛과 소금이 되는 교회를 통해 전도한다(마 5:13-16 참고). 존경받을 만한 로마 시민들 속에는 기독교적 경건과 덕성의 실마리가 보였다. 그런 시민들은 사방의 대적들과 싸우면서 희생을 감수하였고, 오늘의 로마를 물려주었다(베르길리우스, 《아이네이스》 1권, 각주 70). 그 로마가 하나님나라의 도성에 초청받았다. 하나님의 도성은 진정한 죄사함이 일어나는 피난처다. 존경받는 로마 계보에 속한 로마 시민이여! 타락한 후손들의 말을 듣지 말라. 이제 쉽게 얻을 수 있으며 진실하고 영원히 소유할 수 있는 하늘나라를 소유하

---

13 로마역사에서 존경받는 인물들에 대한 기록은 리비우스의 책에서 인증한다(169쪽의 각주 69). 아우구스티누스는 이 고귀한 인물들의 후손이 기독교를 받아들이는 것이 자연스럽다고 주장한다.

라. 베르길리우스가 《아이네이스》에서 말한 로마인의 영속적 지배는 하늘나라에서 실현될 것이다(170쪽).

> 거짓되고 속이는 신들을 추종하지 말라. 오히려 그들을 버리고 경멸한 후에, 진정한 자유를 향하여 뛰어오라. 그들은 신들이 아니라 악의에 찬 영들이기 때문에 당신들의 영원한 행복이 그들에게 쓰라린 형벌이 될 것이다.… 하나님의 위엄은 인간의 품위를 손상시키는 것에 의해 결코 위로받을 수가 없다(171쪽).

음란한 연극에서 기쁨을 얻는 신들은 거룩한 하늘의 권세에 포함될 수 없다. 하늘의 도성은 로마와 비교도 되지 않을 정도로 영광스럽다. 수치스런 행동에 위안을 받는 신들은 정신과 이성이 건전한 사람에게 경배를 받을 자격이 없다. 로마의 신들은 내세는커녕 현세의 행복도 보장해주지 못한다.

결론

《하나님의 도성》 2권은 로마신들의 비신화화, 즉 로마 다신교 신학의 해체에 집중한다. 중심 논지는 로마인들의 도덕적 방종을 막지 못하는 로마의 신들은 경배를 받을 신이 아니라 악마라는 것이다. 결국, 로마의 실패와 파멸은 로마신학의 실패와 파멸이었다. 한 문명과 국가의 존립과 번영은 누구를 신으로 믿느냐에 달렸다. 예배 대상 선정, 기도 대상 선정, 모방 대상 선정이 인생과 역사의 근본이기 때문이다. 한국 기독교인들의 도덕적 방탕과 윤리적 일탈을 경고

하거나 질책하지 않는 하나님은 참 하나님이 아니다. 사실상 병들고 부패한 한국 교회 교인들의 마음에 똬리를 튼 우상이 거룩하신 '하나님'의 이름을 도용하고 있다. 지금 한국 교회와 사회의 도덕적 부패와 타락을 통렬하게 비판하며 회개를 촉구하지 않는 교회는 참 하나님의 교회가 아니다.

에스겔 14장에서는 마음에 우상을 가득 품고 하나님에게 물으려고 나오는 장로들을 에스겔이 탄핵한다. 한국인들의 오도된 배금주의·물신주의·쾌락방탕주의, 한국 교회의 세습주의, 성직자들의 일탈과 방종, 시대적 중심쟁점인 양극화와 강자들의 약자 압제, 남북 간 적대적 분단과 상쟁 같은 이 시대의 중심 죄악을 고발하고 규탄하며, 그 죄악을 극복하도록 대안적·대조적·대항적인 삶의 지침을 주지 않는 하나님은 하나님이 아니다. 예수님의 구원은 이 땅에서 천국으로 이동하는 현세이탈적 구원이 아니다. 악하고 음란한 세대에서 거룩하고 자애로운 공동체로 이끄는 이탈이다. 흑암의 권세에서 하나님 아들의 나라로의 이주요, 편입이다(골 1:13-14 참고).

예수님의 영이 없는 교회는 사설 종교학원이지 진리의 기둥과 터로서의 공교회는 아니다. 공교회는 하나님을 믿고 숭배하는 사람들에게 도덕적 정화, 공적 질서의 공의로운 유지를 가르치고 명하는 하나님의 영적 인도 아래 있다. 그러나 하나님의 자녀들에게 예언자적 책망은 전혀 하지 않으면서 호객행위와 같은 친절만 넘치는 교회는 우리 주 예수 그리스도의 교회가 아니다. 결국, 다시 누가 하나님이냐를 묻는 신학의 문제로 되돌아온다. 《하나님의 도성》 2권은 한 사회가 최고의 궁극 가치로 간주하는 존재, 곧 신의 본질 규명에 집중한다. 한국 사회와 한국 교회는 거룩하신 하나님, 우리 주 예수 그리스도의 성령의 인도를 오랫동안 받지 못한 영적인 무지몽매 아래 있다. 한국 교회는 로마인들의 방탕과 도덕적 부패를 조장한 이교신들을 섬기는 이교도의 사당 신세로 전락할 위기에 있다.

2권의 끝 부분에서 아우구스티누스는 기독교 신앙을 감동적으로 변증한다. 로마 사회에 대한 압도적인 도덕적 우월성과 기독교 신앙의 공공성을 바탕으로 기독교 신앙이 쇠락하는 로마의 대안임을 설파한다. 다만 '지상의 기독교 공동체'를 쇠락한 로마와 비교했어야 할 지점에서 갑자기 역사 저편의 '영원한 도성'을 로마와 비교하는 것은 아쉬운 대목이다. 대안적인 지상 공동체가 아니라 하늘 도성을 로마와 비교하는 데서 타계주의적 천국관이 시작되기 때문이다. 로마와 완전히 다른, 당시 교회 공동체의 삶을 보여주었다면 더 효과적인 기독교 변증이 되었을 것이다.

올바른 기독교 변증은 '현재의 부조리한 세상'과 '죽어서 가게 될 천국'을 비교하는 것이 아니라 '현재의 부조리한 세상'과 '현재의 자애롭고 정의로운 교회'를 대조하는 것이다. 그러기에 아우구스티누스는 당대 로마와 기독교 공동체를 더 효과적으로 비교해야 했다. 음탕하고 부패한 로마와 대조적으로 순결한 교회 공동체를 보여주어야 했다. 우리도 죽어서 가는 하나님나라와 지금의 세계를 비교할 것이 아니라, 현재 우리가 보여줄 수 있는 최선의 교회 모습으로, 지금 영적 파탄에 빠진 대한민국을 조명해야 한다. 불완전하지만 이 땅에서 작동하고 지어져가는 하나님나라의 역동성을 보여줘야 한다.

제3권:

로마제국, 내우외환과 천재지변으로 무너지다

《하나님의 도성》 2권이 종교제의 부패와 도덕적 방벽 붕괴라는 내적 재앙을 다루었다면, 3권은 외적 재앙, 즉 이민족 침략과 로마제국 내의 내란과 천재지변을 다룬다.

1장. 로마공화국을 몰락시킨 권력투쟁적 내전[1]의 장본인들

그라쿠스, 마리우스, 술라와 같은 악한 군주들이 로마를 악하게, 또 약하게 만들었다. 로마의 이교도들이 로마 쇠락의 원인을 외부에서 온 종교(기독교)에 돌리는 것은 근거 없는 후안무치다. 전통신들을 숭배할 때도 로마제국은 기근, 질병, 전쟁, 약탈, 학살 등을 끊임없이 경험했기 때문이다. 그런데도 로마인들은 악한 생활보다는 누추한 가옥을 더 슬퍼했다. 결국 그리스도가 강림하기 전에 로마제국과 로마가 합병한 속주 지역(로마신들의 관할지역)에서 일어난 재앙의 역사(기

---

1 주전 80년대 일어난 마리우스파와 술라파의 싸움을 제1차 내란, 주전 40년대 전반 줄리우스 시저와 폼페이우스파의 싸움을 제2차 내란이라고 부른다. 제정帝政이 성립하기 1세기 전의 로마사는 크고 작은 격렬한 정쟁政爭으로 일관하였으며, 정쟁은 날이 갈수록 확대되었다. 아우구스티누스는 1차 내란을 훨씬 더 부정적으로 바라본다.

근·질병·약탈·포로·학살 등)는, 로마가 그토록 의지한 로마의 여러 신들이 재앙으로부터 로마를 구하는 데 얼마나 무관심하고 무기력했는지를 거침없이 말해준다.

살루스티우스가 칭찬했던 시대의 해악과 무질서들(2-17장)

2장. 로마인들이 섬기는 신들의 무능력과 무관심

그리스인들과 로마인들이 공통으로 섬긴 신들은 왜 트로이(일리움)의 멸망을 허락했나? 일리움(트로이)은 로마를 건국한 조상들의 고향이다.[2] 아이네아스가 영도하는 트로이 후손들이 이탈리아로 건너가 세운 나라가 로마로 발전했다. 로마의 원(原)조상인 트로이 사람들은 그리스 사람들과 동일한 신들을 섬겼다. 트로이는 동일한 신들의 이름으로 침략한 그리스 사람들에게 멸망당한다. 그렇다면 트로이 사람들은 자신들을 멸망시킬 신들을 섬기고 있었던 셈인데, 이는 모순이 아닐 수 없다. 결국 로마인들의 조상(트로이 사람들)이 섬기던 신들과 트로이를 공격한 그리스 사람들이 섬기던 신들이 같은데, 트로이 멸망 때 그 신들은 무엇을 했나? 아우구스티누스는 그때처럼 지금도 로마제국의 신들은 로마인들이 곤경과 재앙에 처한 순간에 전혀 도움이 안 된다고 말한다.

---

2   주전 11세기경으로 추정되는 트로이 전쟁은 왕비를 적국 왕자에게 빼앗긴 그리스왕(메넬라오스와 그의 형 아가멤논, 오디세우스, 아킬레우스과, 왕비를 가로챈 트로이왕 사이에 일어난 전쟁으로 치정과 사랑의 도피행각을 둘러싸고 일어난 전쟁이다. 그리스의 책사인 오디세우스가 전쟁이 끝나고 집으로 돌아오기까지 18년이 걸린다. 이 이야기가 주전 8세기에 호메로스가 쓴 《일리아스》와 《오뒷세이아》의 내용이다.

3장. 로마가 섬기는 신들의 악덕, 간통과 불륜

트로이 전쟁은 트로이왕자(파리스)가 주도한 간통사건을 그리스왕들이 응징한 전쟁이 아니었다. 간통은 그리스-로마의 신들에게는 흔했기 때문이다. 간통했다고 신들이 벌을 내리지는 않았다. 로마의 신들은 인간의 악행에 복수하지 않고 오히려 악행을 부추기고 허용한다. 로마 건국의 아버지 아이네아스 자체가 간통(비너스와 안키세스의 간통)의 산물인데 신들은 아이네아스가 로마를 건국하도록 도와주었다고 하지 않는가? 비너스의 남편 불칸Vulcan은 이 간통을 묵인했다. 이처럼 신들은 자기 아내에게 질투하지 않으며, 인간들과 아내를 공유하는 것을 예사로 여긴다. 로마의 역사는 스스로 신의 아들이라고 일컫는 자들의 등장으로 시작한다. 로마 도성의 건설자인 로물루스는 자기가 전쟁신 마르스의 아들이라고 주장했고, 줄리우스 시저도 자기가 비너스의 아들이라고 믿었다. 이처럼 로마제국 시초부터 신들의 도덕적 방종과 그것을 모방한 인간의 악행이 주도적인 역할을 했다.

4장. 실용적 목적으로 날조된 건국조상들의 황당무계한 계보

인간 스스로 신들의 후손이라고 주장하는 것이 '국가'를 위해서는 유용하다고 주장하는 로마신화학자 마르쿠스 배로Marcus Varro의 견해는 어리석다. 배로는 인간이 자신을 신들의 후예라고 믿는 덕분에 큰일에 과감하게 뛰어들고, 정력적으로 일을 추진하여 더 풍성한 성공을 확보할 수 있었다고 보았다.

5장. 신-인간의 간통으로 태어난 로마의 건국자 로물루스

신들이 로물루스의 모친 간통에 대해 분개하지 않았는데 파리스의 간통을 징벌하기 위해 전쟁을 일으켰다는 것은 믿을 수 없다(창 6:4 비교). 마르스가 누미토르의 딸을 통해 낳았다(간통)는 로물루스의 탄생 설화, 즉 로물루스가 신의 아들이라는 주장의 근거는 거짓이다. 고대 로마인들은 신들의 음란 신화에 영향을 받기 전에는 간음을 엄격하게 징벌했다(간음한 여사제는 생매장). 보통 인간의 침상보다 성소의 순결을 더 옹호했다. 그런데 로마가 자기 세력을 확장하고 제국의 위용을 갖춘 어느 순간부터 음란과 방탕을 신들의 행위 모방 차원에서 옹호하기 시작했다.

6장. 형제 살육으로 건국된 로마

로마의 신들은 로물루스가 동생(쌍둥이 동생 레무스)을 죽여 성벽 바깥으로 집어던진 살해행위를 징벌하라고 요구하지 않았다. 로마의 건국신화 자체가 지극히 패륜적이고 부도덕하다. 쌍둥이 동생을 죽이는 형의 행위가 로마 건국의 기초이기 때문이다. 로마 건국이 형제 살육의 패륜 사건으로 시작된 셈이다. 그러나 로마 사람들은 그 사건에 대해 아무 말도 하지 않았다. 아우구스티누스는 남의 아내를 빼앗아간 행동에는 분노한 신들(트로이 전쟁의 촉발자인 아테나 여신 등)이 동생을 죽인 로물루스를 보호하는 것은 도저히 납득할 수 없는 처사라고 비판한다. 아우구스티누스는 15권 4-8장에서 가인의 아벨 살해와 성읍 건설을 같은 관점으로 비판한다. 인간의 도성은 형제살해의 폭력 위에 건설되었다는 것이다.

7장. 마리우스 군대의 일리움 파괴를 보고도 도와주지 않은 일리움의 신들

마리우스의 장군 핌브리아Fimbria의 일리움 파괴(주전 86년)는 그리스인들의 일리움 파괴보다 훨씬 더 잔혹하고 무자비했다. 마리우스와 일리움 양측이 숭배하던 신들은, 마리우스가 일리움에 악행을 저지르던 상황에서도 파괴·유린당하는 일리움을 전혀 도와주지 않았다. 트로이 시민들의 덕성에 반비례하는, 무책임하고 무관여적인 트로이 신들은 질책당해야 한다. 트로이 시민들은 마리우스의 대적인, 상대적으로 더 의로운 술라 진영에 일리움을 넘겨주려고 핌브리아에게 대항하다가 멸망당한다. 무력을 사용해서라도 공화국을 회복해야 한다는 술라의 주장이 마리우스의 주장보다는 선하고 정당했다. 로마공화정을 지키려고 한 술라 진영에 선 일리움 사람들의 행동보다 로마에 더 명예로운 일이 있을까? 왜 일리움의 신들은 대의명분이 정당한 편에 선 일리움이 파멸하도록 허락했는가? 왜 이번에는 그리스의 영웅들이 아니라 로마의 가장 비열한 자들이 트로이를 파괴하도록 방치했나? 술라를 도우면 성공할 것이라고 신들이 예언까지 하지 않았는가? 그러나 실망스럽게도 트로이 신들은 성소와 제단을 떠나버렸다(베르길리우스, 《아이네이스》 2권, 180쪽, 각주 16). 심히 무책임한 신들이다.

8장. 자신의 도성도 지키지 못한 트로이의 신들을 경배하는 어리석은 로마

핌브리아가 트로이를 급습할 때 트로이를 지켜주는 신은 하나도 없었다. 그런데 로마는 일리움(트로이)을 지켜주지 못한 바로 그 신들을 신봉하고 숭배했고, 재난의 순간에 아무런 구원이나 도움을 받지 못했다. 그러므로 로마가 자기 도성을 지키지도 못한 트로이의 신들을 다시 신봉하고 그 밑에 엎드리는 것은 정당하지 않다.

9장. 누마 폼필리우스의 평화치세의 참된 원인

로마의 2대 왕 누마 폼필리우스Numa Pompilius 시대(주전 715-673년)에

맛본 긴 평화는 신들의 은덕이 아니다. 로마인들은 본격적으로 판테온을 등록한 만신주의자 누마가 여러 신들을 도입한 덕분에 로마가 발전했다고 생각했다. 그러나 실상은 누마 이후의 로마가 누린 평화는 외적으로 로마를 위협할 만한 세력이 없었기 때문이지 신들이 위험한 상황을 막아준 것이 아니다. 오히려 하나님께서 로마 시대에 내리신 '일반은총' 덕에 누마 시대에 로마가 평화를 누린 것이다. 누마가 진짜 종교의 여러 신들을 잘 섬겨서 전쟁이 일어나지 않았다면, 누마가 살아있는 한 로마는 계속 평화로워야 했는데 실상은 1년에 한 번씩 재앙이 일어났다. 이는 누마가 여러 신들을 도입한 성과로 나라가 발전한 것이 아니라는 증거다. 누마 시대의 평화는 로마 신들의 은덕이 아니라 로마 사람들의 공이다. 로마인들이 다른 나라들과 전쟁을 하지 않았기 때문에 평화가 유지된 것이다.

10장. 누마의 평화치세를 버리고 광기 어린 전쟁과 팽창욕구로 일탈한 로마

그러나 로마가 누마의 평화 대신 전쟁을 통한 확장을 꾀한 것은 오류였다. 누마 이후에 로마는 팽창과 확장을 위해 끊임없이 전쟁을 벌였다. 우람한 크기보다 적정한 크기의 신체가 더 평화롭다. 살루스티우스의 지적처럼 아주 초기 로마왕들은 욕심 없이, 가진 것에 만족했다. 하지만 시간이 갈수록 주체할 수 없는 전쟁의 광기와 탐욕스러운 소유욕이 생명과 평화의 로마를 엄습했다(183쪽). 로마의 번영은 역으로 이웃의 시기와 질투를 촉발했다. 이에 로마는 방어전을 시작으로 전쟁 열기에 빠져들었다. 그동안 '로마의 평화'는 신들의 선물이 아니라 이웃 나라들이 전쟁으로 로마를 괴롭히지 않았기에 누려온 것이었다.

11장. 신들의 무기력을 예증하는 아폴로 신상 전설

로마인들이 아가야 사람들과 그리스의 아리스토니쿠스왕과 전쟁했을 때, 그리스인들이 그리스의 쿠마에 있는 아폴로 신상에게 달려가 도와달라고 소리쳤다. 하지만 아폴로 신상은 그리스인들을 도와줄 수 없어서 나흘간이나 통곡하면서 눈물을 흘렸다. 그리스 식민지 쿠마의 아폴로 신상이 눈물을 흘린다는 것은 그리스의 패배를 의미한다고 해석되었다. 전쟁의 향배는 아폴로의 뜻과는 다르게 진행되었다. 그런데 자신이 도와주고 싶었던 아리스토니쿠스는 로마에게 패배했다. 이 쿠마의 아폴로 신상 전설은 그리스-로마신들이 결정적인 순간에 얼마나 무기력한지를 잘 예증한다. 또 누마가 로마의 수호신들의 예배를 도입해 로마의 태평성대가 실현되었다고 하지만 누마가 어떤 신의 도움으로 평화롭게 통치했는지 해명하기 어렵다. 하나님을 몰랐던 누마는 아이네아스가 들여온 트로이 신들이 트로이는 물론이요 아이네아스가 건설한 라비니움 왕국조차도 지켜주지 못했음을 기억했다. 그래서 그는 로물루스와 함께 로마에 건너왔다가 로마 인근 부족국가 알바Alba가 파괴될 때 넘어온 초기의 신들에다 피난민의 수호신이요 연약한 자의 조력자로 다른 신들을 덧붙였다. 누마는 우발적으로, 비체계적으로 국가수호신을 선택하고 도입했다. 아우구스티누스는 누마가 도입한 신들에 대한 숭배 때문에 로마가 태평성대를 누렸다는 로마인들의 주장이 틀렸다고 말한다.

12장. 로마를 구원하는 데 전혀 도움이 안 된 로마의 신들

그런데 이렇게 누마가 도입한 많은 신들이 로마에 아무 도움도 주지 못했다. 피난민들과 약자들을 위해 도입한 이 많은 신들이 로마를 위해 한 일은 하나도 없었다. 풍랑 때에도 로마를 구원해준 적이 없다. 야웨 하나님이 진정 사랑이 많다는 것은 야웨를 믿는 사람이 그 사랑을 역사 속에서 실제로 많이 경험했기 때문에, 공증된 진리다. 그래서 하나님의 사랑을 믿고 선포하려는 사람들은 하나님은 사랑이 많다는 것을 세상에 입증할 의무가 있다. 그리스도인들이 하나님의 사랑을 많이 표현해야만 기독교가 믿는 하나님은 비로소 사랑이 많은 하나님으로 공인된다. 그분의 사랑을 나타내는 사람이 많아야 하나님의 사랑은 신뢰할 만한 공적 자산이 된다. 하지만 로마에는 신들의 이름으로 사랑을, 그리고 거룩을 나타내는 사람이 전혀 없었다.

13장. 로물루스 치하에 벌어진 사비니족 여자들의 납치와 강제결혼 만행

건국 초기인 로물루스 때 로마인들은 사비니족 여자들을 납치해 아내 삼았고, 그 와중에 자기들의 장인인 사비니족과 전쟁을 했다. 로마인들은 사비니족의 침략으로 궁지에 몰리자 주피터(제우스)에게 고정자Stator라는 명예로운 호칭을 주고 기도했다. 그러나 전쟁에서 졌고 자신들의 아내들이 아버지들에게 용서를 구해 간신히 몰살을 면했다. 로물루스는 사비니족의 왕 티투스 타티우스를 공동통치자로 맞아들이는 강화조약을 맺기에 이르렀다. 그러나 로물루스는 타티우스를 죽이고 스스로 더 위대한 신이 되기 위해 왕권을 독점하기 시작했다. 아우구스티누스는 이 과정에서 드러난 로마인들의 이상한 결혼, 이상한 전쟁 이유, 이상한 형제관계, 인척관계, 동맹관계, 신들과의 이상한 관계를 조롱한다. 신들에게 보호를 받는다는 도성에서 이런 어처구니없는 일들이 일어났다!

14장. 알바를 정복한 후부터 권력욕에 탐닉한 로마의 자기파멸적 팽창

누마 이후의 다른 왕들이 통치하는 동안에 로마는 인근의 알바인(알바 롱가)들과 전쟁을 치렀는데, 이것은 골육상쟁의 전쟁이었다. 아이네아스의 아들 아스카니우스가 건설한 알바는 로마에게 트로이보다 더 모국에 가까운 나라였기 때문이다. 로마의 3대 왕 툴루스 호스틸리우스(주전 673-642년)[3]가 로마인들을 충동해서 알바와 전쟁을 일으켰다. 로마의 호라티우스 집안의 세 형제가 알바의 쿠리아티우스 집안의 세 형제랑 결투하여 로마가 이겼다. 이 골육지친의 상쟁에 로마의 신들은 무관심했으며 일절 관여하지 않았다. 골육지친의 상쟁에서 이긴 것을 두고 로마는 영광이니 승리니 하며 자랑했지만, 실상은 그것은 어리석은 패륜적 전쟁이었다. 살루스티우스가 지적하듯이, 알바에게 승리를 거둔 후 자기 죄악을 찬양하면서 영광이라고 부를 때 로마는 이미 정복욕, 허영의 욕망에 정복당한 것이다.

15장. 로마가 섬기는 신들의 가호를 받지 못한 로마의 왕들

아우구스티누스는 약 250년 정도 계속된 왕정 시대를 비판적으로 회고한다. 로마의 왕들은 로마가 숭배한 신들의 가호(加護)를 받지 못했다는 것이다. 로마는 주전 8세기에서 주전 5세기까지 243년 동안 계속 왕들이 있었다. 장인을 죽여서 왕위에 오른 타르퀸 수페르부스[4]는 주전 510년에 공화정이 도입되기 전의 마지막 왕이었다. 로마의

---

3 툴루스 호스틸리우스는 라틴계 로마인으로 인근의 알바 롱가를 정복해서, 알바 롱가의 주민들을 로마로 강제이주를 시켜 로마시민으로 만들었다.
4 존속살해자인 이 타르퀸은 전쟁 중 거둔 승리로 카피톨을 건설하는 영예를 얻었으며, 아들 중 하나는 친척의 아내인 루크레티아를 강간했다. 이 강간사건이 도화선이 되어서 타르퀸이 폐위되면서 로마는 왕정이 끝나고 집정관이 다스리는 공화정에 들어서게 된다.

왕정 시대 후기에 로마를 다스린 왕들은 결코 평화와 안정의 치세를 누리지 못했다. 이때는 많은 피를 흘리고 극심한 재앙을 경험한 시기다. 그 기간에 얻은 승리는 영토를 단 20마일, 즉 약 32킬로미터도 확장하지 못했을 정도로 비생산적인 승리였다. 가끔 나타난 훌륭한 왕들도 비참하게 죽었으며, 자기를 숭배하는 자들 사이에 참혹한 내전과 권력 투쟁이 일어나도 로마의 신들은 적극 개입하지도, 자기 처소를 떠나지도 않았다. 우상숭배와 죄가 가득한 성소를 떠나는 야웨 하나님은(겔 8-11장), 핏빛 잔혹사가 계속되는데도 성소를 떠나지 않는 주피터와는 완전히 다르다.

16장. 초기 공화정 시대에 발생한 외부 재앙들

이 부분에서 아우구스티누스는 왕정이 끝나고 시작된 초기 공화정 시대의 외적 재앙의 역사를 개관한다. 로마 호민관들의 권력 투쟁사도 또 다른 재앙의 역사를 보여준다. 로마의 이웃 에트루리아가 타르퀸의 왕위 복위를 돕는 과정에서 로마와 전쟁을 벌인다. 살루스티우스 같은 역사가들은 이 기간이 정의와 절제가 우세한 시대라고 하지만, 이 시기의 정의와 절제는 자발적 신념에 따른 것이 아니라 외적인 공포에 압박받은 결과였다. 초대 집정관 유니우스 브루투스는 동료 집정관이자 강간당해 자살한 루크레티아의 남편 루키우스 타르퀴니우스 콜라티누스를, 중간 이름이 축출된 왕(타르퀴니우스 수페르부스) 가문으로 추정되는 '타르퀴니우스'라는 이유로 추방했다. 타르퀸의 복위를 모의했다는 이유로 자기 아들들과 처남들도 죽였다. 브루투스를 이은 루크레티우스는 임기 전 질병으로 죽었다.

17장. 집정관이 다스리던 시대에 발생한 재앙을 보고도 돕지 않은 로마의 신들

주전 510년에 공화정이 수립되고 나서 얼마 후 다시 로마는 귀족과 평민으로 양극화되었는데 양측의 갈등은 평민 반란으로 이어졌고, 평민을 위한 호민관 제도가 도입되고 나서야 소강상태로 접어들었다. 2차 포에니 전쟁 시점에 가서야 이 갈등과 불화는 끝났다. 이런 이유로 로마역사가들은 포에니 전쟁 승리를 자랑하지만 그것은 비참한 자들에게 주는 공허한 위로요, 더 큰 재앙을 부르는 유혹적 자극이었다. 아우구스티누스는 17장 나머지 부분에서 로마의 신들이 마땅히 개입했어야 할 로마의 많은 재앙사태를 열거한다. 전쟁, 기근, 내란, 의인의 희생이 일어났을 때 로마의 신들은 도움이나 구원의 손길을 전혀 내밀지 않았다(198-199쪽).

포에니 전쟁과 그 결과들: 치명적 위기(18-22장)

18장. 포에니 전쟁 중에도 로마를 도와주지 않은 로마의 신들

신들은 포에니 전쟁 때도 로마인들이 겪은 재앙들을 경감해주지 못했다. 포에니 전쟁 120년 동안에 승자와 패자의 자리가 수시로 바뀌었고 누가 승리하든 그 승전은 상처투성이의 승리가 될 수밖에 없었다. 전투에 가담한 사람이든, 그렇지 않은 민간인이든, 실로 많은 사람들이 목숨을 잃었다. 로마가 엄청난 혼란에 빠져 무익하고 어리석은 치유책에 의지하게 된 것은 바로 그때였다. 그래서 한 세기 전에 신들의 어머니로 불리는 시빌(시빌레)의 주술서를 근거로 시작되었다가 형편이 나아진 시기에 시들해졌던 세속적인 연극이 부활했다. 이것은 종교와 대중문화가 혼합되었다는 것을 말해준다. 연극은 종교이면서 오락물이었다. 또 로마에 신이 있었다면 로마의 장군 마르쿠스 레굴루스가 1차 포에니 전쟁에서 노예로 잡혀 잔혹하게 죽임을 당하지 않았을 것이다. 그 용감하고 의로운 레굴루스를 지켜주지 못한 것이, 로마에는 참 신이 없었다는 증거라는 것이다. 여기서 아우구스티누스가 구사하는 논리는 기독교의 신정론 문제를 즉각 상기시킨다는 점에서 현명한 논증은 아니다. 기독교의 하나님도 자신의 의로운 자녀를 굴욕적인 고난과 죽음에서 건져주지 않으시는 경우가 많지 않은가?

19장. 상처뿐인 포에니 전쟁 승리에 대한 아우구스티누스의 비판

로마와 카르타고 양측의 힘을 소진시킨 포에니 전쟁은 로마에게도 상처뿐인 승리였다. 2차 포에니 전쟁(주전 218-202년, 17년 지속)을 치르는 동안 한니발이 로마를 17년간 유린했는데, 로마의 신들은 침략자를 격퇴하는 데 전혀 도움을 주지 못했다. 로마가 카르타고에게 대패한 칸나이 전투(주전 216년)에서는 한니발이 더는 로마인들을 죽이지 말라고 명할 정도로 로마인 전사자가 많았다. 로마 귀족을 죽이고 나서 빼앗은 금반지 20킬로그램을 카르타고에 보낸 한니발의 로마 유린이 로마에 끼친 피해는 상상을 초월했다. 그러나 더 비극적인 사실은, 군비가 부족해서 노예들이 신전의 무기를 탈취해 전장으로 달려가야 할 정도로 재정 파탄을 겪던 전시에도 군비보다 더 많은 돈이 로마 대중의 쾌락을 충족시키는 연극배우들에게 들어갔다는 점이다.

20장. 로마의 동맹국도 돕지 못하는 로마의 신들

카르타고 근처의 아프리카 족속인 사군툼 사람들[5]은 로마에 대한 충성 때문에 소멸되는데, 로마신들에게 아무 도움을 받지 못하고 멸망당했다. 아우구스티누스는 로마에 신이 있다면, 로마에 충성하는 스페인 도성을 공격하는 카르타고 군대를 왜 패퇴시키지 않았느냐고 반문한다. 여기서도 아우구스티누스는 참 신은 위기와 환난의 때 자신의 존재를 드러내야 한다는 단선적인 신학사유에 머무른다. 오늘날 몰트만 등이 대표하는, 2차 세계대전 이후 신학 사유思惟는 이런 전통적인 유신론을 극복한다. 몰트만은 《십자가에 달리신 하나님》(대한기독교서회)에서 신은 고난을 받는 당신의 백성을 즉각 구원하는 방식이 아니라 그들과 함께 고난을 받는, 참여적이고 수난감수적인 방식으로 당신의 현존을 드러내신다고 주장한다.

21장. 도덕성 최고시대였다던 포에니 전쟁기에도 열패했던 로마의 도덕성

아우구스티누스는 포에니 전쟁 전후에 드러난 로마의 도덕성이 치명적일 정도로 열악했다고 평가한다. 살루스티우스는 이 시기에 로마의 도덕성이 최고였다고 묘사했지만, 실제로는 2차 포에니 전쟁 영웅인 대大스키피오마저도 조국에 환멸을 느낄 정도로, 로마의 공명정대성과 건전한 판단력은 심각하게 무너졌다. 이 민족적 영웅도 정적의 탄핵을 받아 로마를 영원히 등지고 말았다. 로마는 2차 포에니 전쟁에서 한니발을 물리친, 유다 왕국의 멸망기 예언자 예레미야와 동시대 인물인 대스키피오를 추방하고 타락하기 시작한다. 이때 소아시아 지방 총독 만리우스가 적군보다 더 무서운, 아시아(갈라

---

5 2차 포에니 전쟁은 주전 219년 아버지 하밀카르 바르카의 뒤를 이어 한니발이 스페인 지역에 개척한 카르타고 식민지이자 로마의 동맹국이었던 이베리아 반도 동쪽 해안의 사군툼을 침공하면서 발발했다. 로마는 한니발에게 자신의 동맹국인 사군툼으로부터 즉각 철수할 것을 요구했으나 한니발이 거절함으로써 제2차 포에니 전쟁이 발발했다.

디아 지방)의 사치스러운 풍속을 로마에 도입했다. 청동침대와 값비싼 침대보, 연회의 흥을 돋우는 수금타는 여인들도 들여왔다. 또 무남독녀인 딸마저도 부모의 합법적인 상속자가 되는 것을 금지하는 저 악명 높은 보코니아 법 *Lex Voconia*도 2-3차 포에니 전쟁 기간에 제정되었다.

22장. 소아시아 거주 로마시민을 학살명령에서 지켜주지 못한 로마의 신들

아우구스티누스는 로마의 신들이 아시아에 사는 유력한 로마시민들을 학살하라는 소아시아 군주 미트리다테스 6세의 칙령(주전 88년)을 막아주지 못했음을 들어 로마가 섬긴 신들의 무기력을 비판한다.[6] 점을 쳐서 얻은 길조를 믿고 아시아로 이주하거나 사업을 하던 로마인들이 아시아의 이방군주 미트리다테스에 의해 '로마인 학살'이라는 재앙을 당한 사건이 일어났었다. 로마신들은 점괘를 통해서라도 그 로마인들을 보호했어야 했다. 또 410년 서고트족의 로마 유린 사태와 관련해서도 로마신들의 무관심과 무관여를 비난해야지 기독교인들의 하나님에게 불평할 수는 없다는 것이다.

내부의 해악들과 무질서 상황들(23-31장)

23장. 온갖 종류의 흉조로 로마공화국을 괴롭힌 내부적 재앙들

이제 아우구스티누스는 로마공화국 내부에서 일어난 재앙의 상황

---

[6] 미트리다테스가 행한 로마인 학살을 응징하러 원정한 사람이 루키우스 술라였다. 로마공화국 1차 내란의 주역이던 술라는 가이우스 마리우스파를 척결하기 위해 2천 여명의 원로원과 기사계급 사람들을 사형시키거나 추방했던 것으로 보인다(3권 28장 참조).

에 대한 로마 신들의 무관여, 무관심, 무개입을 지적한다. 라틴 동맹이 로마에 대항하던 시절(주전 90년)에 개, 말, 당나귀, 소 등이 난폭해져서 사람들을 공격했다. 이 동물 광기 현상이 더 큰 재앙의 도래를 알리는 전조라고 하지만, 그 자체로도 엄청난 재앙이었다. 이때 로마의 신들은 어디에 있었는가?

24장. 그라쿠스 형제의 급진적 사회개혁 비판

그라쿠스 형제가 농업법과 관련하여 사람들을 선동하여 일어난 내란 또한 기독교가 로마에 들어오기 전 로마공화정 역사를 얼룩지게 한 내부 재앙이었다. 농지법 개혁을 둘러싸고 일어난 그라쿠스 형제(티베리우스 그라쿠스와 가이우스 그라쿠스) 일파와 귀족파의 내전으로 얼마나 많은 사람들이 죽임을 당했나? 주전 133년에 호민관 티베리우스 그라쿠스가 평민 중심의 농지법 개혁을 시도하다가 살해당했고, 동생 그라쿠스가 주전 125, 122년에 두 차례나 호민관에 선출되어 형의 개혁을 다시 추진하다가 또 죽임을 당했다.[7] 이때 로마의 신들은 어디에 있었는가?

25장. 로마의 화목을 훼방한 여신에게 화목의 신전을 바친 어리석은 로마인들

아우구스티누스는 이런 소란과 학살이 자행된 장소에 원로원 결의로 콘코르디아 신전(계급 화해를 기리는 신전)을 세운 것, 즉 로마의 화목 도모를 고의적으로 훼방한 여신 콘코르디아에게 신전을 지어 바친 것이 얼마나 어리석은지를 조롱한다. 무능한 여신을 그 신전 안

---

7 212쪽 각주 91번은 플루타르코스《영웅전》에 소상하게 기록한 그라쿠스 형제의 급진적 개혁조치와 이 형제의 비참한 운명을 언급한다. 그라쿠스 형제의 급진적 사회개혁은 서론에 있는 "《하나님의 도성》의 배경이 되는 로마역사 개관"을 참조하라.

에 유폐하는 것이 더 낫다는 함의가 들어있는 지적이다. 아우구스티누스는 오히려 디스콘코르디아(부조화)신을 위해 신전을 지어야 하지 않느냐고 조롱한다. 아우구스티누스는 계속하여 가시 돋친 반문을 한다. 그리스-로마신화에 따르면 이 콘코르디아 여신은 트로이 전쟁의 원인제공자인데 민족화합을 도모하려는 원로원이 어찌 이 여신에게 신전을 지어 바치는가? 이 얼마나 어리석은 일인가! 로마는 '건강 신Salus'과 같은 선신과 '열병 신Fever'과 같은 악신을 동시에 섬긴다! 도대체 로마신들의 정체는 무엇인가?

26장. 평화의 여신 콘코르디아를 위해 봉헌된 많은 신전들도 막지 못한 내란들

그라쿠스 형제의 반란 진압을 기념하고 그런 반란을 막을 목적으로 콘코르디아 신전을 세웠지만, 그 후에도 전쟁이 끊이지 않았다. 그라쿠스 형제를 능가하는 민중 친화적 정치가인 민중과 호민관 루키우스 사투르니누스, 법무관 카이우스 세빌리우스, 마르쿠스 드루수스, 이 셋이 민중을 선동하여 엄청난 유혈 사태를 일으켰다. 이 과정에서 주전 88-82년에 마리우스와 술라의 전쟁이 발발하고, 주전 73-71년에는 검투사 스파르타쿠스가 주도하는 노예전쟁이 일어난다. 이 노예전쟁의 잔존세력을 주전 67년에야 폼페이우스가 진압한다. 이때 로마의 신들은 어디에 있었는가?

27장. 마리우스와 술라의 무자비한 권력투쟁을 방치한 로마의 신들

마리우스와 술라 사이에 일어난 내란은 로마의 역사가 주체할 수 없는 재앙의 역사, 로마신들의 무보호, 무능력의 역사임을 보여준다. 마리우스와 술라는 주전 120-78년 로마역사를 지배하며 갈등관계를 이어갔다. 둘은 그라쿠스 형제 농지법 혁명으로 야기된 내란을 극복하는 과정에서 각축했다. 평민파로서 주전 119년에 호민관으로 임명된 48세의 마리우스는 집정관 메텔루스를 따라 주전 109년에 아프리카 전쟁에 출정한다. 그 후 출세가도를 달리다가 마침내 집정관이 되어 직업군인제도를 채택하는 등 군제를 개혁한 반면 농지개혁에는 미온적이었다. 마리우스 집정관 시절에 회계감사관으로 선임된 32세의 술라는 아프리카 전쟁 처리를 위한 외교 행정에서 두각을 드러내 로마 정치의 중심부로 진입한다. 이 둘의 내란 때 너무 많은 사람들이 죽임을 당했는데, 마리우스가 오른손을 내밀어 답례하지 않은 사람은 그 앞에서 즉시 참살될 정도였다.

28장. 마리우스파를 학살하고 권력을 잡은 술라의 만행도 방치한 로마의 신들

마리우스의 잔학 행위를 보복한 술라의 승리는 마리우스 진영 사람들 중 많은 유력자들을 자살로 몰아가거나 죽음에 이르게 했다.[8] 광란적인 학살의 절정은 술라파가 작성한 2천 명의 살생부였다. 로마의 신들은 이때 어디에 있었는가?

> 평화와 전쟁이 누가 더 잔인한지 경쟁하다가 평화가 이겼다. 왜냐하면 전쟁은 무장한 군사들만 거꾸러뜨렸지만 평화는 비무장한 사람들마저 살해했기 때문이다. 그리고 전쟁은 공격당한 사람에게 가능한 한 반격할 기회를 주었지만 평화는 살아남은 사람들에게 생명이 아니라 저항할 기회조차 얻을 수 없는 죽음을 수여했기 때문이다(217쪽).

---

[8] 술라의 잔악한 학살극은 215쪽, 각주 102번을 참조하라.

29장. 외부적 재앙뿐 아니라 내란으로부터도 로마를 지켜주지 못한 신들

골족[9] 침입(주전 390년)이나 고트족 침입(주후 410년) 때보다 내란 당사자들인 마리우스와 술라가 초래한 파국이 더 잔혹하고 치명적이었다. 골족은 금을 주면 목숨을 살려주었고 고트족은 원로원 의원들을 살려주었다. 술라는 마리우스가 살아있을 때 이미 카피톨 신전에서 살육령을 공포했고, 원로원 결의를 이용해 많은 로마인들의 재산과 생명을 강탈했다. 권좌에 복귀한 마리우스파의 잔악 행위도 술라의 잔악 행위 못지 않았다. 결국 서고트족의 침입보다 로마의 악한 군주들 간의 내란이 훨씬 악했기에, 서고트족 때문에 로마가 망했다는 것은 말이 안 된다. 로마의 신들은 외적 재앙에서 로마를 구하는 데 무능함을 드러내기 전에, 내부 재앙에서 로마를 구원하는 데도 절대적 무능력을 드러냈다.

30장. 그리스도 강림 1세기 전에 대재앙에 빠진 로마를 구원하는 데 무력했던 신들

그리스도 강림 이전에 종종, 또 아주 잔혹하게 잇달아 있던 전쟁들은 기독교 신앙과는 아무 상관이 없고 그 전쟁들 자체로 연쇄적 인과관계의 연결고리가 있었다. 마리우스와 술라의 내전은 술라에게 추방당한 세르토리우스와, 술라에게 양육과 후원을 받은 민중파 카틸리나의 갈등(218쪽, 각주 108, 109)으로 이어졌다. 이 갈등은 술라의 법령을 무효화하는 군사 쿠데타를 시도한 레피두스와, 술라의 개혁을 옹호한 카툴루스의 전쟁으로 이어졌다(218쪽, 각주 110). 다음으로 이 전쟁은 술라의 부하였으나 술라 이상의 권력을 누린 폼페이우스와, 폼페이우스를 살해하고 더 큰 권력을 장악한 시저(카이사르)의 권

---

9   프랑스의 원주민이었던 골Gaul은 켈트족의 일족이었다.

력투쟁으로 이어졌다. 폼페이우스를 패퇴시키고 권력을 잡은 시저가 공화국의 토대를 무너뜨릴 기세로 인기와 권력을 얻자, 일단의 젊은 원로원 의원들이 공화국 회복을 열망하던 키케로의 지원을 받아 로마공화정을 지킨다는 명분으로 시저를 암살했다. 시저가 죽자 생긴 권력공백을 안토니우스, 레피두스, 옥타비아누스의 제2차 삼두정치가 메우는 듯했다. 그러나 가이우스 시저(카이사르)의 양자인 제2의 시저(옥타비아누스)가 안토니우스를 제압하여 로마를 통일하고 마침내 황제에 등극한다. 이 혼란스러운 시기에 우리 주 예수 그리스도가 탄생하셨다! 이상에서 살펴본 것처럼 그리스도 강림 1세기 전 로마역사 자체는 실로 재앙의 역사다. 그 많은 내란, 학살, 권력 투쟁적 전쟁 참상 중에 로마의 신들은 어디에 있었는가?

31장. 서고트족의 로마 유린을 기독교 탓으로 돌리는 논리의 오류

아우구스티누스는 로마역사 전체를 개관하면서 로마가 진정으로 신의 가호로 재앙을 극복하고 피한 사례가 전혀 없음을 논증한다. 로물루스부터 아우구스투스가 로마의 황제로 등극하기 전까지 로마는 안팎으로 온갖 재앙에 타격당했고 유린되었다. 아우구스티누스는 로마인들이 그토록 많은 신들을 숭배하고 있을 때조차도 재앙이 로마 사람들을 덮쳤는데, 410년의 로마 유린 같은 재앙과 고통의 원인을 다신론적 우상숭배를 금지한 기독교에 돌리는 것은 실로 파렴치한 논리비약이라고 주장한다. 오히려 로마의 이교도들은 이 엄청난 재난들의 원인을 자신의 신들에게 찾아야 한다는 것이다. 로마제국의 성소들은 화려했고 제관들은 역동적으로 움직였다. 제단에서는 희생제사의 피가 흥건히 흘러내리고 연극에서는 신을 기리는 음란 연극이 성행했다. 로마인들은 신들을 섬기는 데 최선을 다했다.

그런데도 로마인들은 자신들이 섬기는 신들에게서 신적 가호나 보호를 받은 적이 없었다. 따라서 로마역사상 일어난 수많은 재앙들의 원인을 굳이 찾으려면 이제 막 로마인들이 수용하기 시작한 기독교가 아니라 로마의 신들에게서 찾아야 할 것이다.

결론

《하나님의 도성》 제3권에서도 아우구스티누스의 변증 논리는 치밀하고 정교하며 확실하다. 로마역사를 재앙과 환난의 역사요, 로마신들의 총체적 무관심·무능력·무관여의 역사로 압축하면서 아우구스티누스는 그리스도 강림 1세기 전의 로마역사가 로마신들의 무개입을 증명하는 얼마나 생생한 예가 되는지에 초점을 맞춘다. 3권 전체에서 분명한 사실 하나는 로마가 건국된 주전 753년부터 로마 제정이 시작된 주전 27년까지 로마역사는 재앙과 재난의 역사로 규정할 수 있는 반면에 구약성경은 하나님의 압도적인 구원의 역사로 부를 수 있다는 것이다. 구약성경에서 당신 얼굴을 당신 백성에게 숨기시는 하나님의 숨으심(사 45:15; 참조. 사 8:17)은 이스라엘의 죄악을 차마 볼 수 없는 하나님의 거룩하심에서 추동된 자기 숨김이다. 그런데 로마의 신들의 무개입과 무관여는 로마인들의 죄악에 대한 좌절감과 실망감을 표출한 것이 아니다. 그렇지만 우리는 아우구스티누스의 신부재증명神不在證明 논법의 약점 또한 유념해야 한다. 재앙과 환난의 때 로마신들의 부재와 무관여·무개입·무능력에 대한 논증은, 야웨 하나님의 역사적 무관여·무기력 문제를 어떻게 풀어야 하느냐 하는 딜레마에 직면하게 되기 때문이다.

1755년 리스본 대지진을 보고 신앙을 잃었다고 주장하는 괴테의 문학자서전《시와 진실》이나 리스본 대지진마저도 신의 예정조화설로 설명하려고 시도했던 기독교 철학자 라이프니쯔를 신랄하게 비판한 볼테르의《깡디드》, 그리고 20세기의 대표적 인문주의적 무신론자인 러셀의《나는 왜 기독교인이 아닌가?》(사회평론) 같은 책들도 거의 같은 논법을 구사한다. 신은 왜 이 세상의 억울하고 애매한 고통의 현장에 즉각 와서 죄 없이 고통당하는 사람들을 구해주지 않는가? 이 질문에 기독교인들은 어떻게든 대답해야 한다. 기독교 신앙이 들어온 이후에 전개된 유럽 역사에서 드러나는 하나님의 무관여, 무개입, 무기력 문제에 어떻게 응답할 것인가? 더 거슬러 올라가 로마에 기독교가 들어온 이후 '기독교적 로마' 시대에 경험한 하나님의 무관여는 어떻게 설명할 것인가?

이런 난제에 직면할 때 우리는 14세기 중세 스페인에서 발생한 유대교 신비주의 신학 분파인 카발라 신학과 카발라 신학의 20세기판 版인 포스트-홀로코스트 신학자 엘리 위젤의 사상, 몰트만의《십자가에 달리신 하나님》사상을 되새겨야 한다. 엘리 위젤과 몰트만과 같은 이들이 참조한 카발라 신학은 이 세계의 고난과 부조리를 신의 자기 응축과 자기소실적 자기 숨김에서 찾았다. 하나님은 인간의 책임과 자유를 동시에 보장하기 위해 이 세상을 창조하신 이후 주기적으로 혹은 우발적으로 당신을 철저하게 감추신다. 하나님의 이러한 자기 숨김과 자기 응축의 여백에서 인간의 악이 극단화되고 극활성화된다.

결국 카발라 신학은 하나님 부재에 응답하는 신학적 착상이었다. 아우구스티누스가 로마의 쇠퇴를 기독교 탓으로 돌리려는 데 대한 반박으로 사용한 로마신들의 무능력, 불관여 주장이 기독교가 전파된 이후 유럽 역사에서는 오히려 하나님의 무관심, 무능력이라는 부메랑으로 기독교를 공격하는 무기로 돌변할 수 있다. 이에 대해 유대인 대학살 이후 신학Post-Holocaust theology[10]은 답변을 세 가지 정도 제시한다.

첫째, 인간의 죄는 하나님이 역사에서 발을 빼시는 원인이 된다. 에스겔 8-11장에서 이스라엘의 죄로 인해 성소를 떠나시는 하나님이나 요한계시록 1-2장에서 타락한 교회를 떠나는 그리스도처럼 하나님은 악행과 죄로 점철된 역사에서 그분 자신을 감추신다(사 59:1-2). 둘째, 하나님은 우리의 죄를 징벌하시기 위해 우리를 악의 세력에 넘겨주어 심판하신다. 대적자, 침략자 안에 하나님의 징벌적 현존이 있다는 것이다. 셋째, 하나님은 악의 세력이 창궐할 때 그분 자신의 전능성을 억제하시고, 그 악의 폭력에 희생당하시면서 악의 세력을 무력화하고 극대화된 반전으로 전능성을 드러내신다. 아우구스티누스로서는 상상할 수 없는 이 유대인 대학살 이후 신학은, '하나님 무능력=하나님 부재'라는 단순도식화를 극복하는 데 유익하다.

아울러 스티븐 호킹, 칼 야스퍼스, 장 폴 사르트르 등이 우리에게 던지는 무신론은 역사참여를 다그친다. 사르트르의 앙가주망

---

10 포스트-홀로코스트Post-Holocaust 신학은 '유대인 대학살 이후' 신학을 지칭한다. 홀로코스트는 이디쉬어Yiddish(동유럽 유대인들의 언어로서 현대 히브리어의 토대가 된 언어)로 '번제'를 의미한다. 유대인 수백만 명이 나치체제에 죽임당한 비극을, 하나님에게 바친 모리아산 '번제' 사건의 실현으로 보는 관점이다. 유대인 대학살은 유대인의 죄 때문이 아니라 유대인이 하나님의 언약백성이기 때문에 당한 번제적 봉헌희생이라는 것이다. 홀로코스트는 하나님의 정의가 어디 있느냐는 신정론 문제를 제기한다. 포스트-홀로코스트 신학은 하나님의 전지전능에 대한 인습적 유신론 신학의 한계를 극복하는 과정에서 착상된 신학으로서 하나님이 고난을 받는 이들의 일원으로서 그들과 함께 고난을 받으신다고 믿는 신학이다. 초대교회의 '성부수난설' 신학의 20세기판인 셈이다. 엘리 위젤, 위르겐 몰트만, 그리고 존 D. 레벤슨을 위시한 유대인 신학자들이 모두 이런 신학적 사유를 전개했다.

engagement, 사회참여 사상은 옛날 신들이 하던 일들을 계몽된 민중, 즉 대자적對自的 민중pour-soi être과 지식인이 힘을 합쳐 스스로 수행해가야 한다는 것이다. 실존적이고 휴머니즘적 무신론인 셈이다. 사르트르의 이러한 무신론은 하나님이 형이상학적 방식으로 초월적 힘으로 개입할 것을 기다리면서 실제로는 아무것도 하지 않는 기독교인들의 정적주의나 무기력한 경건주의보다 훨씬 건강하다. 그러니 우리는 오히려 '구원이 오기만 기다리면서 아무것도 하지 않는 무신론'을 개탄하고 경계해야 한다.

제4권 :

로마제국은 다신숭배 덕분에 번영한 것이 아니다

《하나님의 도성》 제4권은 제1-3권을 요약하면서 시작한다. 아우구스티누스는 누마왕 때 들여온 여러 신들이 아니라 창조주 하나님이 로마제국 번영의 원천임을 논증한다.[1]

1장. 로마신들의 정체를 폭로하는 1권의 중심논지 요약

《하나님의 도성》의 저작 목적은 로마의 역사가들이 쓴 책들을 통해 로마 사람들이 섬긴 신들이 사실은 아주 불결하고 악마적인 영들임을 밝히는 것이다. 로마의 신들은 자신들의 악행을 로마 사람들이 모방하도록 악행 장려용 제의와 연극공연, 종교 축제들을 열게 했다. 이 책에서 묘사한 로마 공연물들의 사악하고 불결한 양상은 아우구스티누스 자신이 직접 관람하거나 책을 통해 연구한 결과다.

---

[1] 제4권을 완전히 이해하려면 그리스-로마신화의 여러 가지 단편적 일화들에 정통해야 한다. 쉽게 구할 수 있는 책 중 하나가《이윤기의 그리스 로마신화 1-5권》(웅진지식하우스)다.

2장. 410년 로마의 재난을 기독교 탓으로 돌리는 로마인들을 논박하는 2-3권

2권과 3권을 아우구스티누스는 410년에 로마가 입은 재난, 즉 서고트족의 이탈리아 본토 유린이 그리스도인들이 믿는 하나님 때문에 일어난 사건이 아님을 입증하는 데 할애했다. 2권에서는 유일하면서 최고로 악한 재앙인 도덕적인 악행, 즉 로마인들이 신으로 숭배하는 악마적 신들이 로마인들의 도덕성에 가한 치명적 손상을 논의했다. 3권에서는 선한 사람들도 함께 당하는 육체적 외부적 재앙과, 전쟁의 관행을 초월하여 서고트족 야만인들이 존경하는 그리스도의 이름으로 행한 일반은총적 자비실천(마 5:45), 바실리카(예배당)로 도주한 로마인들을 인자하게 대우한 알라릭의 선행을 논의했다. 로마인들이 섬기는 신들이 로마인들을 곤경에서 건져주지 못했으며, 오히려 기만과 사술로 해를 끼쳤음을 보여주겠다고 약속한 아우구스티누스는 1-3권에서 자기가 이 과업을 어느 정도 수행했다고 평가한다.

로마제국보다 더 궁극적이고 영원한 하나님의 도성 (3-7장)

3장. 정복전쟁을 통한 로마의 자기확장욕 비판

아우구스티누스는 오직 전쟁을 통해서만 획득할 수 있었던 제국의 확장이 결코 현자들이나 행복한 사람들이 받는 복이 아니라 올무요 덫이라고 갈파한다. 전쟁을 통한 제국 확장은 복이 아니다. 따라서 로마의 제국주의적 팽창 역시 복이 아니다. 참된 하나님을 경배하며 올바른 의식과 도덕을 섬기는 사람들의 지배영역이 확장되는 것이 바람직하다. 선한 사람들의 세상 지배는 사회 전체의 유익이기

때문이다.[2]

> 그러나 악인들의 지배는 통치하는 자신들에게 주로 해가 미친다. 왜냐하면 그들 아래에 예속된 사람들은 자신들의 불의에 의하여 상처를 입을 따름이지만, 지배권을 가진 사람들은 자기 마음 내키는 대로 악을 행함으로써 스스로 영혼을 파괴하기 때문이다. 의로운 사람에게는 불의한 지배자가 부과하는 모든 해악은 죄에 대한 처벌이 아니라, 덕성에 대한 시금석이다. 그러므로 선인은 비록 노예라고 할지라도 자유롭다. 그러나 악인은 비록 지배권을 가지고 있다고 할지라도 노예, 그것도 한 사람이 아니라 훨씬 더 슬프게도 자기가 지닌 악행의 수만큼 많은 주인의 노예이다. 이러한 악덕과 관련하여 성경은 "누구든지 진 자는 이긴 자의 종이 됨이라"(벧후 2:19)고 말하고 있다 (226쪽).

아우구스티누스는 로마의 세계지배가 자기정욕을 다스리지 못하는 악인들의 자기파괴로 귀결된다고 말한다. 로마가 맺은 열매는 가장 열등한 욕망탐닉이며 자기파멸적 탐욕추구다. 이 열매는 타인에게는 물론이요 로마 자신에게도 가장 직접적으로 해로운, 정신적 평화박탈이다. 로마제국과 달리 의로운 세력의 세계 지배가 맺는 열매는 영원히 지속되는 평화며, 지상에서 미리 맛보는 영생이다. 영생은 의로운 세력이 세계를 통치함으로써 구축하는 평화를 통해서 온

---

[2] 이것은 신령한 제국주의다. 이사야 2, 9, 11장 등이 말하는 하나님의 세계 만민 통치는 신령한 제국주의의 생생한 모습을 보여준다(김회권,《성서주석 이사야》[대한기독교서회, 2006], 231-260, 294-316).

다. 하나님의 도성의 마지막 모습은 절대로 중단될 수 없는 평화다. 그러나 로마제국의 평화, 팍스 로마나는 타자를 노예화하여 온순하게 만든 후 이루는 평화다.[3] 팍스 로마나는 약한 타자에게 압제적 권력을 행사하여 얻은 평화다. 로마제국은 전쟁을 숱하게 치르면서도 평화를 위해서 전쟁을 한다고 주장했다. 더는 주변 대적이 분란을 일으키지 않도록 하기 위해서 '정복'한다는 것이다. 그러나 하나님의 도성의 평화는 '자발적으로' 동의하여 얻어지는 '주체적인 평화'다. 그것이 하나님의 도성의 궁극적인 복락이다. 결국 아우구스티누스는 의로운 자만 세상을 통치할 수 있으며, 의로우신 하나님의 통치가 온 세계에 퍼져야 함을 역설한다. 하나님의 통치는 자신의 특권을 부단히 포기함으로써 이루는 타자 섬김, 타자 배려, 타자 사랑의 통치이기 때문이다.

4장. 정의가 없는 나라의 정체

정의가 없는 왕국은 강도떼와 유사하다. 알렉산드로스 대왕과 해적의 차이는 배의 규모뿐이다. 정의가 결여된 왕국은 강도떼와 다르지 않다.[4] 강도의 동아리 역시 그 자체로 하나의 작은 왕국이기 때문

---

[3] 베르길리우스의 《아이네이스》 6권에 팍스 로마나의 본질이 나온다. 로마 건국 서사시이자 초대황제 아우구스투스(옥타비아누스) 찬양곡인 《아이네이스》 전체 맥락에서 팍스 로마나 사상을 보려면, 베르길리우스 저, 천병희 역, 《아이네이스》(숲, 2007), 217-220(라틴어 원문. 785-850행)을 참조하라. "로마인이여, 너는 명심하라. 이것이 네 특기(저자 사역)가 되리라. 권위로써 여러 민족들을 다스리고 평화를 관습화하고 패배한 자들에게는 관대하고 교만한 자들을 전쟁으로 분쇄하도록 하라"(220쪽). 여기에서 '특기'라고 사역한 art(라틴어 artem)를 천병희를 포함하여 번역자들 대부분은 '예술'로 번역하는데 문맥상 '특기'나 '장기' 정도의 의미로 보아야 한다. 베르길리우스는 청동주조술이 특기인 민족이 있고, 대리석 건축과 조각술이 특기인 민족이 있으며, 천문학과 우주운행학이 특기인 민족도 있는데, 세계통치가 로마의 특기가 될 것이라고 말한다. 베르길리우스는 로마 제정초기의 낙관주의를 피력하면서 세계지배가 로마의 운명이라고 한다.

이다. 4권에서 가장 유머러스한 이 예화는 한국 교회 강단에서 출처 인용 없이 자주 쓰인다.

> 사실 알렉산드로스 대왕에 의하여 사로잡힌 어떤 해적이 그에게 준 대답이 바로 이와 같았다. 즉 대왕이 해적에게 무슨 의도로 바다에서 남을 괴롭히는 짓을 하느냐고 물었을 때, 그는 거침없이 다음과 같이 답변했던 것이다. "그것은 당신이 온 세상을 괴롭히는 의도와 같습니다. 단지 저는 작은 배를 가지고 그런 짓을 하므로 해적이라 불리고, 당신은 큰 함대를 가지고 그런 짓을 하므로 황제라고 불리는 차이가 있을 따름입니다"(227쪽).

제4권이 짧지만 중요한 이유는 한 가지 조건에서만 승인되고 정당화되는 '신령한 제국주의'를 주창하고 있기 때문이다. 제국주의적 세계지배를 정당화하는 조건 단 하나가 '덕의 확장'이다. '다윗의 제국주의'는 공평과 정의가 있을 때에만 세계를 지배해야 한다는 이사야의 논리와 유사하다(사 9:6). 아우구스티누스에 따르면 로마가 진정한 덕을 확장한다면 로마의 평화 통치권이 확장되는 것이 정당하다. 하지만 오직 전쟁을 통해서만 가능하던 제국의 확장은 현자들이나 행복한 사람들이 받는 복으로 생각할 수 없다는 것이다(226쪽). 권력

---

4 이만열은 해적국가로 비난받는 소말리아가 국가단위의 더 큰 해적떼(서구유럽과 미국, 러시아, 중국과 같은 아프리카 착취국) 때문에 해적국가라는 오명을 쓰게 되었다고 주장한다. "세계에서 최빈국 중 하나인 소말리아가 '생계형 해적'을 자행하는 것은 세계인들이 같이 고민해야 할 문제다. 그 나라의 국민과 독재자들의 책임 못지 않게 소말리아의 지정학적 위치에 눈독 들인 세계 강대국의 경쟁적 탐욕이 그런 비극적 결과를 낳았기 때문이다. 결국 '소말리아 해적'은 20세기 침략적 제국주의와 탐욕적 이념 투쟁이 남겨 놓은 파생 상품이다." 이만열, "소말리아는 왜 해적의 나라가 되었나?", 〈복음과 상황〉246(2011년 4월호) 참조.

욕, 탐욕으로 추동된 로마제국 확장은 좋은 일이 아니다. 이성적인 자세도 아니다. 로마제국의 확장을 로마의 신들이 원하는가? 아니다. 로마제국이 군사적으로 확장할 수 있었던 까닭은 로마가 자기절제로 대표되는 도덕적인 덕virtue이 아니라 고대 로마인들의 중심 에토스이던 남성다움virtue[5], 즉 힘 있는 용사를 찬양했기 때문이다. 아우구스티누스는 여기서 용맹을 칭찬하는 분위기가 로마의 강한 군사력의 원천임을 인정한다. 그러나 남을 침략하는 데까지 발휘된 용맹은 '덕'이 아니다.

5장. 대제국의 존재론적 취약성

왕이라는 존재가 갖는 아우라는 아무것도 아니다. 도망친 검투사 스파르타쿠스, 오니노마우스, 크릭수스와 세상의 제왕들은 거의 같은 존재다(주전 73-71년 반란 지속). 로마제국과 스파르타쿠스 노예 반란에 참여한 무리는 본질적으로 같다. 그들은 어떤 신이 도와주어서

---

[5] '덕德'으로 번역하는 영어 virtue는 라틴어 비르투스virtus에서 파생했다. 여기서는 '덕'을 남성다움으로 번역한다. 비르투스는 행운의 여신이자 행운 자체를 의미하는 포르투나Fortuna의 불확정적이고 우연적인 변덕을 합목적적으로 다스려 선한 결과를 만드는 능력을 의미한다. 전쟁이나 항해는 포르투나의 변덕이나 통제불능의 위력을 맛보는 상황이다. 번영을 부르는 풍요의 뿔피리, 인간의 운명을 결정하는 방향타, 그리고 운명의 부침을 의미하는 수레바퀴가 여신 포르투나의 상징물이었다(박영철, "마키아벨리 사상에 있어서의 'fortuna' 개념," 〈동국사학〉22[1988], 102). 로마인들은 이 우연적이고 불확정적 행운인 포르투나를 효과적이고 당당하게 다뤄야 성공적인 삶을 살 수 있다고 믿었기에, 포르투나를 활용할 수 있는 적절한 역량을 비르투스라고 불렀다. 남성을 의미하는 비르vir에서 파생한 이 단어에는 '남자다움'의 함의도 있다(김경희, "'로마의 위대한 힘(Virtus romana)' 개념을 통해 본 이탈리아 르네상스 초기 인문주의자들의 정치사상: 페트라르카와 살루타티를 중심으로," 〈한국정치연구〉13[2004], 232). 그래서 로마인들은 비르투스를 전쟁에서 적과 불행에 맞서는 용맹성, 현실 문제를 해결할 줄 아는 실용적 능력으로 이해하였다. 로마의 정치 군사적 지배계급의 중심 에토스ethos가 비르투스였다는 것은 우연이 아니다(존 그레빌 에이가드 포칵 저, 곽차섭 역, 《마키아벨리언 모멘트: 피렌체 정치사상과 대서양의 공화주의 전통》[나남, 2011], 97). 비르투스는 운명의 '여신' 포르투나와 대비되어 예측 불가능한 삶에서 성공을 담보하는 '남성적' 자질을 의미했다.

큰 왕국으로 성장했는가? 노예 반란이 지속되지 않았기 때문에 신의 도움이 없었다고 주장할 것인가? 왕과 검투사의 차이가 무엇인가? 아우구스티누스는 선한 사람들의 통치영역 확장이 악한 자들의 통치영역 확장보다 바람직하나 대제국의 존재론적 취약성, 평화국가로서의 존속 불리를 강조한다.

> 제국의 성장은 오히려 그들 자신이 정당한 전쟁의 대상이 되어야 하는 자들의 악의에 의하여 이루어졌다. 이웃 민족들이 평화를 지키고 항상 정의롭게 처신하며 악으로써 도발을 감행하지 않았다면, 로마제국은 사실 소국으로 남아있어야 했을 것이다. 만일 모든 왕국이 소규모이고 이웃과 조화롭게 기쁨을 나누었더라면 인간사는 더 행복했을 것이다(243쪽).

6장. 고대 아시리아 정복국가 니누스의 멸망궤적을 따르는 로마제국

이웃 나라를 침략하고 거기서 다른 지역으로 나아가고 자기에게 아무런 해도 입히지 않은 민족을 단지 지배욕 때문에 복종시키는 것은 대규모의 강탈행위였다. 아우구스티누스는 이 원리를 설명하기 위해 주전 3-2세기의 로마역사가 유스티누스Justinus의 고대 아시리아제국의 팽창사를 인증하고 인용하며 고대 아시리아제국의 전설적 정복군주 니누스Ninus를 예로 든다.[6] 니누스는 고대근동 최초로 민중친화적 제왕시대를 끝장내고 정복과 팽창전쟁을 일삼은 완전히 새로운 군주였다. 유스티누스는 인류역사 초창기는 민중을 항상 선으로 다스리는 군주들, 즉 덕치 군주들의 시대였다고 본다. 이 소박한

---

6   니누스는 창세기 10:8-9에 나오는 용사, 걸출한 사냥꾼 니므롯을 가리킨다.

방어적 평화의 시대를 종식하고 약탈적으로 팽창하는 시대를 연 군주가 니누스다. 아우구스티누스는 더 넓은 영역을 지배하기 위해 이웃 나라와 처음으로 전쟁을 일으킨 아시리아의 니누스왕의 야망이 악하며, 그러한 니누스의 궤적을 따르는 로마제국도 비판받아야 한다고 말한다. 1240년 동안 존속한 니누스제국도 망했는데, 그 궤적을 따르는 로마는 망하지 않겠는가?

7장. 로마제국의 융성에 아무 기여도 못한 로마의 신들

초기의 왕국들은 신들에게 도움을 받아 흥하고, 버림받아 망하였는가? 아시리아제국은 신들의 도움이 없었는데도 확장되고 오래 지속되었다. 니누스왕국이 신들에게 복을 받아서 확장하고 성공한 것은 아니다. 니누스가 정복한 나라들도 아시리아제국과 같은 신을 믿었기 때문이다. 페르시아제국이나 알렉산드로스의 마케도니아제국의 흥망성쇠도 신들의 의지와 작용으로는 설명할 수 없다. 페르시아나 마케도니아가 멸망할 때 이들이 섬기던 신들이 도와준 적이 없으며, 이 두 제국을 멸망시킨 나라들도 이 제국들과 같은 신을 믿었다. 결국 이 두 제국이 섬긴 신들은 자기들을 믿은 나라들을 도와준 적이 없는 불성실한 신이거나 무능한 신이다. 따라서 로마신들이 도와줘서 로마제국의 영토가 광대해지고 국력이 장기간 강력하게 지속되었다고 말할 근거가 없다.

로마 다신교에 대한 아우구스티누스의 견해(8-23장)

8장. 로마의 융성과 발전을 주재했다고 할 만한 신神부재증명

여기에서 아우구스티누스는 신들의 통치영역을 세분화했기 때문에 신들의 역할이 겹친다고 말한다. 로마인들이 그토록 숭배하는 많은 신들 중에서 어느 신이 로마제국을 보존하고 확장했다고 믿는지 말해보라고 한다. 로마의 신들은 너무나 특수하고 명확한 자신의 영역에 국한되어 있기 때문에 그런 신들이 로마제국 전체의 번영과 확장에 기여했다고 말할 수 없다. 로마의 여러 신들의 관할 분야는 너무 세세하게 분화되고 복잡해서 과연 어떤 신들의 활동으로 로마가 번영했는지 추적하기는 불가능하다. 결국 8장은 로마 다신교체제의 불합리성과 자가당착을 신랄하게 비판한다. 로마제국의 확장에 기여한 신을 지적하지도 못하면서 로마제국의 번영을 도와준 신들을 경배한다는 것은 어리석은 일이다.

9장. 로마제국의 융성과 발전에 전혀 기여하지 못한 주피터

로마제국이 크게 확대되고 오래 지속된 것은 숭배자들이 주신主神으로 믿는 주피터 덕택인가? 로마인들은 "만물은 주피터로 가득 차 있다"(233쪽)라고 노래할 정도로 주피터 경배에 정성을 바쳤다. 그들이 믿는 대로 주피터가 모든 신들의 왕이라면, 왜 주피터는 자신을 형편없이 대우하는 사람들에게 모욕을 받았는가? 주피터는 도처에 자신을 위하여 신상을 세우게 함으로써 역설적으로 로마를 비롯하여 다른 나라들에서 형편없는 대우를 받았다. 주피터 신상을 곳곳에 엄청나게 많이 세운 자들이 주피터에 대한 경외심을 제거하는 동시에 오류를 더했기 때문이다. 이것은 로마의 신 전문연구가 마르쿠스 배로Marcus Varro의 평가이기도 하다. 따라서 로마제국이 크게 확대된 것은 최고신인 주피터 덕택이 아니다. 어차피 로마의 신들은 서로 제대로 모를 정도로 작은 영역의 관할권만 행사하기에 어느 단일한 신도 로마의 운명을 일의적으로 일관성 있게 이끌기가 힘들다.

10장. 지나치게 세분화된 신들의 관장영역에서 드러나는 다신교체제의 무지몽매

10장을 이해하려면 로마신화를 알고 있어야 한다. 유노(헤라)는 공기 중에 있고 주피터는 에테르(신적인 힘으로 덮인 대기와 구별된 상층부) 중에 있다면 "만물은 주피터로 가득 차 있다"는 명제는 성립되지 않는다. 그러면 바다를 넵튠(살라키아)에게, 땅을 플루토(프로세르피나)에게 할당한 이유는 무엇인가? 물질세계가 셋이나 넷으로 구성되어 있다면 미네르바는 무엇을 소유하여야 하며 무엇을 채워야 하는가? 미네르바는 주피터와 유노 사이에서 태어난 딸이 아니면서도 카피톨 신전에 있기 때문이다. 오히려 미네르바는 주피터의 머리에서 생겨나서 에테르보다 높은 곳에 있다. 그래서 어떤 면에서 주피터보다 우월한데, 왜 로마인들은 미네르바를 신들의 여왕이라고 부르지 않는가? 이상하다는 것이다. 아우구스티누스는 조롱기 어린 반문을 던진다. "딸이 아버지보다 위에 있으면 안 되기 때문인가?" 그런데 주피터와 아버지인 사투르누스Saturn의 관계에는 왜 그러한 원리를 적용하지 않는가? 사투르누스가 주피터에게 정복되었는가? 둘이 서로 싸웠는가? 사람들은 그렇지 않다고 하면서도 사투르누스에게 주피터보다 높은 자리는커녕 동등한 명예도 부여하지 않았다. 이 외에도 아우구스티누스는 불의 여신 베스타, 화산의 신 불칸 등의 위계와 무질서한 관련성을 지루하게 논한다. 한 마디로 도무지 알 수 없는 로마신들의 계보라는 것이다!

11장. 주피터와 동일시되는 여러 신들[7]

베르길리우스를 비롯하여 이교도 박사들은 결국 주피터와 동일한 신들도 있다고 하는데 그 논증이나 증거가 아주 미약하다. 11장도 로마신화에 대한 선이해가 필요한 부분이다. 아우구스티누스는 11장 마지막에서 일신교가 다신교보다 더 합리적이고 유리한 신앙임을 논증하면서, 하나님 한 분을 섬기는 것이 얼마나 합리적인지 설명한다.

> 분명히 모든 부분을 자신 안에 포함하고 있는 신이 숭배된다면, 부분 중 어느 누구도 무시당할 수 없는 것이다. … 그러나 저들이 숭배하는 주피터 안에 모든 별들이 들어 있기 때문에 그들 모두를 숭배하고 있다면 저들은 한 신 안에서 모든 신들에게 아주 경제적인 방법으로 간구할 수 있을 것이다(241쪽).

12장. 신과 우주 전체를 일신일체로 보는 자들의 견해 논박

신이 우주의 영혼이며 우주는 영혼인 그의 신체라고 한다면 그 신은 영혼과 몸을 구성하는 하나의 살아있는 존재여야 한다. 그러나 아우구스티누스는 그렇게 생각하는 사람들의 머리에 떠오르는 일을 수치심 없이는 언급할 수 없다고 말함으로써 신과 우주를 기괴한 방식으로 동일시하는 로마인들의 신神 인식 체계를 비판한다.

---

[7]   239-240쪽 각주 43에서는 주피터와 동일시되는 신들로 주로 로마신화에만 나오는 신들(야누스, 테르미누스, 포르투나)을 설명한다.

13장. 이성적인 인간만 신의 일부라고 주장하는 자들의 견해 논박

로마인들은 인간과 같은 이성적인 동물만 신의 일부라고 주장한다. 하지만 온 우주가 신이라면 저들이 어떻게 짐승을 신의 일부에서 분리할 수 있는지 알 수 없다.

14장. 로마의 전쟁승리의 논공행사 조롱: 빅토리아 여신 vs. 주피터

저들이 주장하듯이 빅토리아가 승리의 여신이라면 빅토리아 혼자서도 로마의 영토를 확장시킬 수 있기에 이 확장이 주피터 덕분이라고 하는 것은 타당하지 않다. 주피터가 빈둥거리며 아무 일을 하지 않더라도 이 여신이 호의적이며 자비를 베푸는데 정복당하지 않을 민족이 어디 있으며, 굴복하지 않을 나라가 어디 있는가?

15장. 자기팽창 욕망을 부인하는 선한 사람들의 미덕

선한 사람들이 더 넓은 영역을 통치하기를 바라는 일이 적절한가? 통치영역의 확장을 바라는 것 자체가 악하다. 예를 들어 당신이 미워하거나 두려워하는 나라가 당신에게 정복당한 상태에 있기를 원한다면 당신의 소망은 사악하다. 로마제국은 자신의 명시적 혹은 잠재적 적을 찾아 숱한 전쟁을 치러 제국을 확장했다. 때로는 전쟁의 정당한 명분을 얻기 위해 적국의 불의를 주목했다. 결과적으로 타자를 압제하고 정복하여 자신의 제국 경계를 확장한 것은 신에게 복을 받았든지 못 받았든지 그 자체로 너무 악한 것이다.

16장. 평안을 배척하고 멸시하는 로마인들

로마인들이 모든 사물과 모든 정신의 움직임을 위하여 개별 신들을 상론하면서 문 바깥쪽에 '콰이에스(평안)'의 신전을 세우기로 한 이유가 무엇인가? 로마인들은 사람들을 평안하게 해준다는 이유로 콰이에스라는 이름을 얻은 여신의 신전을 세웠지만, 이 신전을 국가의 신전으로 인정하지는 않았다. 그것은 이들이 평안한 상태가 아니었거나, 신이 아니고 악마를 숭배하겠다고 고집부리는 자들은 아무도 평안을 누릴 수 없는 것을 의미한다.

17장. 최고대권을 쥔 주피터 숭배로도 불안한 로마인들

주피터가 최고의 신이라면 모든 일에 대하여 주피터에게만 간청해야 할 것이다. 그런데 왜 빅토리아 여신도 숭배하는가? 빅토리아가 신들의 왕 주피터에게 종속되어 있다면 주피터의 뜻을 거슬러 자기 마음대로 하려 하지는 않을 것이며, 그렇다면 주피터에게만 간청하면 될 일 아닌가?

18장. 행운의 여신 숭배보다 더 나은 행복과 불운의 이치 연구

펠리키타스(지복의 여신)와 포르투나(행운)를 여신이라고 생각하는 자들은 무슨 이유로 이 둘을 구분하는가? 포르투나(행운)는 어떤 사람에게는 행운인 동시에 또 다른 어떤 사람에게는 불운일 수 있는가? 포르투나는 여신이기에 항상 선한가? 그러면 포르투나는 지복至福의 여신 펠리키타스와 무엇이 다른가? 관습적으로 한 가지 대상이 두 이름으로 불린다. 하지만 이들은 서로 다른 제단과 신전을 두었다. 포르투나가 어떠한 판단에 따라, 즉 특정한 이유와 이치 때문에 행운과 불운을 가져다주는 행운의 신이라면 신으로 숭배할 이유는 무엇인가? 행운과 불운을 결정짓는 이치와 이유를 열심히 공부하는 것이 행운의 여신을 맹목적으로 숭배하는 것보다는 낫지 않겠는가?

19장. 행운의 여신과 사귀는 것보다 더 중요한 바른 삶의 추구

포르투나는 우발적으로 나타나는 신이지 공덕에 대한 보상으로 다가오는 신이 아니라는 사실을 보더라도, 로마인들은 맹목적인 다신숭배보다는 오히려 악마의 책략과 술수에 주의를 기울였어야 한다. 포르투나는 바르게 살아가는 것보다 행운의 여신을 친구 삼는 것이 더 중요하다고 가르침으로써 바른 삶을 통해 행운을 개척하려는 창의적 운명개척 정신을 부식시켰다. 로마 사람들은 행운의 여신에게 바치는 충성심의 반만이라도 자신들의 행동과 삶을 보편적 행복취득에 유리하게 개선하는 데 바쳤어야 했다.

20장. 지혜와 신중함, 사리분별을 앗아가는 로마인들의 과도한 종교집착

로마인들은 신적 속성을 정당하게 부여한다면 똑같이 숭배해야 할 다른 훌륭한 성품들은 모른 체 하고서, 덕과 믿음을 위해서만 신전을 세우고 거룩한 의식으로 숭배했다. 수많은 신을 열정적으로 사랑하는 로마인들이 다른 수많은 신들은 왜 방치하는가? 왜 그 방치된 신들에게도 동일하게 신전과 제단을 봉헌하지 않는가? 로마인들은 일부의 신들을 열렬히 경배하느라 다른 신들을 배제하는 잘못을 범하고 있다. 덕과 믿음이 신이라면 지혜와 신중함은 왜 신이 되지 못하는가?

21장. 참된 하나님의 선물인 행복

로마인들은 덕과 행복이 하나님의 선물임을 이해하지 못한다고 할지라도 적어도 덕과 행복에 만족했어야 한다. 즉 덕과 행복을 여신으로 판단해 숭배했다면 적어도 다른 엄청나게 많은 신들을 추구하지는 말았어야 했다. 아우구스티누스는 덕과 행복을 소유한 사람에게 무언가를 더 줄 수 있는 신이 어디 있는지 찾아보라고 로마인들을 조롱한다. 덕과 행복을 소유한 사람은 이 세상 최고의 선물을 가진 사람인데 어떤 신이 나서서 그 사람에게 그보다 더 나은 선물을 주겠다고 하겠는가?

22장. 다신교체제의 유용성을 자랑하는 로마신학자 마르쿠스 배로 논박

마르쿠스 배로는 자기가 신들에게 합당한 숭배를 로마인들에게 부여해주었다고 자랑한다. 배로는 로마의 다신교 계보학자인데 우리가 각자의 영역에 있는 개별 신들의 능력과 권능과 위력을 안다면 신들에 대한 지식이 유용하다는 점을 강조한다. 아우구스티누스는 22장에서 배로가 다신교체제의 어리석음보다는 유용함을 역설한 것을 비판한다. 아우구스티누스는 배로가 만약 모든 좋은 것들의 근원이 되는 한 분 참된 하나님을 경배해야 한다고 가르쳐주었다면 누가 배로에게 감사하지 않았을 것이냐고 자문하며, 배로의 다신교 계보학이 보여주는 무지몽매를 개탄한다.

23장. 지복의 여신 펠리키타스를 무시하고도 거대한 제국으로 성장한 로마

아우구스티누스는 로마제국이 지복至福을 관장하는 여신 펠리키타스를 오랫동안 섬기지 않았는데도 어떻게 이렇게 거대하게 확장되었는지 묻는다. 지복을 관장하는 여신을 배척하고도 '로마가 얻은 성공은 지복과는 엄청나게 거리가 멀다'는 암시가 이 질문에 들어 있다.

로마의 철학적 견해들(24-32장)

24장. 하나님이 주실 선물들을 신격화한 로마인들

로마인들은 선조들이 인생을 사는 데 유용한 선물들이 어떤 관대한 신에게서 나온다는 사실을 알았다고 말한다. 그리고 그와 관련된 신들의 이름을 모를 때 자기들이 받았다고 느낀 선물의 이름을 신의 명칭으로 했다고 한다. 아우구스티누스는 여기서 로마 다신교의 뿌리를 추적한다. 하나님의 선물들을 신격화하다가 이렇게 많은 신들이 생겼다는 것이다. 24장에서 아우구스티누스는 로마인들에게 이름이 알려지지 않은 신이 바로 이스라엘에 당신을 계시하시고 나사렛 예수를 통해 인류 구원의 길을 여신 하나님 아버지임을 논증하기 위한 서론적 논의를 전개한다.

25장. 참된 행복을 선사하시는 참된 하나님

이 장에서 아우구스티누스는 이름이 알려지지는 않았지만 행복을 주는 분으로 생각되었고 유일하게 경배를 받으시기에 합당한 한 분 하나님에 관하여 말한다. 이 장에서 아우구스티누스가 언급하는 주장을 쉽게 정리해 풀어쓰면 다음과 같다. "나는 알려지지 않은 어떤 신이 행복을 주었다는 그들의 말을 철저히 인정한다. 그러나 하나님은 저들이 주피터라고 부르는 신이 아니다. 로마인들이 주피터를 행복을 주는 신으로 정말 믿었다면 펠리키타스라는 이름으로 행복을 주는 남신이나 여신을 따로 두지 않았을 것이며 주피터 자신이 그토록 파렴치한 속성으로 숭배되도록 놔두지 않았을 것이다. 따라서 그들로 하여금 행복을 주시는 한 분 하나님을 섬기게 하라."

그 이름은 알려지지 않았지만 행복을 주는 것으로 생각되었고, 유일하게 경배받아야 할 한 분 하나님을 옹호하는 단락은 참으로 감동적이다(257쪽).[8] 한 분 하나님의 고결함과 거룩함을 주피터의 도덕적 일탈, 간음, 매음, 변덕, 잔혹, 간통, 미소년에 대한 욕정적 집착과 비교해보라.

26장. 자아분열적 성도착증에 사로잡힌 악마적 영의 집체인 주피터

여기에서 아우구스티누스는 신들이 그 숭배자들에게 강요하는 의식, 즉 연극공연물에 대하여 말한다. 신들의 죄악을 시詩를 통해 기념하는 것이 사실이지만 원로원의 결정으로 재개된 연극이야말로 로마인들의 도덕과 정신을 타락시킨 주범이다. 주피터는 자신의 신성을 조롱하고 파괴하는 연극들이 허구였다면 분노했어야 한다. 그러나 비록 터무니없더라도 자기 죄악이 드러나는 모습을 보고서 기뻐했다면 주피터는 경배를 받을 신이 아니라 정신착란에 빠진 악령이다. 따라서 그런 정신착란인인 영을 숭배하는 행위가 악마를 섬기는 짓이 아니고 무엇인가? 주피터는 자아분열적, 성도착적 질병에 사로잡힌 악마적 영의 총화다. 로마는 이런 악한 신들의 악행을 흠모하고 모방하도록 부추기는 연극공연물, 즉 종교적 성사聖事 기능을 활성화하는 데 국가의 정력을 너무 많이 소진했다. 이것이야말로 로마의 몰락을 가속화했다. 이런 연극을 관람하는 것은 음란하고 폭력적인 주피터를 경배하는 성사 참여다.

---

8   김회권, 《하나님나라 신학으로 읽는 사도행전 2》(복있는 사람, 2007), 178-188쪽, 사도행전 17장 27-28절 강해 참조.

27장. 로마의 국가 제사장 스카이볼라가 구분한 세 종류의 신

로마의 국가 제사장 스카이볼라는 세 종류의 신, 즉 시인들이 소개한 신, 철학자들이 소개한 신, 정치인들이 소개한 신에 대해서 말한다. 스카이볼라는 시인들이 소개한 신은 신들에 대해 무가치한 것들을 꾸며냈고, 철학자들이 소개한 신은 민중의 행실을 오염시킨다는 점에서 쓸데없으며 국가에 적합하지 못하고, 정치인들이 소개한 신들은 성(性), 나이, 육체가 없기 때문에 진정한 신상(神像)을 소유하지 않는다고 말한다. 스카이볼라는 민중이 이런 것을 아는 것을 원하지 않았고, 종교에 관한 한 국가가 기만당해도 된다고 생각했다. 구원이 필요할 때 달려가야 할 신들에 관하여 국민들이 기만당하는 것이 낫다고 보는 스카이볼라의 논리는 어처구니가 없다. 아우구스티누스는 스카이볼라가 시인들이 소개한 신들을 배척하는 논리를 인정한다. 시인들은 신들을 인간들보다 훨씬 열등하고 패역한 성격의 소유자[9]로 그리기 때문이다. 아우구스티누스는 스카이볼라를 배로에 비해 어느 정도는 이성적인 분별력이 있는 이교도 신학자라고 보면서 스카이볼라에게 민중을 타락시키는 퇴폐적인 종교연극을 폐지하라고 촉구한다.

28장. 다신숭배로 얻은 것이 전혀 없는 로마

아우구스티누스는 다시 4권의 핵심주제로 돌아간다. 연극공연물로 숭배한 그 많은 로마의 신들에게 로마제국의 번영과 확장을 도울 능력이 있었는지를 묻는다. 아우구스티누스는 절대 그렇지 않다고

---

9 예를 들어 백조로 변신한 호색한 주피터, 서로 아름답다고 다투다가 트로이를 멸망시킨 세 여신들.

단언한다. 만약 로마의 신들에게 그런 능력이 있었다면 그 큰 선물을 일찍이 그리스인들에게 선물했을 것이라고 말한다. 왜냐하면 그리스인들은 이런 종류의 신적인 일들, 즉 연극공연물을 통해 더 존중받을 만하고 가치 있는 숭배 행위를 했기 때문이다. 그리스인들의 연극공연을 통해서는 신들이 그리스인들의 번영을 도와줄 만큼 만족을 누리지 못한 것인가?

29장. 사상누각 같은 로마제국의 번영과 성장

아우구스티누스는 로마제국의 번영과 성장을 일찍이 왕정 시대의 타르퀸 왕 치하에서 나온 점괘에서 이미 예견했다는 주장을 반박한다. 그런 점괘가 나온 이후에도 로마의 군대는 여러 번 패하여 도망침으로써 점의 거짓됨을 보여주었기 때문이다. 결국 로마제국의 위세와 안전성을 미리 알려주었다고 여기던 점들은 거짓의 원천이다. 로마제국은 점들과 신들이 예정한 신적 통치의 예정조화물이 아니라 폭력과 군사적 압제의 일시적 승리 사건의 결과일 뿐이다. 이에 비하여 "예수 그리스도는 제국의 경계를 변경시킴이 없이 스스로 그 신들을, 신전에서뿐만 아니라 그 숭배자들의 마음으로부터도 축출할 수 있음을 입증했다"(262쪽).

30장. 키케로의 입을 빌어 로마의 무지몽매를 논박하는 아우구스티누스

신들을 숭배한 지도자들조차도 자기들이 국가의 신들에 대해서 어떤 생각을 했는지 자백했다. 점술가였던 키케로조차도 점을 비웃으면서 까마귀와 갈가마귀의 울음소리로 인생계획을 조절하는 사람들을 책망하며 신상을 제작하고 숭배한 선조들이 비난받을 만함을 암시한다. 이이제이以夷制夷 논법이다. 로마의 대표 지성인 키케로의 말을 이용해 로마의 무지몽매한 종교성을 비판한다.

31장. 마르쿠스 배로의 제한된 하나님 이해

아우구스티누스는 다신교 체제를 신봉하면서도 한 신만 숭배해야 한다고 생각한 배로의 견해를 논한다. 배로는 하나님이 운동과 이성으로 우주를 다스리는 우주의 영혼이며 이것을 믿는 사람들만 그분을 이해한다고 생각했다. 이것은 완전한 진리는 아니지만 배로에게는 나름으로 하나님에 대한 초보적인 앎이 있었음을 보여주는 장면이다. 배로가 전래적·관습적 편견에 기꺼이 대항할 수 있었더라면 참된 하나님을 바르게 알 수 있었을 것이다. 또 배로는 진리에 아주 가까이 접근했기 때문에 신상 없는 신의 개념과 영혼의 무상함을 이해하고 진정한 하나님이 불변하는 존재임을 인식했을 것이다. 아우구스티누스는 배로의 신神 인식의 가치를 제한적으로나마 기꺼이 인정한다.

32장. 악한 지배층과 거짓 종교의 견고한 동맹관계

지배자들은 거짓 종교를 통해서라도 사람들을 국가에 결박하고 신민臣民으로 소유하려고 했다. 지배자들은 항상 피지배자층 사이에 거짓 종교가 계속되기를 원한다. 압제적 지배자들과 거짓 종교는 견고한 동맹세력이다. 하나님에 대한 참된 앎이 사라지고 나면 거짓 종교와 압제하며 민중을 기만하는 정치가 발흥한다.

반세기가 넘는 대한민국 역사상 지난 10여 년만큼 이러한 악한 지배층과 거짓 종교의 동맹이 위세를 떨친 적이 없었다. 특히 MB 정부 시절은 거짓 기독교가 압제하고 기만하는 정부와 견고한 동맹을 누리던 전성기였다.

기독교의 발흥(33-34장)

33장. 역사의 대주재 하나님

세상 모든 나라들의 모든 왕들과 왕국의 때는 참된 하나님이 그분의 판단과 능력으로 결정하셨다. "그러므로 홀로 참된 하나님이시므로 행복을 창조하고 베푸는 그 하나님은 지상 왕국들을 선인에게도 주시고 악인에게도 주신다. 그는 행운이 아니라 하나님이기 때문에 이런 일을 성급하게, 사실상 우발적으로 하지 않고, 우리에게는 감추어져 있고 그분만 알고 있는 사물과 때의 질서에 의하여 하신다"(268쪽). 하나님은 때의 질서에 종속되어 묶이지 않으시고, 사건의 주인으로서 통제권을 갖고 있다. 그리고 주인으로서 다스리며 통치자로서 명령하신다. 그분은 단지 선인에게만 복을 베푸신다. 하나님의 복은 평등하지만 그것은 영원을 지향함 속에서 하나님의 선물로만 가능한 것이다. 모든 왕들과 왕국의 때는 참된 하나님이 그분의 판단과 능력으로 결정하신다.

34장. 유일하신 참 하나님 경배에서 이탈한 유대인들의 가혹한 운명

한 분 하나님 숭배를 이탈해서 유대인들은 망했다. 로마제국이 망한 것도, 이스라엘이 망한 것도 우상숭배 때문이다. 이스라엘이 예수 그리스도를 죽임으로 범죄하지 않았더라면 유대인의 왕국은 온존했을 것이며, 비록 로마보다 경계가 넓지는 않았다 할지라도 더 행복했을 것이다. 그들은 이제 거의 모든 땅과 모든 민족 사이에 흩어져 사는데 이것 역시 참된 하나님의 섭리다. 유대인의 왕국은 한 분 하나님이 건립하셨으므로 유대인들이 진정한 종교와 신앙에 머물러 있었더라면 하나님은 그분의 힘으로 그 나라를 존속시키셨을 것이다. 이 장에서 아우구스티누스는 유대인들에 대한 반감을 피력하고, 세계에 흩어져 사는 유대인들의 운명은 그리스도를 죽인 죄악에 대한 하나님의 응답이라는 생각을 심어줄 수 있는 구절을 말한다. "이제 그들은 거의 모든 땅과 모든 민족 사이에 흩어져 있는데 그것도 한 분 참된 하나님의 섭리를 통해서이다"(269쪽).

결론

《하나님의 도성》 제4권은 로마 다신교가 로마제국의 번영과 확장에 아무 기여도 못했음을 논증한다. 로마의 신들은 최고신 주피터를 정점에 둔 다신교체제요, 신들 사이의 관할 영역의 분할이 복잡하지만 합리적이고 윤리적인 요소가 전혀 없는 무정부적 상황이다.

첫째, 최고신 주피터는 음란·폭력·변덕을 특징으로 하는, 윤리로 뒷받침되지 못하는 전능의 복합인격이자 다중인격체다. 따라서 최고신을 경배할수록 음란과 폭력이 종교적으로 정당화된다. 로마인들의 음란은 음란한 주피터 숭배의 반영물이다.

둘째, 로마의 신들은 미분화된 영역을 나눠서 분할통치를 하기에 여러 신들을 동시다발적으로 섬기지 않으면 실생활에 도움을 받지 못한다. 신들 사이에는 협조나 소통 체제가 거의 구축되지 않기에 출산, 아기 양육, 아기 치유 등 모든 일에 많은 신들을 불러야 한다. 특별히 18장은 로마 다신교의 영역 분할통치의 총체적 난국을 말하고 있다. 행복과 행운은 최고신이 관여하여야 하는데 왜 펠라키타스와 포르투나가 나오는가? 최고신인 주피터는 무엇을 하고 있는가? 이것이 다신교가 가지는 역할분담의 어리석음이다. 여기서 아우구스티누스는 이 많은 신들이 실상 창조주 하나님의 선물을 신격화한 결과물임을 암시한다.

셋째, 로마의 신들 사이의 업무분담이 정교하지 않아 특정 상황에서(외국 여행의 경우) 어떤 신들에게 빌어야 할지 모른다. 전쟁에 나갈 때 행운의 신에게 기도해야 할지, 빅토리아 신에게 예물을 드려야 할지, 전쟁의 신 마르스에게 기도해야 할지 모른다. 여기서 《우찌무라 간조의 회심기》[10]에서, 자신의 가정에서 받드는 네 신들을 섬기느라 지치고 고달픈 청년 우찌무라 간조가 미국 선교사 클라크가 소개한 한 분 하나님을 발견하고 감격하던 장면이 떠오른다. 간조는 기독교(특히 십계명)를 만나 한 분 하나님만 섬기는 것이 얼마나 합리적인지를 강조했다.

넷째, 상황이 이렇다 보니 로마제국의 번영과 확장을 신들의 공덕으로 돌리는 것이 불가능하다는 결론이 나온다. 최고 주신으로 알려진 주피터는 실상은 최고의 능력이 없을 뿐 아니라 심지어 다른 신보다 더 무능력할 때가 많다. 오히려 자기를 숭배하는 사람들을 도덕적 타락과 방종과 외부의 공세에서 구할 수도 없는 이 무능하고 악한 존재를 신이라고 경배하는 로마인들이 그나마 상당 기간 번영을 누린 것은 살아계신 창조주 하나님의 일반은총 덕이다.

특히 33장에서 "하나님이 지상 왕국을 선인에게도 악인에게도 주신 이유는 아직도 연약한 상태에 있는 숭배자들이 이런 선물을 어떤

---

10 우찌무라 간조, 양현혜 역, 《우찌무라 간조의 회심기》(홍성사, 2001). 우찌무라 간조(1861-1930)는 미국 선교사 클라크의 전도로 기독교에 입문해 일본국가주의 이데올로기와 대립했으며 한국의 김교신, 함석헌 등에게 깊은 영향을 끼쳤다. 우찌무라 간조는 제도권 기독교보다는 제도에 얽매이지 않는 무교회적 기독교를 지향했기 때문에 주류기독교에서 항상 경원시했다.

중요한 것처럼 탐내어 간구하지 않도록 하기 위함이다"라고 말하는 장면은 아우구스티누스의 빛나는 통찰이 아닐 수 없다. 아우구스티누스는 34장에서 여러 신들이 로마를 가호했다는 주장이 왜 틀렸는지를 명료하게 논증한다. 여러 신들이 아니라 한 분 하나님이 로마 번영의 원천이라고 말한다. 제국 이전의 로마 번영은 충성, 용기, 덕에 대한 로마인들의 숭배와 찬미 덕분이었다. 일반은총 차원의 로마 번영을 하나님이 허락하신 것이다. 제국으로 확장되기 전에 로마는 전쟁에서 이긴 사람을 좋아하고, 그러한 사람을 덕 있는 사람이라 여기고 찬미했다. 그리하여 전쟁의 승리를 위한 민족의 에너지 방출을 가속화했다. 그러나 제국 로마의 확장은 그 자체 안에 있던 자기 파멸적 권력욕, 정복욕, 소유욕과 같은 욕망 숭배(우상숭배·자기신격화)가 추동하였고 하나님은 이를 방치하셨다.

 4권에서 암시하는 한 가지 진리는, 덕과 선의 확장을 통해서만 이런 자기파멸의 궤적에서 벗어날 수 있다는 것이다. 십자군적 제국주의가 아니라 십자가적 제국주의를 통해 나사렛 예수는 사람의 마음을 감화·감동시켜서 순복을 얻어내신다. 우리 하나님은 인격적 감화·감동으로 복종을 얻어내신다. 우리의 복종을 얻어내시기 위해 우리의 종이 되시고 우리를 섬기신다. 그분에게 복종할수록 더 자유로워지고 더 주체적인 인간이 되어간다. 로마의 지배는 타자를 말살하고 무화無化하지만, 우리 주 예수 그리스도의 하나님나라는 은사와 재능을, 개개인의 개성과 주체성을 만개시킨다.

제5권:
로마의 번영은 하나님의 섭리였다

만유를 통치하시는 하나님은 로마제국도 주재하신다. 이를 증명하기 위해 아우구스티누스는 《하나님의 도성》 제5권에서 첫째, 로마제국의 번영을 운명의 덕으로 돌리려는 자들을 논박하기 위해 운명론(점성술)의 문제를 다룬다(1-8장). 둘째, 운명 대신 하나님의 예지를 강조하고, 하나님의 예지가 인간의 자유의지와 모순되지 않는다고 주장한다(9-10장). 셋째, 로마는 로마인들에게 있던 덕성과 하나님의 계획 덕분에 번영했다고 주장한다(11-23장). 마지막으로 그리스도인 황제의 참된 행복을 설명한다(24-26장).

운명론(점성술)에 대한 반박(1-8장)

1장. 하나님의 섭리로 설명할 수 있는 로마제국의 번영

과거 로마제국의 번영은 우연이나 운명 덕분이 아니다. 로마신들의 작용이나 축복도 아니고 운명의 결과도 아니다. 별의 위치와는 더더욱 관계없다. 세상의 모든 일이 별의 위치 때문에 달라진다고 주장하는 이들은 별과 인간의 주인이신 하나님을 모독하는 것이다. 별들은 하나님이 행하실 일들의 전조가 될지언정 미래 사건들의 실행자는 아니다. 로마제국의 번영은 단연 하나님의 섭리였다. 작은 도시국가이던 로마가 지중해 패권을 잡을 것이라고는 아무도 생각하지 못했다. 그러나 로마는 명예에 대한 칭찬, 용기에 대한 숭상으로 전쟁에서 빛을 발했고 결국 지중해의 패권을 쥐었다.

《로마인 이야기》의 저자 시오노 나나미가 칭찬하는 로마는 바로 이런 정신이 극대화되었던 공화정 시대의 로마다. 시오노 나나미는 로마인들의 정직과 명예추구, 서민다운 실용성, 법치주의 등에 반했다. 이것은 일반은총의 원리다. 이러한 5권 1장의 논리는 4권의 논리와 충돌하는 것처럼 보인다. 4권에서는 로마제국의 확장이 자기 파멸적인 정복욕과 지배욕의 실현결과라는 논리가 우세했기 때문이다. 우리는 이 논리 충돌을 인정한다. 로마가 세계적으로 팽창한 요인은 긍정적인 관점으로 설명할 수도 있고 부정적인 관점으로 해석할 수도 있다. 이것은 아우구스티누스의 지적 한계 때문에 생긴 논리적 충돌이 아니다. 현실 자체가 모순병치적이기 때문에 생긴 양상이다. 로마의 번영은 두 측면으로 설명할 수 있다. 5권 1장에서는 로마의 번영과 확장을 긍정적 측면에서 이해한다.

2장. 쌍둥이의 다른 운명을 해명하는 데 무기력한 점성술 운명론

그리스 명의名醫 히포크라테스는 쌍둥이가 동시에 병이 들었다가 동시에 낫는 것은 유사한 체질을 타고 났기 때문이라고 믿었다. 반면에 점성술에 빠진 스토아철학자 포시도니우스는 쌍둥이가 동일한 별자리 아래에서 태어났기 때문에 그렇다고 주장했다. 그러나 동일한 별자리에서 태어난 쌍둥이 중에 아무도 완전하게 똑같은 삶을 살지 않는 것만 봐도 운명론(점성술)은 신뢰할 만하지 않다.

3장. 점성가 니기디우스의 쌍둥이 탄생 설명 논박

점성가인 니기디우스는 토기장이의 바퀴를 사용하여 쌍둥이의 출생에 대한 문제를 다루었다. 즉 토기장이의 바퀴를 돌리다가 먹물로 아주 빨리 점을 두 개 찍은 후 바퀴를 멈추고 보면 두 점 사이가 아주 멀다는 것을 예로 삼아 쌍둥이 사이의 차이를 설명했다. 즉 천체는 놀라운 속도로 움직이기에 아주 미세한 시차조차 별자리에 큰 차이를 만든다는 것이다. 사정이 그렇다면, 도대체 우리가 별자리를 보고 사람의 운명을 설명하는 것이 어떻게 가능하겠는가? 쌍둥이가 살아가면서 보이는 그 많은 차이(습관, 기호, 직업 등)를 성좌와 관련해 설명하는 것은 불가능하다.

4장. 쌍둥이 운명의 행로를 해명하는 점성술의 허구성을 반증하는 야곱과 에서

야곱은 에서의 발꿈치를 붙잡고 태어났다. 별자리의 차이를 발견하기 어려울 만큼 동시에 출생했다는 의미다. 그럼에도 출생 후 그 두 사람의 성격과 행동과 운명은 달라도 너무 달랐다.

5장. 점성가들의 자기모순

점성가들이 공허한 학문을 주장한다는 판단을 어떤 방식으로 수용할 수 있는가? 쌍둥이가 동시에 수태되더라도 자궁 내에서 다른 운명을 갖도록 허락받는다면, 동시에 태어난 두 사람은 왜 세상에서 상이한 인생을 살아가도록 허락받아서는 안 되는가? 탄생할 때에만 운명을 가질 수 있기 때문에, 수태될 때에는 운명이 없다는 말인가? 점성술은 이미 그 자체에 모순이 있다는 것이다.

요즘 첨단생물학에서 보면 점성술의 궤변은 더욱 받아들이기 힘들다. 현대생물학은 정자와 난자가 만나 수정이 일어나는 순간부터 생명이 시작된다고 보기 때문이다. 굳이 운명을 논하려면 수태 순간에 주목해야 되지 않을까?

6장. 이성 쌍둥이 운명을 해명하는 데는 더욱 무기력한 점성술

쌍둥이 중에는 성sex이 다른 이들이 있고, 그런 이들은 남자냐 여자냐에 따라서 인생이 아주 많이 달라진다. 따라서 별자리가 한 사람의 인생을 좌우한다는 것은 거짓이다.

7장. 출생시 정해진 운명에 영향을 끼치려는 길일 택일의 자가당착 비판

사람들은 결혼이나 식목이나 파종을 위해 날을 잡는다. 길일吉日을 택해 악을 피하고 복을 얻기 위해서다. 그렇다면 그들이 출생할 때 별자리에 의해 이미 결정된 일들은 어떻게 되는 것인가?

8장. 세네카의 입을 통해 별자리 운명론을 논박하는 아우구스티누스

운명을 별의 위치와 관련시키는 대신 "모든 것을 존재하는 모습대로 만들어 주는 원인의 전체적인 연쇄와 연속"이라고 정의하는 이들도 있다. 이들은 그 원인을 지존하신 하나님의 의지와 능력이라고 생각한다. 여기서 로마인들이 '운명'이라고 부르는 것이 만물을 통하여 불가항력적으로 능력을 미치는 지존하신 하나님의 의지라는 사실은 세네카(주전 4년-주후 65년)의 시구詩句도 입증한다.

지고하신 아버지, 높은 하늘의 지배자시여,
당신이 기쁘신 대로 저를 이끄소서.

저는 즉각 순종하여 조금도 지체하지 않겠나이다.

자, 제가 여기 있습니다.

저는 당신의 주권적인 뜻을

행하러 즉각 갑니다.

당신의 명령이 제 뜻과 맞지 않더라도

눈물을 흘리며 뒤따라가겠습니다.

…

운명은 기꺼이 따르는 자는 인도하지만, 마지못해 하는 자는

질질 끌고 간답니다.

(280-281쪽)

아우구스티누스는 굳이 운명이 있다면 그것은 만물을 통하여 불가항력적으로 능력을 미치는 지존하신 하나님의 의지를 지칭하는 것임을 강조한다. 여기에서도 네로 황제의 스승 세네카의 글을 인용함으로써 로마인의 무지몽매함을 규탄하는 아우구스티누스의 철저한 이이제이以夷制夷 논법을 엿볼 수 있다.

하나님의 예지와 인간의 자유의지 문제(9-10장)

9장. 하나님의 예지와 인간의 자유의지의 공존가능성

이 장에서 아우구스티누스는 키케로가 내린 정의와는 상반된 하나님의 예지豫知능력과 인간의 자유의지를 논한다. 키케로는 인간의 자유의지를 강조하기 위해 하나님의 예지능력을 부인했다. 그러나 우리는 그 두 가지 모두를 수용할 수 있다. 왜냐하면 우리의 의지에

는 하나님이 의도하시고 예지하시는 정도의 능력만 있기 때문이다. 예지와 관련해 실수하는 일이 없으신 하나님은 우리가 어떤 일을 할지를 미리 아신다. 그러므로 약한 자, 인간의 운명은 그 인간을 당신의 능력 안에 가지고 계신 강한 자, 하나님의 의지다. 키케로가 내린 정의와는 반대로 하나님의 예지능력과 인간의 자유의지는 서로 충돌하지 않는다. 따라서 하나님의 예지와 인간의 자유의지는 상호 사상捨像하지 않는다.

"하나님의 예지가 있다면 우리의 자유의지는 없어지고 반대로 우리의 자유의지가 있다면 하나님의 예지가 없게 된다"고 생각하는 것은 인간의 이성적 사고의 한계다(284쪽). 결국 아우구스티누스는 하나님의 예지와 인간의 자유의지를 둘 다 인정한다. 우리가 자유의지로 한 선택을 하나님의 예지가 무조건 정당화하거나 인정하지는 않는다. 자신의 선택은 자신이 책임을 져야 한다.

가령 가룟 유다의 경우, 예수님이 "오늘 누군가 나를 팔 것"이라고 하신 말 자체가 유다로 하여금 스승 예수를 팔게 했다고 볼 수 없다. 왜냐면 유다 스스로 주님을 팔지 않기로 결정할 수도 있었기 때문이다. 이처럼 하나님에게 의지의 확증이 있다고 하더라도 우리 자신에게 아무 책임이 없다고 말할 수는 없다. 하나님이 모든 것을 아시지만 우리는 어떤 일도 운명에 의해 진행된다고 생각지 않는다. 운명은 점성술에 근거를 둔 단어일 뿐이다.

10장. 하나님의 예지능력과 인간의 자유의지 둘 다 옹호하는 아우구스티누스

그러면 우리의 의지를 필연성이 통제하는지를 논한다. 어떤 의지가 존재하기만 할 뿐 실제로 행할 수 없는 것은 더 강한 의지가 그 의지를 압도했기 때문이다. 그러므로 어떤 일이 우리의 의지에 반하여 일어났다면, 그 원인을 사람이나 천사나 다른 피조물의 의지가 아니라 우리의 의지에 능력을 부여하시는 하나님의 의지에서 찾아야 한다.

> 그러므로 우리의 의지 능력 안에 무엇이 있을 것인지 하나님이 예지한다고 하여, 우리의 의지 안에 어떤 것도 없어야 한다는 결론이 나오지는 않는다. 왜냐하면 이것을 예지하는 분에게는 미리 알지 못하는 것이 하나도 없기 때문이다. 게다가 우리의 의지 안에 무엇이 있는지 예지하는 분이 미리 알지 못하는 것이 하나도 없고 비록 그가 예지한다고 할지라도, 분명히 무언가 미리 알고 있다면 우리 의지의 능력 안에는 무언가 있다는 이야기가 된다. 그러므로 우리는 하나님의 예지를 옹호하기 위하여 불경건하게도 그분이 미래사를 안다는 사실을 부인하도록 강요받아서는 안 된다. 오히려 우리는 그 둘을 다 포용하고 있고 그 둘을 다 믿음과 성실로 인정한다(288쪽).

아우구스티누스는 인간의 자유의지를 부정하는 수준까지 과도하게 하나님의 예지만 강조하는 것도 물리치고, 인간의 자유의지를 지나치게 긍정하기 위해 하나님의 미래사 예지를 부인하는 견해도 비판한다. 제자 중 하나가 자신을 팔 것이라는 예수님의 예지적 언급 때문에 유다의 적의가 촉발되거나 급기야 강제로 스승을 배반하게 한 것이 아니라는 것이다.

로마의 번영에 대한 설명(11-23장)

11장. 인생의 생사화복과 세계역사를 주재하시는 하나님의 보편적 섭리

여기서 아우구스티누스는 인간의 생사화복은 물론 세계역사를 거시적으로 주재하시는 하나님의 보편 섭리를 논한다. 하나님은 모든 영혼과 육체의 조성자요 창조자이시다. 그런 분이 인간의 왕국을, 그 왕국에 대한 지배와 예속과 함께 당신의 섭리 법칙 밖으로 내던지셨다고 믿기는 불가능하다. 이 장은 하나님의 법으로 만물을 섭리하고 통치하시는 삼위일체 하나님의 섭리를 옹호한다.

> 그러므로 가장 높고 진실하신 하나님은 그분의 말씀과 성령과 함께 셋으로 하나인 분이다. 그는 모든 영혼과 모든 육체의 조성자요, 창조자인 한 분 전능하신 하나님이다. 거짓이 아니라 진실을 통하여 행복한 모든 사람들은 그분의 선물에 의하여 행복을 얻는다. 그분은 사람을 영혼과 육체로 구성된 이성적인 동물로 창조하시고, 인간이 범죄할 때는 벌받지 않고 그냥 두지도 않았고 자비 없이 버려두지도 않았다(289쪽).

12장. 로마의 번영과 확장을 가능케 한 로마인들의 자질과 덕성

고대 로마인들은 참된 하나님께 경배하지 않았는데도 제국을 확장할 수 있었다. 더 정확하게 말하면 고대 로마인들은 참된 한 분 하나님을 경배하지도 않았는데도, 용기와 같은 덕성이 있었기에 하나님은 제국 확장을 허락하셨다. 로마인들은 칭찬을 갈망하고 명예를 추구했기 때문이다. 또 로마인들에게는 다른 민족들을 통치하고, 지배하고, 굴복시키고, 정복하는 기술이 있었다. 더 나아가 대내적인 근면, 대외적인 공정한 통치, 정책 결정 시에 죄악이나 욕망에 구속되지 않는 자유로운 정신 같은 덕도 있었다.

> 칭찬받기를 갈망했고, 돈에 대해 관대했으며, 큰 명예를 바라면서 절제 있는 행운에도 만족했다.⋯ 결국 그들은 남을 섬기는 것이 불명예스러우며 다스리고 지배하는 것이 명예스러운 것으로 보였기에 처음에는 자기 나라가 자유를 얻기를, 다음에는 지배자가 되기를 열렬히 소망하였다(290쪽).

바로 그 때문에 로마 사람들은 왕정을 참지 못하고 공화정을 수립하여, 임기 1년의 집정관 두 명이 협의 통치하는 공화정을 개창했다. 로마가 번영한 시기는 자유를 얻은 이후다. 살루스티우스가 말하듯이 "로마가 자유를 얻은 후에 놀라운 속도로 확장되었으며, 명예를 바라는 엄청난 열정이 사람들을 사로잡은" 시기가 도래했다(290쪽). 베르길리우스는 《아이네이스》 6장 847-853행에서 주피터의 입을 빌어 노래한다(292쪽).

> 그러나 너, 로마인들이여, 그대들은 이 기술을 그대의 것으로 하라.
> 즉 그대들은 민족들을 그대의 지배권 아래에 잡아둘지어다.
> 평화가 정착할 때까지 평화를 강요하라.
> 복종하는 자들은 살려주고, 교만한 자들을 거꾸러뜨릴지어다.[1]

---

[1] 베르길리우스 저, 천병희 역, 《아이네이스》 6권 847-853행은 다음과 같이 번역되었다: "로마인들이여 너는 명심하라. (이것이 네 예술이 될 것이다). 권위로써 여러 민족들을 다스리고, 평화를 관습화하고, 패배한 자들에게는 관대하고, 교만한 자들을 전쟁으로 분쇄하도록 하라"(220쪽).

아우구스티누스는 여기서 로마제국을 최고로 만든 명예욕보다 덕이 더 우월함을 논증한다. 덕은 기독교 신앙의 덕이다(고후 1:12; 갈 6:4). 로마인들이 집착적으로 구하던 "영광, 명예, 능력은 덕의 결과로 와야지 덕이 이것들을 추적해서는 안 된다"(293쪽). 그러면서 로마역사상 가장 철저한 공화주의자이자 줄리우스 시저와 이념적 대적이던 카토의 유명한 연설을 인용한다. 카토의 로마공화정 몰락 원인 분석은 지극히 감동적이다. 로마의 번성을 추동한 것은, 대내외적인 근면과 대외적인 공평한 통치, 정책결정시 죄악이나 욕망에 구속되지 않는 자유로운 정신이었다.

> 우리는 개인적으로 부를 집중시키지만 국가적으로 가난하다. 재물을 칭찬하며 나태함을 추종한다. 선인과 악인의 구분이 모호하며, 덕성으로 얻어야 할 명예는 음모로 얻는다. … 모든 개인이 자기 이익만 생각하고 당신들이 국내적으로는 쾌락의 노예가 되고 공적인 생활에서는 돈과 편벽된 감정의 노예가 되는 것도 놀랍지 않다. 보호력을 상실한 공화국에 공격이 퍼부어진다고 할지라도 전혀 놀랍지 않다(294쪽, 저자 사역)

남을 지배하려는 의지가 강한 사람이 권력을 얻고 출세한다. 이것은 일반 섭리다. 로마의 확장은 타자의 인격을 공동화하고, 온순화해서 얻은 평화다. 갈등의 대상을 죽이면 완전한 평화가 온다. 로마의 평화는 사실상 인격을 말살하는 전쟁을 통해서 얻은 평화였다. 이런 평화를 팍스 로마나 *Pax Romana*라고 하며, 주전 27년 옥타비아누스가 황제에 등극할 때부터 오현제 시대의 마지막 황제인 마르크스 아우렐리우스의 재위 종년終年인 주후 180년까지, 큰 전쟁이 없던 약

200여 년을 가리킨다.

13장. 더 큰 악덕을 억제하는 작은 악덕인, 칭찬에 대한 로마인들의 욕구

　로마인들에게는 명예와 칭찬과 영광을 얻기 위한 욕심이 있었다. 자기 나라를 섬기고, 나라의 영광을 통해 자신의 영광을 추구하고, 자신의 안전보다 나라의 안전을 우선시하는 "칭찬받으려는 욕심"이었다. 이런 욕심도 악(惡)인 것은 분명하나, 그 무렵에 세상에 만연하던 온갖 비열한 욕심들보다는 나았다. 아우구스티누스는 결국 악덕이라고 할지라도 그로 인해 더 큰 악덕(돈에 대한 욕망)이 억제되기에, 덕으로 간주하는 칭찬받으려는 욕망(로마제국의 욕망)의 제한적 가치를 인정하는 셈이다. 하나님은 칭찬 욕망에 불타는 로마 사람들이나 동방 왕국들에게 더 저열한 욕망이나 악행에 지배당하는 열등한 나라들을 위임하셨다. 이런 섭리 때문에 작은 도시국가 로마가 제국으로 확대될 수 있었다.

14장. 하나님을 경외하는 마음 아래서 길들여져야 하는 칭찬받으려는 욕망

　그럼에도 사람들에게 칭찬을 받으려는 욕심은 근절되어야 한다. 왜냐하면 그런 명예욕이 하나님에 대한 두려움이나 사랑보다 클 경우, 경건한 믿음에 이르는 길을 가로막기 때문이다. 따라서 의인의 모든 영광은 하나님에게 속해 있기에 사람의 칭찬을 얻고자 하는 욕심도 근절해야 한다. 로마제국의 근본 욕망, 즉 칭찬 및 영예 추구도 하나님 앞에서 근절하고 승화해야 한다.

15장. 로마인들에게 주신 현세적 상급

　하나님은 로마인들의 칭찬 욕구와 용맹무쌍한 덕성에 대해 뛰어난 제국이라는 세상의 상급을 주셨다. 하지만 이 상급 안에서는 도덕적 와해를 가져오는 유혹이 작동한다. 그래서 하나님은 하늘에서 영원한 생명을 누리는 은혜는 로마인들에게 허락하지 않으셨다. 로마인들은 받을 상을 이미 이생에서 받아 누린 셈이기에(마 6:2), 그것으로 만족해야 한다.

16장. 천상의 도성 시민들이 받게 될 훨씬 더 신령한 보상

그러나 하나님이 로마제국이 그토록 확장하도록 허락하신 것은 단순히 로마인들의 덕성을 보상해주시기 위한 것만은 아니었다. 오히려 그것은, 만약 세상의 시민들이 인간적인 영예를 얻기 위해 그토록 애썼다면, 영원한 하늘의 도성을 얻고자 하는 이들은 얼마나 더 애써야 하는지를 깨닫게 하시기 위해서 허락하신 일이다. 전체적으로 하나님이 로마인들의 덕성에 세상적인 보상을 주셨다고 볼 수 있지만 단지 이 점만 교훈으로 삼아서는 안 된다. 더 깊은 진리를 깨달아야 한다. 하나님의 도성을 사모하는 천상의 거룩한 시민들이 받을 보상이 얼마나 클지 기대하라는 것이다!

17장. 로마인들의 전쟁승리 안에 담긴 자기파멸적 욕망

그러면 로마인들은 전쟁을 통하여 어떤 이익을 얻었는가, 그리고 정복한 사람들에게 얼마나 많은 유익을 베풀었는가? 로마인들은 전쟁을 통해 진정 자기를 유익하게 하지도 못했으며 피정복민들에게 유익을 베풀지도 못했다. 적이 없는 세상에는 도덕적 부패가 만연한다. 적을 다 쓰러뜨리고 나면, 그 힘이 부메랑처럼 자기에게 돌아와 자기를 파멸시킨다. 그 승리의 무게를 견디지 못하기 때문이다.

다시 말해, 무제한적 성공과 성취는 무제한적 욕망을 분출하여 자기파멸이라는 결과에 이르게 한다. 미국도 대테러전쟁이라는 이름으로 자국민의 신성한 영토를 침범하고 있다. 자국민의 양심을 침범하고 있다. 이미 끝이 보이는 위험한 단계에 진입했다.

18장. 하나님의 도성을 위해 희생한 신앙영웅들이 받을 상급

로마역사상 공화정을 도입하는 데 향도 역할을 했던 유니우스 브루투스는 한낱 인간의 도성을 위해, 반란모의에 가담했다는 혐의를 씌워 자기 아들들을 죽였다(3권 16장 참조). 토르콰투스, 푸리우스 카밀루스, 무키우스, 쿠르티우스, 데키우스 가문 사람들, 마르쿠스 풀빌루스, 마르쿠스 레쿨루스, 루키우스 발레리우스, 퀸티우스 퀸키나투스 등은 일시적인 세상의 도성 로마를 위해, 즉 인간에게 칭찬을 받고자 하는 욕망을 충족시키기 위해 이토록 큰 희생을 감내했다.

그렇다면 그리스도인들이 영원한 하나님의 도성을 위해 무언가를 희생한다고 해서 대단하다고 할 수 없다. 특히 로마인들이 공화정 시기에 보여준 청백리 표상(주전 275년, 코넬리우스 루피누스)의 미담은 나름 감동적이다. 집정관을 두 번이나 지낸 사람이 10파운드 은그릇을 소유한 사실이 발각되어 원로원에서 축출된 이야기는 특히 그렇다. 전쟁 승리를 통해 풍요로운 국고를 갖게 된 사람들이 이토록 가난한 생활을 영위했다. 로마공화정 전성기 때 지도자들의 재산은 전쟁이나 위기가 닥치면 국가와 국민의 재산으로 환원되었다.

사도행전의 유무상통(행 2:45)에서 그리스도인들은 재물을 훨씬 더 고귀한 목적으로 낭비한다. 그러나 우리 그리스도인들은 천사들과의 사귐을 위해 이런 삶을 산다고 자랑하지 말아야 한다. 로마인들도 명예심을 위해 거의 같은 일을 하지 않았는가? 로마인들의 덕성과 청렴에 우리는 충격과 도전을 받아야 한다. 18장에서 아우구스티누스는 로마인들이 인간적인 명예와 지상도성을 위하여 위대한 일을 이룬 사실을 지루할 정도로 자세하게 열거함으로써, 기독교인들이 하나님의 도성을 위해 모종의 업적을 남겼다고 자랑해서는 안 됨을 역설한다. 심지어 영원한 도성을 얻기 위해 죽임을 당한 교회의 순교자들마저 자랑에 빠져서는 안 된다고 강조한다.

로마공화정 시기를 감동적으로 회고하게 하는 로마 귀족들과 정치가들의 공동체적 투신과 애국 행위에 비교하면, 우리나라 대기업의 반공동체적인 이기심이 심히 안타깝다. 요즘 삼성이나 현대 등 다국적 대기업 사람들이 위기 때, 양극화가 고조되는 이 시기에 자신의 재산을 국민을 위해 쓴다면 영원히 칭송을 받을 것이다. 경주 최부자의 땅이 어떻게 300년간 유지될 수 있었을까? 그것은 노블레스 오블리주 즉, 귀족들이 사회적 의무 실천에 앞장섰기 때문이다. 경주 최부자 가문은 자신의 재산과 소유를 가난하고 소외된 사람들을 위해 썼다.[2] 반대로 박경리의 《토지》에서 하동 평사리 최참판의 땅과 재산은 오래가지 못했다. 최참판 후손들이 소작농에게 악독하게 대하는 등 가진 자로서 마땅한 의무를 다하지 않았기 때문이다.

19장. 진정한 명예심과 지배욕의 차이

여기에서 아우구스티누스는 진정한 명예심과 지배욕의 차이에 관하여 말한다. 명예를 바라는 사람은 올바른 방법으로 노력하든지, 아니면 기만과 책략을 사용하든지 둘 중의 하나다. 전자는 진정한 명예심이고, 후자는 지배욕이다. 로마인들은 지배욕에 사로잡힌 자들이었다. 진정한 명예심과 지배욕은 다르다. 네로 같은 악한 군주

---

2   전진문,《경주 최 부잣집 300년 부의 비밀》(민음인, 2012).

들에게 국민지배권을 주시는 것은 하나님의 섭리다(잠 8:15). 아우구스티누스는 정당하고 참된 하나님이, 지상 국가 기준으로 볼 때 상대적으로 선한 로마인들이 위대한 제국을 얻는 영예를 달성하도록 하신 이유를 제시한다. 용감함과 무사 공평, 청빈 관료, 공동체 의식과 같은 로마 자신의 덕과 하나님의 섭리가 로마를 강성한 나라로 만들었다.

20장. 로마인들의 일탈된 명예 추구 비판

이 장에서 아우구스티누스는 덕을 육체의 쾌락과 관련시키며 덕을 추구하는 목적이 쾌락이어야 한다고 주장하는 에피쿠로스주의자들을 수치스럽게 할 생각으로 최고의 선을 덕 자체에서 찾으려는 스토아주의자들과 비교하며 로마인들의 일탈된 '명예 추구'를 비판한다. 쾌락을 여왕처럼 섬기며 모든 덕을 쾌락 여왕의 분부를 행하는 시녀로 여기는 에피쿠로스주의자도 어리석지만, 쾌락의 자리에 명예를 앉혀놓고 모든 덕을 명예를 추구하기 위한 시녀로 격하시킨 스토아주의자들도 어리석기는 마찬가지라는 것이다. 왜냐하면 명예 추구 안에는 허영이 들어있기 때문이다. 따라서 에피쿠로스주의자의 육체적 쾌락추구만큼이나 로마인들의 명예 추구 욕망도 수치스럽다.

21장. 하나님 섭리의 산물인 로마제국

우리는 세상의 모든 제국이 오직 하나님에게서 비롯된 것임을 알아야 한다. 히브리인들의 왕국은 물론이고 아시리아인들과 페르시아인들의 왕국까지도 하나님에게서 온 것이다. 하나님은 그리스도인이었던 콘스탄티누스에게뿐 아니라, 배교자였던 율리아누스에게도 로마제국의 통치권을 허락하셨다. 결국 로마제국은 만유의 통치자, 전능하신 하나님의 섭리로 융기하여서 그 위세를 유지한 것이다. 시저(카이사르), 아우구스투스, 네로, 도미니티안 등도 하나님이 세우신 군주다. 하나님의 숨은 동기가 무엇이든지 그런 인물들이 왕이 된 데는 반드시 하나님의 섭리가 작용했다고 보아야 한다. 이것이 17세기 초반에 청교도들과 대립한 제임스 1세의 왕권신수설과 같은 주장은 아니다. 로마제국이라는 세계적 제국의 통치 권력은 어떻게 보아도 모든 능력의 원천이시며 신비한 섭리로 세계사의 흥망성쇠를 주관하시는 하나님의 섭리의 산물이라는 일반적 결론의 일부다.

22장. 기독교 수용 전후로 로마가 치른 전쟁 비교를 통한 기독교옹호

아우구스티누스는 22장에서 주전 4세기경부터 주후 2세기까지 로마가 치른 숱한 전쟁들과 그 전쟁의 기간과 종결의 신속성 여부를 자세히 열거한다. 그 이유는 기독교 신앙의 대적들이 옛날 로마가 전통적인 신들을 신봉하고 있었을 때는 항상 대외 전쟁에서 신속하게 승리를 거두고 종전했는데 기독교가 득세한 후에 일어난 410년 서고트족의 침략 전쟁은 기독교의 신 때문에 오래간다고 공격하는 것을 논박하기 위해서다.

23장. 동고트족 이교도 라다가이수스의 공격에서 로마를 구원해주신 하나님

아우구스티누스는 악마 숭배자이며 고트족의 왕인 라다가이수스가 강력한 군사력을 가지고 있었으면서도 하루아침에 패배당한 전쟁을 논한다. 405년에 동고트족 왕 라다가이수스는 야만인의 군대를 데리고 로마 도성 가까이 진군했으나 하루 사이에 신속하고 철저하게 패했다. 라다가이수스는 410년에 로마를 침공한 서고트족 왕 알라릭과 달리 이교도였다. 만약 이 불경한 자 라다가이수스가 불경한 무리를 이끌고 로마에 입성했다면, 어느 로마인을 살려두었겠는가? 그때 로마가 이교도의 손에 멸망했더라면, 그 피해는 헤아리기 어려울 만큼 크고 처참했을 것이다. 이것도 나름으로는 하나님 은총이었다.

그리스도인 황제의 참된 행복(24-26장)

24장. 기독교를 받아들인 기독교인 로마 황제들의 행복한 치세

그리스도교 황제들의 행복은 무엇이며, 어느 정도까지 진정한 행복인가? 오랜 통치, 평화로운 죽음, 제국의 순조로운 승계, 적에 대한 제압 등은 악마를 숭배하는 황제들에게도 가능한 일이다. 하나님이 그런 황제들에게도 이런 '행복'을 허락하시는 이유는 사람들이 이를 최고의 선으로 여기지 않게 하기 위함이다. 오히려 그리스도인 황제의 행복은 정의로운 통치, 자신이 인간임을 기억함, 하나님을 경배하게 함, 벌 주는 데 느리고 용서하는 데 빠름, 자비와 아량을 베풂, 사치와 욕망을 억제함, 겸손과 참회와 기도의 헌물을 드림 등에 있다. 하나님은 기독교 신자인 로마 황제들을 복되게 하셨다.

25장. 기독교인 황제인 콘스탄티누스에게 베푼 하나님의 번영

하나님은 당신을 섬긴 콘스탄티누스 황제에게 세상의 아무도 바라지 못할 만큼 완벽한 번영과 복을 허락하셨다. 콘스탄티누스는 로마의 유일 황제였다.[3] 노환으로 죽을 때 자기 아들들에게 양위했다. 그러나 하나님은 우리가 콘스탄티누스의 행복을 탐하는 마음만으로 그리스도인이 되려는 것을 막기 위해, 당신을 섬긴 다른 그리스도인

황제들(요비아누스, 그라티아누스 등)에게는 그러한 은혜를 허락하지 않으셨다. 아우구스티누스는 여기서 로마제국을 악의 구현체로 본 카르타고의 교부 테르툴리아누스와 달리 로마제국을 하나님의 복 주심의 결과로 보고 로마제국이 기독교에게 선한 도구가 된다고 믿은 가이사랴의 유세비우스의 관점을 수용한다. 오늘날 이 관점은 상당한 논란이 있다. 콘스탄티누스의 개종 자체의 진정성도 의심받고 있을 뿐만 아니라 콘스탄티누스가 기독교를 후원한 데는 로마제국의 정치안정과 제국의 통일이라는 세속적 정치목적이 있다는 관점이 득세하기 때문이다. 그러나 아우구스티누스 당시에는 콘스탄티누스 황제의 기독교 후원을 하나님의 위로와 구원의 징표로 보는 관점이 대세였던 점을 고려하면 이러한 아우구스티누스의 생각을 마냥 비판할 수만은 없다.

26장. 테오도시우스 황제의 믿음과 경건

테오도시우스 황제(347-395년)는 믿음과 경건이 뛰어난 사람이었다. 테오도시우스는 신자로서 하나님이 기뻐하는 많은 일을 했다. 황제에게 이 세상에서의 권력과 존엄은 안개에 불과했다(약 4:14). 테오도시우스는 자기가 지상의 군주라는 것보다 교회의 일원인 것을 더 기뻐했다. 이런 행동에 대한 보상은 하나님이 진정 경건한 자들에게만 베푸시는 영원한 행복이다. 테오도시우스 정제正帝의 믿음은 모범적이며, 그가 누린 복은 교과서적이다. 경건한 기독교인 황제 테오도시우스는 교회 규율에 순종하여 참회했다.[4]

---

3   당시는 로마제국은 동로마와 서로마로 제국을 나눠 통치했다. 각 지역에 정제正帝와 부제副帝가 한 명씩 있어서 결국 황제 네 명이 협업으로 통치했다. 콘스탄티누스는 나머지 3명의 공동 통치자들을 아우르는 유일한 황제가 되었다.

결론

《하나님의 도성》 1-5권이 세속의 이익을 위해 신들을 숭배해야 한다고 믿는 사람들에 대한 반박이라면, 6-10권은 영생을 위해 신들을 숭배해야 한다고 믿는 사람들에 대한 반박이다. 제5권은 로마제국의 확장과 번영을 점성술로 설명하려는 로마 지성인들의 논리를 비판한다. 대신 지배적 국가로 자라는 데 사용된 인간의 자연적 덕성과, 하나님의 일반은총의 섭리로 로마제국이 번영하고 세계를 지배하는 것이 가능했다고 주장한다. 로마제국의 번영 요인은 성공과 영광을 추구하는 로마인들의 권력의지와 하나님의 일반은총의 섭리로 인수분해하여 설명할 수 있는데, 특히 인간적 요인에 대한 아우구스티누스의 분석이 흥미롭다. 타인의 지배를 거부하는 자유정신, 인간의 칭찬을 듣고자 하는 명예욕, 전쟁에서 드러난 로마의 용맹스러움, 로마의 특권을 널리 확장해 넓은 땅을 다스리려는 지배욕구 등으로 로마의 제국주의적 확장이 가능했다는 것이다.

로마 시대에 점성술은 신학적인 학문이었다. 무조건 미신이라고 여겨서는 안 된다. 언제 태어났는지가 중요하지 않은 것은 아니다. 다만 우리가 그 원리를 모를 뿐이다. 세계의 운명과 판도에 대한 거시적 예언으로서 점성술은 여전히 유효할지도 모른다. 축적된 관찰의 힘으로 점성이 유지되는 면이 있기 때문이다. 그러나 점성술이 하나님의 역사주재 섭리를 명쾌하게 설명하는 계시적 통찰을 제공한다고 보기는 힘들다. 따라서 별과 천체운동이 징조를 이룬다는 점

---

4 316쪽의 각주 80 참조. 테오도시우스가 암브로시우스에게 치리당한 일화(318쪽 각주 85)도 참조하라.

에서 하나님의 계시수단이지만, 별들의 운행을 통해 하나님의 역사 섭리를 예측하는 과정에 대해서는 '우리는 잘 모른다' 이상의 표명은 어려울 것 같다. 누구나 다 동방박사들처럼 아주 밝은 별빛의 인도를 받아 메시아가 누워있는 자리까지 갈 수 있는 것은 아니기 때문이다. 설령 별들의 운행을 보고서 운명 예측이 가능하더라도 제대로 전달해줄 영적 중개자가 없다면 점성술의 효능 논의는 무의미할 것이다. 그래서 로마인들도 자기들의 끝없는 번영이 운명이라고 믿고 쇠망을 대비하지 못했다. 로마인들은 점성술 대신 하나님의 창조 섭리, 일반은총에 대한 영적 개안開眼이 없었기에 점성술의 모순적이고 자가당착적인 논리에 빠져 자기 운세를 개척하지도 예측하지도 못했다.

   반면 기독교는 한 나라나 왕조의 흥망성쇠와 그 이유를 점성술적 결정론이나 운명주의에서 찾지 않는다. 기독교 신앙에서는 설령 정해진 운명이 있을지라도 우리 자신과 하나님 사이의 숱한 반응이 오가며 그 운명을 얼마든지 바꿀 수 있다. 인간의 자유는 하나님의 예정과 섭리와 단차원적으로 충돌하지 않는다. 하나님의 예정도 인간의 우발적인 응답으로 유예되거나 철회되기도 한다는 사실이 구약성경에 이미 나타난다. 니느웨 사람들의 회개가 하나님의 용서를 이끌어냈다. 인간들의 자유의지가 하나님의 결정을 변화시킬 수 있다는 증거다.

   하나님은 인간의 자유를 변화무쌍하게 인정하신다. 인간의 어떠한 우발적인 반응도 당신의 선한 뜻으로 사용할 수 있다는 하나님의 자신감이다. 하나님은 당신의 '결정'보다 크시기 때문에, 사랑과 공의의 행동도 그분이 만든 법칙보다 크다. 하나님은 당신이 내린 어떤 결정이나 예정보다는 더 무한한 조정능력을 가지신 자유의 하나님이시다. 따라서 하나님의 예지나 예정이 인간에게 허락된 인간의 자유를 손상하거나 훼손할 수는 없다. 하나님의 인간통치와 세계역사 주관원리는 이러한 인간의 자유와 하나님의 자유 사이에 오고가는 미세하고 거시적인 신호체계나 의사소통으로 해명될 수 있을 것이다. 로마의 번영은 하나님의 예지와 로마인들의 자기도모 실현을 위한 분투의 교차점에서 발생한 상황이다.

결론적으로 아우구스티누스는 로마제국의 번영은 위에서 언급한 인간적인 요인 외에 하나님의 자연은총과 섭리에서 찾을 수 있다고 말한다. 아주 간단하게 말해 로마제국의 번영은 별들의 위치와 상관없이 하나님의 '섭리' 때문이다. 하나님은 실력이 비슷한 나라끼리 경쟁하는 것보다 때때로 하나의 강한 나라가 작은 나라들을 평정하는 방법도 이용하신다. 이런 방식으로 세계가 압도적으로 강한 한 나라의 지배와 통치 아래 복속되도록 허용하신다. 국제적 무질서를 평정하시는 하나님의 독특한 섭리다. 예를 들어 각각 탱크가 100대씩 있는 100개의 나라가 서로 적대하고 평행을 이루는 양상보다, 탱크 1만 대가 있는 대제국 하나가 작은 나라들의 무장을 해제시켜 세계의 평화를 유지하는 것이 더 효과적이고 유익할 때가 많다. 그래서 대제국이 하나님의 섭리 안에서 탄생한다. 대제국의 등장과 세계지배는 이런 점에서 하나님의 효과적인 세계 경영 전략이다. 다니엘서 2장에 나오는 느부갓네살이 그러하다. 단, 제국의 통치가 하나님의 세계 통치와 관련이 있다는 해석이 세계 지배 국가의 위상을 신격화하는 궤변으로 흘러서는 안 된다.

이러한 맥락에서 미국과 중국 같은 초강대국을 너무 증오해서도 안 되고 신성시해서도 안 된다. 미국이나 중국이 세계를 경영하려는 야심을 가진 제국이라는 이유로 단순하게 증오하면 안 된다. 현재로는 미국이나 중국은 세계 만민의 운명을 좌우하는 보편적 통치국가 수준으로 발돋움하고 있다고 봐야 한다. 그런데 여기서 한 가지 문제가 발생한다. 그렇다면 제국이 범하는 악은 어떻게 설명하느냐 하는 부분이다. 그러한 제국에게서 독립하려는 전쟁이나 운동은 필요 없느냐는 의문이 발생한다. 즉 제국의 세계 지배 아래 힘을 키우고 있다가 결정적으로 독립하는 것이 좋을지, 혹은 원리적으로 독립 쟁취만 유일한 선이라고 믿고 무모한 항쟁을 지속해야 하는지 선택의 문제가 발생한다. 예를 들면, 티베트, 체첸, 쿠르드족 등의 독립 문제는 어떤 차원으로 하나님의 정의를 적용하고 접근해야 하는지 고민거리를 안긴다. 여기서 세계통치 역할을 맡은 강대국의 일부로 살면서 힘과 실력을 키워 평화적으로 독립하는 것이 좋을지, 준비된 것과 상관없이 단일민족 중심의 독립국가 건설이 지고의 가치라고 생각하고 세계지배적 패권국가와 투쟁을 감수하여야 할지, 즉 어느 가치를 실현하는 것이 나은지는 하나님이 판단하실 일이다. 그러나 분명한 것은 세계 열국 간의 국력 불균형과 비대칭성 때문에 발생하는, 나라들 사이의 우열과 종속관계를 강대국 자체의 악으로만은 설명할 수 없다는 점이다. 하나님은 완전하지는 않으나 권력의지가 막강한 민족들의 세계통치 야심을 이용해 열방 간 국지적 분쟁을 조정하시고 그 어처구니없어 보이는 강대국을 중심으로 제한적이나마 나라들과 민족들 사이 각축과 상쟁을 일정 정도 억제하기도 하신다(참조. 사 10:5-6). 그러나 하나님이 위임하신 세계통치적 힘 행사 범위를 넘어 자기복무적 세계제국을 건설하려던 강대국들은 한결같이 갈아엎고 부서뜨리셨다.[5] 로마제국은 이런 점에서 양가성이 있다. 로마인들이 권력의지와 상무정신으로 세계지배의 야심을 충족시킨 면이 있으나 하나님의 섭리 안에서 타민족들을 통치하는 역할을 한

시적으로 위임받았다는 것이다. 천년 이상 존속했다는 점에서 인류 역사상 가장 오래 세계를 지배했던 로마제국이었지만 아우구스티누스는 하나님 나라의 장구한 지평 아래 볼 때 로마제국도 필멸적인 인간의 도성역사의 한 에피소드에 불과하다는 것을 확신했다.

과연 로마제국은 장구한 하나님나라 운동이라는 섭리사의 지평에서 소멸되었다. 그럼에도 불구하고 로마제국은 허무와 망각의 폐허 속으로 투척되지는 않았다. 오늘날에도 로마는 깨지고 부서진 유물들을 갖고 매년 수천만 명의 관광객을 초청한다. 로마가 한낱 필멸적인 인간의 도성에 불과하다고 해서 로마의 문명사적 가치가 폄하될 수는 없다는 뜻이다. 알리스터 맥그라스는 《종교개혁시대의 영성》(좋은씨앗, 2004)에서 로마가 남긴 물질문화적 유산들과 유물들이 14세기 르네상스 운동의 영감 원천이 되었음을 강조한다. 시오노 나나미는 《로마인이야기》(1-15권)에서 시종일관 로마의 법치주의, 실용주의, 융합주의를 최고의 정신적 업적으로 치켜세운다. 로마제국은 사라졌으나 로마제국이 추구하던 법치주의와 융합주의는 서구문명의 토대가 되었다는 것이다. 로마제국의 사후 영향력이 결코 소멸된 것은 아니라는 말이다. 오늘날 현실 한국 교회가 과연 사라져버린 인간의 도성을 대체할 만한 '하나님의 도성'을 대표할 수 있는가? 기독교는 로마제국처럼 세계로 뻗어 무슨 가치와 덕을 전파했는가? 민주주의, 인권, 평등, 자유, 창조질서 보존, 세계 평화가 기독교가 온 세계에 확산시킨 보편적인 선^善인가? 역사를 읽으면서 《하나님의 도성》을 다시금 생각하게 된다.

---

5 이런 하나님의 변증법적 섭리에 대한 더 자세한 논의를 보려면, 김회권, 《이사야 I》(대한기독교서회, 2006), 269-293쪽을 참조하라.

기독교의 가치와 덕의 전파가 곧 선교다. 기독교가 주도한 고급문화를 창조할 때 기독교가 전파되어 나간다. 우리가 갈 길은 이것뿐이다. 우리는 사도행전의 초대교회 이야기로 자만에 빠지면 안 된다. 로마공화국의 전성기에도 사도행전의 '유무상통 공동체' 정신이 활발했기 때문이다. 사라져간 로마에서도 우리는 도전받고 배워야 한다. 특히 로마역사의 빛나는 공동체적 희생 역사를 통해 도전받으며 우리 기독교 또한 하나님의 도성을 위해 불멸의 사랑, 헌신, 우애와 덕을 발휘해야 한다.

6-10권
로마의 이교도들을 논박하다

6권: 로마의 다신숭배는 영생을 주지 못한다
7권: 영원한 생명은 어디에서 오는가
8권: 플라톤주의자들의 '중재자 신' 숭배가 영생을 줄 수 있는가
9권: 마귀숭배론과 천사숭배론의 허구
10권: 성육신의 신비

제6권:

로마의 다신숭배는 영생을 주지 못한다

1-5권에서 아우구스티누스는 "현세의 행복을 얻기 위해 신들을 숭배해야 한다"고 믿는 사람들을 반박했는데, 6-10권에서는 "사후에 영생을 누리기 위해 신들을 숭배해야 한다"는 사람들의 논리도 반박한다. 6권에서는 특히 로마인들에게 가장 존경받는, 로마신 계보학자 마르쿠스 배로Varro[1]의 주장이 얼마나 조잡한지 밝힌다.

1장. 현세의 행복은 물론 사후 세계의 영생을 보장하는 데도 무능한 로마의 신들

로마인들은 불멸의 신들을 만들어냈고, 동시에 그 신들에 관한 거짓되고 무가치한 내용을 꾸몄다. 그리고 그것을 자신들이 믿고 있던 종교에 끼워 맞췄다. 그러면서도 로마인들은 자기들이 현실의 삶이 아니라 죽음 이후의 영원한 삶을 위하여 신들을 숭배한다고 말한다. 로마인들은 많은 신들을 만들어냈고, 일에 따라 세세하게 신들에게 의무를 분담시켰다. 물의 여신 님프Nymph에게 포도주를 요청했는데 "우리에게는 물만 있으니 술의 신Liber에게 부탁해라" 대답한다

---

[1] 신들의 원적原籍을 조사한 신神계보학자.

면, 포도주도 줄 수 없는 신에게 영원한 생수 즉, 영원한 생명을 줄 수 있느냐고 물을 수 있는가? 로마의 신들은 특별한 영역에서만 능력이 있다고 주장할 뿐 인간의 사후 영생을 보장해줄 종합적인 경륜이나 능력은 없다. 따라서 로마의 여러 신에게 영원한 생명을 요청하거나 바라는 것은 무례한 일이다. 자신이 맡은 아주 분할된 영역의 일조차 제대로 감당하지 못하는 신들에게 영생을 기대할 수는 없기 때문이다.

배로의 삼중신학(2-9장)

2장. 로마신들의 계보를 연구한 마르쿠스 배로에 대한 조롱과 비판

2장에서 아우구스티누스는 신들에 대한 배로의 견해를 살펴본다. 그러면서 배로가 다양한 신들과 종교의식에 대하여 많은 내용을 다루었는데, 차라리 그렇게 하지 않고 침묵하는 편이 신들에게 더 정중한 행동이었을 것이라고 말한다. 마르쿠스 배로는 키케로와 동시대인으로서 키케로는 배로를 '모든 로마 사람들 중에서 가장 예리하고 가장 학식 있는 자'라고 칭찬했다.[2] 당시의 저명한 문법학자 테렌티아누스도 배로를 '모든 분야의 학문에 능한 사람'이라고 찬양했다. 아우구스티누스는 다양한 신들에 대한 많은 책을 써서 학문에 능한 사람이라는 칭찬을 받는 배로를 인정하는 듯이 말하면서 실은

---

2   6권 325쪽, 배로에 대한 키케로의 찬양 인용문을 참조하라. "우리는 우리 자신의 도성에서 이방인과도 같이 길을 잃고 헤매고 있었으나 사실 당신[배로]의 책으로 인하여 집으로 돌아가게 되었습니다. … 또 당신은 모든 신적이며 인간적인 일들의 이름, 종류, 직책, 그리고 그 원인을 보여주었습니다"(325쪽 각주 9번 참조).

조롱하고 야유한다.

신들을 찬양하기 위해 배로가 쓴 책은 확실히 내용이 지나치게 방대하고 구태의연했다. 그 책을 읽는 사람들은 배로 자신이 소개한 신들과 너무 친숙하게 된 나머지 오히려 신을 숭배하는 일에 태만해지고 신들을 멀리해 오히려 신들이 사람들에게 잊힐까 걱정할 정도였다. 배로는 신들 숭배와 관련하여 미신적인 관습과 로마인들에게 합당한 관습을 분별하려는 열심에 사로잡혀 있었으며, 신들을 찬양했기 때문에 신들에 대해서 다양하게 많이 쓸 수 있었다. 그 많은 신들에 대한 배로의 요설饒舌 덕분에 신들에 대한 통속적 친숙함은 커졌지만, 신들에 대한 참된 경외심은 고취되지 못했다. 배로는 베스타의 신상들을 불길 속에서 구출한 메텔루스[3]와 트로이에서 페나테스를 구한 아이네아스[4]보다 더 호의적인 열정으로, 선한 사람들의 기억에 '신들'을 남길 정도로 신들을 칭송했다.

아우구스티누스는 배로의 업적을 이렇게 모호하게 언급하고서는 곧장 배로의 책과 업적을 비평한다. 배로가 쓴 책은 진정으로 신들을 찬양한 것이 아니라 관습과 법률에 압도된 시대적 분위기와 그 시기 사람들의 종교성을 반영한다는 것이다. 아우구스티누스가 보기에 배로의 신神계보 저작은 종교적인 사람들이 읽기에 적절치 않았다. 왜냐하면 배로의 책이 어떤 의미에서는 로마인들이 고래古來로 섬겨온 신 중 다수가 많은 사람을 좌절케 했고 그러한 실망 때문에 신들을 소멸시켰다고 밝히기 때문이다.

2장의 마지막 단락에 대한 CH북스판 번역은 아마 이 책 전체에서

---

3 3권 18장.
4 베르길리우스, 《아이네이스》, 2권 717, 747행 이하

가장 어색하고 불명료한 부분일 것이다.[5] 이 마지막 단락의 요지는 사실 배로의 로마신들에 대한 수다스러운 논의와 요설이 로마의 관습과 법률에 압도당해 로마종교를 찬양하려던 저작의도에 반한다는 점을 꼬집는 것이다. 왜 배로는 자기모순적인 기능을 하는 책들을 썼을까? 아우구스티누스는 배로가 성령에 의해 자유롭게 되지 못했기 때문이라고 본다.

3장. 배로의 저작원칙에 대한 논의

배로는 고대의 관습에 대하여 41권을 저술했는데, 25권은 인간적인 일에 대해, 16권은 신적인 일에 대해 썼다.[6] 배로에게는 인간의 삶, 즉 누가 활동하는지, 어디에서 활동하는지, 언제 활동하는지, 무슨 활동을 하는지에 대한 관심이 우선이었다(인물, 장소, 시간, 제사). 배로는 신적인 일들을 서술할 때도 이 순서를 유지했다. 거룩한 일들(제사)은 결국 인간들이, 어떤 장소와 어떤 시기에 행하기 때문이다. 신적인 것들을 다루는 부분은 총론격인 서론과 바로 뒤에 세 권씩 짝을 이루는 15권을 합해 16권이 된다. 1부 첫째 권은 사제들, 둘째 권은 복점관, 셋째 권은 로마의 15인 사제를 다룬다. 2부는 장소를 다루는데 첫째 권은 사당들, 둘째 권은 성스러운 전당들, 셋째 권은 경신례 장소들을 다룬다. 시간을 다루는 3부 첫 권은 축일, 둘째 권은 경기공연, 셋째 권은 연극을 논한다. 제사를 다루는 4부 첫째 권은 봉헌, 둘째 권은 개인제사, 셋째 권은 공공제사에 대한 논의를 다

---

5 조호연·김종흡 역본의 326쪽 첫 단락('그러나 그가 이런 … 생각해야 하는가?')은 무척 번역이 어색하다.
6 라틴어 원제는 *Antiquitates rerum humanarum et divinarum*이다. "인간적인 것들과 신적인 것들의 기원" 정도로 번역할 수 있다.

룬다. 화려한 종교의식 행렬에 이어 나머지 세 책에서 신들을 등장시키는데 첫째 권에서는 확실한 신들, 둘째 권에서는 불확실한 신들, 셋째 권에서는 중심이 되고 선택된 신들을 다루었다. 이 3장을 비교적 자세히 요약하는 이유는, 《하나님의 도성》을 읽다가 좌절하게 하는 대표 사례를 독자들에게 미리 일러두고자 함이다. 아우구스티누스가 지나치게 자세히 서술한 로마의 신들이나 그 신들의 역할과 계보에 현대독자들은 질리기 쉽다. 이 책에서는 그러한 지루하고 적실하지 않은 세부 논의들을 다 생략하고 중심논지만 부각시키고자 한다.

4장. 인간이 만든 로마 다신교체제의 정체 폭로

이러한 배로의 논의로 보면, 신들을 숭배하는 자들은 인간의 일이 신의 일보다 오래된 것으로 간주한다는 말이 된다. 인간의 삶에 대한 내용이 먼저 나오고, 그 다음에 신에 대한 내용이 나온다는 사실에서 배로는 국가가 먼저 존재하고 그 후에 신들이 탄생했다고 생각했음을 알 수 있다. 이러한 사실은 인간에게 필요해서 신을 만들었음을 말해준다. 신의 주체는 '인간'이며, 결국 로마의 다신교 신학은 인본주의 신학이다. '신이 만든 인간God-made Man'이 아니라 '인간이 만든 신Man-made God'이 되는 것이다.

아우구스티누스가 보기에 진리의 종교는 신론이 먼저 나오고, 그 다음에 인간론이 나와야 한다. 즉, 진정한 종교는 참되게 경배하는 자들에게 영원한 생명을 베푸시는 진실한 하나님에게 영감과 가르침을 얻기 때문이다. 그런데도 배로는 '화가가 그림보다 앞서고, 건축가가 건축보다 앞서는 것'과 마찬가지로 인간의 일이 신의 일보다 앞선다고 고백한다. 그림이나 건축물과 마찬가지로 신적인 일도 인간이 제정했다고 고백하는 것이다.

배로는 신의 본성 전체를 다룬다면 인간의 일들보다 먼저 다루는 게 마땅하지만 신의 본성 일부만 다루기에 인간의 일을 먼저 다룬다고 변명한다. 그러나 아우구스티누스가 보기에는 신의 본성이 일부라도 있다면 그것이 로마인에 관한 이야기보다 앞서야 한다. 그러나 배로의 책에서 분명 신의 본성을 가장 나중에 다룬다는 것은, '신의 본성은 전혀 없었다'는 이야기다. 그래서 배로는 자기가 신적인 것들에 관해 저술할 때는 신의 본성에 속한 진리에 관해서가 아니라 신에 관한 지식과 관련해 오류에 속한 거짓을 쓰는 데 초점을 맞추었다고 고백한다. 배로가 만일 새로운 도성을 건립하고 있었다면 본성의 순서에 따라 저술했겠지만, 옛 도성을 건립하고 있기 때문에 관습과 법률을 따를 수밖에 없었다. 로마 최고의 신학자 배로도 성령에 의해 자유로워지지 않았기 때문이다(6권 2장).

5장. 배로의 삼중신학: 신화신학, 자연신학, 도성신학

배로는 세 종류의 신학, 즉 주로 시인들이 사용하는 '신화신학(허구신학)', 철학자들이 사용하는 '자연신학', 일반 대중이 사용하는 '도성신학'을 말한다. 배로는 신화신학에 조작된 이야기가 포함되어 있음을 밝힌다. 신화신학에 등장하는 신은 도둑질에다 간음까지 저지르므로, 인간 삶 속에서 이러한 일들이 일어난다면 이런 신화신학에 등장하는 신 때문이라고 할 수 있다. 신들의 행동에 대한 이야기들이 신들의 본성에 얼마나 큰 해악을 끼쳤는지를 인지한 것이다.

반면 헤라클레이토스, 피타고라스, 에피쿠로스와 같은 철학자들에게 속한 신학, 즉 자연신학은 결점이 없다고 보았다. 배로는 시민들에게서 신화신학을 제거하지 않은 것과는 달리 이 자연신학은 대중에게서 분리하여 학교 안에서만 다뤄야 한다고 했다. 자연신학은 오직 학문으로만 다룰 신학이라고 한정한 것이다.

아우구스티누스가 거짓이며 무가치하다고 말한 도성신학은 "도성 안에 있는 시민들, 특히 신관들이 알아야 하고 실행에 옮겨야 하는 신학이다." 도성신학은 신들이 일상생활과 국가와 어떻게 관련되는지를 물으며 각 사람이 공적으로 어느 신을 숭배하는 것이 적절한지, 어느 종교의식과 제사를 행하는 것이 적절한지를 가르쳐 준다. 간단히 정리하면, 로마제국의 공식 제사장들이 알아야 할 신학이 도성신학, 플라톤의 신학이 자연신학, 연극으로 올리는 내용이 신화신학이다. 배로는 시민들을 위한 연극신학인 신화신학은 도성신학과 성격상 언제든지 혼합될 수 있는 관계라고 보았다.

6장. 배로에게 대항하는 신화신학과 도성신학

여기서 아우구스티누스는 배로에게 비판당하는 신화신학, 다시 말해 허구적 신학과 도성신학을 먼저 논한다. 사람들은 자연적인 신들을 숭배하기를 원하지만, 어쩔 수 없이 국가의 신들을 숭배한다. 허구적인 신들은 극장에, 자연적인 신들은 세상에, 도성적인 신들은 도성(국가경영의 실용적 목적)에 적합하다고 말한다. 그런데 세상은 신들의 작품이고, 도성과 극장은 인간의 작품이다. 극장에서 놀림당하는 신들은 사람들이 신전에서 숭배하는 신들과 같은 신이며, 사람들이 제물을 바치는 신들 역시 극장에서 기념하며 연극으로 상연하는 신들과 같은 신이다. 이 둘은 연합되어 있다.

7장. 신화신학과 도성신학의 유사성과 일치점

신화신학과 도성신학의 유사성과 일치점을 더 자세히 논한다. 외설적인 내용으로 가득 찬 극장과 연극의 신학인 신화신학은 이내 도성신학으로 흡수되었다. 신들에 대한 이야기를 시인들이 꾸며서 희극배우들이 연기했다면, 이것은 신화신학에 속하며 품위 있는 도성신학의 범주와는 구분된다고 할 수 있다. 그러나 이런 이야기가 시인들이 아니라 시민에게 속했으며, 익살극이 아니라 거룩한 일들에 속했으며, 극장이 아니라 신전에 속한다면 어떻게 할 것인가? 신화신학은 결국 도성신학 안으로 발전적으로 통합되어 버렸고, 도성신학은 신화신학과 명백히 구분되지 않게 되어 버린다. 빛 속에서 드러난 일들, 즉 극장에서 공연된 신들의 행태가 그토록 혐오스럽다면, 어둠 속에 감춘 종교의식(도성신학에 포함된 종교의식)은 얼마나 더 우스꽝스럽고 혐오스러울까? 아우구스티누스는 심지어 신화신학뿐 아니라 자연신학의 많은 요소들도 도성신학으로 흡수되었다고 본다. 신화신학을 생산하는 시인들은 신들의 범죄행위를 연극 소재로 삼아 사람들과 신들을 즐겁게 하고, 자연철학자들은 사람들의 덕성 함양을 위해 신들을 이야기했다.

8장. 자신들의 신들을 자연적 이치로 해석하는 이교도 학자들 논박

예리한 지성과 심오한 학식을 지닌 사람들은 도성신학과 신화신학은 둘 다 신화적이며 동시에 도성적(통속적)이기 때문에 모두 배척해야 한다고 보았다. 그러나 그들은 신화신학은 비난하고 부인했지만, 도성신학을 비난할 용기는 없었다. 그저 사람들이 도성신학을 신화신학과 함께 배척될 가치가 있는 것으로 이해하기를 바랐고, 이 두 신학이 경멸당하면 자연신학을 더 좋은 것으로 생각해서, 사람들 사이에 자연신학이 자리잡을 수 있다고 보았다.

9장. 로마신들의 역할을 통합적으로 배분하는 데 무력한 신화신학과 도성신학

아우구스티누스는 로마의 신들이 각기 맡은 영역이 너무 비열하고 세세하게 배분되어서(340쪽), 사람들이 특별한 기능에 따라 각기 다른 신들에게 간청해야 한다는 사실을 조롱한다. 다양한 신들의 역할과 경직된 관할은 신적인 위엄보다는 희극배우의 익살과 더 일치한다는 것이다. 예를 들어, 만약 어떤 사람이 자기 젖먹이를 위하여, 마실 것만 주는 유모와 먹을 것 외에는 아무것도 주지 않는 유모를 동시에 고용한다면 그것은 분명 익살극의 한 장면일 뿐이다. 로마의 다신교는 같은 일을 행하는 그러나 각기 맡은 영역이 다른 유모들을 수없이 고용하는 꼴이다.

그러나 우리는 묻는다. 왜 유모를 한 명만 고용하여 모든 일을 맡기면 안 되는가? 로마의 다신교체제는 신들의 역할이 너무 세분되어 있고, 우스꽝스럽다는 점에서 납득할 수 없는 몽매를 드러낸다. 아우구스티누스는 배로가 설정한 구분에 따라 극장의 신학을 도성신학의 한 부류로 보았다. 그래서 그 두 신학은 불명예스럽고 거짓되기 때문에 경건한 사람들이 이 두 신학에게 영원한 생명을 기대할 수 없다고 여겼다. 올바른 이해력이 있는 사람들이, 배로가 조심스럽게 도성신학을 설명한 내용을 읽어봤다면 도성신학은 올바른 신학이라고 느끼지 않을 것이다. 결국 배로가 의도한 대로 이제 로마인들에게는 자연신학만 선택 대상으로 남는다.

네로의 가정교사 세네카의 견해(10-11장)

10장. 세네카의 입을 빌어 로마의 도성신학을 비판하는 아우구스티누스

아우구스티누스는 배로가 신화신학을 비난한 것보다 더 격렬하게 도성신학을 비난한 세네카의 자유를 논한다. 세네카는, 로마인들이 신상에 사람, 짐승, 물고기 등의 형상을 부여하며 신이라 부르고 있지만, 만약 그런 것들이 실제로 살아서 사람들과 마주한다면 괴물로 보일 것이라고 말한다. 세네카는 이런 솔직함과 용기가 있는 사람이었다. 배로는 이러한 자유를 향유하지 못했으며 오직 시인들의 신학만 비난하는 듯이 보일 뿐, 세네카가 강하게 비난한 도성신학을 논박할 대담성은 없었다. 배로는 신화신학만 문제로 삼았지만, 세네카는 도성신학과 신화신학을 둘 다 비난했다.

아우구스티누스는 세네카가 좀 더 온전한 비판정신의 소유자라고 본다. 세네카는 신성하고 불가침한 불멸적 존재인 신을 로마인들이 아주 무가치하며 움직이지 못하는 재료로 형상화해서 봉헌한다고 비판한다(346쪽). 즉 로마인들은 신상에 사람, 짐승, 물고기의 형상을 부여하며, 양성 및 잡다한 종류를 덧입히기도 한다. 여기서 오늘날 독자들은 즉각 로마서 1장 19-23절이 생각날 것이다.

> 이는 하나님을 알 만한 것이 그들 속에 보임이라. 하나님께서 이를 그들에게 보이셨느니라. 창세로부터 그의 보이지 아니하는 것들 곧 그의 영원하신 능력과 신성이 그가 만드신 만물에 분명히 보여 알려졌나니 그러므로 그들이 핑계하지 못할지니라. 하나님을 알되 하나님을 영화롭게도 아니하며 감사하지도 아니하고 오히려 그 생각이 허망하여지며 미련한 마음이 어두워졌나니 스스로 지혜 있다 하나

어리석어져 썩어지지 아니하는 하나님의 영광을 썩어질 사람과 새와 짐승과 기어 다니는 동물 모양의 우상으로 바꾸었느니라.

아우구스티누스는 10장에서 우상숭배자들의 어리석음과 비참함과 허무함을 말한다. 세네카도 아우구스티누스와 유사한 논리로 로마인들의 잡신 숭배가 "오랫동안의 미신으로 축적된" 다신숭배일 뿐이며 실재하는 신들에 대한 실재적 예배라기보다는 고래의 관습에 속한 관행이라고 주장했다.

11장. 유대인들에 대한 세네카의 편견

유대인들에 관한 세네카의 견해를 비평적으로 논한다. 세네카는 도성신학에 속한 미신적 요소를 비판하는 도중에 유대인들의 의식, 특히 안식일을 격렬하게 공격한다. 세네카는 유대인들이 일곱째 날을 지키려 하다가 아무 일도 하지 않고 시간을 낭비하며, 많은 일들에 손상이 있다고 주장했다. 유대인들의 안식일 종교 관습이 로마인들에게까지 퍼지는 현상을 '정복당한 자들이 정복자 로마제국에게 부과한 법'이라고 깎아내렸다. 그러나 세네카는 그리스도인들은 칭찬하지도 비난하지도 않았다. '안식일'에 대한 그리스도인의 인식을 존중했지만, 그것을 칭찬한다면 자신의 옛 관습(안식제도가 없었던 로마인의 고대풍습)을 반대하는 것이 되기 때문이었다. 세네카는 안식일 준수가 유대인들의 조야한 도성신학의 일부라고 본 것이다. 아우구스티누스는 세네카의 안식일 비판에는 동조하는 것처럼 보이지 않으며, 오히려 안식일을 하나님이 제정하신 것으로 본다.

12장. 영원한 생명을 선사할 수 없는 이방인들의 신들

이전에 섬기던 민족의 신들이 거짓되다는 사실이 드러나면서 그 로마의 여러 신들이 현세적인 일에도 아무 도움을 줄 수 없음이 분명해진다. 따라서 로마의 신들은 자신들을 신봉하는 아무에게도 영원한 생명을 부여할 수 없다는 점은 분명하다. 그래서 로마인들 안에서도 자신들의 신들에 대한 비판적 성찰이 일어났다. 허구신학(신화신학), 자연신학, 도성신학이라고 불릴 수 있는 세 신학 중 허구신학은 많은 거짓 신들을 숭배하는 자들조차 비난하는 신학이다. 허구신학의 일부분이거나 혹은 그보다 더 도덕적으로 열악하다고 증명된 도성신학에서도 영원한 생명을 기대할 수 없다. 행복 자체가 여신이라면 사람들이 행복 외에 다른 무엇에 왜 자신을 바쳐야 하는지 생각해 보아야 한다. 진정한 행복은 여신이 아니라 하나님의 선물이기 때문에, 진실하고 완전한 행복을 사랑하는 우리는 하나님 외에는 아무 신에게도 자신을 드릴 수 없다. 진정한 행복을 부여하는 분만 영원한 생명, 끝없이 행복한 생명을 주실 수 있다.

결론

《하나님의 도성》 제6권은 마르쿠스 배로가 구분한 세 신학(신화/허구신학, 도성/통속신학, 자연신학[플라톤철학])을 논박한다. 배로의 신학 1-25권은 인간에 대해서, 그 이후는 신에 대해서 썼다. 배로가 신계보학에서 언급한 자연신학자들과 아우구스티누스가 벌인 논쟁은 그리스-로마철학, 스토아철학에 대한 선이해가 없으면 다소 어려운 내용이다. 전체적으로 전후좌우 친절한 설명 없이 배로의 신계보학을 병렬적으로 논의하기 때문에 따라가기가 쉽지 않다. 아우구스티누스가 비판하는 도성신학의 신들은 기원이 초월적인 신들이 아니고, 우리의 자연적 국가적 기능과 활동영역 일부를 관장한다고 간주되는 신들이다. 도성신학은 다양한 신들의 활동영역을 보장하고 적절하게 신들에게 귀속시킴으로써 국가적 조화를 꿈꾸는 신학이다. 모든 신은 국가주의 세계관을 가진 로마인들에게 나름으로 의미가 있었다. 로마제국의 신학은 국가 경영학의 한 부분으로서 히브리성경의 신학과는 다르다. 구약성경의 신학은 초국가적이고 초인간적이다. 하지만 로마는 국가가 있고 국가가 생긴 후에 신이 생겼다. 따라서 로마의 신학은 국가 경영학의 예속물이었다.

로마의 이런 국가주의 신학은 어디서 영향을 받았는가? 아마도 이집트, 그리스, 메소포타미아의 영향을 받아 생긴 신학일 것이다. 그리스-로마 문명은 지중해를 낀 이집트와 메소포타미아 문화 융합의 산물이다. 이런 나라의 신들은 국가를 위해 존재하는, 정치적 상상력의 마지막 산물이었다. 국가체제를 위한 헌신 강요가 국가신國家神을 향한 헌신 강요로 변형된 것이다. 이런 상황에서는 국가 최고신인 주피터에게 제사를 많이 할수록 나라가 번영하는 효과가 있을 수 있다. 국가 권위가 주피터와 함께 가기 때문이다. 주피터의 사제들은 주피터의 제물을 국가의 결집을 위해 정치적으로 사용한다. 이런 현상은 바알-아세라의 종교에도 적용된다. 바알-아세라 종교는 우리가 익히 알고 있는 국가주의 종교의 한 모습이다. 국가가 종교적 제의를 하여 그 안에 속한 국민들을 구원해준다는 믿음을 주는, 국가 주관 종교행사는 대단한 것이 된다. 이처럼 종교라는 것은 허약한 인간의 내면을 이용해 거짓되며 가공적인 권위에 복종하게 한다.

하지만 야웨 하나님은 이런 식으로 예물을 드려도 만족하는 신이 아니시다. 공평과 정의를 실천하지 않는 자들의 제물은 받지 않으신다. 신이 국가를 버리면 하나님은 그 국가를 넘어 활동 반경을 세계로 넓히신다. 우리 하나님은 국가적일 때가 있으나 궁극적으로는 국가를 초월하여 존재하신다. 국가에 의존하지 않으시는, 초월적인 하나님, 곧 스스로 계시는 하나님이시다. 모세에게 하나님이 당신을 '스스로 존재하는' 하나님(출 3:14)이라고 계시하신 것은 엄청난 사건이었다. 교회는 자유자재하신, 편재하시는 하나님을 가둘 수 없다. 하나님은 목회자의 자문관이 아니며 온 세상의 개교회가 도저히 범접할 수 없는 분이다. 하나님은 당신을 예배하고 모시는 국가나 인간 집단 없이도 스스로 존재하시는, 거룩하신 하나님이시다!

반면에 로마의 도성신학에 등장하는 신들은 신격화된 로마의 인간 영웅들(로물루스 등)이거나 로마 사람들이 국가를 위해 고무시킨 미덕들과 애국주의 성향의 결과다. 로마인들이 방탕과 음탕을 좋아했기에 그런 신들이 생겼다. 결론적으로, 로마의 도성신학은 로마의 통속적 대중의 형이상학적 변장술(확장)이다. 주피터는 로마 지배층의 욕망과 방탕을 형이상학적으로 표현하고 있는 것이다. 오늘, 하나님을 믿는 사람들에게 투사된 하나님은 어떤 모습인가? 맘몬주의에 물든 한국인들이 믿는 하나님은 도성신학이 규정하는 하나님이 아닌가? 자본주의, 신자유주의 등을 신의 보편적 통치질서로 믿는 도성신학은 초월성을 추구하지 않으며, 자기 비판적 기제를 작동시키지 않고 신과 도성의 정치적 일치와 연대만 당연시한다. 하나님의 자기계시에 스스로 자신을 비추어보고 하나님의 초월적 국가비판을 감수하지 않는 모든 종교는 도성신학에 근거를 두는 종교다.[7] 예를 들자면 일제의 군국주의 이데올로기와 제휴한 국가신도신앙, 작금의 미국제일주의 국가관을 지지하는, 소위 '바이블벨트'라고 불리는 미국 남부지역의 국수주의 기독교도 로마적 도성신학의 변형이다.

하지만 성경의 하나님은 인간도성에 유폐되시거나 인간도성과 동일시되지 않으신다. 거룩하신 하나님은 우상숭배로 가득 찬 한갓 인간의 도성일 뿐인 예루살렘에서 나가셨다(겔 8-11장). 로마제국의 도성신학처럼 현세대의 도성신학도 불의한 종교, 신학, 정치경제체제 등의 토대를 해체할 수 있는 초월적 자기비판의 준거를 제공하지 않는다. 자기긍정과 자기옹호의 미학적 나르시시즘, 그것은 자기긍정 암시 신학이며 곧 거짓 신학이다. 계층, 계급, 지역, 국가, 종파의 정치경제적 이해관계를 신화의 언어로 표방하고 표현하는 도성신학은 도덕적 윤리적 타락과 세상 속으로의 매몰을 자초한다.

---

7 다니엘 2, 4장에 나오는 느부갓네살은 하나님의 계시에 의해 자신의 포악하고 불의한 통치가 드러나자 즉각 자기비판적 회개를 실행했으나, 다니엘서 5장에 나오는 벨사살왕은 하나님의 임박한 심판예고를 듣고도 즉각 회개하지 않아 멸망당했다.

제7권:

영원한 생명은 어디에서 오는가

제7권도 6권의 주제인 도성신학을 다룬다. 7권의 주제는 영원한 생명의 원천을 밝히는 것이다. 아우구스티누스는 로마의 도성신학이 섬긴 로마신들이 영원한 생명을 주지 못했으며 따라서 로마를 지키지 못했음을 지적한다. 로마의 다신숭배에 빠진 사람들은 야누스, 주피터, 사투르누스와, 도성신학 civil theology에서 선택한 여러 신들을 숭배함으로써 영원한 생명을 얻는다고 믿었으나(1-28장), 아우구스티누스는 "영생은 생명의 주인이신 성경의 하나님에게 있다"(29-33장)고 주장한다. 따라서 로마제국의 도성신학이 예찬하는 헛된 신들에 대한 숭배는 불태워버려야 한다(34-35장). 제7권은 로마제국을 유지하는 데 필요하던 신들의 숭배 문제를 다루는 도성신학의 영생 약속의 허구성을 집중적으로 다룬다.

마르쿠스 배로에 따르면, 로마를 번영시켜준다는, 선택된 주신主神들이 스무 명 있었다. 로마인들은 그 선택된 신들을 숭배해야 행복해질 수 있고, 영생을 얻을 수 있다고 믿었다. 그러나 아우구스티누스는 로마인들의 그런 믿음이 얼마나 허황된지를 논증한다. "나는 진정한 신앙에 대항하는 적으로서 오랜 세월 동안의 오류를 통하여 흑암 가운데 있는 인간의 정신 안에 고착되어 해를 끼치며 오래 지속되는 개념들을 파괴하고 근절시키는 동시에, 그 깊고 완강한 뿌리를 잘라버리기 위하여 최선의 노력을 다하고 있다"(352쪽).

선택된 신들과 직무와 명예(1-4장)

1장. 로마의 주신들이 로마인들에게 영생을 줄 수 없는 이유

아우구스티누스는 도성신학이 신봉하는 신들에게서는 신성 θεότης(테오테스)을 발견할 수 없는 것이 분명하므로, 로마인들이 특별히 선택한 신들에게서는 발견할 수 있다고 믿어야 하는지 의문을 제기한다. 배로가 자신의 저서 열여섯 권에서 제시한 도성신학에서는 신성을 발견할 수 없다. 인간의 도성에서 세운 신들을 숭배하는 종교의식을 통해서는 영원한 행복에 다다를 수 없다. 아우구스티누스는 테르툴리아누스와는 달리 로마인들이 영생을 얻기 위해 주신 스무 명을 선택한 것 자체는 비판하지 않는다. 따라서 "만약 양파와 마찬가지로 어떤 신들은 주신으로 선택되고 나머지 신들은 그냥 보통 신으로 취급되면, 분명히 주신으로 선택되지 못한 나머지 신들은 무가치하다고 배척당하게 된다"는 테르툴리아누스의 말에 동의하지 않는다. 그러므로 아우구스티누스는 어떤 신들을 로마인들이 주신으로 선택했는지, 그 신들을 주신으로 선택한 연유는 무엇인지 알아볼 필요가 있다고 본다. 제7권 2-28장은 도성신학이 내세우는 로마 주신들의 정체성 혼란, 모호한 역할 구분, 동일한 신의 다른 호칭 등과 관련한 문제들을 자세히 다룬다. 이를 통해 로마의 다신교체제, 특히 도성신학이 내세우는 주신 숭배가 로마인들에게 영생을 줄 수 없는 이유를 자세히 논증한다.

2장. 로마가 선택한 주신들

　배로가 선택된 신이라고 주장하는 신들은 다음과 같다. 야누스, 주피터, 사투르누스, 게니우스, 메르쿠리우스, 아폴로, 마르스, 불카누스, 넵투누스, 솔Sol, 오르쿠스, 아버지 리베르, 텔루스, 케레스, 유노, 루나, 다이아나, 미네르바, 비너스, 베스타 등이다. 열둘은 남신이고 여덟은 여신이다. 그런데 도성신학에서 말하는 특별한 신들과 평범한 신들의 구분 기준이 모호하다. 주신이라는 신들은 세상을 위해 중요한 책임을 맡았기 때문에 선택된 것도 아니고, 사람들에게 익숙하고 숭배를 많이 받았기 때문에 선택된 것도 아니다. 즉 그 신들이 맡은 역할이 위대해서 주신으로 선택된 것은 분명히 아니다. 세세하고 사소한 일들을 그 주신에게서 파생한 신들에게 할당한 경우가 많기 때문이다. 태아가 수태될 때, 야누스는 정자를 받아들일 길을 여는 일을 맡았고, 사투르누스는 정자 자체를 담당한다. 리베르는 정액 발산을 관장하고, 리베라(비너스와 동일시)는 난자 배출을 담당한다. 주피터의 딸이지만 주신에 들지 못한 메나가 여성들의 월경을 담당하고, 여신의 왕인 유노도 월경을 맡는다. 그런데 주신에 들지 못한 덜 고귀한 신들인 비툼누스는 생명을 담당하며, 센티누스는 감각을 담당한다.[1] 주신들은 사소하고 세세한 역할을 부여받고, 주신에 들지 못한 신들이 더 고귀한 일을 떠맡고 있다는 것이 이상하다는 것이다.

---

[1] 제4권 21장, 23장에서는 신들의 관할 영역을 자세히 규정한다. 7권과 4권은 밀접하게 연관되어 있으므로 서로 이해하는 데 도움이 된다.

아우구스티누스는 로마의 최고신 주피터의 모순도 지적한다. 배로에 따르면, 주피터는 자연계와 모든 자연적인 일들의 온갖 원인을 자기 안에 가진 신으로서 신들의 총칭이자 집합체적 존재다. 그러나 로마의 여러 신 중에는 서로 사이가 좋지 않은 신들이 많으므로, 주피터는 정신분열을 피할 수 없다. 또 다른 문제는 행운과 행복을 다루는 신들이 서로 다르다는 점이다. 배로에 따르면, 행복을 관장하는 신은 펠리키타스, 행운을 관장하는 신은 포르투나다. 행복과 행운이야말로 인간이 가장 바라는 지복至福이라는 점에서 이 두 신은 명목상의 최고신 주피터보다 훨씬 더 중요한 신이 아닌가? 그런데도 아우구스티누스가 3장에서 명백하게 지적하듯이 이 둘은 로마의 주신 스무 명에 들지 못했다.

3장. 신들의 위계질서를 혼란케 하는 신들의 혼란스러운 관할영역 비판

아우구스티누스는 열등한 신들이 더 고귀한 임무를 맡았는데, 어찌하여 주신들이 선택되었냐고 묻는다. 역설적이지만 선택된 주신들이 주신으로 선택되지 못한 신들보다 더 낮은 책임을 맡는다. 선택된 신인 야누스는 입구를, 그리고 사실상 정자를 위한 문을 베풀어준다. 사투르누스는 정자 자체를 준다. 리베르는 남자들이 동일한 정자를 발산하게 해준다. 케레스 혹은 비너스인 리베라는 여성에게 난자를 준다. 선택된 주신인 유노는 주피터의 딸인 메나와 함께 난자가 임신이 된 경우에 자라도록 경혈頸血을 준다. 반면에 이름 없고 비천한 비툼누스는 생명을, 센티누스는 감각을 준다. 맡은 직분으로 보면 비툼누스와 센티누스가 '선택된 신' 명단에 있어야 하는데 왜 없는가? 선택된 신들은 덕성이 있어서가 아니라 우연으로 고귀한 지위에 도달했기에 펠리키타스가 반드시 선택된 신들에 포함되어야 하는 것은 아닐 수도 있다. 하지만 적어도 행운의 여신인 포르투나는 주신 중 하나로 선택되어야 했거나 오히려 그들보다 높은 신으로 숭배 받아야 한다. 행운 관장 능력이 있는 포르투나가 선택된 신들 사이에서도 탁월한 지위를 차지하는 것이 당연하지 않을까? 그렇지 않다면 포르투나가 선택된 신들 가운데 들지 못한 이유는 오직 이것, 즉 행운을 관장하는 포르투나 자신도 불운을 겪을 수 있다는 역설적 상황을 인정해야 할 것이다. 3장에서 아우구스티누스는 지루하고 지나치게 자세한 로마신들의 지위에 얽힌 우스꽝스러운 부조리를 분석한다.

4장. 불명예스러운 일로 유명한 신들보다 더 나은 대접을 받은 열등한 신들

이름이 불명예와 연관되지 않은, 비툼누스나 센티누스 같은 열등 신들이 불명예스러운 사건으로 유명한 선택된 신들보다 더 나은 대접을 받았다. 그렇다면 특별히 선택된 신들은 직무나 명예가 고귀해서라기보다는 오히려 불명예스러운 부분이 더 많아서 선택되었다는 인상을 지울 수가 없다. 불명예스러운 부분이 없다면 적어도 야누스처럼 괴물과도 같은 기형적 형상을 지니는 방식으로 불명예를 안고 나서야 로마인들에게 주신의 지위를 받았다.

자연신학의 해석(5-7장)

5장. 로마의 신들에 대한 자연주의적 해석 비판

로마인들은 로마 다신숭배 체제의 가장 천박한 결점과 우매함을 감추기 위해, 마치 그것들이 심오한 교리를 내포하고 있는 듯이 로마의 신들을 자연적으로 해석하려고 했다. 이 점을 배로가 칭찬하는 데 반해 아우구스티누스는 비판한다. 배로가 보기에 신비적인 가르침을 전수받은 사람들이 육신의 눈으로는 장식물과 상징물과 신상으로 표현된 신들을 보고, 정신의 눈으로는 세상의 영혼과 그 부분들, 즉 진실한 신들을 보려고 신들의 형상, 문양, 장식물들을 창작했다. 이 점을 배로는 긍정적으로 평가한다. 인간 몸속에 있는 필사적必死的 운명의 정신이 신들에게 있는 불멸의 정신과 아주 비슷하다는 점을 설명하기 위해 신들의 신상을 인간 형태로 만들었다는 것이다. 즉 인간의 형상을 신들의 본성을 담고 있는 용기容器로 보았다.

그러나 아우구스티누스가 보기에 배로의 이런 해석은 오류다. 아우구스티누스는 배로를 조롱하면서, 신상을 처음으로 만든 사람들이 시민들로 하여금 신을 두려워하지 않게 하면서 동시에 신神 인식에 대한 오류를 더했으며, 사실 애당초 고대 로마인들은 아무 형상이나 신상 없이 신들을 섬겼다는 사실을 지적한다. 결국 여기서 아우구스티누스는 세상의 영혼과 각 부분이 참된 신이라는 '학식 많은' 배로의 주장, 즉 로마신들에 대한 자연적 해석이 얼마나 허구적인지를 효과적으로 논박한다. 배로의 전 신학체계, 즉 배로가 가장 중요하다고 하는 자연신학은 이성적인 영혼의 본성까지는 다룰 수 있을지 몰라도 하나님에게는 다다를 수 없는 신학이라는 것이다.

아우구스티누스가 보기에 배로의 자연신학을 통해서는 결코 하나님께 도달할 수 없다. 인간 영혼이 하나님과 동급인 존재로서 하나님과 더불어 만들어진 것이 아니라, 하나님이 창조하셨으며, 인간은 하나님의 일부가 아니라 피조물이기 때문이다. 하나님은 만물의 영혼이 아니라 만물을 만드신 분이며, 그분의 은혜를 입고서 감사를 잊지 않는다면 그분의 빛 가운데서 모든 영혼이 복을 받는다. 결국,

자연신학은 이성적인 영혼의 본성까지만 다룰 수 있을 뿐이다. 이처럼 정신을 강조하는 자연신학도 한계가 있는데, 주로 육체적 본성만 다루는 도성신학은 더 조악하므로 경멸하는 것이 마땅하다.

6장. 창조주 하나님을 더듬어 찾으려고 분투하는 마르쿠스 배로

배로는 자연신학에 대한 예비적 진술에서 하나님은 세상의 영혼이며 세상 자체가 하나님이라고 말한다. 배로는 세상도 영혼과 육체로 구성되어 있으나 정신 때문에 하나님으로 불리는 것 같다고 주장한다. 아우구스티누스는 이 지점에서 배로도 한 분 하나님을 어렴풋이는 인정한다고 본다. 그러나 배로는 복합적인 신들을 소개하기 위해 세상을 하늘과 땅으로 양분하며, 다시 하늘은 에테르와 대기로, 땅은 물과 대지로 양분한다. 에테르, 대기, 물, 대지 순서로 높낮이가 있다. 배로에 따르면 이 네 부분이 모두 영혼들(에테르와 대기를 채운 영혼들은 불멸적인 영혼)로 가득 차 있는데 이들은 육신의 눈이 아닌 정신의 눈으로 볼 수 있으며 헤로스, 라레스, 혹은 게니(Genii, 수호신)로 불린다. 결국 배로의 자연신학의 중심 전제는 "하나님은 세상의 영혼이지만 세상은 그 부분 안에 신적 본성을 가진 영혼들을 갖고 있다"는 것이다. 아우구스티누스는 배로의 이런 하나님 이해가 좌초하고 있다고 비판한다.

7장. 야누스와 테르미누스를 별개로 구분하는 어리석음

아우구스티누스는 배로가 야누스(사물의 시작 신)와 테르미누스(세상의 종결 신)를 별개의 신으로 구분하는 것이 과연 타당한지 의문을 제기한다. 배로가 출발점으로 삼는 신은 야누스다. 야누스는 '세상'이다. 그래서 사물의 시작이 야누스에게 있다고 말한다. 그러면서 세상의 종결은 테르미누스에게 있다고 말하는 오류를 범한다. 1월은 야누스에게, 페브룸*Februum*이라는 종교의식을 치르는 2월은 테르미누스에게 봉헌된다. 야누스가 세상이며 분명 세상 자체에 시작과 종결이 있다. 그래서 아우구스티누스는 반문한다. 도대체 배로는 무슨 생각으로 시작과 종결을 서로 다른 두 신에게 할당하는가? 왜 한 신 야누스가 시작과 종결을 모두 관장하지 못하는가? 얼굴이 두 개인 야누스가 왜 직분은 반분半分당하는가?

야누스와 주피터에서 파생된 신들(8-13장)

8장. 야누스의 얼굴 숫자에 대한 혼란

야누스 숭배자들은 왜 어느 때는 야누스 얼굴이 둘이라고, 또 어느 때는 넷이라고 하는가? 야누스는 세상을 나타내는 신이다. 그런데 사람들의 입처럼 양면(입술)을 지닌 세상을 닮아서 야누스의 얼굴이 둘이라고 말한다. 또 세상에 네 방향이 있기에 야누스의 얼굴이 넷이라고도 말한다. 그러나 수많은 얼굴과 문이 있다고 한들 "내가 문이니"(요 10:9)라는 진리의 말씀을 듣는 자 외에는 어느 문을 통해서라도 무익한 일에서 벗어날 수 없다.

9장. 주피터와 야누스의 수위권을 둘러싼 혼란

주피터는 로마의 도성신학이 숭배하는 최고신이다. 그런데 주피터와 야누스 중에 누가 최고의 신인지 구분하기 어렵다. 배로는 야누스에게는 최초의 일들에 관한 지배권이 있고, 주피터에게는 최상의 일들에 관한 지배권이 있다고 말한다. 최초의 일을 지배하는 신과 최상의 일을 관장하는 신 중 과연 누가 더 높은 신인가? 더욱 혼란스러운 사실은 야누스도 세상이고 주피터도 세상이라는 것이다. 세상은 하나인데 어떻게 세상을 상징하는 신이 둘일 수 있는가?

10장. 주피터와 야누스의 정체성을 둘러싼 혼란

아우구스티누스는 야누스와 주피터를 구분하는 것이 적절한지 의문을 제기한다. 야누스에게는 시작에 대한 권능, 주피터에게는 원인에 대한 권능이 있다고 한다. 야누스도 세상이고 주피터도 세상[2]인데 어찌 이 둘을 별개의 신으로 부르는가? 만일 어떤 신에게 시작과 원인에 대한 권능이 있다면, 시작과 원인이 별개라는 이유로 그 신이 서로 다른 두 신이라고 생각해야 하는가?

11장. 주피터의 여러 호칭

이 부분에서 아우구스티누스는 주피터의 별칭을 소개한다. 로마인들은 빅토르(승리자), 인빅투스(불패자), 오피툴루스(곤경자를 돕는 신), 임폴소르(재촉능력 소유자), 스타토르(멈추게 할 능력자), 켄툼페다(안정 부여자), 수피날리스(넘어뜨리는 능력 소유자), 타길루스(들보처럼 세상을 지탱하고 유지하는 능력자), 알무스(만물 양육자), 루미누스(유방 ruma을 갖고 만물을 양육하는 자) 등 엄청난 수의 별칭을 주피터에게 붙였다. 주피터에게 다양한 원인과 그에 걸맞은 권능이 있다고 믿었기에 이런 별칭들을 붙였을 것이다. 언제나 정복자이기에 빅토르이지만 정복당하지 않기에 인빅투스다. 주피터는 남신으로도 여신으로도 불린다.

---

[2] 주전 82년의 호민관 발레리우스 소라누스Q. Valerius Soranus는 "세상은 주피터로 가득 차 있다"는 시구를 남겼다. 조호연·김종흡 역, 《하나님의 도성》, 366쪽 각주 23을 참조하라.

12장. 돈의 신으로도 불리는 주피터

그런데 주피터는 페쿠니아(돈의 신)라고도 불린다. 만물을 복속시키고 관장하는 '장엄하다'는 신이 탐욕의 상징인 돈이라는 이름으로도 불리는 것이 가당한가? 이런 별칭은 주피터의 탐욕을 우회적으로 강조하는 것이다. 돈을 사랑하는 자는 아무든지 스스로 보기에 보통의 신이 아니라 다름 아닌 만물의 왕 자신을 사랑하는 듯 보였을 것이다.[3] 아우구스티누스는, 언제나 갈구하며 부족함 가운데 사는 탐욕적인 사람들을 지칭하는 '탐욕스럽게 가난한 자'라는 개념을 언급함으로써 돈에 대한 탐욕을 신성시하는 로마인들의 신학을 비판한다. 돈이 있으나 내면이 부유하지 않은 사람이 얼마나 많은가? 아우구스티누스는 신들의 왕이라는 주피터가 현명한 사람이라면 결코 갈구하지 않을 '돈'이라는 이름으로 불리는 것이 얼마나 어리석은지 비판한다. 도성신학에 영생에 관한 건전한 가르침이 있었다면 주피터를 돈이 아니라 지혜의 왕으로 불렀을 것이다. 지혜를 사랑할수록 돈에 대한 탐욕은 줄어들기 때문이다.

13장. 사투르누스와 게니우스 또한 주피터와 동일한 신이 되는 논리 조롱

파종을 담당하는 신인 사투르누스와 생성을 책임지는 신인 게니우스가 사실은 주피터다. 사투르누스는 파종을 관장하는 신인데 모든 종자를 방출하고 자신 안으로 받아들이는 주피터의 직임과 같은 일을 하는 신이다. 주피터가 파종을 관장하는 신으로 불려야 하지 않는가? 동일한 직임을 다른 신들에게 할당하는 것이 얼마나 어

---

[3] 여기서 우리는 돈의 신 맘몬 숭배가 하나님 예배의 가장 강력한 적수가 될 것이라는 예수님의 언급을 떠올린다(마 6:24). 돈 숭배는 만물의 최고신 숭배라는 것이다.

리석은가? 모든 생성을 관장하는 게니우스를 모든 것의 아버지이자 어머니인 전능한 주피터와 다른 신이라고 말할 수 있는가? 주피터의 다양한 부분과 권능을 그와 동일한 수만큼의 신으로 생각한다면, 온 세상에 퍼져있는 정신의 원리에 많은 신들의 이름을 붙였다면, 그런 신들은 결국 모두 주피터를 지칭하는 것이 된다.

그 외 잡신들(14-26장)

14장. 자가당착에 빠진 신들의 직무 충돌현상

그러나 로마 다신교도들은 언어 능력이 있고, 상업을 관장하는(거래자 사이에 '언어'가 중요하므로) 메르쿠리우스와 전쟁을 관장하는 마르스를 세상의 어느 부분이나 자연계에 대한 하나님의 어느 활동과도 연결하지 못했다. 언어와 상업을 관장하는 신이라는 메르쿠리우스와 전쟁을 관장하는 마르스는 신이라고 불리는 것일 뿐이다. 만일 행복의 신인 펠리키타스가 영원한 평화를 부여하면 마르스는 영원한 실업자 신세가 된다. 언어 자체를 메르쿠리우스, 전쟁 자체를 마르스로 부르는 로마 다신교도들의 신 계보, 직임 부여는 이처럼 자가당착적일 정도로 엉망진창이다.

15장. 별들과 신들에게 같은 호칭을 붙이는 어리석음

로마의 다신교도들은 여러 별에 신들의 이름을 붙여서 부르기도 한다. 아우구스티누스는 로마의 신들이 별들과 동일시될지도 모른다고 말한다. 메르쿠리우스, 마르스, 베누스-달 등 별들이 그에 상응한 신들의 이름으로 불린다는 것이다. 그중에는 주피터로 불리는 별

(목성)도 있는데 비너스(금성)보다 덜 밝다. 세상과 우주 최고신의 별이 더 직급이 낮은 신의 별보다 어둡다는 것이 우습지 않은가?

16장. 로마 다신교체제 안에 깃든 혼란과 모순

로마 다신교도들은 아폴로를 예언자요, 의사라고 주장하며 동시에 세상의 한 부분으로 여긴다. 그들은 아폴로를 태양이라고도 말한다. 게다가 로마인들은 아폴로의 누이인 다이아나는 달의 신인 동시에 수호신이라고 말한다. 로마인들은 모든 선택된 신들이 '세상'이요, 그 '부분'으로서 그중 일부는 세상 전체요, 다른 일부는 그 부분이라고 본다. 아우구스티누스는 이 모든 것이 우스꽝스러운 논리라고 비판한다.

17장. 로마 다신교체제의 난맥상을 인정하는 마르쿠스 배로

그런데 배로 자신도 신들에 관한 자신의 견해가 모호한 점을 인정한다. 로마의 다신교도들은 변덕스러운 충동에 좌우되는 대로 신들을 만들어내고 자기들이 스스로 만든 신들을 무질서하게 숭배한다. 신들에 대한 기록을 남긴 배로도 자기가 신이라 주장하는 것들에 대한 분명한 복종이나 깨달음을 확신하지 못했다. 배로는 신들의 계보, 활동영역 등에 대해 불가지론적 자세를 취하고서는, 신들에 관한 자신의 저술이 확고한 결론을 내리기보다는 의문을 쉽게 제기하는 데로 이끌 수 있을 거라고 말한다(375쪽). 배로는 확실한 신들과 불확실한 신들을 구분하여 일부 신들에 대해서는 불가지론적 자세를 유보하는 듯하지만, 결국은 로마의 전통적 다신교체제의 난맥상을 인정한다(376쪽).

18장. 로마신화의 본질을 폭로하는 아우구스티누스

아우구스티누스는 인간들의 활동을 자연적인 우의와 해석으로 납득될 수 있는 신들의 이야기로 각색, 창조한 것이 로마신화라고 보며 로마 다신교의 우매함을 슬퍼한다. "이런 신들에 대해 신빙성 있는 설명은 그들이 인간이었으며 그들 각각에게 특이한 재능, 성격, 업적, 모험담에 따라 종교의식과 제전이 제정되었다는 것이다. 그런 의식과 제전은 경박한 오락거리를 탐하던 인간의 영혼 속으로 점차 숨어들게 됨으로써 널리 확산되었다. 여기에다가 시인들은 거짓 이야기를 꾸며놓았고, 거짓된 영들은 인간들이 그런 이야기를 수용하도록 유혹하였다"(376쪽).[4]

19장. 가증스러운 사투르누스 인신희생제의 관습 비판

배로는 종자의 신 사투르누스에게는 자기에게서 생겨난 모든 것을 삼키는 습성이 있다고 말한다. 사투르누스를 위해 카르타고인들은 소년들을, 골Gaul인들은 성인成人들을 희생 제물로 드렸다. 모든 종자 중 인간이 최상품이기 때문이다. 이런 해석들은 살아계시며 영적이며 불변하는 분으로서 영원토록 지속되는 복된 생명을 주실 수 있는 참된 하나님과는 아무런 관계가 없고, 오직 물질적이며 순간적이며 가변적이며 가멸적인 것들로 종결되고 만다.

---

4 4권 27장 "신관 스카이볼라가 논술했던 세 종류의 신들에 관하여"에 나오는 각주 92번(260쪽)을 참조하라. 신들은 신격화된 인간들이라는 이론은 주전 300년 시칠리의 유헤메루스가 최초로 언표하였기에 이 이론은 유헤메리즘이라고 불린다. 6권 7장, 7권 27장에서 유헤메루스의 이름을 언급한다.

20장. 풍요의 신을 기리는 엘레우시스의 케레스 의식

여기에서는 엘레우시스의 케레스 의식을 논한다. 케레스 의식 가운데에는 아테네인들에게 아주 인기가 많았던 엘레우시스 의식이 있었다.[5] 엘레우시스가 아테네에 통합된 이후에 어쩌다가 이 의식이 시초 의식으로 발달했는데, 그 주된 행사에는 아테네로부터 엘레우시스까지 걸어가는 행렬, 바다에 잠기는 정화 의식적 목욕, 그리고 "행하고, 말하고, 보여주는" 것으로 구성된 어두운 지옥에서 펼치는 연기演技 몇 종류가 있었다. 이 의식의 핵심은 풍요를 관장하는 신 프로세르피나Proserpina(영어로는 prosperity=번영, 풍요)가 오르쿠스에게 납치되어 지하 세계의 거주자들 가운데 감금되었다가 풀려나는 이야기를 실연하는 것이었다. 프로세르피나의 생환기념 의식이 엘레우시스의 케레스 의식이었을 것이다.[6]

21장. 수치스러운 정액과 종자의 신 리베르를 기리는 외설적인 연극공연 비판

리베르는 포도주나 동물의 정액 등을 포함하는 액체형태의 종자를 관장하는 신이다. 그래서 로마인들은 리베르를 기념하는 축제에서 음란한 공연을 벌였다. 이 축제에서는 풍요를 위해서 리베르의 상징인 남근을 숭배했는데 신을 달랜다는 명목으로 귀부인이 남근에 화환을 걸어주는 외설적인 종교의식을 거행했다. 이렇게 함으로써 흉년이 일어나게 할 수 있는 마법을 들판에서 제거할 수 있다고

---

[5] 378쪽 각주 42를 참조하라: "데메테르와 페르세포네의 비의秘儀는 아테네에서 약 12마일 떨어진 아티카의 엘레우시스에서 가을 파종과 관련된 지방의 다산의식에서 생겨났던 것으로 보인다."

[6] 이 장을 이해하려면 4권 10장 이하를 다시 천천히 읽어야 한다. 《하나님의 도성》 중 4권, 7권이 가장 이해하기 어렵다!

믿었다. 결론적으로, 아우구스티누스는 리베르를 기념하는 종교행사의 풍기문란한 요소와 부도덕성을 지적한다. 하나님을 섬기지 않는 사회는 반드시 여러 신들을 섬기기 마련이고, 그런 사회는 타락할 수밖에 없다는 것이다. 이 장은 로마 다신교의 핵심이 풍요와 다산, 군사력, 행운 관장력 숭배임을 밝힌다는 면에서 중요하다.

22장. 넵튠, 살라키아, 베닐리아 여신 숭배에 깃든 로마인들의 정욕

바다의 신 넵튠에게는 '깊은 물'인 살라키아라는 아내가 있었다. 그런데 인간은 더 많은 신을 두려는 욕망 때문에 원래 아내인 살라키아 외에 베닐리아 여신을 만들어 넵튠의 아내로 만들어주었다. 로마인들이 더 많은 신들에게 다스림을 받기 위해서가 아니라, 헛된 일과 거짓에서 기쁨을 얻는 많은 마귀들이 로마인들을 소유하기 위해 로마인들로 하여금 더 많은 신들을 발명하도록 했다. 아우구스티누스는 로마 다신교도들 마음 깊은 곳에 광기 어린 정욕이 있기 때문에 이토록 많은 신들을 두려고 한다고 분석한다.

23장. 땅의 여신 텔루스와 또 다른 땅의 여신 프로세피나의 역할 중첩 조롱

배로는 세상의 영혼은 남신이라고 생각했는데, 남신인 세상의 영혼이 자기 몸의 가장 아랫부분인 땅에 스며들면서 신적인 능력도 나눠주므로 땅은 여신이라고 단언했다. 여기에서 아우구스티누스는 로마 다신교도들이 인간보다 못한 존재들을 숭배하고 경모敬慕할 대상으로 여기고 복종하는 것을 비판한다. 차라리 땅이 아니라 땅을 경작하는 자들을 남신이라고 하는 것이 더 이치에 맞는다고 말한다. 배로는 자연계 전체에 세 등급의 영혼이 있다고 주장한다. 첫째 등급은 신체의 모든 살아있는 부분에 스며들어 있는 것으로서 감각은 없고 생명력만 있는 영혼이다(돌, 뼈, 손발톱). 둘째 등급은 감각이 들어 있는 영혼이다(눈, 코, 입 등). 셋째 등급이며 최상 등급 영혼은 정신이라고 불리며 지성이 자리 잡고 있다. 인간만 이 셋째 단계의 영혼을 소유한다. 바로는 세상의 영혼 중 이 셋째 부분이 신이라고 불린다고 하며, 우리 안에서는 게니우스Genius라고 불린다고 한다. 우리 눈에는 보이지만 감각 능력은 없는 돌, 흙은 신의 뼈와 발톱이다. 해, 달, 별은 신의 감각기관이다. 에테르는 신의 정신이다. 그리고 그 신의 정신이 별들에게 스며들어서 별을 신으로 만든다. 그리고 이 신의 정신이 별들을 통해 땅에 스며들어서 대지를 여신 텔루스로 만들고, 바다와 대양에 들어가서는 바다와 대양을 남신 넵튠으로 만든다. 대지는 하나인데 땅에 침투해 있는 남신인 세상 영혼이 땅의 윗부분으로 갈 때는 디스 파테르가 되고 땅 아래로 침투할 때는 프로세피나가 된다(383쪽). 아우구스티누스는 이 기이한 상황을 두고 반문한다. "세상 영혼이 땅의 아랫부분에 침투할 때 생기는 여신 프로세피나와 원래 대지의 여신으로 불리는 텔루스는 어떤 사이인가? 땅이 그냥 하나의 여신 텔루스로 불리면 안 되는 이유는 무엇인가?" 많은 신들에게 저마다 의미 있는 직임을 맡겨보려다가 신들의 관할 영역을 너무 과도하게 구분해서 생긴 로마의 다신교체제의 난맥상을 이보다 더 잘 드러낼 수는 없을 것이다.

24장. 텔루스의 여러 별칭에 담긴 혼란

땅의 여신 텔루스에게는 텔루모, 알토르, 루소르라는 별칭이 있다. 아우구스티누스는 하나인 땅이 네 가지 특성 때문에 네 가지 별칭이 있다고 하더라도 네 신으로 간주하지는 말았어야 한다고 본다. 땅이 노동으로 나아지기 때문에 텔루스를 오푸스로 생각하고, 많은 것을 생산하기 때문에 어머니라고 생각하며, 종자를 배출하기 때문에 위대하다고 생각하며, 땅에서 열매들이 나오기에 프로세피나라고 생각하며, 식물로 덮이기 때문에 베스타라고 생각한다. 이 모든 것이 종자와 농업과 연관이 있다. 로마 다신교도들은 자기들의 욕망에 따라 거듭해서 신들을 분할, 통합, 증가, 중복한다.

25장. 아티스를 위한 거세에 대한 그리스 현인들의 가르침

여기에서는 아티스의 거세에 대한 그리스 현인들의 해석을 다룬다. 프리키아의 신 아티스[7] 축제의 제관들은 아티스가 봄의 꽃을 상징한다고 보면서 열매가 나타나기 전에 꽃이 떨어지는 모습을 거세에 비유하였다. 이것은 저명한 포르피리오스(포피리)[8]의 해석이다. 포르피리우스는 아티스가 가장 아름다운 계절인 봄의 꽃을 상징하므로 열매가 나타나기 전에 떨어지는 까닭에 거세되었다고 말했다. 남근을 꽃에 비유한 셈이다.

26장. 대지 모신 종교의식에 들어있는 혐오스러운 요소

대지 모신母神의 종교의식儀式에는 살아있는 남성의 남근을 제거하는 의식이 있었다. 아우구스티누스는 대지 모신이 자기를 섬기는 남성들의 신체 일부를 절단하게 했다는 점을 강조함으로써 대지 모신의 추악한 모습을 강조한다. 이것은 종교의식을 떠나서 범죄행위이며 신들 중에서도 가장 음란하고 혐오스러운 행태로 땅을 더럽히는 것이다. 이 여신은 그토록 많고 공공연하며 공개적으로 거세당한 자

7　4권 7장 이하를 참조하라. 외국(소아시아 프리키아)에서 들어온 신이다.
8　포르피리오스(233-300년)는 플로티누스의 제자로서 신플라톤철학의 대표자.《반기독교도》저자.

들로써 땅을 더럽히고 천계를 모독했다. 이 여신의 잔혹함에 비하면 주피터의 음란함은 견딜 만할 정도다. 대지 모신의 잔혹한 괴기스러움에 비하면 메르쿠리우스의 절도와 베누스의 호색함과 다른 신들의 방탕함과 파렴치한 행위는 용납할 수 있을 정도다. 아우구스티누스는 여기서 우리는 현세적인 추악함에서 정결케 되어 세상을 창조하신 하나님에게 순결한 모습으로 나아가는 영혼을 찾고 있다고 말한다. 이 말에는 그리스도인이 바로 이런 영혼이라는 암시가 깃들어 있다.

자연철학자들의 허구와 일관성 부재(27-28장)

27장. 참된 하나님 예배를 거부하는 자연철학자들의 허구 비판

여기에서 아우구스티누스는 참되신 하나님을 예배하지도, 참되신 하나님이 받으셔야 하는 예배를 받아들이지도 않는 자연철학자들의 허구를 논한다. 자연철학자들은 인간의 일을 신의 일로 돌리려고 시도해 왔다. 자연철학자들의 이러한 가르침이나 시도가 부정하거나 사악하지는 않다고 해도, 참되신 하나님에게만 합당한 성전과 성직자와 희생제물로 다른 신들을 숭배한다면, 그러한 숭배행위는 악하다고 판단할 수밖에 없다. 숭배를 하는 수단이 악하기 때문이 아니라, 그 수단은 숭배와 봉사의 유일한 대상인 하나님을 향한 예배에만 사용해야 하기 때문이다. 반면에 어리석고 기괴한 우상을 섬기고 인간을 바치는 희생, 혹은 남근에 화환을 얹는 동작 같은 불결하고 음란한 연극으로 한 분이시며 참되신 하나님, 즉 모든 영혼과 물질의 창조주를 경배한다고 주장한다면, 그러한 경배 대상이 되어서는 안 되는 분을 경배하기 때문이 아니라 경배해서는 안 되는 방식으로 경배하기 때문에 죄를 짓는 것이다. 로마의 다신교체제는 하나님이 아닌 것을, 하나님도 하나님이 아닌 존재에도 합당하지 않은 방법으로 숭배한다.[9]

28장. 일관성을 결여한 바로의 신학 체계

신학에 관한 바로의 해석은 어느 부분에도 일관성이 없다. 바로는 하늘을 능동적인 원리로, 땅을 여성적인 원리로 생각함으로써 하늘에는 남성적인 활력이 있다고 생각하고 땅에는 여성적인 활력이 있다고 생각한다. 그러나 바로는 능동과 수동을 만드신 분이 하늘과 땅을 모두 만드셨다는 점을 깨닫지 못했다.

예수 그리스도 안에서 성취된 영원한 생명(29-33장)

29장. 자연신학자들이 세분화한 세상 영역을 홀로 통치하시는 하나님

자연신학자들이 세상과 그 부분들과 연관 지은 모든 일들은 한 분이신 참된 하나님과 연관 지어야 한다. 자연신학자들이 설명하는 모든 사항은 사실 하나님에 관한 것이다. 하나님이 하늘과 땅을 만드셨고, 모든 영혼과 모든 물질을 창조하셨다. 기독교인은 이 세상을 구성하는 두 부분, 즉 하늘과 땅이 아니라, 혹은 더 나아가 모든 생물체에 확산된 영혼이나 영혼들을 경배하는 것이 아니라 창조주 하나님을 경배한다.

---

[9] 이 장은 이사야 40-55장의 반反우상 변증논리를 닮았다.

30장. 자연은총의 원천이신 창조주 하나님 찬양

이 부분은 7권 전체에서 가장 중요한 장이다. 아우구스티누스는 한 분 하나님 대신에 한 분인 창조주 하나님의 작품 수만큼이나 많은 신들을 숭배하지 않도록 창조주를 피조물과 구분하는 일이 참으로 경건함을 주장한다. 도성신학에서 주장하는 모든 신들의 활동은 창조주이신 한 분 하나님의 자연은총이 나타난 활동이다. 하나님은 원인을 장악하시고 배열하시며, 종자를 가치 있게 창조하셨다. 그분은 당신이 원하시는 피조물에게 정신이라 불리는 이성적인 영혼을 부여하셨으며, 언어 능력과 사용법을 주셨다. 그분은 당신에게 선하게 보이는 모든 영들에게 예언의 은사를 나누어주셨다. 그분은 또 당신이 기뻐하시는 이들을 통하여 친히 앞날을 예언하시며, 당신이 원하시는 이들을 통하여 질병을 제거하신다. 그분은 전쟁으로 인류가 잘못을 바로잡고 징계를 받아야 할 때, 그러한 전쟁의 시작과 진행과 종결을 조정하신다.

31장. 자연은총을 완성하는 특별 구속은총

그러면 하나님은 진리를 따르는 자들에게 일반은혜와는 별도로 어떠한 복을 베푸시는가? 하나님은 진리를 따르는 자들에게 존재, 생명, 시각, 지성, 이성을 주셔서 창조자 하나님을 찾을 수 있게 하신다. 예수 그리스도는 그리스 자연철학자들이 그토록 더듬어 찾던 만물의 로고스다.[10] 그리스철학에서 로고스는 신과 인간의 중개자다.

---

10 앤드류 월즈Andrew Walls, "초대교회에서 배우는 21세기 교회모델," 이문장 외 역,《기독교의 미래》(청림, 2006), 120-123(특히 123). 그리스철학이 그토록 천착한 로고스(신과 만물의 중간매개자)의 화신이 바로 예수라는 주장은 그리스 문명권 선교에서 엄청난 파급력을 발휘했을 것이다. 165년에 순교한 유스티누스(저스틴)의 모든 변증은 기독교 신앙과 신학을 그리스철학의 용어로 번역하는 데 치중한다.

요한복음이 증언하듯이 예수는 만물 안에 계신 로고스다. 로고스(자연과 이성)를 통한 은혜는 모든 이에게 주시는 일반은혜다. 그뿐 아니라 우리가 죄의 짐에 억눌려 괴로워할 때도, 그분의 빛을 묵상하는 자리에서 도망하여 어둠에 빠져 악을 사랑할 때도 그분은 우리를 버리지 않으신다. 그분은 독생자인 '말씀'을 우리에게 보내서 우리를 위하여 육신을 입고 태어나 고난을 겪게 하셨다. 그럼으로써 우리는 하나님이 인간을 얼마나 귀하게 여기시는지를 알 수 있으며, 그 유일무이한 희생 덕분에 모든 죄에서 정결해질 수 있다.

32장. 성경과 이스라엘 구원사 안에 계시된 특별계시

과거에도 그리스도의 구속의 신비가 없던 시대가 없었으나 항상 다른 형태로 선포되었다. 인류가 창조된 이래 이 영원한 생명의 신비는, 이 신비를 받아들이기에 적합한 사람들에게 천사들이 각 시대에 알맞은 특정한 이적과 상징을 통하여 알렸다. 후에 히브리 민족이 이러한 신비한 일을 수행하기 위해 하나의 나라로 결집되었다. 이 나라는 또 그리스도 안에 있는 영원한 구원을 선포한 성경을 증거하기 위해 이후에 민족들 사이로 흩어졌다.

> 왜냐하면 말씀 안에 선포된 예언만이 아니라, 도덕과 경건을 가르치며 성서 안에 담겨있는 올바른 생활을 위한 계율만이 아니라, 의식과 제사장직과 성막이나 성전과 제단과 희생제사와 절기와 하나님에게 합당하며 그리스어로 라트레이아라고 적절하게 호칭되는 모든 형태의 예배가, 예수 그리스도 안에서 영원한 생명을 얻은 우리가 성취되었다고 믿거나 성취되는 중에 있음을 보거나 여전히 미래에 성취될 것이라고 확신하는 일들을 상징하고 예고하기 때문이다(395쪽).[11]

33장. 사악한 영들의 사술을 폭로하는 진리의 빛 기독교 찬양

오직 그리스도교만 인간의 오류를 즐거워하는 사악한 영들의 속임수를 폭로할 수 있었다. 배로는 로마신들을 미화하고 자연을 이용한 그럴듯한 설명으로 로마신들의 악행과 음행을 감추려고 했으나, 그러한 시도는 부정한 마귀들 숭배를 조장하는 결과를 낳았다. 마귀들을 타락하게 만든 그 큰 교만을 완전 상쇄하는 큰 겸손을 모범으로 보임으로써 부활을 이루신 예수 그리스도를 믿는 믿음과, 그 믿음에 바탕을 둔 참된 종교만 사악한 영들의 속임수를 간파하고 폭로할 수 있다.

불태워진 누마 폼필리우스의 저서와 물점(34-35장)

34장. 로마원로원이 불태워버린 누마의 저서

로마의 종교의식을 집대성한 로마의 2대 왕 누마 폼필리우스(주전 8세기)의 무덤에서 나온 누마의 저서에는 '로마의 제신諸神 숭배는 인간 자신을 위한 것'이라는 내용이 담겨있다. 그러나 그 사실이 밝혀지는 것이 두려웠던 원로원이 그 책을 불태웠다. 이는 로마의 우상숭배가 얼마나 허무맹랑한 것인지를 보여주는 사건이다. 누마 폼필리우스왕의 기록물에는 각 사람이 자기가 생각하는 것을 믿도록 하고, 불경건한 일을 옹호하는 광적인 주장들이 가득하다. 이 책은 로

---

11 다소 번역이 어색하지만(특히 7권 번역이 그렇다) 마지막 문장은 중요하기에 그대로 인용했다. 독자들은 영어번역이나 라틴어 원문과 대조하여 읽지 않으면 이런 함몰지역에서 좌초하기 쉽다! 라트레이아에 관한 더 자세한 설명은 5권 15장과 10권 1장을 참조하면 된다.

마 다신교체제의 어리석음, 인간 욕망의 투사물인 다신숭배의 임의성을 극명하게 폭로하는 데 기여할 가능성이 높았기에 로마원로원은 선조의 종교의식이 비난받고 국가에 혼란을 일으킬 것을 우려해 이 책을 불태웠다.

35장. 불태워진 누마의 책만큼이나 해로운 배로의 도성신학 체계

여기에서는 물에 비친 특정 마귀들의 형상 때문에 누마가 우롱당한 수점水占에 관하여 말한다. 네크로만테이안 νεκρομαντειαν[12]이라고 불리는 수점을 소개한 누마의 책을 불태웠다면, 배로의 책도 당연히 불태워야 마땅하다. 배로가 기술한 도성신학 전체가, 저주스럽게 비칠 정도로 추악하고 해로운 마귀들의 혐오스러운 일이며, 시간이 지남에 따라 거의 모든 이방 나라들이 불멸의 신으로 믿게 된 죽은 사람들에 대한 설명에 불과하기 때문이다. 마귀들은 그런 의식에 기쁨을 느끼고 거짓 기적을 증거로 제공함으로써 죽은 이들이 불멸의 신이라는 믿음을 공고하게 한 후 마귀 자신들이 숭배의 대상이 되었다.

결론

7권의 주제는 로마의 헛된 신들의 비신격화非神格化다. 아우구스티누스는 로마의 제신들을 체계적으로 설명한 마르쿠스 배로의 책들과, 로마의 종교의식을 집대성한 왕 누마 폼필리우스가 쓴 책을 비

---

12 사자死者 숭배주의. 죽은 자를 불러 신탁을 듣는 영매술로서(참조 사무엘상 28장에서 엔돌의 무녀가 죽은 사무엘의 혼을 불러올린 것) 동양에서 유교 제사를 통해 조상신과 교통하려는 시도와 유사하다.

판적으로 분석해 로마의 신들을 철저히 비신화화했다.[13]

아우구스티누스 당시 로마제국은 일종의 영적 봉건 왕국이었다. 그 왕국에서는 최고신 주피터를 정점에 두고 수많은 영적 제후들이 사람들을 미혹하였다. 성경은 이런 영적 봉건 왕국, 혹은 공국公國(왕보다 열등한 공작이 다스리는 나라)을 관장하는 영적 제후들을 '정사', '권세', '통치', '능력' 등으로 묘사한다(엡 1:21; 2:2; 6:12; 골 2:15; 고전 15:24). 우리 주 예수 그리스도는 십자가에서 죽기까지 하나님 아버지에게 순종하심으로 이런 거짓 영적 제후들을 폐위하시고 개선행렬의 전리품으로 끌고 다니셨다(골 2:15; 참조. 빌 2:6-11). 극한의 겸손으로 자신들을 신이라고 참칭하며 인간숭배를 강요하다 죽은 자들의 영, 혹은 제신들의 마귀적 본질을 폭로하셨다.

《하나님의 도성》 제7권이 열거하는 로마의 여러 신들은 우리에게는 지루하고 싱겁게 느껴지지만, 당시 사람들에게는 그렇지 않았다. 그들은 엄청난 정서적·경제적 비용을 들여서 그 신들을 숭배했고, 그 신들을 믿어야 현세의 행복은 물론 사후의 영생도 얻을 수 있다고 믿었다. 아우구스티누스는 바로 그런 대단한 신들을 공격한 것이다. 로마의 도성신학이 추구한 구원은 집단구원이었다. 로마제국은 다신교체제를 통해 국가통합을 이루고, 그 거대한 국가에 개인이 속해야 구원을 누릴 수 있다는 집단구원론을 주입한 것이다.

오늘날 우리 시대의 집단구원감感을 주는 도성신학은 무엇일까? 우리 그리스도인들, 사역자들이 큰 교회 안에 있을 때, 직장인들이 거대하고 큰 회사에 속해 있을 때 '유사구원감'(안정감)을 누린다면 그것이 바로 집단구원감이다. 이것이 사실 도성신학의 신들이 주던

---

13 수미쌍관법, 1-33장 배로의 신학 저작 비판, 34장 누마의 책 비판.

구원감이다. 하지만 우리에게 이러한 구원감을 주는 거대 조직이 우리 자신의 인격적 고결성을 파괴하는 신적 위력을 휘두르기도 한다. 내가 숭배하는 신과 내 존재는 쌍생아 관계이기에, 탐욕적인 회사 조직이나 국가 조직의 일원으로 살면 탐욕적인 사람이 될 수밖에 없다. 연예오락, 스포츠, 돈을 향한 현대인들의 집착은 유사구원감을 누리려는 종교적 숭배 행위와 마찬가지다.[14]

하나님나라 운동은 헛된 신들의 정체를 드러내고 그것들을 신의 자리에서 끌어내리는 것에서 시작한다. 그런데 우상과 악한 영을 제거하는 일은 성령의 감화 감동으로 깨끗하게 된 영을 지닌 자들만 할 수 있다. 성령을 통해 깨끗해지지 않은 자는 그런 일을 할 수 없다. 거룩함을 상실한 이들은 세속문화에 의해 변혁되거나 제압당할 수밖에 없다. 거룩한 교회가 거룩하지 못한 교회와 세상을 향해 복된 공격을 할 수 있다. 그러나 오늘날 한국 교회는 거룩함을 상실했다. 거룩하기는커녕 온갖 부도덕하고 더러운 잡신들 숭배에 빠져 있다. 크고 화려한 것에 시선을 고정한 이들은 신령한 것을 볼 수 없다.

주 예수님을 통해 받는 영생의 선물을 맛본 그리스도인만 불결한 영에 미혹된 세상 문화를 변혁할 수 있다. 주 예수 그리스도가 주시는 영생은 그리스도의 자발적 십자가 죽음과 부활을 통해 받을 수 있다. 죄인을 위해 자기 목숨을 버리신 독생자 예수와 그분이 계시하시는 하나님을 경배하는 성도는, 영적 중간계에 거점을 두고 인간 영혼을 침탈하고 지배하는 영적 제후들이 통괄하는 영역 곧 죽음이

---

14 특히 기독교인들의 큰 것 숭배, 큰 교회 숭배는 다산제의, 남근 숭배와 거의 같다. 많은 교인들을 끌어모으는 목사들 숭배는 남근 숭배의 변형이다. 또 어린아이들을 파탄적·반인권적 경쟁교육체제로 몰아붙이는 한국의 교육열기는 고대 이스라엘이 풍요와 다산의 신 몰렉에게 바치던 유아인신제사와 동일한 가증스러운 죄악이다.

라는 영역을 침탈함으로써 그들의 지배능력을 무장해제할 수 있다.

우리가 알아야 할 사실은 예수님이 죄와 죽음을 이기기 위해 스스로 죽으셔야 했다는 것이다. 만약 예수님이 십자가에 못 박히셨으나 죽지 않으셨다면, 그분은 이런 영적 제후들이 주관하는 죽음의 영역을 훼파하지 못하셨을 것이다. 그런 의미에서 예수님 능력의 극대치는 그분의 죽으심을 통해서만 드러난다. 그런데 오늘의 교회들은 죽으려 하지 않는다. 큰 교회가 되려고 한다! 영적으로 죽은 후에 새롭게 태어나야 거룩해질 수 있는데, 오늘의 부유한 교회들은 그저 천국을 부유한 삶의 연장으로 여긴다. 교회는 규모에 대한 집착에서 벗어나야 한다. 큰 교회를 오랫동안 유지하는 목회자는 타락할 수밖에 없다.

아우구스티누스는 영원한 생명이 예수 그리스도를 통해 하나님이 주신 선물임을 강조한다. 아우구스티누스가 보기에 이 진리를 왜곡하며 오랜 세월 인간의 정신을 좀먹는 악한 적은, 마르쿠스 바로가 16권의 저서에서 해석한 '도성신학'이다. 도성신학은 로마 도성의 지배계급과 주류계급의 모든 이익을 위한 신학이다. 더 엄밀하게 말하면 '복합적 욕망 충족학' 신학이다. 아우구스티누스는 스스로 이 악한 개념인 도성신학을 파괴하고 근절하기 위해 주님의 도움을 의지하며 《하나님의 도성》 제7권을 저술했다고 말했다. 로마의 신들에 대한 반복되는 논의가 지겨운 독자도 있을 것이다. 아우구스티누스 자신도 로마의 다신교체제에 대한 자신의 논의가 지루하고 반복적이라는 점을 인정했다. 따라서 7권은 정말 정독해야 하고 반복적으로 읽고 되새김질해야 한다. 특히 로마신화에 대한 선先이해가 부족한 독자들은 피에르 그리말이 쓴 《그리스 로마신화 사전》(열린책들, 2003)을 참고도서로 활용해볼 것을 권한다. 이 압축해설서 옆에 CH

북스판《하나님의 도성》, 마르쿠스 도즈Marcus Dods가 편집한 *The City of God* (Henrickson Publishers, 2009), 성염의 《신국론》(분도출판사)을 동시에 펼쳐놓고 상호비교하면서 7권을 읽는 것이 더 바람직하다.

제7권의 중심은, 로마의 다신교체제에 대한 난삽한 논의가 아니라 29-33장에서 나오는, 창조주 하나님 옹호다. 로마의 헛된 신들 대신 만물의 창조주이신 한 분 하나님을 제시하는 부분이다. 이방인들은 귀납적으로, 조각조각으로는 하나님을 인식한다.[15] 그러나 하나님의 택하심을 얻은 자들은 일반은총과 다른 방식으로 하나님을 알 수 있다. 이스라엘 백성이 그러했다. 하나님이 이스라엘 백성에게 당신을 분명하게 계시하셨기 때문이다. 그로 인해 그들의 삶을 통해 하나님의 목적지향적인 발걸음이 분명하게 드러나게 되었다. 그러나 하나님의 뜻과 계획은 그분의 독생과 예수 그리스도를 통해 가장 잘 드러났다. 하나님은 예수 그리스도를 통해 우리에게 당신을 가장 분명하게 드러내셨다. 이렇게 당신을 드러내신 하나님 대신 온갖 우상을 따르는 것은 어리석다.

아우구스티누스가 그토록 비판하는 도성신학은 통속적이고 국가 결속적인 신학이자, 시민들의 저열한 영성적 욕구를 만족시키는 신학이다. 도성신학의 목적은 초월적인 신의 계시를 통해 숭배자들의 삶이나 가치관을 교정하는 것이 아니라, 그러한 이들의 영적·심리적·형이상학적·문학적 욕구를 충족시키는 것이다. 한국 교회가 보이는 예언자적 자기비판 결여, 사악한 시대정신에 대한 비판 결여, 초월적 거리 두기 실패 등은 도성신학의 면모다. 풍성하고 화려한

---

[15] 예컨대, '동방의 의인'이었던 욥이나 '아티카의 모세'로 불렸던 플라톤 같은 이들은 일반은총만으로도 하나님에 대한 지식을 어느 정도 얻을 수 있었다.

종교의식, 가능하면 포괄적인 다수의 신 확보는 도성신학의 또 다른 특징이다. 그렇다면 풍요와 교세 확장, 자기 교회 교인들의 정치·경제·입법적 이익을 추구하는 교회들은 지극히 도성신학적이다.

지배계급 혹은 주류계급의 이익을 옹호하는 도성신학은 초월신학의 적이다. 자기 도성의 이익 확장에만 골몰하고, 보편적 개방성과 초월적 계시 응답성이 제로zero 수준으로 떨어진 도성신학은 빛의 계시에 저항한다. 아우구스티누스가 29-33장에서 내리는 결론은 이렇다. "영원한 생명의 근원이신 하나님에 관한 내용은 진실하고 확실한 복음이다." 이 확신이 기독교 역사를 이끌어왔음에 감사하고 감동한다. 그리스도인들은 인간 정신을 좀먹는, 욕망과 이기심에서 비롯된 헛된 사상과 철학을 배설물처럼 여기고 예수 그리스도를 아는 지식의 으뜸성을 추구하는 데 더욱 매진해야 할 것이다.

제8권:

플라톤주의자들의 '중재자 신' 숭배가 영생을 줄 수 있는가

《하나님의 도성》 제8권은 셋째 부류의 신학, 즉 자연신학이 강조하는 신들의 숭배로 과연 내세의 복을 얻을 수 있는지를 비판적으로 분석한다. 이 문제를 논의하기 위해 아우구스티누스는 자연신학을 도입한 플라톤주의자들을 상대로 논쟁을 벌인다. 아우구스티누스는 플라톤의 철학체계가 여러 철학 중에서 기독교 진리에 가장 근접한 '제1급' 철학이라고 보기 때문이다.

이 논의의 가장 중요한 논점은 신플라톤학파인 3세기의 아풀레이우스Apuleius의 중심 주장인 "마귀들을 신들과 인간 사이의 사자使者요 중재자로 숭배해야 한다"는 주장을 반박하는 것이다. 신플라톤철학에서 '마귀'라고 번역한 다이몬[1]은 최고의 인격신과 여러 좋은 신들을 인간과 중재하며, 그렇게 중재하는 역할을 하기 때문에 숭배되어야 한다고 믿는 중간계 신적 존재들이다. 그러나 다이몬은 음란한

---

1 소크라테스의 대화록 중 〈소크라테스의 변명〉에도 등장하는 다이몬은 단지 도덕적으로 악한 마귀라기보다는 중간계의 신적 존재로 여겨진다. 그런데도 유일신 신앙을 강조하는 기독교적인 입장(신약성경)에서 '마귀'라고 불린다. 아우구스티누스는 소크라테스에게 친구처럼 조언을 준 그 다이몬도 '마귀'라고 단죄하는 말투로 말한다(8권 14장, 422쪽).

극장 공연, 시인들의 신성모독적 시작詩作, 혐오스러운 마술행위 등을 돕는 존재들이기 때문에 인간이 이 다이몬(마귀)들을 통해서 선한 신들과 화해할 가능성은 전혀 없다(400쪽).

1장. 자연신학을 주창하는 플라톤주의자들의 오류

아우구스티누스는 자연신학의 문제는 좀 더 뛰어난 지혜를 추구한 철학자들과 토의해야 한다고 말한다. 플라톤주의자들이 주장하는 자연신학은 신적인 본성이 존재하며 이 신이 인간사에 관심이 있다는 신념에 동의하면서도, 변치 않으시는 한 분 하나님 숭배가 현재뿐 아니라 죽음 이후의 복된 생명을 얻는 데 충분하다는 사실을 부인한다. 오히려 사후의 영생을 얻기 위해서는 한 분 하나님에 의해 창조되고 여러 영역에 임명된 많은 신들을 숭배해야 한다는 플라톤주의자들의 주장은 전적으로 오류다(401쪽).

최선의 철학이지만 영적 무지몽매에 갇힌 플라톤철학(2-12장)

2장. 이탈리아학파와 이오니아학파의 창시자와 중심주장

아우구스티누스는 플라톤의 철학사상에 심대한 영향을 끼친 이탈리아학파와 이오니아학파의 철학을 각각 소개한다. 이탈리아학파는 이탈리아 지역을 중심으로 하며 대표 철학자는 사모의 피타고라스로서 피타고라스에게서 '철학자'라는 용어가 유래되었다. 이오니아학파는 밀레투스학파라고도 불리는데, 그리스 지역을 중심으로 하며 대표 철학자는 '7현인' 중 한 명인 밀레투스의 탈레스다.

이오니아학파의 창시자인 밀레투스의 탈레스는 물이 만물의 근원이라고 생각했고, 탈레스의 후계자들은 만물의 근원이 각 사물의 고유한 근원(아낙시만드로스), 공기(아낙시메네스), 신적인 정신(아낙사고라스), 신적인 정신을 가진 공기(디오게네스), 신적 정신에 의해 결합과 분리를 반복하는 소립자(아르켈라우스)라고 생각했다. 아우구스티누스가 이 부분에서 이들 학파를 간략하게 설명한 목적은, 플라톤의 스승인 소크라테스가 유물론적 만물기원론에서 유신론적인 만물기원론으로 이행하는 과도기에 있던 철학자 아르켈라우스의 제자였음을 말하기 위함이었다. 즉 플라톤철학의 뿌리를 캐는 것이 이 설명의 목적이다.

3장. 소크라테스 인문주의 철학의 상대적 우월성

소크라테스는 이전에 물리적 자연적 현상의 탐구에서 벗어나 도덕을 교정하고 규제하는 데 철학의 모든 노력이 향하게 한 최초의 인물이었다. 소크라테스는 사람들이 만물의 원인을 탐구하는 것을 보았기에, 그 원인이 궁극적으로 다름 아닌 한 분이신 참되고 최고인 신의 의지로 환원 가능하다고 믿었다.

4장. 플라톤철학의 삼분법

소크라테스의 제자 중 으뜸인 플라톤은 지혜에 대한 연구 중 소크라테스의 '실천적인 부분'과 피타고라스의 '사색적 부분'을 하나로 연결해 자신의 철학을 만들었다(406쪽). 플라톤은 철학을 셋으로 구분했다. 첫째는 실천과 관련된 도덕적 부분(윤리학), 둘째는 사색 자체가 목적인 자연적 부분(자연철학), 셋째는 참과 거짓을 구분하는 논리적 부분이다.

5장. 최선의 신학적 토론 상대자, 플라톤주의자들

아우구스티누스는 "플라톤이 현명한 사람을 '하나님을 닮고 알며 사랑하는 사람, 그분 자신의 은총 가운데서 그분과 교제함으로써 복 있게 된 사람'이라고 정의를 내렸다면, 플라톤 말고 다른 철학자들과 토의할 이유가 있는가?"(407쪽) 하고 반문한다. 아우구스티누스가 플라톤철학을 논쟁대상으로 삼은 이유는 이 말에 잘 드러난다. 허구적인 신화신학과 도성신학으로 하여금 참된 하나님을 만물의 창조자요, 진리의 빛의 근원이요 모든 복을 풍성히 나눠주는 분으로 인정하도록 유도한 사람들이 플라톤주의자들이다(408쪽). 여기서 말하는 플라톤주의자는 3세기경의 신플라톤주의자다. 아우구스티누스는 플라톤주의자들과 논쟁하는 것이 궁극적으로 철학과 논쟁하는 것이라고 보고 플라톤철학의 중심, 즉 마귀숭배론(혹은 중간계 영적 존재 중보론)을 논파한다.

6장. 기독교 신학에 어느 정도는 접근하는 자연철학

플라톤주의자들은 순일純—하게 존재하는 한 분 하나님을 통해서만 만물이 존재할 수 있다고 생각했다. 그래서 하나님의 불변성과 순일성에서 볼 때 그분이 만물을 창조하셨음이 틀림없으며 하나님 자신을 아무도 창조할 수 없었음을 이해했다(410쪽). 플라톤주의자들의 이러한 자연신학은 "이는 하나님을 알 만한 것이 그들 속에 보임이라 하나님께서 이를 그들에게 보이셨느니라. 창세로부터 그의 보이지 아니하는 것들 곧 그의 영원하신 능력과 신성이 그가 만드신 만물에 분명히 보여 알려졌나니"(롬 1:19-20)라는 사도 바울의 증언을 충분히 확증한다(411쪽).

7장. 에피쿠로스학파나 스토아학파 철학자들보다 훨씬 나은 플라톤주의자들

에피쿠로스학파 철학자들은 진리를 분별하는 능력의 원인을 육체적인 감각에 돌리며 우리가 배우는 모든 것을 신뢰할 만하지 않으며 오류가 많은 감각의 기준에 의해 측정할 수 있다고 생각했다. 스토아학파 철학자들은 소위 변증법이라고 불리는 정교한 토론의 기술 원천을 육체적 감각에서 찾으려고 했다. 플라톤주의자는 이 두 학파 철학자들과 비교할 수 없을 정도로 우월하다(412쪽).

8장. 윤리학에서도 앞자리를 차지하는 플라톤주의자들

> 그러므로 이 모든 자들로 하여금 사람이 육체의 향락이나 혼의 향락이 아니라 하나님을 향유함으로써 지복의 상태에 있게 된다고 확언하는 철학자들에게 자리를 양보하게 하라 … 현재로서는 플라톤이 궁극적인 선을 덕에 따라 살아가는 것이라고 결론지었으며 하나님을 알고 닮는 사람만이 덕에 도달할 수 있다고 확언했다는 사실을 언급하는 것으로 충분하다. 그러므로 플라톤에게 있어서 철학자가 된다는 것은 무형적인 본성을 지닌 하나님을 사랑하는 것이라는 점에 의심의 여지가 없었다(413쪽).[2]

이 문장으로 아우구스티누스는 플라톤철학이 윤리학에서도 최고 수준임을 공언한다. 윤리학은 인간의 선을 어디서 추구하느냐에 따라 여러 갈래로 나뉜다. 인간의 육체에서 선을 추구하는 노선, 인간의 혼에서 선을 추구하는 노선, 육체와 혼 둘 다에서 선을 추구하는

---

2 플라톤의 대화록 《고르기아스》, 470D; 508B 참조.

노선과는 달리, 플라톤주의자들은 덕에 따라 살아가는 것이 궁극적인 선이라고 결론 내리고, 하나님을 알고 닮는 사람만 덕에 도달할 수 있다고 확언했다(413쪽). 플라톤이 무형적인 하나님을 따라 살아가는 것을 강조한 것은 이집트 편력 경험의 영향일 것이다(406쪽).[3]

9장. 기독교 신앙에 가장 근접해 있는 플라톤주의자들의 철학

최고의 하나님이 모든 피조물을 창조하신 분이요, 사물 인식을 가능케하는 광채요, 행동이 수행되는 선이라고 생각한 철학자들, 곧 그분 안에 자연의 제1원리와 교훈의 진리와 인생의 행복이 있다고 생각한 플라톤주의자들의 철학은 기독교 신앙에 가장 근접해 있다(414쪽).

10장. 모든 철학자들의 학문보다 압도적으로 우월한 기독교

아우구스티누스는 플라톤철학이 중요한 이유를 논한다. "다른 모든 철학자들은 사물의 원인을 추구하며 학문과 생활의 올바른 방식을 발견하려고 노력하면서 그들의 재능과 열심을 소진하는 반면에, 이 사람들은 하나님을 앎으로써 우주가 구성되어있는 원인과 진리가 발견될 수 있는 빛과 지복을 마실 수 있는 샘이 어디에 자리 잡고 있는지 발견했기 때문이다"(416쪽). 이것이 아우구스티누스가 플라톤주의자들을 다른 이들보다 앞자리에 세우는 이유다. 다른 학자들은 사물의 원인을 추구하며 올바로 사는 것이 무엇인가를 찾는 반면

---

[3] 플라톤주의 철학에 대한 아우구스티누스의 주장을 보면 골로새서 2:8이 생각난다. "누가 철학(이오니아철학)과 헛된 속임수로 너희를 사로잡을까 주의하라 이것이 사람의 전통과 세상의 초등학문-만물을 구성하는 요소를 묻는 것-을 따름이요 그리스도를 따름이 아니니라."

에 이 사람들은 하나님을 찾는다.[4]

11장. 플라톤이 기독교적 지식에 접근할 수 있었던 이유 추측

플라톤은 어떻게 그리스도교적 지식에 그토록 근접할 수 있었는가? 플라톤은 예레미야(주전 600년)가 예언하던 시기에서 100년 후에 태어난 사람이다.[5] 그렇기 때문에 플라톤은 그리스어로 번역한 구약성경을 읽을 수 없었다. 하지만 구전되는 성서의 내용을 전해 들었을 가능성은 있다. 이런 가정이 맞을 수도 있는 것은, 플라톤의 대화록《티마이오스Timaeus》편이 창세기와 방불하기 때문이다.

우리와 함께 그리스도의 은혜에 참여한 몇몇 사람들은 플라톤이 하나님에 관해서 가지고 있는 개념을 읽고 들을 때 우리 종교의 진리와 상당히 일치한다는 사실을 알고는 놀라게 된다. 이로부터 어떤 사람들은 그가 이집트에 갔을 때 예레미야 예언자의 말을 들었거나 같은 나라를 여행하는 동안에 선지서를 읽었으리라는 결론을 내렸는데, 나 자신도 몇몇 나의 저술에서[6] 이런 견해를 표명한 적이 있다. 그러나 연대기에 포함된 시기를 세심하게 계산해보면 플라톤은 예레미야가 예언한 시기로부터 약 백 년 후에 탄생했음을 알 수 있다. 그리고 그는 81년 동안 생존했기 때문에, 그가 사망한 때로부터 이집트의 왕

---

[4] 아우구스티누스는 그리스철학이 로마서 1:21-23(행 17:28)이 말하는 종교성을 드러내기는 하지만 여전히 하나님을 아는 지식과 하나님 예배에 이르지 못했음을 비판하고 있다. 그러나 그리스철학에 비하면 플라톤주의 철학은 기독교 신앙과 가장 근접한 이방 철학이며 따라서 기독교와 잠정적인 공존과 제휴가 가능한 철학이라고 본다. 기독교 신학과 잠정적으로 나마 제휴와 연대가 가능한 세상 사상과 학문을 분별하는 것도 기독교 변증의 한 전략임을 엿볼 수 있다.

[5] 실제로는 200-300년 차이가 난다.

[6] 아우구스티누스의《그리스도의 교리에 관하여》를 말한다.

인 프톨레마이오스가 히브리 민족의 예언서를 유대지방으로부터 자기에게로 가져오도록 의뢰하고는 그리스어도 알고 있던 70인의 히브리인들에게 번역하여 보관하도록 위임했을 때까지에는 약 70년의 기간이 있었음이 밝혀졌다(417쪽).[7]

아우구스티누스는 플라톤(399년)이 구약성경의 창세기(주전 350년) 창조기사를 어떤 식으로든지 알았을 가능성을 배제할 필요가 없다고 생각한다.

이런 가정을 정당화해주는 것은 창세기의 첫 구절이다. "태초에 하나님이 천지를 창조하시니라. 땅이 혼돈하고 공허하며 흑암이 깊음 위에 있고 하나님의 영은 수면에 운행하시니라"(창 1:1-2). 왜냐하면 플라톤은 《티마이오스》에서 세상의 창조에 관하여 기술할 때 하나님이 처음으로 땅과 불을 결합시켰다고 말하고 있는데, 이로부터 불을 하늘의 위치에 놓았음이 분명해지기 때문이다. 이런 견해는 "태초에 하나님이 천지를 창조하시니라"는 구절과 어느 정도의 유사성을 지니고 있다(417쪽).

이것을 표로 정리하면 다음과 같다.

---

[7] 아우구스티누스는 예레미야와 플라톤의 연대기 계산에 착오를 보인다. 70인역 성경은 주전 250년 전에 만들어졌기 때문에 플라톤이 헬라어로 된 구약성경을 읽었을 가능성은 전무하다. 아마 플라톤이 구약성경을 알았다면 최고 지식인 수준의 유대교 디아스포라 지식인들과의 대화를 통해서 알게 되었을 것이다. 참고로, 예레미야는 581년, 즉 소크라테스보다 150년 전에 이집트에서 친애굽 망명자들에게 철퇴에 맞아 죽었다고 한다.

구약성경	플라톤
태초에 하나님이 천지를 창조하시니라 하나님의 신은 수면에 운행하시니라 나는 스스로 있는 자니라	하나님이 땅과 불(하늘)을 결함시킴 물과 공기의 언급 불변하기 때문에 존재하는 하나님

플라톤은 다음으로 물과 공기라는 매개적인 두 요소를 말한다. 물과 공기가 서로 다른 두 극단적인 요소인 땅과 불을 통합하였다는 것이다. 플라톤은 "하나님의 영은 수면에 운행하시니라"는 말씀을 그렇게 이해했던 것 같다.

> 공기 역시 영靈으로 호칭되고 있기 때문에 플라톤은 성경에 의하여 하나님의 영에 부여된 칭호에 충분한 주의를 기울이지 않은 결과 그 구절에서 네 개의 원소가 언급되었다고 생각했을 것이다. 플라톤은 그 뒤에 철학자란 하나님을 사랑하는 사람이라고 말하고 있는데, 성경 가운데서도 이것보다 더 광채를 내는 말은 없는 것이다(418쪽).

아우구스티누스는 플라톤이 구약성경을 알았을 가능성이 있게 하는 플라톤 사상 중 하나로 '참된 하나님만 존재하며, 그에 비하면 만물은 존재하지 않는 것과 같다'라는 이데아 사상을 제시한다. 이 사상이 "나는 스스로 있는 자니라"라는 출애굽기 3장 14절에서 나왔을 것이라고 본다. 불변하는 하나님은 참으로 존재하며 가변하는 모든 만물은 존재하지 않는 것이라고 말하는 플라톤 사상의 근저에 이 구절이 있다는 것이다. 아우구스티누스는 플라톤이 이러한 하나님 이해를 선조의 책을 통해서 배웠는지, 로마서 1장 20절에서 말하는 일반계시를 통해 배웠는지 단정할 필요는 없다고 본다(12장 첫 문장). 아우구스티누스는 플라톤이 하나님에 대한 앎을 '성경' 독서에서 얻었을 가능성을 인정하면서도 일반계시의 가능성도 배제하지는 않는다(행 17:27-29). "이는 사람으로 혹 하나님을 더듬어 찾아 발견하게 하려 하심이로되"(행 17:27).

12장. 하나님에 대한 지식이 있었음에도 다신숭배를 정당화한 플라톤주의자들

그러나 한 분 참된 하나님에 관하여 이런 말을 한 플라톤주의자들조차도 많은 신들을 높이는 종교의식을 수행해야 한다고 생각했다. 아우구스티누스가 플라톤주의 철학자들을 논쟁 상대로 삼은 이유는 두 가지다. 첫째, 그들이 지닌 하나님에 대한 사상이 다른 철학자들보다 공정해서 철학자들 사이에 명망이 높기 때문이다. 둘째, 플라톤을 계승하는 철학자들이 아리스토텔레스의 소요학파와 스페우시포스와 크세노크라테스의 아카데미학파라는 이름으로 플라톤 후계자로 자임하는 데 반하여 이들은 자신들을 스스로 플라톤주의자라고 공언했기 때문이다. 그러나 안타깝게도 대표적인 플라톤주의자(신플라톤학파)인 플로티노스, 이암블리쿠스, 포르피리오스, 아풀레이우스와 심지어 플라톤마저도 많은 신들을 숭배하는 종교의식이 필요하다고 주장했다.

특히 초대 기독교에서 이들의 영향을 받아 기독교 외곽을 배회하던 이단 분파 영지주의는 플라톤주의자들의 영향을 받은 플라톤주의의 기독교적 변종이다. 영지주의자들은 육체와 물질의 비궁극성과 대비하여 영과 정신의 우위성을 극단적으로 주장했다. 이들의 지도자인 신플라톤주의 철학의 대표자 플로티노스(약 205-270년)는 "실재는 이성에 접근하기 쉬운 세계에서 발견될 수 있는데 반해 물질세계는 영혼에게서 형태를 부여받아 창조되었기에 실재적이 아니라고 생각했다."[8] 플로티노스는 물질-영혼-이성-신(순수한 존재)의 순서로 실재성의 위계를 정했다. 실재성은 불변성과 자기동일성을 말한다. 물질은 영혼에 비해 덜 실재적이고 영혼은 이성에 비해, 이성은 신에 비해 덜 실재적이라는 말이다. 플로티누스에 따르면 인간의 도덕적인 목적은 훈련을 통하여 정화를 성취하는 일과 그로써 신적인 일에 대한 사랑을 통하여 영적인 세계, 신적 불멸불사성의 세계로 올라가는 것이다. 이런 실재의 위계질서에 따르면 육체노동자가 정신노동자보다 신과 더 멀리 떨어진 열등자다. 성직자에게 육체노동을 시키지 않는 이유는 플라톤이 《국가론》에서 말한, 통치자가 육체에 매이면 안 되는 이유와 동일하다.

플라톤주의자들과 논쟁하다(13-27장)

13장. 신에 대한 플라톤의 이해

플라톤은 신들은 전적으로 선한 존재요 덕의 친구라고 정의했다. 모든 신들이 선하며 신들 중 아무도 악하지 않다고 확언한다. 종교의식이 신들을 대상으로 하고 있으므로 종교의식은 선한 신들에게 봉헌된다고 생각했다. 왜냐하면 선하지 않다면 신이 아니기 때문이다(420쪽). 플라톤에 따르면 신에 대한 허구적 신화를 지어낸 시인들은 신들의 위엄과 선을 훼손했기 때문에 국가에서 추방되어야 했다.

14장. 세 종류의 이성적 혼

여기서 아우구스티누스는 이성적인 혼魂이 하늘 신들의 혼, 공중

---

8   419쪽 각주 25.

마귀들의 혼, 지상 인간들의 혼, 이 세 종류로 구성되었다고 말하는 사람들의 견해를 논한다.[9] 신들의 처소는 하늘이고 마귀의 처소는 공중이며 인간의 처소는 땅이다. 마귀는 중간자로서 신들과는 육체의 불멸성을, 인간과는 혼의 열정을 공유한다. 혼의 열정을 공유한 마귀가 극장의 외설적 내용과 신들에 관한 시인들의 허구를 기뻐하는 것이 당연하다. 그러므로 플라톤이 시인들의 허구를 비난하고 금지함으로써 극장공연의 쾌락을 강탈한 대상은 선한 신들이 아니라 마귀들이다. 플라톤도 신과 마귀의 경계를 구분했음을 어느 정도 짐작할 수 있다. 그래서 인간의 혼에게 마귀(다이몬)들의 수치스런 명령을 경멸하고 마귀의 부정을 혐오하며 오히려 덕의 광채를 선택하라고 권고한다(422쪽). 아우구스티누스는 아풀레이우스가 다이몬에 대해 쓴 《소크라테스의 신에 관하여》도 결국 몸이 희미하고 강하며 더 높은 곳에 거주한다는 점 외에는 마귀(다이몬)에게서 칭찬거리를 전혀 찾아내지 못했음을 지적한다. 아우구스티누스는 마귀가 외설스럽고 수치스러운 극장공연 등을 즐긴다면 악한 존재임이 분명하다고 결론을 내린다.[10]

15장. 마귀들이 인간보다 지위가 더 우월하다고 보기 어려운 이유

아우구스티누스는 마귀들이 공기 같은 몸을 가졌다거나 더 높은 곳에 산다고 해서 인간보다 낫지는 않다고 말한다. 동물과 인간을 비교하면서 신체적으로 우월하고 더 높은 공간에서 산다고 해서 동물이 사람보다 결코 더 우월할 수 없음을 말하면서, 인간은 이성과

---

9   14장은 중간계 영적 존재들에 대한 바울의 암시들과 언급들을 이해하는 데 도움을 준다. 바울은 에베소서 6:12에서 "우리의 씨름은 혈과 육을 상대하는 것이 아니요 통치자들과 권세들과 이 어둠의 세상 주관자들과 하늘에 있는 악의 영들을 상대함이라"고 말한다.

이해력을 소유함으로써 모든 것들보다 우월함을 드러내야 한다고 말했다. 마찬가지로 우리는 선하고 덕 있는 삶을 살아감으로써 마귀(다이몬)들보다 더 나아야 한다고 강조했다(424쪽). 다이몬들의 몸은 인간과 다른 공간을 주 활동무대로 삼아 인간정신과 물질계까지 활동범위를 확장할 수 있다는 점에서 인간의 몸보다 우월하다. 하지만 경건하고 참된 하나님에게 순종하는 영혼들이 선하고 덕 있는 삶을 살아갈 때, 마귀들이 자기들 몸이 더 우월하다고 해서 스스로 인간보다 낫다고 생각하는 망상을 막을 수 있다.

16장. 마귀들의 태도와 행동에 대한 플라톤주의자 아풀레이우스의 견해

플라톤주의자인 아풀레이우스는 마귀들에게는 동물의 본성("생명체적 본성"), 외부의 영향을 받는 혼("혼에 있어서는 감정적"), 이성적인 정신("정신에 있어서는 이성적"), 공기와 같은 몸("신체에 있어서는 공기적"), 영원한 시간("시간에 있어서는 영원하다")이 있다고 본다. 이 다섯 중에서 앞의 셋(생명체적 본성, 감정, 이성)은 마귀들이 인간들과 공유하는 특성이고, 넷째(공기 같은 몸)는 마귀들에게만 있는 특성이며, 다섯째(영원한 시간)는 마귀들이 신들과 공유하는 특성이라고 말한다(425쪽).

---

10 여기서 말하는 마귀(다이몬)는 성경의 마귀와 다르다. 아우구스티누스에 따르면, 성경의 마귀는 원래 선한 천사로 창조되었으나 의지가 타락하여 마귀가 되었다(《하나님의 도성》 11-14권, 특히 14권). 타락한 천사가 마귀라는 암시는 유다서 6절과 외경 에녹서에 나온다. 하나님의 통치권과 관할 아래 있는 영적 제후들이 "정세·권세·보좌·주관·능력"이다(엡 1:21-22, 2:1-2, 6:12; 고전 15:20-26; 고후 4:1-4; 벧전 3:19-22; 빌 2:6-11; 골 1:16, 2:10, 2:15; 막 1:24-28). 아우구스티누스는 11-14권 어디에서도 성경의 공중권세 잡은 자들과 플라톤주의자들의 '다이몬'과의 관계를 명확하게 논하지 않는다. 따라서 독자들은 8권의 마귀들과 11-14권의 마귀들의 차이를 유의하며 읽어야 한다. 다만 아우구스티누스는 플라톤주의자들의 '선한 마귀들'을 성경의 천사와 동일시하는 듯하다(8권 25장). 《하나님의 도성》 전체, 특히 9권에서 말하는 "마귀"(다이몬)는 "공중계에 거주하는 영 혹은 신"으로 보아야 한다. 그런 점에서 조호연·김종흡의 번역어 '마귀'는 지나치게 변증적인 동기를 드러낸다.

17장. 인간들에게 악덕을 고취하는 영들 숭배의 부적절성

아우구스티누스는 그러면 사람들이 그 악덕에서 벗어나야 하는 영들을 숭배하는 것이 적절한지를 묻는다. 신들은 지복의 상태에 있고 비참한 생명체가 아니기 때문에 요동(정신의 격동)에서 자유로우며, 짐승은 지복의 상태에 있을 수도 없고 비참할 수도 없는 생명체이기 때문에 그러한 요동에서 자유롭다고 한다면, 마귀들은 사람들과 마찬가지로 지복의 상태에 있지 않지만 비참한 생명체이기 때문에 요동 아래에 종속되어 있다. 그래서 인간이 종교적 감정을 통해 자신을 이러한 요동에 속박된 마귀들에게 굴복케 하는 것은 정말 어리석은 일이다. 왜냐하면 종교의 진정한 의무는 우리를 마귀들과 닮은 사악함에서 해방시키는 것이기 때문이다(427쪽).

18장. 선한 신들의 호의를 입으려면 마귀들의 후원을 받아야 한다는 종교

아우구스티누스는 사람들이 선한 신들의 호의를 입으려면 마귀들의 후원을 받아들여야 한다고 가르치는 종교는 도대체 어떤 부류의 종교냐고 의문을 제기한다. 아풀레이우스는 마귀들이 에테르적인 하늘과 땅 사이에 자리를 잡고서 신들에게는 인간의 기도를, 인간에게는 신들의 답변을 전달한다고 했다. 플라톤이 아무 신도 인간과 교제하지 않는다고 주장했기 때문에(428쪽) 플라톤의 신학에서는 반드시 중간자적 존재인 다이몬이 있어야 한다.

19장. 사악한 영들을 돕는 마술의 불경건성

이 부분에서는 사악한 영들을 돕는 일에 종속된 마술의 불경건함을 논한다. 플라톤주의자들은 인간의 기도가 신들에게 상달되기 위해 마술이 필요하다고 주장했으나, 오히려 아우구스티누스는 참된 하나님에게 기도가 상달되기를 원하는 사람이 피해야 할 것이 바로 마술이라며 비판한다. 아우구스티누스는 마귀가 인간의 기도를 신에게 중재할 수 없는 까닭을 논리적으로 분석하면서 마술은 경배를 받아야 하는 신들의 활동이 아니며, 법에 따라 엄중하게 처벌받아야 한다고 결론을 내린다. 키케로는 로마인들에게 가장 오래된 성문법인 12표법의 법률조항 가운데 마술을 행하는 자에게 가할 형벌을 정한 성문법이 있음을 알려주었다(429쪽).

20장. 마귀의 중재 없이도 신과 인간은 교제 가능함

더구나 선한 신들이 인간보다 마귀들과 더 교제하고 싶어 한다고 할 수 있는가? 신이 회개하는 인간과는 교제하지 않으면서 속이는 마귀와 교제한다면, 마귀를 닮으려 하지 않는 인간과는 교제하지 않으면서 인간을 속일 기회를 기다리며 누워 있는 마귀와 교제하는 셈이 된다. 결국 신이 인간과 직접 교제하기를 원하지 않는다는 말은 힘을 얻을 수 없다(431쪽). 이는 신과 인간은 마귀의 중재가 없이도 교제할 수 있음을 암시한다.

21장. 마귀들을 사자와 통역으로 부리는 신들의 무지몽매함

아풀레이우스는 "신들은 지상의 인간들이 무엇을 하고 있는지 알 수 없다. 그것은 에테르가 땅으로부터 너무나 멀리, 높이 떨어져 있지만 공중은 에테르와 땅 모두에 인접해 있기 때문이다"라는 말로 마귀숭배의 필요성을 강변한다. 하지만 이 가정에 따르면 신은 악한 마귀들과 동거하거나, 마귀에게 철저히 기만당하거나, 모욕당하거나, 능력이 없는 모습으로 전락한다. 선한 신들이 자기들을 마귀들이 모욕하는 것을 금지한 선한 플라톤과는 동거할 수 없으면서도 신들의 비방을 즐거워하는 마귀들과는 동거할 수 있다는 말이 가당한가? 마귀들의 중재활동을 과도하게 강조함으로써 플라톤주의자들은 자신의 스승이 상정한 참되고 선한 신의 본성마저 의심스럽게 했다.

22장. 마귀숭배의 필요성 논박

그러므로 아풀레이우스의 견해가 어떠하든지 우리는 마귀 숭배를 배척해야 한다. 마귀들은 본성에 부합하는, 감옥과도 같은 공중에 거주한다. 마귀들은 하늘 높은 곳에서 쫓겨난 후에 돌이킬 수 없는 죄에 대한 정당한 보응으로서 그 장소에 거하도록 선고받았기 때문이다. 그러므로 공기가 땅과 물 위에 있다고 해서 공중에 있는 마귀들이 인간들보다 덕성이 뛰어나다고 말할 수는 없다(434쪽).

23장. 이집트의 미신 폐지를 주도한 헤르메스 트리스메기스투스

이집트 사람인 헤르메스 트리스메기스투스는 우상숭배에 관하여 어떤 생각을 했으며 어떤 자료를 통하여 이집트의 미신이 폐지되어야 한다는 사실을 알았는가? 아우구스티누스는 헤르메스의 말을 긍정적으로 인용한다.

> 주님이요 아버지 혹은 가장 높은 곳에 있는 분, 곧 하느님이 하늘의 신들을 만들었듯이, 인간은 신전에 있으며 인간들 가까이에 거주하는 데 만족하는 신들을 만들었다. … 그 본질과 기원을 언제나 염두에 두고 있는 인간들은 신을 닮고자 고집하고 있다. 그리고 주님과 아버지가 자신과 닮도록 영원한 신들을 창조했듯이 인간은 자신의 용모와 비슷하도록 신들을 만들어내었다(435쪽).

플라톤주의자들과 달리 마귀숭배를 배척한 헤르메스는 이러한 언급을 통해 '신이 인간을 만들었으며, 어떤 신들은 인간이 만들었음'을 강조한다. 하지만 동시에 인간이 자신들이 만든 그 신들을 자신보다 우위에 올릴 때는, 그 작품이 신이 되기보다는 인간 자신이 인간이기를 그만두기가 더 쉽다. 즉 인간이 스스로 만든 것을 자신보다 우선시할 때 자신을 만든 그분에게서 분리되기 때문이다. 헤르메스는 이런 무익하고 기만적이고 해로우며 신성모독적인 일들을 슬퍼했다. 왜냐하면 헤르메스는 그런 것들을 제거할 때가 오고 있음을 알았기 때문이다(437쪽).

24장. 이집트 종교의 오류를 공개적으로 인정한 헤르메스

헤르메스는 인간이 신적 본질을 만들어 그 본질을 대표하는 신이 존재하게끔 만든 결과로 종교가 생겨났다고 본다. 헤르메스가 보기에 이집트 종교는 신들을 어떻게 숭배하고 섬겨야 하는지에 대한 무지와 부주의, 의혹과 의심 때문에 많은 신들을 만들어내는 오류를 범했다.

> 그들은 혼을 만들어낼 수는 없었기 때문에 마귀들이나 천사들의 혼을 불러내고는 이런 혼을 통하여 신상이 인간들에게 유익이나 해를 끼칠 수 있는 능력을 갖출 수 있도록 그들로 하여금 이런 신상들과 비밀 의식 안에 거주하게끔 하였다(438쪽).

헤르메스는 이집트의 종교는 고대 이집트 사람들이 아주 많은 오류를 범한 결과로 생겨났다고 말했는데, 이 말은 이집트 종교 자체가 오류의 결과임을 인정한 셈이다. 헤르메스는 이집트인들의 최고 기술은 많은 신들을 창안해낸 기술이라고 하면서, 인간이 만든 많은 신들에 관한 온갖 허구를 폐지하는 법률이 반포될 때가 오고 있다고 말했다(439쪽). 아우구스티누스는 이러한 기술로 만든 신들은 신과 인간의 중재자가 아니며 사자使者도 될 수 없다고 주장한다. 설령 이런 신들에게 신묘한 능력이 있다고 해도 모두 마귀로서 지닌 능력일 뿐이다. 신들이 인간에게 유익을 가져다준다고 하지만 결국 더 큰 해를 끼치며 악을 행하기 때문이다(441-442쪽).

25장. 거룩한 천사들과 인간의 공통점

그러므로 우리는 마귀들의 상상적 중재들을 통해 신들, 더 정확하게 말하자면 선한 천사들의 호의나 자선을 받아내려 해서는 안 된다. 우리는 오직 선한 의지를 소유한다는 점에서 거룩한 천사들을 닮음으로써, 그 천사들과 함께 있으며 그들과 함께 살며, 육신의 눈으로는 그들을 보지 못한다고 해도 그들과 함께 동일한 하나님을 경배해야 한다(442쪽). 천사숭배론이나 천사중재론도 오류라는 주장이다.

26장. 사자 숭배적이고 사자 접촉적인 이교도들의 종교 비판

이교도의 종교는 모두 죽은 사람들과 관련이 있다. 이집트 사람인 헤르메스 자신도 마치 장래 일을 예언하듯이 슬퍼하면서 "그때 이 땅과 성소와 신전의 아주 거룩한 장소가 무덤과 죽은 사람들로 가득 찰 것이다"라고 말하며, 이집트의 신들이 죽은 사람들이라는 점을 입증한다. 헤르메스는 실제로 죽은 많은 사람들이 묘지에서 신이 되어 있음을 증명한다(443쪽). 그러나 헤르메스가 입술로 표현하는 것은 이교도들의 신전과 성소가 순교한 그리스도인들의 기념예배당으로 바뀔 것에 대한 슬픔이었다. 그것은 그리스도인 순교자들의 기념 건물에서 장래에 자기들에게 예비된 형벌을 슬퍼하는 마귀들의 슬품을 표현한 것이다. 왜냐하면 마귀들은 그러한 많은 장소에서 고통당하며, 자백을 강요당하며, 자기들이 지배하고 있던 인간의 몸에서 쫓겨나기 때문이다(445쪽). 아우구스티누스는 모든 신들은 결국 죽은 조상들의 집단 투사물임을 논증한 셈이다. 살아있는 사람이 죽은 사람을 무서워하는 것 자체가 죽음의 권세에 사로잡혔다는 방증이 아닐까?

27장. 순교자들에게 부여되는 영예의 성격

여기에서는 그리스도인들이 순교자들에게 부여하는 영예의 성격을 논한다. 그리스도인들은 순교자들을 위해 신전을 건축하지 않는다. 아무리 위대한 순교자들이라고 할지라도 우리의 신이 아니며, 순교자들의 하나님이 우리의 하나님이기 때문이다. 마귀들이 죽음 이후에 올 복된 삶을 인간들에게 보증하기 때문에 숭배를 받아야 한다고 여기는 사람은 아무도 없다. 그러나 모든 신들은 선하지만, 마귀들 중에는 선한 마귀도 있고 악한 마귀도 있으며 선한 마귀들을 숭배해야 영원토록 복된 삶에 도달한다고 말하는 사람들도 있을 수 있다. 이 견해에 대해서는 9권에서 상론할 것이다. 플라톤주의자들의 치명적 약점은 선한 신들과 공중의 권세 잡은 자를 동시에 숭배한다는 점이다.[11]

---

11 플라톤주의자들이 말하는 마귀는 성경적인 용어로 '공중 권세 잡은 자'들로 분류할 수 있다. 사도 바울은 이 '공중권세 잡은 자'들의 권세를 부정적으로 묘사했다. 바울에 따르면 공중권세 잡은 마귀를 무장해제할 수 있는 이는 십자가를 진 예수님뿐이다. 극단적으로 자기 비움을 실천한 사람만 공중권세자를 압도할 수 있다는 것이다. 그러므로 마귀를 대적하려면 더 강한 마귀가 되는 것이 아니라, 순복·겸손·정결의 실천으로 맞서야 한다. 공중 권세 잡은 자를 제압할 수 있는 방법은, 죽기까지 복종하여 종의 형태로 나타나 공중과 땅의 존재들에게 주主라 인정받으신 예수님의 사람이 되는 것뿐이다.

결론

《하나님의 도성》제8권의 플라톤주의 철학 논박을 이해하려면 그 원조인 플라톤철학의 윤곽을 파악해야 한다. 플라톤은 고대 철학의 양대 산맥이었던 이탈리아학파와 이오니아학파를 종합한 인물이다. 이탈리아학파의 대표자인 피타고라스는 경건한 일신론을 주장했고, 이오니아학파의 철학자들은 주로 '아르케arche(만물의 근원)'의 문제를 탐구했다. 이오니아학파는 최초의 유물론 학파로 탈레스를 필두로 만물의 근원이 무엇인지 물었다. 주전 6세기경 이오니아 지방의 학문도시 밀레투스Miletus는 소아시아와 이오니아 해안의 그리스 식민지의 중심도시로, 항해와 상공업이 발전해 사람들에게 넓은 시야를 제공해주었다. 여기서 성립된 이오니아학파(밀레투스학파)의 중심 철학자들은 탈레스, 아낙시만드로스, 아낙시메네스 등이다. 그들은 자연을 운동변화 속에 있는 물질로 보고, 그 근원을 이루는 실체를 각각 물水, 무규정성無規定性, 공기라 하고, 이 실체가 스스로 운동 변화하여 만물을 생성한다고 말한다. 이 견해는 자연을 신화로 설명하지 않고, 자연 그 자체에 내재하는 보편적인 활동원리로 통일적으로 설명하고 종교적인 세계관에서 탈피한 유물론적 자연철학을 성립시켰다.

밀레투스학파 다음으로 생긴 학파가 피타고라스학파로서 플라톤에게 직접적인 영향을 끼쳤다. 기원전 6-4세기에 피타고라스Pythagoras of Samos(주전 582?~주전 497?)와 그 계승자들을 통해 번성한 이 철학 분파는 수數를 만물의 근원이자 철학의 핵심 요소로 삼았으며 신비주의적 종교 결사의 모습도 띠었다. 피타고라스학파의 철학은 플라톤, 니기디우스 피굴루스Nigidius Figulus, 아폴로니우스Apollonius of

Tyana 같은 고대 철학자들의 사상을 통해 계승되었다. 마지막으로 플라톤에게 영향을 준 엘레아학파는 주전 6세기 말의 크세노파네스 Xenophanes of Colophon에게서 유래했다.

크세노파네스는 엘레아에 정착해 유일신관을 기반으로 한 철학 사상을 설파했다. 크세노파네스는 신의 통일성과 최고선最高善으로서 유일성을 주장했고, 여러 신이 존재하며 신들이 인간의 모습과 감정을 가지고 있다고 생각한 고대 그리스의 전통적인 신관을 정면으로 비난하였다. 크세노파네스에 따르면 신은 오직 하나만 존재하며 그 형상은 인간이나 동물과 같은 유한한 존재의 모습이 아니다. 크세노파네스의 맹아적 사고를 발전시킨 후계자 파르메니데스는 참된 앎의 길을 찾아 나가는 과정을 가상의 거짓된 '밤의 왕국'을 지나 진리와 실재가 있는 '빛의 왕국'으로 나아가는 것에 비유했다. 파르메니데스의 제자 제논은 귀류법歸謬法, 즉 사물의 다원성과 변화에 있는 모순을 거꾸로 드러냄으로써 일원성과 불변에 대한 파르메니데스의 견해를 옹호했다. 엘레아학파도 피타고라스학파처럼 이집트 영향을 받아 윤회사상을 믿었으며 종교성이 매우 뛰어난 일신교적 사상을 주창했다. 플라톤은 이탈리아 망명 기간에 피타고라스학파와 엘레아학파와 접촉했을 가능성이 크다. 플라톤은 일신교적 경향을 현저하게 드러내며 철학은 신들을 모방하는 작업, 즉 격정에 휘둘리지 않는 연습이라고 보았다.

결국 플라톤은 피타고라스적인 경건, 파르메니데스적인 이원론, 소크라테스적인 이성이 결합된 인물이다. 플라톤에 와서 마침내 신학, 윤리학, 형이상학이 하나가 된다. 요약하면 플라톤은 탈레스 - 아낙시만드로스 - 아낙시메네스 - 아낙사고라스 - 아르켈라우스 - 소크라테스로 이어지는 이오니아학파를 부분적으로 계승하면서도, 스승 소크라테스의 영향으로 이 유물론적인 그리스철학에 윤리학적이고 정신우위적 지향을 본격적으로 도입했다.

아우구스티누스가 논박하는 플라톤철학은 3세기에 융성했던, 플로티노스Plotinos가 이끌던 신플라톤주의자들의 철학이다. 플로티노스는 신의 불변성과 비교할 때 만물은 변동하는 과정에 있으며 진정한 의미에서는 존재하지 않는다고 여겼고, 인간은 여러 단계를 거쳐 영적 세계로 올라간다고 믿었다. 이 '올라간다'는 개념이 가톨릭 신비주의와 영성신학의 열쇠가 되었다. 가톨릭교회에서 말하는 '완덕(완전한 덕)의 신학'은 하나님께 올라가는 영혼의 고투를 말한다. 이것은 영적 탁월함이 사람들을 하나님에게 이끈다고 주장하는 신학으로 가톨릭교회가 가진 장점 중 하나다.

8권은 플라톤철학이 이교도 철학 중에서는 기독교 사상과 가장 가깝다는 전제 아래 플라톤주의 철학을 비판함으로써 모든 철학을 비판한다. 이 플라톤철학의 후계자들이 아우구스티누스보다 100년 먼저, 3-4세기경에 나타난 신플라톤철학자들이다. 플로티노스, 포르피리오스, 이암블리쿠스, 아풀레이우스 등이 신플라톤주의의 대표 철학자들이다. 이들은 '초월자와 피조물 사이에는 교통이 불가능하고 소통이 안 된다'는 초절주의적인 플라톤철학에 절충적 중재 개념을 도입했는데, 이것이 신플라톤철학의 특징이다. 신과 인간 사이에 존재하는 영들의 중개 기능을 통해 인간과 신이 교섭할 수 있다는 것이다. 신플라톤주의자들에 따르면 신과 인간을 중개하는 영적 중개자들은 숭배되어야 한다. 그 매개자는 선하든 악하든, 악마든 천사든 자신이 신과 인간의 매개자라고 자임하는 한 숭배되어야 한다는 것이다. 에베소서 6장 12절에 '공중권세 잡은 자들'이 나오는데 이 영들이 신플라톤주의자들이 말하는 영적 중개자들로 분류될 수 있을 것이다.

8권의 핵심은 마귀들이 신들과 인간 사이에 중재자로 숭배되어야 한다는 마귀중재론을 반박하는 것이다. 초기 기독교 사상사를 보면 이 플라톤주의 철학에 경도된 그리스도인들이 영지주의적 이단에 빠졌다. 플라톤주의의 으뜸 원칙에 따르면, 신은 인간과 직접 교류할 수 없으며 구원을 갈구하는 인간은 신과 인간 사이를 가로막고 있는 천사들, 영들의 문에 들어서게 된다. 신과 인간의 교통을 위해서는 영적 중개자가 필요하다. 플라톤철학을 과잉 섭취한 기독교 이단분파 영지주의靈智主義, Gnosticism에 따르면, 신과 인간 사이의 위계질서인 공중권세를 통과하기 위해서는 닫힌 문 앞에서 암호를 댈 수 있어야 했다. 그 암호가 '그노시스Gnosis' 즉 비밀스런 지식(영지)이었다. 이렇듯 플라톤철학은 유일신 사상을 긍정한다는 장점이 있지만, 땅과 물질의 비궁극성을 주장하기에 항상 경계해야 한다. 이 땅에 하나님나라가 이뤄져야 한다고 믿는 우리에게는 더욱 그렇다. 영들의 궁극성을 주장하고, 물질세계를 헛것으로 여기는 이데아주의에 빠지지 않도록 조심해야 한다.

제9권:

마귀숭배론과 천사숭배론의 허구
– 신플라톤주의자들의 자연신학 논박

8권에서 아우구스티누스는 마귀들이 악한 영이기 때문에 중재자로서의 마귀 숭배를 배척해야 한다고 주장했다. 9권은 마귀들 중에도 어떤 마귀들은 선하고, 또 어떤 마귀들은 악하다고 주장하는 사람들의 견해를 소개한다. 여기서 아우구스티누스는 영원한 지복至福을 부여하는 직무는 어느 마귀의 것도 아니며, 오직 그리스도의 것임을 확실히 밝힌다.

1장. 9권의 중심 논제

1장은 첫째, 신들 가운데 선한 신과 악한 신이 있다는 견해를 소개한다. 이런 주장을 하는 이들은 '신들'이라는 이름에 마귀들도 포함시키며, 드문 경우이기는 하지만 신들을 마귀(다이몬)라고 부르기도 한다. 둘째, 어떤 신도 사악하지 않고 선하며 또 선하다고 불리는 사람들보다 훨씬 우수하다고 주장하는 사람들이 있는데,[1] 이들은 스스로 마귀들의 행동에 혼란을 느낀다. 이들은 자기들이 선하다고 주

---

1   플라톤주의자들의 견해.

장하는 신들은 무례한 일을 전혀 행할 수 없다고 생각해서 신들과 마귀들은 차이가 있다고 가정하고, 무례한 일들의 원인을 마귀들에게만 돌린다. 동시에 이들은 인간들과 직접 교제할 수 있는 신은 아무도 없기에 마귀들이 인간들의 기도를 가지고 신들에게 올라가며, 신들에게서 선물을 받아서 돌아오는 중재자의 역할을 한다고 믿는다. 그러나 아우구스티누스는 앞서 8권에서 기술한 것처럼 어떻게 인간들보다 악한 영들이 신들과 더 가까이 있을 수 있으며 더 친할 수 있는지, 어떻게 악한 영들이 선한 인간들과 선한 신들 사이를 중재할 수 있는지 묻고, 그것은 절대적으로 불가능함을 다시 확증한다. 9권은 "수많은 신들에 대한 숭배행위가 미래의 삶에서 지복을 얻는 데 어떤 도움이 있는가?" 하는 문제를 집중적으로 파고든다.

2장. 인간을 하나님께 인도하는 선한 영들의 중재사역 부정

마귀들 가운데 인간의 혼이 참된 지복의 상태에 이르기까지 보호해주는 선한 영들이 있는가? 사람들은 흔히 어떤 마귀들은 악하며 또 어떤 마귀들은 선하다고 믿는다. 선한 신들이 우리를 받아들이고 우리가 죽음 이후에 선한 신들과 영원히 살아가려면 중재자인 선한 마귀들과 두텁게 교제해야 한다는 이러한 생각을 경계해야 한다. 그렇지 않으면 사악한 영들의 올가미에 빠져들어, 이성적이며 지성적인 인간의 혼을 지복으로 이끄는 참된 하나님에게서 벗어나 방황하게 될 것이다.

악령들과 정념들(3-8장)

3장. 마귀들에게 이성이 있다고 말한 아풀레이우스

　3세기의 대표적인 신플라톤주의자인 아풀레이우스는 마귀들이 비참한 상태에 있다는 증거를 감출 수 없었다. 왜냐하면 아풀레이우스 자신이 이성적인 존재라고 설명하는 마귀들의 정신이, 비이성적인 격정에 저항하는 덕목으로 고무되어 있지 않을 뿐 아니라 어찌된 일인지 난폭한 감정에 요동하며 어리석은 인간들의 정신과 동일한 수준임을 아풀레이우스도 인정하기 때문이다. 결국은 아풀레이우스가 어쩔 수 없이 인정하듯이 마귀들은 현명한 사람들보다 더 열등하며, 오래 전에 사악해졌으며, 형벌로 교정할 수 없다는 점에서 오히려 사악한 인간들보다 더 악하다. 아풀레이우스가 말하듯, 마귀들의 정신은 격동에 흔들리는 바다와 같아서, 격정적이며 타락한 감정에 저항할 수 있는 진리나 덕성을 지니지 못했다.

　마귀는 인간보다 더 불안정한 존재이기에 경배할 수 없다. 우리의 경험도 마귀의 이런 활동을 어느 정도 시사한다. 마귀가 우리를 지배하면 격정에 시달린다. 우리가 마음씨 좋은 사람보다는 마귀 같은 인간들과 같이 있을 때 우리 안에 동면冬眠하던 야수적 성향이 분출하는 것을 느낄 수 있지 않은가? 마귀는 진리의 말씀을 들을 때 겸손하게 순복하기보다는 갈릴리 가버나움의 더러운 귀신 들린 자처럼 소리를 지르며 저항한다. "도대체 하나님의 말씀과 내가 무슨 상관이 있단 말인가?" 이런 저항을 속에서 분출한다면 마귀에게 점령당한 사람이라고 보면 된다.

4장. 격정에 대한 소요학파와 스토아주의자들의 견해

여기에서는 격정perturbatio, affectus, passionem에 대한 소요逍遙(페리파토스)학파(아리스토텔레스학파)와 스토아주의자들의 견해를 논박한다. 플라톤주의자들과 아리스토텔레스주의자들은 현자들조차 (자신들에게 법을 부과하는 이성에 의해 조절되며 통제된다고 할지라도) 격정에 종속되며 그것을 필요한 범위 내에서 제한할 뿐이라고 주장한다. 이들은 현자에게도 격정이 찾아올 수 있으나 현자는 격정을 억제할 수 있다고 본다. 그러나 스토아주의자들은 현자가 격정에 종속되지 않는다고 본다. 스토아주의자인 키케로는 《최고선과 최고악에 대하여De Finibus》에서 현자는 격정에 휘둘리지 않는다고 한다. 키케로는 스토아철학자들은 격정을 다스릴 수 있다고 보았다.

아우구스티누스는 소요학파나 스토아주의자들이 실제로는 표현이 다를 뿐이지 두 학파 모두 참된 철학적 현자들은 격정에 지배당하지 않는다고 주장하는 것으로 보았다(451쪽). 아우구스티누스는 《아티카의 밤》을 쓴 아울루스 겔리우스Aulus Gellius가 어느 스토아주의 철학자와 여행했는데, 폭풍우 때문에 요동하던 배 안에서 그 철학자가 얼마나 격정(두려움과 공포)에 시달렸는지를 본 경험을 익살스럽게 인용함으로써 격정에 시달리시 않는다는 철학자들의 주장의 허구성을 들춘다. 마지막으로 아우구스티누스는 베르길리우스가 격정에 휘둘리지 않는 정신의 초연함을 이상화한 인물로 로마의 건설자 아이네아스를 찬양하는 시구를 인용한다. "그는 눈물에 의해서도 움직이지 않는다. 그는 아무리 애달픈 말이라도 동정적으로 듣지 않는다." 이것이 바로 스토아철학자들이 이상화한 덕성의 구현이다.

5장. 그리스도인들의 덕성을 단련하는 격정

그리스도인들의 영혼을 공격하는 격정은 그리스도인들이 악에 빠지게 하지 못하고 오히려 덕성을 훈련하게 한다. 성경의 가르침은 하나님이 정신을 다스리시고 도와주시도록 정신 자체를 하나님에게 복종시키며 격정을 절제하고 억제하고 또 격정을 의롭게 사용하게 한다. 아우구스티누스는 악한 사람의 행동을 고쳐주기 위해 분노하며, 고통당하는 사람에게 위안을 주기 위해 슬퍼하며, 위험에 처한 사람을 건져내며 두려워하는 사람을 비난하는 것은 온당치 않다고 본다. 아우구스티누스는 배가 전복당하는 상황에서 동료를 구하려다가 두려움과 동정심 등 격정에 휘둘린 것이 멸시받을 일인지 물으면서, 오히려 명예로운 일이 아니냐고 반문한다. 전체적으로 아우구스티누스는 동정심에 대한 스토아적인 멸시를 비판한다. 하나님은 당신 자신의 본성을 잃는다는 의미의 격정에 휘둘리지 않으시면서 악에 대한 거룩한 분노와 가련한 영혼에 대한 동정심을 느끼신다. 악령이나 마귀는 격정에 시달릴지 몰라도 동정심이나 정당한 두려움은 느끼지 못한다.

오늘날 우리 사회에서 경험하는 상당수의 음악, 영화, 애니메이션은 악령 친화적 환경을 조성하는 데 이바지한다. 하드코어 스릴러 영화는 두려움을 자극하지만, 의분과 동정심을 불러일으키지는 못한다. 실제 악령은 종교나 정치나 기업 행위 등 겉으로 볼 때는 정상적인 활동을 매개로 인간 영혼을 지배하려고 애쓴다. 영적 장풍과 같은 힘을 발휘하는 사람 중 악한 사람이 많으며 그러한 사람은 악령에 사로잡힌 지 이미 오래되었을 수도 있다. 그런 사람이 사회에서 책임 있는 공적 역할을 맡으면, 그 사회가 어떻게 되겠는가? 그 사람은 사람들에게 선해지고 싶은 생각이 들지 않도록 영향을 끼칠 것이며, 결국은 사람들을 눈물 한 방울 흘리지 못하는 악한 존재로 만들 것이다. 마귀적 격정에 사로잡힌 자들은 자신이 상상할 수 없는 악행에 동참하는 존재다. 이런 마귀적 격정의 파도를 다스리는 능력은 성령밖에 없다. 바리새인들과 마귀는 눈물이 없었지만 예수와 시인들은 눈물이 있었다. 동정심, 의분, 두려움은 격정이 아니라 하나님의 성품을 닮아가는 사람들에게 지극히 정상적인 성령의 활동 증거다.

6장. 마귀들을 격동시키는 격정에 대한 아풀레이우스의 견해

아풀레이우스는 신들과 인간들 사이를 중재한다고 가정되는 마귀들을 격정이 격동시킨다고 생각했다. 플라톤주의자의 견해에 따르면, 신들과 인간들을 중재한다는 마귀들은 스스로 이성적인 존재가 되며 실제로 덕성과 지혜를 겸비하여 혼의 하층 부분을 지시하고 통제함으로써 과격한 감정을 통제할 수 있는 영혼의 상층 부분, 즉 마음을 지녔다. 그러나 플라톤주의자들이나 소요학파들은 마귀들도 격정에 동요된다는 사실은 부인하지 않는다. 그러므로 마귀들의 마음은 두려움과 분노와 정욕과 온갖 감정에 종속되어 있다고 볼 수 있다. 아우구스티누스는 그런 마귀가 욕정과 격정에 시달리는 인간과 신의 교섭을 중재할 수 있다는 말은 어불성설이라고 논박한다.

평소에 인간은 고체 상태지만, 격정에 휘둘리면 언제든 액체 상태로 바뀔 수 있다. 아마도 스토아학파는 오욕칠정에 시달릴 기회 자체가 없었던 듯하다. 하나님의 영에 이끌림 받는 성도의 영은 액체 상태의 감수성을 유지하지만, 격정에 대해서는 보호받는 상태다. 이것을 '성령 충만'이라고 부른다. 고체와 액체 상태가 하나를 이루는 것이다. 아침에 일어났을 때는 고체 상태였을지라도, 슬픈 사람을 만나 같이 있어주면 액체(눈물)로 바뀌는 일이 벌어지지 않는가?

7장. 신들과 마귀들을 구분함으로써 신들의 명예를 보호하려는 아풀레이우스

플라톤주의자들은 신들이 아니라 마귀들이 당파심 아래에 있는데도, 시인들은 신들이 당파심 때문에 혼란스러워한다며 신들을 부당하게 모욕했다고 주장한다. 특히 아풀레이우스에 따르면, 시인들은 신들과 마귀들을 혼동하도록 조장했다. 시인들이 마귀들에게 신들의 이름을 부여하며 시적인 파격을 이용하여 마귀들을 인간 개인의 동맹자나 원수 자리에 놓았다는 것이다. 비너스나 마르스가 트로이인들에게는 동맹자이자 그리스인들에게는 대적자였던 것처럼, 어떤 마귀들도 자신들이 싫어하는 자들과 싸웠다는 식의 허구를 지어냈다는 것이다. 결국 플라톤주의자 아풀레이우스는 신들과 마귀들을 구분함으로써 신들의 명예를 보존하려고 한 셈이다.

8장. 신들, 마귀들, 인간들의 차이점과 공통점에 대한 아풀레이우스의 견해

그러면 아풀레이우스는 천상에 거하는 신들, 공중을 차지하는 마귀들, 지상에 거주하는 인간들을 각기 어떻게 정의하는가? 아풀레이우스가 정의하는 마귀(다이몬)는 동물의 본성, 격정에 종속된 혼, 이성적 마음, 공기와 같은 육체(혹은 신체)를 지니며 영원히 존속한다. 반면 인간은 이성과 언어의 능력을 갖추고, 혼은 불멸하며, 육체는 가멸적(반드시 소멸하는)이며, 성격은 마귀와 다르지만 유사한 잘못을 범하며, 용기는 단호하며, 희망은 집요하다. 아풀레이우스는 마귀들이 육체가 항구적이라는 단 한 가지 항목에서만 선하며, 혼에 관해서는 신이 아닌 인간과 유사하다고 확언한다. 이는 인간이 도달하는 지혜를 소유한다는 점에서가 아닌, 정복하기를 좋아하는 격렬한 감정을 소유한다는 점에서 그러하다.² 여기서 아풀레이우스가 격렬한 정복 욕망을 마귀의 본질로 본 점은 인상적이다. 마귀는 섬기기를 너무 싫어하는 존재다. 결코 굴복과 복종을 모른다. 히틀러나 모택동 같은 부류의 인간 안에는 마귀적 권력의지가 격렬하게 작동했다. 하나님에게 경배하는 일은 우리 안의 마귀적 권력욕과 정복 의지를 결박하는 엑소시즘 exorcism인 셈이다.

영적 중개자들로서의 악령들(9-13장)

9장. 인간이 마귀의 중재로 신들과 교제할 수 있다는 주장의 허구성

아우구스티누스는 마귀들이 중재하면 인간이 신들과 우정을 확보할 수 있느냐고 묻는다. 마귀들은 인간과 마찬가지로 혼에 결함이 있으면서, 더 열등한 부분인 육체만 신을 닮은 존재다. 살루스티우스는 "우리에게 있어서 혼魂은 지배하며 육체는 복종하게끔 되어있다 … 우리는 전자를 신들과, 후자를 짐승들과 공유하고 있다"라고 말한다.³ 상대적으로 종의 위치에 있는 마귀의 '육체'는 신들과, 주인의 위치에 있는 마귀의 혼은 불쌍한 인간들과 연결되어 있다. 지상의 생물들은 죽으면 혼과 육체가 분리되지만 마귀들은 그렇지 않다며 마귀들을 신들처럼 영원한 존재로 가정한다면, 마귀에게 그러한 육체는 영원한 형벌의 사슬이다. 이런 점에서 인간이 가멸적 존재인

---

2 조호연·김종흡의 이 부분 번역을 읽을 때는 반드시 영역본이나 다른 한국어역본을 참조하여야 한다. 이 장도 중요한 내용이나 역자들의 번역은 개선의 여지가 많아 보인다.

3 육체와 영의 변증법적 관계에 대한 로마서 6-7장의 논의는 살루스티우스의 견해를 생각나게 한다.

것이 다행이다. 죽음이 오히려 필요하다. 인간의 혼은 죽음을 통해서만 갱생할 수 있기 때문이다.

10장. 인간이 영원한 육체를 가진 마귀들보다 덜 비참한 이유

플로티노스에 따르면, 인간은 가멸적可滅적인 육체를 가졌기에 영원한 육체를 가진 마귀들보다 덜 비참하다. 마귀들은 인간들과 마찬가지로 혼이 비참하므로 인간과 비슷하게 불행할 뿐 아니라, 영원토록 육체에 얽매여 있기에 인간들보다 더욱 처참한 형편에 있다. 왜냐하면 플로티노스는 마귀들이 지혜와 경건이 어느 정도 진보함으로써 신이 될 수 있다고 생각할 수 있는 여지를 남기지 않고, 마귀들은 영원히 마귀라고 분명히 말하고 있기 때문이다.

11장. 인간의 혼이 육체의 감금에서 풀려나면 다이몬이 된다는 플라톤주의자

이제 아우구스티누스는 인간의 혼이 육체에서 벗어났을 때 다이몬, 즉 마귀가 된다고 하는 플라톤주의자들의 견해를 논박한다.[4] 아풀레이우스는 인간의 혼이 다이몬이므로 선행을 한 경우에는 사후에 라레스*Lares*(수호신)가 되며, 악행을 한 경우에는 레무레스*Lemures*(악령) 혹은 라르바이*Larvae*(악령)가 되며, 어느 경우에 속하는지 명확하지 않을 경우에는 마네스*Manes*(사자死者의 혼)가 된다고 말한다. 아풀레이우스는 복을 받은 자들은 선한 혼魂, 즉 선한 다이몬들이기 때문에 그리스어로 유다이모네스('선한 혼의 영향 아래'라는 의미)로 호칭된다고 말함으로써 인간들의 혼이 다이몬이라는 자신의 견해를 확증한다.

---

4   플라톤의 대화록, 《소크라테스의 변명》이나 《파이돈》에서 소크라테스가 펼치는 반복된 주장이 바로 이것이다.

12장. 인간과 다이몬의 본성을 구별하는 세 성질에 대한 아풀레이우스의 견해

아풀레이우스는 인간의 본성과 신들의 본성을 서로 구별 짓는 상반되는 성질 세 가지가 있다고 한다. 첫째, 신들은 인간보다 더 고귀한 곳에 거하며, 생명이 영원하고, 본성이 완전하다는 점에서 인간과 다르다. 신들의 거처가 너무나 큰 간격으로 분리되어 있으므로 신들과 인간의 직접적인 교류는 불가능하다. 둘째, 신들의 생기(생명력)는 영원하며 파기될 수 없는 반면, 인간의 생기는 서서히 사라지며 불안정하다. 셋째, 신의 본성이 지복(至福) 상태에서 찬양받는 반면, 인간들의 본성은 비참한 상태에 있다. 아풀레이우스는 이러한 우월한 세 가지 성질 때문에 인간이 신들을 찬양한다고 말한다.

13장. 마귀들이 신과 인간의 사이를 중재할 수 없는 이유

그러나 마귀들은 신들처럼 지복 상태에 있지도 않고 인간처럼 비참한 상태에 있지도 않으며, 신들이나 인간들과 공통점이 전혀 없기 때문에 신들과 인간들 사이를 중재할 수 없다. 플라톤주의자들이 말하듯이 선한 마귀들이 불멸적이기도 하고 복되기도 하다면, 불멸적이며 복된 신들과 가멸적이며 비참한 인간 사이에서 어떻게 중간 자리를 취할 수 있는가? 악한 마귀인 경우에는 감정에 격동된다는 점에서는 인간과 가깝기에 신들과 인간 사이를 중재할 수 없고, 선한 마귀의 경우 지복의 상태(유다이몬)에 있어서 영원토록 복되다면 오히려 인간들과는 영원히 멀어지게 되고 신들과 아주 가까워진다. 이 경우에도 마귀들은 신과 인간 사이를 중재할 수 없다. 이래저래 플라톤주의자들은 마귀들이 신들과 인간 사이를 어떻게 중재할 수 있는지를 효과적으로 논증하는 데 실패한다. 아우구스티누스의 논박은 참으로 논리적이며 아름답다.

또 다른 중개자의 가능성(14-15장)

14장. 가멸적인 인간이 참된 복을 향유할 수 있는 가능성

인간이 가멸적이면서도 복될 수 있느냐는 질문에 대해, 인간이 가멸적인 생명 속에 계속 남아있는 한 복될 수 없다고 주장하는 이들이 있다. 스토아주의자들은 인간이 비록 가멸적이지만 지혜를 획득함으로써 복될 수 있다(유대교와 가까워짐)고 주장한다. 비참한 동료 인간들과는 가멸성을 공유하지만 지혜를 획득하여 신들과 같은 신적 불멸성을 공유하는 지혜 있는 인간이 어째서 비참한 가멸적 존재인 인간들과 복된 불멸적 존재인 신들이나 천사들 사이에 천부적인 중재자가 될 수 없는가? 아우구스티누스는 플라톤주의자들이 이런 적합한 인간 중재자를 제쳐놓고 왜 마귀들의 중재 역할을 강조하느냐고 힐문하는 셈이다. 이 질문은 스토아주의자들의 논리적 허점을 공격한다. 그런데 역설적인 이 '지혜있는 인간'에 대한 아우구스티누스의 견해, 즉 지혜 있는 인간이 불멸적 존재와 가멸적 존재를 중재한다는 사상은 곧 가톨릭교회의 천사숭배, 성인숭배로 이어진다. 이런 점에서 가톨릭 신학은 여전히 플라톤철학을 닮았다. 모든 성자를 하루에 한꺼번에 기리는 것이 만성절萬聖節이다. 각 성인마다 축성일을 지키는 가톨릭교회의 통속적 영성은 바로 이런 인간 중재자론에서 비롯되었을 것이다.

15장. 하나님과 인간의 참된 중보자 예수 그리스도

이제 아우구스티누스는 이 장에서 하나님과 인간 사이의 중재자인 인간, 예수 그리스도에 관하여 논한다. 모든 사람들이 가멸적이며 비참하다는 사실이 아주 그럴듯하고 신빙성 있다면, 필연적으로 인간일 뿐 아니라 하나님이기도 한 중재자를 찾아야 한다는 결론이 나온다는 것이다. 예수 그리스도는 죽음으로써 말씀의 신성을 약화시키지 않고 육체의 연약함을 취하셨다. 그렇지만 그분은 육체의 죽음 상태에 머무르지 않고, 죽은 자들에게서 부활하셨다. 바로 그분의 중재 열매로, 그분의 대속적 중재 사역을 덧입고 구원을 받은 사람들이 육체의 죽음 안에 영원히 거하지 않게 되었다. 그러므로 하나님과 인간 사이의 중보자는 일시적인 죽임을 당하시는 동시에 영원한 복을 누리심으로써, 일시적인 것을 통해서 죽을 운명을 지닌 존재들과 자신을 일치시키셨으며, 부활을 통해서는 그들을 죽음에서 영원한 상태로 인도하실 수 있게 되었다.

하나님의 전능과 정의를 믿는 평범한 사람들을 어쩌면 실족시킬지도 모르는 그리스도의 가멸성mortality(죽을 수 있는 피조물성)이 이제는 존재하지 않는다. 그분의 가멸성은 우리를 실족시킬지 모르나, 그분의 부활은 그분의 인간적 가멸성 때문에 실족했을지도 모르는 사람들을 다시 일으켜준다. 그분은 부활로써 이런 일을 행할 수 있는 능력을 보이셨다. 죽임을 당했으나 다시 사셨다. 그분의 가멸성은 가멸적 인간의 중보자가 되기 위해 거쳐야 하는 시험과목이었다. 이 복된 중재자는 스스로 죽음을 경험하셨으므로 죽을 존재들을 불멸하게 하시며 그 자신이 하나님 아버지로부터 결코 분리된 적이 없이 누리신 복을 비참한 자들에게 부여하기 위하여 가멸성을 통과한 후 가멸적인 인간들을 위한 중재자가 되셨다.[5] 그리스도께서는 가멸적인 인간들을 비참한 상태에서 건지셔서 그들과 복된 동행을 하시려고 처음으로 가멸성을 입으셨다가 나중에 불멸성을 덧입으신 중재자가 되셨다.

오늘날 《하나님의 도성》 독자들이 15장을 정확하게 이해하기 위해서는 골로새서의 정통 주장, 즉 그리스도의 중보자적 충족성과 으뜸성을 파악해야 한다. 골로새서는 플라톤적 영지주의에 대한 응답이다. 본성상 신이 자기 주체성을 유지하려면 인간과 접촉하면 안 된다는 플라톤의 주장과 달리 우리 하나님은 당신의 아들을 성육신시키셨다. 이 경우 신성에서 감가상각減價償却, depreciation이 일어났는가?(빌 2:6-11, 케노시스 이론) 결코 아니다. 신성은 억제되고 은닉되었을 뿐, 성육신을 통한 그리스도 신성의 손실이나 감축이 없었다. 이사야 57장 15절이 증언하듯이, 우리 하나님은 인간과 접촉하신다고 해서 신성(신적 위엄과 영광)이 훼손되거나 감가상각이 일어나지 않는다. 15장은 골로새서를 공부할 때 매우 중요하다. 어쩌면 9권 전체가 골로새서의 보충 강해서라고 할 수 있을 정도다. 간단히 말해 골로새서는 천사들보다 나은 예수님에 관한 말씀이다(466쪽).[6]

골로새서뿐 아니라 요한복음도 중재신학을 강조한다. 요한복음의 논리도 인간인 동시에 신이어야 인간과 신 사이의 중재가 가능하다는 것이다. 이런 점에서 요한복음은 플라톤철학에 대한 응답일 수 있다. 참 하나님이면서, 참 인간인 예수님만 신과 인간 사이를 중재할 수 있다는 주장은 얼마나 감동적인가? 이것은 무덤덤하게 받아들일 말이 아니다. 예수님의 죽음은 인간다움을, 예수님의 부활은 신다움을 보여준다. 플라톤철학에서 신들은 인간과 교섭하는 순간, 신성이 감소한다. 그러나 우리 하나님은 비통한 자와 함께하시면서도 신성을 잃지 않으시는 거룩한 하나님이다.

---

5   영지주의가 여기에서 나온다.
6   특히 골로새서 1:15-17; 2:15; 2:8; 2:10; 3:1.

중재자 신은 없다(16-18장)

16장. 천상의 신들이 마귀들의 중재를 요구한다고 주장하는 플라톤주의자들의 궤변

천상의 신들은 지상의 일들과 접촉하지 않으려고 하며 인간들과의 교제를 거절하기에 마귀들의 중재가 필요하다고 단정한 플라톤주의자들의 주장은 타당한가? 플라톤주의자들이 플라톤이 말했다고 단언하는 견해, 곧 "어떠한 신도 인간들과 접촉하지 않는다"는 말은 사실이 아니다. 플라톤은 신들이 인간과 접촉한다고 해서 결코 오염되지 않으므로 이것이 오히려 인간이 신들을 찬양하는 주된 증거라고 말했다. 마귀들의 경우에는 인간과 접촉하면 오염되고 동료들과 접촉하면 불결해진다. 따라서 마귀들은 자기들에게 오염물질을 전달한 인간을 정결하게 할 수 없다는 결론이 나온다. 그들은 인간과 접촉함으로써, 인간은 마귀들을 숭배함으로써 서로 불결해진다. 혹시 마귀가 인간과 접촉하고도 더럽혀지지 않는다고 주장한다면 그것은 마귀들을 신들 위에 올려놓는 셈이다. 오염된 다이몬(마귀)이 신들과 인간 사이를 중재한다면 그게 무슨 의미가 있는가?

17장. 최고선에 참여하여 복된 생명을 얻는 데 필요한 참 중보자 예수 그리스도

최고의 선에 참여함으로써 가능한 복된 생명을 얻으려면, 마귀가 아니라 오직 그리스도에 의한 중재가 필요하다. 인간의 혼은 순간적이고 가변적인 것을 갈망할수록 비물질적이며 불변하는 영원한 존재인 신과 덜 닮게 된다. 인간은 육체에 의해 오염될 수 없는 참된 신성과 인간의 연약함을 동시에 취하는 중보자를 원한다. 육체의 죽음으로 가멸적 인간과 연합하는 동시에 영원한 성령의 의로 인간에게 진정 신적인 도움을 제공하여 인간을 정결케 하고 자유롭게 할 수 있는 중보자를 원한다. 성경이 말하듯 그분은 "하나님과 사람 사이의 중보자, 곧 사람이신 그리스도 예수"(딤전 2:5)이시다.

18장. 인간과 하나님 사이의 중재자로 자임하는 기만적인 마귀들

기만적인 마귀들은 자기들이 중재하여 하나님에게 인도하겠다고 인간들에게 약속하고는 인간들이 진리의 길에서 돌아서게 하려고 한다. 거짓되고 속이기 잘하는 중재자인 마귀들은 영이 불결하므로 자기들의 비참함과 사악함을 종종 드러낸다. 그럼에도 공기처럼 가벼운 육체와 그들이 거주하는 장소(신들의 영역인 에테르와 인간의 영역인 땅의 중간에 있는 영역인 공중)의 성질을 이용하여 우리를 빗나가게 하고 우리의 영적인 성장을 저지하려고 한다. 그러나 마귀들이 제시하는 육적인 방법으로는 하나님에게 도달할 수 없다. 우리는 육체의 향상을 통해서가 아니라 하나님에 대한 비육체적이거나 영적인 순종에 의해 하나님에게 올라가야 하기 때문이다. 정상적인 사람들이라면 천사들과 교제하기 위해 자신의 오염을 하나님이 정결하게 해주시도록 할 것이며, 마귀들과 접촉함으로써 오염되는 것은 피하려고 애쓸 것이다.

18장은 골로새서가 비판하는 천사중보론을 자세히 비판한다. 골로새서에서 암시하듯이 유대교 영지주의에 영향을 받은 기독교영지주의자들은 2세기 경 그리스 교부 이레네우스에게 철저하게 비판을 받을 정도로 초대교회에 어느 정도 영향을 미쳤다. 그리스도 외에 다른 어떤 대체중보자들도 인간을 하나님에게 인도할 수 없고 중재할 수도 없다. 아버지 하나님의 본체이시지만 하나님 아버지와 동등됨을 강탈하지 않으시고 하나님 아버지께 죽기까지 순종하신 예수 그리스도만 참 중보자이시다. 당신을 지극히 낮추신 이후 승귀케 되신 예수 그리스도만 하나님과 인간 사이를 중재하실 수 있는 참되고 유일한 중보자이시다.

거룩한 천사들(19-23장)

19장. 다이몬 숭배자들 사이에서도 좋은 의미가 아닌 말, 다이몬(마귀)

그런데 숭배자들 사이에서조차도 '다이몬'(마귀)이라는 명칭은 결코 좋은 의미가 아니다. 라베오Labeo 같은 마귀숭배자들은 자기들이 다이몬이라고 부르는 존재를 다른 사람들은 천사라고 부른다고 말한다. 플라톤주의자들은 선한 천사들의 존재를 부인하지는 않지만, 오히려 그들을 선한 마귀(다이몬)라고 부르기를 좋아한다. 그러나 성경은 천사들 중 일부는 선하며 일부는 악하다고 말하나 선한 마귀들의 존재는 말하지 않는다. 성경에서 마귀와 어원이 유사한 용어는 악한 영들에게만 적용되므로 마귀와 천사는 다른 존재다. 심지어 이교도라고 불리는 마귀숭배자들도 학식과 교육의 정도와 상관없이 자기 노예에게 "너는 다이몬(악령)을 지니고 있다"고 칭찬하지 않는다. 또 그런 말은 어느 사람이든지 저주로 여긴다. 아우구스티누스는 다이몬이라는 용어 대신 '천사'라는 용어를 사용하는 편이 낫다고 본다.

20장. 마귀들을 교만하게 만드는 지식의 종류

여기에서는 마귀들을 교만하게 하는 지식의 종류를 논한다. 마귀(다이몬)들은 지식을 의미하는 그리스어 단어(다에몬)에서 유래한 이름이다. 바울은 "지식은 교만하게 하며 사랑은 덕을 세우나니"(고전 8:1)

라고 말했다. 사랑을 결여한 지식은 아무 소용이 없고 단지 사람들이 우쭐해지거나 공허한 망상으로 거드름을 피우게 한다. 마귀들은 사랑이 없는 지식을 소유하고 있고, 이로써 아주 우쭐해하거나 교만하다.

21장. 하나님의 자녀들을 구출하시기 위해 정체를 드러내신 예수 그리스도

귀신(다이몬)들은 징벌하는 그리스도의 능력을 두려워하면서, 그분의 의를 사랑하지는 않았다. 그리스도께서는 당신이 원하신 만큼 귀신들에게 당신 자신을 알렸고, 필요한 만큼 그렇게 알리기를 기뻐하셨다. 귀신들에게는 그리스도를 공포의 대상으로 알기에 충분할 정도로 알리셨다. 그분의 목적은 영원토록 진실하며 영원한 그분의 왕국과 영광을 위하여 예정된 자들을 귀신들의 포악한 권세에서 해방시키시는 것이었기 때문이다.

22장. 거룩한 천사들의 지식과 마귀들의 지식의 차이

거룩한 천사들과 마귀들의 지식은 차이가 있다. 선한 천사들에게는 세상을 만드신 하나님의 말씀 안에서 시간적이며 가변적인 일의 원리와 원인을 바라보기에 확실한 지식이 있다. 반면 마귀들은 기본적인 이런 원인들을 하나님의 지혜 안에서 보지 않고, 단지 인간에게는 감춰진 어떤 징후들을 더 잘 안다는 이유로 인간보다 더 많이 미래에 대해 예견한다. 또 때때로 이러한 예언은 그들 자신의 의도이기도 하다. 시간적이며 가변적인 일들의 도움을 받아 시간 안에서 발생할 수 있는 변화를 추론하고 또 자신의 의지와 능력으로 그런 일들을 변화시키는 일은 마귀들에게 어느 정도 허락되었다. 하지만 하나님의 지혜 안에 남아 있는, 영원하며 불변하는 법 안에서 시간의 변화를 예견하기도 하고, 하나님의 영에 참여함으로써 모든 원인 중에 가장 오류가 없으며 가장 강력한 하나님의 의지를 아는 것, 그것은 거룩한 천사들에게 위탁된 능력이자 역할이다.

23장. 거룩한 천사들과 심지어 의로운 인간들에게도 '신'이라는 호칭을 쓰는 성경

성경이 신들의 이름을 거룩한 천사들과 의로운 인간 모두에게 적용한다 할지라도, 그것을 이방인의 신들에게 부여하는 것은 잘못이다. 시편 96편 4절에서 하나님을 "모든 신보다 경외할 것임이여"라고 노래했지만, 이 말은 뒤따라 나오는 "만국의 모든 신"이 참된 신이라는 의미가 아니다. 왜냐하면 만국의 모든 신을 명칭상으로 신이라고 지칭하지만 사실상 헛것이라고 부르기 때문이다. 만국의 모든 신은 사실상 마귀들도 다 포함한다. 헛것이라고 불리는 마귀들은 하나님의 아들 그리스도에 맞서서 "우리를 멸하러 왔나이까?"(막 1:24) 부르짖으며 그분을 두려워했다. 야웨 하나님을 "신들 중에 신"이라고 한다고 해서 하나님이 마귀들의 주재자라는 의미로 볼 것이 아니며 마귀들을 신으로 이해해서는 더더욱 안 된다. "모든 신 위에 크신 왕"이라는 말이 "모든 마귀들 위에 크신 왕"을 의미한다고 말할 수 없다.

결론

아우구스티누스가 마귀(다이몬)의 정의를 어떻게 내리는지 파악해야 9권의 중심 논지를 바로 이해할 수 있다. 플라톤주의자들이 말하는 마귀는 선한 천사와는 다른 존재다. 플라톤철학에서 마귀는 다이몬으로, '알다'라는 뜻의 '다에몬'이라는 동사에서 나왔다. 그러니 다이몬은 '아는 자'이다. 플라톤의 대화록,《소크라테스의 변명》에 나오는 다이몬은 마귀를 가리키는 말이 아니라 '무지'를 일깨우는 공중 거주 영(들)이다.《소크라테스의 변명》에서 읽을 수 있는 "육신의 감옥을 벗어나면 다이몬과 하나가 된다"는 표현에서 보듯이, 플라톤주의자들이 말하는 마귀는 신약에서 말하는 마귀와는 다른, 플라톤적 의미의 중립적이며 신神-인人 중개적 영들이다. 플라톤주의자들이 말하는 마귀들과 유사한 역할과 권능을 구사하는 영적 존재는 성경에서 말하는 타락한 천사들이다.[7]

《소크라테스의 변명》에 나오는 다이몬은 무지를 알게 하니 선한 존재인 것처럼 보이나, 전반적으로 플라톤철학에서 다이몬은 하나님과 인간 사이의 중립적, 심지어 악마적 신적 중재자로 설정된다. 9권에서 시종일관 비판받는 아풀레이우스류의 플라톤주의 철학은 천사숭배로 이어질 가능성이 높다. 플라톤철학이 유대교와 접촉하면서 영지주의적 천사숭배론으로 발전한다. 플라톤철학은 신과 인간은 절대로 직접 교섭할 수 없다는 초월주의적 신관에 기대고 있기 때문에 천사중재론을 부각할 수밖에 없다.[8]

굳이 여기서 성경의 은유를 적용하자면 이 신적 중재자가 하나님으로 향하는 경배를 자기 쪽으로 끌어갈 때 마귀가 된다. 에녹서, 유다서 6절, 에스겔 28장(두로왕), 이사야 14장(바빌론왕) 등을 천사장 루시퍼의 타락 이야기로 읽으려는 조직신학자들의 집요한 경향이 이

---

7 이 부분은《하나님의 도성》11권과 14권에서 더 자세히 논증한다.
8 어떤 점에서 플라톤의 마귀론은 김기동의 마귀론과 같다. 귀신의 수는 제한적이다. 베뢰아 아카데미의 김기동(성락교회)은 죽어서 천당에 가지 못하는 혼들을 마귀라고 본다(목창균, "김기동 계열의 귀신론과 질병관," 〈한국기독교 연구논총〉13[1995], 245-270). 이런 귀신론은 극단적으로 밀고 나가면 가톨릭의 성자숭배 사상과도 연결된다.

런 플라톤적 마귀론과 융합하여 기독교 조직신학에 슬그머니 들어왔다. 이 몇몇 외경과 성경 구절이 마귀는 타락한 천사장이라는 마귀론의 기초다. 즉 천사장이 하나님과 보좌를 다투다가 마귀가 되었다는 것이다.[9] 하나님과 신적 대권을 다투는 자가 마귀다.[10] 여기서 한 가지 지적할 것은 9권에서 아우구스티누스는 플라톤철학의 다이몬 사상과 유대교 천사론을 명확하게 구분하지 않는다는 점이다. 천사와 마귀의 차이점과 공통점을 정면으로 논하기보다는 두루뭉술하게 넘어간다. 분명한 것은 플라톤주의자들이 말하는 마귀(다이몬)보다 성경의 마귀가 훨씬 더 개성과 목적이 뚜렷하다는 사실이다.

성경의 마귀는 하나님과 인간 사이를 중재하는 영이 아니라 이간질하는 불결한 분리의 영이다. 성경의 관점에서 보면 마귀는 인간 주변을 어슬렁거리며 인간을 지배하려는 존재다. 사람이 마귀의 시험을 받는 것은 마귀와의 의사소통적 친화성이 허락되었기 때문이다. 마귀친화적인 친족성은 마귀에게 우리 인간 영혼의 처소를 내어주는 마귀 영접이다. 마귀는 인격에 들어오자마자 인격의 자존성과 독립성을 파괴하며 장악한다. 정복하기를 좋아하는 마귀는 전적 경배를 요구하고 협박하며 우리 인격과 개성을 말살해버린다. 그러나 하나님은 우리 인격적 자존과 존엄, 개성을 그대로 보존해주신다. 그래서 성령을 받으면 우리는 개성적이면서 연합적인 존재가 되지만, 악령이 임하면 인격이 말살된다.[11]

바벨탑 축조세대는 하나님의 신적 대권에 도전하다가 몰락했다.

---

9 존 밀턴, 《실낙원》.
10 마귀의 정체에 대해 말하는 성경구절은 요한일서 3:8; 마가복음 1:24; 누가복음 11:20-22; 11:24-26; 창세기 11:3-4 등이다.

신적 불멸성에 도전하다가 망한 아담과 하와의 DNA가 그들에게도 유전되었다. 그들은 신적 불멸성을 얻기 위해서 열매를 탈취했다(빌 2:6-7). 빌립보서 2장 6-7절은 '탈취하다' '강탈하다'라는 동사를 부각한다. 아담과 하와와는 달리 둘째 아담 예수 그리스도는 하나님과 동등됨을 '강탈하지' 않고, 죽기까지 복종하심으로써 하나님과 하나가 되셨다. 이처럼 마귀를 이기는 길은 극단적인 자기부인뿐이다. 마귀나 귀신의 문제는 도덕의 문제가 아니라 영의 문제다. 영이 불결하기 때문에 도덕이 부패하는 것이다. 마귀는 거짓된 형식으로 불멸성을 추구한다.

마귀의 특징은 하나님과 자신의 무연관성을 주장한다는 점이다. 마가복음 1장 24절은 마귀의 자율왕국 주장 의지를 보여준다. "나사렛 예수여 우리가 당신과 무슨 상관이 있나이까." 자기는 예수와 상관없다고 거부하는 것이 마귀의 특징이다. 말씀을 들을 때 나와 상관없다고 거부하고 불순종하는 것이 마귀적인 것이다. 하나님을 알지만 하나님에게 저항하고 하나님을 무시하는 마귀적 무신론은 중립적·도덕적 인식론이 아니라 하나님과 상관없음을 나타내는 마귀적인 권력의지의 표상이다. 이와 달리, 진정한 기독교 신앙은 그리스도의 말씀 앞에 놀라고 찔리는 경험에서 비롯된다. 마가복음 1장 27절에 나오는, 마귀마저도 순복하는 하나님의 겸손하신 아들의 눈부신 영광과 권능을 보라. "다 놀라 서로 물어 이르되 이는 어찜이

---

11 마귀적 존재의 다른 이름이 귀신이다. 귀신과 마귀는 인간을 공격할 수 있는 유리한 위치, 즉 공중의 권세를 잡은 자들이다. 어떤 점에서는 마귀에게 공격당할 수 있는 취약성을 가진 인간 육체의 가멸성은 오히려 감사한 일이다. 다른 한편으로 인간이 귀신들의 처소가 될 수 있다는 성경 구절도 여럿 있다: 누가복음 11:14-26(24-26); 마태복음 12:22-30, 43-45; 마가복음 3:20-27.

냐. 권위있는 새 교훈이로다. 더러운 귀신들에게 명한즉 순종하는도다 하더라." 마귀의 특징은 혼나면 다른 곳으로 가버리는 것이다. 끝내 하나님 아들의 권위에 순복하지 않는다.

마가복음 1장 21-23절은 귀신이 하나님 말씀을 듣고 저항하는 상황을 보여준다. "그들이 가버나움에 들어가니라. 예수께서 곧 안식일에 회당에 들어가 가르치시매 뭇 사람이 그의 교훈에 놀라니 이는 그가 가르치시는 것이 권위 있는 자와 같고 서기관(설교를 들어도 전혀 변화가 없는 유형)들과 같지 아니함일러라. 마침 그들의 회당에 더러운 귀신 들린 사람이 있어 소리 질러 이르되." 정상적인 사람은 하나님의 아들이 전하는 하나님나라 복음을 듣고 감동하고 순복한다. 그러나 마귀는 두려워서 소리 지르다가 어쩔 수 없이 항복한다.

누가복음 10장 17-20절은 제자들에게 위임된, 귀신을 무장 해제하는 사도적 영권靈權을 언급한다. "칠십 인이 기뻐하며 돌아와 이르되 주여 주의 이름이면 귀신들도 우리에게 항복하더이다. 예수께서 이르시되 사탄이 하늘로부터 번개같이 떨어지는 것을 내가 보았노라. 내가 너희에게 뱀과 전갈을 밟으며 원수의 모든 능력을 제어할 권능을 주었으니 너희를 해칠 자가 결코 없으리라. 그러나 귀신들이 너희에게 항복하는 것으로 기뻐하지 말고 너희 이름이 하늘에 기록된 것으로 기뻐하라 하시니라."

우리는 어떻게 마귀를 제압할 수 있을까? 첫째, 하나님의 거룩한 자가 됨으로써 가능하다. 둘째, 하나님 말씀의 검으로 마귀를 제압할 수 있다. 셋째, 기도를 통해 공중권세 잡은 자의 비행금지 구역을 정하고, 마지막으로 나사렛 예수 이름으로 명령하여 물리치면 된다. 악의 동선은 거룩한 자만 민감하게 감지한다. 말씀 충만, 성령 충만이 아니면 휘두를 수 있는 검이 없음을 명심해야 한다.

제10권 :

성육신의 신비
– 천사숭배론의 허구에 대한 심층 반박

아우구스티누스는 《하나님의 도성》 제10권에서 철학자들을 비롯해 대중에게도 널리 퍼졌던 플라톤주의적 이교사상을 반박한다. 선한 천사들을 신적 존재로 간주하고 경배하는 이교도들의 습속을 논파하는 근거는, 선한 천사들은 자신들이 아니라 하나님만 경배받기를 원한다는 데 있다. 아우구스티누스는 특히 영혼의 청결과 구원의 원리 등에 관하여 포르피리오스Porphyrios의 논지를 반박하는 데 치중하는데, 플라톤주의자들의 주장을 파고들면 들수록 참되신 성자요 중보자인 예수 그리스도의 중요성과 으뜸성이 더 명료하게 부각된다.

다른 권들과 마찬가지로, 제10권도 플라톤철학을 정통으로 파악하지 못하고 있다면 소화하기가 어렵다. 특히 10권에서 이교의 귀신들과 성경의 천사를 비교하고 반박하는 내용은 현대 독자들에게는 매우 낯설다. 또 포르피리오스를 비롯한 당시 철학자들에 대한 이해가 부족하면 아우구스티누스의 논리적 반박이 얼마나 효과적이고 치밀한지를 음미하기가 다소 어려워진다.[1]

서론(1-3장)

1장. 하나님과 인간 사이를 중재한다고 여기는 영들의 진짜 의도

플라톤주의자들은 하나님만 천사들이나 인간에게 행복을 부여한다고 말했다. 그런데 플라톤주의자들이 우리에게 행복을 얻으려면 섬기라고 알려주는 그런 영들이 희생제사를 자기들에게 바치기를 원하는지, 아니면 한 분 하나님에게만 바치기 원하는지는 여전히 의문이다. 아우구스티누스는 철학자 중 가장 고상하다고 존중받는 플라톤주의자들 사상의 긍정적 요소를 인지하면서도 천사숭배론은 조목조목 반박한다. 플라톤주의자들은 "인간의 혼은 불멸적이고 이성적이기는 하지만 혼 자체와 세상을 만든 하나님의 광채에 참여하지 않고는 행복해질 수 없다"는 사실을 인지하며, "행복한 생활은 순수하고 거룩한 사랑을 가진 최고선인 한 분 하나님에게 충실히 붙어있지 않고는 도달할 수 없다"는 인식을 지녔다는 점에서 가장 고상하고 존귀한 철학자들이라 불린다. 그러나 이들마저도 생각이 허망해져서(롬 1:21) 다신숭배를 옹호하거나 심지어 마귀(다이몬)들에게 제사와 희생 드리는 것을 정당화했다.

아우구스티누스는 플라톤주의자들이 신이라고 부른 천상의 주관자들이나 권세들 사이에 거하는 복되고 불멸한 영들 혹은 마귀나 선

---

1   김종흡·조호연 역본이 읽기가 어렵다면 다른 번역서나 관련 서적을 참조해도 좋겠다. 성염의 《신국론》 1-10권(분도출판사)은 라틴어 원문과 한글 번역을 같이 보여준다. 또한 각 권의 각 '장'을 좀 더 세부적으로 나눠서 소제목을 붙인 부분도 있어서 이해를 돕는다. 《아우구스티누스 연구핸드북》(CH북스)은 아우구스티누스의 저작과 사상을 총괄적으로 다루는 책이다. 여기서 제10권은 '하나님의 도성'에 대한 전체적 해설과 주제별 분석을 제공한다. 《어거스틴 하나님의 도성》(정음출판사)은 미국 랜덤하우스 출판사의 *Basic Writings of Saint Augustine*을 주 텍스트로 삼아 번역한 책이다. 그 외 목회자이면서 신학자인 마커스 도즈Marcus Dods의 영어역본 *The City of God*도 무난하게 읽힌다.

한 천사가 과연 참된 하나님에게만 바쳐야 하는 예배를 요구했는지 따져보아야 한다고 말한다. 결론은 아무 천사들이나 중간자적 영들도 하나님에게만 드려야 할 경배를 요구했다고 볼 수 없다는 것이다.

달리 말하면 플라톤주의자들이 말하는 영들 혹은 신은, 우리가 섬기는 참되신 한 분 하나님이 아니다. 성경에서 '라트레이아'라는 단어는 '예배'라고 번역하는데 이것은 언제나 하나님에게만 드리는 봉사를 의미한다. 반면 플라톤주의자들이 사용하는 '쿨투스cultus'는 한 분 하나님에게만 쓰이는 단어가 아니라 다른 영들에 대한 종교의식을 가리키는 표현에도 사용한다. 쿨투스는 특정 부류의 사람에게도 사용하는 단어라서 하나님을 예배하는 행위를 표현하기에는 부적합하다. 종교를 뜻하는 '드레스케이아'나 경건을 뜻하는 '유세베이아' 역시 그러하다. 그리스어 성경에서는 하나님에게만 드리는 경배를 표현할 때 라트레이아 외에 '테오세베이아'라는 단어도 사용한다. 라틴어에는 테오세베이아의 동등어가 없다. 결국 그리스어 라트레이아(라틴어 세르비투스)와 테오세베이아는 참되신 성경의 하나님에게만 드리는 경배를 지칭하는 단어다. 참되신 하나님에 대한 경배는, 표현하는 단어부터 다른 것이다.

인간의 행복을 바라는 천사가 있다면, 참된 행복의 수여자이신 하나님만 경배하라고 할 것이다. 참된 행복을 주시는 참되신 하나님에 대한 예배를 가로채면서까지 인간의 경배를 요구하는 불멸의 천상 거주자가 있다면, 우리를 위하는 신적인 존재가 아니다. 따라서 그런 신적 존재는 경배할 필요가 없다.

2장. '위로부터 오는 빛의 조명'에 대한 플로티노스의 견해

2장은 '위로부터의 조명'에 관한 플로티노스의 견해를 다룬다. 플라톤주의자인 플로티노스의 견해에 의하면, 플라톤주의자들이 말하는 영들과 우리는 행복의 근원이 동일하다. 영들이 인간의 영혼에 빛을 비춤으로 하나님에게 다가가 완전한 행복을 향유할 수 있게 해 준다는 것이다. 플로티노스는 이성적인 혼과 천상에 거주하는 복 받은 불멸의 존재들의 혼에게는, 우주와 영혼 자체의 창조자인 신 말고는 자기보다 상위에 있는 자연이 없으며, 이런 천상의 영들은 인간과 동일한 근원에서 복된 삶과 진리의 빛이 파생하도록 한다고 말한다. 아우구스티누스는 요한복음 1장 6-9절에 나오는 세례 요한의 참 빛에 대한 증거에 비추어 플로티노스의 견해에 동의한다.

3장. 창조자에 대한 앎이 불완전·불충분하여 천사숭배를 가르친 플라톤주의자들

그런데 플라톤주의자들은 우주의 창조자에 대해 무엇인가를 알고 있기는 했지만, 천사들이 선하든 악하든 천사들에게 신적인 영광을 돌림으로써 하나님에 대한 참된 경배를 오해했다. 인간이 경배해야 한다고 플라톤주의자들이 주장하는 천사나 마귀는 양자택일의 갈림길에 서 있다. 천사나 마귀가 참된 행복의 근원이신 하나님을 경배하지 않는다면 하나님을 잃었기 때문에 비참하다. 인간이 행복을 얻고자, 스스로 비참해지고 불행해진 그러한 영적 존재들을 경배하는 것은 어리석은 짓이다. 한편, 그 영적 존재들이 하나님을 알고 하나님을 찬송하여 스스로 행복해졌다면 그들 자신들도 참된 창조주 하나님, 이스라엘의 하나님을 경배하지 않고는 행복해질 수 없음을 스스로 인정한 것이다. 마귀들이나 선한 천사들이 이를 터득했다면, 하나님에게 드려야 할 인간의 예배를 가로챌 수 없을 것이다. 참된 하나님을 알고 경배해본 천사들은 인간이 행복을 얻기 위해 참된 하나님 한 분만 경배하는 것을 장려할 것이다.

희생제사(4-7장)

4장. 희생제사를 받으시기에 유일하게 합당하신 창조주 하나님

그러므로 희생(제사)은 참된 하나님에게만 합당하다. 마땅히 하나님께 돌려야 할 경배를 과도한 자기비하와 아첨의 언사를 통해 인간들에게 바치는 것은 하나님 모독이다. 하나님에게 배타적으로 바쳐야 할 경배를 가로채는 자들은 인간 우상들이다. 하나님 경배는 인류의 첫 세대 예배자인 가인과 아벨의 예배만큼이나 오래되었다. 태초에는 원래 인격적 유일신을 믿었다. 한 분 하나님을 믿었다. 세계의 모든 종교는 유일하신 참 하나님에 대한 일편단심에서 벗어난 길 잃은 '지류支流 종교'요, '방황 종교'다.

5장. 하나님이 바라시는 희생

그러면 하나님이 바라시는 희생犧牲은 무엇인가. 성경은 하나님은 도살당한 짐승의 제사를 원하시지 않고 상한 심령의 제사를 원하신다고 한다(시 51:16-17; 참조. 시 16:4). 하나님은 당신의 즐거움 충족을 위해 제사를 원하시는 것이 아니다. 오히려 신구약 성경 곳곳에서는 하나님이 원하는 참된 제사는 하나님에 대한 언약적 의무 실천과 여기서 파생된, 동료 인간들에 대한 인애의 실천이라고 말한다. 제사의 참된 의미를 통찰한 구약 시편과 예언서들은 진정 하나님에게 받은 계시가 아니라면 불가능했을 고도의 윤리 지향 문서다.

그러나 구약 예언자들이 이미 700년 이상 전에 통찰한, 신에 대한 제사의 본질을 모르는 플라톤주의자들은 아직도 제물을 가져가 신에게 드리는 예배 행위에 의미를 부여하는 수준에 머무른다. 그러나 성경이 말하는 예배는 '로기코스 라트레이아'(롬 12:1), 즉 영적 예배다. 로마서 12장 1절은 우리의 몸을 통해 이루는 삶 전체가 제사가 되어야 한다고 말한다. 하나님이 원하시는 궁극적인 제사는 동물 희생 제물이 아니라 우리의 일상적 삶 전체의 봉헌이다. 우리 삶 전체가 하나님에게 향기로운 제물이 되어야 한다. 일주일에 1시간 예배당에 나가는 것만 예배가 아니다. 일주일 삶 전체가 하나님에게 드리는 예배여야 한다. 하나님이 응당 받으시는 예배는 정신만 드리는 것이 아니라, 삶 전체를 드리는 예배다. 하나님이 받으시는 삶, 그것이 곧 제물이다. 가인의 제물을 받지 않으신 하나님은 사실 가인의 삶을 받지 않으신 것이다. 이렇게 급진적으로 예배를 정의한 종교가 기독교 말고는 없다.

6장. 하나님이 찾으시는 참되고 완전한 제사

참되고 완전한 제사는 하나님과 거룩한 교제 안에서 연합하기 위해 행하며, 그 안에서만 진실로 복을 받을 수 있는 최고의 선이다. 그 목적과 관계있는 모든 일이 완전한 희생제사이기에, 우리가 나타내는 인애조차도 하나님을 위한 인애가 아니라면 제사가 아니다. 우리의 지체body 역시 불의의 병기로 죄에게 드리지 않고 의의 병기로 하나님에게 드릴 때 비로소 제사가 된다(롬 6:13). 제사 봉헌은 하나님을 가까이하는 삶(시 73:28)의 정수를 드러낸다. 참된 제사의 정수는, 구원받은 회중의 머리가 되도록 부름 받으신 그리스도께서 자기를 낮추시고 종의 형체를 취하신 사건이다(빌 2:7).

7장. 한 분 하나님만 경배하도록 이끄는 거룩한 천사들의 자기부인

거룩한 천사들은 우리가 참되신 한 분 하나님만 경배하기를 갈망한다. 천사들은 창조주 하나님 안에서 기뻐하고 평안을 발견하며 그분의 진리 안에서 보증을 얻는다. 따라서 천사들은 우리가 그들 자신에게가 아니라 하나님에게 제사 드리기를 바란다. 천사들을 통하여 중보자의 손으로 받은 시내산 율법(갈 3:19)은 "여호와 외에 다른 신에게 제사를 드리는 자는 멸할지니라"(출 22:20)고 말한다.

기적들과 예배(8-22장)

8장. 믿음을 굳게 하시려고 하나님이 천사들의 수종을 통해 친히 사용하신 기적

아우구스티누스는 경건한 자들의 믿음을 굳게 하시려고 하나님이 천사들의 수종을 통해 친히 사용하신 기적들에 관하여 말한다. 아브라함 이야기를 비롯하여 성경은 천사들을 통한 수많은 기적을 보여준다. 성경은 출애굽 당시 애굽의 악한 영들과 마귀들이 몇 가지 마술과 기적을 행하지만, 천사들의 도움을 받은 모세가 그들을 손쉽게 제압했음도 보여준다.[2] 아우구스티누스는 천사의 예언으로 소돔이 멸망한 사건에서 시작하여 민수기 21장의 놋뱀을 통한 치유 사건까지, 모세오경의 기적사화를 인용하며 신앙의 건덕健德을 위한 기적의 유익을 논한다.

9장. 마귀숭배와 연관된 불법적 기술 비판

그러면 마귀숭배와 연관된 불법적인 기술은 어떠한가? 성경의 많은 기적에는 참된 하나님에 대한 경배를 기리면서 동시에 무수한 거짓 신들에 대한 숭배를 금지할 목적이 있다. 성경의 기적은 미신이

---

[2] 아우구스티누스가 보던 성경 주석에는 이런 내용들이 있었다.

나 주술이나 마법에 의한 것이 아니었다. 그러나 로마의 전통종교에는 마술과 접신술 등을 통한 유사 기적 이야기들이 만연해 영혼을 미혹하고 있었다. 대표적인 신플라톤주의자 포르피리오스는 접신술의 도움으로 혼魂의 정화를 약속한다. 동시에 포르피리오스는 그런 기술로 하나님께 돌아가는 길을 보장받을 수 있는 사람은 아무도 없다고도 말한다. 포르피리오스는 천사들과 마귀들을 구분하면서 마귀들의 거주지는 공중, 천사들의 거주지는 에테르와 최고천最高天이라고 말하며 우리 인간이 사후에 더 높은 하늘로 올라가기 위해서 마귀들과도 우정을 돈독히 할 것을 권고한다. 그러면서도 마귀들과의 교제를 경고하며 죽음 이후에 속죄된 혼이 자신을 괴롭히는 마귀들 숭배를 싫어한다는 모순적인 언설을 하기도 한다. 포르피리오스는 실로 마귀숭배, 천사숭배의 알파와 오메가를 파악하지 못한 채 혼돈에 빠져있다.

10장. 귀신들을 불러냄으로써 혼이 정화된다고 약속하는 기만적 접신술 비판

그렇다면 귀신들을 불러냄으로써 혼이 정화된다고 기만적으로 약속하는 포르피리오스의 접신술은 전혀 믿을 수 없다. 포르피리오스가 주장하는 접신술에서는 신들 자신도 감정과 동요에 속박되어 있다. 왜냐하면 성스런 주문이 신들을 불러서 혼의 정화에 영향을 미치지 못하도록 방해할 수 있다고 보기 때문이다. 접신술사들도 신들을 제대로 다루지 못한다. 접신술사들이 불러내는 신들은 인간 사후의 혼의 정화에도 극히 무기력한 존재들이다. 결국 영들은 접신술을 사용하여 인간을 속이고 해만 끼친다. 접신술로 불러낸 신이 자기 자신도 정화할 수 없는데, 어떻게 인간의 정화를 도울 수 있겠는가? 결국 하나님만 인간을 정결하게 하시며 치유하실 수 있다.

11장. 귀신들의 차이점을 알고자 포르피리오스가 아네보에게 보낸 서한

포르피리오스는 이집트인 제사장 아네보에게 보낸 서한에서 모든 다이몬에 대하여 논박하면서도 그중 일부는 '선하다'고 주장한다. 그러나 포르피리오스는 접신술사들이 특이한 혼을 소유했다고 하면서도 선한 일에 대해서는 모르는 자들이라고 본다. 또 신들이 온갖 악한 일들에는 무관심하면서 사사로운 인간들의 일에는 관심을 가지는 것에 의문을 표한다. 결국 포르피리오스는 신들이 비록 사실을 말한다고 할지라도 선한 귀신일 수 없고 인간의 혼 속에 들어와 속이는 기만적 영이라고 규정한다. 도망친 노예를 찾거나 재물을 획득하는 지혜를 얻고자 신들을 성가시게 하는 노력이 얼마나 헛된지를 주장하는 셈이다. 포르피리오스는 신들을 불러내며 인간과 신의 교통을 가능케 하는 제사에 능통하다고 알려진 아네보를 우회적으로 반박하고 비판하기 위해 질문하는 형식을 취한다. 그러나 결국 그는 이 서한의 끝에서 이집트의 재래 신들이 행복에 관하여 유용한 조언을 줄 수 없으므로 선한 귀신일 수 없고, '속이는 자'라고 불리는 영이며, 모든 중재자적 영들은 단지 상상적인 허구에 불과하다고 덧붙인다.

12장. 참되신 하나님이 거룩한 천사들을 통하여 일으키신 기적들

경건한 자를 유혹하는 사악한 영들의 역사처럼 보이는 기적들을 과연 믿어야 하는가? 우리는 천사들의 중보를 통해서건 다른 수단을 통해서건 복되신 한 분 하나님을 믿도록 격려하는 기적들은 하나님이 직접 역사하신다고 믿을 수밖에 없다. 왜냐하면 눈으로 볼 수 없는 하나님이 눈에 보이는 기적들을 일으키지 않는다고 주장하는 말을 들을 수 없기 때문이다. 심지어 기적을 부인하는 자들도 확실히 눈에 보인다는 점을 부인할 수 없는 세상을 그분이 창조하셨음을 믿고 있다. 이 세상에서 어떤 기적이 발생하더라도 그것이 하나님이 창조한 온 세상과 그 안에 있는 모든 것보다 경이롭지는 않다. 전체적으로 12장과 8장은 내용이 거의 같다.

13장. 인간의 지각과 인식 수준에 맞춰 자신을 보이시는 비가시적인 하나님

여기에서는 실제 존재하는 모습이 아니라, 종종 보는 자들이 견딜 수 있을 정도로 당신을 보이시는 비가시적인 하나님에 관하여 논한다. 우리 눈에 보이지는 않지만 조상들에게는 가시적으로 나타났던 하나님을 인정해야 한다. 물론 하나님은 가시적인 분이 아니기 때문에 가시적인 형태가 하나님 자신은 아니다. 그렇지만 생각이 목소리 속에서 들리는 것처럼, 그런 형태 안에서 보인 하나님은 그분 자신이다. 그래서 율법을 주실 때 하나님의 지혜로 충분하다고 판단하실 정도까지 경이로운 징조와 지진이 모든 사람의 눈앞에서 일어났다. 한 민족 전체가 율법을 받을 때, 경외심을 불러일으키기 위해 징조가 따라서 일어났다(참조. 출 33:13; 행 7:53; 갈 3:19). 모세에 대한 믿음과, 리쿠르고스법을 반포한 리쿠르고스[3]에 대한 스파르타인들의 믿음은 다르다. 모세는 전체 민족이 보는 앞에서 야웨의 율법을 받았으나, 리쿠르고스는 주피터 혹은 아폴로에게서 개인적으로 받았다고 주장하는 법을 선포했기 때문이다.

---

3 리쿠르고스(주전 800년?-730년)는 스파르타의 전설적인 입법자로서, 델포이의 아폴론 신탁에 따라 스파르타 사회를 시민간의 평등, 군사적 민첩성, 엄격성을 총체적으로 구현하는 데 최적화된 군국주의 국가로 만들었다. 플루타르코스의 《영웅전》에서 리쿠르고스에 대한 정보를 얻을 수 있다.

14장. 현세의 번영과 관련해서도 경배를 받으실 한 분 하나님

한 분 하나님은 영원한 복을 위해서만 아니라 현세의 번영과 관련해서도 경배받으셔야 한다. 왜냐하면 그분의 섭리가 모든 일들을 규제하기 때문이다. 하나님의 백성 이스라엘이 대표하는 인류에 대한 교육은 어떤 시기(연령)를 거쳐, 혹은 어떤 시기를 통해 진전됨으로써 세속적인 일들에서 영원한 일들로, 또 보이는 일에서 보이지 않는 일로 확장되게 되어 있다. 이는 현세적인 복에 관해서조차, 인간 영의 창조자요 주인이신 한 분 하나님 외에 다른 신적 존재를 인정하지 않도록 하기 위해서였다. 우리가 경험하는 모든 일이 전능자 한 분의 손에 있음을 부정하는 자는 제정신이 아니다. 플라톤주의자인 플로티노스도 꽃들에게까지 하나님의 섭리가 미친다고 증명한다. 예수님도 산상수훈에서 이 점을 이미 선포하셨다(마 6:28-30).

15장. 하나님의 섭리를 이루는 도구인 거룩한 천사들

하나님의 섭리를 이루는 도구인 거룩한 천사들의 사역을 살펴보자. 천사들이 율법을 전함으로써 하나님의 섭리를 만족시켰다(행 7:53). 그러나 하나님의 위격位格은 가멸적인 존재의 눈에는 보이지 않으므로 그분께 합당한 본체로서가 아니라 창조주께 순종함으로써 창조에 의해 제공된 오류 없는 징조들에 의하여 천사들 가운데 나타났다. 결국 사역자들이나 천사들의 마음의 귀에는 정확하게 들리지만, 육적인 귀에는 들리지 않는다. 그래서 사역자들이나 천사들은 말로 형용할 수 없는 방법으로 받은 명령을 감각적이며 가시적인 세상에서 머뭇거리거나 어려워하지 않고 실행한다. 하나님은 각 시대의 인지수준과 도덕의식 등의 기준에 맞춰 율법을 제정해 주셨다. 이 율법의 언어와 가시적인 의식儀式은, 천지만물과 인간의 혼과 영을 만드신 창조주 하나님 한 분만 경배할 것을 규정한다. 천사의 최고 사명은 한 분 하나님에 대한 경배를 가르치는 율법을 전해주는 것이었다.

16장. 오로지 하나님에게만 거룩한 예배를 드리라고 가르치는 거룩한 천사들

그러면 우리는 영생에 이르는 길에 관하여 자신에게 신적인 영예를 바치라는 천사들을 신뢰할 것인가, 아니면 하나님에게 거룩한 예배를 드리라고 가르치는 이들을 신뢰할 것인가. 우리가 하나님을 경배하도록 권고하는 천사들도 분명 있지만, 천사들 자신을 숭배하도록 하려고 기적을 일으키는 천사들도 있다. 그런데 자신들에게 희생을 바치게 하기 위해 일으키는 기적에 관한 이야기는, 우리가 읽는 바대로, 하나님의 백성 사이에서 일어난 일들과는 웅장함과 덕목에 있어서 비교 대상조차도 되지 못한다. 심지어 그런 것들은 이방 민족들의 법에서도 금지하며 징벌 대상이 되는 이적인 경우가 많다. 이방인들 사이에서 일어나는, 영혼을 교란하는 기적은 그 자체가 사악한 영들의 작용이다.

17장. 언약궤와 율법과 약속을 권위 있게 만들어준 하나님의 기적적인 징후들

하나님의 율법이 들어있는 언약궤가 있을 때는 항상 기적적인 징후들이 있었다. 낮에는 구름기둥, 밤에는 불기둥으로 인도하심은 언약궤와 관련된 하나님의 기적이었다. 하나님의 영광스러운 임재와 동행 자체가 기적 중의 기적이었다(출 13:21; 40:34). 법궤를 함부로 만져 죽임을 당한 베레스 웃사 사건처럼, 하나님이 일으키신 기적은 하나님에게는 사소하지만 그 기적을 경험한 사람들은 하나님을 두려워하고 경외하며 예배하게 된다(삼상 6장).

18장. 하나님의 백성을 훈육하는 기적들의 신빙성을 의심하는 자들 논박

여기에서 아우구스티누스는 기적으로 하나님의 백성을 교육하는 교회의 책들을 신뢰할 수 없다고 주장하는 자들을 반대하는 논의를 전개한다. 이방신들은 기적적인 일을 수단으로 삼아 사람들이 자기들을 숭배하도록 유인하였다. 이방신 숭배는 세상적인 부귀영화 숭배로 이어진다. 그러나 시편 기자는 자신의 육체적 쾌락 향유나 정신적인 힘을 자랑하지 않으며, 많은 재물이나 황제의 휘장과 관을 갖는 것이 복이라고 하지 않고 하나님께 가까이함이 복이라고 한다(시 73:28). 시편 기자는 이 행복을 거룩한 천사들이 기적을 수반하여 보여준 참되신 하나님에게서 배웠고, 스스로 하나님의 제물이 될 정도로 하나님을 사랑하였다. 이방신들을 숭배하는 자들도 마법 서적 같은 것에서 그들의 신들이 기적을 행했다고 믿고 주장하는데, 우리의 하나님이 당신을 더욱 사랑하도록 이끄시는 그런 기적을 행하셨음을 그리스도인들이 믿지 못할 이유가 전혀 없다.

19장. 눈에 보이지 않는 한 분 하나님에게 드리는 눈에 보이는 제사의 타당성

아우구스티누스는 참되며 눈에 보이지 않는 한 분 하나님에게 눈에 보이는 제사를 드리는 것이 타당한지를 논한다. 언어가 사물을 상징하듯이, 가시적인 제사는 보이지 않는 제사를 상징한다. 따라서 우리는 가시적인 제사를 통해, 보이지 않는 하나님에게 우리 자신을 드리는 영의 제사를 드린다. 심지어 거룩한 천사들도 자신들이 경배나 제사의 대상이 되는 것에 극력 저항했다(출 22:20; 삿 13:16; 계 19:20; 22:8). 이 천사들을 본받기라도 한 것처럼, 사도 바나바와 바울도 루스드라에서 자신들을 각각 제우스와 헤르메스의 현신顯神으로 간주해 경배하려는 사람들을 극력 제지하며 옷을 찢었다(행 14:7 이하). 숭배를 강요하는 기만적이고 교만한 영들은 참되신 하나님에게 바쳐야 할 신적 영예를 탐하여 탈취하려는 자들이다.

20장. 하나님과 인간 사이의 중보자가 드린 최고이자 참된 제사

참되신 중보자는 성부와 연합하여 제사를 받으신다. 그러나 그분은 제사를 받기보다 오히려 종의 형체로서 희생을 택하심으로써 아무도 피조물에게 제사를 드리지 못하게 하셨다. 이 최고의 제사 앞에 모든 거짓 제사는 자취를 감추었다. 하나님을 사랑하사 자기 몸을 죽기까지 내어주신 이 고결한 자기 비움의 사랑과 희생 앞에 모든 거짓 제사들은 그 정체가 폭로될 수밖에 없다.

21장. 성도를 시험하고 영광스럽게 하기 위해 악령들에게 잠시 위임된 권한

이제 아우구스티누스는 성도를 시험하고 영광스럽게 하기 위해 악령들이 위임받은 권한을 논한다. 성도는 이러한 공중의 영들을 달래는 것이 아니라 하나님 안에 거할 때 승리를 얻는다. 악령들은 제한된 시기에 인간이 자신을 경배하도록 위협하고 강압할 정도의 권한을 받기 때문이다. 그리고 그러한 권한은 성도의 신앙을 파괴할 만한 폐해가 없고 오히려 순교자의 수만 채워줄 뿐이다. 그 순교자들은 그리스신화에 나오는 유노(헤라) 같은 악령들을 정복했기에 영웅이다. 포르피리오스 같은 자들조차도 악한 영을 달래야 선한 영의 도움을 받는다고 주장한다. 하지만 우리의 영웅인 순교자들은 신적인 덕목으로, 용기로 악령들을 이긴다. 순교자들은 경배받는 신으로 승격되어 악령을 이기는 것이 아니라, 그리스도의 겸비와 사랑을 본받아 죽기까지 하나님을 사랑하고 경배함으로써 하나님이 받으실 경배를 가로채려는 악령을 이겼다!

22장. 마귀들에 대항하는 권세와 참된 마음의 청결의 원천

그러면 성도는 마귀들에 대항하는 권세와 참된 마음의 청결을 어디에서 얻는가? 성도는 공중의 적인 악령들을 제사로 달래지 않고, 정당한 영적 권세로 몰아내고 이긴다. 공중권세 잡은 자들을 이기는 길은 하나님에게 기도하는 것이다. 그리고 죄가 전혀 없으신 중보자 예수님을 통해 얻은 속죄의 효력으로 죄를 씻고 정결하게 된다(딤전 2:5; 참조. 롬 8:3). 정결케 된 성도의 삶과 기도가 공중권세 잡은 자들을 격퇴한다.

영적 정화: 포르피리오스와의 논쟁(23-32장)

23장. 혼의 정결을 규제하는 제원리에 대한 플라톤주의자들의 견해

플라톤주의자들이 말하는, 혼의 정결을 규제하는 제諸원리는 무엇인가? 플라톤주의자인 포르피리오스는 태양이나 달이 아니라 '제원리principles'[4]가 혼을 정결케 해준다고 본다. 하지만 포르피리오스는 제원리가 무엇인지 분명하게 말하지 못한다. 플라톤이 말한 신의 삼중적 위격인 선한 최고신, 중간신인 물질세계의 조물주 데미우르게, 세상의 혼, 이 셋을 통칭하여 제원리라고 불렀거나, 플로티누스가 말한 신의 삼중적 위격인 최고신, 중간 신, 인간의 영혼을 제원리라는 의미로 발언한 것 같은데, 포르피리오스는 이 문제를 얼버무리고 만다.[5]

---

4 사도 바울은 골로새서에서 이것을 '세상의 초등학문'이라고 부른다(골 2:20).
5 포르피리오스나 아우구스티누스 둘 다 혼을 신적인 본질의 연장으로 보는 플라톤의 견해를 전제로 한다.

24장. 인간의 본성을 정화하고 갱신하는 유일하고 참된 원리

포르피리오스는 혼의 정화는 천사숭배 혹은 중간단계의 신적 존재 숭배를 통해 가능하다고 보았기에, 그리스도께서 성육신하심으로써 인간을 정결케 하는 근원이 되셨음을 부인하려고 했다. 포르피리오스는 그리스도가 육신을 입었다는 이유로 그분을 멸시했다. 그러나 우리의 중보자는 스스로 죽을 목숨을 지닌 인간의 모습으로 가멸적인 인간에게 당신을 드러내셨다. 그리고 플라톤주의자와는 달리 그분은 죄가 악하지 육신의 존재나 본성은 악하지 않다는 것을 보이셨다. 그래서 죽음 자체가 죄에 대한 형벌이기는 하지만, 죽음은 회피해야 하는 것이 아니라 의를 위해 참아내야 하는 것임을 보이셨다. 그래서 정결케 하는 근원은 그리스도 안에 있는 육신도, 혼도 아니고 말씀이다. 말씀이 육신으로 체현된 바로 그 덕이 우리를 정결케 한다. 그 근원, 즉 말씀이 인간의 혼과 육을 입었기 때문에 믿는 자들의 혼과 육을 깨끗하게 해준다. 아우구스티누스는 여기서 사벨리우스의 양태론적인 삼위일체론도 반박하고 플라톤주의자들의 세 원리론(일종의 플라톤철학적 삼위일체론)도 반박한다.

25장. 그리스도의 성육신의 신비를 믿음으로 의롭게 된 모든 성도

모든 성도는 율법 아래에 있든지 율법 이전에 있었든지 간에 그리스도의 성육신의 신비를 믿음으로 의롭게 되었다. 구약의 모든 성도도 사실상 정결케 하시는 그리스도의 성육신이라는 신비로 의롭게 되었다. 여호와를 가까이함이 내게 복이라고 고백한 예언자들은 말씀이 육신이 되어 오신 그리스도로 인해 하나님에게 가까이 가고 화해했기에, 그리스도의 성육신으로 의롭게 됐음을 고백한 것이다. 하나님 가까이에 거하는 거룩한 천사들 역시 그리스도로 말미암아 그

복을 누리기 때문에 인간이 천사들 자신을 섬기지 않고 자기들과 연합하여 성부 성자 성령이신 한 분 하나님을 경배하기를 바란다.

26장. 참되신 하나님 신앙과 악령 숭배 사이에서 방황하는 포르피리오스

그러므로 참되신 하나님을 고백하는 것과 악령을 숭배하는 것 사이에서 갈팡질팡하는 것이 포르피리오스의 연약함이다. 포르피리오스는 접신술사들을 찾아가 신적 계시를 주는 천사들도 있고, 성부의 위엄을 공표하는 천사들도 있다고 한다. 이렇게 접신술사들을 찾아가는 천사와 하나님의 뜻을 선포하는 천사가 어떻게 다른지 이미 분별했음에도, 포르피리오스는 전자의 천사들에게 신적 진리를 선포하는 권위를 부여한다. 그러나 성부의 뜻을 선포하지 않는데 어떻게 신적인 계시를 내릴 수 있는가? 결국 포르피리오스는 접신술사들을 불쾌하지 않게 하려고 눈치를 보는 것이다.

27장. 아풀레이우스의 오류보다 더 악한 포르피리오스의 불경건

접신술사들이 악한 신들에게 신적인 계시를 받는다는 포르피리오스의 주장은, 플라톤이 아니라 갈대아인 교사들에게 배운 내용이다. 포르피리오스는 접신술의 정화의식이 전혀 필요 없다는 것을 알았으면서도 스승에 대한 보답으로 접신술사의 정화의식을 사람들에게 추천하고 있다. 이것은 아풀레이우스의 오류보다 더 악한 불경건이다. 그러나 정신과 영과 신체, 전체가 참여하는 가장 은혜로운 정화는 중보자 되신 예수님 안에서 이루어진다. 예수님은 죄가 없이 인간의 본성을 취하셨기 때문에 모든 인간의 죄를 치유하실 수 있다.

28장. 포르피리오스의 무지몽매

포르피리오스는 참된 지혜인 그리스도를 인정하지 않을 정도로 몽매해졌다. 포르피리오스는 무지와 무지에서 생기는 악덕[6]을 비의秘儀가 아니라 하나님 아버지의 의지를 의식하는 정신 혹은 지성으로만 제거할 수 있다고 한다. 그러면서도 그것이 바로 그리스도라는, 하나님의 의지를 의식하는 정신이라는 진리는 믿지 않는다. 오히려 십자가에서 수치를 당하신 그분을 멸시한다. 그러나 그분은 "그들 중에서 지혜자의 지혜가 없어지고 명철자의 총명이 가려지리라"(사 29:14; 고전 1:29)는 예언을 성취하신다. 결국 포르피리오스에게는 그분이 주시는 지혜가 없었던 것이다.

29장. 주 예수 그리스도의 성육신을 받아들이지 못하는 불경건한 플라톤주의자들

불경건한 플라톤주의자들은 우리 주 예수 그리스도의 성육신을 인정하기를 부끄러워한다. 포르피리오스는 최고의 신, 데미우르게(조물주 신), 세상의 혼을 세 신으로 부르지만, 우리를 구원하시는 분의 성육신은 인정하지 않는다. 그러면서도 '소수만 하나님이 부여하시는 지성의 덕'(영지주의)으로 말미암아 하나님에게 도달한다고 말함으로 어느 정도 은혜를 인정한다. 하지만 안타깝게도 포르피리오스는 예수 그리스도 안에 있는 하나님의 은혜를 인정하지 못한다. 하나님 안에 변치 않는 모습으로 계신 하나님의 독생자는 인간의 모습을 취하며, 또 인간적인 본성의 중재를 수단으로 해서서 우리에게 그분의 사랑에 대한 소망을 주셨다. 우리는 그 중재를 통하여 죽을 목숨에서 영원한 생명을 가진 존재로, 가변적인 존재에서 불변적인 존재

---

[6] 조호연·김종흡의 역본은 악덕vice을 음성voice으로 오독해 오역했다.

로, 불의한 존재에서 의로운 존재로 넘어갈 수 있었다. 그러나 플라톤주의자들은 그분이 처녀에게서 육신으로 탄생했다는 것과 부활한 후에 천상의 장소로 육신이 옮겨갔다는 사실을 받아들이지 못한다. 그것은 포르피리오스가 혼이 지복상태에 있으려면 어느 종류의 육신이든 다 회피되어야 한다고 가르쳤기 때문이다. 그러면 태양이나 별들이 물질상태로 있으면서 지복상태에 있다는 플라톤주의자들의 주장은 어떻게 설명할 것인가? 결국 플라톤주의자들은 교만 때문에 그리스도의 성육신의 진리를 터득하지 못했다.

30장. 플라톤주의에 대한 포르피리오스의 수정과 변경

결국 포르피리오스는 자신의 스승인 플라톤이나 플로티노스의 견해를 많이 반박하고 수정하였다. 포르피리오스는 인간의 혼이 죽음 이후 동물의 신체 속으로 들어간다는 스승의 주장을 반대하고 다른 새로운 인간의 신체 속으로 돌아온다고 주장하였다. 또 신이 혼을 세상 가운데 놓은 것은 혼이 물질계의 제반 악들을 인식하고 하나님에게 되돌아오고, 물질과 접촉하는 데서 영원히 해방되게 하기 위함이라고 말한다. 이런 주장은 플라톤주의자들의 견해를 수정한 것이다. 포르피리오스는 혼이 모든 악에서 정결하게 되어 하나님 아버지가 계신 곳에 받아들여졌다면 다시는 이 세상의 악을 겪지 않는다고 말함으로써, "살아있는 사람들은 죽은 사람들로부터 만들어진다"는 플라톤주의자들의 주장을 반대하였다. 아우구스티누스는 포르피리오스가 인간-동물의 경계를 뛰어넘은 혼들의 윤회설, 즉 이전 플라톤주의의 견해를 반박한 것에 제한적이지만 가치가 있음을 인정한다. "사람보다 진리를 선호했기에 스승을 교정하는 일에서 뒤로 물러서지 않았다"는 것이다.

31장. 인간의 혼이 하나님과 영원히 공존한다고 주장하는 플라톤주의자들 논박

플라톤주의자들은 항상 존재하던 것이 아니면 영원할 수 없다고 단언하였다. 그러나 플라톤은 신은 시작은 있지만 끝은 없으며 창조자의 주권적인 의지에 의해 영원히 지속될 것이라고 하였다. 포르피리오스는 혼의 복은 악을 경험한 이후에 더욱 견고해지고 끝없이 지속될 것이라고 했다. 복은 시간 안에서 시작되었는데도 영속한다는 주장이다. 그런데 이는 시작점이 없는 것 외에 아무것도 영속할 수 없다는 자신의 주장을 허무는 모순 아닌가? 하나님의 천상 성도는 시작점은 있으나 영원한 지복에 들어갔다. 이들은 혼 자체가 영원 존속하기 때문이 아니라, 그리스도의 중보제사를 통했기 때문에 영원지복에 들어갔다. 그들은 오직 참된 중보자 그리스도만 경배하는 것이 마땅하다고 증언한다.

32장. 포르피리오스는 보지 못한, 그리스도의 은혜를 통한 보편적 구원의 길

그리스도의 은혜로만 가능한 보편적인 영원구원의 길을 포르피리오스는 바르게 추구하지 않았기에 발견하지 못했다. 포르피리오스는 자기가 알고 배운 모든 것 중에서, 심지어 철학 중에서도 보편적인 구원의 방법을 찾을 수 없다고 말한다. 그러면서도 보편적인 참된 구원의 길이 있다고 주장한다. 신적인 섭리가 영혼을 구원하는 보편적인 길을 주지 않은 상태에 인간을 방치하지 않으리라고 믿기 때문이다. 그런데도 포르피리오스는 그리스도의 십자가 구원이 인간 영혼을 영속적으로 구원하는 보편적인 구원의 길임을 믿지 못했다. 기독교가 박해를 받기 시작할 즈음에 기독교 신앙의 진수를 보고도 이 기독교가 조속히 소멸될 운명에 처했다고 믿어 신앙에 이르지 못한 것이다. 포르피리오스는 자신의 영혼을 교란한 바로 그 역경이 기독교 신앙을 더욱 확고하고 강력하게 고양시킨다는 사실을 깨닫지 못한 것이다.

결론

《하나님의 도성》6-10권은 로마의 불합리고 우스꽝스러운 다신교 종교체제를 다뤘다. 아우구스티누스의 일관된 논지는 로마 대중들이 섬기는 이교사상이 그다지 만족할 만한 영적 종교가 아니라는 것이다. 아우구스티누스가 주로 비판의 막대기로 때리는 사람은 고대 신들에 대한 방대한 자료를 정리한 마르쿠스 배로Marcus Varro지만, 배로뿐 아니라 고대 철학자들의 주장도 논박한다.

물론 아우구스티누스가 신에 대한 철학자들의 사상을 모두 부정적으로 보는 것은 아니다. 아우구스티누스는 지혜를 사랑하는 자들이 궁극을 추구함을 보고, 그들이 성경이 말하는 하나님의 진리에 어느 정도는 접근했다고 생각한다. 그중에서도 플라톤주의자들의 형이상학, 논리학, 윤리학을 매우 긍정적으로 본다. 그러나 10권 8-10장에서는 플라톤주의자들의 이교사상에서 영들이나 귀신들을 숭배하는 것이 기독교의 하나님을 예배하는 것과 어떻게, 얼마나 다른지를 보여준다. 아울러 그런 이교의 신들을 숭배하는 것이 얼마나 어리석은지를 드러낸다. 그래서 이교사상에서 방황하는 영혼들, 혹은 아마도 죽은 자들의 영혼들을 예배하는 것을 공격한다.

10권의 긍정적인 중심 논지는 플라톤주의자들이 잡신 속에서 헛되이 찾고 있던 하나님과 사람 사이의 중보자가 바로 그리스도라는 진리 논증이다. 따라서 오직 하나님에게 제사를 드려야 하고, 하나님이 열납하시는 유일한 제사는 인간의 생명을 아버지께 헌신하는 것이며, 그것은 바로 우리 삶을 드리는 제사라고 말한다. 더 구체적으로 10권에서 아우구스티누스는 하나님이 사람들을 불러오시기 위하여 거룩한 천사들의 사역을 사용하셨음을 부인하지 않는다. 그러나 플라톤주의자들이나 이교도들이 말하는 귀신들과 성경의 천사들을 대조하면서, 귀신들은 사악하게도 자신들을 위해 신적 영광을 요구하지만 성경의 천사들은 오직 하나님에게만 영광을 돌린다는 점을 지적하여 이 둘을 확실하게 구별한다.

10권의 여러 곳에서 아우구스티누스에게 미지근한 칭찬과 세찬 공격을 동시에 받는 사람은 포르피리오스다. 사실 어떤 면에서 아우구스티누스는 포르피리오스를 상당히 높이 평가한다. 포르피리오스의 작품 속에서 하나님의 말씀과 영, 하나님과의 연합에 의한 구속救贖의 필요성에 대한 강조를 보았기 때문이다. 그럼에도 포르피리오스가 성경이 말하는 중보자 예수 그리스도를 받아들이는 데에는 이르지 못한 것을 안타까워한다. 결국 아우구스티누스는 그리스도에 대한 포르피리오스의 오해를 논박하고, 그리스도의 은총이 없었기 때문에 포르피리오스가 보편적인 구원의 길을 찾지 못했다고 주장한다.

오늘날 우리는 기독교 신앙이 여전히 거칠고 완고하고 미성숙하게 표현되는 현실을 부인하지 않는다. 하지만 보편적 구원의 길이 그리스도임을 믿는다. 그리스도교는 우상숭배자들과 귀신숭배자들이 박해하던 시기에도 살아남았다. 그 구원의 길을 사람들이 얻지 못한 이유는, 그 길을 인간의 능력으로는 완전히 헤아릴 수 없기 때문이요, 인간의 타락한 이성의 논리에 손쉽게 부합하지 못하는 그 길의 거룩한 도발성 때문이다.

하나님의 존귀한 형상으로 창조된 인간이 하나님과 불화상태에 있다는, 외견상 형이상학적 거대담론처럼 보이는 기독교 신앙의 입문적 담론이 포스트모던 정신 풍토에서는 상당히 낯설다. 그러나 인류 구원의 길은 아브라함 때부터 이미 믿음으로 중보자 안에 있었다. 이 길은 한 나라가 아니라 모든 나라에 속한 것이며, 시온과 예루살렘에서 흘러나와 보편적으로 만방으로 퍼져나갔다. 처음에는 선택된 소수에게 그 길을 계시하셨지만 결국 중보자 자신이 육신으로 이 땅에 오셨다. 어렴풋하던 것이 공공연하게, 뚜렷이 드러났다. 그리고 이것은 하나님의 기적과 천사들의 사역으로 나타났을 뿐 아니라, 하나님의 사람들이 불결한 영을 축출하고 병자를 고치는 치유로도 나타났다. 인간 전체를 정화시키며, 가멸적인 존재의 모든 지체가 불멸을 위하여 예비되도록 준비시키는 길은 이 길뿐이다.

우리는 성경에서 예언한 이 모든 것들이 이루어졌음을 알기에 나머지 것들도 성취될 것을 믿는다. 그리스도의 성육신은 육신 자체가 악이라고 본 플라톤주의자들에게 가장 강력한 변증논리다. 그것은 육신은 악의 거소가 아니라 하나님의 영의 거소가 될 수 있으며 영원한 지복의 매개가 될 수 있다는 진리의 선포다.

이런 점에서 포르피리오스와 아풀레이우스 같은 신플라톤주의자들에게는 성육신의 신비를 파헤친 요한복음이 최적화된 복음이다. 요한복음은 고대의 육신 모멸사상이 가득 찬 헬라세계에 폭탄처럼 터뜨린 복음이었다. 신약성경의 각 책은 중심이 두 개인 타원과 같은 구조가 있다. 그 중심 하나는 구약성경이고 나머지 중심은 신약성경의 신앙공동체를 둘러싸고 있는 헬라세계의 철학과 종교 사상이다. 결국 신약성경의 형성에 영향을 끼친 참조의 틀frame of reference은 구약성경과 헬라철학·종교사상인 것이다. 예를 들면, 요한복음 1

장 1-18절은 구약성경의 창세기와 깊이 있는 대화를 시도하는 책이다. 요한복음의 이 단락은 놀랍게도 창세기 1장에서 출애굽기 40장까지의 내용을 압축한다. 요한복음 1장은 신약의 창세기-출애굽기를 표방하는 책이면서 동시에 구약의 창세기와 출애굽기에 대한 해설이나 마찬가지다. 요한복음 1장 1-5절에서는 태초부터 시작되는 창세기를 참조하고 언급하며 성취한다. 1장 14-18절은 출애굽기의 성막과 모세를 예수 그리스도께서 어떻게 실체화하셨는지 말한다. 출애굽기 40장의 성막에 가득 찬 하나님의 영광과, 성전(성막)된 예수 그리스도의 육신장막 안에 가득 찬 하나님의 영광이 완벽하게 조응照應한다. 이처럼 요한복음이 말하는, 육신을 입은 로고스 예수 그리스도는 철두철미하게 구약성경의 모형과 상징을 육신화, 실체화한다. 이처럼 요한복음의 모든 중심메시지는 구약성경과의 대화 없이는 석명釋明할 수 없다.

다른 한편으로 요한복음은 이 복음서 독자(에베소의 지식인 출신 신자들)를 에워싼 사상·종교·철학 환경milieu에 대해 변증적 태도를 취한다. 여기서 변증은 이방 세계나 국외자에게 기독교 신앙을 옹호하거나 합리적으로 해명하는 행위다. 변증은 헬라어로 아폴로기아 *apologia*(벧전 3:15)인데, 법정에서 고소당한 기독교인이 기독교 신앙의 정당성과 특이성을 선전하거나 옹호하는 행위를 가리키던 말이다. 요한복음은 그리스 자연철학사(이오니아학파)의 핵심 주제를 건드리며 동시에 스토아철학의 근본개념을 활용하여 헬라세계의 철학적 관심에 정면으로 대답한다. '태초', 즉 '아르케*arche*'는 그리스 자연철학의 화두話頭였다. 요한복음은 헬라화한 신자들, 즉 이방인인 신자들을 겨냥하여 예수 그리스도가 이 세상에 오신 목적을 해명한다. 서론인 요한복음 1장 1-18절은 구약본문들을 의도적으로 참조했음을 눈에

띄게 드러내는 동시에, 또 다른 의미에서 그리스철학에 대응하여 변증적 대화를 전개한다.

엔 아르케 엔 호 로고스. "태초에 말씀이 계시니라." 헤라클레이토스 이래 로고스는 만물의 아르케로 수용되었다. 물, 땅, 바람, 원자 등 유물론적인 궁극자가 아니라 정신적 궁극자인 로고스가 아르케라는 것이다. 에베소의 이방인 지식인 기독교인들에게 로고스-아르케론은 꽤 익숙한 개념이다. 그리스철학의 첫 명제인 "초월적 신과 인간은 직접 교통할 수 없다"는 플라톤의 명제는 헤라클레이토스의 로고스론을 이어받아 확장한 명제였다. 신과 인간의 소통을 중재하는 중재자가 필요했는데 그 중재자의 이름이 로고스였다. 구약성경에서는 메시아, 혹은 예언자적 존재(렘 23:18-22; 암 3:7-8), 혹은 선재하는 지혜(잠 3장, 8장)가 야웨 하나님과 인간계 사이를 소통케 했듯이, 헬라세계에서는 로고스가 바로 그런 역할을 맡았다. 구약성경은 몰랐지만 로고스라는 신적 중재자에 대한 선이해가 있던 이방인들에게 요한복음은 철저하게 헬라화한 개념인 로고스를 활용하여 그리스도를 증거한 것이다. "헬라인 당신들이 신의 세계와 접촉하고 소통하기 위하여 그토록 추구하고 찾던 그 로고스가 사람이 되어 우리 가운데 나타났습니다. 그분이 바로 나사렛 예수 그리스도입니다." 로고스 철학개념에 익숙한 헬라인들에게 이 요한복음의 첫 문장은 얼마나 엄청난 계시의 언어였을까? 태초에 로고스가 있었다. 이 구절은 헬라세계도 하나님의 통치권 아래 감독되고 관리되던 세계라는 것을 알려준다. "구약성경 창세기에서 세상을 창조하던 그 말씀이 바로 헬라인 당신들이 찾던 그 로고스, 말씀입니다. 그 로고스가 바로 나사렛 예수입니다." 헬라인에게 이보다 더 효과적으로 기독교 신앙을 소개하고 옹호할 수 있는 길이 있었을까?

이처럼 요한복음은 창세기부터 시작되는 구약성경에 익숙한 유대인 신자들에게도 호소력이 있으며 동시에 로고스 철학에 익숙한 이방인 신자들도 납득할 수 있는 방식으로 저술되었다. 이것은 오늘날 우리에게 심대한 선교학적 도전을 제시한다. 우리는 이 시대 사람들의 관념과 세계관을 활용하여 하나님을 말할 수 있는, 신앙옹호적이고 답변적인 태도를 갖춰야 한다. 아무 문명이나 세계관에서도 하나님의 아들 예수 그리스도를 그곳의 언어로 표현할 수 있어야 한다. 피선교지의 언어가 광대하신 하나님의 아들을 다 담지는 못하더라도 말씀이 육신이 되는 방식으로 우리는 복음을 증거해야 한다. 인도 선교사 폴 히버트나 레슬리 뉴비긴, 스탠리 존스와 같은 선교사들 대부분은 토착 피선교지에 이미 존재하는 언어를 사용해 하나님과 하나님의 아들 예수 그리스도를 증거하는 "성육신적 선교"를 시도해 열매를 거두었다. 물론 이 때 우리는 폴 틸리히처럼 하나님의 실체성을 희생하는 언어적 환원주의에 빠져서는 안 된다. 하나님을 '궁극적 관심'과 같은 조어造語를 통해 표현하려는 조급증을 경계하여야 한다. 폴 틸리히는 일반인들에게 익숙한 개념이 아니라 자신이 지어낸 개념에 하나님을 담으려고 했다가 실패했다.

    말씀을 육신화할 때, 말씀을 인격화하고 실천으로 표현할 때 사람들은 하나님의 말씀을 알아듣는다. 사랑을 만 마디 말보다 행동으로, 몸으로 입증할 때 하나님이 매개되고 중재된다. 우리는 말씀이 육신이 되는 원리에서 행함으로 표현되는 기독교 신앙의 위엄을 본다. 요한복음은 육신화, 인격화, 행동화한 말씀이 세계만민이 가장 익숙하게 아는 철학이라고 본다. 포르피리오스와 아풀레이우스 같은 이 세상의 지성인을 결정적으로 회심시키는 성육신적 로고스론을 우리 시대에도 창의적으로 계승해야 할 것이다. 인간의 고유성과 존엄성을 폐기하려는 기세로 다가오는 인공지능의 시대, 4차 산업혁명의 시대에 기독교는 하나님의 이름으로 인간존엄을 수호하는 진리의 방벽이 되어야 한다.

2부
인간의 도성과 하나님의 도성, 그 기원과 종말

11-14권, 두 도성의 탄생과 대립적 병렬의 역사
15-18권, 두 도성의 병렬적이고 대립적인 병진의 역사
19-22권, 두 도성의 완전히 다른 결말

11-14권
두 도성의 탄생과 대립적 병렬의 역사

11권: 천상의 도성과 지상의 도성, 그리고 그 각각의 기원
12권: 기원들-천사의 타락과 인간 창조
13권: 기원들-인간의 타락과 그 함의
14권: 기원들-두 종류의 사랑, 두 종류의 도성

제11권:

천상의 도성과 지상의 도성, 그리고 그 각각의 기원

아우구스티누스는《하나님의 도성》제11권에서 우주와 시간이 함께 창조되었음을 증명하며 지상도성과 천상도성의 기원과 역사, 그리고 종국을 각각 설명한다. 하나님 나라는 빛의 창조, 즉 천사들과 함께 시작된다. 그리고 지상의 나라는 사단의 죄와 함께 시작된다.

11권에서는 제법 자세하게 삼위일체론을 해설하며, 악은 본성의 결점이 아니라 의지의 결점임을 강조함으로써 마니교의 이원론을 공격한다. 1부의 결론에 해당하는 11권은《하나님의 도성》을 읽고 이해하는 데 가장 중요한 부분이다. 기독교형이상학에 해당되는 11권의 사변적 논의는 현대 독자들에게 낯설지 모르나 이 책 전체의 중심이기에 정독해야 한다.

서론(1장)

1장. 두 도성의 기원과 종국에 관한 서설

하나님의 도성city of God은 성경이 말하는 도성이다. "하나님의 성city

of God이여 너를 가리켜 영광스럽다 말하는도다"(시 87:3). 하나님의 도성을 건설하신 분은 우리에게 사랑을 불어넣으셔서 그 도성의 시민권을 갈망하게 하신다(535쪽). 아우구스티누스는 천상도성과 지상도성의 기원, 과정, 종국을 각각 논하기에 앞서 두 도성이 처음부터 어떻게 천사들 간에 생긴 차이점에 기초를 두었는지를 말하고자 한다(536쪽).[1]

중보자의 역할과 정경의 권위(2-3장)

2장. 중보자 예수 그리스도를 통하지 않고는 알 수 없는 하나님

그리스도는 인간으로서 중보자시요, 길이시기 때문에 그리스도를 통하지 않고는 하나님 아버지께 갈 자가 없다(요 14:6; 히 10:20). 그분은 하나님으로서 우리의 목표시며, 사람으로서 우리의 길이시기 때문이다(537쪽).

3장. 성령께서 저작하신 정경과 그 권위

성령께서 저작하게 하신 정경에는 최고의 권위가 있다. 인간이 반드시 알아야 할 일이지만 자력으로는 알 수 없는 일들에 관해서는

---

[1] 하나님의 도성과 인간의 도성은 가인과 아벨 때 갈라졌다. 셋-에노스-에녹-노아는 하나님의 도성 시민들이요, 가인-라멕-네피림-바벨탑 세대는 인간의 도성 시민들이다. 이러한 두 도성의 분리과정을 잘 설명한 책이 에릭 사우어Erich Sauer의 《세계 구속의 여명The Dawn of World Redemption》, 게르할더스 보스Geerhardus Johannes Vos의 《성경신학Biblical Theology》이다. 두 책은 아우구스티누스의 영향을 받아 성경의 구원사를 이원적인 역사 진행으로 해석했다. 개신교와 가톨릭 모두 천상도성과 인간도성이 천사의 타락에서 시작한다고 보는데 이것은 아우구스티누스의 독특한 천사타락론을 함께 이어받았기 때문이다.

성경의 증언을 믿어야 한다. 특히 성경은 성령의 감동을 받은 사람들이 쓴 책이다. 우리는 내면의 지각력으로 파악할 수 없는 것들에 대해서도 비물체적인 빛 가운데서 하나님의 일하심을 보게 된 사람들이나 그것들을 계속적으로 보는 사람들을 믿어야 한다(537쪽).

삼위일체 하나님의 천지 창조물과 그 사역에 관한 논의(4-28장)

4장. 무시무종적 우주항상존재론 반박

우주는 분명 시작이 있으며, 창조는 하나님이 새롭게 결정하여 하신 일이 절대 아니다.[2] 세상의 존재는 눈으로 볼 수 있지만, 하나님의 살아계심은 믿을 뿐이다. 하나님이 천지를 창조하실 때 거기에 하나님의 지혜가 함께 있었다(잠 8:27). 이 지혜는 거룩한 영혼들에게 들어가서 그들을 하나님의 친구와 대변자로 만들고 자기가 한 일을 소리 없이 알려준다. 우리는 세상이 시간 속에서 창조되었으며, 하나님이 우주를 창조하실 때에 품으신 그 영원한 뜻과 목적을 바꾸시지 않으셨다는 것을 믿어야 한다(538쪽). 여기서 아우구스티누스는 하나님은 원래 우주를 창조하실 생각이 없었는데 갑자기 창조했을 리가 없으므로 우주는 영원하며 무시무종無始無終이라고 주장하는 에피쿠로스파와 마니교도들(538쪽 각주 5)을 논박하는 한편 하나님의

---

[2] 조호연·김종흡 역본의 4장 제목("우주창조는 시간과 관련 없이 하신 일이거나 새로운 결정으로 하신 일이 아니다")은 오역에 가깝다. 영어번역은 이렇다: "That the World is Neither Without Beginning, Nor Yet Created by a New Decree of God, by Which He Afterwards Willed What He Had Not Before Willed." 두 역자는 시작beginning을 '시간'으로 옮겼는데 오역이 아니라 단순교정 오류일 수도 있다.

우주창조는 인정하지만 시간에 대해서는 시초를 인정하지 않는 신플라톤학파를 논박한다(10권 31장 참조: 539쪽 각주 6). 아우구스티누스의 논지는, "하나님은 주도면밀한 계획으로 시간의 순차를 의식하면서 우주를 창조하셨다. 따라서 우주는 시작과 끝이 있다"는 것이다.

5장. 우주 이전의 시간이나 우주 밖의 공간 존재가능성 담론의 무의미성

아우구스티누스는 세상이 존재하기 전의 무한한 시간이나 우주라는 무한한 영역을 이해하려고 해서는 안 된다고 말한다. 세상 창조 이전의 시간이나 세상 이외의 공간은 없으니 창조 이전에는 왜 하나님이 일을 안 하셨느냐는 질문은 할 수 있지만, 하나님이 현재의 위치에 세상을 두신 신적인 이유를 인간의 이성으로 찾거나, 세상 창조가 하나님이 무턱대고, 계획 없이 하신 일이라는 결론을 내려서는 안 된다(541쪽)는 것이다.

6장. 우주창조와 시간 시작의 동시성 옹호

하나님은 세상을 시간 속에서 창조하시지 않았고, 세상과 시간을 동시에 만드셨다. 따라서 세상과 시간은 시작과 기원이 같으며, 세상과 시간 어느 한쪽이 먼저 있었던 것이 아니다(542쪽). 변화와 운동도 세상 창조의 일부이므로 세상은 시간과 동시에 창조되었다.

7장. 태양이 창조되기 전 있었던 첫 삼일에 대한 추론

태양이 창조되기 전인 며칠 동안 아침이 있고 저녁이 있었다고 하는 언급은 어떻게 보아야 하는가? 하나님은 태양을 넷째 날에 창조하셨다. 처음 사흘 동안은 태양이 없었다. 그러나 첫째 날, 하나님은 빛을 만드셨다. 태양이 창조되기 전 그 며칠 동안에 있던 빛은 우리가 볼 수 없는 상층부에서 왔든지 아니면 후에 태양에 불을 붙인 원초적 빛이든지 아니면 천사들과 복된 영들로 구성된 거룩한 도성을 의미할 것이다(543쪽).

8장. 하나님이 엿새 노동 후 '안식하셨다'는 선언의 의미

하나님이 엿새 동안 일하시고 일곱째 날 쉬셨다는 것은 어떤 의미가 있는가. 하나님이 일곱째 날 쉬셨다는 것은 하나님에게 일이 노고가 된다는 의미가 아니다. 하나님 안에 있는 사람들이 쉬고 하나님이 그들을 쉬게 하신다는 뜻이다. 하나님이 사람들 안에서 또 그 사람들을 통해서 선한 일을 하신 후에, 사람들이 삶 가운데서 믿음으로 고백하면, 하나님 안에서 영원한 안식을 누린다고 약속하신다(544쪽).

9장. 천사들의 창조시점에 대한 성경의 가르침

성경은 천사들 창조에 대해 어떻게 말하는가. 하나님이 창조하신 엿새 동안에 천사들도 포함되었다면 낮이라는 이름을 얻은 그 "빛"은 틀림 없이 천사들이었다. 성경에는 천사 창조를 명시적으로 언급하는 대신, '하늘'이나 '빛' 창조라는 말로 에둘러 언급한다. 다니엘 외경 3장 57-58절, 시편 148편 1-5절에 보면 천사도 하나님의 말씀으로 창조되었다. 넷째 날에 별들이 창조되었을 때 노래한 '천사들'이 있었다는 욥기 38장 7절(70인역, 개역개정은 '하나님의 아들들'로 옮김)은 '낮'이라고 명명한 빛 창조가 바로 천사 창조를 암시함을 보여준다. 창세기 1장 3절의 빛 창조가 천사 창조를 가리킨다는 사실을 역설하기 위해서 하나님은 빛이 창조된 그날을 단순히 '첫 날'이라고 하지 않으시고, '하루'라고 하셨다(창 1:5, 545쪽).[3] 천사들은 자신들을 창조한 빛이신 하나님에게 빛을 받아 빛이 되었고 낮이라는 이름을 얻었다. 천사가 참 빛이신 하나님을 떠나면 불결한 영으로 전락한다. 원래 악은 자체의 본성이 없으며 선의 결핍이 악이다.

10장. 단순하고 불변하시는 삼위일체 하나님의 본질과 속성

성부 하나님과 성자 하나님과 성령 하나님은 한 하나님이며 단순하고 불변하는 삼위일체시며 본질과 속성이 동일하시다. 성령도 성부, 성자와 같이 단순하시다. 본질과 속성이 같기 때문이다. 성령은 성부와 성자처럼 불변하시는 선이며, 성부와 성자와 영원히 함께하신다. 이 세 분은 함께 한 하나님이시며 삼위일체시다(547쪽). 10장은 전체적으로 3세기의 아프리카 신학자이자 양태론적 삼위일체론을 설파한 사벨리우스를 논박하는 데 치중한다(10권 24장). 사벨리우스는 이름만 삼위일체를 주장하고 아버지, 아들, 성령의 서로 다른 세 위격의 존재를 부정한다.

11장. 하나님의 도성과 인간의 도성의 형이상학적 기원

천사들은 광명의 존재로 창조되었다. 이 광명을 등진 천사들은 행복한 생활이라는 영예를 얻지 못했고, 여전히 이성을 지닌 생명을 보존했지만 그것은 지혜롭지 못한 이성이며, 설령 그들이 없어지기를 원하더라도 없어지지 않는 이성이다(549쪽). 빛이 창조되는 순간에 악한 천사도 창조된 것이나 마찬가지다.

11장은 결국 두 도성의 형이상학적 기원을 말한다. 천사의 타락

---

3   11권 각주 15번(546쪽)에서처럼 창세기 1:5의 마지막 소절("이는 첫째 날")을 '이는 하루'라고 번역할 수도 있다. 그러나 전통적인 '첫째 날' 번역이 창세기 1장의 점층적 서사구조에 더 잘 어울리는 번역이다.

등 경험할 수 없는 것을 말하므로 독자들은 다소 무력감을 느낄 수 있다. 천사가 타락하여 사탄이 되었다고 말하는 견해의 약점은 천사가 본성은 그대로이지만 의지가 왜곡되어서 악한 천사가 되었다고 설명한다는 점이다. 악한 천사의 의지 자체가 인간도성의 기원인 셈이다.

12장. 약속된 상을 받을 의인들의 복과 아담·하와가 낙원에서 누린 복 비교

하나님이 약속하신 상을 아직 받지 못한 의인들의 복을, 아담과 하와가 죄를 짓기 전에 낙원에서 누린 복과 비교해보자. 현재의 선을 즐긴다는 점에서 본다면 낙원에 있었던 처음 두 사람은 어느 의인보다도 복이 있었다(550쪽). 그러나 장래의 희망이라는 관점에서 보면, 낙원이라는 큰 복 가운데 살면서도 앞날에 대한 확신이 없던 아담과 하와보다는, 천사들 사이에서 아무 지장 없이 교제를 즐기며 가장 높으신 하나님에게 갈 소망을 안고 사는 의인이 더 행복하다.

13장. 타락한 천사들의 타락의 성격

그러면 모든 천사가 지복의 상태로 창조되었으며, 타락한 천사들은 자기들의 타락할 운명을 몰랐을 뿐 아니라, 천사들도 타락한 천사들이 몰락한 후에야 자신들의 견인을 확신하게 된 것인가? 처음에는 모든 천사가 동등했다. 거룩한 천사들은 자기들의 영원한 행복을 확신할 수 있다. 성도는 자기들이 하나님의 천사들과 같이 된다는 것을 진리의 말씀 안에서(마 22:30) 믿으며 영생을 확신한다(마 25:46). 범죄한 천사들에게는 이 확신이 없었다(552쪽). 마귀는 존재하기 시작했을 때부터 진리 안에 머물지 않았고 창조주에 버금가는 것을 싫어했으며 자기권능을 자랑하는 교만한 자였다. 마귀는 창조된 순간부터 하나님에게 순복하는 경건한 의지가 있는 이만 누릴 수 있는 의를 거절했다(요 8:44, 마귀는 "처음부터 살인한 자").

14장. "마귀는 진리 속에 없었고 진리에 서지 못했다"는 말씀의 의미

"진리가 그[마귀] 속에 없으므로 진리에 서지 못하고"(요 8:44) 하는 말씀은 진리가 없었기에 천사가 마귀로 전락했다는 말로 들린다. 사실은 마귀가 진리에 서지 않은 것이 원인이며, 진리가 그 속에 없는 것이 그 결과다(553쪽).

15장. "마귀는 처음부터 범죄했다"는 말씀의 의미

이사야 14장 12절과 에스겔 28장 13절(70인역)은 마귀에게 죄가 없었던 때가 있었음을 암시한다. 마귀가 진리 안에 있었으나 영구히는 머무르지 않았다는 의미다. 그러면 "마귀는 처음부터 범죄함이라"(요일 3:8)는 말씀은 마귀가 창조된 처음부터 범죄한 것이 아니라, 죄를 짓기 시작한 때부터 범죄했다는 의미다. 마귀의 교만 때문에 죄가 처음으로 생겼다는 말이다. 천사가 타락하여 범죄한 후에는 하나님의 비웃음거리로 전락하는 책망을 받았다(욥 40:19; 시 104:26, 둘 다 70인역)(554쪽).

16장. 피조물들의 차이와 등급을 측정하는 기준

피조물들의 차이와 등급을 측정하는 기준은 이용가치나 이성의 높고 낮음이다. 창조주 하나님의 피조물들을 본성에 따라 비교할 때, 생명이 있는 것들 가운데 감각이 있는 존재가 없는 존재보다 높다. 감각 있는 것들 가운데서 지성이 있는 것이 없는 것보다 높다. 지성이 있는 것들 가운데서 죽지 않는 것이 죽는 것보다 높다. 존귀의 부등식으로 말하면 죽지 않는 것〉지성〉감각〉생명의 순서다. 따라서 천사들은 사람들보다 높다. 그러나 이 순서는 피조물의 이용가치에서 보면 달라진다. 감각 없는 것이 감각 있는 것보다 이용가치가 높다. 예를 들면 집안에 쥐가 있는 것보다 빵이 있기를 원한다. 본성의 등급에 따르면 천사들이 사람보다 위에 있지만, 정의의 법에 따르면 선한 사람이 악한 천사보다 높다(555쪽).

17장. 본성의 타락에서 온 악의와 의지의 타락에서 비롯된 사악한 범죄

악의惡意라는 결함은 본성이 아니라 본성에 반대되는 것이며, 창조주가 아니라 의지에서 유래한다. 악한 의지가 선한 본성들을 악용하는 반면, 하나님은 악한 의지까지도 선용하신다. 그래서 하나님이 선하게 창조하셨는데 자기의 의지로 악하게 된 마귀는 낮은 지위로 떨어지며, 하나님의 천사들에게 조롱을 받게 되었다(556쪽). 마귀를 창조하실 때 하나님은 마귀가 확실히 선을 미워하는 자가 되리라는 것을 아셨으나 당신 자신이 마귀의 사악을 이용해 이루실 선을 예견하셨다(시 104:26, 70인역). 하나님이 마귀를 창조하신 순간에는 당신의 인자로 그를 선하게 만드셨으나, 마귀가 악하게 되었을 때 마귀를 어떻게 사용할지도 미리 아시고 준비하셨다.

18장. 반대현상과 대조할 때 더욱 찬란한 우주의 아름다움: 미학적 신정론

여기에서 다소 가혹한(?) 이중예정설의 실마리가 나온다. 하나님은 어느 사람이 악하게 될 운명임을 아셨지만, 즉 그 사람을 이용해서 선한 사람들에게 유익이 되며 역사에 광채를 더할 방법까지 알고 계셨으므로 그 악하게 될 자도 창조하신다. 동일한 근거로 하나님은 악하게 될 천사를 만드시는 일도 멈추지 않으신다.

문장의 가장 아름다운 장식 중 하나인 대구antithesis, 對句로 시가 더 훌륭해지는 것과 같이, 악한 존재는 하나님의 선하심을 결정적으로 뚜렷이 드러낸다. 하나님의 창조의 아름다움은 반대현상과 대조되어 더욱 찬란하게 보인다. "악의 반대편에는 선이 있고, 죽음의 반대편에는 생명이 있듯이, 악인의 반대편에는 경건한 사람들이 있다…모든 것은 서로 반대되는 것끼리 짝을 이루고 있다"(집회서 33:14-15, 556쪽).

19장. "하나님이 빛과 어둠을 나누셨다"는 선언의 의미

하나님이 빛을 처음으로 만드셨다는 것은 천사들을 창조하셨다는 것이다. "하나님이 빛과 어두움을 나누셨다"(창1:4-5)는 말씀은 거룩한 천사들과 불결한 천사들을 구별하셨다는 뜻이다(557쪽). 아우구스티누스는 빛과 어두움을 각각 빛의 천사와 어둠의 천사로 나눔으로써, 물리적 빛과 어둠을 영적인 빛과 어둠으로 전환하여 범주화한다. 이 장은 그렇다면 하나님이 왜 악을 만드셨느냐 하는 질문에 대한 소박한 답변을 담고 있다. 아우구스티누스의 논지를 요즘 언어로 풀면 다음과 같다.

악 때문에 선이 더 찬란하게 빛나기 때문에 하나님은 손해 보는 것이 없으며 인간 또한 손해 보는 것이 없다. 어느 사람이 악마에게 칼에 맞아 죽었다. 잠깐은 매우 슬프지만 악마에게 공격당하는 것을 통해 변증법적 과정을 거쳐 하나님의 능력을 더욱 굳게 확신할 수 있다. 결국 이런 과정을 통해 우리는 하나님의 전능하심을 더 많이 알게 될 것이다. 악마의 공격을 당한 후 부활한다면 악마의 공격에 대한 담력도 생길 것이다. 이처럼 하나님이 악을 허락하시는 것은 지혜와 능력의 궁극적 승리를 자신하시기 때문이다.

이런 점에서 기독교 신앙은 근원적으로, 절대적으로 신본주의적 낙관주의다. 악이 득세하고 악인이 장악한 현실에서 겪는 모든 부조리의 비밀은 하나님의 무능이 찬란한 전능으로 반전되는 그날, 부조리한 운명의 희생자들의 눈에서 눈물을 씻어주시는 그날에 밝혀질 것이다. 유대인들이 시온으로 돌아가려는 열망은 바로 하나님의 궁극적인 능력의 반전을 드러내는 과정이다. 이스라엘 구원은 종말의 현상이기 때문이다. 모든 종말에 이스라엘과 하나님의 언약이 이렇게 끊긴 것처럼 보이지만, 4천 년 동안 유효하다면 인류가 얼마나 하나님의 신실성을 우러러보겠는가?

20장. "빛이 있으라 하시매 빛이 있었고 그 빛이 하나님의 보시기에 좋았더라"

"빛이 있으라 하시매 빛이 있었고 그 빛이 하나님의 보시기에 좋았더라"는 구절과는 달리 "하나님이 빛과 어두움을 나누사 하나님이 빛을 낮이라 부르시고 어둠을 밤이라 부르시니라"고 말씀한 때에는 "하나님의 보시기에 좋았더라"는 말씀이 없다. 이것은 타락하게 될 천사들의 마음 속에 있었던 어두움을 겨냥한 하나님의 불만족을 암시한다. 천사들 일부에게 도사린 그 어두움은 하나님의 계획에는 포함되었지만, 하나님의 시인은 받지 못한 것이다(558쪽).

21장. 모든 피조물에 매기신 하나님의 자기만족적 승인과 자아성취적 희열

하나님의 피조세계는 그것을 설계하셨을 때와 완성하신 후에 똑같이 그분에게 "보시기에 좋았더라"는 최종 승인을 받았다. 이것은 창조하신 후에 모든 피조물이 좋은 것을 뒤늦게 감정하고 평가하셔서 아셨다는 말이 아니라 우리 인간에게 하나님 당신의 만족과 긍정을 알려주시는 말이다.

어느 것을 만드시는 것이 좋다고 보신 것과 만드신 것을 좋다고 보신 데에는 차이가 없었다. 만드신 것을 보신다고 해서 그것에 대한 지식이 배가되시는 것도 아니며, 어느 것을 만들어 보셔야 그것에 대한 지식이 생기시는 것도 아니다. 아직 없는 것과 지금 있는 것과 이미 없어진 것에 따라 하나님의 지식에 차이가 나는 것이 아니다. 하나님의 시각은 비물체적이며 포괄적이어서 아시는 모든 것을 한꺼번에 보신다(559쪽).

"하나님이 이르시되 빛이 있으라 하시니 빛이 있었고 빛이 하나님 보시기에 좋았더라"는 구절은 세 질문에 답한다. 누가, 어떤 수단으로, 왜 만드셨는가? 하나님이, 말씀으로, 빛이 좋기 때문에 만드셨다는 대답이 나온다. 하나님은 빛이 좋다는 것을, 빛을 만들기 전에 이미 아셨다!

22장. 하나님의 창조 자체 안에 흠결과 악이 있다고 주장하는 사람들 반박

아우구스티누스는 선하신 하나님이 지으신 세계의 일부를 옳지 않다고 보는, 하나님의 선하심을 인정하지 않는 이단자들과 마니교도들을 논박한다(560쪽). 아우구스티누스는 마니교도들도 하나님의 본성이 변하거나 부패하는 일이나 손상을 받는 일은 절대로 없다는 것을 믿어야 한다고 주장한다. 마니교도들은 창조주 하나님이 그분에게 대적하는 악한 세력을 격퇴할 필요가 절실하셔서 불가피하게 창조사역을 시작하셨다고 믿는다. 그래서 하나님은 악한 세력을 억제하며 정복하기 위해 악한 본성과 당신의 선한 본성을 섞으셨으며, 이렇게 수치스러운 오염과 잔혹한 압박에 잡힌 그분의 본성을 정화하며 구출하려고 노력하시지만 성공하지 못했다고 주장한다. 그 오염을 씻어버릴 수 없는 부분이 정복된 원수를 가두는 감옥과 결박하는 사슬이 된다고 주장한다(561쪽).

따라서 마니교도는 영혼이 그 의지 때문에 악화되었으며, 죄 탓에 부패했으며, 결과적으로 영원한 진리의 광명을 빼앗겼다는 것을 믿지 않는다. 이러한 부패한 영혼은 하나님의 일부도 아니고, 하나님과 동일한 본성을 갖지도 않으며, 자기 자신이 하나님의 창조사역과 창조주보다 훨씬 비천하다는 것을 믿지 않는다.

23장. 하나님이 선재적 악의 억제를 위해 세상을 창조했다는 오리게네스 비판

오리게네스 사상의 오류는, 선하신 하나님이 선한 세계를 아무런 내외적 강압이나 필연성에 격동되지 않으시고 그분의 자유선택으로 창조하셨다는 단순한 믿음을 받아들이지 않는 것이다(562쪽). 오리게네스와 그 추종자들의 견해로 보면, 영혼들이 죄의 경중에 따라 일종의 감옥으로서 여러 등급의 몸을 받은 것이 이 세상이며, 경한 범죄자들의 몸은 높고 가벼우며, 중한 범죄자들의 몸은 낮고 무겁다는 것이다. 따라서 귀신들이 가장 악하므로 지상에서 가장 낮고 가장 무거운 몸을 받을 것이다.

오리게네스에 따르면 이 상황이 하나님의 창조 원인이 되며, 세계는 선한 것을 보존하기 위해 창조된 것이 아니라 악을 억제하기 위해 창조되었다. 하지만 아우구스티누스는 하나님의 창조는 하나님이 보시기에 좋은 것들을 위해 일어났음을 강조한다. 더군다나 오리게네스의 주장과는 달리 몸의 종류에 따라서 그 영혼의 선악을 판단할 수 없음을 변론한다. 아우구스티누스는 다시 한 번 "누가 만들었는가? 어떤 수단으로 만들었는가? 왜 만들었는가?" 하는 질문에 하나님이, 말씀으로, 그것이 선하기 때문에 만드셨다고 대답한다(563-564쪽). 세계창조의 원인은 하나님 자신께 있다는 것이다.

24장. 삼위일체 하나님의 존재를 알려주는 피조세계의 상징들

삼위일체 하나님이 존재하심을 알리는 상징이 피조세계의 각처에 있다. 삼위일체 하나님 전체가 창조 역사에서 계시되었다. 성부, 성자, 성령은 그 위격의 개성 때문에 삼위일체시며, 불가분의 신적 본질과 전능 때문에 한 전능자, 한 하나님이시다. "있으라"고 하신 분은 말씀의 성부시다. 성부가 말씀하실 때에 지어진 것은 확실히 그 말씀으로 지어졌다. 하나님이 보시기에 좋았다는 선언은 부득이해서나 뭔가가 아쉬워서가 아니라 오직 그분의 선하심 때문에 창조가 일어났음을 알려주시는 성령의 계시다. 그리고 거룩한 천사들 사이에 있는 거룩한 하늘(갈 4:26) 도성의 근원과 광명과 행복도 이 삼위일체에 있다(564쪽).

25장. 플라톤의 철학 삼분 체계

플라톤은 처음으로 철학의 삼분법, 즉, 자연학 naturalis, 논리학 rationalis, 윤리학 moralis을 발견해서 보급했다(8권 4-8장에서 언급). 이 철학의 삼분법이 곧 삼위일체 하나님의 존재를 직접적으로 증명하지는 않는다. 다만 플라톤은 처음으로 이 삼분법을 발견해서 보급했으며, 하나님만 모든 자연적 존재를 만들며, 지성을 주며, 선하고 행복한 생활을 위한 사랑을 일으킬 수 있다는 것을 확신했다. 또 철학자들은 자연에 원인이 있는 것, 학문연구에 방법이 있는 것, 인생에 목표가 있는 것을 확신한다. 또 무엇을 만들려고 하는 사람에게는 세 가지, 즉 천성과 교육과 실용 use이 있어야 한다고도 말했다(566쪽). 자연철학은 자연 곧 본성에 관한 학문이며, 이론철학은 교육을 목표로 하는 것이며, 도덕철학은 실용에 관한 것이다. 아우구스티누스는 플라톤이 삼위일체 하나님을 아주 희미하게 직관적으로 이해했다고 본다.

26장. 인간성 안에 있는 삼위일체 하나님의 형상

사람이 지복至福을 얻기 전인 현재 상태에서도 인간성에는 삼위일체 하나님의 형상이 있다. 그 형상은 하나님과 가치가 동등하지 않고 하나님과 거리가 아주 멀다. 하나님과 같이 영원하지 않고, 하나님의 본질과 하나 되지 않는다. 그러나 하나님의 피조물 중에서 그 본성이 하나님에게 가장 가깝다. 하지만 더욱 가까워지도록 개조되며 완성되어야 한다(567쪽). 또 우리는 존재하며, 우리가 존재한다는 것을 알며, 이 존재에 대한 지식을 기뻐한다. 여기서 아우구스티누스는 모든 것의 존재를 의심하는 신아카데미학파의 회의주의를 논박한다. '나는 내가 있다는 것을 안다.' '나는 내가 안다는 것을 안다.' '나는 그래서 내 존재와 내 존재를 아는 그 상황을 사랑한다.'[4] 아우구스티누스의 이러한 삼위일체 추론은 오늘날 기준으로 보면 다소 우스꽝스러울 정도로 말장난에 가깝게 들린다.

27장. 존재와 존재에 대한 지식과 이 두 가지에 대한 사랑

여기에서는 26장에 이어 신아카데미학파의 회의주의를 논박하며, 존재와 존재에 대한 지식과 이 두 가지에 대한 사랑을 논한다. 인간의 본성은 자기 존재를 알기 좋아하며 속기 싫어한다는 것을 충분히 알 수 있다. 이성이 없는 동물은 지식 대신 감각을 사용하여 존재한다. 인간은 더 높은 감각으로 내면의 인간에 관한 것을 통찰한다. 마음의 눈에 보이는 형태 곧 '관념intelligibilis species'(플라톤이 말한 eidas 또는

---

[4] 이러한 회의주의를 극복한 과정을 아우구스티누스는《고백록》에서 자세히 서술한다.

idea)은 '내가 있다는 것'과 '이 일을 안다'는 것을 확실히 알게 된다. 또 같은 방법으로 아우구스티누스는 우리가 각자 확실성을 사랑하며, 그 일들을 사랑하게 된다는 것을 알게 된다고 주장한다(569쪽).

28장. 삼위일체 하나님의 형상을 닮기 위해서 인간이 힘써야 할 일: 사랑

그러면 삼위일체 하나님의 형상과 같아지기 위해서 우리는 자신의 존재와 존재에 대한 지식을 사랑하는 우리의 사랑을 사랑할 것인가? 하나님과 이웃을 사랑할 것인가? 우리는 창조주의 형상대로 창조된 인간들이며 바로 이 토대가 되는 사실 때문에 하나님을 사랑하고 경배하며 그 하나님 사랑에 추동되어 이웃을 사랑해야 한다. 이것이 삼위일체 하나님을 닮아가는 길이다. 하나님 닮아가는 이 과정에서 창조주에게 돌아가면 우리 존재는 죽음을 모를 것이며, 우리의 지식에는 오류가 없을 것이다. 그 때야 우리의 사랑에 실수가 없을 것이다(570쪽). 지상적인 순례의 도상에 있는 우리는 세 가지를 확실히 알고 있다. 나는 존재하며, 내가 존재하는 것을 알고 있으며, 나는 존재하는 것과 존재하고 있다는 사실을 기뻐한다는 것, 바로 이 세 가지다. 다음 29-34장에서는 하나님의 도성의 지상 순례 상태를 다루지 않고 천상의 영원불멸을 논할 것이다. 하나님은 거룩한 천사들을 영원한 빛을 배반하고 어두움이 된 천사들과 맨 처음 분리하셨다.

하나님께 충성한 거룩한 천사들(29-34장)

29장. 하나님의 본질과 하나님이 피조물들을 지으신 이유를 아는 거룩한 천사들

거룩한 천사들은 삼위일체 하나님의 본질을 알며, 피조물들 자체를 보기 전에 하나님이 그 피조물들을 지으신 이유를 안다. 거룩한 천사들은 그 영혼 안에 하나님의 독생자이시며 말씀이신 진리가 있기 때문에 하나님을 알 수 있다. 또 그들은 말씀이신 성자와 성부, 성령을 알며, 삼위일체가 나뉠 수 없음과 세 위격이 한 본질이심과 세 하나님이 한 분이심을 안다(571-572쪽).

30장. 처음 수로서 완전수인 여섯(6)

하나님의 창조사역은 엿새 동안에, 곧 같은 하루를 6번 반복하여 완결되었다. 6이라는 수는 그 약수約數의 합계와 같은 처음 수로서 완전한 수다. 하나님이 창조사역을 마치신 일수가 6일이다. 그러므로 우리는 수에 대한 지식을 멸시하지 말아야 한다(573쪽). 다소 황당한 아우구스티누스의 수數의 신비화 시도가 여기서 시작한다.

31장. 완성과 안식을 기리는 제7일

완성과 안식을 축하한 제7일에 하나님이 쉬셨다고 한다. 이 7도 다른 계산방법에 따르면 완전수다. 즉 간단히 설명하면 3은 첫 기수奇數요, 4는 첫 우수偶數이며, 이 두 수를 합하면 7이 된다. 또 일곱째 날은 하나님이 처음으로 거룩하게 하신 날이라고 한다. 이날을 어떤 일로 거룩하게 하신 것이 아니라, 안식으로 거룩하게 하셨다(창2:2-3)(574쪽).

32장. 천사들이 우주보다 먼저 창조되었다는 오리게네스파의 견해 반박

아우구스티누스는 천사들이 우주보다 먼저 창조되었다는 오리게네스파의 견해를 반박한다. 오리게네스파는 "빛이 있으라 하시매 빛이 있으니라"(창1:3)는 말씀에서 빛은 거룩한 천사들이 아니라, 그때에 창조된 물질적인 빛을 의미한다고 주장한다. 그 주장에 따르면 천사들은 물과 물을 나누는 궁창을 하늘이라고 부르기 전에 창조되었을 뿐 아니라, "태초에 하나님이 천지를 창조하시니라"(창 1:1) 하는 말씀이 의미하는 때보다도 먼저 창조되었다는 것이다. '태초에'나 '처음으로'라는 말이 그 이전에는 아무것도 창조되지 않았다는 뜻이 아니라(천사들이 창조되었으므로), 하나님이 만물을 그분의 지혜로, 곧 그분의 말씀으로 지으셨다는 뜻이라는 것이다(575쪽). 아우구스티누스는 이런 견해를 우회적으로 비판한다. 삼위일체 하나님의 창조 사역을 망라하여 증언하는 창세기 1-2장에 나오는, 천지를 창조하시는 하나님 모습에서 삼위일체의 하나님을 볼 수 있다고 주장한다. 말씀을 하시어 명하시는 성부 하나님, 말씀이 되어 창조하시는 성자 하나님, 수면에 운행하시는 여호와의 신, 곧 성령 하나님을 본다는 것이다. 하늘에 계신 아버지 하나님의 얼굴을 뵙는 복을 누리는(마 18:10), 하늘에 사는 천사들은 '하늘' 창조로 존재하게 되었다는 사실을 추론할 수 있다는 것이다(마 22:30).

33장. 서로 분열된 두 천사 집단을 각각 '빛'과 '어둠'이라고 불러도 되는 이유

천사들은 서로 다른 두 집단으로 갈라졌으며 그 두 집단을 빛과 어두움이라고 부르는 것은 부당한 것이 아니다. 창세기에서 "하나님이 이르시되 빛이 있으라 하시매 빛이 있었고"(창 1:3) 하며, "하나님이 빛과 어두움을 나누사"(창 1:4) 하는 말씀을 문자적으로 해석할 수 있지만, 아우구스티누스는 천사들이 서로 다른 두 집단으로 갈라진 것으로 해석한다. 빛 천사들의 집단은 가장 높은 하늘에 거하고 악한 천사들은 거기서 쫓겨나 낮은 공중에서 날뛴다고 할 수 있다.

전자(빛 천사들)는 광명한 경건으로 고요하고 후자(악한 천사들)는 어두운 욕망으로 발광하며, 전자는 하나님의 기쁘신 뜻에 따라 인자하게 도우며 공정하게 갚고 후자는 교만으로 분격해서 정복하며 해치려는 정욕이 끓어오른다. 전자는 마음껏 하나님의 인애를 사람들에게 전달하고 후자는 하나님의 권능에 의해 남을 해하지 못하도록 억제된다. 전자는 후자가 박해를 가함으로써 본의 아닌 선을 행하는 것을 웃고(욥 40:14), 후자는 전자가 순례자들을 모으는 것을 시기한다. 그래서 이 두 천사 집단은 서로 다르며 서로 반대된다. 전자는 본성이 선하며 의지가 바르고 후자는 본성이 선하면서도 그 의지가 패악하다는 것은 성경의 다른 구절들에 더 명백하게 나타나 있다. 그러므로 창세기에서 빛과 어둠이라는 이름이 그들을 의미한다고 나는 생각한다(576-577쪽).

11권에서 33장은 아주 중요하며 두 도성의 대조적 양상에 대한 결론이다.[5]

34장. 물을 나눈 궁창이 천사를 가리키며 물은 아예 창조되지 않았다는 견해 반박

여기에서는 궁창으로 물을 나누었다는 것은 천사들을 의미한다는

---

[5] 누가복음 10:17-19에서는 사탄은 단수로 귀신들은 복수로 표현한다. 더러운 영은 복수로 표시할 때가 많다. 사탄의 본질은 하나님을 알되 영화롭게 하지 않는 고의적 반역성이다. 베드로전서 5:8-9은 아우구스티누스의 주장을 가장 잘 설명하는 구절이다. 천사타락론으로 사탄을 규정하는 아우구스티누스의 사탄론보다 더 설득력 있는 신학은 유대교 신학뿐이다. 유대교는 악이 하나님의 창조질서 안에 내재하는 혼돈에서 발전되어 나왔다고 보며, 하나님이 우주를 창조하실 때 혼돈세력을 일부 남겨두셨는데 그것이 악의 기원이라고 본다. 어둠과 빛 중 어둠이 더 시원적原인 상황이다. 암흑물질 위에 빛이 창조되었다. 어둠이 더 시원적이며 더 나아가 악이 더 시원적 질서일 수도 있다. 그래서 우리는 선을 행하기 위해서 부자연스럽게, 궁극적으로 노력해야 한다.

생각과, 물은 창조된 것이 아니라고 하는 생각을 살펴본다. "물 가운데 궁창이 있어"(창 1:6) 하는 말씀에서 '물'이라는 이름을 천사들로 해석하는 사람들이 있다. 그러나 천사들이 언제 창조되었는지는 여기에 나오지 않는다. 언제 나뉘었는지가 있을 뿐이다. 그리고 "하나님이 물이 있으라 하셨다"는 말씀이 아무 데도 기록되지 않았으므로, 물은 하나님이 창조하시지 않았다고 하는 견해는 어리석다. "하나님이 땅이 있으라 하시매 땅이 있으니라"는 말씀도 성경에 없다. 시편에서는 바다와 땅도 하나님이 지으셨음을 명백히 증언한다. "바다도 그의 것이라 그가 만드셨고 육지도 그의 손이 지으셨도다"(시 95:5). 하지만 중요한 점은 여전히 뭍과 물은 7일 창조에 들어가지 않는다는 점이다. 하나님이 창조하신 피조물이지만 땅과 물은 7일 구도 안에 들어가지는 않는다.

결론

하나님의 도성과 인간의 도성 각각의 기원을 설명하면서 시작하는 11권은《하나님의 도성》을 읽고 이해하는 데 가장 중요한 부분이다. 다시 간결하게 요약함으로써 11권의 중요성을 음미하고자 한다.

2장은 하나님과 사람 사이의 유일하고 합법적인 중보자 예수 그리스도를 통하지 않고는 하나님을 아는 지식이 불가능함을 역설하고,[6] 3장은 성령님이 저작하신 거룩한 정경의 권위를 옹호한다. 4장은 하나님의 세계창조, 즉 하나님의 의지를 반영하는 창조사역을 논

---

6 이것은 칼뱅의《기독교 강요》로 계승된다.

한다. 5장은 시공간의 무한계에 대한 지나친 지식 추구를 경계하고, 6장은 세계가 한때 시작은 있었으나 태초가 종말을 예기하지 않은 세계관을 비판한다. 7장은 태양이 있기 전 첫 3일의 아침과 저녁에 관한 진실을 논하고,[7] 8장은 6일간의 창조노동 후에 7일째 안식하신 하나님의 안식을 묵상한다.

9장은 천사 창조에 대한 성경의 가르침을 논하고, 10장은 단순하고 불변한 삼위일체 하나님의 진실, 본질과 실체가 동일하신 삼위 하나님을 찬양한다. 11장은 악한 천사들도 창조의 순간부터 거룩한 천사들이 누린 지복에 참여했는지를 논의하고, 12장은 하나님의 보상을 받지 못한 의인들의 지복과 낙원에 살던 인류 조상의 지복을 비교한다.

13장은 타락한 천사들의 타락 전후 상황과 천사 타락의 전말과 경과를 논한다. 14장은 진리 안에 거하지 않는 악마에 대해 설명한다. 15장은 악마는 처음부터 죄를 지었다는 말에 대한 이해를 시도한다(요한복음 8장). 16장은 피조물들의 등급과 차이점을 용도에 따라 혹은 존재의 자연적 위계질서에 따라 논하고, 17장은 악의 결점은 자연에 속한 것이 아니라 자연에 반한 것이며 악은 창조주 안에서 기원한 것이 아니라 피조물의 의지에서 기원함을 주장한다.

18장은 하나님의 법도에 의해, 대적자들의 대적으로 인해 더욱 빛나는 우주의 아름다움을 찬양한다. 19장은 하나님이 빛과 어둠을 나누셨다는 말을 천사창조의 맥락 안에서 해석한다. 20장은 하나님이 빛과 어둠을 나눈 후 빛을 보시고 보시기에 좋았더라고 말씀하신 것은 하나님의 창조주적 승인이 타락 후 세상에도 여전히 유효하다는

---

7   아우구스티누스는 태초에 창조된 '빛'은 '천사 만군'을 가리킨다고 본다.

의미라고 해석함으로써 세상을 악하다고 보는 마니교의 이원론을 논파한다.

21장은 하나님의 영원하고 불변하신 지식과 의지가 모든 기획과 실제 결과에서도 하나님을 기쁘시게 만드는 통로임을 강조하고, 22장은 하나님이 인정하시지 않고 받으시지 않는 사람들에 관한 논의를 전개한다. 본성적인 악이 있다고 주장하는 사람들을 비판한다. 23장은 오리게네스의 교리가 빠져든 오류(죄가 없었더라도 죽을 수밖에 없는 피조물 인간의 운명을 강조)를 비판한다. 24장은 거룩하신 삼위일체 하나님과 만물 속에 흩어진 삼위일체 하나님의 신적 현존을 말한다.

25장은 철학을 물리학, 논리학, 윤리학으로 삼분한 플라톤이 희미하게나마 삼위일체 하나님을 감지했을 가능성을 추론한다. 26장은 인간의 본성 안에 반영된, 높으신 하나님의 삼위일체성의 방증을 찾는다. 27장은 삼위일체 하나님의 현존, 그것에 대한 지식, 그리고 둘 다를 사랑하는 것의 함의를 논한다. 28장은 우리가 사랑 자체, 지식 자체를 사랑하지 말아야 할 이유를 말하고 지식추구의 목적은 거룩하신 하나님을 더 가깝게 닮는 것임을 강조한다.

29장은 거룩한 천사들의 하나님을 아는 지식과 창조주의 사역들 안에서 천사들이 발견하는 하나님 현존의 의미를 논한다. 30장은 6이라는 수의 완전성과 하나님의 수학적 주도면밀성을 찬양한다. 31장은 일곱째 날의 의미, 신적 안식의 의미를 논한다. 32장은 창조 전에 천사들이 있었다는 의견을 비판한다. 33장은 두 상이한 천사들 집단을 빛과 어둠이라고 부르고 그 둘을 그렇게 명명하는 것이 적합하게 들릴 정도로 양자의 대립과 대조를 논한다. 34장은 궁창으로 물을 나누는 과정에서 천사들을 향한 하나님의 의도를 논의하고, 물은 창조되지 않았다는 주장을 논박한다.

11권은 에녹서 등 외경자료에 대한 아우구스티누스의 참조도 반영한다. 유다서의 외경적 배경이 되는 에녹서는 마귀의 기원을 다룬다. 천사들을 관할하는 세 천사장이 라파엘, 루시퍼, 미가엘이다. 그 중에 루시퍼가 가장 높았는데 하나님을 반역한다. 천사 3분의 1이 루시퍼의 쿠데타에 동참한다. 이들이 장악한 반란거점을 성경은 정사와 권세라고 한다. 그 정사와 권세에 진을 치는 세력이 공중권세이며 그들은 하나님의 에테르에서 떨어진 자들이다. 지금 그들은 하나님의 하늘 처소에서 추방되어 공중에 거주하고 있다. 그 공중권세 잡은 자들이 거점을 땅에 확보한 경우, 성경은 그 세력을 정사와 권세라고 칭한다. 바울이 고린도후서 12장에서 말하는 셋째 하늘은 하나님의 낙원을 의미한다. 둘째 하늘은 공중으로 마귀들의 주요 활동 공간이며, 우리 인간은 첫째 하늘에 사는 존재들이다. 바울이 셋째 하늘에 갔다는 것은 하나님이 계신 곳으로 갔다는 의미다.

11권이 전개하는 아우구스티누스의 절대적 '선(하나님)' 일원론은 마니교의 이원론을 극복하기 위해서 나온 것이다. 예를 들어 가인의 죄를 왜 하나님은 중지시키지 않으셨는가? 하나님이 더 빛나시기 위해 어두움을 허락했다는 것이다. 가인의 죄를 용서하신 것은 은혜의 무궁함을 과시하시기 위함이었다는 것이다. 가인이 죄를 범해서 드러난 하나님의 선, 인애, 사랑이 가인의 범죄보다 더 크다는 뜻이다. 가인의 악행도 하나님의 자비를 좌절케 할 수 없다.

하지만 아우구스티누스의 약점은 악의 우주적 뿌리를 간과했다는 점이다. 극단적 마니교의 이원론을 극복하려는 과정에서 악을 단지 선의 결핍으로 본 것은 약점이다. 이런 일원론적인 선善 절대주의의 약점을 보완하는 것이 유대교 신학이다.[8] 유대교 신학은 하나님 ⑴ 대對 악(0.999)의 갈등 양상을 인정하는 준準이원론 신학이다. 악과 선의 비대칭성을 강조하면서 선의 비대칭적 우위를 강조하면 유대교 신학이 된다. 다음으로 선의 현저한 우위를 강조하면 아우구스티누스의 신학이 되는데, 이것은 후에 칼 바르트에게서도 나타난다. 본회퍼의 신학은 유대교 신학에 더 가깝다. 악을 대항하며 하나님을 믿어야 한다는 것이 유대교 신학이다.

악을 경험하면서 악의 한복판에서도 하나님을 자발적으로 받들어 모시는 사람들의 지상도성이 하나님의 도성이다. 이곳에서는 여호와를 아는 지식이 상식이 되며 마침내 하나님의 도성이 인간의 도성을 삼킨다. 이것이 바로 종말이다. 하나님의 도성은 새 예루살렘이 하늘에서 내려오면서 완성된다(빌 3:21; 고후 12:4). 하늘에서 내려오는 하나님의 도성, 새 예루살렘이 지상의 하나님의 도성과 하나가 된다. 하지만 그날이 오기 전까지 구원받은 성도인 우리는 여전히 죄 가운데 산다. 우리의 비천한 몸을 영광스럽게 바꾸어 주실 것을 기대하면서 몸의 속량을 꿈꾸며 살아가고 있다.

결국 《하나님의 도성》은 인류역사를 하나님이 지으시고 경영하시는 성(공동체)을 건설하려는 분투와 좌절의 기록으로 읽게 한다. 11권은 특히 하나님의 천지창조 자체가, 하나님을 알고 그분과 사귐을 나누고 그분의 뜻에 자발적으로 순종하는 피조물의 가족공동체를 건설하려는 우주적 기획의 시작임을 깨닫게 해준다. 과학주의적, 내

---

8   존 D. 레벤슨Jon D. Levenson은 아우구스티누스와 같은 서방기독교 교부들처럼 악의 기원을 하나님 창조 안에서 혹은 창조사건 이후에 일어난 천사 혹은 사단의 반역에서 찾지 않고, 하나님 창조 자체에서 찾는다. 아우구스티누스가 대표하는 기독교의 견해는 '하나님→창조→악'이다. 프란시스 쉐퍼, 폰라드도 이런 견해를 따른다. 거칠게 말하자면 레벤슨은 '하나님→혼돈/악 잔존적 우주 창조→인간의 자발적 순종과 협력 얻어 악과 혼돈 극복을 통한 창조완성' 시나리오를 주창한다. 하나님은 인간에게 악/혼돈 극복노력을 촉발하기 위해 악(혼돈)을 어느 정도 잔존시킨 채 땅과 하늘을 창조하셨다는 것이다. Jon D. Levenson, *Creation and the Persistence of Evil* (Princeton University Press, 1999), 18.

재주의적 유물론이 지배하는 세상에서는 물질 너머에 있는, 물질보다 더 궁극적인 영적이고 형이상학적 세계를 이해하는 지각력이 현저하게 축소된다.

  형이상학에 대한 이러한 반감과 혐오의 배경에는 기독교 신앙의 대실패가 있다. 기독교 신앙이 하늘에 있는 하나님나라를 팔아 지상의 종교권력, 경제권력, 정치권력을 휘두르는 죄과를 범했기에 현대인들은 제도화된 종교의 하나님담론을 신뢰하지 않게 되었다. 특히 기독교인들의 하나님담론은 자신들의 하등 욕망을 충족하는 엄호물에 불과한 것처럼 들린다. 에드워드 카가 비판하듯, 기독교인들은 역사를 기술할 때마다 포커게임의 조커처럼 무원칙적으로 하나님을 등장시켜 물질 너머의 영적 세계를 진정으로 믿어보려는 사람들을 실족케 했다. 기독교인들의 하나님담론이 형이상학적 궤변으로 들리지 않으려면 하늘에 계신 하나님의 말씀을 육신화하여, 실제 삶의 현장에서 순종으로 살아내야 한다. 《하나님의 도성》 1부인 1-11권은 다신교, 우상숭배, 권력과 욕망숭배체제로 규정된 인간의 도성을 대체할 이상화한 인류 공동체, 곧 하나님의 도성을 건설할 동력과 영감을 제공한다.

제12권:
기원들
– 천사의 타락과 인간 창조

12권은 천사와 인간 창조 두 가지를 논한다. 천사 가운데 어떤 천사들은 의지가 선하고 어떤 천사들은 의지가 악한 까닭과, 선한 천사들이 행복하고 악한 천사들이 불행한 이유를 고찰한다. 이어지는 인간 창조에 대한 논의는, 사람은 영원부터 있던 것이 아니라 창조되었으며, 창조는 곧 하나님이 하셨음을 가르친다.

천사들(1장하-9장)

1장. 선한 천사들과 악한 천사들이 공유한 본성

선한 천사들이나 악한 천사들이나 본성은 같다. 모든 존재를 지으신 선한 창조주 하나님이 선한 천사들과 악한 천사들을 모두 창조하셨기 때문이다. 그런데도 천사들이 각자 추구하는 일이 서로 다른 이유는 본성이나 근본이 다르기 때문이 아니라, 의지와 욕망이 다르기 때문이다. 선한 천사들은 하나님에게 딱 달라붙어서 행복을 얻는 반면에 악한 천사들은 하나님에게 달라붙어 있지 않아서 불행하다.

이성적 또는 지성적 존재를 행복하게 해줄 수 있는 유일한 선은 하나님이시다(581쪽). 이성적 존재는 불행할 때 고통을 느끼지 못하는 돌보다는 낫다. 이성적 존재는 높은 수준으로 창조되어 그 자체로 쉽게 변하지만, 변하지 않는 최고선이신 하나님에게 붙어있으면 행복을 얻을 수 있기 때문이다. 이성적 존재는 완전히 행복하지 않고는 만족할 수 없으며 이 요구는 하나님만 만족시키실 수 있다. 그러므로 하나님에게 붙어있지 못하는 것은 분명한 결함이다. 모든 결함은 본성에 손상을 주며, 본성과 배치된다.

2장. "하나님과 반대되는 존재는 없다"는 명제가 항상 옳은 이유

하나님은 존재의 절정이시다. 바꾸어 말하자면 최고의 존재이시며, 따라서 변하실 수 없으며, 그분이 창조하신 것들이 존재하게 하셨다. "나는 스스로 있는 자이니라"(출 3:14). 존재의 반대는 분명 비非존재다. 그렇기 때문에 최고의 존재이며 모든 존재들의 창조주이신 하나님과 반대가 되는 존재는 없다. 타락한 천사들은 비존재가 아니다. 타락한 천사들 역시 하나님이 창조하셨다. 타락한 천사는 하나님과 상관없이 존재하는 이질적 존재가 아니라는 말이다. 천사가 하나님의 피조물이 아니거나 다른 본성을 받은 것으로 생각해서는 안 된다.

3장. 악한 천사들로 불리는 일단의 천사들이 타락한 원인 추론

악한 천사들이 하나님의 대적이 된 것은 천사들에게 하나님을 해할 힘이 있기 때문이 아니라, 하나님을 거스르겠다는 의지가 있기 때문이다. 그러나 그 타락한 천사들은 하나님을 해하지 못하고 자기들을 해할 뿐이다. 하나님은 변하지 않으시며, 전혀 해를 받지 않으시기 때문이다. 결국 악한 천사들의 행위적 결함('의지 타락'이나 '악한 의지' 등으로 호환 가능)은 하나님에게 악이 되지 않고 그들 자신에게 악이 된다. 왜 그들에게 악이 되는가? 그 결함이 그들의 본성을 부패하게 만들기 때문이다. 그러므로 하나님과 반대에 있는 것은 본성이 아니라 결함이다. 결함이 본성에 끼치는 피해는 완전성, 미, 건강, 덕성, 그밖에 모든 선한 것의 박탈이다. 그들이 애초에 선한 천사가 아니었다면 그 결함(의지타락)이 그들에게 해를 끼쳤다는 말 자체도 성립되지 않을 것이다. 악한 천사들은 하나님이 악하게 창조하셨기 때문이 아니라 그들 안에 있는 선에서 결함이 발견되었기 때문이라는 것이다. 즉 온전히 선하기만 한 것은 있을 수 있으나 온전히 악하기만 한 것은 있을 수 없다는 것이다. 악한 의지 때문에 타락한 본성들도 타락했다는 점에서는 악하지만, 본성이라는 점에서는 선하기 때문이다.[1] 아무도 타고난 악한 의지 때문에 벌을 받지는 않으며, 벌은 자발적인 의지 타락 때문에 받는다(584쪽).

4장. 우주의 미를 손상시키지 못하는 무이성적-무생명적 피조물

종류와 위계질서[2] 면에서 이성이나 생명이 없는 피조물들은 우주의 미에 손상을 주지 않는다. 짐승이나 나무처럼 지성이나 감각 없는 가변적이고 가멸적인 피조물의 경우에는 결함이 있을지라도 이

---

[1] 조호연·김종흡의 번역은 "악한 의지가 개입해서 결함이 생긴 존재라 할지라도 결함이 있다는 점에서는 악하지만 그 본성은 선하다"이다. 그런데 마커스 도즈의 영역은 "for even those natures which are vitiated by an evil will, so far indeed as they are vitiated, are evil, but in so far as they are natures they are good"이다. '본성들이 악한 의지에 의해 손상당한 자들이라도 그들이 본성에 있어서는 선하다' 정도의 의미다.
[2] 조호연·김종흡은 order를 '등급'으로 옮겼으나 '위계질서'로 번역하는 것이 문맥에 더 잘 어울린다.

피조물의 결함을 비난하는 것은 어리석다. 이런 피조물은 창조주의 뜻으로 각자 합당한 본성을 받았으며, 서로 번갈아 나타나면서 미를 확보하며, 이것은 그대로 이 세상에서 필요한 부분이기 때문이다.

> 지상적인 것은 천상적인 것들과 동등 되어야 하는 것은 아니며 비록 낮을지라도 우주에서 전혀 제거할 것도 아니다. 그러면 그 적합한 곳에서 서로 이어 생멸生滅하면서, 작은 것은 큰 것에 굴하며 정복된 것은 정복한 것의 속성으로 변하는 것이 무상無常한 것들의 정해진 질서다. 이 질서의 미를 우리는 깨닫지 못한다(584쪽).

동물의 큰 떼가 이집트 사람들의 교만을 꺾지 않았던가?(출 8-10장)

5장. 하나님의 영광을 나타내는 피조물의 종류와 위계질서적 본성

피조물의 모든 종류와 위계질서상 본성은 모두 하나님의 영광을 나타낸다. 본성이기 때문에 모든 본성은 나름의 등급과 종種이 있고, 일종의 내적 조화를 이루며, 확실히 선하다.³ 그 본성의 위계질서에 따라 지정된 처소에 있을 때 본성들은 자신이 받은 존재성essentia(그리스어로는 ousia)을 유지한다. 모든 본성은 하나님의 섭리 안에서 우주 통치의 전반적 계획이 포괄하는 목적에 이바지한다. 하나님은 최고의 존재이시며, 당신처럼 최고의 존재인 것을 제외한 모든 것을 창

---

3 조호연·김종흡의 번역은 "모든 본성은 그 나름대로 독특한 등급과 종류의 일종의 내면적 평화를 가졌으며 확실히 선하다"이다. 영어번역은 "All natures, then, inasmuch as they are, and have therefore a rank and species of their own, and a kind of internal harmony, are certainly good"이다. 이 부분은 저자 사역으로 조호연·김종흡역이 아니라 영역본을 반영했다.

조하셨다. 모든 피조물에 있는 결함(무상한 것, 상하기 쉬운 것) 때문에 하나님을 비난하면 안 된다. 무에서 창조된 것이 창조주와 동등할 수 없으며 우리는 그 지으신 피조물의 본성을 보아서도 오히려 하나님을 찬양해야 한다.

6장. 선한 천사들의 행복과 악한 천사들의 불행

그러면 선한 천사들의 행복과 악한 천사들의 불행은 그 원인이 어디에 있는가. 아우구스티누스가 이 문답을 하는 6장은 매우 중요한 장이다. 선한 천사들이 행복한 이유는 최고 존재이신 하나님과 붙어 있기 때문이다. 반면에 악한 천사들이 불행한 이유는, 지고의 존재이신 분을 떠나서 자신이 부여받은 하나님 친교적 본질을 잃고 자기들에게 향했기 때문이다. 이것이 바로 교만이다. 교만은 모든 죄의 시초다. 선이 어떻게 악의 원인이 되겠는가? 의지가 자신보다 높은 것을 버리고 낮은 것을 향할 때에, 그것은 악하게 된다. 의지가 향하는 대상이 악하기 때문이 아니라 그 방향 전환 자체가 잘못이기 때문이다. 행위를 악하게 하는 것이 의지 자체인데 그 의지를 악하게 하는 것은 원인이 없다. 악한 의지 자체가 악한 의지의 원인이다! 악한 의지는 원래부터 악한 어느 피조물 속에 있던 것이 아니라 선하면서도 변할 수 있는 피조물 속에 있었다!(587쪽)

7장. 악한 의지의 작용인을 탐구하려는 욕심 경계

그러므로 악한 의지의 작용인作用因을 찾아서는 안 된다. 악한 의지는 결과가 아니라 결함이므로, 악한 의지의 원인은 능력이 아니라 결핍이기 때문이다. 지고의 존재이신 분을 떠나서 더 낮은 존재로 향하는 것이 악한 의지의 시초다.

8장. 방향이 잘못된 사랑으로 초래된 의지 타락

의지는 그릇된 사랑으로 인해서 변하지 않는 선을 버리고 변하는 선으로 향했다. 이것은 영혼이 육체의 쾌락을 사랑해서 절제의 덕을 버린 것이다. 절제를 지켜야 우리는 더 위대한 정신의 미美와 더 영구한 기쁨과 조화를 이룰 수 있다.

9장. 거룩한 천사들의 본성은 물론이요 선한 의지도 지으신 하나님

천사들은 하나님에게서 본성을 받았을 뿐 아니라, 성령께서 천사들에게 사랑을 충만하게 하심으로써 하나님에게 선한 의지도 받았는가? 아우구스티누스는 '그렇다'고 답한다. 즉 하나님 외에는 선한 의지의 작용인作用因이 달리 없다고 말한다. 그렇다면, 아우구스티누스는 누군가가 선한 천사들의 선한 의지는 창조된 것이 아니라 하나님과 함께 영원하다는 주장을 펼칠 수 있다고 본다. 아우구스티누스는 바로 이런 주장을 퍼뜨리지 않도록 주의해야 한다고 말한다. 분명히 하나님은 천사들을 창조하실 때 선한 의지도 창조하셨다. 천사들은 창조되자 곧 자기들 안에 창조된 사랑으로 하나님에게 달라붙었다. 그리고 선한 천사들은 그 선한 의지를 꾸준히 지켰는데, 악한 천사들은 그 선한 의지를 버리고 다른 의지로 향했기에 선한 천사들에게서 분리되었다. 선한 의지를 버렸기에 그 다른 의지는 분명 악하다. 결국 9장은 악이 의지타락으로 후발했다는 점을 강조하여 마니교 이원론을 우회적으로 반박한다. 동일한 신체를 보고 한 사람은 정결을, 한 사람은 음욕을 생각한다면 이 경우 그 신체는 음욕의 원인이 아니다. 음욕을 생각한 사람의 악한 의지가 원인이다. 그 악한 의지는 창조된 본성에서 온 것이 아니다. 왜 악한 의지가 발동되는가? 굳이 말하면 그 사람이 무無에서 창조된 피조물이기 때문이다.

즉 선하면서도 변할 수 있는 존재로 창조되었기 때문이다.

9장의 마지막 두 단락은 하나님의 도성을 설명한다. 성령을 통해 하나님의 사랑을 마음에 쏟아 부어주신다는 로마서 5장 5절은 사람뿐 아니라 천사들에게도 적용된다. "하나님께 가까이 함이 내게 복이라"(시 73:28)는 말씀도 사람들이 아니라 천사들에게 우선으로 적용된다.

> 이 선을 공유한 자들은 그들이 밀착한 하나님과 또 상호간에 거룩한 교제를 즐기며, 하나님의 한 도성을 이룬다. 이것은 또한 하나님에게 드려지는 산 제사이며(롬 12:1)[4] 그의 산 성전이다(엡 2:19-22). 이와 같이 이 도성에는 죽은 인간들 사이에서 모집된 부분이 있어서 죽지 않은 천사들과 연합하도록 정해졌다. 이 부분은 현재 지상에서 순례의 고초를 겪으며, 이미 죽은 사람들은 영혼들의 비밀한 저장소이며 영구한 거처인 곳에서 쉬고 있다.[5]

결국 아우구스티누스에 따르면 하나님의 도성의 인적 구성은 천사들과 인간들이다. 이런 부분이 기독교구원론을 타계주의로 몰아가는 부분이다. 천사와 인간의 합성적 구성은 하나님 나라가 시상의 대조, 대항, 대안공동체로서 지녀야 할 역사적 지향성을 희석한다.

---

[4] 10권 16장.
[5] 13권 8장, *Enchiridion*.

인간 창조(10-28장)

10장. 우주항상존재론의 연장으로 인간도 항상 있었다는 주장 반박

세상과 같이 인류도 항상 있었다고 생각하는 견해에 대하여 논한다. 아풀레이우스는 인류가 "개인적으로는 죽을 운명이지만 인류 전체로서는 영구적이다"라고 말한다.[6] 아우구스티누스는 만일 인류가 항상 있었던 것이라면 처음이나 시작을 말하는 역사기록이 옳다고 어떻게 변호할 수 있겠느냐고 반문한다. 역사기록에서는 '이 섬과 저 섬에 처음으로 정착한 사람은 어느 사람이었다'는 것을 볼 수 있는데 인류가 처음부터 항상 있었다면, 어떻게 시작이 있었다고 말하는 역사기록이 있느냐는 것이다. 모든 처음이나 시작을 말하는 역사기록이 있는 한 인류가 항상 있었다는 말은 변호할 수 없다는 것이다. 아풀레이우스는 다시 "지구의 모든 곳이 가끔 수재나 화재 때문에 황폐해졌고, 인간의 수효도 매우 줄어들었다가 그 남은 인간들로부터 다시 인구가 불어 이전과 같은 수효를 회복했다"고 대답한다. 그리고 이렇게 일정한 간격을 두고 새로 출발하며, 큰 재난으로 억제되며 파괴되었던 것이 갱신되고 처음으로 시작되는 것 같은 인생을 주었다고 대답한다. 즉 대파국적인 종결 후에 새로 문명을 여는 사람들이 인류가 항상 있어온 것을 잠시 망각하고 마치 자신들이 처음으로 문명을 시작한 것처럼 역사에 기록한다는 것이다. 그러나 아우구스티누스는 이런 아풀레이우스의 궤변을 비판한다. "자기의 생각을 말할 뿐이고, 아는 것을 말하는 것이 아니다"(593쪽).

---

6 *De Deo Socratis*, 4.

11장. 세계의 과거에 이미 수천 년이 지났다는 주장 비판

수많은 문서들은 역사의 연대가 수천 년이라고 한다. 알렉산드로스 대왕은 자기 어머니 올림피아스에게 보낸 편지에서 이집트 제사장을 인용하여 아시리아 같은 나라들의 연대를 계산하는데,[7] 아우구스티누스는 이것을 인증해 이미 당시 기준으로 과거 수천 년의 역사가 있었다고 주장하는 자들의 견해를 반박하려 한다. 알렉산드로스의 편지에 따르면 아시리아왕국의 역사는 5,000년인데, 그리스 역사가들은 이집트 제사장 벨레이우스 파테르쿨루스Velleius Paterculus가 아시리아의 초대 왕 벨루스의 시대부터 계산하더라도 아시리아의 역사는 1,300년밖에 안 된다고 말했다고 전한다. 알렉산드로스는 페르시아와 알렉산드로스 자신에 이르기까지의 마케도니아는 8,000년이나 되는 유구한 역사가 있다고 말한다. 그런데 그리스 사람들은 알렉산드로스가 죽기까지 마케도니아의 역사는 485년, 페르시아의 역사는 알렉산드로스에게 망할 때까지 233년간 존속되었다고 말한다. 결국, 이집트 역사가와 그리스 역사가들의 연대 계산은 전혀 맞지 않는다. 그러므로 그동안 사람들이 성경의 권위[8]에 대항하려고 했지만, 성경은 전 세계가 성경을 믿게 되리라고 예언했고, 또 예언대로 믿게 되었다. 아우구스티누스는 성경이 예언한 미래의 사건들이 정확하게 실현되었기 때문에 과거에 대한 기술도 명백히 바르다고 주장한다.

---

7   4권 6장, 229쪽 각주 11번 참조.
8   성경대로 계산하면 인류의 역사는 아직 6,000년(아우구스티누스는 아담에서부터 서고트족 로마 유린 때까지 정확하게 5,611년 정도 지났다고 믿는다)밖에 되지 않는다. 593쪽 각주 13번 참조.

12장. 세계 자체의 순환적 자기갱신설 비판

또 어떤 사람들은 이 세계가 영원하다고는 생각하지 않는다. 하지만 그들은 세계가 하나뿐이 아니라 무수히 많다고 생각하거나,[9] 그렇지 않으면 세계가 일정한 시간적 간격을 두고 죽었다가 다시 태어나는 것을 무수히 반복한다고 생각한다.[10] 어떤 생각을 하든지 그들은 첫 사람 아담에게서 태어나기 전에 인류가 이미 있었다고 인정하지 않을 수 없다. 그들은 세계가 그 자체의 질료資料에서 다시 생겨난다고 믿으므로, 인류도 세상의 원소들에서 다시 생산되며, 그 후에 다른 동물들의 자손과 같이 인간의 자손들도 그 부모에게서 나왔다고 생각한다.[11]

13장. 인류가 창조된 지 얼마 되지 않았다는 주장을 비난하는 사람들 논박

그러면 인류가 창조된 지 얼마 되지 않았다는 주장을 비난하는 사람들에게 어떻게 답변할 것인가? 인간이 창조된 지 얼마 되지 않았고, 성경 말씀대로 사람이 사는 연수年數도 적은 것이 그들의 비위에 맞지 않는다 할지라도, 그들은 유한하고도 참으로 오랜 것은 없으며, 모든 시대를 합하더라도 유한하며, 무한한 영원과 비교할 때에는 심히 적거나 완전한 무無임을 잘 생각해야 한다. 또는 그 60배, 600배, 60만 배, 또는 여러 곱해서 표현할 수 없을 만큼 수많은 세월이 지났다고 하더라도, '왜 그 전에 창조되지 않았느냐?'는 질문을

---

9   18권 41장 참조(아낙시만드로스와 데모크리토스와 에피쿠로스파의 생각).
10 헤라클레이토스와 스토아학파.
11 595쪽 첫 단락인 "어느 쪽으로 생각하든 간에… 번식했다고 생각한다"는 오역의 대표사례다.

여전히 할 수 있을 것이다. 아우구스티누스는 플라톤의 《티마이오스》를 우회적으로 언급해 플라톤도 세계의 시초가 있었음을 선언했다는 점을 상기시켜 그리스-로마의 무시무종無始無終 세계관을 비판한다.

14장. 세계의 주기적 시대순환설 비판

세계가 시작이 있었느냐 없었느냐 하는 논쟁을 해결하는 데 동원되는 방법 중 하나가 시대순환설이다. 자연질서는 부단히 갱신되고 반복된다는 것이다.[12] 이 시대순환설 주창자들은 지혜를 얻어 영생불사할 정도가 된 영혼도 이 공상적인 변천 과정에서 제외되지 않고, 허망한 행복과 실재한 불행 사이를 끊임없이 윤회한다고 말한다. 아우구스티누스는 건전한 교리의 길을 따르면 이 윤회라는 길을 피할 수 있다고 말한다.

모든 것의 원상을 복구하는 이 주기들의 반복을 주장하는 사람들은 자기들의 생각에 유리하다고 해서 전도서에 있는 솔로몬의 말을 인용한다. "이미 있던 것이 후에 다시 있겠고 이미 한 일을 후에 다시 할지라. 해 아래는 새 것이 없나니 무엇을 가리켜 이르기를 보라 이것이 새것이라 할 것이 있으랴. 우리 오래전 세대에도 이미 있었느니라"(전 1:9-10). 전도자는 이미 말한 것, 곧 세대들의 연속과 태양의 궤도와 강들의 흐름에 대해서, 또는 났다가 죽은 모든 피조물에 대해서 이런 말을 했다. 그러나 이것을 결코 믿어서는 안 된다. 그리스도께서 우리 죄를 위해서 한 번 죽으셨고, 죽은 자 가운데서 일어나셔서 다시는 죽지 않으시기 때문이다. 사망이 다시는 그분을 주

---

12   플라톤, 《티마이오스》, 39(윤회설).

장하지 못하며(롬 6:9), 우리 자신도 부활 후에 "항상 주와 함께 있으며"(살전 4:17), 우리는 지금 주를 향해서 시인과 같이 "여호와여 그들을 지키사 이 세대로부터 영원까지 보존하시리이다"라고 한다(시 12:7).

15장. 하나님이 새로운 목적이나 뜻을 위해 인간을 창조하셨다는 견해 비판

하나님 자신은 영원하며 시작이 없으시지만 시간에 시초가 있게 하셨다. 그리고 이전에 만드시지 않은 인간을 시간 속에서 만드셨다. 이렇게 시간 속에서 인간을 창조하신 것은 새로운 목적이 생겼거나 뜻이 변했기 때문이 아니다. 갑자기 새로 결심하신 것이 아니라, 변함없는 영원한 계획에 따라서 하신 것이다. 이전에 존재한 적이 없는 인간에게 시간 속에 존재하는 선물을 주시고 한 개인에게서 인류를 증가시키셨다. 시편에서 시인은 영혼을 위해 영원한 구원과 행복을 보존하지 못하는, 어리석고 불경건한 사상을 품은 사람들을 반박해서 "악인이 둥글둥글 돌아다니리이다"를 덧붙인다(시 12:8, 70인역).

16장. 하나님만큼은 영원하지 않은 천사들

항상 주권자로 계신 하나님에게는 그분이 주권을 행사하시는 피조물이 항상 있었는가? 어떤 의미에서 피조물은 항상 있었으니, 하나님과 동등하게 영원하다고 할 수는 없는가? 하나님은 주권자가 아니신 적이 없었다. 인간 창조 이전에도 우리 하나님은 무엇의 주권자셨느냐 하는 질문은 피할 수밖에 없는 질문임을 인정한다. 지혜서 9장 13-15절을 인용해서 하나님의 깊은 뜻을 측량할 수 없음을 인정하자는 것이다. "어쨌든 항상 주권자요 다른 주권자 밑에 드는 일이 없는 분을 위해서 항상 피조물이 있었으나 그것은 동일한 피조물인 것이 아니라 다른 기간에는 다른 피조물이 있어서 서로 전후로 연속했다고 상정하자."[13] 죽을 운명을 지닌 피조물들이 항상 있어서 전후로 변천했음을 인정하는 아우구스티누스는 첫날 빛 창조는 천사 창조임이 분명하다고 단언한다. 태초에 창조한 그 '하늘'은 천사 창조를 가리키는 말이라는 것이다.[14] 천사들은 하나님과 함께 항상 존재했으나 하나님 동등되게 영원하지는 않다. "시간과 동시에 창조된, 또는 시간들과 동시에 창조된 천사들은 모든 시간에 존재했으므로, 그들이 항상 존재한 것은 사실이지만, 그들은 역시 창조되었다"(601쪽). 창조주는 변하지 않는 영원 속에서 항상 존재하셨는데, 천사들은 창조되었기 때문이다. 그들은 모든 시간에 존재했기 때문에 우리는 그들이 항상 존재했다고 말한다. 그들이 없었다면 시간은 있을 수 없다.

17장. "하나님이 영원 전부터 사람에게 영생을 약속하셨다"는 말의 뜻

그러면 하나님이 영원 전부터 사람에게 영생을 약속하셨다는 것은 무슨 뜻인가? 인류 창조 전에 얼마의 시간이 있었는지는 모르나 창조주와 동등하게 영원한 피조물이 없다는 것은 분명하다. 바울 사도는 과거에 영원한 시간이 있었다고 말하지만, 그것은 하나님과 동등하게 영원한 것이 아니다. 하나님은 영원한 시간들이 있기 전에 존재하셨을 뿐 아니라 영생도 약속하셨고, 그 영생을 그분의 때, 곧

---

13 600쪽 첫 단락, "그러나 우리는 어리석고 … 있지도 않았다고 주장해서는 안 된다." 여기 네 문장은 오역이다.
14 11권 9장 반복.

적합한 때에 나타내셨다고 하기 때문이다. "이 영생은 거짓이 없으신 하나님이 영원 전부터 약속하신 것인데 자기 때에 자기의 말씀을 전도로 나타내셨으니"(딛 1:2-3).

18장. 주기적 시대순환설에 맞서 하나님의 목적과 의지를 옹호하는 건전한 신앙

하나님이 하시는 일은 영원부터 반복되었고 똑같은 시대적 주기를 따라 항상 돌아온다고 주장하는 사람들과 달리, 건전한 신앙의 사람은 하나님의 변함없는 목적과 의지에 관해서 어떻게 변호하는가? 주기적 우주순환설은 개미 쳇바퀴 도는 논리와 같다. "이성으로 이 논법들을 논박할 수 없다면 우리의 믿음으로 웃어버려야 한다"(604쪽). 우주순환설은 좁고 변하는 인간의 마음으로 하나님의 전혀 변함없는 마음을 측정하기 때문에 생긴다. 하나님의 한거閑居는 무위나 게으름이 아니다. 하나님은 쉬면서 활동하시고, 활동하면서 쉬실 수 있으시다. 하나님이 어느 상태에 계시다고 말하는 것 자체가 모순이라는 것이다. 어느 상태가 되었다는 것은 어느 결과가 나타났다는 뜻이며, 어느 결과가 나타났다는 것은 변한다는 뜻이다. 그러나 하나님은 새로운 계획이 아니라 영원한 계획을 새로운 일에 적용하실 수 있으며, 하시지 않던 일을 시작하시는 것도 무위하게 지내던 과거를 후회하시기 때문이 아니다. 곧 시초가 없는 영원 전부터 하나님은 피조물들이 없어도 완전히 행복하셨고, 피조물들이 필요하지 않았지만 순수한 호의로 창조하셨다는 것을 알리려고 하신 듯하다.

19장. 무한한 것들은 하나님의 지식으로도 파악할 수 없다는 주장 반박

여기에서는 무한한 것들은 하나님의 지식으로도 파악할 수 없다는 주장을 반박한다. 수數는 무한하다. 개개의 수는 유한하지만 전체적으로 무한하다. 철학자 플라톤은 "하나님은 수리數理에 따라 우주를 만드셨다"고 큰 권위로 말한다. 우리의 성경에도 하나님에 대해서 "주께서는 만물을 부피와 수와 무게로 정돈하셨다"고 말하며(지혜서 11:20), 예언자도 하나님이 "수효대로 만상을 이끌어 내신다"(사 40:26, 70인역)고 말한다. 구주께서는 복음서에서 "너희에게는 머리털까지 다 세신 바 되었다"(마 10:30)고 하신다. 지혜가 무궁하신 하나님(시 145:5)이 모든 수를 아신다는 것은 확실하다.

20장. 세세무궁함에 대한 해설

세세무궁世世無窮함에 대하여 살펴본다. '세대들의 세대들'이 동일한 세대들의 반복을 의미하지 않고 서로 다른 세대들이 전후로 질서정연하게 연속되며, 구원을 받은 영혼들의 행복이 확고부동해서 불행으로 돌아가는 일이 없다고 하든지, 또는 "세대들의 세대들"은 영원하며 시간 속에서 지나가는 세대들을 지배하는 주종관계에 있다고 하든지 어느 쪽으로 해석하더라도 주기적인 반복이 있을 여지가 없다. 성경의 이 관용어구가 우주시대 순환설[15]을 지지하는 것은 아니다. 성도의 영생(마 25:46)이 이런 우주적인 주기설을 완전히 논박하기 때문이다.

21장. 인간의 영혼이 행복과 불행의 순환적 경험에 매였다고 보는 자들의 불경건

진정하고 완전한 행복에 참가하는 영혼들도 주기적으로 동일한 불행과 노고로 복귀하리라고 주장하는 사람들의 불경건함을 생각

---

[15] 607쪽, "주기설, 곧 중간기를 지나면 같은 현상들이 항상 반복된다는 생각."

해본다. 철학자들은 긴 세월을 한 주기로 삼아 행복과 불행이 반복되는 일이 계속될 것이지만 언젠가 무서운 고생의 값을 치르고 인생을 마친 후에 하나님을 보며 변함없는 영생불사에 참여해서 영적인 빛을 보는 행복을 누리게 된다고 말한다. 이 철학자들은 행복과 불행의 주기적인 순환을 모르고 죽으면 저 세상에서 행복을 얻지 못할 것처럼 말한다. 심지어는 인간의 불행은 결코 끝나지 않을 운명이며 다만 허망한 행복의 기간이 자주 또는 끊임없이 사이에 끼어들게 되리라고 위협한다. 아우구스티누스는 이런 견해는 잘못되었다고 단언한다(609쪽). "그러므로 우리는 그리스도 안에서 곧은 길을 걸으며 (요 14:6) 그리스도를 우리의 지도자와 구주로 모시면서 우리의 마음과 믿음이 불경건한 자들의 허무하고 서투른 순환설에 끌려들지 않도록 해야 한다."[16]

이 주기들과 영혼들의 반복되는 왕래를 플라톤학파인 포르피리오스는 찬동하지 않는다. 아우구스티누스는 해방된 영혼들이라 할지라도 불가피하게 불행으로 돌아간다는 주기설을 논박한 후 하나님의 순전한 새 창조를 옹호한다. 영혼이 해방되며, 전에는 해방된 적이 없던 것같이, 앞으로도 결코 불행으로 돌아가지 않기로 정해져 있다면, 전에 창조된 적이 없던 일이 영혼의 내부에 창조된 것이며, 이것은 참으로 위대한 일이다.

22장. 한 사람 창조로 시작된 인류 창조

하나님이 사람을 창조하실 때 한 사람으로 시작하신 것은 여러 사람을 만들어 인류를 창조하신 것보다 더 좋았다. 아우구스티누스에

---

16 12권 14장 참조.

따르면 본성의 측면에서는 천사와 동물의 중간 존재로 인간을 창조하셨고 죄가 없다면 죽지 않고 영생불사로 들어가게 하셨다.[17] 인간이 만일 교만과 불순종으로 자유의지를 악용하여 하나님을 반역하면 동물로 전락하되 죽음에 지배당하고 정욕의 종이 되며 죽음 후에는 벌을 받도록 작정하셨다. 한 사람만 만드신 것은 다른 사람들과 아무 교제 없는 독거생활을 하라는 뜻이 아니었고, 도리어 단결된 교제를 확보하며 조화의 유대를 더욱 견고하게 인상 지어주시려는 것이었다. 그래서 사람들을 서로 같은 본성으로뿐 아니라 혈연의 애정으로도 뭉치게 하셨다(612쪽).[18]

23장. 첫 사람 아담의 죄와 의인들의 성별된 공동체 출현을 모두 예견하신 하나님

하나님은 당신이 창조하신 처음 사람이 죄를 지으리라는 것을 예지하셨고, 동시에 당신의 은혜로 인류 가운데서 의인의 큰 무리가 천사들의 공동체로 옮기리라는 것도 예견하셨다. 당신의 은혜로 많은 의인이 부름을 받아 양자가 되며 성령으로 죄를 용서받고 의롭게 되며, 최후의 원수인 죽음이 멸망된 후에 천사들과 결합하여 영원한 평화를 누리리라는 것도 예지하셨다. 또 많은 사람들이 하나가 되는 것을 하나님이 얼마나 기뻐하시는지를(시 133:1) 사람들에게 밝히 알리시려고, 한 사람 아담에게서 인류 창조를 시작하셨고, 이 사실이 의인의 무리에게 유익하리라는 것도 아셨다.

---

17 612쪽 각주 47번 참조(13권 1, 3장 참조). 아우구스티누스는 펠라기우스와는 반대로 사람이 죄를 짓지 않았다면 영생불사했을 것이라고 본다.
18 14권 1장.

24장. 하나님의 형상대로 창조된 인간의 영혼과 본성

하나님은 사람에게 이성과 총명을 갖춘 영혼을 주셔서 모든 다른 동물보다 뛰어나게 만드셨다. 하나님이 흙으로 사람을 만드시고(창 2:7), 그 다음에 영혼을 주셨다. 미리 만드신 영혼을 그의 안에 불어넣으셨거나 숨을 불어넣으심으로 영혼을 창조하셨다. 하나님의 숨이 사람의 영혼이 되게 하신 것이다. 하나님의 손은 그분의 권능이며, 보이지 않는 방법으로 보이는 것까지 만드신다. 아우구스티누스는 창세기의 인간 창조 기사를 역사적 사실로 보지 않고 신화로 보는 사람들을 비판한다.

25장. 아무리 미세한 피조물도 천사의 피조물이라고 보면 안 되는 이유

플라톤과 제자들은 우주를 창조한 최고신이 신들을 창조했고, 동물들은 하나님의 허락이나 명령에 따라 낮은 신들이 창조했으며 인류에게는 그러한 동물 중에서 특별한 지위가 있으며 신들과는 혈연관계가 있다고 믿는다.[19] 그렇다면 가장 작은 피조물이라도 천사들이 창조했다고 할 수 있는가? 아니다. 우주를 창조하시고 사람을 만드신 하나님이 미물도 창조하셨다. 플라톤철학자들이 '신'이라고 부르는 천사들은 하나님의 명령이나 허락으로 이 세계 내에서 창조 작업에 직접 참가하지만, 독자적으로 동물들을 창조한다고 할 수는 없다. 우리가 농부들이 곡식과 나무들을 창조한다고 하지 않는 것과 같다.

---

[19] 614쪽 각주 53번, 《티마이오스》편, 41 A-D; 69C.

26장. 하나님의 창조사역으로 생겨난 자연적인 존재들과 피조세계의 형태들

자연적인 존재들과 피조세계의 형태들은 모두 하나님이 그분의 역사로 만드셨다. 창조주 하나님은 자연적, 물질적 형태뿐 아니라 생물들의 생명까지 만들어내시는 창조사역을 수행하신다(렘 23:24; 지혜서 8:1; 고전 3:7, 15:38; 롬 1:5). 잉태한 여인이 태아에게 모종의 영향을 미치지만 창조자의 역할을 하는 것은 아니다. 자연적 존재들이 어떤 영향을 받는다고 하더라도, 그 자체를 만드는 것은 최고의 하나님뿐이다. 하나님의 숨은 권능, 만물에 편만한 그 형언할 수 없는 임재가 모든 수준에 있는 모든 것에 존재를 주신다. 기술공이 아니라 로물루스를 로마의 건설자로 말하거나, 기술공이 아니라 알렉산드로스대왕을 알렉산드리아의 건설자로 부르는 것과 같은 이치다. 로물루스와 알렉산드로스대왕의 권세와 명령으로 로마와 알렉산드리아가 건설되었기 때문이다. 하나님은 당신이 만드신 원료를 창조시 재료로 사용하시거나 당신이 만드신 일꾼을 창조의 중간과정에 참여케 하신다.

27장. 하나님의 천사창조를 믿는 동시에 천사들의 인간 창조도 믿는 플라톤학파

플라톤학파는 천사들이 하나님에게서 창조되었다는 것을 인정하면서, 동시에 천사들이 인간의 몸을 창조했다고 주장한다. 플라톤에 따르면 최고신이 창조한 낮은 신들이 생물들을 만들었고, 신들은 영원불멸 요소를 하나님에게 받아서 생물 창조시 필사(必死)的 요소를 덧붙였다. 신들이 몸을 창조했다는 것이다. 신플라톤학파의 철학자 포르피리오스는 영혼정화를 위해 신체접촉을 일체 피해야 하고, 동시에 플라톤과 다른 플라톤학파 철학자들처럼 방탕하고 부끄러운 생활을 한 영혼들은 속죄하는 의미로 죽을 육체로 돌아간다고 믿었다(616쪽).[20] 아우구스티누스는 플라톤과 제자들의 신들에 대한 이러한 이해를 반박한다.

> 그 신들은 인간의 족쇄와 감옥을 만드는 자에 불과하며, 우리의 창조주가 아니라 우리를 힘든 작업장에 가두며 무거운 쇠사슬로 결박하는 간수에 불과하다. 그러므로 플라톤학파는 우리의 영혼이 이 육체를 통해서 벌을 받는다고 위협하는 것을 그만두든지, 그렇지 않으면 신들을 경배하는 것이 우리의 의무라고 가르치는 것을 멈춰야 한다. 신들이 우리에게 만들어준 몸에서 될 수 있는 대로 도망하며 멀리하라고 그들은 충고하기 때문이다. 원래 그들의 사상은 이 점에서 양편이 다 잘못이다(617쪽).

영혼들이 금생에 다시 돌아와서 벌을 받는다는 것도 사실이 아니며 창조주 우리 하나님 외에는 어디에도 생물의 창조자는 없다! 죽을 몸이라도 그 몸이 하나님의 선물이라면 그 몸으로 하나님이 지으신 아름다운 세상으로 돌아오는 것이 어찌 벌을 받는 것이 될 수 있는가? 플라톤 자신이 자주 말했다.[21]

하나님이 그 영원한 지성 안에 우주 전체의 형태뿐 아니라 모든 생물의 형태도 가지고 계셨다면, 무슨 까닭에 그 모든 생물을 자기가 직접 창조하시지 않았는가? 혹 하나님은 어떤 것들은 만들기를 원하시지 않은 것인가? 그것들을 만드는 데 필요한 기술은 그의 심중에 있었고, 그의 마음은 어떤 말도 형언하거나 충분히 찬양할 수 없는

---

20 *De Regressu Animae*, 10권 29장, 22권 12장, 22권 26-28장을 보라.
21 *Timaeus*, 30 B-D; *Republic*, 597 B-C.

것이 아닌가?(617쪽)

28장. 장차 인류가 받을 상급과 벌을 모두 예견하신 하나님

처음 사람 안에 인류 전체가 가득히 나타났으며, 하나님은 그중 어느 부분이 상을 받고 어느 부분이 벌을 받을 것인지를 예견하셨다(617쪽).

> 그러므로 진정한 경건은 우주 전체의 창조주가 또한 모든 생물의, 곧 신체와 영혼의 창조주시라고 바르게 인정하고 선포한다. 지상의 생물 가운데서 으뜸은 사람이었고 사람은 단 한 명이 하나님의 형상대로 창조되었다. … 그러나 사람을 독거하게 버려두시지 않았다.

인간 사회가 불화와 갈등으로 갈가리 찢길 때 그것을 고치려고 하면 하나님이 조상 한 사람을 창조하신 것을 회상하는 것이 가장 유력한 방법이 될 것을 예견하시고, 한 사람으로 인류 창조를 시작하셨다! "우리는 수는 많아도 마음은 하나가 되어야 한다는 것을 회상하게 하셨다"(618쪽). 태초에 창조된 그 처음 사람과 함께 인류 사이에 두 도시 또는 두 사회가 나타났다.

> 아직 밝히 눈에 보인 것이 아니지만, 하나님의 예지 안에서는 이미 나타났다. 처음 한 사람에게서 인류가 일어나기로 정해졌으며, 그 일부는 악한 천사들과 짝하여 벌을 받으며 다른 부분은 선한 천사들과 함께 상을 받기로 정해졌다. 이것이 하나님의 숨은, 그러나 공정한 판단에 의해서 된 결정이었다. 성경에서 "하나님의 모든 길은 인자와 진리로다"(시 25:10)라고 했으므로, 그의 은혜가 불공정하거나 그의 공

의가 잔혹할 수 없다는 것을 우리는 안다(618쪽).

결론

12권은 이 책의 중반부를 구성하는 11-14권의 핵심으로서, 두 도성의 대립적·병렬적 역사를 기독교 형이상학 관점에서 정리한다. 타락과 인간 창조의 두 논점을 제시하는 12권은 스물 여덟 장으로 구성되어 있어서 다른 부분에 비해 상대적으로 짧다. 천사 타락과 인간 창조를 다루는 12권에서 6장, 9장, 28장이 중요하다. 천사 타락은 본성이 아닌 의지의 타락이며 인간 창조도 후발적인 의지타락으로 하나님에게는 타락의 책임이 없다는 주장이다. 전반부에서 보여준 로마의 다신교체제의 어리석음을 공박하는 탁월한 변증술 대신 지나치게 기독교 형이상학에 편승한 논리적 비약이 일어나는 부분이기도 하다.

12권의 결론을 제시하기 전에 아우구스티누스가 여러 갈래로, 반복적으로 전개한 기독교 형이상학의 얼개를 개관해 볼 필요가 있다. 로마 다신교체제의 어리석음을 조롱하는 아우구스티누스는 일찍이 로마의 일류지성들도 로마의 신들의 신적 본질에 대해 의혹을 가졌다고 주장한다. 아우구스티누스는 로마 다신교 신神계보학자의 최고봉 마르쿠스 배로나 고매한 스토아철학자 세네카마저도 로마의 허구적이고 비윤리적인 신들은 절대로 숭배의 대상이 될 수 없다고 주장했다는 점을 강조한다. 로마의 지성인들도 로마제국의 도성신학을 조롱했다는 것이다. 그런 점에서 유일신 하나님 신학으로 로마의 다신교체제를 비판한 1부(1-10권)의 논리는 탄탄하고 탁월했다. 그에 비해 중반부(11-14권)에서는 기독교 형이상학적 전제를 종횡무진 늘어놓는다. 특히 두 도성의 태고적 기원을 설명하는 데 성경 몇 구절과 외경 몇 구절에 의존했으며, 대부분은 특정 구절에 의미를 과도하게 부여하는 거친 주석적 상상력을 동원했다. 치밀한 논증과 실증주의적 접근 대신 몇 가지 성경구절로 비약해버린 것은 마니교의 이원론의 틀에서 빨리 벗어나려는 조급증 때문이었을 것이다.

아우구스티누스는 천사 타락이 본성이 아닌 의지의 타락으로서 지금 악마라고 불리는 악한 천사도 태초에 타락하지 않은 순간이 있었다고 말한다. 이 논리로는 "하나님은 악의 원천은 아니다"라는 주장은 할 수 있지만, 하나님은 악의 발생을 막지 못한 책임을 벗어나기 힘들다. 이 딜레마는 쉽게 해결할 수 없다. 그렇지만 아우구스티누스는 천사 타락을 의지 타락으로 봄으로써 상당히 가톨릭적 자세를 취한다. 물론 후반부 19-22권에서는 더욱 현저하게 가톨릭 신앙 요소가 등장한다. 후반부에 갈수록 기적, 신비, 영원한 하나님나라에 대한 호소 등 가톨릭적 본성이 나오기 시작한다. 그러나 12권에서 이미 가톨릭 인간죄론이 등장한다. 가톨릭의 인간타락론은 본성타락보다는 초월적 은총을 상실케 한 의지 타락에 방점을 찍는다. 이렇듯 인간 타락도 인간의 자유의지에 입각한 후발적 타락에서 시작되었다고 보기 때문에 하나님께 타락의 직접적인 책임을 돌릴 수 없다.

결국 선한 천사들과 악한 천사들 모두 하나님이 창조하신 피조물로 본성과 근본은 같지만, 의지와 욕망이 다른 것이 타락의 원인이라고 한다. 선한 천사들은 하나님께 밀착되어서 행복을 얻는 반면, 악한 천사들은 하나님께 밀착되지 않아서 불행하다는 것이다. 그러나 이것은 일종의 순환논법이다. "하나님과 밀착되지 않는 것은 불행하다. 불행은 하나님과 밀착되지 않는 것이다." 이처럼 12권에서 아우구스티누스는 순환논법에 빠진 것처럼 보인다. 타락한 천사들이 왜 악해졌는지, 하나님과 밀착되지 않는 것이 왜 불행인지는 설명하지 않는다.

아우구스티누스는 12권에서 대전제를 세우고 시작한다. "이성적 존재를 행복하게 만들 수 있는 유일한 선은 하나님이시다." 그래서 인간은 하나님께 밀착되어 자기 존재가 창조된 잠재력을 최고로 발휘하면 행복해질 수 있다고 한다. 하나님께 밀착되지 못한 이성적 존재는 결함이 있는 존재이며 최고의 결함은 "비존재"라는 것이다. 그러나 하나님은 존재의 절정이기에 타락한 천사에게도 하나님이 창조하신 선한 본성이 있는데, 의지의 오작동으로 악한 천사가 되었다고 한다. 이렇게 선한 천사들은 하나님께 밀착하려는 의지가 있어서 행복하고, 악한 천사들은 자기중심적인 교만에 빠져서 불행하다는 것이다(6장). 여기서 말하는 교만은 퇴행적 자기정향自己定向이다. 자신 안의 가능성에 매몰되는 것으로 자기 몰입 혹은 자아 매몰 상태를 말한다. '자기 폐쇄적 탐닉'이 교만이라는 것이다. 돌이나 벌레같은 하등 피조물은 조금 손상되어도 하나님의 우주질서에 누가 될 정도로는 추하지 않은 반면 이성적 존재의 교만은 그렇지 않다는 것이다.

12권 6장에서 아우구스티누스는 천사 타락에 대한 하나님의 면책을 주장하기 위해 선한 의지는 하나님께 영향 받는 작용인作用因이 있지만, 악한 행위는 작용인이 없고 '의지 자체'라고 말한다. 그러니 작용인을 찾지 말라는 것이다. 그러면서도 의지 타락의 작용인이 무엇인지 암시한다. "악한 의지는 원래부터 악한 어떤 피조물 속에 있었던 것이 아니라 선하면서도 변할 수 있는 피조물 속에 있었다." 이 문장 속에서 '변할 수 있는 피조물성' 즉 '자기 일관성을 담보하지 못하는 피조물성'이 아우구스티누스가 암시한 작용인인 셈이다. 가변적인 피조물은 선한 의지를 버리고 교만의 노예가 될 여지가 충분히 있다는 것이다. 9장에서는 이 점을 부연 설명한다. 아우구스티누스는 "악한 천사들은 왜 선한 의지를 버리고 타락했는가?" 하는 문제를 제기한다. 악한 천사들은 '무無'에서 창조되었기 때문에 타락했다는 것이다. '무'는 항상성이 없으므로 존재가 변화무쌍할 수 있는 잠재성이 있다. 무는 무규정적 상태, 무한 변화가능성의 상태이다. 그런 점에서 '변화 가능성', '변화무쌍할 수 있는 잠재성' 등이 의지 타락의 작용인이 되는 것이다.

　기독교 형이상학 관점에서 두 도성을 연역적으로 전개한 것은 적잖은 부작용을 낳는다. 히브리서 12장 22-24절을 근거로, 지상에서 고초당하는 순례자들과 죽어서 이미 쉬고 있는 자들과 천사들이 하나님의 도성 거주민들을 구성한다고 보기에 《하나님의 도성》은 후반부로 갈수록 지상 차원의 하나님의 도성을 넘어 천상의 도성만 강조하는 경향이 있다. 이런 부분이 기독교 구원론을 타계주의로 몰아가며 지상의 대조·대항·대안 공동체로서의 하나님나라의 역사적 지향성을 희석시킬 여지를 남긴다. 믿는 자와 믿지 않는 자를 모두 위하는 정의로운 사회를 이루려고 하기보다는, 기독교의 구원을 영구적인 천상도성에 참여하는 것으로 이해하기 때문에 지상에 하나님의 보편적 구원의 통치가 이루어지는 일이 얼마나 중요한지를 깨닫지 못하게 하는 것이다. 또 타락한 천사를 인간도성의 원천으로 보고, 인간은 악에 대해 어쩔 도리가 없다고 설정해버림으로써 인간의 역사도 축소되고 악에 대한 인간의 책임도 느슨해졌다. 이렇게 되면 잔악무도한 히틀러의 악행도 인간의 책임이 아닌 악령의 역사가 될 수 있다. 이것은 인간이 마땅히 져야 할 책임을 희석시킬 우려가 있다.

아우구스티누스는 《고백록》 10-13장에서 하나님의 창조는 어떤 좋았던 시대로 돌아가는 것이 아니라 인간을 위한 완전한 새로운 창조이며, 직선적이고 목적 지향적이며, 창조의 궤도 안에 인간을 친히 초청하신 사건이라고 한다(《하나님의 도성》 12권 21장 우주적 시대순환설 반박). 하나님이 피조물을 만드신 목적은 당신의 선을 나누어주시는 것이다. 하나님의 창조는 하나님 당신에게 자기부인적 겸손을 요구한다. 당신의 권능을 여러 피조물들에게 나누어주기 때문이다. 하나님이 세상을 만드신 까닭은 자기를 겸손하게 하시기 위함이며 하나님의 완전성을 나누시기 위함이다. 하나님의 완전성 안에는 당신의 전능을 억제하고 나누려는 겸손함이 있다. 하나님의 창조는 필연성이 아니라 완전한 자유의지와 호의에서 창발된 프로젝트다. 창조의 시작도 끝도 하나님의 선택이며, 창조할 단계가 되어서가 아니라 은총의 우발성으로 창조하셨다는 것이다. 창조의 섭리에 다가갈수록 그 안에서 하나님의 완전한 자유가 느껴지며, 동시에 인간에 대한 지고지순한 사랑이 지울 수 없는 자국처럼 선연하다.

자기중심적 교만에 빠져 불행하게 된 악한 천사처럼, 하나님의 자녀라 칭함을 받았음에도 믿는 자가 '자기에 대한 부정확한 인식'으로 여전히 교만의 유전자를 낳으며 살아간다면 참된 기독교를 온전히 전하지도 살아내지도 못하는 것이다. 하나님의 구원은 어느 날 갑자기 천상도성을 향해 순간 이동처럼 휴거되는, 정해진 수에게만 허락하신 특혜가 아니다. 구원은 온 세상을 사랑하셔서 땅끝 구석구석까지 찾아가 못 자국이 난 손을 덥석 내미신 하나님 사랑의 대형 프로젝트다. 12장을 읽고 나면 하나님이 지으신 인간은 잠재된 무한 변화 가능성으로 선도 택할 수 있고 악도 택할 수 있는 자유가 있지만, 그 자유로 육체의 기회를 삼지 말고 오직 사랑으로 서로 종노릇 하라(갈 5:13)는 말씀이 유난히 의미심장하게 다가온다.

그렇지만 앞에서 간략하게 언급했듯이 12권의 주장 중 논란을 불러일으키는 요소는, 천사 타락의 작용인을 묻지 않고 천사 타락을 단순히 의지 타락으로 규정하는 부분이다. 또 9장이 말하는 하나님의 도성의 인적 구성 논의도 문제가 된다. 먼저 아우구스티누스는 악한 천사도 본성은 여전히 선하나 의지가 타락해 악한 천사가 되었고 결국 인간도성의 원천이 되었다고 본다. 인간 타락보다 천사 타락이 더 먼저 일어난 사건이라는 것이다. 이 경우 인간 역사의 의미는 축소된다. 인간 역사가 타락한 천사들의 우주적 반역사의 부록 정도로 전락한다. 인간의 주체적인 책임규명이 약해지고 영적 세력인 악한 천사들과 벌이는 전쟁에 몰입하는 탈역사적 기독교를 만들어낼 가능성이 있다. 예를 들어, 북한을 영적 세력으로 보고 악령을 몰아냄으로써 북한을 해방하려는 시도가 일어나는 이유가 여기에 있다. 한국 교회 일각에서 들리는, 사회과학적 이해를 배제한 북한 악령통치론은 위험하고 비효율적이다.

또 하나님의 도성을 천사와 인간의 합성구성체로 보고 지상 성도를 그 천상에 있는 하나님의 도성으로 가는 순례자로 보면, 기독교가 역사포기적, 세상이탈적 소극적 기독교가 될 가능성이 있다. 이런 역사포기적인 기독교 신앙은 이 땅에 하나님나라를 이루려는 하나님의 뜻에 복무하기보다는 세상으로부터 이탈하려는 심리를 자극할 수 있다. 결과적으로 이런 세상이탈적인 기독교 신앙은 이 땅 위에 공평과 정의, 사랑과 평화의 공동체를 건설하시려는 하나님의 열망을 대적할 수도 있다. 《하나님의 도성》을 강독할 때는 이 점에 유의해야 한다.

제13권:

기원들
– 인간의 타락과 그 함의

죽음은 아담의 원죄적 반역에 대한 징벌로서 하나님의 생명왕국에 우발적 에피소드처럼 발생했다. 하나님은 인간을 바르게 창조하셨다. 그러나 인간이 자유의지로 죄를 범했고 온당하게 단죄를 받았다. 더구나 타락하고 단죄받은 아기를 낳았다. 모두 불행에 연좌되어 끝이 없는 죽음으로 끌려간다. 하나님의 은총으로 풀려난 사람들만 그 죽음에서 구원받는다. 13권에서는 오늘날 조직신학으로 말하면 인간론, 죄론(원죄론), 이원론 반박, 일부 부활 종말론을 다룬다. 그 중 3장, 14장에서 말하는 원죄론이 가장 특징적인 부분이다.

타락의 결과: 죽음(1-11장)

1장. 원죄적 반역에 대한 징벌로 작정된 죽음

처음 사람이 타락해서 인간은 죽을 신세가 되었다. 인간은 순종의 본분을 수행함으로써 죽음의 개입을 거치지 않고 천사와 같이 불사불멸하고 영원한 행복을 얻을 수 있었다. 그러나 하나님의 명령에

불순종하였기 때문에 인간은 죽음이라는 형벌을 받았다.[1]

2장. 영혼의 죽음과 몸의 죽음

영혼이 항상 살아있다 해도 그 영혼에게 닥칠 죽음이 있고, 또 육체가 당할 죽음이 있다. 영혼이 육체를 버리는 것이 육체의 죽음이다. 하나님이 영혼을 버리시는 것이 영혼의 죽음이다. 따라서 하나님에게 버림받은 영혼이 육체를 버릴 때, 양편 곧 전인全人의 죽음이 일어난다. 영혼이 하나님으로 살든지 그렇지 않든지, 영혼이 육체 안에서 사는 한 육체는 영혼으로 산다. "영혼 자체의 생명은 아무리 미약할지라도 그 영생불사의 근원이 되며 그치는 일이 없기 때문이다"(620쪽). 불경건한 사람들의 몸에 있는 생명은 영혼에서 오는 것이 아니라 몸에서 온다. 영혼의 삶이 아니라 육체의 삶이다. 한편, 종말의 단죄를 받고 나서 고통스러운 벌을 받게 되었으므로 그러한 육체의 삶은 삶이라기보다는 죽음이다. 감각이 없어진 것은 아니지만 그 감각에 쾌감이나 안정감이 없고 고통만 있을 뿐이므로 벌이 되는 것이다.

> 그뿐 아니라 그것은 하나님과 영혼 또는 영혼과 몸이라는 결합되었던 두 본질을 분리시키는 처음 사망이 있은 후에 있기 때문에 둘째 사망이라고 부른다. 따라서 첫째 사망, 즉 몸이 죽는 것은 선한 사람에게는 선이 되며 악한 사람에게는 악이 된다고 할 수 있다. 그러나 둘째 사망은 선한 사람들에게 오지 않는 것이므로 물론 아무에게도 선한 것이 되지 않는다(620쪽).

---

[1] 12권 22장 각주 47, 펠라기우스의 주장에 대한 반박.

3장. 원죄설 옹호

여기에서는 처음 사람들이 죄를 지었기 때문에 모든 사람이 겪는 죽음이, 성도의 경우에도 죄에 대한 벌이 되는지를 다룬다. 처음 사람들이 죄인이 됨으로써 죽음이라는 벌을 받았고, 그 혈통에서 나온 것은 누구든지 같은 형벌로 해를 입게 되었다. 최초의 인간으로 창조된 존재는 자기가 창조되었을 때의 모습이 아니라 바로 죄를 짓고 형벌을 받았을 때의 모습을 후손에게 물려주었다. 인류의 처음 조상들이 받은 벌은 그들의 엄청난 죄책과 정비례하여 그들의 본성을 변질시켰다. 여인을 통해 태어날 인류 전체의 본성이 처음 사람 안에 들어 있었다.

> 처음 사람은 부당한 자만심으로 공정한 벌을 받았지만, 그렇다고 해서 어린이 같은 미숙한 상태로 퇴화한 것은 아니다. 그러나 그의 인간성이 심히 부패하고 변화해서 그 지체에 복종하지 않고 반항하는 정욕이 생기며 죽어야만 하는 필연성으로 결박된다. 따라서 죄와 벌로 말미암아 이렇게 변한 자기와 같은 후손을, 곧 죄를 짓고 죽을 후손을 낳게 되었다. 만일 중보인 그리스도의 은혜로 말미암아 유아들이 죄의 결박에서 풀린다면 그들은 영육을 분리시키는 죽음만을 겪을 수 있고, 죄의 결박에서 벗어났기 때문에 영원한 벌을 받는 둘째 사망으로는 가지 않는다(622쪽).

4장. 중생한 기독교인들에게도 죽음의 벌이 따르는 이유와 그 죽음의 숭고성

그러면 중생重生의 은혜로 죄를 용서받는 자들도 죽음, 곧 죄에 대한 벌을 면하지 못하는 까닭은 무엇인가? 재생에 바로 뒤이어 불사불멸이 따른다면 신앙이 나약해질 것이기 때문이다. 현재 눈앞의 사실로 보이지 않는 것을 소망 중에 기다리는 믿음이 진정 믿음이기 때문이다. "죄를 지으면 죽는다"고 하셨지만, 지금은 오히려 순교자에게 "너는 죄를 짓지 않기 위해서 죽으라"고 하신다. 전에는 죄를 짓지 않도록 하는 두려움의 대상이던 죽음이, 지금은 죄를 짓지 않으려면 당해야 하는 것이 되었다. 이처럼 하나님의 큰 자비로, 실패에 대한 벌이던 죽음이 순교하는 성도에게는 덕성의 갑옷이 되며, 심지어 죄인이 받는 벌이 의인에게는 상이 되기까지 한다. 전에는 죄를 짓고 죽음을 받았는데 지금은 죽음으로써 의를 실천한다(623쪽). 악인들은 믿지 않아 죽음을 당하지만 의인들은 믿기 때문에 죽음을 선택한다.

5장. 악한 죽음도 선용하는 의인

악인들이 선한 율법을 악용하듯이 선인(의인)들은 악한 죽음도 선용한다. 즉 불의가 악뿐 아니라 선한 것도 악하게 사용하듯이, 정의는 선한 것뿐 아니라 악한 것도 선하게 사용한다. 그리하여 율법은 선한 것이지만 악인들이 악용하는 일이 있고, 마찬가지로 죽음은 악한 것이지만 선인들이 선하게 죽는 일이 있다.

6장. 신심과 의덕을 갖춘 성도에게 영광이 되는 죽음

서로 결합된 영혼과 육체를 분리시키는 죽음은 대체로 악이다. 육체의 죽음, 곧 육체에서 영혼이 떠나가는 죽음, 지독한 중압감으로 모든 감각을 박탈하는 죽음은 형벌이다. 죽음은 모든 사람이 타고나는 형벌이지만, 신심과 의덕으로 감내한다면 재생하는 자에게는 영광이 된다.

7장. 의의 열매를 풍성하게 맺게 하는 죽음

세례를 받지 않았지만 그리스도에 대한 신앙을 고백하기 때문에 죽는다면, 그 죽음에는 세례의 거룩한 샘에서 씻기는 것과 똑같이 죄를 용서받는 위력이 있다. 요한복음 3장 5절, 마태복음 10장 32절, 시편 16편 15절을 볼 때 신앙을 고백하고서 죽은 자는 죄를 용서받는다. 이 경우에는 전에 죄에 대한 벌로 정해진 죽음이 선용되어 의의 열매를 풍성하게 맺는 수단이 되었다. 그렇다고 죽음이 선이라는 뜻은 아니다. 하나님의 은혜로 죽음이 유익한 것으로 변한 것일 뿐이다. 원래는 범죄 예방을 위한 위협이던 죽음이, 지금은 죄를 방지하며, 지은 죄가 용서받으며, 위대한 승리 후 마땅히 받을 의의 상이 돌아가게 하는 필수시련이 되었다.

8장. 선을 보존하고 성취하려고 죽은 성도의 고귀한 죽음

성도가 진리를 위해 당하는 첫째 죽음은 둘째 죽음을 면하는 길이기도 하다. 선을 보존하고 선을 성취하려는 뜻으로 죽어간 의인의 육체에서 분리된 영혼은 안식 중에 있다. 반면 불의한 사람들의 영혼은 형벌을 받고 있다.

9장. 죽음의 시점에 대한 아우구스티누스의 사색

아우구스티누스는 죽음의 시점을 분명하게 규정하려고 여러 사색을 시도한다. 생명의 감각이 없어지는 때는 죽어가는 중인가? 죽은 때(죽음이 완료된)인가? 아우구스티누스는 영혼이 없어지지 않는 한 아직 살아있다고 말해야 한다고 주장한다. 분명히 상대적인 거리감의 관점에서 볼 때, 지금 살아있는 모든 인간이 죽음에는 다가가고 생명에서는 떠나가는 중인 것은 맞다. 하지만 영혼이 육체에 내재한 이상 아직 그 사람은 생명 속에 있다. 그런데 영혼이 아주 떠나갔다면 그때는 죽음 속에 있지 않고 차라리 죽음 이후에 있는 것이다. 그러나 이것이 다는 아니다. 10장은 사실상 산 자의 몸과 영혼의 분리를 촉진하는 죽음이 산 자 속에 이미 역사役事하고 있다고 본다.

10장. 살아있는 자들에게 이미 역사하고 있는 죽음

아우구스티누스는 죽음의 양가적 측면을 섬세하게 관찰한다. 죽을 신세인 인간들의 생명은 생명이라기보다는 죽음이라고 규정하는 것이 낫다는 논리를 은근히 제시한다. 결국은 죽을 육체 속에 존재하기 시작한 이상, 어느 사람에게든 죽음이 도래하지 않는 순간은 결코 없다. 따라서 아무에게든지 그 안에서 죽음이 작동하기 시작한다는 사실, 다시 말해 삶이 감소하기 시작한다는 사실을 생각하면, 사람은 누구나 죽기 시작한 것이다.

> 참으로 죽을 신세인 이 몸 안에 사람이 존재하기 시작하는 순간부터 죽음이 접근해 오지 않는 시점은 없다. … 우리의 금생은 죽음을 목표로 달음질하는 것에 불과하다. … 그뿐 아니라, 죽음의 과정이 사람 안에서 시작될 때부터 숙기 시작하는 것 곧 죽음 안에 있는 것이라면, 확실히 사람은 이 몸 안에서 생존하기 시작한 때부터 죽음 안에 있는 것이다. … 생명이 줄어들어가던 죽음 안의 기간이 다음에 오는 죽음 후의 기간으로 넘어가기까지, 그동안에 날마다, 시간마다, 순간마다 있는 것은 죽음뿐이 아니고 무엇인가?(627쪽)

13권의 '죽음'의 양면성 논의는 기독교 신앙 때문에 죽임을 당한 순교자들의 죽음을 고귀한 죽음, 더는 죄를 짓지 않고 성화를 극단으로 이루기 위한 죽음이라는 논지를 부각하는 데 기여한다.

11장. 한 사람이 살아있으면서도 동시에 죽었다고 말할 수 있는 이유

아우구스티누스는 한 사람이 살아 있으면서 동시에 죽었다고 할 수 있느냐는 질문을 다룬다. 우선, 죽어가는 사람이 죽음 속에 있는가? 인간이 죽음에 도달하기 전에 이미 죽음 속에 있다는 말이 모순이라면, 즉 살아있는 동시에 죽어간다는 말이 참으로 기이하다면, 언제 인간이 죽어간다고 해야 하는지를 물어야 한다. 우리는 '죽음 전', '죽음 중', '죽음 후'로 말한다. 각 시점은 살아있는 자, 죽어가는 자, 죽은 자에 해당한다. 영혼이 아직 육체 속에 있다면, 더구나 감각마저 있다면 그 사람은 살아있다는 것을 의심할 여지가 없다. 그런데 영혼이 떠나버렸고 육체의 감각도 전적으로 없어졌다면 그 사람은 벌써 죽음 이후에 있으며 죽은 사람으로 나타난다. 지나가는 시간 중에서 현재라는 순간은 찾아도 얻을 수 없다. 현재가 차지하는 깊이가 전혀 없고, 미래에서 과거로 옮겨갈 뿐이기 때문이다.[2]

아우구스티누스는 11장의 셋째 단락("그러므로 우리는 이런 추리 방법에 따라…")에서 신체의 죽음은 없다는 궤변을 비판한다. 그 궤변의 논리는 이렇다. "아직 생명이 있으면 아직 죽음이 없다. 반대로, 생명이 끝났다면 그래도 죽음은 없다. 이 때의 상태는 죽음 안이 아니라 죽음 후이기 때문이다. 어떤 것의 앞이나 뒤에 죽음이 없다면 죽음이 없다는 말이 아니고 무엇인가?" 그는 이 논리를 궤변이라고 보고 비판한다.

그래도 죽어가는 자는 생명 안에 있다. 아우구스티누스는 라틴어

---

2   아우구스티누스, 《고백록》 11권 15장, 18-20장(629쪽 각주 8번).

'죽는다_moritur_'를 완료분사 대신 과거형을 사용하는 것이 하나님의 섭리로 생긴 문법이라고 주장한다. 과거형 _morituus_는 미련한_fatuus_, 가파른_arduus_, 보이는_conspicuus_ 같은 단어처럼 과거라는 의미가 없는 형용사로서 시제 구별 없이 변화하는 말들과 같이 사용된다. 그뿐 아니라 _morituus_ dead라는 형용사는 시제가 있을 수 없는 데서 시제를 만들어내듯이 과거분사를 대신하여 사용된다. "그 결과로 이 동사가 표시하는 행동(죽음)이 실생활에서 회피될 수 없는 것과 같이, 이 동사는 언어사용에서 변화될 수 없다"(630쪽).

성경은 죽은 사람들이 죽음 이후에 있다고만 말하지 않으며 주저하지 않고 "죽음 속에 있다"고도 말한다. 죽은 사람들을 두고, 부활하기 전에는 죽음 속에 있다고 말은 하지만, 죽어가는 사람이라고 부를 수는 없다. 그러나 우리는 구속주의 은총으로 보우하심을 입으면 벗어날 수 있으며, 적어도 둘째 죽음은 벗어날 수 있을 것이다. 그 둘째 죽음이야말로 더 지독한 것이며, 모든 악 중에 최악이며, 영혼과 육체가 영벌을 받기 위해 다시 결합한 채로 영원한 형벌로 떨어지는 것이다. 거기서는 정반대로 사람들이 죽음 이전이나 죽음 이후에 있지 않을 것이고 언제나 죽음 속에 있을 것이다. 그래서 결코 살아있는 사람도 아니고 결코 죽은 사람도 아니며 끝없이 죽어가는 사람이리라. "참으로 죽음 안에 있는 사람은 죽음 자체가 죽지 않을 때보다 더 불행할 수 없다"(630쪽). 우리가 예수 그리스도를 믿고 구원받았는데도 신체의 죽음으로 완성되는 죽음의 권세 안에서 하루하루를 살아가지만 이러한 삶이 둘째 사망보다는 훨씬 낫다는 것이다. 그래서 사도 바울은 죽음을 일상으로 경험하는 것을 찬양한다(행 16:31). 자신은 몸에 예수의 죽으심을 짊어지고 다닌다고 말한다(고후 4:10-11). 기독교는 죽음을 일상에서 경험함으로써 성화를 이루고 마침내 의와 경건을 완성해가는, 십자가를 지는 삶을 예찬한다(막 8:34; 벧전 2:21-22).

타락의 결과: 둘째 죽음-죽음은 죄에서 온다(12-18장)

12장. 창세기 2:17에서 하나님이 첫 사람 아담에게 경고하신 첫 죽음의 성격

하나님은 처음 사람에게 하나님의 계명을 어기면 어떠한 죽음을 내리실 것을 경고하셨는가? 영혼의 죽음인가, 육체의 죽음인가, 전인全人의 죽음인가, 아니면 둘째 죽음이라 일컬어지는 죽음인가? 하나님이 경고하신 죽음은 이 모든 죽음을 다 포함한다. 첫째 죽음을 이루는 죽음 두 가지는 영혼의 죽음과 육체의 죽음이다. 이 첫째 죽음은 전인의 죽음으로, 영혼이 하나님 없이, 그리고 육체 없이 일시적으로 형벌을 당한다. 둘째 죽음은 영혼이 하나님을 떠나 육체와 더불어 영원한 형벌을 받는다. 그러므로 하나님이 낙원을 만드시고 그곳에 두신 최초의 인간에게 금지된 음식을 가리키시며 "거기서 따 먹는 날, 너희는 죽음으로 죽으리라"(창 2:17)고 말씀했을 때 단지 첫째 죽음의 앞부분, 그러니까 육체가 영혼을 결여하는 죽음만 가리키신 것도 아니며, 첫째 죽음 전체, 즉 영혼이 하나님과 육체에서 분리되어 벌을 받는 죽음만 가리키신 것도 아니다. 오히려 그 위협은 죽음에 해당하는 모든 것, 둘째 죽음이라고 말하는 최후의 죽음(그 다음에는 아무 죽음도 없다)까지 망라한다.

13장. 인류의 첫 조상 아담과 하와가 받은 벌의 성격

처음 사람이 하나님을 반역하여 죄를 짓고 가장 먼저 받은 벌은 자신의 의지통제력을 잃은 것이다. 영혼이 자기의 자유를 행사하여 하나님 섬기기를 거부하고 불복하는 것을 즐기자 이제는 육신이 영혼에 불복한 것이다. 육신에서 발동된 불복충동을 영혼이 느낄 뿐 아니라 즐기기까지 하다가 마침내 하나님 섬기는 일을 거부했다. 여기서 아우구스티누스가 죄를 실행하기 전의 심리 과정을 심층적으로 섬세하게 묘사하는 점이 인상적이다. 죄는 영혼이 짓는다. 그런데 영혼을 죄짓게 하는 하나님 불복충동은 육신 어딘가에서 발동된다. 이 충동을 영혼이 초동단계에서 거부하면 죄를 짓지 않을 수 있다. 그런데 영혼이 이러한 하나님 불복충동을 느끼는 데서 한 걸음 더 나아가 그 충동을 즐기면 그때는 영혼이 육체를 지배하는 것이 아니라 하등욕망이 자아 전체를 장악하게 된다. 결국 하나님의 계명 불순종을 즐기는 영혼은 육체에 예속되는 처지로 전락하는 벌을 받았다. 육이 영을 거슬러 욕망을 품기 시작했고, 우리는 육과 영의 갈등 속에 태어났다. 저 최초의 반역에서 죽음이 기원했고, 우리는 시체와 부패한 본성에 육의 도전과 압박을 안고서 태어났다. "육체의 소욕이 성령을 거스르기" 시작한 것이다(갈 5:17). "이것은 우리가 타고난 갈등이다. 저 처음 범행이 원인이 되어 우리 속에 죽음의 씨가 생겼으며 우리는 우리의 지체와 병든 존재에서 욕심의 반항과 심지어 그 승리를 짊어지고 간다"(631쪽).

14장. 첫 사람이 누린 자유의지

하나님이 창조하신 사람은 어떠했으며, 사람은 자기 의지(자유의지)를 행사함으로써 어떤 상태에 빠졌는가? 하나님은 인간을 바르게 창조하셨다. 즉 죄를 지을 수밖에 없는 내적 결함을 창조주 하나님이 창조하시거나 인간 본성에 내장하지 않았다. 그러나 인간은 자발적으로 타락하여 온당한 단죄를 받았고, 더구나 타락하고 단죄받은 아기를 낳았다. 오직 하나님의 은총으로 풀려난 사람들을 제외하고는 모두 불행에 연좌되어 끝이 없는 둘째 죽음이라는 결말로 끌려가고 있다. 하나님의 은혜로 해방된 자를 제외하고는 둘째 사망까지 가는 이 길을 벗어날 수가 없다는 것이다.

> 처음 남자가 죄를 짓기 전에 … 우리는 모두 그 사람이었고 그의 안에 있었다. 우리를 낳을 근본적 본질은 이미 그의 안에 있었다. 이 본질이 죄로 말미암아 낮아지면 공정한 정죄를 받아 사망의 족쇄로 매인 후로는, 아무도 그와 다른 상태로 날 수 없었다. 이와 같이 자유의지가 악용되었기 때문에 우리의 재난이 연쇄적으로 계속하게 되었고, 인류는 마치 썩은 뿌리에서 출발한 듯이 그 처음 타락으로부터 끊임없이 계속된 불행 속을 인도되어 왔다(632쪽).

15장. 아담이 하나님을 버린 후에 찾아온 첫째 사망

아담이 죄를 짓고 하나님께 버림받기 전에 그가 먼저 하나님을 버린 것이다. 그렇게 하나님에게서 떠난 것이 영혼의 첫째 죽음이 되었다. 노령으로 쇠진한 육체를 영혼이 버릴 즈음에 인간은 또 다른 죽음을 경험하기에 이른다. 그 죽음에 대해 하나님은 "너는 흙이니 흙으로 돌아갈 것이니라"(창 3:19) 하고 사람에게 말씀했다. 하나님을 버린 영혼의 죽음과 육체의 죽음, 이 두 죽음으로 전인全人 죽음인 첫째 죽음이 완결되며, 마지막에 가서는 인간이 은총을 통해 해방되지 않는 한, 둘째 죽음이 첫째 죽음을 뒤따른다. 정통신앙을 가진 그리스도인들은³ 몸의 죽음은 자연법칙이 아니라 죄에 대한 후천적 징벌이라고 믿는다. 하나님은 애초에 인간을 죽어야 할 본성을 지닌 존재로 창조하시지 않았기 때문이다. 죽음은 죄에 대한 보복이다.

16장. 영혼과 육체의 분리가 벌이 아니라는 그리스철학 비판

영육의 분리는 벌이 아니라는 철학자들의 논리[4]를 비판하는 과정에서 아우구스티누스는 플라톤의 견해를 활용한다. 플라톤은 최고신이 하급 신들에게 몸을 빼앗지 않겠다고 약속했다고 말했기 때문이다. 신체의 중요성을 암시하는 대목이다. 아우구스티누스는 몸 자체가 영혼에 짐이 되는 것이 아니라 부패한 몸이 짐이 된다는 점을 강조한다(지혜서 9:15). 그는 여기서 하나님의 도성과 교회를 동일시한다.

플라톤은 최고신이 만든 신들에게 불사불멸하는 몸이 있다는 것을 극히 명백하게 단언한다. 키케로가 라틴어로 번역한 플라톤의 말[5]에 따르면 신들도 몸과 영혼의 결합으로 창조된 존재라는 점에서는 사멸가능한 존재들이다. "…어버이와 창시자가 된 존재들은 내 뜻을 어기면서 해체되지는 않을 것이다. … 너희는 생겨났으므로 영원불사하거나 멸망할 수 없는 것은 아니다. 그러나 너희는 결코 멸망되지 않으며 필연적인 죽음이 너희를 말살하거나 나의 목적보다 더 강력하지 못할 것이다. 너희가 생겨났을 때 너희를 결합한 그 유대보다 너희를 계속 존재케 하려는 나의 의지가 더 강하다."[6] 이처럼 플라톤은 그들을 만든 하나님의 의지와 결의에 의해 신들이 '불멸하는 존재'가 되었다고 말한다.

하지만 그들의 철학 창시자와 달리 플라톤학파는 우리가 영혼의

---

3   633쪽 각주 12번은 마니교의 이단 사상을 언급한다.
4   철학자들은 영혼이 몸을 벗고 하나님에게 돌아가는 것이 지복(至福)이라고 생각했다.
5   *Timaeus*, 41 A-B(플라톤의 창세기 버전).
6   634쪽 각주 15번.

행복을 추구하는 일이나 영혼이 육체 안에서 항상 존재하기를 희구하는 일은 결국은 비참한 사슬로 영혼을 육체에 묶는 짓이며, 모순되는 짓이라고 비판한다. 그들은 '최고신이 창조한 신들은 결코 죽지 않으리라고 말하고, 그 신들은 최고신이 자신들을 묶어놓은 몸에서 분리되지 않으리라고 하면서 그것이 그 최고신이 신들에게 하사한 선물'이라고 말한 그들의 시조요 스승인 플라톤을 정면으로 반대한 셈이다.

17장. 지상적 몸의 영원불멸성을 반대하는 플라톤학파 반박

여기서 아우구스티누스는 지상적인 육체는 부패하지 않는 영원한 육체가 될 수 없다는 플라톤학파 철학자들의 주장을 반박한다.

우선 이 철학자들은 육신과 영혼에 관한 학설에 기만당하고 있다. 철학자들은 지상적 육체는 영구永久할 수 없다고 주장한다. 그렇게 말하면서도 온 땅이 자기네 신의 지체라고 믿고, 비록 최고신은 아니더라도 곧 이 세계 전체이기도 한 대신大神의 지체로서 중앙에 자리 잡고 있으며 따라서 영구하다는 점은 의심하지 않는다. 그들은 우주 전체를 한 위대한 신이라고 믿는다. 최고신은 우주를 창조해서 자신보다 열등한 신들보다 상위에 두었다는 것이다. '최고신 → 우주 → 낮은 신들'로 위계가 정해진다. 이 우주는 살아있으며 영혼이 있다고 믿는다. 영혼이 우주라는 방대한 몸 안에 갇혀있는 형국이라는 것이다. 최고신은, 지地, 수水, 화火, 풍風 네 원소를 만들어 결합하여 위대한 신의 지체 각각에 배치했다. 여기서 아우구스티누스는 지구가 영원하다면 지구 안에 사는 존재들의 몸이 영원할 수 없는 이유는 무엇인지 묻는다. 흙에서 취해서 창조된 인간과 불에서 취해서 창조된 천사가 각기 자신의 근원인 흙과 불로 돌아가기 위해 해체된다면 신들에게 영생불사를 약속한 플라톤의 논리는 취소되고 마는가? 특히 플라톤은 영혼이 몸과 함께 영생불사와 영원한 행복을 즐기게 할 권능이 하나님에게 있다고 하지 않았는가?

플라톤학파는 전적인 추측에 따라 물체가 영속한다는 주장을 하면서도 신적 의지와 능력으로 지상적 물체가 영원할 수 있다는 사실을 굳이 믿으려 하지 않는다. 몸이라는 짐에 의해 무거워지는 일이 없이 영원히 행복하게 살 수 있다는 것을 왜 믿지 않으려는가? 정작 피해야 하는 것은 부패하고 짐스러우며 무겁고 죽어갈 몸이다. 우리는 하나님이 그분의 선하심으로 원조들에게 만들어주신 육체가 아니라, 죄의 벌이 이렇게 만들어버린 육체를 피해야 한다.

18장. 지상적 몸으로는 중력을 벗어난 천상계에 거주할 수 없다는 철학 비판

아우구스티누스는 지상적 사물이 중력 때문에 지상으로 다시 내려오므로 지상적 육체가 천상에서 존속하는 일이 불가능하다고 주장하는 철학자들을 논박한다. 금속은 중력으로 인해 물에 넣으면 즉시 가라앉는데도 인간이 어느 특유한 방식을 사용하여 금속으로 그릇을 제작하면 물에 떠다닐 수도 있다. 하물며 하나님에게도 나름의 숨은 방식이 있다면 이보다 훨씬 믿을 만하고 효과적인 결과를 내지 않겠는가?

> 그렇다면 플라톤도 말하듯이, 최고신의 의지와 권능이 시작이 있는 것들의 소멸을 막으며 물질적인 것과 비물질적인 것이 결합되었을 때에 그것들이 분리되거나 해체되는 것을 막는다면 하나님이 영생을

---

7 이것은 22권 11장에서 상론하는 주제이다.

베풀어주시는 사람의 육신이 썩지 않게 하시리라고 인정하는 것을 우리는 주저할 것인가?(639쪽)[7]

타락의 결과: 몸의 물질적 및 영적 양상들에 대한 고찰(19-24장상)

19장. 영혼은 몸이 없어야 영생할 수 있다고 믿는 포르피리오스 논박

여기에서 아우구스티누스는 처음 사람들(원조)이 죄를 짓지 않았더라면 영생했으리라는 것을 믿지 않고, 영혼은 몸이 없어야 영원히 산다고 주장하는 포르피리오스 같은 사람들의 견해를 반박한다. 그리스도교 신앙은 원조들이 만약 죄를 짓지 않았다면 우리는 아무 죽음으로도 자기 육체에서 벗어나지 않았을 것이고, 순종을 한 공덕으로 불사불멸을 받고, 육체를 지닌 채로 영원히 살도록 만들어졌다고 설파한다. 아우구스티누스는 다시 플라톤의 주장을 활용해 논적들을 반박한다. 플라톤은 다음과 같이 주장했다.

> 지상에서 거룩하고 의롭게 산 사람들은 몸을 떠날 때에 가장 좋은 상을 받아, 몸을 버리는 일이 없는 신들의 품으로 영접된다.[8] … 현인들은 죽은 후에 별들이 있는 하늘로 운반되어 각각 적당한 별에서 비교적 오랫동안 안식한다. 그러다가 이전의 불행을 잊어버리고 다시 몸을 가지고 싶어지면 그 별을 떠나 죽음의 비참함과 세상사로 돌아간다. 그와 반대로 미련한 생활을 한 사람들은 아주 짧은 시일이 지난 후에 다시 윤회의 길에 오르며 그 행적에 따라 지정되는 대로 사람이

---

8 *Timaeus*, 41 A-D.

나 짐승의 몸을 가지게 된다.[9]

선하고 어진 영혼들에게도 심히 가혹한 운명(윤회)을 배정한 플라톤의 견해를 난처하게 생각한 포르피리오스는 현인들의 영혼은 몸의 결박에서 완전히 풀려나기 위해 일체의 몸을 버리고 아버지 앞에 영원히 보존된다고 주장했다. 포르피리오스는 썩지 않는 몸의 부활을 부정하고, 영혼들은 지상적인 몸뿐 아니라 일체의 몸이 없이 영원히 살리라고 주장했다. 포르피리오스는 그러면서도 신적 위엄은 빼앗긴, 몸을 가진 신들을 경건하게 높여서는 안 된다고는 말하지 않았다.

20장. 죽음 후의 안식을 누리는 성도의 더 영광스러운 회복 소망

성도의 육신은 지금 소망 가운데 안식을 누리고 있다. 성도의 육신은 범죄 전의 처음 사람들의 육신보다 더 높은 성품을 취해 회복될 것이다. 사망한 성도의 영혼은 자신의 육체에서 그 죽음을 험한 죽음으로 겪지 않는다. 육은 괴로움에 대한 감각에서 완전히 벗어나고 부패함과 아둔함에서 벗어나, 결코 소멸하지 않는 불사불멸을 희구하는 의지를 아주 안전하게 성취하는 경지에 이르게 된다.

> 참으로 육신이 연약해서 그들의 목적에 반대하려고 하므로 영의 법으로 그것을 억제하려고 했을 때에도 그들(성도)은 그 육신을 미워하지 않았으니(엡 5:29) 육도 영적인 것이 되려는 지금은 그 육을 얼마나 더 사랑할 것인가!(641쪽)

---

9 *Phaedros*, 248 A-249 D.

부활 시 얻을 육체는 영광스럽게 변모된 육신이다(고전 15:44). 에덴동산의 중앙에 생명나무가 있는 것은 무조건적이고 절대적인 순종을 가르치기 위함이었다. 창조주 아래 있는 이성적 존재에게는 이 순종이 가장 위대한 덕성이다. 생명나무는 일종의 성례전이었다. 물질적 낙원에서 생명나무가 한 일은 이지적 낙원(영적 낙원)에서 지혜가 한 일이다. "지혜는 그 얻는 자에게 생명나무라"(잠 3:18).

21장. 에덴동산의 역사성과 영적 해석의 정당성 옹호

낙원에 대한 영적인 해석과 그 역사적 진리는 상충하지 않는다. 여기에서 낙원이 단순히 영적인 의미를 표상한다고 이해할 수도 있다. 그러나 이 낙원을 실제 물리적 장소real place로 서술한 역사 또한 사실이다. 아우구스티누스는 알레고리칼 해석도 용납하며[10] 종말론적인 해석에도 열려있다. 아가서 4장 12-15절을 근거로 하여 낙원은 교회 자체를 가리키는 것으로, 네 강은 네 복음서로, 과수들은 성도로, 그 열매는 성도의 행위로 볼 수도 있다는 것이다. 생명나무는 지성소로서 그리스도 자신을 가리키며 선악과나무는 자기의 의지에 대한 지배력을 가리키는 것으로 보자는 것이다. 낙원에 대한 비유적 해석은 용납되나 그 역사적 진실성을 믿는다는 전제 조건 아래서만 가능하다는 점을 강조한다.

22장. 부활 후 성도가 입게 될 몸

성도의 부활 후의 몸bodies은 영적일spiritual 것이나, 그 육flesh이 영

---

10 여기에서 아우구스티누스는 낙원은 복받을 사람/ 네 강은 지혜, 용기, 절제, 공의/ 나무는 모든 유용한 연구로 해석한다.

spirit으로 변하는 것은 아니다. 육체이기를 중단하기 때문에 영적 육체가 되는 것이 아니고, 그 육체를 살리는 영에 의해 실존하기 때문에 영적 육체가 되는 것이다. 부활 후에도 예수님은 먹고 마시셨다(눅 24:42-43; 행 10:41). 미래의 몸에서 제거되는 것은 먹고 마셔야 하는 필요지, 먹고 마시는 능력이 아닐 것이다. 영적인 몸은, 몸다움을 벗어버렸다는 뜻이 아니라 지탱해주는 영, 곧 생명을 주는 영이 있는 몸이라는 뜻이다(고전 15:44-46).

23장. 육체적 몸과 신령한 몸

동물적 육체와 영적 육체를 어떻게 이해할 것이며, 아담 안에서 죽는 사람은 어떠한 사람이며, 그리스도 안에서 살아날 사람은 또 어떠한 사람인가?

우선, 천상적 신체와 지상적 신체는 어떻게 다른지를 살펴본다. 생명 있는 혼living soul을 지닌 것이 아직 생명을 주는 영quickening spirit을 지니지 못해도 생물적인 몸soul-informed bodies이라고 일컫는다. 부활한 몸을 영적 몸이라고 일컫는 것도 같은 이유다. 몸이 육의 실체를 지닌다는 것이며, 그러면서도 생명을 주는 영 덕분에 아둔함이나 육적 부패를 전혀 겪지 않으리라는 뜻이다. 그리고 나면 인간은 지상적 인간이 아니라 천상적 인간이 될 것이다. 이것은 오로지 천상 선물에 힘입어 천상에 머물면서도 본성nature을 잃지 않은 채로 성질quality만 변하는 그런 육체가 되는 것이다.

그러면 동물적animale(생물적) 몸과 영적spiritale 몸에 대해 바울은 어떻게 생각했는가? 바울 사도는 다음과 같이 말했다. "썩을 것으로 심고 썩지 아니할 것으로 다시 살아나며 욕된 것으로 심고 영광스러운 것으로 다시 살아나며 약한 것으로 심고 강한 것으로 다시 살아나며 육의 몸으로 심고 신령한 몸으로 다시 살아나나니 육의 몸이 있은즉 또 영의 몸도 있느니라"(고전 15:42-44).

최초의 사람인 아담이 지니고 있던 생물적인 몸이 먼저였다. 아담이 죄를 지은 다음에 그 몸의 본성은 그만큼 변질되고 타락했다. 그리스도는 우리를 생각해서 바로 이런 몸을 지니기로 작정하셨다. 우리도 다음에는 영적인 몸을 지닐 터인데, 그 몸은 우리 머리인 그리스도의 선례를 따르는 몸이며, 죽은 이들의 마지막 부활로 인해 그분의 지체들에게도 뒤따라 올 몸이다.

또 바울은 지상적 인간과 천상적 인간을 말하면서 "무릇 흙에 속한 자들은 저 흙에 속한 자와 같고 무릇 하늘에 속한 자들은 저 하늘에 속한 이와 같으니 우리가 흙에 속한 자의 형상을 입은 것같이 또한 하늘에 속한 이의 형상을 입으리라"(고전 15:48-49)고 하였는데, 재생(중생)의 세례에 의거해 이루는 것을 제시한 것이다.

23장은 실로 감동적이다. 죽음과 생명의 변증법을 이토록 아름답게 묘사하다니! 바울 논법의 섬세성과 역동성이 가슴 깊이 다가온다. 부패과정에 있는 우리의 생명 안에 영생의 씨앗이 뿌려지면 불후불멸不朽不滅의 생명이 죽음을 와해하기 시작하고 비천함 속에 씨가 뿌려지지만 영광이 그 비천함을 뚫고 나타난다. 약함 속에 씨 뿌려지지만 강함이 약함을 극복한다. 생물학적 몸에 영생의 씨앗이 뿌려지면 영적 몸이 생물학적 몸을 발전적으로 해체한다. 바울은 자신이 당한 온갖 종류의 고난을, 자신 안에 뿌려진 그리스도의 생명을 보양하고 자라게 하고 마침내 그리스도를 자신의 인격 안에 탁본하는 과정으로 본 것이다.

첫째 아담과 둘째 아담(24장하)

24장. 아담에게 고취시킨 생령과 제자들에게 고취시킨 성령의 관계

아우구스티누스는 하나님이 처음 사람에게 숨을 불어넣어 생령 living soul(혼, 넋, 정신)이 되게 하신 것과 그리스도께서 제자들에게 숨을 내쉬면서 성령 Holy Ghost(생명의 근원)을 받으라고 하신 것의 의미를 논한다.

첫 사람이, "흙에서 나온 먼지가" 영혼을 받아 생물적 육체가 되었다는 것은 형체를 갖춘 그 먼지가 생명 있는 혼이 되었다는 말이다. 그러면 어떻게 인간이 영혼 혹은 육체가 되는가? 하나님이 먼지에서 사람을 빚어 만드셨고 거기에 영혼을 불어넣어 생물적 몸, 즉 생명 있는 영혼으로서 사람이 되게 했다.

영은 무엇을 가리키는가? 사도들에게 숨을 불어넣으시며 성령을 받으라고 말씀하시면서 주님이 원하신 것은, 성령이 단순히 아버지의 영이 아니라 그분의 외아들의 영이기도 하다는 사실을 알리는 것이다. 바로 이 영이 아버지의 영이요, 아들의 영이며, 이 영과 더불어 아버지와 아들이 삼위일체이며, 따라서 성령은 피조물이 아니라 창조주이다.

그러면 생명의 영과 생명 있는 혼은 무엇인가? 생명의 영은 성령 spiritus vitae이며, 생명이 있는 혼 anima vivens은 하나님이 영의 선물로 그 혼에 신적으로 생명을 베푸신다는 뜻이다. 그러나 하나님이 생명을 불어넣으시는 그 숨결이 하나님은 아니다. 하나님은 무에서도 숨결을 만들어낼 수 있으셨다. 몸이 없는 분이 몸이 없는 숨결을 내쉬었는데, 불변하신 분이 가변하는 숨결을 내쉬셨으니, 이것은 창조되지 않으신 분이 창조된 숨결을 내쉬었기 때문이다.

바울은 첫째 사람은 땅에서 나서 지상적이지만 둘째 사람은 하늘에서 났고, 우리가 지상적인 그 사람의 형상을 지녔듯이, 장차는 천상적인 그분의 형상을 지니게 될 것이라고 말한다(고전 15:44-49). 만일 첫째 사람이 계명을 위반하지 않은 채 창조된 그대로였다면 어떻게 자식들이 태어났을지는 14권에서 다룰 것이다.

결론

13권 전반부는 죽음, 원죄설, 성도의 죽음의 고귀성을 다루고, 후반부는 죽음의 성격에 대한 플라톤철학파 견해 논박에 치중한다. 후반부의 종결부분은 우리가 부활 후 덧입을 신령한 몸에 초점을 맞춘다. 전체적으로 신학적 논쟁을 일으킬 수 있는 쟁점이 다수 등장하지만 우리는 아우구스티누스의 주장을 먼저 이해하는 데 우선순위를 두려고 한다.

아우구스티누스는 대체로 구약성경의 중요구절들을 근거로 인간의 영적 본질을 잘 논증한다. 오늘날 진화생물학이나 포괄적인 다윈주의는 인간을 생화학적으로 환원하려고 하며 사유하는 자아로서의 인간 존엄과 고귀성을 와해하는 데 악용할 수 있는 많은 학문적 데이터를 산출한다. 그러나 인간은 무기물과 단백질과 같은 물질의 우연한 조합으로 발생하여 진화 과정에 있는 산물이 아니라 하나님이 고취하신 생기의 산물이다. 하나님은 생기를 만들지 않으셨다. 당신의 생기를 사람의 코에 불어넣어 사람이 생령이 되게 하셨다.

인간을 가리키는 호칭인 창세기 2장 7절의 '생령'은 창세기 2장 19절에서 동물들에게 부여한 칭호인 '생물'과 같은 히브리어 단어다. 동물과 인간 둘 다 생물이자 생령, 즉 네페쉬 하야*nepeš ḥayyā*다. 인간이 동물이나 노예처럼 대접받으며 살지 못하고 억압당하면 소리지르는 이유가 이 하나님의 신적 생명력 때문이다. 이 신적 생명력은 하나님의 영 루아흐*rûaḥ*에 실려서 온다. 루아흐 엘로힘(하나님의 영)이 인간존엄의 궁극근거다. 인간은 존귀하신 하나님의 영, 루아흐 엘로힘의 거소다. 그래서 인간은 존귀하다. 인간의 존엄은 파생된 존엄이요 유입된 존엄이다. 인간이 하나님의 영과 동행하고 동거하면 인간은 신적 존엄을 누릴 수 있다. 영이신 하나님이 인간에게 하나님의 영을 통해 생기를 고취하신 목적은 인간이 하나님을 예배하고 하나님과 소통하는 부왕副王 같은 존재, 즉 하나님의 대리자로 살아가도록 하기 위함이었다. 영이신 하나님을 예배하는 모든 사람이 영과 진리로 예배해야 하는 이유가 이것이다(요 4:24).

영이신 하나님과 예배를 통한 소통이 두절되거나 망가지면 죽음이 시작된다. 하나님이 주신 생명의 기운을 죄짓는 데 사용하는 모든 인간이 받을 징벌은 죽음이다. 죽음은 죄의 영속화를 막는 길이다. 죽음은 죄의 무한확장과 무한증식을 막는 길이다. 그래서 첫 사람 아담에게 '죄'를 짓는 경우에 받을 죽음이라는 벌을 작정하셨다. 아담과 하와는 죄를 짓고 하나님과 영적 소통이 두절되는 벌을 받았고, 죄를 짓는 상황의 중단을 위해 영과 육이 나뉘는 죽음을 겪게 되었다.

하나님께 불순종하는 충동적 자아, 죄를 무한증식하는 암세포 같은 인간은 자신을 스스로 비천케 하여 육체적 동물보다 못한 존재로 전락시켰다. "하나님의 아들들이 사람의 딸들의 아름다움을 보고 자기들이 좋아하는 모든 여자를 아내로 삼는지라. 여호와께서 이르시되 나의 영이 영원히 사람과 함께하지 아니하리니 이는 그들이 육신이 됨이라"(창 6:2-3). 이에 대한 하나님의 응답은 죽음의 심판이다. "내가 홍수를 땅에 일으켜 무릇 생명의 기운이 있는 모든 육체를 천하에서 멸절하리니 땅에 있는 것들이 다 죽으리라"(창 6:17). 생명의 기식, 숨결(루아흐)이 있는 모든 육체를 천하에서 도말하신다.

창조주 하나님과 교신이 되지 않는 인간은 그 자체로 살아있는 방사성 원소 같은 존재다. 하나님의 영이 우리 안에 살아있지 않으면, 우리가 하나님과 책임 있는 의사소통을 이어가지 못하면 우리는 다른 사람, 다른 피조물에게 방사성물질 같은 지극히 유해한 존재가 된다. 하나님의 생기로 흙덩이 신분에서 하나님의 부왕과 같은 동역자가 된 인간이 가멸적 존재가 되어 버린다. 그런데 이 죽음이 또 다른 의미로는 하나님의 은총이요 구원의 서곡이다. 죽음은 죄의 영구화를 막는 길이기 때문이다. 아우구스티누스는 죽음이 인간에게 주는 유익을 간과하지 않았다. 하나님께 구원받은 성도의 눈에는 죽음이 영생을 덧입기 위한 변증법적 과정의 일부이며 심지어 죄와 정욕을 이기는 성화의 일환이기도 하다. 그리고 죽음의 최고 기능은 순교자의 죽음에서 드러난다. 순교는 의를 이루기 위한 죽음이기 때문이다. "그의 경건한 자들의 죽음은 여호와께서 보시기에 귀중한 것이로다"(시 116:15).

13권의 더 큰 감동은 후반부, 신령한 몸에 대한 논의에서 느낄 수 있다. 아우구스티누스는 중생한 신자들에게는 이미 신령한 몸으로 변화할 하나님의 생명이 선사되었다고 말한다. 죄로 물든 몸이 신령한 몸으로 변하기 시작했다는 것이다. 신령한 몸이란 무엇인가? 하나님의 뜻에 순종하는 데 어려움을 전혀 느끼지 않는 몸이다. 자유롭지만 하나님에게 불순종하려는 충동이 거의 소멸되거나 극히 약화된 몸이다. 이 신령한 몸은 영생불사할 육체다. 이런 경우에 드디어 하나님이 주신 몸이 죄악의 거소가 아니라 은총의 거소임이 드러난다.

아우구스티누스는 육체를 죄악과 정욕의 원천으로 멸시한 그리스 철학자들과 달리 육체성이 죄성의 표현이 아니라 영생의 풍성한 면모라고 본다. 죄를 짓는 데뿐 아니라 연대, 긍휼, 자비의 실천에도 육체성이 동원될 수 있다고 암시한다. 즉 같은 육체를 사용하여 학대받는 자, 굶주린 자의 운명에 동참해 인류연대성 증진에 이바지할 수 있는 것도 육체성이다.[11] 다른 사람의 굶주림을 보고 자신도 굶주림을 경험해야 인류애를 실천할 동기가 생긴다. 육체와 영혼의 연동과 동역, 조화와 협력이 신적 성품에 참여하는 첫 단계다. 다른 사람의 처지를 불쌍하게 느끼는 순간 우리 자신의 육체도 사람들의 고통 해소에 앞장서게 되고 영혼-육체가 잘 동역하게 된다.

아우구스티누스가 마지막 부분에서 말하는 신령한 육체는 민첩하게 순종하게 하는 육체를 말한다. 예수님의 몸은 부활 전에도 후에도 신령한 육체다. 지금 우리 몸은 성령의 소욕에 민감하여 의의 병기가 될 가능성이 큰 몸이다. 물론 유혹도 받겠지만 유혹 아래로 굴러 떨어져 유혹에게 장악되는 육체가 아니다. 하나님은 우리의 육체를 만든 원소를 통치하셔서 우리를 다스리시고 우리의 의지와 양심도 다스리신다. 천국은 갱신된 인류의 증감 없는 곳으로 하나님이 초청하신 모든 사람들이 하나님을 경배하고 무제한으로 교제하는 곳이다. 고린도전서 15장 45-46절은 육체를 입고 사는 존재의 신적 영광을 증언한다. 우리 몸은 신령한 몸으로 속량되기를 기대하고 있다.

---

11 칼 바르트의 연대적 존재로서의 인간Mitmenschlichkeit.

제14권 :

기원들
– 두 종류의 사랑, 두 종류의 도성

14권에서 아우구스티누스는 첫 사람 아담의 죄를 재론하면서 원죄가 육적 생활과 악한 감정의 원인이 되었음을 가르친다. 특히 정욕에 따른 수치감은 불순종에 대한 벌임을 밝히면서 사람이 죄를 짓지 않았다면 정욕 없이 어떻게 자녀를 낳았을지 고찰한다. 요약하면 14권은 창세기 3장 해설로 인간 영혼의 타락을 강조한다. 지상의 인간 도성은 자아탐닉적 사랑(심지어 하나님을 모멸하는 수준까지 간 자아애)으로, 하나님의 천상도성은 하나님에 대한 사랑(자기를 부인하는 하나님 사랑)으로 건축된다.

서론(1-5장)

1장. 서로 다른 평화를 추구하는 두 도성: 인간의 도성과 하나님의 도성

만일 하나님의 은혜로 많은 사람이 구원을 받지 않았더라면, 처음 사람(아담)의 불순종은 모든 사람을 둘째 사망의 영원한 불행에 던져 넣었을 것이다. 하나님이 아담-하와를 통해 인류를 퍼뜨리신 목적[1]

은 인류를 혈통적으로 묶어서 평화의 유대로 결합한 조화로운 단일체로 만드시는 것이었다(655쪽). 그러나 인류는 죄의 결과 불가피한 죽음을 상속받았고, 두 도성으로 갈렸다. 겉보기에는 인류가 종교와 도덕, 언어와 무기, 의복 등이 다양한 인종이나 민족으로 나뉘졌으나, 결국은 육체의 생명을 택하는 사람들의 도성과 영적으로 살기를 원하는 사람들의 도성으로 나뉘었다. 이 두 도성이 추구하는 평화는 각각 다르다.

2장. 열등한 욕망에 휘둘리는 육신적 생활의 원천, 마음의 결함

육체적 생활은 신체의 결함뿐 아니라, 마음의 결함에서도 생긴다. 인간의 최고선을 신체적인 쾌락에 두는 에피쿠로스학파[2]는 육체적으로 살고, 마음에 두는 스토아학파[3]는 영에 따라 산다고 보면 안 된다. "육체는 다 같은 육체가 아니니 하나는 사람의 육체요"(고전 15:39)라는 말씀을 보면 육체는 인간을 대표하는 부분을 의미하는 단어다. 여기서 육체는 그냥 사람임을 가리키는 말이다.[4] 이처럼 육체의 본질은 나쁠 것이 없지만 육체적으로 사는 것은 확실히 나쁘다. 갈라디아서 5장 19-21절은 "육체로 산다"는 의미를 잘 규명한다. 육체의 일은 육체가 누리는 쾌락(음행, 호색, 방탕)과는 상관없는 정신적 결함도 포함한다. 우상숭배, 주술, 원수 맺기, 분쟁, 시기, 분냄, 당

---

1 12권 22, 28장에서 이미 상론한 주제다.
2 주전 341-270년. 최고의 쾌락은 단순하고 유덕한 삶이라고 가르쳤다. 감각적 쾌락추구주의는 아니다. (656쪽 각주 2번)
3 키티움의 제논이 주전 300년경 창설한 학파로 진정한 행복은 자연과의 조화, 부동심, 세상에 대한 달관과 무관심에 있다고 가르쳤다(656쪽 각주 5번).
4 로마서 3:20의 "율법의 행위로 그의 앞에 의롭다하심을 얻을 육체가 없나니" 하는 말씀과 갈라디아서 3:11; 2:16; 요한복음 1:14도 참조.

짓기, 분리, 이단, 투기 등은 마음의 결함을 나타낸다. 우상숭배를 위해 신체의 쾌락을 포기한 사람도 육적으로 산다는 정죄를 받는다는 점이 인상적이다(657쪽). 이 모든 신체적, 영적 죄악을 행하는 주체가 육신이라고 할 때 이 육신은 부분으로서 전체를 가리키는 수사법에 따라 사람 자체를 가리키는 말이라고 봐야 한다. 인간의 전적 타락, 전인적 타락을 말하는 셈이다.

3장. 죄의 원인을 육체에 전가하는 그리스의 육체멸시사상 반박

죄의 원인은 육체에 있는 것이 아니라 영혼에 있으며, 죄의 결과인 병적 상태는 죄가 아니라 벌이다. 모든 죄와 악행의 원인을 육체에 돌리는 사람은 틀렸다. 썩을 몸이 영혼을 압박한다고 말하는 지혜서 9장 15절, 고린도후서 4장 16절, 고린도전서 5장 1-4절 등을 볼 때 썩을 몸이 짐인 것은 사실이지만, 육체가 짐스러운 이유는 신체의 본성이나 본질이 아니라 그 썩는 성질 때문이다. 썩는 몸이 영혼을 압박하고 땅의 장막이 생각 많은 마음을 내리누르지만(지혜서 9:15), 영혼의 악이 신체에서 생긴다는 주장은 오류다. 아우구스티누스는 영혼을 숭상하고 육체를 부정적으로 본 플라톤 사상을 시로 표현한 베르길리우스의 《아이네이스》(6권 730-732행, 733-734행)를 인용하며 성경 사상과 플라톤 사상의 차이를 말한다. 영혼을 압박하는 썩는 몸, 그것은 처음 죄의 원인이 아니라, 그 죄에 대한 벌이다.

> 우리는 악한 생활의 원인을 전부 육신에게 돌려서는 안 된다. 그렇다면 마귀에게는 아무 죄도 없게 될 것이다. 마귀에게는 육신이 없기 때문이다(659쪽).

교만, 시기, 악 충동, 유혹 등에 몰입된 마귀의 죄악(원수 맺기, 분냄, 투기)을 육체의 일(갈 5:19-21)이라고 사도는 말한다. 이 모든 악행의 근원은 교만(집회서 10:3, 15; 12권 6장)이다. 마귀의 거짓말은 하나님에게서 온 것이 아니라 자기에게서 온 것이었다. 마귀는 거짓말의 조상(요 8:44)이며 거짓말을 시작한 자다. 타락한 자기를 따라 사는 자는 곧 마귀를 따라 사는 자다.

4장. 육체를 좇는 삶과 대조되는, 하나님을 좇는 삶

사람이 하나님을 따르지 않고 사람을 따라(육체를 따라) 살면 마귀와 같아진다. 모든 죄는 거짓이다. 행복을 위해 죄를 지었는데 그 결과 불행해졌다면 죄는 모순적인 결과를 일으키는 거짓임이 분명하다. 죄를 지음으로써 하나님을 버리고 자기 자신을 따라 삶으로써 죄를 짓는 악순환이 바로 죄인의 운명이다.

1장에서 아우구스티누스가 말한, 육체를 따라 사는 사람들의 도성과 영을 따라 사는 사람들의 도성은, 곧 사람을 따라 사는 사람들의 도성과 하나님을 따라 사는 사람들의 도성을 의미한다. "육신에 속하여 사람을 따라 행하는 사람"(고전 3:3)이 바로 사람을 따라 행하는 자다. 고린도전서 2장 11-14절에서 바울은 육에 속한 사람은 성령의 일을 받지 않았다고 말한다. "육에 속했다"와 "육신에 속했다" 둘 다 부분으로써 전체를 가리키는 표현법이다.[5] 이 성경구절의 요지는, "너희는 사람을 따라 살고 하나님을 따라 살지 않는다. 만일 하나님을 따라 산다면 너희는 신들이 되리라"는 것이다(662쪽).[6]

---

5   또 로마서 3:20의 '육체'와 창세기 46:27의 '영혼'도 사람을 가리킨다. 불가타 직역, "애굽에 이른 영혼들의 도합…" 이때 영혼도 전체를 나타내는 부분 수사법이다.

5장. 신체와 영혼의 본성에 관한 플라톤학파의 사상 비판

신체와 영혼의 본성에 대한 플라톤학파의 생각은 마니교보다는 낫지만, 플라톤학파도 육신의 본성이 모든 결함의 원인이라고 하므로 우리는 그것을 배척한다. 영혼의 본성을 최고선으로 여기고 육신의 본성을 악이라고 비난하는 사람이, 영혼을 추구하기 위해 육신을 기피하는 것 역시 육신의 일이다. 악한 세력이 육신을 창조했고 따라서 지상적인 몸들을 악의 본질이라고 저주하는 마니교도[7]만큼 어리석지는 않으나 "영혼이 지상적인 사지와 죽을 지체들의 영향으로 욕망과 공포와 환희와 슬픔"에 매여 있다고 주장하는 플라톤학파도 어리석기는 매한가지다. 키케로는 마음의 동요나 격정이 모든 도덕적 부패를 포함한다고 하며 격정들이 육체에서 발동한다고 본다. 그러나 베르길리우스도 《아이네이스》에서 무서운 정욕이 몸에서 오는 것이 아니라 영혼 자체에서 온다고 말한다. 신체의 모든 역병을 깨끗이 씻고 모든 신체적 존재들과 접촉을 끊어버린 영혼들이 그런 정욕에 몰린다고 하지 않는가!

타락한 인간 의지와 타락하지 않은 인간 의지(6-14장)

6장. 인간에게 있어서 의지의 결정적 중요성

일반적으로 의지가 추구하거나 회피하는 것들의 성격에 따라 의

---

6 '신들이 된다'는 표현은 원래 시편 82:6("너희는 신들이며 지존자의 아들들이라")을 인용한 요한복음 10:34에서 나왔다. '신들'은 '신적 존엄을 갖춘 인간들'(재판관) 혹은 '선한 천사들' 혹은 신적 존재를 가리킨다.
7 662쪽 각주 14번; 아우구스티누스, 《이단론》, 46; 《하나님의 도성》 11, 13권 참조.

지는 욕정에 끌리거나 그것을 싫어하며 그것들의 상황에 따라 감정도 변한다. 본성이 악한 사람이 없으므로 하나님을 따라 사는 사람은 악한 사람들을 완전히 미워하되 사람 자체를 미워하지 말고 그 결점을 미워해야 한다.

7장. 사랑과 애착의 차이와 불가분리적 연결성

성경에서는 선과 악에 관해서, 사랑*amor*이라는 말과 애착*affectio*이라는 말을 구별하지 않고 사용한다. 요한복음 21장 15-17절에서 '사랑하다'를 의미하는 동사 *diligere*의 명사형 *dilectio*와 *caritas*는 *amor*와 의미가 같다. 세속문인들은 물론이거니와 성경도 이 단어들을 구별하지 않고 호환하여 사용한다. *diligere, amare* 둘 다 좋은 의미로도, 나쁜 의미로도 사용하였다. 바른 의지는 선한 사랑이며, 그릇된 의지는 나쁜 사랑이다. 사랑하는 대상을 얻으려고 노력하는 사랑이 욕망이며[8] 그 대상을 소유하며 즐기는 사랑이 기쁨이다.[9] 마주친 것을 피하는 사랑은 공포며[10] 그 대상이 주는 타격을 느끼는 사랑이 슬픔이다.

8장. 고통과 슬픔에 대한 스토아학파의 치우친 견해 비판

스토아학파는 현인의 마음에는 세 가지 혼란이 있으나, 고통이나 슬픔은 마땅히 없어야 한다고 한다. 스토아학파는 욕망, 기쁨, 공포라는 세 가지 혼란의 대척점에 세 가지 정연한 상태가 있다고 본다.

---

8 빌립보서 1:23 그리스도와 함께 있을 욕망; 시편 119:20, 70인역; 지혜서 6:20.
9 시편 32:11; 4:7; 16:11.
10 빌립보서 2:12; 로마서 11:20; 고린도후서 11:3.

현인들의 마음에서는 욕망은 소원으로, 기쁨은 만족으로, 공포는 조심으로 바뀐다는 것이다. 현인은 선한 것을 추구하는 의지가 있는 이들이다. 현인에게는 소원과 만족과 조심이 있는 반면에 우매자에게는 욕망과 기쁨과 공포와 슬픔만 있다는 것이다.

아우구스티누스는 스토아학파의 이러한 용어 사용이 성경에 있는지를 찾아보다가 "악인에게는 만족함이 없다"고 말하는 이사야 57장 21절(70인역)을 만났다. 악인들은 기뻐 날뛸지라도 만족함이 없다는 뜻이다. 결국 아우구스티누스는 스토아학파의 '욕망한다'는 동사와 '소원한다'는 동사의 구분이 성경에는 전례가 없다고 판단한다(688쪽). 성경은 '기쁨'이나 '기뻐하다'도 스토아학파처럼 경직된 수준으로 나눠서 사용하지 않는다. 소원, 조심, 만족은 선인이나 악인에게 모두 일어나는 감정이다. 인간 의지의 활동이 선하거나 악할 뿐이다. 현인의 마음에 없다고 한 슬픔이 성경에서는 좋은 의미로 사용되고 있지 않은가.[11] 스토아학파는 현인은 죄를 짓고 후회할 일이 없다고 하는데 소크라테스에게 계몽당해 눈물을 흘린 알키비아데스의 예는 이런 스토아학파의 주장을 반증한다. 자기를 마냥 행복한 사람이라고 생각하던 알키비아데스는 소크라테스와 토론을 하고서 자신이 우매자요 불행한 자임을 알고 눈물을 흘렸다. 알키비아데스가 자신의 어리석음을 각성한 것은 바람직한 슬픔이었다. 알키비아데스는 참 현인이 아닌가? 그렇다면 현인에게 슬픔이 없다는 말은 틀리지 않았는가?

---

11 고린도후서 7:8-11에서 고린도교인들의 회개 동기는 경건한 슬픔이다.

9장. 마음의 동요와 감정도 그리스도인들이 선용하는 경우

아우구스티누스는 자신이 앞에서[12] 이미 플라톤학파 철학자들의 주장을 논파했음을 말하면서, "그와 반대로… 거룩한 하나님나라 시민들이 금생의 순례의 도상에서 하나님을 따라 살아가는 동안, 공포와 욕망, 고통과 기쁨을 느끼며, 그들의 사랑이 바르기 때문에 그들의 감정도 모두 바르다"고 한다(669쪽). 하나님나라 시민들은 영벌을 두려워하며 영생을 원한다. 몸의 속량을 기다리며 탄식하고 금생에 고통을 느끼고 부활 소망으로(고전 15:54) 기뻐한다. 하나님나라 시민들의 공포, 욕망, 고통, 기쁨은 바른 의지에서 나온 것이므로 다 선하다. 선을 사랑하고 거룩한 사랑이 있기 때문에 생기는 동요와 감정을 죄라고 할 수 없다. 사람의 모양으로 나타나신 예수님도 죄가 없으셨는데 필요할 때는 이런 감정들을 표출하셨다(빌 2:7; 요 11:15; 막 3:5; 눅 22:15; 마 26:38). "그러나 바르고 경건한 감정들도 금생에 속한 것이요 우리가 바라는 내생에는 없"을 것이다. 우리가 이런 인간의 감정에 빠지는 것은 연약함 때문이지만 주 예수님이 인간의 이러한 감정에 빠지신 것은 그분의 권능 때문이다. "그가 약하신 것도 그의 권능에서 온 것이었다"(671쪽). 바울은 오히려 이런 자연스러운 감정이 없는 자들을 책망했다(롬 1:31).

금생에 사는 인간이 마음을 어지럽게 하는 동요 없이 아파테이아 *apatheia*, 즉 부동심을 향유하는 것은 바람직하나 이것은 금생에서는 불가능하다. 부동심은 죄가 없을 때만 가능하다. 만일 부동심이 죄가 없는 상태를 의미한다면 좋지만 아무 감정이 없는 상태라면 죄보다 더 나쁘다. 사랑 안에는 두려움이 없다는 요한일서 4장 18절도

---

[12] 9권 4-5장.

이런 비현실적인 부동심을 지지하지 않는다. 성도가 경험하는 두려움은 참다운 구원을 보증하는 선에 머무르려는 두려움이다. 정결한 두려움이다. 그것은 죄를 거부하고 경계하는 두려움이다. 이 정결한 두려움은 내세에도 있을 덕성이다. 바른 생활은 이 모든 감정 네 가지를 바르게 느끼고 그릇된 생활은 그릇되게 느낀다. 육을 따르지 않고 영을 따르는 생활, 사람이 아니라 하나님을 따르는 생활이 감정을 바로 느끼고 바르게 표현하는 삶이다. 악인들에게는 이 모든 감정이 부정적으로 작동하지만 성도에게는 합력하여 선을 이루는 방식으로 작동한다. 악인들은 고통이 적어질수록 자만심이 커진다. 어떤 사람들(스토아학파)은 괴상한 허영심으로 자기의 자제력에 매혹되어 전혀 아무런 감정도 느끼지 않고 움직이지 않으며 진정한 평정을 얻는 것이 아니라 아예 인간성 자체를 잃어버린다. 무감각은 건강의 척도가 아닌 것이다.[13]

10장. 죄의 원인이 아니라 죄의 결과인 마음의 동요

처음 사람들은 낙원에서 죄를 짓지 않았을 때도 마음의 동요가 있었다고 우리는 믿을 것인가? 아무 죄도 없는 낙원에서 처음 사람들의 마음을 어지럽게 하는 욕망과 두려움이 있었다고는 볼 수 없다. 죄를 짓게 하는 죄가 낙원에 있었다고 말하는 것은 천만부당한 궤변이다. 아우구스티누스는 여기서 다시 원죄설을 상기시킨다.

---

13 '철학적 사이코패스.' 이런 스토아적 신 이미지에 대한 비판은 아브라함 요수아 헤셸의 《예언자들》 중 '이라 데이(신의 진노)'와 '파토스' 논의 참조.

11장. 타락된 본성을 치유해 회복시키실 수 있는 창조주 하나님

선하게 창조된 사람이 타락해서 그 본성이 손상되었고, 그 본성은 창조주만 회복시킬 수 있다. 하나님은 첫 사람의 타락을 미리 아셨다. 거룩한 하나님의 도성 교리는 하나님의 예지와 섭리를 기초로 삼아야 한다. 사람의 타락은 사람 의지의 오작동으로 발생했다. 하나님은 흙으로 사람을 지으셨지만 그 몸에 무에서 만드신 영혼을 주셨다. 하나님은 당신이 선하게 창조하신 사람이 얼마나 악하게 될지를 아셨다. 하나님이 미리 아셨기에 선한 일들이 악한 일들을 극복한다. 악의 존재는 악을 선용하실 하나님의 의로우신 예지 때문에 허용된다. 그러나 악이 없어도 선이 있을 수 있다. 반면에 선한 것이 없으면 악은 있을 수 없다. 악은 어떤 본성적 존재나 악하게 된 부분을 제거함으로써 제거되는 것이 아니라 악하게 된 부분을 치유하고 시정함으로써 제거된다.

따라서 허물과 죄의 노예가 아닌 때라야 의지는 참으로 자유로운 결정을 할 수 있다.[14] 하나님이 처음 사람들에게는 의지의 자유를 주셨고 그들이 죄를 범한 이후에 태어난 인류는 의지가 죄의 영향을 받는 상태로 태어났다. 낙원에 침입한 교만한 천사가 사람이 하나님을 버리고 자기를 따르도록 유혹했다. 폭군의 자만심으로 자기가 섬기보다 남을 부리는 것을 기뻐하기로 결심한 것이다. 따라서 영원한 낙원에서 떨어졌다. 이 천사와 그의 추종자들이 인간의 도성을 이루는 기초석들이다. 11-12권에서 이 천사 타락을 자세히 설명했다. 타락한 천사장은 뱀을 자신의 대변자로 택해 사람을 유혹했다. 하와의 권유를 받은 아담, 이방 아내들의 압력을 받은 솔로몬 모두

---

14 노예의지론이다. 반펠라기우스 논쟁 참조.

부부일체의 결속감이 오작동해서 우상숭배죄를 범했다(딤전 2:4). 하와는 뱀의 꾐에 속아 금단의 열매를 따먹었으나 아담은 아내를 잃지 않기 위해, 즉 아내와 떨어지지 않기 위해 함께 죄를 지었다는 것이다.

12장. 인류의 첫 조상이 지은 죄의 성격

처음 사람들이 지은 죄에는 어떠한 성격이 있는가? 첫 사람 아담-하와의 죄는 본성을 변하게 한 죄악이었다. 이미 그 본성은 사람이 창조주의 뜻을 버리고 자신의 뜻을 따르면 파멸하게 되어 있었다. 의지에 반하는 욕망이 범죄 전에 없었으나 범죄 후에는 의지에 반하는 욕망에 휘둘리게 되었다. 명령에 유의하며 복종하기가 쉬웠던 만큼 그 명령을 어긴 죄는 그만큼 더 큰 것이었다.

13장. 악한 행위에 앞서 존재하는 악한 의지

아담의 범행에서 악한 행위에 앞서 악한 의지가 있었다. 악한 의지의 시초는 교만이다(집회서 10:3). 교만은 도착倒錯된 높임을 갈망하는 것이고 마음 자체에 뿌리를 내리고 있는 것이 이 도착된 높임 갈망이다. 금지된 열매를 먹은 죄는 이미 악하게 된 사람들이 지은 죄였다. 악한 나무가 악한 열매를 맺기 때문이다(마 7:18). 하나님의 도성에서는 경건한 천사들, 즉 하나님에 대한 사랑이 지배적이지만, 인간의 도성에서는 자기애가 중심을 차지한다(14권 28장). 첫 사람들은 마귀가 노골적이고 명백한 죄로 함정에 빠뜨리기 전에 이미 자기만족, 자기애에 빠졌다(680쪽). 창세기 3장 5절의 "너희는 신처럼 되리라"는 거짓 약속과 달리, 만일 하나님에게 순종했더라면 신들이 될 수 있었을 것이다.

창조된 신들은 자체가 진정한 존재들이기 때문이 아니라 진정한 하나님에 참여하기 때문에 신들인 것이다(시 82:6=요 10:34). 자기가 자기를 위해서 충족감을 갖기 위해서 참으로 충분하신 분을 버리는 사람은 결핍을 보게 되며 커지려고 애쓰다가 도리어 작아지는 것이다(680쪽).

비밀스런 몰락이 공공연한 몰락보다 먼저 일어났다. 교만은 가장 높으신 분을 버림으로써 이미 몰락의 요소를 내포했다. 하나님은 잠재적으로 드러날 이 교만을 꺾기 위해 금지된 열매 계명을 주셨다고 볼 수 있다. 어떤 명백한 죄를 짓고 몰락함으로써 자기를 싫어하게 되는 것이 유익할 것이다. 베드로가 자기에게 만족하여 너무 강했던 때보다(마 26:33, 75) 자기가 싫어져서 통곡할 때가 더 건전했다. "여호와여 그들의 얼굴에 수치가 가득하게 하사 그들이 주의 이름을 찾게 하소서"(시 83:16).

14장. 범죄 자체보다 더 문제인 범죄자의 교만

범죄 행위 자체보다 범죄자의 교만이 더 나쁘다. 죄를 범한 후 아담과 하와의 언행에는 죄에 대한 참된 뉘우침이나 용서나 치유를 위한 간청이 나타나지 않는다. 변명은 교만의 또 다른 표현이다.

타락한 인간 행동과 타락하지 않은 인간 행동(15-28장)

15장. 인류의 첫 조상에 대한 징벌의 공정성 옹호

처음 사람들의 불순종에 대한 벌은 공정하였다. 죄의 결과 아담과 하와, 그리고 그 후손은 죄의 가련한 노예가 되어버렸다. 영생을 버린 그들은 은혜로 해방되지 않으면 영원한 죽음도 당할 운명이 되었다. 둘째 아담이 죽기까지 복종하신 것에 비추어 볼 때 첫 사람들의 죄는 얼마나 컸던가? 죄와 불순종에 대한 보복으로 바로 하나님에게 불순종할 수밖에 없는 상태로 굴러떨어진 것이다. 사람의 불행은 자기의 선한 소원에 따라 살지 못하는 무능력이다. 자신의 의지를 거슬러 동요하는 삶을 살아가야 하는 것이다. 우리의 선한 의지에 순종하던 육신이 이제 정욕에 순종하는 불의의 병기가 되어버렸다.

> 우리가 하나님에게 순종하지 않는 것은 하나님께 문제가 되는 것이 아니라 우리 자신에게 문제가 될 뿐이다. 우리에게는 신체의 섬김이 필요하겠지만 하나님께는 우리의 섬김이 필요하지 않기 때문이다. 그래서 우리가 얻은 것은 우리에게 벌이 되지만 우리가 한 일은 하나님에게는 아무 벌도 되지 않는다(683쪽).

16장. 정욕의 일반의미와 특수의미

정욕이라는 말은 여러 가지 죄를 의미할 수 있지만, 특히 음욕을 의미하며 그런 의미에서 정욕은 악하다. 정욕은 정신을 휩쓸며 내부부터 지배한다. 신체의 쾌락 중 가장 강렬한 쾌락을 추구하는 정욕은 육신의 충동과 마음의 감정이 결부되어 혼합될 때에 인간 전체를 경련에 빠뜨린다. 그 결과 정욕이 절정에 도달할 때에는 총명과 경계심이 거의 전적으로 가려진다. 그러나 각각 거룩함과 존귀함으로 자기 아내를 취할 줄 알고 이방인처럼 색욕을 좇지 않을 줄 아는 사람들(살전 4:4-5)은 정욕에 휘둘리지 않고 자녀를 얻고 싶어 할 것이다. 그렇게 되면 신체의 지체들은 뜨거운 정욕 때문에 움직이지는 않을 것이다. 정욕이 타올라도 몸이 냉랭한 때가 있다. 정욕은 자녀 생산 의욕에 기여하지 않을 뿐만 아니라 음욕에도 봉사하지 않는다. 대체로 마음의 제지에 강하게 반발하지만 정욕은 때로 자기분열을 일으켜 마음을 흥분시키고 몸은 흥분시키지 못하는 모순에 빠진다.

17장. 죄를 범한 아담과 하와를 덮친 수치심

처음 사람들은 죄를 지은 후에 자기들이 벌거벗은 것을 상스럽고 부끄럽다고 생각했다. 우리가 정욕을 부끄러워하는 것은 당연하며 정욕에 휘둘리는 지체들을 부끄러워하는 것도 당연하다. 지체는 일종의 자율로 움직이고 또 움직이지 않으며 다만 우리의 의지에 순종하지 않는다. 죄의 법이 오자, 즉 전에는 나체이던 것을 당황하지 않게 하던 그 은혜가 사라지자 벗은 몸을 부끄러워하기 시작했다(롬 7:23). 죄를 짓자마자 타락한 의지 아래 신체의 지체도 의지의 금지를 어기며 순종하지 않고 움직이자, 그들은 자신의 성기를 치부라고 생각하고 가리기 시작했다. 인도의 밀림 수도사들도 치부를 가렸을 정도로 성기는 타락한 의지의 상징물이다(타락 후 성기가 의지의 소원대로 작동하지 않음을 보고 수치스럽게 여긴 것이다).

18. 성교 행위에 수반되는 수치심의 원천

성교(性交)에는 부부간이거나 난잡한 것이거나 수치감이 따른다. 범죄 후에는 정욕이 충족되기 위해서는 어둡고 비밀스러운 곳이 필요했다. 부부간의 성교도 부끄러운 일인 것처럼 어둔 침실에서 가능하다. 본질상 점잖고 합당한 부부간의 사랑에도 벌로서 수치감이 따라오는 것이다.

19장. 지혜로 억제해야 할 분노와 정욕

범죄 전과 달리 지금은 분노와 정욕이 마음을 격동하여 사람에게 해를 주므로, 지혜로 억제해야 한다. 진리에 가까운 신플라톤학파도 영혼의 분노와 감정을 통제해야 한다고 주장한다. 감정과 의지(분노와 감정)는 지성에게 지배당해야 하며 지성의 명령을 따라야 영혼의 건강도가 유지된다고 본다. 절제하며 공정하게 사는 사람들은 이성의 고삐로 감정과 의지를 잘 통제한다. 성기를 제외한 다른 지체들은 의지의 지배 아래 있다. 성기는 완전히 정욕의 지배 아래 있어서 정욕이 자발적으로 혹은 자극을 받아 나타나지 않으면 지체들이 행동할 수가 없다. 수치감의 원인은 여기에 있으며 다른 사람들의 눈을 피하는 수치감도 여기에 있다.

20장. 정당한 수치심을 이해하지 못하는 견유학파 비판

견유학파[15]의 파렴치함은 아주 어리석다. 아우구스티누스는 인간의 정당한 수치심에 대한 왜곡된 이해를 드러내는 견유학파를 비판하면서, 공개적으로 거리에서 아내와 성행위를 할 수 있다는 견유학파의 특정 주장을 논박한다. 디오게네스는 일부러 남들 보는 데서 성교를 했다는 전설이 있다. 후에 부흥된 견유학파는 이 초기 견유학파의 오류에 따른 수치심 이해를 극복했다. 인간의 본성이 성적 정욕을 부끄러워하는 것은 사실이며 이 느낌은 정당하다.

성기에 대한 의지의 지배를 빼앗아 자체의 충동하에 예속시킨 그 정

15　687쪽 각주 48번. 안락한 생활을 멸시하고 빈궁한 생활을 권장한 학파. 소크라테스의 제자 안티스테네스(주전 400년 경)와 주전 4세기의 디오게네스와 같은 인물이 견유학파다. 주후 다시 부흥했는데 크리소스톰과 같은 고상한 신학자도 이 파와 관련되었다.

욕의 불순종은 인간이 처음에 순종하지 않은 데에 대한 벌임을 충분히 증명한다. … 처음 지은 중대한 죄 때문에 악하게 변한 바로 그 피조물을 생산하는 지체이기 때문이다. 모든 사람이 아직 한 사람 안에 있을 때 범한 저 처음 죄는 모든 사람에게 비참한 해를 끼쳤고 하나님의 공의로 모든 사람이 벌을 받았다. 그러므로 하나님의 은혜로 각각 개인적으로 죗값을 치르지 않고는 아무도 그 죄의 그물에서 구출될 수가 없다(688쪽).

21장. "생육하고 번성하라"는 창조축복에 잠입한 정욕

자녀를 낳아 번성하는 복은 범죄 전에 있었고 범죄 후에도 철폐되지 않았으나, 정욕이라는 병이 그 복에 섞였다. 창세기 1장 28절은 복을 받은 이후에 정욕이라는 병이 섞여버려서 손상된 복 명령이 되었다. 땅에 충만하여 땅을 정복하라는 명령을 비유적으로 해석한다고 이 변경된 복 명령의 원의가 없어지는 것은 아니다. 범죄 이전에는 정욕 없이 자녀를 생산할 수 있었다는 것을 전제로 하지 않으면 창세기 3장 15절 이후의 벌은 참된 벌이라고 할 수도 없다. 처음 부부는 범죄 이전에는 정욕 없이 아이를 낳도록 복되게 작정되었다.

22장. 하나님이 처음부터 제정하신 가정과 결혼제도

창세기 1장 27-28절, 마태복음 19장 4-6절, 골로새서 3장 19절, 에베소서 5장 25-33절은 일부일처제라는 결혼제도가 하나님이 제정하신 결혼과 가정의 원형임을 강조한다.

23장. 범죄가 없었더라도 허용되었을 자녀생산 옹호

범죄가 없었더라면 낙원에서 자녀생산이 허용되었을까? 또는 정절과 정욕의 싸움이 있었을까? 범죄함이 없더라도 혼인은 낙원의 행복에 합당한 것이었으며 사랑스러운 자녀를 낳았을 것이며 정욕 때문에 부끄럽게 되지도 않았을 것이다. 불순종의 죄를 짓고 그 벌로써 정욕을 받지 않았다고 하더라도 생식기관은 다른 기관들처럼 의지의 결정에 순종해 자녀를 낳으며 인류 증가에 이바지했을 것이다. 낙원에서 첫 범죄가 없었다면 결혼에는 의지와 정욕이 없었을 것이며, 의지는 충족되고 정욕은 억제되었을 것이다. 그런 상태에서는 손이 씨를 뿌리듯이 생식의 밭에 씨를 뿌렸을 것이다. 아우구스티누스는 인간의 생식에 대해 설명하면서 바울의 예를 따라 음란한 언사를 피하려고 노력한다.

24장. 생식을 위한 성기의 정당한 사용과 그 조건

처음 사람들이 죄를 짓지 않고 순종으로 낙원에 머무를 권리를 얻었더라면, 생식을 위한 성기의 사용도 다른 지체들과 같이 의지가 정하는 대로 되었을 것이다. 즉 범죄 전 낙원에서는 생식기관이 의지의 지도를 따르고 정욕으로 흥분되지 않을 것이므로 필요한 때에 필요한 분량으로 남자는 자녀의 씨를 뿌리고 여자는 받았을 것이다. 지금은 정욕으로 움직이는 육신의 부분(성기)이 범죄 전 낙원에서는 의지로만 움직이도록 사람을 설계하는 것이 하나님에게는 어려운 일이 아니었다. 믿을 수 없도록 진기한 수준으로 낮은 신체를 의지대로 통제하는 사람들의 예를 들면서[16] 아우구스티누스는 사람들이 불순종의 죄를 지어 퇴화하기 전에는 몸의 지체가 정욕 없이 뜻대로

---

16 칼라마 교구의 레스티투투스 장로는 감각을 잃고 죽은 사람처럼 행세하는 의지작용자였다고 한다.

자녀를 생산했다고 주장한다.

25장. 진정한 행복

그러나 진정한 행복은 우리의 현재 생활에는 없다. 행복한 사람만 원하는 대로 살고 의인만 행복하다. 종심소욕불유구從心所慾不踰矩[17]가 행복한 사람의 기준이다. 그러나 의인도 죽음과 속임과 상함이 전혀 없으며, 항상 그러한 상태로 지내리라는 보장이 있는 곳에 이르기까지는 행복하지 못할 것이다. 행복한 생활을 충분히 사랑하지 않는 사람은 행복하지 않은 것이며, 자기의 행복한 생활을 충분히 사랑하는 사람은 그것이 영원하기를 바라지 않을 수 없다. 그러므로 영원한 생활만 행복할 것이다.

26장. 범죄 이전의 아담과 하와가 누렸을 이상적인 결혼생활

낙원에 있었던 행복한 부부는 부끄러운 욕망 없이 생식기능을 다할 수 있었으리라고 우리는 믿어야 한다. 범죄 전 낙원에서 안락하고 행복하게 살던 인류는 정욕 없이 자녀를 생산할 수 있었다. 다른 지체들과 마찬가지로 생식기관도 의지의 권위로만 움직였기 때문이다. 남편이 아내의 가슴에 안기는 것도, 음란한 정욕 때문이 아니라 평온한 마음과 온전한 몸의 소행이었다. 그때는 생식기관이 격동하는 정욕으로 움직이지 않고 필요성과 능력에 따랐기 때문이다. 그때 아내는 처녀막의 파열 없이 남편의 씨를 받아들일 수 있었을 것이다. 남녀 양성의 결합도 정욕이 아니라 자녀를 낳겠다는 의지의 올

---

[17] 논어論語에 나오는 공자의 어록으로서 "하고 싶은 대로 하여도 법도를 어기지 않았다"는 의미를 담고 있다. 공자가 나이 70세에 이르렀다는 경지를 나타낸 말로, 70세를 종심從心이라고 한다.

바른 소원을 따랐을 것이다. 하나님이 인류가 죄를 지을 것을 미리 아셨지만 지으신 이유는, 그들로 말미암아 그들의 죄에 대한 벌과 그분이 거저 주신 은혜를 보일 수 있으셨기 때문이다. 하나님이 창조하시고 섭리하시는 동안 범죄자들이 빚은 패악한 무질서가 창조의 바른 질서를 전복시킬 수는 없었다.

27장. 천사나 사람의 악행도 막을 수 없는 하나님의 섭리

그러므로 죄를 지은 천사나 사람의 악행이 섭리의 길을 어지럽히지 못한다. 시편 111편 2절(70인역)은 "주의 행사가 크시니 그 모든 뜻에 합당하도록 세밀히 계획되었기 때문에" 하고 말한다. 하나님은 악한 자들도 선용하신다. 처음 사람은 올바르고 선한 의지를 품도록 창조되었다. 선한 인간으로서 하나님의 도움을 믿고 의지하면 악한 천사에게 굴복하지 않도록 지어졌다. 그러나 교만한 자기만족으로 창조주시며 구원자이신 하나님을 버리면 실패하게 되어 있었다. 하나님은 처음 사람들이 악한 천사의 꾐에 빠져 실패할 것을 알고 계셨으나 동시에 사람의 후손(창 3:15)이 하나님의 은혜로 마귀를 정복하리라는 것과 성도의 영광을 더욱 나타내리라는 것도 똑같이 예견하셨다. 다만 경험이라는 실제 결과를 통해 이성적 피조물과 사람들 각 개인에게 사적인 자기주장과 하나님의 거룩한 보호의 차이를 보여주셨다. 믿어 영생으로 바로 진입할지 불순종하여 타락할지는 그들(천사와 사람)의 권한에 맡기시고 그렇게 하심으로써 그들의 교만이 가져올 큰 재앙과 하나님의 은혜가 이룰 수 있는 큰 행복을 증명하는 길을 택하셨다.

28장. 지상의 도성과 천상의 도성 비교

그래서 이 두 가지 사랑, 하나님 사랑과 자기 사랑이 두 도성을 건설했다. 자아에 탐닉하는 사랑, 심지어 하나님을 모멸하는 수준까지 간 자아애가 지상의 인간도성을 만들고, 하나님에 대한 사랑, 자기부인적 하나님 사랑이 천상도성을 건축한다. 인간도성은 인간 자체를 자랑하며 천상도성은 주를 자랑한다(고후 10:17). 지상도성은 자기의 영광으로 머리를 높이 들며 천상도성은 "주는 … 나의 영광이시오 나의 머리를 드시는 자이시니이다"(시 3:3) 하고 고백한다. 지상도성에서는 지배욕이 그 도성 안에 있는 귀인들과 피정복민들 위에 군림하고, 천상도성에서는 지도자와 피지도자들이 사랑으로서 서로 섬기되 지도자는 지혜로, 피지도자는 복종으로 섬긴다. 지상도성의 특징은 우상숭배이지만(롬 1:21-23, 25), 천상도성의 특징은 창조주에 대한 경건한 예배. 천상도성의 유일한 지혜는 하나님을 바르게 경배하도록 인도하는 경건이며, 또 사람들과 천사들로 구성된 성도의 무리에 참여해서 "하나님이 만유의 주로서 만유 안에 계시려 하심"(고전 15:28)이라는 이 목표를 상으로 받기를 기다리는 경건이다.

결론

14권의 중심논지는 두 가지 완전히 다른 사랑이 완전히 다른 두 도성을 건축한다는 것이다. 28장의 첫 문단이 이 중심논지를 집약한다. "두 가지 사랑이 두 도성을 건설했다. 심지어 하나님을 멸시하면서까지 자기를 자랑하는 자기애*amor sui*가 지상의 도성을 건축했고, 자기를 멸시하면서까지 하나님을 사랑하는 하나님 사랑이 천상의

도성을 건설했다"(저자 私譯, 698쪽).[18]

14권은 전체적으로 자기애 가득 찬 인간이 등장하는 창세기 3장에 대한 확장된 해설이라고 볼 수 있다. 14권의 핵심은 3장으로, 육체(소마)가 아니라 영혼에 문제가 있다는 것이다. 죄의 발생지점은 육체가 아니라는 것이다. 그리스 사상에서는 육체 자체에 죄의 원인이 있다고 주장하는데 반해 아우구스티누스는 육체를 죄의 원천으로 보는 마니교는 물론 플라톤학파의 육체멸시사상까지 비판한다. 플라톤학파는 영혼과 육체를 각각 다른 신이 창조했다고 주장한다. 영혼은 최고신이 만들었고, 육체는 열등한 신인 데미우르게 Demiurge(조물주)가 만들었다는 것이다. 그리고 죄로 인해 의지의 명령을 이탈한 자아를 육신(사르크스)이라고 한다.

바울은 형용사 프뉴마티코스 πνευματικός(영적)를 사용해 영적인 것이 최고로 선한 것임을 암시한다. 이런 바울 사상을 과하게 해석함으로써 영혼은 타락하지 않았다는 토마스 아퀴나스 사상이 나올 수 있었다. 이 사상은 아담의 원죄 이래로 우리가 타락했는데, 우리 안에 있는 초자연적인 본성은 잃었지만 자연적 본성은 잃지 않았다고 본다. 따라서 하나님을 찾을 능력이 완전히 파괴되지 않았다고 본다. 이 사상은 부분적으로는 그리스철학의 영혼순백설(영혼은 깨끗하다), 영혼무염설(영혼은 오염되지 않았다)의 영향을 받았다고 볼 수 있다. 이 영혼무염설의 잔재가 가톨릭 사상에 남아 있다. 그래서 가톨릭에서는 의지는 타락했지만 지성은 타락하지 않았다고 본다. 토마스 아퀴나스는 지성이 타락하지 않았기 때문에 신존재증명이 가능하다고 보았

---

[18] 이 문단의 라틴어 문장은 이렇다: *Fecerunt itaque civitates duas amores duo, terrenam scilicet amor sui usque ad contemptum Dei, caelestem vero amor Dei usque ad contemptum sui.*

다. 그리스철학 사상은 영혼순백설, 영혼무염설을 주장하며, 영혼은 창조자의 피조물이자 신의 본질의 연장이라고 본다. 그래서 그리스 철학사상에는 범신론적 경향이 있다. 토마스 아퀴나스는 이러한 그리스철학 사상을 부분적으로 계승한다.

히브리 사상은 물질을 창조한 하나님이 영혼도 창조하셨다고 본다. 창세기를 포함하여 성경 어디에서도 육체와 분리된 영혼 창조만 다루지 않는다. 전인창조를 다룬다. 흙으로 사람을 지어서 생기를 그 코에 불어넣어 생령이 되었다고 한다. 생기를 불어넣었다고 하는 것은 곧 신적 생기의 분여分與다. 이 때 생기를 하나님이 스스로 불어넣으셨지, 창조하셨다고 하지 않는다. 인간 창조시에 육체의 틀physical frame은 창조되었지만 영은 하나님에게서 온다. 그래서 창세기 2장의 인간창조 사상은 그리스 사상과 부분적으로 느슨하게 연결되어 있다. 다만 그리스 사상과는 달리 창세기는 영혼무염설, 즉 영혼순백설을 믿지는 않는다.

반면에 그리스 사상은 영혼무염설을 믿었고 신성의 본질, 즉 영혼이 몸의 일부분으로 와 있기 때문에 영혼 자체는 불멸한다고 보았다. 이것이 그리스의 영혼불멸 사상이다. 이 불멸하는 영혼이 몸을 바꿔가며 계속 이 세상에 오니까 윤회설이 가능하다. 윤회실이 가능하고 내 영혼이 옛날에 살았던 곳을 기억하기에 지식은 영혼상기작용이라고 보는 플라톤학파의 견해가 성립되는 것이다. 이것을 영혼상기설이라고 한다. 지식은 옛날에 알던 것을 상기하는 것이라는 주장이다.

그런데 또 다른 한편 성경의 일부 구절에서는 인간 창조설을 말할 때 인간의 영도 하나님이 창조하셨다고 하는데, 이 창조 개념은 흙을 갖고 사람의 육체를 창조하는 것과는 맥락이 다른 창조다. 하나님이 당신의 생기를 인간의 코에 넣으셨다는 것은 신화적 표현이지만 신성의 일부를 나누어주신 것으로 보이기 때문에 좀 의미가 다른 창조라고 볼 수 있다. 그리스 사상과 유사함도 희미하다고 할 수 있다. 그러나 성경은 인간의 영혼이 불멸한다고 주장하지는 않는다. 히브리 사상도 영혼불멸설까지는 안 가지만 영혼은 다른 의미로 창조되었다고 해석할 여지가 있다.

그리스 사상의 특징은 모든 원인이 육체에 있다고 주장하는 것이다. 열등한 신인 조물주 데미우르게가 육체를 만들었기 때문이다. 이것은 성경의 사상과 전혀 다르다. 아우구스티누스는 오히려 영혼이 더 문제가 많다고 본다. 인간의 육체가 죄를 초래한 것이 아니라 영혼의 본질인 의지가 죄를 지었고, 후에 육체가 의지의 밑에, 즉 영혼의 의지에 복무하는 존재가 되었다고 본다. 이것이 가장 큰 차이이다.

다시 말하지만 3장이 14권의 핵심이다(658쪽). 따라서 3장 전체를 정독해야 한다. 요약하면 죄의 원인은 육체가 아니라 영혼에 있으며, 죄의 결과인 병적 상태는 죄가 아니라 벌이라는 사실이다. "모든 죄와 악행의 원인은 육체이며 영혼이 악하게 사는 것도 육체의 악한 영향을 받기 때문이라고 말하는 사람이 있다면, 확실히 그는 인간의 본성 전체를 신중하게 고찰하지 않았다 … 사도는 원수를 맺는 것과 분쟁과 시기와 분냄과 투기를 육체의 일이라고 한다(갈 5:19-21)"(658-659쪽).

갈라디아서 5장 19-21절에서 바울은 다시 그리스 사상으로 돌아간 것처럼 보이는데, 사실은 그렇지 않다. 여기서의 '육체'는 죄악된 자아를 가리키지 영혼과 대립하는 육체를 가리키지 않는다. '육체의 일'은 몸이 하는 일이 아니다. 죄악된 자아가 맹렬하게 활동하는 것을 '육체의 일'이라고 했다. 바울이 쓰는 '육신'이라는 말도 그리스 사상의 이원론과 관련된 것이 아니라 죄 범한 영혼의 하수인 구실을 하는 육체, 즉 죄악된 자아다. 죄의 힘에 눌린 옛 사람을 말한다.[19]

만일 육신이 죄의 원인이라면 육신을 가진 인간이 죄를 범해도, 마귀는 죄를 범할 가능성이 전혀 없다는 말이 된다. 왜냐하면 마귀는 육신이 없기 때문이다. 우리가 육신이 없다면 어떻게 될까? 죄를 짓지 않을까? 그렇지 않다. 우리는 생각만으로도 죄를 짓는다. 사유하고 의지를 행하는 죄는 지을 수밖에 없다. 대신 육체가 없다면 인간의 영은 자기표현에 큰 제한을 덧입어야 할 것이다. 정욕의 개념을 어떻게 상정하느냐에 따라서 아우구스티누스의 말이 맞기도 하고 틀리기도 하다. 환희와 황홀경은 하나님의 선물임이 아가서가 증명하고 있지 않은가.

우리가 육신이 없다면, 남녀 간에 사랑을 표현할 때 정신적으로만 만나고 포옹해야 할 것이다. 포옹할 때도 정신적으로만 포옹할 수 있다. 그러나 육체를 포함한 정신적 포옹이 가장 궁극적 표현일 것이다. 육체가 영보다 어쩌면 궁극적이다. 육체성은 정신성의 표현이다. 그런데 육체를 동반하지 않고 우리 정신적으로만 '포옹합시다' 말하는 것은 덜 궁극적인 감정(애정)표현이다.

육체성은 은총의 수단이지 죄의 원인이 아니다. 그러나 죄를 범하고 나서부터는 육체가 의의 병기가 아니라 불의의 병기가 되기 쉽다(롬 6:13). 그리스 사상의 약점을 성경과 바울 사도가 너무나 잘 드러냈다. 인간이 하나님의 생기를 받아 생령이 되었다는 말은 육체를 가진 욕망 덩어리가 되었다는 말이다. "여호와 하나님이 땅의 흙으

---

[19] 로마서 7:21-23. 원하는 바 선을 행치 않고 원치 않는 바 악을 행하는 죄악된 인간 자아.

로 사람을 지으시고 생기를 그 코에 불어넣으시니 사람이 생령이 되니라"(창 2:7)에서 '생령'이 되었다는 것이 중요하다. 히브리어로 '네페쉬 하야'인데, '네페쉬'는 욕망을 의미한다. 살아있는 욕망주체가 되었다는 말이다. 생령이 되었다는 것은 Fleshly Spirit(Soul), 즉 육체를 가진 욕망 덩어리가 되었다는 말이다.[20]

예를 들어 굴렁쇠를 생각해 보자. 굴렁쇠가 누웠을 때 안정감이 있는가, 굴러갈 때 안정감이 있는가? 굴러가는 굴렁쇠는 어디로 굴러갈지 예측불허이다. 안정감이 적다. 네페쉬 하야는 바로 그런 상태를 말한다. 다시 말해 '욕망충족적 존재가 되었다는 말은' 전진하려는 바퀴가 되었다는 말이다. 욕망이라는 이름의 전차가 되었다는 말이다. 예측불가능한 욕망의 바퀴가 되었다는 말이다. 욕망의 바퀴가 되었다는 말뜻은 창세기 3장에서 보듯이 죄를 범할 수 있는 상태, 즉 욕망의 범람을 맛보려고 하기 때문에 그러한 욕망의 충동을 눌러야 하는 존재가 되었다는 말이다. 다시 말해서 제방을 넘어서려는 큰 파도 같은 존재가 되었다는 말이다. 인간 안에는 진정시켜야 할 욕망이 꿈틀거린다는 것이다. 생령이 되었다는 말은 히브리 신학의 인간론에서 보면, 인간이 범람하는 강물에 좌우되는 존재가 되었다는 말이다. 규율과 원칙을 넘고자 하는 욕망을 가진 존재가 된다는 것이다.

14권은 어쩌면 창세기 3장에 관한 장황하고도 긴 해설이다. 성경은 모든 원인을 육체에 돌리는 그리스 사상과 달리 죄악된 욕망, 즉 과잉 욕망을 모든 죄의 근원으로 본다. 우리 안에 무엇이 있는가? 죄가 있다. 제방에 범람하려는 원시바다 같은 욕망이 있다. 창세기 1장

---

20 bodily mediated Spirit(soul).

에 보면 빛과 어둠 중에 어떤 것이 먼저 있었는가? 어둠이 먼저 있었다. 어둠이 더 시원적이고 태초적이다. 어둠이 인간의 본질, 존재의 본질에 가깝다. 어둠은 창조의 원래 모습에서 더 시원적 기초이며, 빛은 이 어둠을 극복하려는 후속작업이다. 하나님이 천지를 창조하실 때 빛이 있기 전에 한동안 어둠이 있었다. 물론 어둠도 하나님이 창조하신 것이다. 그러나 어둠은 하나님의 과도기적 창조물이다. 우리가 아는 이 우주를 창조할 때 어둠이 한동안 있었다는 사실이 중요하다. 그렇게 잠시 웅크리고 있던 어둠 위에 빛이 들어와서 빛과 어둠을 나누기 전까지는 어둠이 더 시원적이고, 태초적이고, 보편적이었다.

창조된 인간 본성 안에 범람하는 에너지가 있다는 말은, 히브리 신학의 굉장히 놀라운 통찰이다. 인간 안에 범람하는 원시 물결이 있다는 고백은, 인간을 동정 어린 시선으로 이해하는 근거가 된다. 인간 안에 범람하는 물결이 있다고 주장하는 것, 인간 안에 하나님의 계명의 제방마저도 넘어설 듯이 끓어오르는 욕망이 있다는 것은 인간의 본질 이해에 아주 근접한 사상이다. 인간의 본질이 무엇인가? 제방에 넘쳐 흐르는 물결 같은 예측불가한 욕망이다. 하나님은 인간을 무생물적, 중립적 존재가 아닌, 무엇인가를 추구하는 존재로 만드셨다. 그렇기 때문에 우리 인간은 움직이는 한 어디로 어떻게 될지 모르는 운동성 있는 존재로, 욕망을 추구하는 존재로 산다. 그래서 인간에게 하나님의 계명이 필요했다.

히브리 신학의 인간론의 정수에는 인간에 대한 동정심이 있다. 인간을 범람하는 욕망에 휘둘리는 존재로 보는 이 관점의 토대는 인간에 대한 하나님의 근본적 동정심이다. 시편 시인은 이 점을 지적한다. "아버지가 자식을 긍휼히 여김같이 여호와께서는 자기를 경외하는 자를 긍휼히 여기시나니 이는 그가 우리의 체질을 아시며, 우리가 단지 먼지뿐임을 기억하심이로다"(시 103:13-14).

여기가 인간에 대한, 하나님의 멈출 수 없는 사랑의 시작점이다. 하나님은 우리를 약하게 만드셨다. 인간을 하나님의 창조 목적에 적합한 존재로 만드셨는데, 먼지로 만드셨다. 매우 부서지기 쉬운 존재로 만드셨다. 하나님에게 사랑받아야 살아갈 수 있을 정도로 약한 존재로 창조하셨다.

죄를 짓는 것보다 죄를 짓고 나서 하나님을 믿지 못하는 것이 더 큰 죄다. 죄를 짓는 것보다 더 큰 죄는 하나님의 무한한 자비를 믿지 못하는 것이다. 하나님은 죄 지은 사람은 용서하시는데, 하나님의 그러한 용서를 믿지 못하는 사람이 가장 비참하다. 죄를 지은 후 받을 수 있는 가장 큰 벌은, 하나님을 믿지 못하는 벌이다. 죄를 지었기 때문에 하나님의 은총의 순수함과 연결이 되지 않는 것이다. 그래서 하나님을 못 믿는다. 가인이 아벨을 죽였다. 가인이 아벨을 죽이고 나니까 하나님 사랑을 믿지 못했다. 자기 안에 넘치는 그 죄책감 때문에 하나님을 보지 못했기 때문이다. 죄책감은 하나님을 보지 못하게 한다.

반면에 "마음이 청결한 자는 복이 있나니 그들이 하나님을 볼 것"(마 5:8)이다. 청결한 양심에게는 하나님이 보인다. 그러나 죄에 물들면 하나님이 보이지 않는다. 하나님이 은혜를 주시지 않으면 도저히 하나님을 볼 수 없다. 그래서 히브리 인간론의 바탕에는 창조주 하나님의 신적 동정심이 깔려있다. 하나님이 우리의 체질을 아시고 우리가 진토로, 먼지로 지어진 것을 아시었기에 우리를 사랑하사 독생자를 주셨다. 이는 우리가 멸망하지 않고 영생을 얻게 하기 위함이라고 하셨다. 하나님의 이러한 사랑을 포착하는 데는 문학이 종교보다 예리하다. 문학은 종교인들이 이해하지 못하는 지점까지 하나님의 은총을 이해하려는 상상력을 구사한다. 왜 우리 종교인들은 그 무한한 자비를 그려내지 못하는가?

15-18권
두 도성의 병렬적이고 대립적인 병진의 역사

15권: 인류 구속의 역사-창조부터 홍수까지
16권: 인류 구속의 역사-홍수부터 이스라엘 왕정 초기까지
17권: 인류 구속의 역사-성서와 열왕기 시대의 예언
18권: 지상도성과 하나님의 도성의 계보 참조

제15권:

인류 구속의 역사
– 창조부터 홍수까지

11-14권은 천상의 하나님의 도성과 지상의 인간도성의 기원과 작동원리를 설명하고 15-18권은 관련 성경구절들을 광범위하게 인용하거나 인증하여 각각의 성장과 진보를 다룬다. 15권은 창세기 4장의 가인과 아벨 이야기부터 노아홍수 사건까지 다룬다.

서론(1장상)

1장. 인류를 가르는 두 계보와 각 계보에서 추구하는 목적의 차이

여기에서는 인류를 처음부터 끝까지 분열시키는 두 계통과 각 계통이 추구하는 목적을 살펴본다. 앞서 11-14권에서 아우구스티누스는 우주와 영혼과 인류의 시초에 관한 크고 어려운 문제를 취급했다. 인류는 두 도성, 두 사회로 나뉜다. 하나님과 함께 영원히 다스리도록 예정되어 있는 하나님의 도성과, 마귀와 함께 영원히 벌을 받도록 예정된 인간의 지상도성이 그 둘이다. 19-22권에서는 이 두 도성의 각기 다른 종말을 다룬다. 15권은 인류의 첫 조상들이 자식을 낳기 시작한 때부터 인류의 생식이 그치는 때까지 다룬다. "사람들이 죽고 다른 사람들이 나서 그 뒤를 이어가는 이 모든 기간 또는 세계saeculum, world-age는 두 도성의 역사가 전개되는 때이기 때문이다"(700쪽).[1]

가인은 인간의 도성에, 아벨은 하나님의 도성에 속했다.[2] 먼저 인간의 도성 거민이 태어났고 후에 하나님의 도성 시민, 곧 세상 나그네가 태어났다. 은혜로 아벨은 아래서는 나그네요, 위에서는 하나님의 도성 시민이었다. 아벨은 귀히 쓸 그릇으로 만들기 위해 따로 떼어놓은 진흙덩어리에서 나왔다(롬 9:21). 가인은 도시를 건설했으나(창 4:17) 아벨은 나그네였기에 도성을 건설하지 않았다.

> 성도의 도성은 위에 있지만, 이 아래에 있는 동안에 시민들은 태어나면서 나그네로 살다가, 천상도성에서 지배하는 부활의 날에 모든 시민을 모아 약속된 나라를 받으며 모든 시대의 왕이신(딤전 1:17) 그들의 왕과 함께 영원무궁토록 지배할 것이다(700쪽).

인류 역사는 형제를 살해하는 살기를 대표하는 가인의 도성과, 하나님이 열납하신 제사를 드렸다는 이유로 가인에게 미움을 받고 살해되어 암매장된 희생자를 대표하는 아벨의 도성의 병렬적이고 대립적인 전진 이야기다. '아벨'은 전도서 1장에서 '헛것'으로 번역한 '헤벨'과 같은 단어다. 헤벨은 숨결, 숨, 바람과 같은 의미를 지닌다.

---

1 에릭 사우어, 《세계 구속의 여명》(서울:생명의 말씀사, 1972)을 함께 읽기를 권한다. 사우어는 창세기를 마치 역사를 기록하는 것처럼 감동적으로 서술한다.
2 "먼저는 신령한 사람이 아니요 육의 사람이요 그 다음에 신령한 사람이니라"(고전 15:46).

아벨은 하나님의 숨결을 의미하는 경건한 사람이지만 바람처럼 쉽게 희생당하고 쓰러지는 유형의 사람이다. 인류 역사 대부분은 가인이 아벨을 박해하고 미워하고 살해하는 불의의 이야기다. 그러나 아벨의 피가 내지르는 아우성은 땅 속에서도 하나님께 신원해달라고 강청하며 아벨의 피는 가인의 견고한 도성을 전복하는 정의의 목마름을 상징한다.

전쟁 중인 두 도성(1장하-8장)

2장. 하나님과 단절된 육신의 사람들과, 하나님의 약속이 지탱해주는 사람들

아우구스티누스는 천상도성의 타계성, 탈지상성을 강조하면서 2장을 시작한다. 교회는 미래의 천상도상의 모형이다. 바울의 갈라디아서에서 천상도상을 예시하는 형상과 그것이 궁극적으로 가리키는 미래도성에 대해 말한다.

> 참으로 이 천상도성을 상징하며 예시하는 형상이 필요에 따라 지상에 있었다. 그 목적은 천상도성을 지상에 실현시키려는 것이 아니라, 그런 도성이 있으리라는 것을 사람들이 생각하게 만들려는 것이었다. 이 형상은 미래 도성의 상징이요 그 실체는 아니었지만 거룩한 도성이라고 불렀다(700-701쪽).

이어서 아우구스티누스는 갈라디아서 4장 21절-5장 1절을 인용하여 구약성경과 신약성경을 예표와 실체의 관계로 해석한다. 여종 하갈은 지상 예루살렘을 상징하며 지상 예루살렘은 하갈처럼 종노

롯하면서 자유의 도성인 천상 예루살렘(사라)을 위한 예언이 되었다는 것이다. 지상도성은 그 자체로 명백하게 존재하면서도 천상도성을 상징적으로 제시하는 역할을 한다. 지상도성의 시민들은 죄로 더러워진 본성에 의해 태어나며, 천상도성의 시민들은 죄에서 해방하는 은혜에 의해 태어난다. 그래서 전자는 진노의 그릇, 후자는 긍휼의 그릇이라고 불린다(롬 9:22-23).

3장. 잉태하지 못하던 사라를 통해 태어난 약속의 아들 이삭

사라의 불임은 인류의 본성이 죄로 더럽혀졌고 그 결과로 정당한 정죄를 받아 내세복락을 받을 자격이 없게 된 상황을 상징한다. 그렇게 잉태하지 못하던 사라가 하나님의 은혜로 생산하게 되었다. 그러므로 약속의 아들 이삭은 은혜의 자녀와 자유도시의 시민을 적절히 상징한다. 자유도시의 시민은 이기심이나 고집 없이 평화 속에서 서로 섬기는 사랑으로 함께 사는, 완전한 합심을 확보한 공동체다(행 4:32).

4장. 평화를 얻기 위해 전쟁도 불사하는 지상도성의 자기모순

지상도성은 (최후심판 때문에) 영원하지는 못하지만, 그 자체의 선한 점으로 나름의 기쁨을 누린다. 하지만 그 선한 것이 시민의 모든 곤란을 해결할 정도로 선하지는 않기 때문에 지상도성은 소송, 전쟁, 분쟁으로 분열한다. 승리를 얻는다고 하더라도 생명을 희생하며, 그 승리마저도 영속적 승리가 아니다. 그러나 지상도성이 원하는 것들이 악한 것은 아니다. 지상도성은 지상적 평화를 원하며 그 과정에서 전쟁도 한다. 특히 정당한 진영이 상대적으로 악한 진영을 이기고 승리하는 경우, 그것은 선하며 하나님의 선물이기도 하다. 하지만 천상도성의 더 좋은 것들인 영원한 승리와 영원한 평화를 등한시한다는 점에서 지상도성의 선한 일의 가치는 제한적이다.

5장. 동생을 살해하고 에녹성을 건설한 가인과 로마를 건설한 로물루스

지상도성의 건설자와 로마의 건설자(가인과 로물루스)는 둘 다 동생 살해자였다.[3] 로물루스의 레무스 살해는 영광을 자기가 독점하기 위해 저지른 일이다. 그 범죄의 결과로 나라가 커졌으나 질은 저하되었다. 로물루스와 레무스는 둘 다 지상도성의 시민으로서 지상도상의 영광을 두고 쟁투했으나 가인과 아벨의 경우는 그 갈등의 성격이 다르다. 가인과 아벨의 갈등은 지상도성과 천상도성의 갈등을 대표했다. 선은 나눌수록 커지고 영광과 권력은 나눌수록 작아진다. 그래서 나누기를 열망하는 사람이 가장 풍성해지는 것이다. 가인은 아벨과 나누기를 싫어했다. 로물루스와 레무스의 갈등이 지상도성의 내부 분열상을 보여준다면 가인과 아벨의 갈등은 하나님의 도성과 인간의 도성 사이의 적대관계를 설명한다. 선인은 다른 사람과 싸우지 않고 자기의 육체소욕과만 싸운다(갈 5:17). 한 사람의 성령소욕이 다른 사람의 육체소욕과 싸울 때 선인과 악인의 싸움이 일어난다.

6장. 지상 순례 중인 하나님의 도성 시민들에게 있는 징계와 치유

하나님의 도성 시민들도 지상 순례 중에는 죄에 대한 벌로써 허약하며, 하나님의 은혜로 치유된다. 14권 1장, 11장에서 하나님의 율법을 지킬 수 없는 무능력과 허약함은 최초의 불순종에 대한 벌이라고 말했다. 이 허약함은 본성이 아니라 후발적 결함이다. 은혜 안에

---

[3] 로물루스의 레무스 살해는 3권 6장에 기록.

서 성장하며 믿음으로 순례 생활하는 성도에게 주시는 권면의 말씀들은 갈라디아서 6장 2절(서로 짐을 져줌으로써 그리스도의 법을 성취하라), 데살로니가전서 5장 14-15절(악으로 악을 갚지 말라), 갈라디아서 6장 1절(너 자신도 돌아보아 너도 시험을 받을까 두려워하라), 에베소서 4장 26절(분노 금지), 마태복음 18장 15절(범죄한 형제를 인격적으로 권계하라) 등이다. 마태복음 18장 35절에 나오는 일만 달란트 빚진 자 비유처럼 평화를 위해 서로 용서하라는 권면이 많다.

천상도성 시민들은 지상에 기류하며 용서를 받음으로써 치유되는 경험을 한다. 내면적인 은혜로 마음을 움직여주시지 않으면 아무리 진리를 가르쳐도 전혀 효과가 없을 것이다. 그러나 하나님은 진노의 그릇과 긍휼의 그릇을 구별하시되 심히 공정한 섭리 안에서 은혜받을 자에게 은혜를 주신다(롬 9:22-23).

> 사도가 가르치듯이(롬 6:12-13), 죄에 대한 벌로써 우리의 지체 안에 있는 죄가 이 죽을 몸을 지배해서 그 정욕에 복종하게 만들지 않게 되며, 또 우리가 우리의 지체를 불의의 병기로 제공하지 않게 되면, 그때에 우리는 마음에 변화를 받아 하나님의 지배 아래 있게 됨으로써 죄를 짓는 데 찬성하지 않고 금생에서도 이 새로운 마음이 더 평화롭게 다스리게 되며 후에는 완전한 건강과 영생을 받아 죄 없는 영원한 평화 속에서 다스리게 될 것이다(706쪽).

7장. 하나님도 돌이키는 데 실패하신 완악한 가인과 가인의 범죄 원인

여기에서는 하나님의 말씀도 돌이킬 수 없었던 가인의 완강한 결심과 범죄의 원인을 살펴본다. 아우구스티누스는 "네가 바르게 제물을 드리되 바르게 구별하지 않으면 죄를 지은 것이 아니냐? 조용하

라. 그것이 네게로 돌아오게 하여, 네가 그것을 다스릴지니라"(창 4:6-7, 70인역)는 말씀을 근거로 해서 가인의 죄를 규명하려고 애쓰지만 성경 본문 자체가 모호하다는 점을 인정한다. 오히려 아우구스티누스는 "가인같이 하지 말라 그는 악한 자에게 속하여 그 아우를 죽였으니… 자기의 행위는 악하고 그의 아우의 행위는 의로움이라"(요일 3:12)는 말씀을 근거로 하여, 가인의 죄의 본질은 자신을 전체로 드리지 않은 것이라고 분석한다. 자기의 소유물을 하나님에게 드리면서도 정작 자기 자신은 드리지 않았다는 것이다. 하나님 뜻이 아닌 자기 뜻대로 행하면서 제사 드리는 자가 가인 같은 자들이다. "선한 사람들은 하나님을 즐기기 위해 세상을 이용하지만, 악인들은 반대로 세상을 즐기기 위해 하나님을 이용하려 한다"(707쪽).

가인의 죄는 교만이었다. 아벨의 제사를 모범으로 삼지 않고, 경쟁심으로 바라본 교만이었다. 바른 삶이 없는 자의 제물은 바르게 구별된 제물이 아니며, 정당한 이유 없이 아우를 미워한 것 자체가 하나님이 가인의 제사를 열납하지 않으신 이유였다. 가인은 죄를 다스렸어야 했으며, 자신의 제물이 열납되지 못한 사태의 책임을 져야 했다. 자신의 제물이 하나님에게 열납되지 못하게 한 죄책을 자기에게 귀속시켜야 했다는 것이다. 아벨 탓으로 돌리면 안 된다는 말이다. 하지만 가인은 회개는커녕 질투의 죄성이 폭발해 아우를 살해하고 말았다. 가인은 지상도성 건설자의 원형이자 그리스도를 죽인 유대인들의 모형이다. 반면 아벨은 목자로서 인류의 목자인 그리스도를 예표한다.

8장. 최초의 인간도성 건설자 가인의 역사성 옹호

아우구스티누스는 창세기 4장의 역사성을 옹호하기 위해 애쓴다.

인류가 네 명밖에 없었던 때 일어난 사건이라는 전제 하에, 창세기 4장의 가인과 아벨 사건의 역사적 사실을 믿지 않으려는 사람들을 위한 나름의 해석을 내놓는다.

> 성경에서 역사를 쓴 사람은 반드시 그 시대에 살아있는 사람들을 모두 말한 것이 아니라, 그가 기록할 필요가 있다고 생각되는 사람들의 이름만을 말했다는 것이다. 저자는 이 문제에서 성령의 도구로 일한 것이며 그의 의도는 한 사람에게서 출발한 자손이… 영원한 도성의 왕이며 건설자인 그리스도까지 내려가는 것이었다(710쪽).

아우구스티누스에 따르면 창세기 저자는 천상도성과 지상도성을 대조함으로써 천상도성의 영광을 높이는 데 필요하다고 생각된 범위 안에서만 지상도성 역사를 언급한다는 것이다. 가인계열에서 나오는 인류와 셋에게 나온 인류가 분리되어 살아오다가 노아시대에는 선한 사람들의 사회가 타락해서 인류 전체가 대홍수로 일소될 정도로 두 사회가 결합되었다. 아우구스티누스는 가인이 아내와 동침해서 에녹을 낳았다는 창세기 4장 17절 말씀에서, 에녹을 가인의 장자로 볼 수는 없으며, 가인이 에녹성을 건설한 일은 가속 수가 한창 불어났을 때 일이라고 말한다.[4] 홍수 이전 사람 중 가장 젊은 나이에 죽은 사람은 753세까지 살았다(창 5:31, 70인역). 가인이 자신을 위하여 성을 쌓을 수 있을 만큼 인류가 불어났을 때 에녹성을 건설했다고 보자는 것이다.

---

[4] 이 경우 가인의 아내를 언급하지 않는 이유는 탈무드식으로라도 추정해야 한다. 탈무드는 가인과 아벨이 여동생 야완을 놓고 연적 관계가 되어서 불화에 빠졌다는 사변을 늘어놓는다.

연대기상 난점들과 성서의 여러 판본의 권위 논의(9-16장)

9장. 홍수 이전 사람들의 장수와 큰 체구 문제

아우구스티누스는 홍수 이전의 장수長壽기록을 의심하는 사람들을 반박한다. 베르길리우스가 《아이네이스》12권(899-900쪽)에서 남자 12명이라도 들 수 없는 거구 역사力士의 전쟁 참여를 노래하는 데서 볼 수 있듯이 고대의 거인들의 존재는 단지 성경에만 나오지는 않는다. 아우구스티누스 자신도 아프리카 카르타고만 북부해변도시 우티카에서 발굴된 굉장히 큰 사람의 어금니 유적을 본 적이 있다고 말한다. 플리니우스에 따르면 세계가 늙어갈수록 사람의 체구도 작아지며, 호메로스도 사람들 체구의 왜소화를 개탄했다고 한다. 아우구스티누스는 다만 홍수 이전 사람들의 장수를 증명할 물적 증거가 없다는 것을 인정한다. 그러나 미래에 대한 성경예언이 정확하다면 과거에 대한 성경기록 또한 믿지 않을 수 없다는 논리에 호소한다. 플리니우스에 따르면 아우구스티누스 당시에도 200세까지 장수하는 사람들의 나라에 대한 이야기가 전해지고 있었다고 한다.

10장. 히브리어 성경과 라틴어 성경의 홍수 이전 사람들의 나이 계산의 차이점

히브리어 성경과 우리 성경[5](라틴어 불가타역)은 홍수 이전 사람들의 연령 계산에서 차이가 있다. 하지만 홍수 이전 사람들의 장수를 불신하게 할 정도의 차이는 아니다. 예를 들면 셋을 낳을 때 아담의 나

---

5   10장이 말하는 '우리 성경'은 아우구스티누스의 동시대 라틴 교부 제롬(347-420년)이 교황 다마수스Damasus 1세의 명령에 따라 번역한 불가타 라틴어역을 가리킨다. 제롬은 382년에 명령을 받고 391년부터 406년까지 번역했다. 아우구스티누스가 《하나님의 도성》을 413년부터 쓰기 시작했으니 저작 당시 불가타 성경을 확보했을 가능성이 크다.

이가 70인역에서는 130세가 아니라 230세로 나온다. 아이를 낳을 때의 나이가 70인역에는 항상 100살 더 많게 나온다. 므두셀라의 나이도 차이가 나는데, 70인역보다 히브리어 성경에서는 므두셀라가 24년이나 더 산 것으로 말한다. 므두셀라의 나이 문제는 제롬에게도 유명한 문제였다(714쪽 각주 22). 하지만 두 성경 사본의 나이 차이는 사소한 차이이므로 성경 자체의 신빙성을 의심하게 할 정도는 아니다.

11장. 므두셀라의 홍수 이후 생존 가능성을 부정하는 아우구스티누스

므두셀라는 홍수 이후에도 14년을 더 산 것으로 계산되는데 이것은 방주에 타서 살아남은 사람은 노아 가족 여덟 명뿐이라는 증언과 배치된다. 70인역에 따르면 므두셀라가 라멕을 낳을 때 167세였고(창 5:25), 라멕은 188세에 노아를 낳는다(창 5:28). 합하면 355년이다. 홍수가 났을 때 노아의 나이는 600세였기에(창 7:6), 므두셀라의 나이는 955세가 된다.[6] 그런데 그의 생존연수는 969세다. 그러면 홍수 이후에도 14년 더 살았다는 말이 된다. 이 모순을 해결하기 위해 '원문은 정확한데 유대인들의 잘못된 사본을 갖고 번역하여 그 오류가 70인역에까지 이월되었다'는 견해가 나왔다. 이 견해를 취하는 사람들은 므두셀라는 지상에 있지 않고 부친 곁 하늘에서 홍수가 지나가는 것을 보았을 것이라는 주장을 견지한다. 아우구스티누스는 므두셀라의 홍수 이후 생존설을 믿지 않고, 히브리어 성경을 믿는다. 즉 므두셀라가 노아홍수 때 죽었다고 본다. 아우구스티누스는 18권 42-44장에서 70인역에 대한 존숭과 평가를 보여준다. 다만 처음 조

---

[6] Vulgate Bible: 187+182+600=969세; LXX(70인역): 167+188+600=955세.

상의 장남인 가인이 살아있는 동안에 인류가 한 도성을 이룰 만큼 번성했다는 한 가지는 강조한다.

12장. 성경의 장수 기록을 믿지 못하는 사람들에 대한 답변

원시시대 사람들은 성경에 기록된 것만큼 장수하지 않았다고 믿는 사람들이 있었는데, 아우구스티누스는 고대의 10년은 현재의 1년과 같다는 견해를 반박한다. 이 역법 차이를 믿는 사람들은 고대인들의 연대 계산의 상이한 체제에 호소한다. 이집트인은 4개월을 1년으로, 아카르니아 사람들은 6개월을 1년으로, 라비니움[7] 사람들은 13개월을 1년으로 계산했다는 것이다(716쪽). 플리니우스도 고대 장수설화를 그릇된 연수계산 때문에 생긴 오류라고 본다. 성경의 신빙성을 약화시킬 의사가 전혀 없는 사람들 중에도 이런 고대역법 체계의 상이성 가설을 따르는 자들이 있는데 아우구스티누스는 이런 주장을 단호히 반대한다. 이 가설에 따르면 아담은 13세에 셋을 낳았고 가인은 11세 정도에 아들을 낳았을 것이다. 아담은 창조되자마자 아이를 낳은 셈이 되는데 이상하다는 것이다. 셋이 에노스를 낳을 때는 10.5세가 된다. 또 라틴어 성경에서는 게난이 마할랄렐을 170세에 낳았다고 말하는데 히브리어 성경에서는 게난이 마할랄렐을 70세에 낳았다고 말한다. 그렇다면 성경의 나이 숫자를 10분의 1로 줄여 읽으려는 위의 사람들의 계산으로는 게난이 7세에 아이를 낳은 셈이 된다는 것이다. 아우구스티누스는 성경의 장수기록을 믿는 쪽으로 결론을 내린다.

---

[7] 트로이의 패전 후 로마로 건너온 아이네아스 등 후에 로마를 세울 조상들이 세운 나라.

13장. 홍수 이전의 장수자들의 연령과 생존연대 계산 문제

이런 햇수 계산의 모순을 해결하기 위해 70인 번역자들을 옹호하고 유대인 사본가들을 비난하는 자들이 있다. 이방인들이 권위 있는 성경을 갖지 못하게 하려는 유대인 필사자들의 음모 때문에 오류가 발생했다는 것이다.[8] 70인역 번역자들 즉 유대인 70인이 합심해서 오류를 집어넣었다는 것이다. 그러나 아우구스티누스는 이 두 가지를 다 비판하며, 의도하지 않은 오류가 사본전승과정에서 발생한 것으로 본다. 그러면서 히브리어 성경과 70인역에 나오는 대로 므두셀라의 나이를 계산하면 24살 정도 차이가 나는 것을 인정한다. 그러나 아우구스티누스는 이러한 차이는 사본가들의 비의도적 오류로, 나머지 인물들의 나이 차이는 의도적 편집(70인역의 나이계산)의 산물로 본다. 이러한 나이 차이를 제외하고는 70인역 발간 책임자인 이집트 왕 프톨레마이오스 왕실 도서관의 사본을 베끼는 과정에서 일어난 오류였을 것이라고 한다. 유대민족이나 70인역 번역자들이 고의적으로 이러한 오류에 개입했다고 상정하고 비난해서는 안 된다는 것이다.

다른 사본에 없는 100년이 70인역에 첨가된 까닭은 의심 많은 사람들이 실족하지 않도록 하려는 필사자의 배려였을 것이다. 당시의 100년이 우리의 10년이었다는 느낌을 주려고 100살을 더 합했다는 것이다(자녀 낳은 나이). 자녀 낳기에 적합한 나이를 만들기 위해 100세를 더하고 전체적으로 생존한 햇수는 동일하게 유지하기 위해 자녀를 낳은 후의 연수에서 100살을 뺐을 것이다. 제6세대에서는 이 고정방침을 버렸고 숫자를 고친 것이 분명히 드러난다. 히브리어 성경

---

[8] 717쪽의 각주 33번은 70인역의 유래를 설명한다.

에서(창 5:18) 야렛이 에녹을 낳은 나이가 162세였는데 70인역은 이 나이에 100살을 더하지 않았다. 16세는 아이를 낳을 정도라고 생각했기 때문이다(719쪽). 사본상의 차이가 나면, 번역되는 원어 쪽을 선호하는 것이 더 낫다. 그리스 사본 셋, 라틴어 사본 하나, 시리아 사본 하나가 서로 일치하며 므두셀라는 홍수 6년 전에 죽었다고 말한다. 결국 아우구스티누스는 므두셀라 나이 문제에 관해서는 히브리어 성경보다는 오히려 그리스어 사본들, 라틴어 성경의 증언이 더 신빙성이 있다고 결론을 내린다.

14장. 고대인들의 장수를 의심하는 견해에 대한 결론적 반박

고대의 1년은 우리의 1년과 같다. 70인역과 히브리어 성경의 숫자 차이는 고대인들의 장수를 문제시하는 것이 아니다. 차이가 너무 커서 양쪽이 다 정확하지 않을 경우에는 원어를 연구하여 진상을 규명해야 한다. 필사자의 단순실수가 아니라 번역자의 의도가 개입되어 차이가 났다면 번역이 달라지도록 감동시킨 성령의 역사를 믿어야 한다. "번역자로서의 기능을 감동시켰다는 것이 아니라, 예언하는 자유를 감동시킨 것이다"(721쪽). 사도들이 인정한 70인역이 중요하며 성경말씀을 인용할 때 가끔 사도들은 70인역과 히브리어 성경을 함께 사용했다는 사실이 중요하다. 아우구스티누스가 홍수 이전 세대의 나이 차이를 논하는 목적은 "고대인들은 심히 장수했기에 우리의 처음 조상들의 처음 아들이 한 도성을 쌓을 수 있었다는 것은 의심할 수 없다"는 점을 밝히기 위함이다(721쪽).

15장. 천상도성 시민들의 계보를 이어간 영적 장자들

그러면 원시시대 사람들은 자식을 낳는 연령까지 전혀 성관계를 하지 않았을까? 이 질문에 대한 답변을 두 가지로 할 수 있다. 이들에게 사춘기가 늦게 왔거나 아니면 성경에 출생이 기록된 아들들이 장자가 아니라는 것이다. 아우구스티누스는 후자가 더 가능성이 있으며, 성경에 기록된 사람들은 장자가 아니라 세대를 이어간 사람들일 것이라고 본다.

셋계열은 지상에 나그네로 있는 천상도성이요 가인계열은 지상의 기쁨을 탐내며, 그것이 유일한 기쁨인 양 매달리는 지상도성이다(722쪽). 지상도성의 세대계승에는 나이가 나오지 않는 반면, 천상도성 계열은 기억할 만한 가치가 있다는 것을 보여주려는 듯이 자녀 출생 시의 나이와 생존연수가 기록된다. 아담은 가인과 아벨을 낳고 셋을 낳는 사이에도 많은 자녀를 낳았을 것이다.[9] 이 세대 계승 과정에서 언급된 사람들이 장자가 아니라 세대를 이어간 사람들임을 논증하기 위해 아우구스티누스는 마태복음의 메시아 족보 기술 체제를 인정한다. 즉 맏아들이 아니라 세대계승자가 족보를 이었다는 것이다.[10] 어떤 의미에서는 이 세대계승자들이 영적 장자들인 셈이다.

16장. 인류 초창기 때의 근친혼은 옹호하는 아우구스티누스

인류는 근친결혼을 통해 인구가 증가했다. 그러나 아버지와 장인이 서로 다른 사람일 때 친밀한 가족관계가 더욱 확대된다. 인구가 증가한 이후에 근친가족혼은 인륜을 어기는 행동으로 단죄된다. 아우구스티누스 당시에는 사촌 간 결혼도 허용되었으나 사람들이 점

---

9 창세기 5:4은 아담이 "자녀들을 낳았다"고 한다.
10 성경은 이스마엘 대신 이삭, 에서 대신 야곱, 르우벤 대신 유다, 세 형들 대신 베레스와 세라를 언급한다.

점 기피하고 있었다. 가족혼은 기피되었으나 포괄적인 족내혼은 혈통적 유대를 보존하기 위해 유지되었다. 하지만 아우구스티누스는 사촌 간 결혼을 금지하는 자기 당대의 최신법이 더 낫다고 본다. 친밀한 관계의 확장을 위해 근친혼을 피해야 하지만, 다른 이유 때문에도 근친혼이나 가족혼을 장려하지 말아야 한다. 인간에게는 근친혼을 수치로 여기는 본성적 저항이 있기 때문이기도 하다.

아우구스티누스는 근친혼 옹호와 비판의 기준을 상황윤리의 고려에서 찾는다. 인류 초창기에는 인구 증가를 위해서 근친혼을 했지만 후대에는 근친혼에 저항했다는 것이다. 후대에 갈수록 존경해야 할 근친과 결혼하는 것이 더욱 기피되었다는 것이다. 여기서 한 가지 인상적인 사실은 아우구스티누스가 근친혼의 성행과 금지에 대해 모두 하나님의 뜻에 따른 허용이나 금지라고 말하지 않는다는 점이다. 근친혼이 불가피할 때도 있었고 후대에서는 여러 경험적인 이유 때문에 기피되었다고 보는 것이다. 오늘날 이런 논리는 여러 반대를 촉발할 수 있다. 그래서 루이스 벌코프나 롤랜드 해리슨, 존 스토트와 같은 보수적 학자들마저도 아담 이전의 인류 혹은 유인원적 단계의 인류의 존재를 조심스럽게 상정하는 경향을 보이기도 한다. 탈무드는 가인과 아벨이 여동생들과 결혼해 가정을 이루었다고 쉽게 단정하지만 이는 결코 간단한 문제가 아니다.

가인부터 홍수까지 역사(17-21장)

17장. 가인계열과 셋계열의 병렬적 역사

한 어버이에게서 난 두 사람이 선조와 지도자가 되었다. 즉 아담은 두 도성 계열 사람들의 조상이 되었다. 가인계열은 8대로 끝난다. 가인계열의 제일 마지막인 라멕에게서 여자들이 언급된다. 딸들이 태어남으로써 지상도성은 끝까지 남녀결합으로, 육체적 생식으로 지속되리라는 것을 완곡하게 알리는 것이다. 셋은 '부활'을 의미하고 아들 에노스는 '사람'을 의미하므로, 에노스는 '부활의 자녀'를 상징한다.

18장. 아벨과 셋과 에노스의 이름에 담긴 기독교적 의미

아벨과 셋과 에노스는 그리스도와 그의 몸인 교회에 대하여 어떤 의미가 있는가? 아벨은 슬픔을 의미하고, 셋은 부활을 의미한다. 이 둘은 그리스도의 죽음과 부활을 예시한다. 이 두 사실을 믿음으로 말미암아 이 세상에 하나님의 도성이, 곧 하나님의 이름을 부를 소망을 가진 사람이 탄생한다(롬 8:24-25). 에노스에게는 하나님의 이름을 부를 소망이 있었다(창 4:26). 에노스(사람)에게 하나님의 이름을 부를 소망이 있었다는 말은, 사람은 무릇 자기에게 소망을 두지 말고 하나님에게 소망을 두어야 한다는 뜻이다.[11] 자기를 믿음으로써 자기 이름으로 현세에 헌납된 도시, 곧 무상하게 끝나는 지상세상의 시민이 되어서는 안 되며, 영원한 행복에 헌납된 도시의 시민이 되어야 한다.

19장. 그리스도의 부활승천과 교회의 완전 봉헌(영화)을 예표하는 '에녹'

아담의 7세손이자 셋의 6세손인 에녹의 이름은 '봉헌(헌납)'을 의미한다. 에녹이 하늘로 옮겨진 것은 그리스도의 부활과 승천을 예고

---

11 예레미야 17:5은 '자기를 신뢰하는 자는 저주받을 것이라'고 말한다.

하고 장차 종말의 날에 우리들 자신, 즉 교회의 헌납이 있게 될 것을 예시하는 '봉헌'이라는 것이다. 이 봉헌은 그리스도에게서 이미 실현되었다. 그러나 그리스도를 토대로 모신 집 전체는 아직 헌납되지 않았고 그 헌납이 종말까지 연기되었다. 하늘로 옮겨진 에녹을 따라 교회도 그리스도의 신부가 되어 하늘로 옮겨질 것이다. 여기서 아우구스티누스는 '하나님이 에녹을 취하셔서 에녹이 세상에 있지 아니했다'는 창세기 5장 24절을 근거로 에녹이 승천했다고 본다. 그런데 히브리어 성경에는 에녹이 승천했다고 믿을 만한 표현이 전혀 없다. 히브리어 성경은 "그는 더 이상 없다. 왜냐하면 하나님이 그를 취했기 때문이다"라고 번역되기 때문이다. 히브리어 성경에는 개역개정에서 덧붙인 '세상에'라는 표현이 없다. 아우구스티누스가 봤을 라틴어 성경의 창세기 5장 24절[12]에도 '세상'은 물론이요 '승천했다'는 말도 없다. 따라서 창세기 5장 24절은 에녹 승천을 말하지 않는다. 그런데 이 구절에 대한 과잉해석의 결과로 위경《에녹서》[13]의 무대가 마련되었다. 에녹이 하늘에 올라가 하나님의 묵시를 수납하는 예언자로 승격된 것이다. '하나님이 에녹을 취하셨기 때문에 세상에 더 이상 존재하지 않게 되었다'(창 5:24)라는 구절을 '에녹이 죽음을 겪지 않고 승천했다'고 과잉해석한 것이다. 히브리서 11장 5절도 이런 과잉해석을 따르는 것처럼 보인다. "믿음으로 에녹은 죽음을 보지 않고 옮겨졌으니." 만일 에녹이 죽지 않고 하나님께로 되돌아갔

---

12 "*ambulavitque cum Deo et non apparuit quia tulit eum Deus.*"
13 '에디오피아 에녹'이라고도 불리는 《에녹서》는 하늘에 있는 에녹이 인류의 미래에 대해 하나님께 받은 비밀계시들을 기록했다는 위경이다. 주전 200-주후 100년 사이에 쓰인 것으로 보이는 이 책에는 파수꾼 천사들의 타락, 세상의 끝날, 메시아 도래, 악인 징벌과 선인 보상에 관한 예언들이 담겨있다.

다면 모든 사람이 죄로 인해 죽음에 이르렀다고 주장하는 로마서 3장 23절과 5장 12-21절은 심각한 오류가 있는 것으로 보일 수 있다. 앞으로도 아우구스티누스의 성경 해석에서 이러한 특이점들이 더러 보일 것이다. 그러나 이런 특이한 성경해석이 《하나님의 도성》의 고전적 가치와 신학적 위엄을 훼손할 핑계가 될 수는 없다.

20장. 가인계보와 셋계보의 비대칭적 병렬

여기에서는 가인의 계통이 제8대에서 끊어진 반면, 셋의 계통은 제10대까지 계속된 까닭을 논한다. 지상도성의 지상적 인간공동체는 자연생식에 의해 종말까지 없어지지 않으며, 세상에 기류하고 있는 하나님의 도성은 중생에 의해 다른 세계로 인도되고 그곳에서는 결혼하지도 않고 생식활동에도 참여하지 않는다. 이 세상에서는 시집가고 장가가고 생식하는 것은 두 도성에 공존한다. 하지만 지금도 하나님의 도성에서는 성적 행위를 버린 시민이 많다. 그러나 아우구스티누스는 인도 등에 있는 나체 독신수도사들의 예를 들며 독신 자체는 칭찬받을 일이 아니라고 말한다. "지고의 선이신 하나님을 믿는 믿음과 연결될 때에만 금욕생활은 선하다"(730쪽).

가인계열의 족보가 8대에 끊긴 이유는 아마도 그들이 사춘기가 늦어 인구가 적었기 때문일 수도 있다. 가인-라멕 족보에 등장하는 사람들은 모두 11명인데, 십계명의 10을 넘어가는 숫자 11은 죄를 의미한다.[14] 살인자 가인을 통한 아담의 후손은 죄를 상징하는 11명이며, 그 안에 여자도 포함되어 있다. 여자는 죄를 최초로 도입한 사

---

14 아우구스티누스는 그 근거로 출애굽기 26:7의 증거의 장막에 있던 열한 폭 염소털 휘장을 들면서, 마태복음 25:33의 최후 심판에서 왼편에 서 있는 염소와 시편 51:2에서 염소 천을 두르고 죄를 고백하는 것을 보면 염소는 죄를 상징한다고 말한다.

람이다.[15] 라멕의 딸 나아마는 '쾌락'이라는 뜻이다. 쾌락은 성령을 거스르는 원리다(갈 5:17). 아담부터 노아에 이르는 셋계열은 10세대로서 율법을 의미한다. 노아의 세 아들은 범죄자 함을 빼면 둘이 되며, 합하여 12명이 된다. 12=3×4(3+4=7[완전수]). 가인과 셋은 각각 인간도성과 중생한 사람들의 도성의 선조가 된다. 아우구스티누스의 기괴한 숫자신학 착상이 터져 나오기 시작한다.

21장. 한 덩어리 아담에게서 갈라져 나온 두 그릇: 진노의 그릇과 긍휼의 그릇

창세기에서 가인의 아들 에녹의 이름이 나온 후에 족보가 홍수까지 내려가는데, 셋의 아들 에노스의 이름이 나온 후에는(창 4:26) 다시 인간창조로 돌아가는 까닭을 논한다(창 5:1-2). "사람들의 계보가 이러하니라 … 그들이 창조되던 날에 하나님이 그들에게 복을 주시되 그들의 이름을 아담이라 일컬으셨더라"(창 5:1-2, 70인역). 아우구스티누스는 창세기 저자가 셋계열이 아담의 적법하며 적통인 계승자임을 보여주기 위함이라고 주장한다. 지상도성은 살인자 가인으로 시작하여 살인자 라멕으로 끝났다(창 4:23). 가인의 아들은 자신의 전지田地에 자기 이름을 붙이지만 주님의 도성에서는 그들의 형상이 멸시받을 것이다(시 49:11; 73:20, 70인역).

한편 하나님의 이름을 부르기를 바라던 사람 에노스는 사람들에게 하나님의 이름을 부르도록 지도력을 발휘해 하나님의 도성 공동체를 건설했다. "그 때에 비로소 사람들이 야웨의 이름을 불렀다"(창 4:26). 에노스는 지상에서 나그네인 하나님의 도성 시민들이 지상에서 수행해야 할 최고이자 유일한 의무를 보여주었다. 즉 야웨의 이

---

15 디모데전서 2:4.

름을 부르며 예배를 드린 것이다. 아우구스티누스는 에노스가 피살된 아벨의 부활을 상징한다고 본다. 천상도성의 단합은 아직 완전하지 않고 장차 완성될 것이지만, 그 단합을 이 예언적 인물이 예시했다는 것이다(733쪽). 셋의 아들, 즉 부활의 아들 에노스는 시편 52편 8절이 말하는, 하나님의 집에 있는 푸른 감람나무 같은 사람들의 공동체를 대표한다. 그들은 주의 이름을 의지하면서 헛된 것과 어리석은 거짓을 돌아보지 않는 복된 자다(시 40:4 70인역). 이처럼 한 덩어리 아담에게서 진노의 그릇과 긍휼의 그릇이 갈라져 나왔다. 진노의 그릇에게는 공변된 벌을 주고 긍휼의 그릇에게는 값없는 은혜를 주신다. 이와 같이 하여 천상도성이 자신을 진노의 그릇과 비교함으로써 같은 지상에 기류하면서도 자기의 자유의지를 신뢰하지 않고 주 하나님의 이름을 부르기를 열망하는 것을 배우게 하셨다(창 4:26).

> 사람의 의지는 선하신 하나님이 선하게 지으신 본성이지만, 무에서 창조되었으므로, 변하시지 않는 분에 의해 변하는 것으로 창조되었다. 자유의지로 선한 것이 타락해서 악을 행할 수도 있고, 하나님의 도움을 받을 때만은 악을 피하고 선을 행할 수도 있다(734쪽).

이렇게 아우구스티누스는 다시 노예의지론을 들어 자유의지를 주창한 펠라기우스[16]를 반박하는 셈이다.

---

16 펠라기우스Pelagius(360~418년)는 자유의지론과 금욕주의를 옹호한 브리타니아Britannia(현 영국) 출신 수도사로서 아우구스티누스의 대표적 논적論敵이었다.

홍수(22-27장)

22장. 하나님의 아들들과 사람의 딸들의 통혼으로 급속하게 타락한 세상

하나님의 아들들이 사람의 딸들에게 매혹되어 타락했으므로 여덟 사람을 제외하고는 모두 홍수 때에 멸망했다. 정결인류와 불결인류의 혼합과 그 결과 초래된 심판도 첫 죄악 때와 마찬가지로 여자 때문에 일어난다. 천상도성의 아들들이 여자들의 신체적 아름다움을 보고 타락해버렸다. 하나님의 아들들이 선한 자들에게 특유한 선을 버리자, 이들은 선인과 악인이 공유할 수 있는 보잘것없는 선(아름다움)에 빠져버렸다. 하나님보다 하나님이 지으신 것을 더 사랑하는 것도 죄다. 올바른 질서로 사랑하는 것이 중요하다. 그래서 아가서 시인은 "내 안에 사랑을 정돈하소서"(아 2:4, 70인역) 하고 기도한다. 하나님의 아들들은 사랑의 질서를 어지럽혔다. 하나님의 아들들과 사람의 딸들은 두 도성을 대표한다. 아우구스티누스는 하나님의 아들들을 천사라고 해석한 견해(70인역 알렉산드리아 사본)를 비판한다.

23장. 천사들과 여자들의 결혼을 말하는 창세기 6:2에 대한 문자적 해석 비판

아우구스티누스는 22장 마지막 부분에 이어서, 영적 본질을 가진 천사들이 여자들의 아름다움을 사랑해서 결혼했고 이 결합에서 거인들이 태어났다는 것을 우리는 믿어야 하느냐고 반문한다. 앞서 3권 5장에서 이 질문을 제기한 적이 있다. 하나님은 영들로 자기 사자를 삼으신다(시 104:4, 70인역).[17] 후반절에서는 "화염으로 자기 사역자를 삼으신다"고 한다. 이 '화염'이 천사의 몸을 가리키는 것인지는

---

17 개역개정은 '바람'을 사자로 삼으신다고 번역했다.

확실치 않다.

천사가 사람의 몸을 입고 온 이야기는 성경에도 나오고 그리스-로마에서도 '잉쿠비incubi'나 목양신인 '판Pan' 등이 부녀자를 습격해 정욕을 채운다는 말이 있는 것으로 보아, 천사가 여자와 성교해서 자녀를 낳았다는 식으로 읽을 가능성이 전혀 없는 것은 아니다. 아우구스티누스도 영들이 정욕을 채우기 위해 여자를 덮친다는 주장 자체를 원천 기각하지는 않으나 대체로 부정적인 방향의 불가지론을 취한다. 다만 거룩한 천사들이 사람의 딸을 취할 정도로 타락했다고는 믿을 수 없다고 말할 뿐이다. "범죄한 천사들을 지옥에 던져 심판 때까지 지키게 하셨다"(벧후 2:4)는 말씀이 거룩한 천사들이 아닌 타락한 천사 우두머리와 그 추종자들을 겨냥한 말이라고 본다. 그러나 성경은 경건한 사람을 천사라고 부르기도 한다(막 1:2; 말 2:7).

아우구스티누스는 이미 9장에서 천사와 여자의 결혼으로 거인이 생겨났다는 신화적 해석을 거부한다. 당시에도 키 작은 부모에게서 엄청나게 키 큰 여자가 로마에 나타난 사건을 인증하여 거인의 자연 출생을 옹호한다. 두 계열의 사람들이 통혼하기 전에도 이미 땅에는 거인들이 있었다는 사실을 직시하여야 한다. 통혼한 부부들은 하나님을 위하지 않고 자신들을 위하여 자녀들을 낳았다. 이전 경건계열의 사람들은 하나님을 위하여 자녀를 낳았다. 하나님의 도성을 채우려고 낳았다는 말이다. 자기 자랑거리가 될 가족확장을 위해 자녀를 낳지 않았다는 것이다. 아우구스티누스는 "나의 신이 영원히 사람과 함께하지 아니하리니 이는 그들이 육체가 됨이라"라는 구절을 근거로 하나님의 아들들이 천사들이 아니라 사람임을 논증한다. 그들은 하나님의 영에 의하여 하나님의 천사들과 하나님의 아들들이 되었으나 낮은 것으로 기울었기에 다시 '사람'이 된 것이다. '육체'라는 말은 그들이 영을 버린 자들이라는 뜻이며, 그들은 영을 버림으로써 영에게 버림을 당했다.

이 논리는 시편 82편 6절에서도 유사하게 작동한다. 70인역 역자들은 예언자의 영을 받아 원문과 달리 번역할 때가 있다.[18] '하나님의 아들들'이나 '신의 아들들' 둘 다 받아들일 수 있는 번역이다. 아우구스티누스는 대체로 위경僞經[19]의 권위를 받아들이지 않으며, 외경 역시 진리가 다소 있지만 거짓말이 너무 많아 정경의 지위를 누릴 수 없다고 말한다(739쪽). 여기서 아우구스티누스는 에녹서가 정경으로 인정받지 못하는 이유를 제시한다. 《에녹서》가 오래된 시기를 말하지만 그것이 참된 기록임을 확인할 길이 없으며, 그래서 오래 전 정경편찬자들이 그것을 정경목록에 포함시키지 않았다고 생각한다. 특히 에녹서에서 사람이 거인들의 조상이 아니라고 한 것은 결정적으로 의심받을 만한 요소다. 바룩은 고대 홍수 이전의 거인들의 파멸 원인은 지혜와 판단력과 하나님을 아는 지식 부재였다고 본다(바룩서 3:26-28). 결국 아우구스티누스는 창세기 6장 2절에 나오는 "하나님의 아들들"을 하나님의 영에 충만한 천사와 같은 사람들을 가리키는 말로 해석한다. 즉 창세기 6장 2절의 하나님의 아들들은 한때는 천사적인 경건을 갖춘 경건계열 사람들이었으나 정욕으로 '사람들'처럼 전락한 인간들이라고 본다.

---

18 18권 44장 참조.
19 주전 200-주후 100년경 사이에 저작된 유대교 및 기독교 문헌으로서 이스라엘의 회복과 선민지위 회복과 관련된 내용들이 위경의 주제를 구성한다. 위경과 달리 외경은 개신교에게 어느 정도 정경의 참고서 정도로 대우를 받는다. 개신교와는 달리 로마가톨릭교회는 개신교 성경에 없는 십여 권이 넘는 외경(마카베오 상하서, 토빗, 유딧 등)을 아예 정경에 포함시킨다. 1977년 신구교공동번역성경은 외경도 포함한다. 외경에는 위경과 달리 정경에 가까운 규범적 교훈들이 다수 들어있다.

24장. 창세기 6:3 "그러나 그들의 날은 백이십 년이 되리라"는 말씀의 뜻

홍수로써 죽을 자들에게 그들의 날은 120년이 되리라고 하신 말씀(창 6:3)은 120년 후에 홍수가 시작된다는 말이다. 노아가 480세 때 이 예언을 들었다는 뜻이다.

25장. 이성적 판단의 통제 아래 작동하는 하나님의 진노

하나님의 분노는 그분의 마음을 어지럽게 하는 감정이 아니라 죄를 벌하는 심판이다. 그 심판은 변할 일들에 대한 변함없는 계획집행이다. 하나님은 사람과 같은 수준에서 자신의 행사를 후회하시지 않는다. 그분의 예지가 확실한 것처럼 그분의 결정도 흔들리지 않는다. 아우구스티누스는 "여호와께서 사람의 죄악이 세상에 가득함과 그의 마음으로 생각하는 모든 계획이 항상 악할 뿐임을 보시고 땅 위에 사람 지으셨음을 한탄하사 마음에 근심하시고 … 사람으로부터 가축과 기는 것과 공중의 새까지"(창 6:5-7) 쓸어버리실 결정을 하신 장면을 해석하기 위해 민수기 23장 19절을 인증한다. "하나님은 … 인생이 아니시니 후회가 없으시도다."

26장. 그리스도와 교회를 상징하는 노아의 방주

노아에게 지으라고 명령하신 방주는 확실히 이 세상에 나그네로 있는 하나님의 도성, 즉 교회를 상징한다. 교회는 하나님과 사람 사이의 중보자이신 인간 그리스도 예수(딤전 2:5)가 달리신 나무로 구원을 받기 때문이다. 방주의 길이와 넓이와 높이까지도 그리스도가 입으신 몸을 나타낸다. 방주 옆에 낸 문은 예수의 옆구리 상처(요 19:34)를 상징한다. 네모난 목재로 방주를 만들라고 하신 것은 성도의 확고부동한 생활을 의미한다.

아우구스티누스는 구약성경에 그리스도에 대한 예언이 없다고 주장하는 마니교 우두머리 파우스투스에 대한 반박문에서 자기가 방주와 그리스도의 상응관계를 상론한 바 있음을 말한다. 상중하 3층에 있는 문은 노아의 세 아들이 보충한 온 열방 민족을 상징한다. 아우구스티누스는 신앙규범과 조화되기만 한다면 자신의 해석을 반대해도 된다고 말하며, 상중하 삼층이 믿음, 소망, 사랑이라는 삼덕을 가리킬 수도 있다고 본다. 혹은 30배, 60배, 100배 결실을 의미할 수도 있다. 맨 아래층은 정결한 결혼생활, 중간층은 정결한 과부생활, 3층은 정결한 미혼생활을 가리킬 수도 있다. 방주를 하나님의 도성과 믿음과 연결하기만 하면 좋다고 한다. 아우구스티누스는 방주에 대한 좀 더 나은 해석을 제시하기 위해, 방조의 구조를 하나님의 도성 시민들의 믿음생활과 연결한 것이다. 방주의 세 층에 대한 이러한 해석은 주후 3세기 알렉산드리아의 오리게네스와 클레멘트의 풍유적 해석 전통을 이어받은 것으로 보인다.

27장. 노아의 홍수와 방주에 대한 역사적 신빙성과 그것에 대한 비유적 해석 옹호

방주와 홍수에 대해서 단순히 역사적 사실만 인정하고 비유적 해석을 배척하거나, 비유적 의미만 주장하고 역사적 사실임을 부정하는 것에 찬성할 수 없다. 아우구스티누스는 방주의 크기를 의심하고 방주에서 육식동물의 사료를 구하는 일의 불가능성 등 세부 사항들의 비현실성을 들어 노아 방주의 건조 및 심지어 홍수설화 자체의 역사성도 의심하는 자들을 비판한다. 아우구스티누스는 노아방주와 홍수이야기는 실제로 노아에게 일어난 역사적 사건임과 동시에 교회와 하나님의 도성을 가리키는 예언적 비유와 상징이라고 주장한다. 다음 책인 16권은 노아홍수 후에 지상도성과 천상도성이 걸어간

발자취를 추적한다.

결론

지상도성 건설의 시초는 로마인데 로마의 역사는 창건자 로물루스가 쌍둥이 동생이자 공동창건자인 레무스를 죽여서 로마의 성벽에 피를 뿌림으로써 시작되었다(703쪽). 아우구스티누스는 3권 5장에서 언급한 로물루스의 레무스 살해와 로마 건국 주제를 15권 5장에서 다시 꺼낸다. 로마제국의 뿌리가 형제살해의 범죄라는 사실이다. 로마는 전형적인 지상도성인 가인-에녹의 도성과 다르지 않다. 로마제국이 신격화해서 숭배하는 로물루스와 그가 살해한 동생 레무스는 신이 아니라 지상도성의 시민이었을 뿐이다. 왜 로물루스와 레무스는 투쟁했는가? 왜 형이 동생을 죽이는 패륜적 죄악을 범했는가? 이것이 지상의 도성, 즉 인간의 도성의 본질이기 때문이다. 인간의 도성은 자기애가 구축한 성읍이다. 자기애가 가득 찬 로물루스와 레무스의 다툼은 필연적이다. 따라서 하나님의 영으로 쇄신되지 않고, 죄악된 자아가 그리스도의 보혈로 원죄의 지배력에서 벗어나지 못하는 지상도성은 내부분열을 피할 수 없다. 로물루스와 레무스의 적대와 분열의 태곳적 원형이 바로 가인과 아벨 사이의 적대와 분열이다. 다만 로물루스와 레무스는 인간의 도성 안에서 벌어진 형제살육, 즉 내부분열을 보여주지만, 가인과 아벨의 사건은 하나님의 도성과 사람의 도성 사이에 있는 갈등과 적대관계를 대표한다(704쪽).

이것이 문명사적 갈등이며, 이러한 가인과 아벨의 갈등은 우리 안에도 있다. 육체의 소욕이 성령의 소욕을 거스르기 때문이다(갈 5:17).

대체로 15권은 하나님의 도성과 인간의 도성의 뿌리가 되는 두 계보의 대립적 병렬을 잘 보여주고 있다.

그러나 오늘날의 독자들이 의아해할 일견 엉뚱한 성경해석도 더러 눈에 띈다. 먼저 홍수 이전 사람들의 장수長壽와 큰 체구를 논하는 9장은 설득력 없어 보인다. 베르길리우스의 《아이네이스》의 한 구절인 "지금 보는 몸집으로는 역사 열두 명이라도 들지 못하였으리라"(712쪽)를 인용해 창세기 6장 4절의 네피림(용사)의 역사적 실존성을 옹호한다. 그런데 하나님의 아들들과 사람들의 딸이 각각 누구를 가리키는지에 따라 네피림이라는 존재의 역사성도 다툼의 여지가 있어 보인다. 하나님의 아들들과 사람의 딸 사이에 태어난 거인들은 지중해 지역의 신화에서 어렵지 않게 발견되는 '인물들(헤라클레스 등)'이다.

창세기 6장의 신화적 언어는 시적 산문으로 읽는 것이 낫다. 고대의 역사를 풀어쓴 산문서사라기보다는 고대문명을 구성한 인류의 타락을 우주적, 영적 존재들의 타락의 후폭풍으로 보려는 형이상학적 악惡기원론의 일부라고 보자는 것이다.

아우구스티누스의 해석전통은 오늘날에도 여전히 추종자가 있다. 독일 경건주의 성서학자 에릭 사우어는 《세계구속의 여명》에서 거인족속의 출현을 말하는 창세기 6장의 이상한 결혼을 비유적으로 해석한다. 영국 보수주의 변증가인 프란시스 쉐퍼도 《창세기의 시공간성》에서 동일한 해석전통을 따른다. 한국의 박윤선이나 이상근과 같이 창세기 주석을 남긴 사람들 모두 하나님의 아들들과 사람의 딸들의 결혼문제를 신과 인간의 결혼이라는 신화적 결혼으로 보지 않고, 경건한 셋계열 사람들과 불경건한 가인계열 사람들의 통혼, 잡혼이라고 본다. 이들은 선택된 이스라엘을 하나님의 아들로 부르는 구약전통(출 4:22; 신 14:1)에서도 간접증거를 얻는다고 말한다. 이들은 창세기 6장 1절에 나오는 히브리어 '아담'은 전체 인류를 가리키는 '사람'이며, 6장 2절 '사람의 딸들'에서 '사람'은 타락한 계열의 인간을 가리키는 한정어라고 생각한다.[20] 그러나 이런 읽기는 성경주석의 단순한 원리마저 무시한다는 혐의를 받기 쉽다. 6장 1-2절에 나오는 '아담'은 둘 다 땅에 사는 인간을 의미한다고 보아야 하며, 여기에서 결혼은 하나님의 대파국적 진노를 촉발한 우주적 범위의 창조질서 파괴라는 인상을 주는 죄악이라고 봐야 한다. 그렇다면 창세기 6장 1-4절에 나오는 피조물은 영적 존재와 인간의 '통혼'이라고 부를 수 있는 죄악을 통해 출생했으며 이들이 노아홍수를 촉발했다고 보는 것이 더 문맥에 맞는 해석이다. 영적 존재를 숭배하는 행위도 영적 존재와 인간의 종을 뛰어넘는 이종교배와 같은 창조질서 교란행위라는 것이다. 노아홍수를 촉발한 자들의 죄는 우주적이며 영적이라는 것이다. 하나님이 아닌 영적 중간자를 숭배함으로 태어난 자들이 하나님을 두려워하지 않는 최악의 불경건한, 돌연변이적 거대족속이라는 것이다. 다수의 비평학자들은 이러한 노선의 해석을 취한다.

성경해석사의 전통에서 봐도 이런 해석이 더 오래된 정통해석이며 다수해석이다. 다수의 초기 유대교문서들, 즉 에녹1서(6:2이하), 유대교적 모세오경 압축버전인 희년서 5장 1절, 70인역, 요세푸스(《유대고대사》 1.31), 필로(*De Giant* 2.358), 사해사본(위경 창세기라고 불릴 수 있는 *Genesis Apocrypha*에 대한 쿰란공동체 사본[1QapGen] 2:1; 쿰란 공동체 규약서*the Community Document* 2:17-19)이 이런 해석을 취한다. 신약에서 베드로후

---

20 창세기 6:1-2에 나오는 히브리어 '아담'을 개역개정판에서는 모두 '사람'으로 번역했다.

서 2장 4절, 유다서 6절도 이 해석을 따른다. 이들은 하나님의 아들들을 천상적 영적 존재들로 지칭하는 시편 29편 1절, 82편 6절과 욥기 1장 6절, 2장 1절, 38장 7절 등에서 그 근거를 찾는다.[21]

따라서 우리는 창세기 6장 1-4절을 경건계열과 불경건계열의 통혼맥락으로 읽기보다는 신화적 읽기를 수용하여 읽을 수도 있다. 창세기 저자가 당시 신화적 세계관 가운데 살아가던 사람들이 납득할 수 있을 정도로 신화의 틀을 빌어 메시지를 전했다고 보자는 것이다. 당시는 거인이 신과 인간여자의 결혼을 통해 태어난다는 신화적 세계관이 살아있던 시대였다. 다시 말해 당시에는 세상에 존재하는 거인들을 신적 존재와 인간 사이에서 태어난 인물로 보았다는 것이다. 그렇게 큰 키를 지닌 사람이 도저히 인간 사이에서 나올 수 없다고 보았다. 거인들에게는 신의 피가 섞였다는 고대의 세계관을 성경도 부분적으로 채택했을 가능성을 열어둔다. 이러한 신화적 표현의 목적은 아마도 타락한 인간성이 우주적 천사타락의 결과물이라고 말함으로써 홍수를 통한 타락인류의 멸절을 정당화하는 것이었으리라.

다만 우리는 '통혼'을 단순한 결혼으로 봐서는 안 된다. 인간들이 영적 존재를 숭배한 것을 결혼이라고 표현했다고 봐야 한다. 야웨 하나님이 이스라엘과 결혼했다는 말(호 2:19-20)에서 이런 유추가 가능하다. 노아 시대에 인류는 하나님의 진노를 촉발하는 악한 천사숭배종교에 빠졌다고 보는 것이다. 아담을 통해 인간을 지배하기 시작한 뱀 세력의 궁극적 배후세력인 영적 존재를 숭배하여 그들에게 자신을 바쳤다는 것이다. 왜냐하면 신약성경의 여러 구절들(마 22:29-30; 막 12:24-25;눅 20:34-36)이 천사들(영적 존재들)은 결혼하지 않는 존재

---

[21] Victor P. Hamilton, *Genesis* 1-17 (Eerdmans, 1990), 139-140.

임을 분명히 못 박기 때문이다. 따라서 하나님의 아들들이 사람의 딸을 아내로 취했다는 말은 타락한 영적 존재들이 사람들의 딸(즉 인류)을 영적으로 지배했다는 의미로 보자는 것이다.

 15권이 불러일으키는 또 하나의 해석쟁점은 16장의 근친혼 문제이다. 아우구스티누스는 상황윤리적 탄력성으로 인류 최초 시기에는 인류번성을 위해 근친혼이 장려되고 허용되었다가 인류가 불어나 근친혼이 불필요해졌을 때는 근친혼이 기피되었다고 본다. 이처럼 아우구스티누스는 근친혼인을 통해 인류가족이 형성되었음을 강조한다. 그의 논리대로라면 근친결혼을 통해 인류의 수가 증가했다. 하나님은 근친혼을 선용하신 셈이다. 그렇다면 왜 레위기 18장(9절)에서는 근친상간을 단죄하는가? 근친혼을 통해 인류의 수를 증가시키신 하나님이 갑자기 시치미를 떼시고 근친혼을 단죄한다면 하나님의 성품이 자기모순에 빠지게 된다. 한때는 근친혼이 복의 도구가 되고, 한때는 저주의 도구가 된다는 것이 문제다. 하나님의 율법이 원리적으로 일관성을 유지하지 않고 상황에 따라 바뀐다는 것은 문제가 아닐 수 없다.

 그러나 근친혼을 통한 인류증가를 상정하지 않으면 또 다른 문제가 생기는 것은 사실이다. 인류의 수가 근친결혼으로 증가하지 않았다면 아담과 하와 외에도 다른 사람들도 동시에 만드셨다고 볼 수도 있다. 이런 경우 아담과 하와는 인류의 유일한 첫 조상이라는 사도행전 17장 26절과 로마서 5장 등의 증언과 모순이 발생한다. 아담과 하와는 생물학적인 의미의 첫 조상이 아니라 첫 인류를 대표하는 의미의 첫 조상으로 간주되어야 한다는 문제가 생긴다. 마치 일제 때 우리나라가 국권을 상실하는 과정에서 순종황제가 서명한 한일병탄 조약이 2천 2백만 우리 동포의 운명이 되었듯이, 계약 우두머리의 죄가 모든 계약 백성의 죄를 포함하기 때문에 아담의 원죄가 인류의 죄가 되었다고 보는 것이다. 이처럼 아담을 인류의 생물학적 조상이 아니라 계약 우두머리로서의 인류 조상으로 보아야 한다는 신학적 착상이 가능할 수도 있다. 그러면 가인이 '나를 만나는 자마다 나를 죽일 것이다'(창 4:14)라고 하는 말이 어느 정도 납득된다. 이 말은 아벨, 아담과 하와 외에도 많은 사람이 땅에 살고 있다는 것을 전제로 한다. 그때까지 세상에 있는 사람이 아담과 하와, 가인과 아벨뿐인데, '나를 만나는 사람'을 언급하면 말이 안 되지만, 아담 가족 외에 다른 사람들도 있었다고 생각하면 가인의 두려움은 이해가 된다. 즉 아담을 당시 인류의 대표자, 즉 하나님과 맺은 계약의 대표자로 보면 말이 된다.

"아담을 신학적 조상으로 보면" 인류의 여러 종족들의 피부와 골상학적 차이가 어느 정도 설명될 수 있다. 어떤 사람은 홍수 이후에 뜨거운 지역에 사는 사람은 모두 피부가 검게 탔다고 하는데 이것도 어색하다. 이 주장은 획득형질은 유전되지 않는다는 과학적 사실과 정면충돌한다. 따라서 우리는 어떻게 인류가 번성할 수 있었는지를 따질 때 한 가지 생각에 집착하지 말고 이런 저런 견해가 있을 수 있다는 것을 알아야 한다. 만약 아담이 생물학적 조상이라는 한 가지 견해만 굳게 믿는다면 근친혼을 통해 인류가 번성했다는 상당히 심각한 문제가 야기된다. 언제든지 사람들은 "하나님이 그때는 근친상간을 이용했다면 왜 지금은 안 되냐?" 질문할 수 있기 때문이다. 태초에 하나님이 여러 인간을 창조하셨고, 성경은 그 중에서 왕적王的 대표자인 아담의 이야기만 기록했다고 읽을 수 있는 가능성도 아예 차단하지는 말자는 것이다. 아담을 그 시대의 하나님-인간 계약의 우두머리로 볼 수 있다는 것이다. 이 문제에 관한 어떤 대답도 만족스럽지 않은 점은 받아들이자. 한 가지 해석만 교조적으로 확신하지 말자. 확실하지 않다면 잠정적이고 개방적인 불가지론을 취하는 게 더 나을 때도 있을 것이다.

이제 마무리하자. 15권의 성경해석이 이런 논쟁을 불러일으킨다고 해서 《하나님의 도성》의 가치를 조금도 손상하지 않는다. 15권은 흑백논리 수준의 분명한 확신과 간명함으로 인간사회가 구성원리, 목적지, 운영원리 등에서 너무나 대조적인 두 도성의 각축장이라고 보고 있다. 사람의 생각대로 사는 사람들의 사회와, 하나님의 뜻대로 사는 사람들의 사회가 그것이다. 하나님의 도성 사회는 하나님과 함께 영원히 지배하기로 예정되었고, 인간의 도성 거주민들은 마귀와 함께 영원한 벌을 받기로 예정되어 있다(699쪽). 이 두 도성이 각각 교회와 세상을 대표하지는 않는다. 이 두 도성이 지금 혼재되어 있기 때문이다. 종말의 심판 때까지는 병렬적인 대립과 각축을 거듭하며 같이 오메가포인트Omega Point로 전진한다.

마태복음 13장 47-48절에 나오는 예수님의 비유는 오메가포인트의 분리를 말한다. "또 천국은 마치 바다에 치고 각종 물고기를 모는 그물과 같으니 그물에 가득하매 물가로 끌어내고 앉아서 좋은 것은 그릇에 담고 못된 것은 내버리느니라." 그런데 좋은 물고기는 교회 다니는 사람을, 나쁜 물고기는 불신자를 가리킨다고 볼 수 없다. 오히려 교회 안에 앉아있는 참 신자와 거짓 신자를 가리킨다. 교회 가운데 좋은 물고기와 못된 물고기가 섞여있어서, 종말 즉 해안에 가서야 좋은 고기와 못된 고기를 갈라낼 수 있다는 것이다. 교회 자체가 하나님의 도성이 아니라면 하나님의 도성은 누구를 가리키는가? 14권 28장이 어느 정도 답변을 제시한다. 하나님까지 멸시하는 자기탐닉적 자기애가 지상도성을 만들었고, 자기를 멸시하면서 하나님을 사랑하는 사랑이 천상도성을 건축했다. 자기몰입적 자기애에 빠진 지상도성과 달리 천상도성은 오로지 주만 자랑하고 즐거워한다(고후10:17). 천상도성은 "주는 나의 영광이시요 나의 머리를 드시는 자니이다"(시 3:3)라고 늘 하나님을 찬양한다. 지상도성에서는 지배욕이 도성 자체 안에 있는 귀인들과 피정복 민족들 위에 군림하고, 천상도성에서는 지도자와 피지도자들이 서로 사랑으로 섬긴다. 이 기준에 따르면 로마제국은 완전히 지상도성이다. 천상도성은 마가복음 10장 44-45절, 요한복음 13장 34-35절이 육화된 사람들의 공동체다. 지상도성은 권력을 사랑하며 권력을 신처럼 숭배하고, 천상도성은 하나님만 힘이라고 말한다. "나의 힘이 되신 주여 내가 주를 사랑하나이다"(시 18:1). 이것이 천상도성의 노래다. 지상도성에서는 우상숭배자가 민중의 지도자가 되거나 추종자가 된다. 천상도성의 지도력은 하나님을 바르게 경배하도록 인도하는 경건이며, 또 사람들과 천사들로 구성된 성도의 무리에 참여해서 "하나님이 만유의 주로서 믿음 안에 계시려"(고전 15:28) 하는 이 목표를 상으로 받기를 기다리는 경건이다(698쪽).

 오늘날 자기탐닉적 권력숭배와 돈숭배, 교세숭배가 득세한 교회들은 천상의 도성이 아님이 분명하다. 자본주의적 물신숭배에 빠져 막대한 비자금을 쌓아놓고 숱한 유사기업체를 운영하는 세습왕조형 교회는 순례 중인 천상의 도성이 아니다. 그런 교회들은 그리스도 이전에 이방왕국들이 걸어간 길과 동일한 길을 걸어간다. 물질숭배적, 권력숭배적, 영토확장적, 세습적인 길이다. 그러나 하나님의 도성은 아담으로부터 그리스도 재림 때까지 하나님의 이름을 부르며 역사의 오메가포인트를 향해 순례하는 하나님 백성의 공동체다. 통시적으로 누적된 세대별 순례자 공동체가 바로 하나님의 도성이다. 순례하는 교회는, 이 세상에 있지만 이 세상의 풍속을 따르지 않고 영혼을 거슬러 싸우는 정욕을 제어하는 교회다. 돈, 권력, 쾌락의 욕망을 십자가에 못 박는 교회다. 그리스도의 신부처럼 순결한 교회이며, 부활하신 주가 왕 노릇하며 성령이 종횡무진 역사하시는 교회다. 이런 교회를 세우는 데 쓰이는 작은 벽돌이 되는 성도가 당연히 하나님의 도성이다. 분명한 것은 두 도성은 두 종류의 사랑이며, 이는 외적이고 정치적인 구분이 아니라 내적이며 영적인 차이라는 점이다.

제16권:

인류 구속의 역사
– 홍수부터 이스라엘 왕정 초기까지

16권 1-11장은 노아부터 아브라함까지 두 도성의 발전상을 다루고, 12-43장은 아브라함부터 시작해서 사사시대까지 이어지는 천상도성의 발전상을 다룬다.

셈의 후예들: 아브라함 언약 이전 인류의 전반적 상황 고찰(1-11장)

1장. 홍수 이후 노아에서 아브라함 사이에 하나님을 따라 산 가족

홍수 이후 노아에서 아브라함 사이에 하나님을 따라 산 가족이 있었는가? 노아에서 아브라함에 이르기까지 하나님의 명백한 말씀으로 칭찬을 받은 경건한 자는 노아밖에 없다. 노아는 두 아들 셈과 야벳을 축복하는 예언을 했다. 함은 아버지 노아가 포도주에 취해 벗은 모습을 보고 지켜주지 않았고, 함의 아들 가나안은 사람들에게 떠벌려 노아의 수치를 드러냈다. 노아는 자신의 실수를 가나안이 폭로할 것을 미리 알았을까? 노아는 예언적 영으로 "가나안은 저주를 받아 그의 형제의 종들의 종이 되기를 원하노라"(창 9:25)는 저주를 했다. 이 저주는 함이 후에 인간도성의 시민이 됨을 암시한다. 노아의 세 아들 중 셈이 야웨 하나님을 섬기는 노아의 신앙을 상속할 것이 암시되고 있다. "셈의 하나님 여호와를 찬송하리로다. … 하나님이 야벳을 창대하게 하사 셈의 장막에 거하게 … 하시기를 원하노라"(창 9:26-27). 셈이 야벳과 함의 운명을 좌우하는 중심인물이 될 것이 예고되었다. 셈의 계보에서 하나님의 도성거민이 나올 것이라는 뜻이다.

2장. 노아의 세 아들과 관련된 예언의 의미

노아의 아들들의 예언적 의미는 무엇인가? 그리스도의 육신의 조상인 셈은 '이름'을 의미한다. 셈은 그리스도의 육신의 조상이지만, 그리스도의 이름보다는 위대하지 않다. 아우구스티누스는 솔로몬이 "네 기름이 향기로워 아름답고"(아 1:3)라고 말한 부분을 해석하면서 그리스도 이름의 향기가 어디서든지 알 수 있는, 쏟은 향기름 같다고 했다. 노아의 셋째 아들 야벳은 '창대함'을 의미한다. 그리고 둘째 아들 함은 두 형제들에게서 멀어졌고, 아무데도 속하지 않는 이단자의 무리 같다. 인내할 줄 모르고 조급하며 뜨거운 것은 이단자 정신의 특색이고, 그래서 이단자는 성도의 평화를 교란한다.

아우구스티누스는 이단자가 있다고 해서 안 좋은 것만은 아니라고 말한다. 이단자들은 우리의 진보를 돕는다. 사도 바울도 "너희 중에 파당이[이단이] 있어야 너희 중에 옳다 인정함을 받은 자들이 나타나게 되리라"(고전 11:19) 했다.[1] 이단자들이 정통신앙의 여러 신조에 대해서 불안해하며 열렬하게 질문할수록 우리는 변호하기 위해서 더 열심히 공부하고 탐구한다. 그래서 반대자들이 문제를 제기하는 것이 교육의 기회가 된다.

아우구스티누스는 노아가 벌거벗은 것을 주께서 받은 고난이라고 보고, 셈과 야벳이 옷을 가져다 아버지를 덮어드린 것에서 옷은 성례聖禮를 의미한다고 보았다. 아우구스티누스는 노아가 '취한 것'을 그리스도의 고난으로, '벌거벗은' 것을 그리스도의 고난에서 나타난 연약함을 의미한다고 보았다. 노아가 '그의 장막 안에서' 벌거벗었다고 덧붙인 것은 예수님이 동족인 유대인들에게 십자가의 고난과 죽음을 받으시리라는 것을 알려준다고 해석했다.[2] 오늘날 독자들에게는 다소 당혹스러운 해석이지만 당시에는 나름으로 용한(?) 해석이었을 수도 있다.

3장. 노아의 세 아들 계보

노아의 세 아들의 족보는 지상도성과 천상도성의 시간적 경과를 설명한다. 성경이 먼저 언급하는 야벳의 후손은 모두 15명, 함의 후손은 31명이다. 함의 아들 가운데서 처음에 이름이 나오는 사람은 거인 니므롯[3]의 아버지 구스다. 셈-아르박삿-게난-셀라-에벨로 이어지는 족보에서 에벨은 5대손에 불과했지만 히브리 민족의 이름의 근원이 되었다. 셈의 후손은 전부 27명이다. 노아의 세 아들에게서 난 후손들은 도합 73명이다. 후손 중에서 성경에 이름이 등장하지 않는 사람은 자기 민족을 이루지 못하고 자기 민족에 흡수된 사람이다.

---

1 이것은 아우구스티누스가 성경을 기이하게 해석한 사례다. 두 차례 이상 이단논쟁, 즉 배교경력을 가진 사제가 집례한 성례의 효력을 놓고 벌어진 도나투스 논쟁과 자유의지를 둘러싼 펠라기우스 논쟁에 연루된 경력이 이러한 성경해석에 영향을 끼친 듯하다.
2 이렇게 노아의 실수가 주의 고난을 상징한다고 보는 것은 지나친 해석으로 보인다.
3 4권 6장에 나오는 아시리아왕 니누스가 바로 니므롯이다.

4장. 여러 방언 시대를 열어젖힌 바벨탑 축조사건

여러 민족이 방언에 따라 흩어졌다 아우구스티누스는 언어가 하나만 있었을 때로 돌아가 방언이 생긴 경위를 알고자 한다.

> 자, 우리가 내려가서 거기서 그들의 언어를 혼잡하게 하여 그들이 서로 알아듣지 못하게 하자 하시고 여호와께서 거기서 그들을 온 지면에 흩으셨으므로 그들이 그 도시를 건설하기를 그쳤더라. 그러므로 그 이름을 바벨이라 하니 이는 여호와께서 거기서 온 땅의 언어를 혼잡하게 하셨음이니라. 여호와께서 거기서 그들을 온 지면에 흩으셨더라(창 11:7-9).

혼잡의 도성 바빌론은 거인 니므롯이 건설했다. 허영심이 강하고 외람된 이 사람이 얻으려고 한 것은 무엇인가? 니므롯은 '주님에게 반대하는 사냥꾼'이 되었다. 지배의 도구가 언어였기 때문에 하나님은 그 언어로 자만심을 처벌하셨다. 니므롯의 음모는 부서지고 각 민족은 언어에 따라 나눠져 온 땅위에 흩어졌다.

5장. 바벨탑 축조사태를 조사하려 '내려오셨다'는 말의 뜻

하나님이 바빌론을 보시자 지상도성이 마음에 걸리셨다. 하나님이 원하시는 대로 보는 자가 하나도 없었기 때문이다. 하나님이 지상도성을 보기 위해 강림하셨는데, "자, 우리가 내려가서 혼잡케 하자"고 하신 것으로 미루어 보아 천사들 가운데 계시면서 그들과 함께 내려가셨다.

6장. "자, 우리가 내려가서"에서 삼위일체론을 끌어내는 아우구스티누스

이렇게 하나님이 천사들에게 말씀하신다는 것을 어떻게 해석할 것인가? "자, 우리가 내려가서 그들의 언어를 혼잡케 하자"(창 6:7)는 말씀을 천사들에게 적용하는 것이 곤란하다면, 삼위일체와 관련 지어서 성자와 성령에게 말씀하신 것이라고 할 수도 있다. 하나님이 천사들에게 말씀하시는 것은 하나님에게 특유한 것, 형언할 수 없는 것이다. 하나님의 말씀은 그분 사역보다 높은 수준에 있으며, 그분 사역이 불변하는 이유를 미리 알린다. 우리도 하나님의 말씀을 듣고자 한다면 천사들에게 가까이 가야 한다.[4]

7장. 멀고 먼 섬에 사는 동물들의 기원 추론

멀고 먼 섬에 어떻게 동물들이 살 수 있었을까? 노아의 홍수 때 방주에 보존되었던 동물들이 퍼진 것일까? 동물들이 혼자 힘으로 건너갈 수 없는 섬에서는 하나님이 "땅에 생물을 내라"고 하신 창조 때와 같이 땅에서 동물들이 생겨난 것이다. 그렇다면 방주 안의 모든 종류의 동물이 보존된 의미는 분명하다. 방주는 교회를 의미한다. 방주 안에 있는 동물들이 안전하듯이 교회 안에 있는 사람들은 구원을 얻는다. 노아의 방주는 동물들의 종류를 갱신하기보다는 교회 안에서 구원을 받을 각종 민족들을 예표하기 위해서 존재했다.

8장. 기괴하게 생긴 종족들의 기원

세상 역사에서 나타나는 기괴한 인종들은 피부색이나 동작이나 음성 같은 외형이 아무리 이상하고 특이해도 한 시조인 아담에게서

---

4 여기서 삼위일체를 끌어내는 것은 과잉해석처럼 보인다.

났다는 것을 그리스도인이라면 아무도 의심할 수 없다. 아우구스티누스는 기괴하게 생긴 인종들의 이야기는 사실이 아니거나, 만일 사실이라면 그들은 사람이 아니라고 생각했고, 만일 사람이라면 (사람은 이를 판단할 수 있는 능력이 있다) 아담의 후손이라고 생각했다.

9장. 둥근 지구를 의심하는 것처럼 보이는 아우구스티누스

우리가 대척지對蹠地의 존재를 믿어야 하는지의 문제를 다룬다. 대척지는 우리와 발바닥을 맞대고 살아가는 지구 정반대편 지역을 지칭한다. 한국의 대척지는 우루과이이다. 아우구스티누스는 그런 곳을 잘 믿지 않을 뿐 아니라 그런 곳에 인류가 살고 있다고 믿기도 어려워한다. 지구가 둥근 모양이며 지구의 바닷물이 중력에 의해 지면에 붙들려 있는 현상도 모르는 시대에 살았기 때문이다. 따라서 아우구스티누스는 광대한 바다를 횡단한 사람들이나 그 바다 건너편에 사는 사람들도 아담의 후손이라고 믿는 것은 어리석은 생각이라고 주장한다. 아우구스티누스는 우리가 만일 지상에서 하나님의 도성을 찾을 수 있다면, 그것은 노아의 세 아들에게서 난 후손 72민족과, 72언어로 갈라진 인종 사이에 있을 것이라고 판단한다. 그 도성이 홍수와 방주 때까지 계속되었고, 노아의 아들들 사이에 계속 존재했다는 것은 그들이 받은 복이 증명해준다. 특히 맏아들 셈은 많은 복을 받았고, 야벳은 그런 셈의 천막에 살리라는 축복을 받았다.

10장. 아브라함 때까지 셈의 후손 가운데 보존된 하나님의 도성('신앙 공동체')

하나님의 도성은 셈의 후손 가운데 아브라함 때까지 보존되었다. 홍수 이후의 하나님의 도성을 밝히려면 셈을 따라가야 한다. "하나의 이름을 벨렉이라 하였으니 그 때에 세상이 나뉘었음이요"(창

10:25)라는 창세기의 기록에서, "세상이 나뉘었다"는 말은 언어가 여러 가지로 갈라졌다는 뜻이다. 홍수 후 2년에 셈-아르박삿-셀라-에벨-벨렉의 족보로 이어지다가, 벨렉 때에 땅이 나뉘고, 벨렉-르우-스룩-나홀-데라-아브람(아브라함)으로 이어진다. 홍수부터 아브라함까지 1072년이었다. 하나님의 도성을 72민족 사이에서 찾으려 할 때, 순정한 경건이 셈에서 아르박삿을 지나 아브라함에 이른 계통에만 살아있었다고 주장할 수는 없다.[5] 바빌론이 건설되기 전에도 노아의 후손 가운데 하나님을 업신여기는 자들이 있었고, 함의 후손 가운데 하나님을 경배하는 자들도 있었다. 두 인종 중 어느 쪽도 지상에서 말살된 일이 없다. 시편은 "다 치우쳐 함께 더러운 자가 되고 선을 행하는 자가 없으니 하나도 없도다"(시 14:3-4절), "죄악을 행하는 자는 다 무지하냐. 그들이 떡 먹듯이 내 백성을 먹으면서 하나님을 부르지 아니하는도다"(시 53:4)라고 한다. 시편이 기록되던 시대에도 하나님의 백성이 있었다. 그러면 "선을 행하는 자가 하나도 없다"라는 말은, 하나님의 아들들이 아니라 사람의 아들들을 가리키는 말이다. 시편의 이 말씀은 하나님을 따라 살지 않고, 사람을 따라 사는 도성에 속한 자들은 모두 하나님에게 버림을 받은 자들이라는 것을 알리는 말씀이다.

11장. 히브리어가 인류 최초의 언어라고 믿는 아우구스티누스

인류가 사용한 최초의 언어는 히브리어였고, 언어의 혼란이 일어날 때까지 이 언어가 에벨의 가계家系에서 보존되었다. 인류의 언어

---

5   72민족은 창세기 10장에 나오는 열국 도표목록에 나오고, 신명기 32장 8절에도 나온다. 여기에 보면 열국 숫자와 이집트로 내려간 72명이 똑같다.

는 하나였지만, 언어가 하나라는 사실이 인간이 죄에 빠지는 것을 막지 못했다. 인류가 하나가 되어 건설한 창세기 11장의 그 인간도성이 '혼잡'을 뜻하는 '바빌론'이라고 불리게 되었을 때, 에벨가계에서 인류의 원시 언어가 보존되었다. 그것이 히브리어다. 에벨의 가계에서 쓰인 이 언어가 공통 언어라고 주장하는 논리는 다음과 같다. 인간들이 공통으로 사용하던 언어(히브리어)가 변해서 종류가 많아진 것은 일종의 벌이었는데 하나님의 백성, 에벨가계는 이 벌을 받지 않았다는 것이다. 에벨의 후손인 아브라함이 이 언어를 보존했고, 야곱도 그러했다.

　에벨은 아브라함이 난 계통의 자손에게만 이 언어를 전했다. "셈은 에벨 온 자손의 조상이요 야벳의 형이라 그에게도 자녀가 출생하였으니"(창 10:21). 에벨은 셈의 5대손이었는데도 다른 자손들보다 먼저 이름이 기록되었다. 에벨은 셈 계보의 대표자이며 '히브리어'를 이어간 사람이다. (셈-아르박삿-셀라-에벨-벨렉-데라-아브라함) 벨렉 때 땅의 언어가 나뉘었는데, 아들에게 벨렉이라는 이름을 붙인 사람은 바로 에벨이다. 에벨과 벨렉이 같은 언어를 썼는데 어떻게 다른 민족을 이루었냐고 물을 수 있다. 성경에서 벨렉의 이름을 언급한 것은 벨렉이 한 민족을 이루었기 때문이 아니다. 벨렉은 히브리 민족이었고 히브리어를 썼다. 다만 벨렉이 태어났을 때 온 세계가 나뉘는 중대한 일이 일어났기 때문에 벨렉의 이름을 성경에서 따로 언급한 것이다.

아브라함과 하나님이 맺은 언약(12-34장)

12장. 아브라함에서 시작된 새 계보

아브라함은 갈대아 지방에서 태어났는데, 그곳은 앗수르 제국에 속했다. 그때도 갈대아 사람들 사이에는 미신이 가득했다. 아브라함의 부친 데라의 가정에만 하나님에 대한 참된 경배가 남았고, 에벨의 다른 후손은 점점 다른 언어에 동화되었다. 노아홍수 때 노아 가족만 보존된 것처럼, 미신의 홍수 속에 데라 가족 하나만 남아서 하나님의 도성 씨앗을 보존했다. 아브라함의 생애에서 거룩한 계보에 새 시대가 열렸다.

13장. 데라의 아들 나홀 가계 언급 누락 이유

창세기 11장에는 데라가 갈대아 지방을 떠나서 하란(메소포타미아)에 정착한 이야기가 있다. "데라가 그 아들 아브람과 하란의 아들인 그의 손자 롯과 그의 며느리 아브람의 아내 사래를 데리고 갈대아인의 우르를 떠나 가나안 땅으로 가고자 하더니 하란에 이르러 거기 거류하였으며"(창 11:31). 데라에게는 모두 일흔 살에 낳았다고 하는 세 아들, 아브라함, 나홀, 하란이 있었는데, 나홀에 대해서는 아무 말도 없고, 단순히 데리고 가지 않은 것같이 되어있다. 후에 아브라함이 아들 이삭을 위해서 아내를 데려오라고 종을 보냈을 때에 메소포타미아로 가서 '나홀의 성'에 이르렀다. "이에 종이 그 주인의 낙타 중 열 필을 끌고 떠났는데 곧 그의 주인의 모든 좋은 것을 가지고 떠나 메소포타미아로 가서 나홀의 성에 이르러"(창 24:10). 이처럼 아브라함의 형제 나홀도 갈대아 지방을 떠나 아브라함이 아버지 데라와 함께 정착한 메소포타미아에 살았다. 그런데 성경에서는 왜 나홀이 빠졌을까? 나홀이 아버지와 형의 종교를 버리고 미신에 빠졌기 때문일까? 그렇지 않다. 나홀 언급 누락이 그의 불신앙에 대한 암시는 아니라는 것이다. 유딧서(5:5-9)의 기록으로 미루어볼 때, 데라의 가정은 유일하고 진정한 하나님을 경배했고, 그 참된 종교 때문에 갈대아 사람들에게 박해를 받아서 가나안으로 이주한 것이다. 이 사실은 나홀 또한 유일하신 하나님을 믿었다는 방증이다. 아브라함이 나홀의 성에 하인을 보내 이삭의 배우자를 찾는 것에서, 아브라함이 이방종교를 믿는 사람과 통혼하려고 하지 않았다는 추측도 할 수 있다.

14장. 하란에서 일생을 마친 데라

데라가 메소포타미아 하란에서 205세에 죽었을 때, 아브라함에 대한 하나님의 약속이 이미 계시되기 시작했다. "데라는 나이가 이백오 세가 되어 하란에서 죽었더라"(창 11:32). 데라가 메소포타미아에서 평생을 보냈다기보다는, 거기서 일생을 마쳤을 때 나이가 205세였다는 것이다.

15장. 하나님의 명령을 따라 아브라함이 하란을 떠난 때

데라가 205세가 되어 죽은 기록에 바로 이어서 "여호와께서 아브람에게 이르시되 너는 너의 고향과 친척과 아버지의 집을 떠나 내가 네게 보여 줄 땅으로 가라"(창 12:1)는 말씀이 나온다. 이 말씀이 데라의 죽음에 바로 이어서 나왔다고 해서, 아브라함이 데라가 죽은 다음에 떠났다고 생각하면 안 된다. 데라가 아브라함을 70세에 낳고, 아브라함은 75세에 하란을 떠났다. 그러면 아브라함이 하란을 떠났을 때 데라는 145세였으며 205세에 죽었으니, 데라는 아브라함이

떠난 뒤에도 60년을 더 살았다.[6]

16장. 하나님이 아브라함에게 하신 약속들의 순서와 내용

하나님이 아브라함에게 하신 약속은 두 가지다. 첫째는, 아브라함의 후손이 가나안땅을 가지리라는 뜻으로 말씀하신, "내가 네게 보여줄 땅으로 가라. 내가 너로 큰 민족을 이루고"(창 12:1-2)라는 약속이다. 둘째는 "땅의 모든 족속이 너로 말미암아 복을 얻을 것이라"(창 12:3)는, 정신적 후손에 관한 말씀으로, 아브라함이 모든 민족의 조상이 되리라는 약속이다. 교회역사가 유세비우스는 이 약속 직후에 아브라함이 하란을 떠난 것으로 생각하여, 이 약속을 아브라함이 75세 때 하셨다고 생각했다. "이에 아브람이 여호와의 말씀을 따라갔고 롯도 그와 함께 갔으며 아브람이 하란을 떠날 때에 칠십오 세였더라"(창 12:4). 하나님이 떠나라고 말씀하신 것과 아브라함이 떠난 것은 같은 해에 일어난 일이라고 볼 수 있다.

17장. 아브라함 시대 인간의 3대 도성: 시키온, 이집트, 아시리아

아브라함 시대에 인간의 도성에서 발전한 세 나라가 시키온,[7] 이집트, 아시리아다. 이 중 아시리아가 제일 강성한 나라였다. 이때 사람들은 지중해를 대해라고 생각해서 세계를 둘로 나누어 유럽과 아프리카를 한 부분으로 보고, 아시아를 한 부분으로 보았다. 시키온은 유럽에 있었으므로 아시리아에 예속되지 않았다. 인도를 제외한

---

6   아브라함이 아버지를 떠날 때, 데라의 나이가 145세였다. 그런데 스데반은 사도행전 7:4에서 아브라함이 데라 사후에 하란을 떠난 것처럼 말한다.

7   시키온Sicyon은 그리스의 고대 도시국가다. 고린도와 아가야 사이의 펠로폰네소스 반도 북부, 현재의 코린티아 지역에 있었다.

모든 아시아를 정복한 아시리아는 이집트는 예속시키지 못했다. 아시리아에서는 악한 도성의 지배 세력이 고도로 발달했다. 아시리아의 수도는 바빌론이고, 바빌론은 '혼란'이라는 뜻으로 그 도성에 가장 적합한 이름이었다. 거기서 아브라함이 태어났다.

18장. 첫 번째 약속: 가나안땅을 아브라함에게 기업으로 주신 하나님

하나님이 두 번째 아브라함에게 말씀하시고, 그 후손에게 가나안 땅을 약속하셨다. "여호와께서 아브람에게 나타나 이르시되 내가 이 땅을 네 자손에게 주리라 하신지라. 자기에게 나타나신 여호와께 그가 그 곳에서 제단을 쌓고"(창 12:7). 이 구절에서는 "모든 민족의 조상이 되게 하리라"라고 말씀하신 큰 민족의 범위가 아니라 아브라함의 자손에게 준다고 하시며, 콕 집어서 세겜을 말씀하신다.

19장. 이집트에서 사라의 정조를 지켜주신 하나님

아브라함은 세겜에서 단을 쌓고 하나님의 이름을 부른 후에 그곳을 떠나 사막에서 살다가 기근을 당해 이집트로 간다. 거기서 만난 바로에게 아내 사라를 누이라고 말한다. 사라는 이복여동생이기도 해서 누이라고 할 만했다. 바로는 사라를 아내로 삼으려고 데려갔으나 바로의 다른 여러 왕비가 (하나님께서 그들의 태를 닫으셔서) 자녀를 못 낳게 되자, 사라를 아브라함에게 돌려주었다. 아우구스티누스는 이를 하나님이 이집트에서 사라의 정조를 지켜주신 것으로 본다.

20장. 아브라함과 롯의 우호적 결별

사라를 바로에게 아내로 주고서 아브라함은 많은 재물을 받아 거부가 되었다. 더불어 롯도 부자가 되었는데 재산이 불어나자 기르는 양도 많아지고, 양 떼를 돌볼 목자도 들였다. 그러자 각 목자들이 서로 싸우기 시작했는데, 아브라함은 그 싸움이 가정에 번지는 것을 피하고자 롯에게 양보했다.

> 아브람이 롯에게 이르되 우리는 한 친족이라. 나나 너나 내 목자나 네 목자나 서로 다투게 하지 말자. 네 앞에 온 땅이 있지 아니 하냐. 나를 떠나가라. 네가 좌하면 나는 우하고 네가 우하면 나는 좌하리라 (창 13:8-9).

이것은 후대 사람들에게 평화적 해결 방법의 본보기가 되었다. 연장자가 토지를 나누고, 아랫사람이 선택하는 방법이다. 롯은 소돔, 고모라 지역을 선택했고, 아브라함은 롯과 사랑을 손상하지 않고서 이렇게 합의에 의해 갈라졌다.

21장. 확증된 하나님의 약속: 아브라함과 후손에게 가나안땅 영구 상속 약속

가족생활 유지를 위해 아브라함은 가나안에 있고, 롯은 소돔에 있을 때 하나님이 아브라함에게 세 번째 약속을 하셨다. 이 약속은 앞의 가나안땅 하사약속의 확증판이다.

> 롯이 아브람을 떠난 후에 여호와께서 아브람에게 이르시되 너는 눈을 들어 너 있는 곳에서 북쪽과 남쪽 그리고 동쪽과 서쪽을 바라보라. 보이는 땅을 내가 너와 네 자손에게 주리니 영원히 이르리라. 내가 네 자손이 땅의 티끌 같게 하리니 사람이 땅의 티끌을 능히 셀 수 있을진대 네 자손도 세리라. 너는 일어나 그 땅을 종과 횡으로 두루 다녀 보라. 내가 그것을 네게 주리라 (창 13:14-17).

이 자손은 악인의 큰 무리에 비하면 매우 작지만 그들 자체로는 무수한 큰 무리다. 과장법으로 '땅의 티끌'이라는 비유를 썼다. 하나님의 시각에서 땅의 티끌은 무수한 것이 아니다. 여기서 말하는 땅은 '가나안땅'이다.

22장. 롯을 구출하고 멜기세덱의 축복기도를 받은 아브라함

아브라함이 소돔의 적군을 이기고 롯을 구출한 후, 멜기세덱의 축복을 받았다. 이것은 성경에 나오는 첫 전쟁이다. 다섯 왕이 소돔을 침략해서 롯도 포로가 되었을 때, 아브라함이 자기 종들을 데리고 싸워 승리를 얻었다. 그 보답으로 소돔왕은 노략물을 아브라함에게 주겠다고 했으나 아브라함은 받지 않았고, 이웃 나라 살렘의 왕 멜기세덱의 축복을 받았다. 그리고 아브라함은 멜기세덱에게 십일조를 바쳤다.

아버지도 없고 어머니도 없고 족보도 없고 시작한 날도, 생명의 끝도 없는 멜기세덱이 어떻게 제사장이 되었는가? 멜기세덱은 성경에 지극히 높으신 하나님의 제사장이라고 나와 있다. "하나님의 아들과 닮아서 항상 제사장으로 있느니라"(히 7:3). 아론의 후손만 제사장이 되는데 다윗의 후손인 예수님이 어떻게 제사장이 되느냐고 물으면 멜기세덱도 그러했다고 말할 수 있다. "여호와는 맹세하고 변하지 아니하시리라. 이르시기를 너는 멜기세덱의 서열을 따라 영원한 제사장이라 하셨도다"(시 110:4).[8]

23장. 의롭다고 인정받은 아브라함

하나님이 아브라함에게 자손이 별과 같이 많아지리라고 약속하셨으며, 이 말씀을 믿은 아브라함은 아직 할례 전이었건만, 의롭다는 인정을 받았다. 아브라함과 사라 사이에 자녀가 없자, 아브라함은 후손에 대한 염려로 엘리에셀이라는, 자기 집 남자 종이 상속자가 될 것이라고 하나님에게 말씀을 드린다. 하지만 하나님은 집에서 난 종이 아니라 아브라함 자신에게서 난 자를 상속자로 주시겠다고 즉시 약속하신다.

> 여호와의 말씀이 그에게 임하여 이르시되 그 사람이 네 상속자가 아니라 네 몸에서 날 자가 네 상속자가 되리라 하시고 그를 이끌고 밖으로 나가 이르시되 하늘을 우러러 뭇별을 셀 수 있나 보라 또 그에게 이르시되 네 자손이 이와 같으리라 아브람이 여호와를 믿으니 여호와께서 이를 그의 의로 여기시고(창 15:4-6).

아브라함은 믿어서 의인이 되었다.[9] 아브라함이 믿을 때는 아직 할례를 받기 전이었다. 유대인들은 할례를 자랑하지만, 믿음이 먼저임을 알려준다.

---

8   히브리서 7장에서 강조하듯이 예수님은 아론 계열이 아닌 멜기세덱 계열의 제사장이다. 왕이면서 동시에 제사장인 사람이 멜기세덱이다. 멜기세덱 계열의 최초 제사장은 다윗과 솔로몬인데, 이들이 왕이면서 제사장이었기 때문에 왕이 제사장을 겸임하는 것이 예루살렘의 오랜 전통이다. 예루살렘은 살렘의 후신도시다. 멜기세덱은 예루살렘의 제사장이요 왕이었으며, 멜기세덱이 다스릴 때 그 성읍은 의의 성읍이었다. 이사야 1장에서 예루살렘이 한때는 의로 충만했던 성이라는 언급은 바로 멜기세덱이 다스리던 시절을 가리키며, 그 다음으로는 다윗 시절의 예루살렘을 가리킨다. 그래서 다윗과 멜기세덱은 의로운 왕이자 제사장의 대표다. 다윗을 재림 멜기세덱이라고 부를 만하다.
9   "성경이 무엇을 말하느냐 아브라함이 하나님을 믿으매 그것이 그에게 의로 여겨진바 되었느니라"(롬 4:3).

24장. 창세기 15장에서 아브라함이 바친 제물의 의미

아브라함이 자기가 믿은 일에 대해서 하나님에게 가르침을 기원할 때, 하나님이 명령하신 제물의 의미는 무엇인가? 당시 사람들은 약속을 할 때 동물을 정확히 반으로 쪼개고 그 사이를 약속 당사자 둘이 지나갔다. 약속을 어길 시에는 이렇게 한다는 상징적인 의미가 담긴 의식이었다. 하나님이 "나는 이 땅을 네게 주어 소유를 삼게 하려고 너를 갈대아인의 우르에서 이끌어 낸 여호와니라" 하시자, 아브라함은 "내가 이 땅을 소유로 받을 것을 무엇으로 알리이까" 하고 물었다(창 15:7-8). 하나님은 삼 년 된 암소, 암염소, 수양 등을 준비하라 하시고, 새를 제외한 동물을 쪼개라고 하셨다. 해질 무렵 아브라함이 두려움에 사로잡혔는데, 그때 하나님이 아브라함에게 말씀하셨다.

> 여호와께서 아브람에게 이르시되 너는 반드시 알라 네 자손이 이방에서 객이 되어 그들을 섬기겠고 그들은 사백 년 동안 네 자손을 괴롭히리니(창 15:13).

이 대목은 이스라엘 백성의 이집트 노예생활을 예언하신 부분이다. 해가 지려고 할 때 불꽃이 나타나고, 횃불이 쪼갠 고기 사이로 지나갔다. 횃불이 쪼개진 고기 사이로 지나는 것은 세상 끝에 육적 인간들이 받을 불의 심판을 경고한다. 새 제물을 독수리가 쪼아 먹는 과정은 아브라함 후손이 큰 나라에게 유린과 압제를 당할 미래상을 보여준다. 큰 나라가 작은 나라를 지배할 때 독수리가 손을 쪼아 먹는다고 표현하는데, 하나님에게 바친 제물인 아브라함의 후손이 독수리에게 쪼아 먹히는 것, 즉 그들이 당할 고난을 미리 보여주는 것이다. 하나님은 땅을 약속하시고 고난의 연단도 약속하신다. 불로 심판을 하시는 하나님이 약속을 하셨고, 창세기 15장은 이스라엘 백성이 고난 받은 후에 상속받을 토지상속보증문서가 되었다.

25장. 사라와 하갈의 불화에 직면한 아브라함

이제 아브라함의 아들들의 시대가 되었다. 사라는 아들을 낳지 못해서 여종 하갈을 남편에게 보냈다. 아브라함이 첩을 이용한 것은 자식을 얻으려는 것이지 정욕을 만족시키려는 것은 아니다. 아내를 모욕한 것이 아니고 순종한 것이다.[10] 우리는 아브라함의 첩 문제를 유죄라고 낙인찍을 수 없다.

26장. 할례를 명하신 하나님

하갈에게서 이스마엘이 태어났다. 하나님은 아브라함이 여종의 아들에게서 약속이 성취되었다고 생각하지 않도록, 아브라함이 99세 되던 해에 나타나셔서 새 언약을 세워주시며 그를 열국의 아비가 되게 한다고 하셨고, 아브람에서 아브라함으로 이름을 바꾸셨다(창 17:1-9). 또 남자들은 난 지 팔 일 만에 할례를 받아야 한다고 말씀하신다(창 17:10-14). 이것은 후손 사이에 지킬 하나님의 언약이며 그 양피를 베지 아니한 자는 하나님의 언약을 배반한 것이라 하셨다. 하나님은 아브라함의 아내 이름도 사래에서 사라로 바꿔주시며 이삭을 주신다 하셨다.

사라에게 아들이 약속된 이때에 할례가 제정되었다. 모든 아들들

---

10 "아내는 자기 몸을 주장하지 못하고 오직 그 남편이 하며 남편도 그와 같이 자기 몸을 주장하지 못하고 오직 그 아내가 하나니"(고전 7:4).

뿐 아니라, 집 안에서 난 종들과 돈으로 산 종들에게도 모두 할례를 주라고 명령하신 것은, 이 은혜를 모든 사람에게 주신다는 뜻이다. 아우구스티누스는 할례가 제8일, 즉 7일 기간의 끝, 안식일 후에 부활하신 그리스도를 상징하는 것이라고 생각하지만, 조금 지나친 생각인 듯싶다.

27장. 할례를 받지 않은 아브라함 남자 후손의 운명

"할례를 받지 아니한 남자 곧 그 포피를 베지 아니한 자는 백성 중에서 끊어지리니 그가 내 언약을 배반하였음이니라"(창 17:14)는 말씀을 어떻게 이해할지 고민하는 사람들이 있다. 생후 팔 일 된 아이에게 할례를 베풀지 않은 것은 어른들의 잘못이기 때문이다. 하지만 아담 안에서 모든 인류가 함께 죄를 지었을 때 유아도 하나님의 언약을 배반했다고 본다면 어른들이 할례를 안 주었어도 아이는 원죄에 속해서 죄를 지은 것이 된다.

28장. 이름이 바뀐 아브라함과 사라

자식을 얻을 수 없었던 노부부 아브라함과 사라는 자식을 얻으리라는 약속을 받으면서 이름이 바뀌었다. 아브람은 '높은 아버지'라는 뜻이고, 아브라함은 '열국의 아버지'라는 뜻이다. 사라의 이름을 바꾸신 것에 대해서는 설명이 없지만 사라는 '힘'이라는 뜻이다. "믿음으로 사라 자신도 나이가 많아 단산하였으나 잉태할 수 있는 힘을 얻었으니"(히 11:11). 하나님 말씀을 듣고 웃었던 사라도 하나님의 주신 말씀에서 힘을 얻었고, 아브라함은 사라가 죽고 얻은 첩 그두라와의 사이에서도 자식을 얻었는데 이것은 주님에게서 받은 생산능력이 오래 지속되었음을 알려준다.

29장. 마므레 상수리숲의 세 방문자

마므레 상수리나무 곁에서 세 사람 또는 세 천사로 주께서 아브라함에게 나타나셨다.

> 눈을 들어 본즉 사람 셋이 맞은편에 서 있는지라. 그가 그들을 보자 곧 장막 문에서 달려나가 영접하며 몸을 땅에 굽혀 이르되 내 주여 내가 주께 은혜를 입었사오면 원하건대 종을 떠나 지나가지 마옵시고(창 18:2-3).

여기서 하나님께서는 마므레 상수리나무 곁에서 세 사람의 모양으로 아브라함에게 나타나셨다. 이들은 틀림없이 천사들이었는데 그 중 한 사람은 주 그리스도시라는 주장이 있다. 3절에서 '그들을 보자'라며 복수를 썼지만, 주님에게 말할 때는 '주여'라는 단수를 썼다는 것이 그 이유다. 이것이 사실이라면 그 중 두 천사가 소돔 사람들을 멸망시키기 위해서 간 후에, 아브라함이 한 사람을 상대로 '주'라고 부르면서 소돔의 의인들을 악인들과 함께 멸망시키지 말아달라고 중재한 일에 주목해야 하지 않는가? 롯도 같은 모양으로 두 사람을 맞아 그들을 단수로 '주'라고 부르면서 말을 나누었다. 아브라함은 세 사람, 롯은 두 사람 안에 계신 주님을 인정했고, 부지중에 천사를 대접한다.

30장. 소돔과 고모라의 재기불능적 멸망

롯이 소돔에서 구원되고 난 후, 악한 도성 소돔은 잿더미로 변했다. 소돔에는 동성연애가 성행했다.[11] 롯의 아내가 뒤를 돌아보아 소금 기둥으로 변한 사건은 일종의 경각심을 불러일으켰다. 이 일 후에 아브라함은 또 사라를 누이라 하여 아비멜렉에게 보내고, 하룻밤 만에 탄로나서 사실대로 말해야 했다. 사라의 나이를 생각한다면, 사라는 틀림없이 굉장한 미인이었을 것이다.

31장. 웃음동이 이삭 탄생

약속대로 이삭이 태어났고, 이 이름에는 '웃음'이라는 뜻이 있다. 아들이 태어나고 이삭이라는 이름을 받았을 때에 사라는 "하나님이 나를 웃게 하시니 듣는 자가 다 나와 함께 웃으리로다"(창 21:6) 하고 말함으로써 자기의 웃음이 조롱과 멸시가 아니라 기쁜 찬양의 웃음이었음을 나타냈다. 사라는 하나님의 도성을 대표하게 된다.

아브라함에게 두 아들이 있으니 하나는 여종에게서, 하나는 자유 있는 여자에게서 났다 하였으며 여종에게서는 육체를 따라 났고 자유 있는 여자에게서는 약속으로 말미암았느니라. … 오직 위에 있는 예루살렘은 자유자니 곧 우리 어머니라. … 형제들아 너희는 이삭과 같이 약속의 자녀라(갈 4:22-28).

32장. 하나님의 이삭 번제명령의 참 목적

아브라함은 모리아산에서 이삭을 제물로 바치라는 시험을 받았다. 여기에서 하나님이 인신제물을 기뻐하신다는 생각은 옳지 않다. 시험을 받을 때 순종하여 인정을 받는 것을 기뻐하는 태도가 바람직하다. 아브라함은 부활신앙이 있었고, 순종했다. 이삭이 죽지 않게 되었을 때에 죽임 당한 수양은 누구인가? 희생되시기 전에 유대인

---

11 "상관하리라"(창 19:5).

들의 가시관을 쓰신 그리스도를 상징한다. 아브라함의 경건한 순종을 시험해서 후세가 알도록 하는 것이 아브라함을 시험하신 목적이며, 그 시험은 하나님의 아들 그리스도가 십자가를 지실 것을 내다보는 예언적 고지였다. 32장은 사라의 부고를 간략하게 전하고 마무리된다. 사라가 127세에 죽자 아브라함은 땅을 사서 아내를 장사했으며, 그 땅에 정착했다.

33장. 나홀의 손녀 리브가를 아내로 맞은 이삭

이삭이 40세 되던 해에 나홀의 손녀 리브가에게 장가들었다. 아브라함이 며느리를 데려오기 위해 종 엘리에셀을 메소포타미아로 보낼 때 종에게 자신의 환도뼈에 손을 넣어 맹세하게 했는데, 아우구스티누스는 이것이 환도뼈 밑에서 태어나는 육신으로 천지의 주 하나님이 오실 것이라는 의미라고 보았다. 상당히 엉뚱한 해석처럼 보이나 당시에는 용납될 수준의 해석이었다.

34장. 사라의 사후에 그두라를 다시 아내로 취한 아브라함

사라가 죽은 후에 아브라함이 그두라를 아내로 취한 것은 비난받을 일이 아니다. 사라가 죽은 후에 아브라함이 장가든 그두라를 첩이라고 부르는 이유를 알 수 없지만, 하나님은 아브라함에게 이삭의 후손이 하늘의 별과 땅의 모래같이 많으리라는 약속을 주셨다.

아브라함부터 다윗까지 역사(35-43장)

35장. 리브가의 쌍태몽 계시의 참뜻

이삭은 잉태하지 못하는 부인 리브가를 위해서 하나님에게 기도했고, 기도의 응답으로 리브가는 쌍둥이를 임신했다. 태중에서 쌍둥이들이 싸우자 리브가는 주님에게 여쭈었고, 주님은 "두 국민이 네 태중에 있구나. 두 민족이 네 복중에서부터 나누이리라. 이 족속이 저 족속보다 강하겠고 큰 자가 어린 자를 섬기리라"(창 25:23) 말씀하심으로 에서가 야곱을 섬길 것을 알리셨다. 아우를 선택하신 것은 하나님의 주권이다. "큰 자가 작은 자를 섬기리라"는 말씀은 이미 다른 책에서 오랜 유대 백성(에서)이 새로운 기독교인들(야곱)을 섬기리라는 뜻으로 해석한다.

36장. 아브라함의 복을 상속받는 이삭

아버지의 공로 때문에 은혜를 받은 이삭이 아버지와 똑같은 말씀과 복을 받았다.

> 아브라함 때에 첫 흉년이 들었더니 그 땅에 또 흉년이 들매 이삭이 그랄로 가서 블레셋 왕 아비멜렉에게 이르렀더니 여호와께서 이삭에게 나타나 이르되 애굽으로 내려가지 말고 내가 네게 지시하는 땅에 거주하라(창 26:1-2).

이삭은 미인 아내로 인한 말썽을 두려워하여 아버지처럼 아내를 누이라고 아비멜렉에게 말했다. 그러나 둘이 포옹을 하고 있는 것을 본 왕은 리브가가 이삭의 아내임을 알았다. 하지만 아비멜렉은 이삭의 아버지 아브라함을 알았기 때문에 이삭의 거짓말을 봐주었다. 아브라함이 얼마나 깨끗하게 살았는지 알 수 있다.

37장. 에서와 야곱의 갈등에 담긴 예언

이삭의 두 아들 에서와 야곱은 함께 자랐다. 두 사람 사이에 합의와 계약으로 팥죽 한 그릇에 형의 상속권이 아우에게 돌아갔다. 지나친 탐욕은 비난받아야 할 것이다. 큰 아들이 약속된 축복을 받으러 왔을 때 이삭은 자기가 에서가 아닌 야곱을 축복한 것을 깨닫고 두려움으로 떨었다. 하지만 분노를 억제하고 야곱이 정녕 복을 받을 것이라고 말한다. 이 일은 지상에서 일어났지만, 하늘의 지도를 받은 것이며, 사람들이 했지만 하나님의 역사로 일어난 일이다. 이 사건에는 예언적 의미가 숨어있다. 로마서 9장에 보면 야곱은 기독교를 대표하고, 에서는 유대교를 대표한다.

38장. 야곱의 밧단아람 머슴살이에 맺힌 열매

야곱이 메소포타미아로 쫓겨난 후 도중에 꿈의 환상을 보며, 한 아내를 얻으려다가 네 여자, 즉 레아, 라헬, 레아의 몸종 실바, 라헬의 몸종 빌하를 얻었다. 야곱을 보낼 때 아버지 이삭은 외삼촌 라반의 딸 중에서 아내를 취하라고 하면서, "하나님이 아브라함에게 허락하신 복을 네게 주시되 … 하나님이 아브라함에게 주신 땅 곧 네가 거류하는 땅을 네가 차지하게 하시기를 원하노라"고 말했다(창 28:1-4). 여기서 벌써 야곱의 후손과, 이삭의 다른 후손인 에서의 후손이 구별된 것을 알 수 있다. 하나님은 "이삭에게서 나는 자라야 네 씨라 부를 것임이니라"(창 21:12)는 말씀으로 여종의 아들과 그두라에게서 난 아들들을 하나님의 도성에 속한 후손과 구별하셨다. 야곱은 여인을 네 명 얻었으나 다 버리지 않았으며, 성경에 야곱이 한 여인 이외의 다른 여인을 원했다는 말씀은 없고, 자식 이외의 목적으로 다른 여인들과 관계한 일이 없다. 야곱은 법적으로 남편의 몸을 주장한 아내들이(고전 7:4) 시키는 대로 한 것이기 때문에 맹세를 깨뜨린 것은 아니다.

39장. 야곱이 '이스라엘'로 개명된 이유

야곱은 얍복강가에서 천사와 씨름을 하고 환도뼈가 부러지고 이겼다. '간사한자', '속이는 자', '씨름꾼'이라는 뜻인 '야곱'이 '하나님을 본다'라는 뜻인 '이스라엘'이라는 이름을 받았고, 이 이름은 곧 민족의 이름이 되었다. 아우구스티누스가 '이스라엘'에서 하나님을 '본다'[12]라는 의미를 찾아낸 것도 또한 다소 기이하다. 성경 자체에 기록된 대로 '이스라엘'은 '하나님과 사람으로 더불어 이긴 자'(창 32:28)를 의미한다는 점을 외면하고 굳이 '이스라엘'에서 '하나님을 보는 자'라는 의미를 발견한다고 주장하는 이유가 궁금하다.

40장. 이집트로 내려간 야곱 후손의 수

야곱과 함께 이집트로 간 후손이 75명이었다고 하지만, 야곱이 이집트에 들어가던 당시에 자손이 그렇게 많았던 것이 아니다. 대부분은 그 이후에 태어났다.

41장. 유다에게 야곱이 해준 축복

야곱의 첫째 아들 르우벤은 아버지 몸종 빌하와 간통해서 장자권

---

[12] '보다'를 의미하는 히브리어 라아 *rāā*를 상정한 듯.

을 박탈당했다. 둘째 시므온은 딸 디나를 강간한 세겜 사람들을 다 죽여서 장자권을 뺏겼다. 셋째 레위는 제사장이 되어 하나님을 섬기는 사람이 되었고, 넷째 유다가 육신의 장자가 되었다. 야곱이 이집트에서 죽기 직전에 아들 유다를 축복했다. "유다야 너는 네 형제의 찬송이 될지라. 네 손이 네 원수의 등을 잡을 것이요 네 아비의 아들들이 네 앞에 절하리로다"(창 48:8, 70인역).

42장. 요셉의 두 아들을 축복할 때 손을 교차해 안수한 이유

야곱이 요셉의 아들들을 축복할 때 손을 엇갈리게 내밀자, 요셉은 큰 실수라고 생각해서 바로잡고자 아버지께 말씀드렸다. 그러나 야곱은 손을 바꾸지 않고 "나도 안다. 내 아들아 나도 안다. 그도 한 족속이 되며 그도 크게 되려니와 그 아우가 그보다 큰 자가 되고 그 자손이 여러 민족을 이루리라"(창 48:19)고 말했다. 에브라임은 동생이지만 영적 장자가 된다는 뜻이다.

43장. 모세 시대에서 순식간에 열왕기 시대로 넘어가는 구속사

야곱과 요셉이 죽은 후에 출애굽까지 이스라엘 인구는 많이 늘었다. 과도한 인구팽창에 놀란 이집트인들은 태어난 사내아이를 죽이기 시작했고, 모세는 그 시기에 태어나서 왕궁에서 자란다. 모세의 지휘 아래 하나님의 백성은 40년 동안 광야를 헤매다 여호수아의 지도 아래 약속된 땅으로 들어간다. 사사시대를 거쳐 열왕들의 시대에 초대왕은 사울이었고, 다윗은 새 시대를 열었다.

결론

  17권은 대체로 아우구스티누스의 우의적 성경해석이 돋보이지만, 하나님의 도성과 인간도성의 대립과 대비는 14-15권에 비해 잘 부각하지 못하였다. 16권에 나타나는 아우구스티누스의 성경해석과 신학적 성향도 분석적, 비평적으로 읽어야 한다. 4장에서 아우구스티누스는 노아가 취해 누운 것을 그리스도의 고난으로 해석하는데 이것은 알레고리칼 해석(우의적 해석)이다. 알레고리칼 해석은 무리해서 교리적 상관성을 찾으려다가 성경 본문의 맥락을 파괴하는 경향을 드러낸다. 이 해석의 목적은 단 하나뿐인데, 해석자가 알고 있는 교리를 해석하는 데 도움만 된다면 언제든지 그렇게 해석하는 것이다. 물론 알레고리칼 해석만큼 "어, 참 그 사람 성경 잘 푸네. 참 용하다" 하고 생각하게 하는 해석은 없다. 어느 유식한 설교자가 성경 본문을 역사적으로 접근하면 모두 지루하게 여기고 조는데, 알레고리칼 해석으로 접근하면 그 성경구절은 어느새 듣는 사람들 자신의 이야기로 돌변한다. 본문에 자신의 삶을 다루는 내용이 있다고 느낀다. 즉 강한 상관성을 느끼는 것이다. 이 해석은 통속적인 의미의 영적 지배력을 확장하기에 좋은 해석인데, 설교자 자신의 인생철학과 말씀의 경계선이 흐려진다는 것이 큰 문제다.

  아우구스티누스는 알레고리칼 해석의 전성기인 교부시대의 막내였기에 이런 해석에서 자유롭지 못했다.[13] 창세기 9장의 노아 만취 사건 본문을 보면, 노아가 벌거벗은 것은 노아의 잘못, 즉 자녀들을

---

[13] 테르툴리아누스, 알렉산드리아의 클레멘트, 오리게네스, 즉 구약-히브리적 배경이 없는 그리스-라틴 교부들의 해석.

실족케 한 아버지의 잘못이다. 그런데 자신의 그러한 모습을 본 아들을 저주하는 노아를 아무 생각 없이 옹호하다가 함의 저주받은 운명을 공변된 징벌이라고 해석하는 것은 문제가 있다. 본문 자체에 과연 노아를 옹호할 만한 내적 근거가 있는지 면밀한 검토를 해야 한다.

이 본문을 우의적으로 해석하는 것 말고 다른 해석 방법은 없을까? 역사적-비평적 해석과 역사-분별적historical-sensitive, 역사-분변적 historical-discerning 해석도 시도해보아야 한다. 노아가 술, 즉 포도주에 취했다는 말은 나실인 제도의 기원을 설명하는 본문으로 읽는 것이 역사비평이며 역사분변적 읽기다. 가나안에 가서 포도원 농사를 짓는 것이 얼마나 위험한지를 상기시키는 원시역사의 설화로 보자는 것이다. 유목민족이었던 이스라엘 민족이 가나안땅에 가서 포도 농사를 하는 행위는 자녀들을 큰 실족으로 이끄는 길이라는 암시가 들어 있다. 이 말씀은 아버지가 포도주를 먹고 취해 누워 있다는 말과 예레미야 35장의 레갑족속의 이야기가 대치되는 말씀이다. 레갑족속 이야기는 레갑족속의 요나답이라는 조상이 포도주를 먹지 말라고 하니까 그 후손이 영원히 가나안땅에서 포도주를 먹지 않는 전통을 오랫동안 지킨 이야기다. 레갑족속은 포도주를 먹이지 않고 자녀를 키운 경건한 족속이었다.

노아는 레갑족속의 조상 요나답보다 못하다. 당세의 완전한 의인도 홍수 이후에 일탈을 했다. 포도농사가 자녀 세대를 실족시키는 위험한 일임을 말하는 이 본문은 가나안 농업 문화에 대한 경고를 발하면서 동시에 유목민족 신앙인 이스라엘 신앙의 순수성을 부각하는 이야기다. 여기서 그리스도의 고난을 찾는 것은 기독론적 우의적 해석이다. 노아의 하체노출 사건을 그리스도의 고난과 연결해서는 안 된다. 그러나 아우구스티누스 시대 사람들은 모두 이 수준의 성경해석에 만족했다. 이러한 알레고리칼 성경해석의 대표자가 알렉산드리아의 오리게네스다.

6장의 창세기 11장 해석에서 아우구스티누스는 "자, 우리가 내려가서 그들의 언어를 혼잡케 하자"에서 삼위일체 교리를 이끌어낸다. 이 말씀이 천사들에게 한 말이라고 보는 것이 곤란하다면, 삼위일체와 관련시켜서 성자와 성령에게 말씀하신 것이라고 할 수도 있다는 것이다.[14] 이것도 기막힌 알레고리칼한 해석이다. 이 성경해석도 설득력이 없다. 1-10권이《하나님의 도성》의 에센스다. 11-20권은 감동을 받더라도 조심해서 읽어야 하고, 21-22권은 감동적이다. 12권부터 조심해야 하는 이유는 성경 이야기를 교부시대의 관습에 따라, 자의적으로 (대부분 우의적으로) 해석하기 때문이다. 로마제국의 방탕사와 로마제국의 다신교체제 비판부분에서는 상당한 카리스마가 보이지만, 성경 이야기 부분에서는 영적 총명이 다소 흐려진다는 느낌이 든다.《하나님의 도성》은 로마역사를 가지고 로마를 공격할 때 가장 위력이 있다. 그래서 1-10권이 더 좋다.

또 하나는 11장의 바벨탑 사건의 후폭풍인 언어혼잡 사태에 대한 해석이다. 11장에서 최초의 언어가 히브리어였다는 아우구스티누스의 주장은 무리다. 히브리어는 주전 9세기에 나왔다. 다윗도 히브리어를 썼다는 말이 없다. 다윗은 프로토-세미틱어(원셈족어)를 썼을 것이고, 모세는 프로토-셈어(원셈어), 외교학술어 아카드어와 상형문자를 썼을 것이다. 히브리어로 된 글자유물 중 가장 오래된 것은 게제르 달력으로 고대 히브리인들인의 일종의 농가월령가다. 역사적으

---

[14] 창세기 18장 세 천사 해석에서도 유사한 경향을 발견할 수 있다. 세 천사를 그리스도와 두 천사로, 혹은 하나님 아버지와 성자, 성령으로 해석하기도 한다.

로 보면 인류 최초의 언어는 수메르어다. 수메르문명은 주전 40세기까지 소급된다. 그 다음으로 오래된 언어는 이집트 상형문자, 중국 갑골문 등이다. 아우구스티누스는 이스라엘의 언어 히브리어를 높이려는 경건한 마음과 세계에 대한 지식의 결핍 때문에 히브리어를 가장 오래된 언어로 오해했다. 이처럼《하나님의 도성》에서 성경해석 부분은 왕왕 매우 기묘하고 엉뚱하기 때문에 그대로 믿으면 안 된다. 로마의 역사를 가지고 로마의 어리석음, 로마의 부패를 말할 때는 매우 탁월하지만 성경 해석에는 다소 느슨하다는 점을 유념해야 한다.

우리는 성경의 영감설을 말할 때 조심해야 한다. 성경이 영감을 받았다는 말은 모든 사실과 정보에 오류가 없다는 말이 아니다. 성경이 주장하는 핵심 진리에 있어서 오류가 없다는 말이다. 성경영감설이 사실과 정보통계의 정확성까지 담보하는 교리가 되어서는 안 된다. 빌리 그래함과 존 스토트가 만든 로잔언약의 성경관이 바로 이런 정도의 성경권위 옹호를 표명한다. "The Bible is infallible in that it affirms." 즉 성경이 확실하게 주장하고자 하는 바affirm에 있어서만 오류가 없다는 말이다. 성경이 주장하는 것은 성경의 기록목적이 주장하는 것이다. 디모데후서 3장 16-17절에 따르면 모든 성경은 하나님의 영감으로 되었고, 경계, 경책, 바르게 하고, 의로 교육하기에 온전한 책이다. 이런 목적을 행함에 있어서 성경은 오류가 없다는 말이다. 다시 말해서 신학적 신앙적 훈육이라는 목적에 있어서만 오류가 없지 백과사전적 부분에서도 오류가 없다는 말이 아니다.

예를 들어 성경의 모호성을 돌파해 보자. 사도행전 7장 4절에서는 "아브라함이 갈대아 사람의 땅을 떠나 하란에 거하다가 그의 아버지가 죽으매 하나님이 그를 거기서 너희 지금 사는 이 땅으로 옮기셨느니라"고 한다. 즉 데라가 죽었다고 했다. 그러나 창세기 나이 계산에 따르면 아브람이 하란을 떠날 때 데라는 안 죽었다. 이렇게 차이가 나더라도 놀라지 말자. 성경이 영감받았다는 말은 디모데후서 3장 16-17절에 나오는 성경저작목적과 관련한 영감이다. "모든 성경은 하나님의 감동으로 된 것으로 교훈과 책망과 바르게 함과 의로 교육하기에 유익하니 이는 하나님의 사람으로 온전하게 하며 모든 선한 일을 행할 능력을 갖추게 하려 함이라." 성경은 이 목적을 위해서만 영감받았다.

디모데전서 3장 15절은 "또 어려서부터 성경을 알았나니 성경은 능히 너로 하여금 예수 그리스도 안에 있는 믿음으로 말미암아 구원에 이르게 하는 지혜가 있게 하느니라"고 한다. 믿음으로 말미암아 구원에 이르게 하는 지혜를 말해준다는 점이 영감의 핵심 기준이요 내용이다. 하나님의 아들 예수 그리스도를 통한 구원의 방책이 성경에 있으면 성경은 영감을 받은 책이라고 말할 수 있다. 영감의 목적은 교훈, 책망, 바르게 함, 의로 교육함, 하나님의 사람으로 선한 일을 행하기에 온전케 함이다. 그러면 영감이 무엇인가? 구약시대 때 영감받은 사람은 누구였는가? 지배층의 잘못을 책망하는 예언자가 영감받은 사람이었다. 그래서 지상권력자들, 유력자들의 오류와 지상적 불의를 책망할 수 있는 신적 대담성이 영감받은 사람의 표징이었다. 백과사전적 지식의 완벽함이 영감의 기준이 아니었다.

영감은 하나님의 영으로 채움 받은 예언자가 야곱의 허물을 지적할 수 있는 내적 담대함과 영적 패기를 갖춘 상태를 말한다. "선견자가 부끄러워하며 술객이 수치를 당하여 다 입술을 가릴 것은 하나님이 응답하지 아니하심이거니와 오직 나는 여호와의 영으로 말미암아 능력과 정의와 용기로 충만해져서 야곱의 허물과 이스라엘의 죄를 그들에게 보이리라"(미 3:7-8). 이게 바로 "영으로 말미암아"의 뜻이다. 여호와의 영으로 말미암는 것은 두 가지다. 인간의 참혹한 불의와 죄악에 대한 맹렬한 규탄과, 죽어 쓰러진 자를 일으키는 격려다. 영감을 받은 사람은 신적 격려와 회복의 사역과, 인간의 죄를 심판하고 준열하게 꾸짖는 사역에 투신한 사람이다. 이 두 목적의 연합으로 의로 교육하고 선한 일을 격려하는 것이 영감의 목적이지, 백과사전적 완벽한 지식을 갖춘 것을 영감이라고 하는 것은 옳지 않다.

이처럼 16권은 창세기 6-50장에 대한 산발적이며 불균형적인 주석이라고 보면 된다. 아우구스티누스가 자기 관심사를 따라서 대충 설명하기 때문이다. 지금 우리가 볼 때는 엉뚱한 데가 많지만 당대에는 최고 수준의 성경해석이었고 아우구스티누스 역시 성경을 많이 연구한 사람이었음에는 틀림없다.

아우구스티누스는 대체로 족장들의 행동이 도덕적으로 괜찮거나 용납될 만하다고 보고, 족장들을 미화하려는 의도를 여기저기서 드러내는데, 네 가지 경향이 보인다. 첫째는 그리스도와 무리하게 관련시키려는 우의적 (풍유적, 알레고리칼) 해석, 둘째는 족장들의 행동들을 도덕적으로 두둔하려는 경향, 셋째는 기독교와 유대교의 갈등국면을 투사하려는 경향, 넷째는 엉뚱한 해석도 많지만 감탄을 자아내는 주석적 통찰[15]이다.

---

15 아브라함이 제물을 바치는 창세기 15장 부분에 대한 아우구스티누스의 해석은 탁월하다.

제17권:
인류 구속의 역사
– 성서와 열왕기 시대의 예언

17권은 왕조시대와 예언자시대부터 시작한다. 예언자 사무엘부터 다윗과 솔로몬을 거쳐 그리스도에까지 이르는 하나님의 도성의 역사를 다루는 것이다. 열왕기와 시편과 솔로몬 문서의 예언들을 그리스도와 교회와 관련지어 해석한다.

예언자 시대의 시공간적 의미(1-3장)

1장. 예언자 시대

아브라함과 모세도 예언자라고 칭하지만, 아우구스티누스는 사무엘이 예언을 시작한 때부터 바빌론 포로기, 포로 귀환 후 성전 재건 때까지를 예언자 시대로 정한다. 예언자 시대에도 하나님의 도성의 역사는 진행되었으며 이 시대에 예언자들이 그리스도에 대해 한 예언을 나열하면 끝이 없을 것이다. 열왕기는 역사서지만 과거 사건에 초점을 맞추려는 책이 아니라 미래를 예언하려는 의도가 더 큰 책이다. 예언적 사건들은 예수 그리스도와 하늘나라, 즉 하나님의 도성을 예고하지만, 그런 사건들은 내용이 너무 방대하여 다 다룰 수가 없다. 아우구스티누스는 그 중에서도 꼭 필요한 사건만 17권에서 다루겠다고 하면서 자신이 성경의 일부만 다루는 이유를 변명한다.

2장. 아브라함의 가나안땅 상속 약속의 역사적 실현과 영적 실현

육적인 이스라엘이 차지하게 될 가나안땅에 관해서 하나님이 하신 약속은 언제 이행되었는가? 하나님이 아브라함에게 하신 약속은 두 가지로, 땅과 후손에 대한 약속이다.[1] 첫째는 "너는 … 내가 네게 보여줄 땅으로 가라. 내가 너로 큰 민족을 이루고"(창 12:1-2) 하신 대로 아브라함의 후손이 가나안땅을 차지하리라는 것이다. 둘째는 "땅의 모든 족속이 너로 말미암아 복을 얻을 것이라"(창 12:3) 하신 대로 아브라함이 자신의 믿음을 따르는 영적 후손들, 천하 만민의 조상이 되리라는 약속이다. 이 두 약속 중에 육신적 약속(땅 약속)은 다윗과 솔로몬을 통해서, 영적 약속은 그리스도를 통해서 실현되었다.

3장. 예언의 삼중적 지향: 지상적 예루살렘, 천상적 예루살렘, 두 예루살렘 모두

성경에 나타나는 예언에는 3중의 의미가 있다. 아브라함의 육신적 후손에 관한 것, 즉 지상적 예루살렘을 위한 것과, 천하 만민 중에 아브라함의 후손으로서 축복을 받은 사람들에 관한 것, 즉 천상적 예루살렘에 관한 것과, 이 둘을 함께 의미하는 것이다. 지상적 예루살렘에 관한 예언은 사무엘하 12장 1-5절의 다윗왕의 중대한 죄를 책망한 나단의 예언으로 장차 올 불행을 예언했다. 천상적 예루살렘에

---

1 땅과 후손에 대한 약속 중에서 후손 약속이 더 중요하며, 후손 약속의 핵심은 영적 후손에 대한 약속이다.

관한 예언은 히브리서 8장 8절, 예레미야 31장 31-33절 등에 나오는, 이스라엘집과 유다집의 새 언약에 대한 말씀이다. 양쪽을 함께 의미하는 예언은 솔로몬의 성전 건축에 관한 말씀인데, 이 성전 건축은 지상적 예루살렘에서 일어났던 역사적 사실인 동시에 천상적 예루살렘의 상징이다. 그러므로 이 3중의 의미를 잘 분별하는 것이 중요한데, 성경의 기록이 단순히 역사적 사실일 뿐이라고 생각하는 것도 잘못이고, 모든 기록에 비유적인 의미가 있다고 주장하는 것도 매우 경솔하다.

한나와 사무엘과 사울의 예언-새로운 제사장 제도(4-7장)

4장. 한나의 기도 속에 예언된 교회시대

사무엘이 제사장과 사사라는 이중적 직책으로 하나님을 섬기게 된 것은 영원한 왕과 제사장이신 예수 그리스도에 대한 계시이며 상징이고 예표다. 아우구스티누스는 사무엘의 어머니 한나를 미래 교회의 발전과 부흥을 예언한 대표적인 예언자로 본다. 사무엘상 2장 1-10절에 있는 한나의 찬송을 단순한 기쁨의 기도나 찬양으로 보지 않고, 그리스도가 주인이신 미래 교회의 새로운 제사장직의 개선과 부흥의 예언으로 보며 길게 주석한다(805-813쪽). 한나가 잉태하지 못하다가 잉태한 것을, 오랫동안 황폐하였던 제사장직을 그리스도께서 회복하실 것을 예언한 것이라고 해석하는 점이 특이하다(삼상 2:1-10). 한나의 기도는 아들을 얻은 것을 기뻐하는 소박한 아낙네의 찬양기도가 아니라 그리스도와 하나님의 도성을 미리 내다보고 기뻐한 노래다. 이 노래는 하나님의 도성을 대적하는 자들을 겨냥한 찬양이다. 아우구스티누스는 잉태치 못한 여자가 일곱 자녀를 낳았다는 구절에서 요한계시록의 일곱 교회를 읽어낸다(계 1:4). 일곱 자녀는 보편교회(일곱 교회)를 가리킨다.[2] 솔로몬도 "지혜가 그의 집을 짓고 일곱 기둥을 다듬고"(잠 9:1)라고 말하며 오래 전에 이 일을 예시했다.

5장. 예수 그리스도를 통한 새 제사장직 예언이 담긴 아론 제사장직 폐지 예언

사무엘상 2장 27-36절에서 나오는 무명의 예언자는 단순히 엘리 가문의 멸망이나 사무엘에게서 실현될 제사장 제도의 개선을 예언한 것이 아니다. 예수 그리스도를 통해서 이루어질 새로운 제사장 제도를 예언한 것이다. 신약의 성도는 왕 같은 제사장들이다(벧전 2:9). 새 언약의 중보이신 그리스도와 그리스도인들이 충실한 제사장과 그 후계자들이다.

6장. 이스라엘 제사장직의 영원존속 예언의 재해석

유대인들의 제사장 제도와 왕국을 영원히 확립된 것이라고 약속하셨지만, 지금은 없어졌다. 그러므로 영원성은 다른 일들에 대한 약속으로 이해해야 한다. 즉 견고함과 영원성을 약속했던 아론의 반차를 따른 제사장직이나 다윗의 왕국에 대한 약속들은, 영원한 제사장직이나 왕국에 대한 그림자요 형상이다. 따라서 제사장직이나 왕직이 영원하리라는 약속은 그 그림자와 형상을 대상으로 하신 약속이 아니라, 본체인 그리스도의 나라와 대제사장이신 예수 그리스도와 제사장이 될 성도를 대상으로 하신 약속이다.

---

[2] 아우구스티누스가 일곱을 완전수라고 보는 곳은 11권 30-31장, 15권 20장, 20권 5장이다.

7장. 이스라엘왕국 파탄으로 분리된 영적 이스라엘과 육적 이스라엘

이스라엘왕국의 파탄은 영적 이스라엘과 육적 이스라엘의 영구적 분리를 예표한다. 사울이 불순종할 때 사무엘이 예언하게 하신 말씀의 의미는 두 가지다. 사울을 버려 이스라엘의 왕이 되지 못하게 할 것, 또 이스라엘이 둘로 나눠질 것이라는 의미다. 이 예언은 하나님의 도성과 세상 도성의 분리를 예언했는데, 그 예언대로 그리스도는 영적 이스라엘에 속한 다윗의 후손으로 나셨다. 그리스도에게 속한 자는 영적 이스라엘이요, 그렇지 않은 자는 육적 이스라엘이다. 이 분리는 변동이나 후회함 없이 계속될 것이다.

시편을 통한 다윗과 솔로몬의 예언(8-20장)

8장. 다윗의 아들에 관한 약속의 성취자 그리스도 예수

다윗의 아들에 대한 약속은 솔로몬이 아니라 그리스도 안에서 풍성하게 실현되었다. 사무엘하 7장 8-16절에 있는, 다윗에게 주신 왕권의 확립과 성전 건축에 대한 약속이 솔로몬에게서 실현되었다고 보는 것은 잘못이다. 단순히 성전을 지은 것을 "그의 집이 내게 충성하며 그의 나라가 내 앞에서 영원히 보전하리라"는 약속의 성취라고 보기는 어렵다. 오히려 솔로몬은 우상숭배에 빠졌기 때문이다. 그러므로 이 예언은 그리스도의 나라를 의미한다.

9장. 시편 89편의 그리스도 예언과 사무엘하 7장의 나단 예언의 연결성

시편 89편[3]에 있는 그리스도에 관한 예언은 열국기(사무엘서)에 있는 나단의 예언과 어떻게 같은가? 시편에 나오는 다윗의 후손의 영원성과 사무엘하 7장에 나오는 나단의 예언의 공통점은 모두 그리스도와 교회의 영원성을 예언한 말씀들이라는 것이다. 아우구스티누스는 시편 89편 3-4절, 19-29절은 사무엘하 7장 14-15절과 일맥상통하며, 사무엘하 7장 14-15절을 솔로몬과 연관 짓는 것은 무리가 있다고 본다. 17권 9-13장은 시편 89편을 그리스도 중심으로 해석한다.

10장. 지상 예루살렘 관련 약속의 궁극적 성취현장

땅 위의 예루살렘에서 일어난 사건들은 하나님의 약속과 달랐으며, 이것으로 보아 약속의 실상은 다른 왕과 나라에 관한 것이다. 다윗의 후손에게 약속하신 나라는 솔로몬에게서 실현되지 않았다. 오히려 "주께서 주의 기름부음을 받은 자를 지연시켰나이다"(시 89:38, 70인역)라고 할 때 기름부음을 받은 이는 그리스도 예수시다. 또 다윗이나 솔로몬을 기름부음 받은 이로 기대한 사람들에게는 '지연'이지만, 하나님의 계획으로는 장차 기름부음 받은 이가 오실 것이 예비되어 있었다고 볼 수 있다. 시편 89편의 영원한 후손통치 약속이나 사무엘하 7장 14-15절이 솔로몬과 그 후손들에게서 성취될 것으로 기대되었으나, 실상은 그리스도와 그리스도교인들에게서 성취되었다.

11장. 그리스도의 성육신의 목적과 마귀정벌을 위한 성육신

이 부분은 시편 89편 46-48절 해설이다. "주여, 얼마나 오랫동안 끝까지 숨기시리이까?"(시 89:46, 70인역)는 세상 종말에 가서 최후 심

---

3 시편 89편(개역개정)이 70인역에서는 88편이다.

판이 있기 전에 유대인들이 모두 그리스도를 믿게 되리라는 기대를 피력한다. "주의 노가 불붙듯 하오니 내 본질이 무엇인지 기억하소서"(시 89:46-47, 70인역)는 예수님 자신이 그 출신 민족의 본질이심을, 이스라엘과 유대인의 뿌리이심을 강조한다. "주께서 모든 인자들을 헛되이 창조하시지 아니하였나이다"(시 89:47)는 말씀은 하나님이 중보자이신 예수님을 통해서 사람들을 허무에서 해방하실 뿐 아니라, 해방되지 못할 것이라고 알고 있는 자들도 해방될 사람들의 유익을 위해서 창조하셔서 두 도성의 차이를 알게 하셨음을 의미한다.

"누가 살아서 죽음을 보지 아니하고 그 영혼을 음부의 손에서 빼앗으리이까?"(시 89:48, 70인역). 이 절은 그리스도의 부활을 예언한다. 그리스도는 살아서 죽음을 보지 않으실 것이다. 다만 우선 죽으실 것이요, 음부에 내려가셔서 음부의 사슬로 결박된, 죽은 자들의 일부를 풀어주시며, 권능으로 자기 영혼을 음부의 손에서 빼앗으실 것이다(롬 6:9; 요 10:18).

12장. 다윗에게 베푼 하나님의 인자를 애타게 찾는 탄원과 애가의 자리

12장은 시편 89편 49-51절 해설이다.

> 주여 주의 성실하심으로 다윗에게 맹세하신 옛날 인자하심이 어디 있나이까. 주는 주의 종들의 받은 훼방을 기억하소서. 많은 민족의 훼방이 내 품에 있사오니 주여 이 훼방은 주의 원수가 주의 기름부음 받은 자의 변화를 훼방한 것이로소이다(시 89:49-51, 70인역).

이 말씀은 이 시편을 지은 에단이 자기 생전에 한 것이며, 다윗의 시대를 가리키는 말씀이다. 하지만 동시에 다윗보다 훨씬 후대에 나타날 그리스도와 그리스도인들의 탄원이기도 하다. 여기서 탄원하는 사람들은 영적 이스라엘, 즉 그리스도인들이다. 다만 새 언약이 계시되기 전에 옛 언약 안에 감추어져 있는 사람들에게, 또 새 언약이 계시된 지금 공개적으로 그리스도께 속한 사람들에게 하신 말씀으로 봐도 된다. 그리고 확실히 다윗의 후손에게 주신 복은 솔로몬 때 생각한 것과 같이 어느 한 시기에 국한된 소망이 아니라 영원한 소망이다.

13장. 다윗에게 약속하신 평화의 궁극적 실현자 그리스도

약속된 평화의 참 의미를 솔로몬 시대에 돌릴 수 있는가. 사무엘하 7장 19절, 29절에 나오는 영구적인 복락과 평화는 그리스도의 나라를 가리키는 예언이다. 솔로몬 때에 나라가 번영하고 평화로웠다고 하지만, 사무엘하 7장에 약속하신 다윗 집에 대한 약속은 솔로몬 때나 다른 어느 왕의 때를 위한 것이 아니다. 그리스도가 왕이신 자유로운 어머니인 예루살렘에 사는 영원한 영혼들을 위한 것이다.

14장. 다윗이 편찬한 시편

시편 전체는 다윗이 성령의 감동으로 예언한 것이다. 70인역에서는 시편 138편, 146-148편을 학개와 스가랴가 지었다고 하지만 다윗의 작품임을 의심해서는 안 된다.

> 다윗왕이 예언을 했을 때에 예언의 영은 그에게 미래에 있을 예언자들의 이름까지도 계시하실 수 있었을 것이며 왕이 그들에게 합당한 일을 예언적으로 노래하도록 하신 것이다. 마치 300년 후에 요시야 왕이 위에 올라 할 일들이 왕의 이름과 함께 어떤 예언자에게 계시된

것과 같다(832쪽).⁴

예언의 영이 위대한 일을 신비적으로 예시함으로써 참 하나님을 잘 섬기게 하기 위해서 시편을 주셨다고 믿으라.

15장. 그리스도와 교회에 대한 시편의 예언들

그리스도와 교회에 관한 시편의 예언들은 자료가 너무 많고, 자칫 잘못하면 너저분한 편찬물이 될 것을 우려해서 이 책에 다 넣지는 못한다. 생각과 기회가 있는 사람들은 찾아서 읽어보기를 바란다. 그러면 예언자 다윗왕이 그리스도와 교회, 즉 하나님의 도성에 대해서 한 예언의 수효와 중요성을 발견할 것이다.

16장. 그리스도와 교회에 대한 예언시로서 시편 45편

왕의 결혼식 축하시처럼 보이는 시편 45편 1-9절에서 왕은 그리스도를 말한다. 왕의 우편에 서있는 왕후는 영적인 시온이며, 하나님의 도성인 교회다. "사람이 어머니 시온이라고 할 것이니 그가 거기서 나며 지존자가 시온을 세우셨도다"(시 87:5, 70인역).

17장. 시편 110편의 그리스도의 제사장직 예언, 시편 22편의 그리스도 고난 예언

시편 110편에 있는 그리스도의 제사장직과 시편 22편에 있는 그리스도의 고난을 논한다. "너는 멜기세덱의 반차를 좇아 영원한 제사장이라"(시 110:4, 70인역)는 말씀은 그리스도의 영원한 제사장직을 의미한다. "저들이 내 수족을 찔렀나이다. 저들이 내 모든 뼈를 세고

---

4 열왕기상 13:2; 열왕기하 23:15-17.

나를 관찰하며 주목하였나이다"(시 22:16-17, 70인역), "저희가 내 겉옷을 나누며 속옷을 제비 뽑았나이다"(시 22:18, 70인역). 이 구절들이 들어있는 시편 22편은 그리스도의 고난과 수치를 예언한 시편임을 알 수 있다. 이 말씀이 복음서에서 실현된 것(마 27:35; 요 19:24)과, 또 현재 전 세계에서 우리 눈앞에 전개되는 사실이 오래 전에 기록된 시편의 예언들과 정확히 일치하는 것 때문에 우리는 이 점을 확신할 수 있다.

18장. 그리스도의 죽음과 부활을 예언하는 시편들

시편 3편, 41편, 16편, 68편에는 주의 죽음과 부활을 예언하는 말씀이 있다.

> 내가 누워 자고 깨었으니 주께서 나를 붙드심이로다(시 3:5).
> 나의 원수가 내게 대하여 악담하기를 저가 어느 때에나 죽고(시 41:5, 70인역).
> 나의 신뢰하는 바 내 떡을 먹던 나의 가까운 친구도 … 내 생명을 회복하시사(시 41:9-10, 70인역).
> 이러므로 즉 내 마음이 기쁘고 내 혀가 즐거워하였으며 내 육체도 소망 가운데 쉬리니 이는 내 영혼을 음부에 버리지 아니하시며 주의 거룩한 자로 썩지 않게 하실 것임이니이다(시 16:9-10).
> 하나님은 우리에게 구원의 하나님이시라. 사망의 출구도 주의 것이라(시 68:20).

19장. 유대인들의 불신과 고집을 증언하는 시편 69편

시편 69편은 유대인들의 불신과 고집을 밝힌다.

그들이 쓸개를 나의 음식물로 주며 목마를 때에는 초로 마시게 하였사오니(시 69:21).

저희 앞에 밥상이 올무가 되게 하시며, 보복과 걸림돌이 되게 하소서. 저희 눈이 어두워 보지 못하게 하시며 그 허리가 항상 굽게 하소서(시 69:22-23, 70인역).

이 말씀들은 분명하고 확실하게 증명되는 예언의 말씀을 보고서도 조금도 양보하지 않는 유대인들의 불신과 고집을 말한다. 복음서는 시편 69편 22-23절이 유다의 자살을 예고한 말씀임을 인증引證한다.

20장. 다윗과 솔로몬의 치세와 공적, 솔로몬의 저작으로 알려진 그리스도 예언

다윗은 지상 예루살렘에서 왕위에 올랐으나 천상 예루살렘에서는 한갓 백성에 불과했다. 다윗은 지극히 건전한 겸손과 회개로 위대한 경건생활을 함으로써 자기의 많은 죄를 극복했다(시 32:1). 솔로몬은 부왕 생존 시에 즉위했으며 치세 초기는 좋았으나 후기는 나빴다. 솔로몬이 쓴 책 중 정경으로는 잠언, 전도서, 아가서가 있고, 외경으로 지혜서와 집회서가 있다. 이 중 지혜서와 집회서는 솔로몬의 저작인지에 대해 논란이 있다. 학자들은 솔로몬 저작설을 부정하나 서방교회는 이 두 책도 정경으로 받아들인다. 《솔로몬의 지혜》는 그리스도의 수난에 대한 예언을 많이 담고 있다.[5]

---

5   외경 지혜서(벤 시락) 2:12-21은 그리스도의 수난을 예언한다. "의인을 모욕하고 고문해보자. 과연 그가 의지하는 하나님이 와서 그를 돕나보자." 또 외경 집회서 36:1-4은 천하만민이 가지게 될 믿음을 예언한다. "모든 이방인들로 하여금 주님을 두려워하며 떨게 하소서. 손을 들어 이방인들을 치시고 그들로 하여금 주님의 권능을 알아보게 하소서.… 주님 외에 따로 주님이 없다는 사실을 우리와 마찬가지로 저들도 알게 하소서."

아우구스티누스는 잠언, 전도서, 아가서가 그리스도와 교회와 관련이 있음을 밝히려면 노력을 많이 해야 함을 인정한다. 잠언은 악인의 동선을 명확하게 묘사한다. "우리가 의인을 부당하게 땅 속에 감추며 무덤같이 그들을 산 채로 삼키며 그들에 대한 기억을 땅에서 씻어버리자 우리가 그의 보화를 차지하자"(잠 1:11-13, 70인역)는 말씀은 마태복음 21장 38절과 유사하다. 잠언 9장 1-5절에서는 영원한 말씀이 동정녀 태중에 집을 짓는 것을 예언하며, 지혜가 순교자들을 제물로 삼아 죽이며 포도주와 떡으로 상을 차리고서 어리석은 자들을 초청한다(참조. 고전 1:27). 어리석음을 버리고 생명을 얻으라는 잠언 9장 6절 말씀은 성만찬을 예언한다. 지혜가 차린 상에 손님으로 앉아 생명을 얻기 시작하는 것이다. 먹고 마시는 것이 최상행복이라는 전도서 8장 15절은 새 언약의 중보자이신 분이 자기 몸과 피로 차리신 상에 참석하는 것을 말한다. "주께서 나를 위하여 몸을 온전케 하셨나이다"(시 40:6, 70인역) 하는 말씀 역시 성만찬 예언본문이다. 전도서가 먹고 마시는 것을 강조하는 것은 성만찬을 예언하는 것이지 육신의 즐거움과 연락을 강조하는 것이 아니다. 그 증거가 지혜자의 마음은 초상집에 가 있다고 말하는 전도서 7장 24절이다.

전도서 10장 16-17절은 마귀의 도성과 그리스도의 도성, 두 임금인 마귀와 그리스도에 대해 말하고 있다.

> 왕은 어리고 대신들은 아침에 연락하는 이 나라에 화가 있도다. 왕은 자유인들의 아들이요 대신들은 취하려 함이 아니라 기력을 보하려고 마땅한 때에 먹는 이 나라여 복이 있도다(전 10:16-17, 70인역).

여기서 마귀를 어린 사람이라고 부르는 이유는 마귀에게 우매와 교만과 경솔과 방종과 기타 시기가 가득한 죄과가 있기 때문이다. 하지만 그리스도는 자유인의 아들이다. 거룩한 족장의 후손이다. 마귀도성의 대신들은 마땅한 때(내세)가 오기 전에 미리 연락한다. 현세 명성을 갈망한다. 그러나 그리스도 나라의 대신들은 술에 취하려고 함이 아니라 기력을 보하려고 먹는다. 소망 중에 먹을 때를 기다린다(롬 5:5). 아가서는 그 나라의 왕과 왕후인 그리스도와 교회의 혼인을 영적 기쁨으로 노래한다. 신랑에게 "공평이 그대를 사랑하였노라"(아 1:4, 70인역), 신부에게 "그대는 사랑을 기뻐하도다"(아 7:7, 70인역) 하는 말씀 등에서 그리스도에 대한 예언을 발견한다.

솔로몬과 그리스도 시대까지 메시아 대망 예언(21-24장)

21장. 솔로몬 이후의 유다와 이스라엘의 왕들

여기에서는 솔로몬 이후의 유다와 이스라엘의 왕들에 대하여 서술한다. 솔로몬의 악행에 대한 벌로 르호보암 때 유다와 이스라엘로 나뉜다. 그리고 솔로몬 이후 유다나 이스라엘 왕들 중에 그리스도와 교회에 대해서 말로 혹은 뜻을 숨긴 행동으로 예언을 한 왕이 거의 없다. 하나님은 르호보암이 여로보암을 폭군이라고 말하며 토벌을 결정한 것을 예언자를 통해 막으심으로 동족상잔을 막으셨다. 나라의 분열은 이스라엘 백성이나 왕에게서 비롯된 것이 아니라 하나님이 결정하신 일이었다. 분열은 하나님의 결정이었으며, 나라는 분열되었으나 종교는 분열되지 않았기 때문에 두 나라는 어느 정도 평화를 지켜나간다.

22장. 예언자들을 통해 우상숭배의 길에서 당신 백성을 지켜주신 하나님

여로보암은 불경건한 우상숭배로 백성을 더럽혔으나, 하나님께서는 계속 예언자들을 감동시키시며, 많은 사람들을 인도하셔서 우상숭배의 죄를 짓지 않게 하셨다. 하나님은 여로보암에게 나라를 주시겠다는 약속을 지키셨지만 여로보암은 하나님을 믿지 않는 악한 왕이었다. 그리고 뒤를 이은 왕들도 여로보암과 마찬가지로 우상숭배를 끊지 못했다. 그러나 하나님은 엘리야와 엘리사 같은 위대한 예언자들을 끊임없이 보내셔서 기적을 행하셨다. 엘리야 시대에는 바알에게 무릎 꿇지 않은 7000명을 남겨주셨다(왕상 19장; 롬 11:3-4).

23장. 남북왕국 멸망, 북이스라엘 포로 미귀환, 유다 포로귀환, 로마 지배시작

히브리 민족의 남북 왕국은 여러 풍상을 거친 후에, 각각 다른 때에 포로로 끌려갔고, 유다만은 본국으로 돌아왔으나, 로마의 세력 아래로 들어갔다. 유다왕국에도 북왕국보다는 덜 했지만 불경건한 왕들이 일어나 하나님의 진노를 촉발했고 마침내 바빌론유수를 겪었다. 유다왕국의 역사를 요약하면 이렇다. 예언자들을 통한 숱한 경고 → 남북의 불순종 → 갈대아 군대의 유린, 아시리아 유배 → 성전 파괴 → 70년 바빌론 포로 생활 → 성전 재건 → 한 나라로 회복 → 로마의 속국 전락(주전 63년). 그리스도가 오셨을 때 이스라엘은 로마의 속주 신세였다.

24장. 유다의 마지막 시기 예언자들과 그리스도 탄생 시기 생존 예언자들

바빌론 포로후기 예언자들은 말라기, 학개, 스가랴, 에스라였고, 예수님 오시기 직전 예언자들은 요한의 아버지 사가랴, 사가랴의 아내 엘리사벳이었으며, 오신 후 예언자들은 시므온, 안나, 마리아, 세례 요한이었다.

결론

17권은 하나님의 도성의 역사가 사무엘-사울-다윗부터 시작해 왕조 시대와 예언자 시대를 거쳐 그리스도에까지 이르는 과정을 광폭으로 개괄한다. 여기에서 아우구스티누스는 사무엘서, 열왕기, 시편, 솔로몬 문서에 기록된 예언들을 그리스도와 교회와 관련지어 해석한다. 구약의 모든 미래영광 관련 예언들은 예언 선포 당대에 적용되지 않고 그리스도의 시대에 그리스도에게 적용되고 실현된다고 주장한다. 즉 모든 구약 본문이 당대에 어떤 의미가 있었는지 규명하는 데는 별다른 관심을 쏟지 않고 오로지 각 구약성경 본문이 어떤 점에서 그리스도를 가리키는지에만 관심을 쏟는다.

그 중에서도 17권의 문제는 예언서들에 대한 기독론적인 환원주의 해석이 현저하다는 점이다. 아우구스티누스는 모든 예언자들의 예언들을 당대의 맥락을 무시하고 모두 예수 그리스도와 교회시대를 예언한 것에만 초점을 두어 해석했다. 특히 주전 8세기 예언사들의 핵심 의제를 파악하는 데 별다른 관심을 보이지 않는다. 그들의 중심 의제인 공의와 정의, 정의를 행하지 않는 종교의 문제를 지적하지 못한다. 그것은 예언자들이 오직 그리스도를 가리키는 역할만 했다고 보는 축소주의적 예언 해석 때문이다. 그래서 위대한 고전적 예언자들(주전 8세기 예언자들)의 예언을 과감하게 생략한다. 하나님나라의 공평과 정의에 관한 고전적 예언자들의 많은 예언들을 당대의 맥락과 의미를 무시하고 종말론적인 기독론으로만 해석한다. 이것은 예언자들의 예언의 주목적이 예수 그리스도만 가리키는 것이라고 생각한 데서 비롯되었다. 미가가 하나님나라의 공평과 정의를 촉구한 예언이 미가 5장 2절에 나오는 다윗왕의 베들레헴 탄생예고보다 더 중요한데도 후자만 강조함으로써 미가의 중심메시지를 간과한 것이 한 예다.

하나님나라에 관한 모든 예언이 실상은 예수 그리스도를 가리키는 예언인데 구약 예언 중 베들레헴에 태어난 생물학적 예수를 가리키는 예언만 그리스도를 예언하는 말씀이라고 생각하는 잘못된 인식이 기독론적 환원주의 해석을 낳았다. 이런 환원주의적 종말론적 해석과 깊은 관련이 있는 것이 예언자들은 단순히 미래를 멀리 내다보는 사람이라는 인식이다. 하지만 예언의 근본 의미는 미래예고가 아니라 하나님의 뜻을 전하는 것이다. 예언자는 미래를 예언하는 사람이라기보다는 하나님의 말씀을 이해하여 그 말씀의 뜻을 대신 알리는 사람이다. 또 미래의 일을 내다보는 것 역시 하나님의 말씀을 전하는 더 큰 목적을 위한 일일 뿐이다.

하나님나라를 가리키는 구약성경 전체가 그리스도 자신을 가리키는 예언이라는 관점은 부활하신 예수 그리스도 자신에게서 나왔다.

> 이르시되 미련하고 선지자들이 말한 모든 것을 마음에 더디 믿는 자들이여 그리스도가 이런 고난을 받고 자기의 영광에 들어가야 할 것이 아니냐 하시고 이에 모세와 모든 선지자의 글로 시작하여 모든 성경에 쓴 바 자기에 관한 것을 자세히 설명하시니라. … 또 이르시되 내가 너희와 함께 있을 때에 너희에게 말한 바 곧 모세의 율법과 선지자의 글과 시편에 나를 가리켜 기록된 모든 것이 이루어져야 하리라 한 말이 이것이라 하시고 이에 그들의 마음을 열어 성경을 깨닫게

하시고 또 이르시되 이같이 그리스도가 고난을 받고 제삼일에 죽은 자 가운데서 살아날 것과 또 그의 이름으로 죄 사함을 받게 하는 회개가 예루살렘에서 시작하여 모든 족속에게 전파될 것이 기록되었으니(눅 24:25-27, 44-47).

이것은 "처녀가 잉태하여 아들을 낳을 것이요"라는 이사야 7장 14절뿐 아니라, 하나님의 백성이 심판과 굴욕을 당했지만 결국 영광에 들어갈 것이라는 모든 예언이 그리스도를 가리킨다는 의미다. 왜냐하면 그리스도는 이스라엘의 대표자로서 먼저 심판과 굴욕을 당한 후에 영광을 받는 이스라엘의 궤적을 따르기 때문이다. 이런 선先굴욕과 심판, 후後영화 구조의 구원사가 구약성경의 내적 논리이며 일관적 흐름이기 때문에 예수님은 자신을 이런 논리적 구조인 모든 구약성경의 예언 성취자로 자리매김하신 것이다.

모세의 글[6]부터 시편, 예언자들[7] 모두 생물학적 그리스도에 관한 예언을 한 것이 아니라, 그리스도가 당할 일을 예언했기 때문에 이 모든 성경은 그리스도에 관한 예언이 되는 것이다. 먼저 굴욕과 심판을 당한 후에 갱신과 영광을 누리는 것이 성경의 일관된 구조이기 때문에 예수님 자신도 먼저 굴욕을 당한 후 영화롭게 될 것을 확신하신 것이다. 성경에 나오는 이스라엘의 굴욕과 심판, 그 후에 맛본 구원과 갱신 이야기는 한결같이 그리스도의 선先고난-후後영광의 사역궤적을 예언한 것이다. 이스라엘의 계약적 대표자로서 그리

---

[6] 요한복음 3:14-15은 모세의 글이 어떤 점에서 그리스도를 가리키는지를 잘 예시한다. "모세가 광야에서 뱀을 든 것같이 인자도 들려야 하리니 이는 그를 믿는 자마다 영생을 얻게 하려 하심이니라." 이 모세의 글은 죄 없는 자신이 놋뱀같이 들려지면, 이스라엘의 죄 사함 시대가 열릴 것이라고 믿은 그리스도 예수의 확신의 토대구절이다.

스도가 이스라엘이 겪을 모든 죄를 대신하여 고난당하신 후 이스라엘의 죄 용서를 선언하시는 하나님의 의지를 대변해서 부활하실 것을 예언한 것이나 마찬가지다. 곧 이스라엘 백성의 심판 굴욕과 뒤이은 갱신, 영광에 관한 모든 예언은 그리스도에 관한 예언이 되는 것이다. 죄는 사형선고를 초래하고, 죄의 용서는 사형취소를 초래한다. 하나님이 이스라엘에게 하신 모든 예언의 종결은 부활과 갱생이다. 시편과 예언서와 모세오경은 이스라엘의 종국적 갱생, 부활, 소생, 회복예언이다. 예언 종결부의 이스라엘의 회복은 이스라엘의 죄 용서이며, 곧 그리스도의 대속적 죽음과 죄 용서를 확증하는 그리스도의 부활에 관한 예언이다.

그리고 3일 만에 부활한다는 것은 3일 간 물고기 뱃속에 있던 요나의 사건을 통해서 추론할 수 있다.

예수께서 대답하여 이르시되 악하고 음란한 세대가 표적을 구하나

---

7 요한복음 5:25("진실로 진실로 너희에게 이르노니 죽은 자들이 하나님의 아들의 음성을 들을 때가 오나니 곧 이 때라 듣는 자는 살아나리라.")과 요한복음 5:28("이를 놀랍게 여기지 말라. 무덤 속에 있는 자가 다 그의 음성을 들을 때가 오나니.")은 예언자의 글이 어떻게 그리스도 자신을 가리키는지를 예시하는 본문들이다. 이 두 절은 에스겔 37:12의 성취다. "그러므로 너는 대언하여 그들에게 이르기를 주 여호와께서 이같이 말씀하시기를 내 백성들아 내가 너희 무덤을 열고 너희로 거기에서 나오게 하고 이스라엘 땅으로 들어가게 하리라." 에스겔 37:12을 의식하면서 예수님은 이 에스겔 구절이 자신의 부활을 예언한 것으로 해석하신 것이다. 요한복음 3:5-6, 8("예수께서 대답하시되 진실로 진실로 네게 이르노니 사람이 물과 성령으로 나지 아니하면 하나님의 나라에 들어갈 수 없느니라. 육으로 난 것은 육이요 영으로 난 것은 영이니 … 바람이 임의로 불매 네가 그 소리는 들어도 어디서 와서 어디로 가는지 알지 못하나니 성령으로 난 사람도 다 그러하니라")은 에스겔서를 참조한 본문이다. 특히 물과 성령으로 거듭난다는 것은 에스겔 36:25-26("맑은 물을 너희에게 뿌려서 너희로 정결하게 하되 곧 너희 모든 더러운 것에서와 모든 우상숭배에서 너희를 정결하게 할 것이며 또 새 영을 너희 속에 두고 새 마음을 너희에게 주되 너희 육신에서 굳은 마음을 제거하고 부드러운 마음을 줄 것이며")에 이미 예고되어 있다. 바람이 임의로 분다는 것은 에스겔 37:9("또 내게 이르시되 인자야 생기를 향하여 대언하라. 생기에게 대언하여 이르기를 주 여호와께서 이같이 말씀하시기를 생기야 사방에서부터 와서 이 죽음을 당한 자에게 불어서 살아나게 하라 하셨다 하라.")에 나타나 있다. 여기서 영과 바람은 같은 말이다. 이는 생기라는 바람이 불어와서 마른 뼈들을 살리는 것이다. 이것이 바로 그리스도에 관한 이야기이다.

선지자 요나의 표적 밖에는 보일 표적이 없느니라. 요나가 밤낮 사흘 동안 큰 물고기 뱃속에 있었던 것같이 인자도 밤낮 사흘 동안 땅 속에 있으리라. 심판 때에 니느웨 사람들이 일어나 이 세대 사람을 정죄하리니 이는 그들이 요나의 전도를 듣고 회개하였음이거니와 요나보다 더 큰 이가 여기 있으며(마 12:39-41).

요나의 표적에서 예수님은 자신이 3일 만에 부활할 것을 추론하셨을 것이다. 예수님이 죽을 때 어떻게 부활을 확신했는가? 이스라엘의 갱생약속이 그분이 부활을 확신하는 토대로 작용했다. 이스라엘 민족과 하나님의 계약관계가 파기불가능하다면 이스라엘 죄 때문에 죽는 예수의 죽음은 무효화되어야 한다. 즉 예수는 부활하셔야만 한다. 이스라엘 민족에게 선포된 죄 사함이 예수님 자신에게 와서는 부활로 확정될 것을 확신하신 것이다. 이스라엘 민족과 하나님의 계약 관계가 이스라엘의 죄 때문에 끊어지지 않았으므로 예수님은 자신의 부활을 확신하실 수 있었다. 요나 이야기를 통해서 자신이 3일 만에 부활할 것을 확신하셨다.

곧 예수님의 부활은 우리를 의롭다하시기 위함이었다. 그분의 부활을 통해서 우리 죄가 사하여지고 우리 역시 부활할 것이라는 것을 알게 된다. 그래서 이스라엘의 죄가 용서받은 것은 결국 우리의 죄가 용서받는 것이 된다. "예수는 우리가 범죄한 것 때문에 내줌이 되고 또한 우리를 의롭다 하시기 위하여 살아나셨느니라"(롬 4:25).

다시 말하자면 모세와 시편, 예언자들의 그리스도 예언들을 단편적으로 해석하면 안 된다. 구약성경의 내적 논리 전체가 그리스도를 예언하기 때문이다. 죄로 인한 심판과 굴욕, 그 후에 갱생과 영광은 그리스도의 선先고난과 후後영광을 예언한다. 그러나 아우구스티누스 시대에는 위에서 본 것처럼 특정 성경구절을 그리스도의 사역을 가리키는 예언으로 읽는 단편적이고 고립적 해석이 대세였다. 이것이 틀린 해석은 아닐지라도 불충분한 해석이라는 것은 분명하다. 그러나 성경해석상 부분적으로 낯선 모습이 《하나님의 도성》의 가치를 조금이라도 손상하지는 못한다. 아우구스티누스는 지상의 인간 도성과 하나님의 도성의 병렬적 대립구조를 통해 성경의 구속사는 물론이요 인류역사 전체를 개관하고 해석하는 해석적 전망을 잘 제시하기 때문이다.

제18권 :

지상도성과 하나님의 도성의 계보 참조

17권까지 보면 하나님의 나라가 단독으로 전진한 것 같으나, 실은 지상도성도 인류 사이에서 함께 전진했다. 그래서 독자들이 두 도성의 차이에 주목하도록 아브라함 시대부터 다른 도성의 역사를 충분히 기록하는 것이 마땅하다고 생각한다. 결국 18권은 아브라함부터 세상 종말까지 지상도성과 천상도성의 병립竝立과 병진竝進과정을 추적하되 그리스도를 예언한 시벨레와 구약예언자들(호세아, 아모스, 이사야, 미가, 그리고 그들의 후계자들)을 살핀다. 이 주전 8세기 예언자들은 로마 건국 직후에 활동한 문서예언자들이다.

1장. 14-17권 요약

앞서 14-17권에서는 다음과 같이 구세주 시대 이전의 사건을 논했다.

11-14권: 두 도성의 기원
15권: 처음 사람부터 홍수까지 역사 속에 나타난 두 도성의 대립

적 병진

16권: 아브라함부터 이스라엘의 왕조까지 역사 속에 나타난 두 도성의 대립적 병진

17권: 그리스도의 육신 강림까지의 역사 속에 나타난 두 도성의 대립적 병진

아우구스티누스는 두 도성의 기원, 전진, 종말을 다루겠다고 약속했음을 상기시키며 1-17권을 간략하게 요약한다. 1-10권은 하나님의 도성 대적자들을 논박한다. 아우구스티누스는 하나님의 도성 건설자인 그리스도보다 자신들의 잡신들을 존중하며 자살적인 악의로 그리스도인들을 맹렬히 미워하는 하나님의 도성 대적자들의 무근거, 무논리, 무이성을 논박한다. 11-14권은 두 도성의 기원을 다룬다. 15권은 창조와 사람의 기원부터 홍수까지, 16권은 아브라함부터 이스라엘 왕조시대까지, 17권은 예언자시대부터 그리스도의 육신강림까지를 다루었다. 아브라함 이후부터는 하나님의 도성 중심으로 썼으나 사실 이 시기에도 두 도시는 병립하고 병행하며 성쇠盛衰의 시대적 변천을 함께 경험했다. 중요한 것은 하나님의 도성이 인류의 처지에서 보면 세상에서 나그네로 지낸다는 점이다.

지상도성과 천상도성의 병행 과정-아브라함 때부터 세상 종말까지 (2-54장)

2장. 아브라함 출생 이후에 성도와 같은 시대에 있던 지상도성 왕들과 그 연대

인간 사회는 내부분열이 생기며 우세한 부분이 열세한 부분을 압

박하고 지배한다. 피정복민은 자유를 포기하고 생존을 선택한다. 그래서 종이 되기보다는 죽기를 원하는 사람을 보고 세상은 심히 놀란다. 모든 민족에게 들리는 자연의 음성은, 패자는 전면적 패전으로 말살되기보다는 승자에게 굴복하라는 것이다. 하나님의 손도 관여하여 전쟁의 승패와 지배자와 종의 운명 가름이 일어나 어떤 자는 멍에를 쓰고 어떤 자는 멍에를 씌운다.

세상적인 우세와 성공을 추구하는 사회, 우리가 세상 도성이라고 총칭하는 사회가 건설한 많은 왕국 가운데 특출하게 유명한 것은 두 나라다. 동방의 아시리아제국[1]과 서방의 로마제국이다. 다른 나라들은 이 두 제국의 부속물 정도에 불과하다.[2] 《로마민족사 De gente populi Ramani》를 쓴 마르쿠스 배로 Marcus Varro 는 로마의 기원을 고대 그리스의 시키온왕들의 역사까지 거슬러 올라간다. 시키온왕들에서 출발해서 아테네로 내려오고, 다음에 라티움으로, 다음에 로마로 내려왔다. 그러나 배로가 열거한, 로마 건국 이전의 나라들은 아시리아제국에 비하면 참으로 보잘것없었다. 물론 아테네는 유례가 없을 정도로 왕성한 문학과 철학으로 적지 않은 명성을 얻었지만, 국력으로 볼 때 고대국가로서 아시리아를 능가한 나라가 없었고, 실제로 아시리아는 세계의 절반을 차지할 정도로 그 판도도 광대했다.

우리는 하나님의 도성이 이 세상에서 순례의 길을 걷는 동안에 첫째 로마였던 바빌론[3]과 어떻게 병행했는지를 밝히기 위해서, 필요에 따라 아시리아왕들의 이름을 들어야 한다. 그러나 지상도성과 천상

---

1   아우구스티누스에게 있던 연대기에 따르면 아시리아제국은 주전 2124-819년, 즉 1304년 동안 존속했다. 아브라함은 주전 2016년에 출생했으며, 로마제국은 주전 753년에 건설되었다. 이외의 연대기에 대해서는 마르쿠스 배로의 로마연대기를 참조하라.
2   아우구스티누스는 유세비우스-제롬의 연대기를 사용한다.

도성을 비교하는 우리 이야기의 줄거리를 알리기 위해서, 주로 그리스 역사에서, 다음으로는 바빌론과 같은 로마역사에서 비교할 시대들을 선택해야 되겠다. 아브라함의 역사와 아시리아, 시키온의 연대기 비교는 부록 3 일람표를 참조하라. 이 책 끝부분에 첨부한 일람표는 《하나님의 도성》 848쪽 각주 1의 내용을 반영해 만들었다.

3장. 아브라함이 100세일 때 아시리아 왕들과 시키온 왕들

아브라함이 100세 되었을 때 약속된 이삭이 태어나고, 이삭이 60세에 그 아내 리브가가 에서와 야곱 쌍둥이를 낳았을 때에, 아시리아와 시키온의 왕들은 누구였는가? 당시 아시리아는 5대 왕 아리우스 치세였다. 아브라함이 175세로 죽었을 때는 아시리아는 7대 왕 발레우스(크세르크세스), 시키온은 7대 왕 투리아쿠스가 다스렸다.

4장. 야곱과 그 아들 요셉의 시대

자세한 내용은 일람표를 참조.

5장. 이집트에서 세라피스신으로 숭배한 그리스 아르골리스 아피스왕과 그 시대

자세한 사건들과 인물들에 대해서는 일람표 참조.

6장. 야곱이 이집트에서 죽었을 때 아르고스와 아시리아를 다스린 왕들

자세한 연대기 정보는 일람표 참조.

---

3 요한계시록 18장 2절에서 로마를 바빌론이라고 했기 때문에 지상도성으로서 로마제국의 선배였던 아시리아를 첫째 로마 즉 첫째 바빌론이라 하고, 로마를 둘째 바빌론이라고 부른다. 로마의 핵심 구성원은 시키온과 라우렌툼(라티움)이며, 아테네와 아르골리스(아르고스)는 부분 구성원이다.

7장. 요셉이 이집트에 체류하던 시대의 왕들

자세한 내용은 일람표 참조.

8장. 모세 시대의 이집트, 그리스, 아시리아의 왕들

자세한 내용은 일람표 참조.

9장. 아테네가 건설된 때와 그 이름의 유래에 대한 배로의 설명

아테네가 건설된 때와 그 이름의 유래에 대한 배로의 설명이 나온다. 배로Varro는 로마의 신화에서 말하는 미네르바를 그리스어로는 아테네라고 부르므로, 아테네시의 이름이 거기서 왔음이 확실하다고 한다.

10장. 아레오바고라는 이름과 데우칼리온의 홍수에 대한 배로의 견해

아레오바고라는 이름과 데우칼리온의 홍수에 대한 배로의 견해를 다룬다. 사도 바울이 아테네 사람들과 토론한 장소를 아레오바고라고 하며, 거기 있는 사회를 아레오파기타이라고 한데 대해서(행 17장), 군신軍神 마르스, 곧 그리스어로 아레스가 살인죄로 그 곳에서 열두 신들 앞에서 재판을 받아, 6대 6의 표결로 무죄가 되었다는 주장을 배로는 배척한다. 배로는 희귀한 문서들에서 얻은 지식을 근거로 다르게 설명하지만 설득력이 없다. 또 케크롭스가 아직 왕위에 있었는데, 데우칼리온의 홍수가 있었고, 그 홍수가 피해가 심했던 지역을 이 사람이 지배하고 있었기 때문에 그 이름을 붙인다고 하는데 그 홍수가 이집트 부근에는 미치지 않았다.

11장. 모세의 출애굽 시대와 여호수아가 죽었을 당시 고대 근동과 유럽의 왕들

모세가 하나님의 백성을 이집트에서 인도해 낸 것은 어느 시대며, 후계자 여호수아가 죽은 때의 왕들은 누구였는지는 일람표 참조.

12장. 출애굽부터 여호수아가 죽은 시대까지 그리스 왕들이 제정한 거짓 신 숭배

출애굽부터 여호수아가 죽던 때까지, 그리스의 왕들은 거짓 신들에 대한 경배를 제정해서, 홍수와 사람들이 홍수에 구원된 것과 그 때 물을 피해서 고지와 평지 사이를 왕래하던 고생을 엄숙한 축제로 기념했다.

13장. 사사시대의 황당한 설화들

사사들이 히브리 민족을 다스리던 시대에는 죄를 지어 겪는 굴욕적인 고난과 하나님의 자비로 누리는 번영과 위로가 여러 번 교대로 나타났다. 그 시대에 여러 황당한 이야기가 조작되었다. 예를 들어, 트립톨레무스는 카레스(곡식의 여신)의 명령을 받아 날개 돋친 뱀들을 타고 가난한 지방을 날아다니면서 곡식을 주었다고 한다. 대부분 조작된 이야기지만, 사람들은 거짓말쟁이들에게 화를 내지 않았을 뿐 아니라, 극장에서 그런 거짓말들을 연극으로 올리지 않으면 도리어 신들이 자기들에게 노하리라 여기고 두려워했다.

14장. 신학적 시인들이 노래한 대상의 정체

사사시대와 같은 시대에 신들에 대한 노래를 지었다고 해서 신학자들이라 불리는 시인들이 대두했다. 그러나 이 시인들은 신이 아니라 사람, 곧 위대한 사람이나 이 세계의 원소, 즉 피조물을 노래했다.

15장. 아르고스 멸망기와 동시대 사건인 피쿠스의 라우렌툼 왕국 획득

아르고스가 멸망했을 때, 사투르누스의 아들 피쿠스가 라우렌툼 왕국을 얻었다. 일람표 참조.

16장. 트로이 멸망 후에 신으로 추대된 디오메데스와 새가 되었다는 그 동료들

그 후에 트로이가 패망했고, 그 참상은 각처에서 시의 주제가 되어 학생들이 잘 알게 되었다. 이 사건은 자체의 중대성과 저술가들의 문재( ) 덕분에 대단히 유명하게 되었다. 그래서 어떤 사람들은 신의 수효를 늘려서, 신들에게 벌을 받아 고향으로 돌아가지 못했다는 디오메데스까지도 신으로 만들었다. 그리고 디오메데스의 동료들이 새가 되었다는 것은 시적 조작이 아니라 역사적 사실이라고 했다.

17장. 인간의 믿지 못할 변형에 대한 마르쿠스 배로의 이야기

마녀 키르케가 율리시즈의 동료들을 동물로 변하게 했고, 데마이네투스가 아르카디아 사람들이 드리는 제물을 맛보고 이리로 변했다는 이야기를 전하면서 배로는 이런 변화는 신들의 힘이 아니고는 일어날 수 없었다고 말했다.

18장. 귀신들의 술책으로 사람들이 변한 듯한 현상에 대한 아우구스티누스의 견해

귀신들의 술책으로 사람들이 변한 것처럼 보이는 데 대해 어떻게 생각해야 하는가? 아우구스티누스는 이런 큰 기만에 대해서 우리는 바빌론에서 도망해야 한다는 말밖에 할 수 없다고 한다. "너희는 바빌론에서 나와서 갈대아인을 피하고"(사 48:20). 이사야의 교훈을 영적으로 해석하면 이 세상 도시에서 도망하라는 뜻이 된다. 악인들뿐 아니라 확실히 악한 천사들의 도성이기도 한 이 세상 도시를 우리는 사랑으로 역사하는 믿음의 걸음으로 도망해서, 살아계신 하나님 안에서 피난처를 얻어야 한다. 귀신들은 천사로 창조되었으나, 자기의 허물로 인해서 악하게 된 자들이며, 하나님이 허락하지 않으시면 제 힘으로는 아무것도 할 수 없다. 다만 하나님의 판단에는 신비적인 것이 많으나 부당한 것은 없다. 참으로 귀신들은 우리가 지금 화제로 삼은 일을 한다고 하더라도, 실제 있어야 할 것을 창조하지는 못한다.

19장. 사사 압돈 시대에 이탈리아에 도착한 아이네아스

압돈이 히브리 민족의 사사였을 때(삿 12:13), 아이네아스가 이탈리아에 왔다. 트로이 멸망 후 아이네아스는 트로이 유민들을 배 20척에 태워 이탈리아로 건너왔다. 그때 그곳의 왕은 라티누스, 아테네 왕은 메네스테우스, 시키온왕은 폴리피데스, 아시리아왕은 타우타네스였다. 라티누스왕이 죽은 후에 아이네아스가 3년간 통치했고 그 기간에 히브리 민족은 삼손이 다스리고 있었다. 아이네아스의 아들 아스카니우스가 라티움의 3대 왕이 되었고 그의 어머니는 크레우사였다. 라티누스의 딸 라비니아와 아이네아스에게서 난 유복자 실비우스가 라티움의 3대 왕이었고 그 때 엘리 제사장이 히브리 민족을 다스렸다. 시키온왕국은 959년의 역사를 다하고 망했다.

20장. 사사시대 이후 이스라엘 왕들

사사시대 이후에 이스라엘에는 사울왕을 시작으로 왕정 시대가 도래했고 라티움에는 실비우스라는 왕실이 등장했다. 실비우스 가문 왕들의 시대가 열린 것이다. 솔로몬의 아들 르호보암 때 이스라엘은 분열되었는데 라틴족은 알바를 건설했고 라티움왕을 알바왕이라고 부르기 시작했다.

21장. 사후에 신으로 인정된 라티움의 초대 왕 아이네아스와 12대 왕 아벤티누스

라티움의 역대 왕 중에서 초대 왕 아이네아스와 제12대 왕 아벤티누스는 사후에 신으로 인정되었다. 사람들이 아이네아스를 신으로 만든 후에, 뒤를 이은 왕이 열 하나였지만, 그 가운데는 신이 된 사람들이 없었고, 12대 왕 아벤티누스가 전사해서 지금도 그 이름으로 부르는 산에 매장되었을 때에 사람들은 아벤티누스를 신의 무리에 끼워 넣었다. 그 후에는 로마를 건설한 로물루스에 이르기까지 신이 된 사람이 없었다. 이 두 왕 사이에 있던 유명한 두 왕은 프로카스와 아물리우스다. 아물리우스는 동생인 누미토로의 딸 레아를 베스타신(가정의 수호신)의 사제로 만들었다. 레아는 일리아, 곧 로물루스의 어머니다. 아물리우스의 아우 누미토르, 곧 로물루스의 외조부가 왕위를 이었고 이 왕의 첫 해에 로마가 건설되었다. 누미토르는 그후에도 손자인 로물루스와 함께 왕위에 있었다.

22장. 로마 건설 시대 사건과 인물: 아시리아왕국 멸망과 히스기야의 유다 통치

로마가 건설된 때에 아시리아왕국[4]이 끝나고, 히스기야가 유다왕

---

4 아시리아의 멸망이 무엇을 의미하는지 도저히 알 수 없다. 투쿨티-닌우르타Tukulti-Ninurta(주전 1243 - 1207년)나 니누스(주전 20세기 이전)가 다스리던 고대 아시리아제국은 이미 오래 전에 멸망당했으나 신아시리아제국은 주전 911년부터 612년까지 존속했다. 주전 753년은 신아시리아제국의 앗수르니라리 5세(주전 755-745년)가 다스리던 시대였다. 그의 치세 당시 아시리아는 일시적 국력쇠퇴를 겪고 있으며 디글릿 빌레셀 3세의 군사 반란으로 그는 폐위되었다. 따라서 로마가 건설될 때 아시리아가 멸망했다는 아우구스티누스의 진술은 납득하기 어렵다.

이었다. 둘째 바빌론으로서의 로마가 건설되었다. 로마는 처음 바빌론의 딸이었으며, 하나님은 로마가 전 세계를 정복하고 세계 구석구석에 평화를 펼치게 하며, 전 세계가 로마공화국과 그 법으로 통일되게 하셨다. 로마가 건설될 당시 이스라엘 민족은 약속의 땅에 718년 동안 살고 있었다. 그 중에서 27년은 사사 시대였다. 그후 왕정이 시작되어 362년이 지났다. 그때 왕은 아하스인데, 다른 계산으로는 그 다음 왕 히스기야다. 각주 4에서 지적했듯이 로마건설 시대를 아시리아제국 멸망기로 보는 아우구스티누스의 주장은 수용하기 어렵다.

23장. 그리스도에 대해서 명료하게 예언한 에리트라이의 여예언자

이 당시에 에리트라이의 예언자 시빌레[5]가 그리스도에 관련된 글을 썼다. 모두 27행으로 된 예언시로 5, 18, 19행은 라틴어 y에 해당되는 그리스어 알파벳 Υ으로 대체했다. 각 행의 첫 글자를 순서대로 읽으면 *IHΣOTΣ XPEIΣTOΣ ΘEOT TIOΣ ΣΩTHP*인데, '예수 그리스도 하나님의 아들 구세주Jesus Christ Son of God Savior'라는 뜻이다. 이 시는 하늘에서 온 심판의 왕이 악인들을 불사르고 성도의 몸을 해방하며 천지를 개벽하는 변동을 일으킬 것을 예언한다. 그리고 이 다섯 단어의 처음 글자를 순서로 연결하면 물고기라는 뜻인 그리스어 '익투스$_{\iota\chi\theta\nu\varsigma}$'가 된다. 이 명사의 신비적인 뜻은 그리스도다. 즉 죽을 인생의 무저갱에서, 바다 밑에서와 같이 그리스도는 살아 있을 힘이 있다. 즉 죄 없이 살 힘이 있다는 뜻이다. 또 이 예언자는 거짓 신들에 대한 언급을 하지 않고, 다신숭배를 비난하고 있으므로 분명히

---

5 혹은 쿠마의 시빌, 870쪽 각주 16번 참조.

하나님의 도성에 속한 사람이다.

24장. 북이스라엘 열 지파의 유배와 동시대에 신으로 격상된 로물루스

로물루스왕 때에 일곱 현인이 있었고, 이스라엘의 열 지파가 갈대아로 포로로 끌려갔을 때에 로물루스는 죽어 신으로 인정되었다. 로물루스가 왕이었을 때 밀레도에는 탈레스가 살고 있었고 오르푸스 등 신학적 시인들도 동시에 살고 있었다. 소포이Σοφοι라고 불리는 지혜자들도 동시대를 살고 있었다. 아우구스티누스는 열 지파가 갈대아로 유배당했다고 하는데 아마 북지파(열지파)의 아시리아 유배를 가리키는 말처럼 보인다. 연대 착오인 듯하다. 행불자가 된 로물루스는 시저(카이사르) 시대에 와서 신으로 추앙되고 2대 왕 누마는 다신숭배를 도입해 로마를 안보하려고 했다. 누마가 치세하던 때는 이사야를 죽였다는 므낫세 치세 초기와 동시대다.

25장. 유다의 시드기야왕과 로마의 타르퀴니우스 프리스쿠스왕 시대 철학자들

여기에서는 예루살렘이 함락되고 성전이 파괴된 때, 즉 히브리 민족의 시드기야왕과 로마의 타르퀴니우스 프리스쿠스왕 때 있던 철학자들을 다룬다. 신학적 시인들의 시대 다음에 일곱 현인의 시대가 왔고, 이어 철학자들, 즉 필로소포이의 시대가 왔다. 피타고라스부터 철학자라고 불리기 시작했다.

26장. 유대인들 포로기와 동시대에 종결된 로마 왕정

70년이 차서 유대인들의 바빌론 포로 생활이 끝나고, 로마 국민은 왕정에서 벗어났다. 로마 7대 왕 타르퀴니우스 때 압제적 왕이 축출되고 로마공화정이 시작되었다. 이 시기에 이르기 전에 이스라엘에는 예언자들이 있었는데 17권에서 약속한 대로 아우구스티누스는 다음 장부터 문서예언자들을 논한다.

27장. 하나님의 이방인 구원계획을 예언한 문서예언자들

아시리아제국이 망하고 로마제국이 출발할 때, 하나님이 이방인을 부르실 것을 예언한 문서 예언자들은 호세아, 아모스, 이사야, 미가, 요나(웃시야 왕 때 예언), 요엘(요담 왕 즉위 초기)[6]로서, 모두 웃시야와 요담과 아하스와 히스기야 시대에 예언을 했다. 이 예언자들은 아시리아제국이 망하고 로마제국이 출발한 때에, 예언의 샘이 터진 듯이 한꺼번에 예언 활동을 했다. 여기는 분명한 의도가 있었다. 자기 자손으로 말미암아 천하 만민이 복을 받으리라는 지극히 명백한 예언을 받게 될 아브라함이 아시리아제국의 초창기에 태어난 것과 같이, 서방 바빌론(로마제국)의 초창기에 예언자들이 입을 열어 장차 그 판도 내에서 그리스도가 나타나며 저 약속들을 실현하리라고 증언한 것이다. 세계만민을 지도할 인간도성(로마)이 건설될 때 세계만민을 위한 예언자들의 예언이 나타난 것은 우연이 아니다.

28장. 그리스도에 관한 호세아와 아모스의 예언

호세아는 로암미를 '하나님의 자녀'라 일컬으리라는 1장 10절과, 이스라엘과 유다가 한 두목을 세우고 그 땅에서 올라오리라는 1장 11절을 말씀을 통해서 이방인의 구원을 예언한다. 그리고 임금도 없는 시절이 지난 후에 이스라엘이 하나님과 그 임금 다윗을 구하리

---

6 요나와 요엘의 연대는 그들의 이름으로 저작된 예언서에는 없고 유세비우스의 교회사 연대기일람표에 나와 있다(27장, 875쪽).

라는 3장 4-5절 말씀을 통해서 그리스도의 오심을 예언한다.[7] 6장 2절(70인역)은 죽은 지 3일 만에 부활하실 것을 예언한다. 아모스 4장 12-13절은 그리스도를 명시적으로 언급한다. "이스라엘아 네 하나님 부르기를 예비하라. 대저 우레에 힘을 주며 바람을 창조하며 그들의 그리스도를 선포하는 자는 나니라"(70인역). 아모스 9장 11-12절은 남은 이스라엘 백성과 여호와의 이름을 부르는 이방인들이 다윗의 회복된 장막으로 몰려와 하나님을 찾을 것이라고 예언한다(70인역, 행 15:16-18).

29장. 그리스도와 교회에 관한 이사야의 예언

이사야는 불의를 책망하며 선행을 장려하며 죄 많은 백성이 당할 재난을 예언할 뿐 아니라, 그리스도와 교회, 즉 왕과 그 왕이 건설할 도성에 대해서 다른 예언자들보다 더 많이 예언했다. 그래서 제롬 같은 이들은 이사야를 예언자라기보다는 복음전도자라고 부른다. 이사야의 예언은 그리스도에 대한 예언인 이사야 52장 13절-53장 12절과, 교회에 대한 예언인 54장 1-5절에 잘 나온다.

30장. 새 언약에 대한 미가와 요나와 요엘의 예언

미가와 요나와 요엘의 예언들은 새 언약에 적용된다. 미가는 그리스도를 어떤 큰 산에 비교했고(미 4:1-3), 그리스도가 날 곳까지 예언했다(미 5:2-4). 예언자 요나는 글이 아니라 자기가 당한 일로 그리스도를 예언했다(욘 1-2장). 교회에 대한 요엘의 구절은 2장 28-29절에 나온다.

---

[7] 다윗의 혈통에서 나신 그리스도(롬 1:3).

31장. 이방인들의 구원에 대한 오바댜, 나훔, 하박국의 예언

세계가 그리스도 안에서 구원을 받을 것에 대해서 오바댜와 나훔과 하박국은 어떠한 예언을 했는가? 이 세 예언자의 연대기는 아무데도 나오지 않는다. 그들의 책이나 유세비우스의 책에도 이들의 활동연대 기록이 없다. 가장 짧은 예언서인 오바댜는 이방인의 대표인 에돔 족속을 비판한다. 시온산에 구원이 있으며 거룩한 처소, 즉 그리스도가 있으리라는 것이 예언의 핵심이다. 오바댜 17, 21, 70절에서 그리스도를 믿는 자들이 (특히 사도들이) 유대에서 에서의 산을 지키며 그 나라(에돔)가 주의 나라가 될 것을 예언한다. 즉 구원을 받은 사람들이 시온산에서 와서 이방인의 교회를 지켜줌으로써 주의 나라로 만들려고 한다는 것이다. 나훔은 1장 14-15절, 2장 1절에서 하나님 백성 유다의 영적 갱신과 구원의 날의 도래를 예언한다. 영적으로 절기를 개혁하며, 새긴 우상과 부은 우상은 멸절되어 무덤에 던져진 듯이 잊힐 것이다. 유다를 고난에서 구출해 얼굴에 숨을 뿜어주실 것이다. 유대인 제자들에게 성령을 부어주시는 예수님 시대를 예언한 것이다(요 20:22-23). 하박국 2장 2-3절은 예정된 그리스도가 오실 것을 예언한다.

32장. 하박국의 기도와 노래에 있는 예언

아우구스티누스는 하박국 3장 2-19절(70인역)이 주 예수 그리스도께 드린 기도라고 믿고 절단위로 장황하게 주해한다(881-884쪽). 이 단락 전체를 신약성도의 관점으로 해석한 것이다. 15절에서는 교회가 당한 고난을 발견한다. 18절 "나의 구원을 인하여 기뻐하리라"를 "하나님 나의 예수를 인하여 기뻐하리라"라고 번역한 역본을 선호한다.

33장. 그리스도와 이방인 구원에 대한 예레미야와 스바냐의 예언

예레미야와 스바냐는 그리스도와 이방인 구원에 대해 예언했다. 이 두 예언자는 유대 민족이 포로로 잡혀가기 직전과 잡혀간 후의 시기, 곧 유다왕 요시야와 로마의 안쿠스 마르키우스왕 치세 기간에, 그리고 타르퀴니우스 프리스쿠스 치세 때까지 활동했다.

예레미야는 바빌론 유배 후 다섯 달 동안 계속 예언했는데(렘 1:2-3) 아우구스티누스는 예레미야가 먼저 우리의 죄 때문에 그리스도가 고난을 당했다고 예언한 애가와 바룩서를 들어 그리스도에 대하여 예언했다고 주장한다. "우리의 콧김 곧 그리스도가 우리의 죄로 인하여 포로가 되었도다"(애 4:20, 70인역), "이분이 나의 하나님이시며 이분과 비교할 이 없도다"(바룩 3:36-37). 예레미야 23장 5-6절은 다윗의 한 의로운 가지가 공평과 정의를 베풀어 유다와 이스라엘을 구원할 날을 예언한다. 또 예레미야 16장 19절(70인역)은 이방인들이 우상숭배를 뉘우치고 하나님께 돌아올 날을 예언한다. 그러나 유대인들은 정작 그리스도를 알아보지 못할 것이라고도 예언했다(렘 17:9, 아우구스티누스의 독특한 해석에 근거를 둔 이해). 예레미야 31장 31-34절은 새 언약의 중보자 그리스도를 예언한다.[8] 결론적으로 예레미야는 우리의 주시며 우리를 위해서 고난을 받으신 그리스도와, 구원을 위해 이방인들을 부르시는 하나님에 대해 예언했다. 이 이방인 구원사역은 예정되어 있었고 지금 우리가 보는 대로 성취되었다. 그러나 예레미야는 유대인들이 그분을 알아보지 못한 것과, 그리스도를 중보자로 삼은 새 언약에 대해서도 예언하였다.

요시야왕 때 예언한(습 1:1) 스바냐는 남은 자들, 즉 그리스도를 믿

---

8 17권 3장에서 이미 논의했다.

는 사람들에게 참고 기다리라고 말한다. 스바냐 3장 8절, 2장 11절, 3장 9-12절은 이스라엘의 남은 자들과 이방인들이 그리스도를 통해 구원을 받고 하나님에게 돌아올 것을 예고한다. 이러한 스바냐의 남은 자 예언은 사도 바울의 로마서에서 성취된 말씀으로 인증된다(사 10:22; 롬 9:27).

34장. 그리스도와 교회에 관한 다니엘과 에스겔의 예언

바빌론 포로 초기의 두 예언자는 다니엘과 에스겔이다. 다니엘은 그리스도가 와서 고난을 받기까지 연수를 지적했고, 교회의 권능에 대해서도 언급했다(단 7:13-14, 70인역). 에스겔은 하나님 아버지의 관점에서 그리스도를 예언하는데, 선한 목자인 다윗(그리스도)의 종말론적 통치를 예언한다(겔 34:23-24). 에스겔 37장 22-24절은 다윗의 이상적 후손인 메시아가 하나님 백성을 통일하고 평화롭게 통치하실 것을 내다본다.

35장. 학개, 스가랴, 말라기의 예언

학개는 그리스도와 교회에 대해서 "만군의 주가 말하시나니 조금 있으면 내가 하늘과 땅과 바다와 육지를 진동시킬 것이며 만국의 사모하는 이가 이르리라"(학 2:6-7, 70인역)고 예언했다. 이 예언의 일부는 이미 실현되었고, 일부는 종말에 실현될 것이다. 스가랴는 그리스도와 교회에 대해서 예언했다. 주 그리스도께서 어린 짐승을 타고 행차하실 것이라는 이 예언(슥 9:10)의 실현을 복음서가 알려준다. 그리고 그리스도의 피로 죄를 용서받는 것에 대해서도(슥 9:9) 예언한다.

지금 우리가 보는바, 그리스도로 말미암아 널리 퍼진 교회에 대해 예언하면서, 말라기는 하나님을 대신하여 유대인들에게 숨김없이 말한다.

> 만군의 여호와가 이르노라. 너희가 내 제단 위에 헛되이 불사르지 못하게 하기 위하여 너희 중에 성전 문을 닫을 자가 있었으면 좋겠도다. 내가 너희를 기뻐하지 아니하며 너희가 손으로 드리는 것을 받지도 아니하리라. 만군의 여호와가 이르노라. 해 뜨는 곳에서부터 해 지는 곳까지의 이방 민족 중에서 내 이름이 크게 될 것이라. 각처에서 내 이름을 위하여 분향하며 깨끗한 제물을 드리리니 이는 내 이름이 이방 민족 중에서 크게 될 것임이니라(말 1:10-11).

이 구절은 이방인들이 그리스도에게 제사 드릴 교회시대를 예언한 것으로, 이제는 유대인들의 제사가 필요가 없다는 것이다. 예수 그리스도를 통해 하나님의 이름이 이방인 중에서 크게 될 날이 오기 때문이다. 말라기 2장 5-7절(70인역)은 새 언약의 중보이자(그와 세운 나의 언약), 멜기세덱의 반차를 따르는 제사장 그리스도에 대해 예언한다(887쪽). 3장 1-5절은 그리스도의 처음 오심과 두 번째 오심을 모두 예언한다(요 2:19, 성전을 짓는 그리스도). 또 의로운 성도에게 주시는 새 언약의 영원한 복(말 3:13-16, 70인역)과 심판의 날(말 3:17-4:3)을 예고한다(888쪽).

36장. 에스드라서와 마카베오서의 그리스도 예언

여기에서는 에스드라서와 마카베오서를 논한다. 에스드라는 바벨론 포로 시대가 끝나는 시기에 활동한 사람이다. 에스드라는 역사가로 더욱 인정받는데, 에스드라서의 세 청년 이야기에서 그리스도를 예언한다.[9] 마카베오서에는 순교자들이 지극히 괴롭고 무서운 고문을 견디면서 죽기까지 하나님의 법을 지킨 이야기가 나온다. 바빌론 포로들의 귀환과 예루살렘 성전 중건 이후부터 아리스토불루스에 이르기까지 유대인들이 세운 하스모니안왕조(주전 142-37년)의 왕들이 유대인을 다스렸다. 이 왕들은 로마제국의 부역자들로서 로마의 유대지방 통치를 부분적으로 대신해주던 자들이었다. 이 시기를 마카베오서와 다른 문서가 다룬다. 유대인들은 마카베오서를 정경으로 인정하지 않지만 교회는 인정한다.[10] 순교자들의 신앙사수 이야기가 마카베오서의 중심이기 때문이다.

37장. 이방 철학의 어느 근원보다도 더 오래된 예언의 권위

이방 철학의 어느 근원보다도 예언의 권위는 더 오래되었다. 아직 철학자라는 명칭으로 불리지 않던 인물들, 즉 일곱 현인들[11]과 그 후의 자연 철학자들[12]도 모두 예언자들보다 먼저 있지 않았다. 탈레스(주전 600년경)는 로물루스 치세 기간에 활동했는데, 그때는 후기 문서 예언자들의 시대다.[13] 그 시대는 전 세계에 물을 제공하게 된 예언의 시내가 이스라엘의 샘에서 터져 나온 시대였다. 그러므로 저 유명한 신학적 시인들,[14] 즉 오르푸스, 리누스, 무사이우스 등의 그리스 시인

---

9   세 청년은 세상에서 가장 강한 것이 무엇이냐고 토론했을 때 첫째는 왕, 둘째는 술, 셋째는 여자라고 대답한다. 이 셋째 청년은 여자가 왕을 정복하지만 결국 진리가 모든 것을 정복한다고 말한다. 예수 그리스도는 진리시다!(요 14:6).
10 아우구스티누스가 말하는 교회는 가톨릭교회를 가리킨다. 개신교는 마카베오서를 외경으로 분류한다.
11 18권 25장에서 상론.
12 탈레스, 아낙시만드로스(주전 570년경), 아낙시메네스(주전 500년경), 아낙사고라스(주전 460년경), 피타고라스. 이들은 8권 2장에서 자세히 논의했다.
13 소크라테스의 생몰연도는 주전 469-399년이며, 플라톤은 주전 429-349년이다.
14 18권 14장 참조.

들만 우리가 권위를 인정하는 히브리 민족의 예언자들보다 앞선 시대를 살았다. 특별히 모세는 이 신학적 시인들보다 앞서 살았다. 그러나 모세가 이집트의 왕자로 훌륭한 교육을 받았다고 해서 이집트의 지혜까지도 우리의 예언자들보다 시대적으로 앞선다고 할 수 없다. 또 아브라함도 이집트인들에게 문자를 준 이시스보다 앞선 예언자였다(창 20:7).

38장. 위경과 같은 종교문서들이 정경에 포함되지 않은 이유

성경의 유명한 예언자들이 전한 말씀을 기록했다고 주장하는 책들 중 정경에 끼이지 못하는 책이 있다. 에녹도 예언자 중 하나였다. 유다서에 보면(14절) 에녹 역시 예언했다고 하지만, 에녹서를 정경으로 인정하지 않는다. 이렇게 너무 오래 전에 살았던 인물의 글이라고 주장되는 글들에 대해서는 유대인이나 그리스도인들 모두 그 권위를 인정하지 않는다. 그것들이 진실로 오인되는 것을 막기 위해서 너무 오랜 글들은 의심스러운 것으로 보는 것이 좋겠다고 인정한 것이다. 하나님이 시인하신 그런 오래 전 사람들의 권위를 거부하기 때문이 아니라, 그 책들을 그들의 실제 저작이라고 믿지 않기 때문이다. 아우구스티누스는 이 외에도 정경에 들지 아니한 예인자들의 기록물들을 언급한다.[15]

39장. 아주 오래된 히브리어와 히브리인들의 오래된 기록문화 옹호

아우구스티누스는 히브리라는 이름(창 14:13)이 '에벨'(창 10:21)이라

---

15 역대상 29:29 다윗의 행적을 기록한 선견자 사무엘의 글, 선지자 나단의 글, 선지자 갓의 글; 역대하 9:29 선지자 나단의 글, 실로 사람 아히야의 예언, 선견자 잇도가 느밧의 아들 여로보암에 대하여 쓴 묵시의 책.

는 셈족 사람 이름에서 유래했다고 본다. 구어口語로서의 히브리어는 에벨이 보전해서 아브라함에게 전했지만 글자로서의 히브리어는 모세를 통해서 받은 율법으로 시작되었다는 주장에 반대하며 아우구스티누스는 히브리어 문자와 그것으로 기록된 문서들이 아브라함, 이삭, 야곱의 족장시대부터 있었다고 주장한다. 즉 히브리어는 족장들이 대대로 보존해서 전한 언어이며 족장들은 히브리어로 글을 남겼다고 본다. 당연히 아우구스티누스는 모세가 히브리 백성이 하나님의 기록된 율법을 알기 전에 교사들을 임명해서 백성에게 문자를 가르치게 했다고 믿는다.

이 교사들을 그람마타이사고게이스라고 하는데,[16] 문자를 소개하는 사람이라는 뜻이다. 아우구스티누스는 어느 나라든지 지혜의 역사 면에서 우리 성경의 족장들이나 예언자들보다 더 오래되었다고 거짓 자랑을 해서는 안 된다는 점을 주장하기 위해서 히브리어의 이러한 오래된 기원과 히브리어로 된 기록문명의 고대성을 옹호한다. 이집트의 문자문화 창도자인 이시스도 아브라함보다 후대 인물이다. 그리스의 가장 오래된 지혜교사 헤르메스(메르쿠리우스)는 '트리스메기스투스'(세 배나 지혜로운 자)라는 뜻의 별명이 있었고 그리스 현인들보다 훨씬 이전 사람이지만 아브라함과 요셉으로 이어지는 족장들보다는 후대 사람이다. 모세가 태어났을 때 위대한 천문가 아틀라스가 살아있으며 아틀라스의 형제 프로메테우스도 살아있었다. 아틀라스는 위에서 말한 헤르메스 트리스메기스투스의 조부인 다른 헤르메스의 외조부다. 39장은 히브리 민족의 기록문화가 이집트와 그리스에 견주어 조금도 부족함이 없이 오래되었다고 강조한다. 앞

---

16 70인역의 어느 사본 출애굽기 18:21에 이 교사들에 대한 말이 있다.

의 16권 11장과 16장의 결론에서 이미 말했지만 아우구스티누스의 히브리어의 고대성 옹호와 족장들의 히브리어 사용 주장은 오늘날에는 받아들이기 힘든 주장이다.

40장. 이집트의 과장된 과학 역사 '10만 년설' 비판

이집트 사람들은 자기들의 과학에는 10만 년의 역사가 있다고 주장하지만, 그것은 완전히 어리석은 거짓이다. 이집트 사람들이 이시스에게서 문자를 배운 것이 2000년을 조금 넘을 뿐인데, 이집트의 천문학이 10만 년 전에 발달했다고 하는 것은 근거가 없는 헛된 주장이다. 아담이 창조된 지 6천 년도 안 되었는데 어떻게 10만 년 전의 천문학을 논한단 말인가? 아우구스티누스는 당시 기준으로 지구가 6천 년 전에 창조되었다고 믿었다.

41장. 철학자들의 백가쟁명 같은 대립과 대조되는 정경의 책들의 조화

철학자들은 자기 견해가 동료들보다 더 현명하거나 더 예리하다는 것을 보이려고 한다.[17] 또 오직 진리를 사랑하기 때문에 선생이나 동료들과 갈라지는 사람들이 많다. 그러나 정경은 하나님의 말씀에 대하여 서로 반대 의견이 없고 한마음인 사람들만 성경 저자로 인정했다. 그들 역시 진리를 사랑하는 사람들이었지만, 그들의 생활과 사상을 모범으로 삼은 사람들은, 그 사람들을 통해서 말씀하신 하나님에게서 그 생활과 사상을 얻었다. 이방철학자들의 모든 교훈들(더 좋은 것도 있으나)은 왜 그런 교훈들을 존중하고 따라야 하는지 궁극

---

17 소크라테스파의 철학자인 아리스티푸스는 신체의 쾌락을 최고선이라고 주장하며 현명한 사람은 정치를 피하라고 충고했고, 다른 철학자 안티스테네스는 고상한 인격을 최고선이라고 주장하며 나랏일을 도우라고 충고했다(895쪽).

적 목적을 제시하지 못했으나 성경의 예언자들은 하나님 경외를 궁극적인 목적으로 삼아 교훈하고 가르쳤다.

42장. 구약성경의 그리스 번역본인 70인역 번역과정에 관여하신 하나님

하나님은 구약성경을 히브리어에서 그리스어로 번역해서 이방인들이 알 수 있게 섭리하셨다. 이집트의 프톨레마이오스왕조의 한 임금인 필라델포스는 자기가 만든 도서관에 성경을 비치하기를 원했다. 하지만 필라델포스가 받아든 성경은 히브리어 성경이었기에 히브리어와 그리스어에 능통한 서기관을 열두 지파에서 여섯 사람씩 도합 72명을 지명하여 성경을 번역하도록 했다. 이것이 바로 70인역 성경이다. 이 72명의 진실성을 시험하기 위해서 각기 다른 장소에서 번역을 시켰지만, 놀랍게도 마치 한 사람이 번역한 것처럼, 사용한 단어와 단어 배열 순서까지도 전혀 다르지 않았다고 한다.

43장. 다른 역본 성경보다 70인역을 더 높게 평가하는 아우구스티누스

70인역 외에도 제롬의 번역Vulgate Bible 같은 다른 번역들(아퀼라, 심마쿠스, 테오도션)도 있으며, 또 더러는 70인역 여러 곳이 잘못되었다는 주장도 있지만, 교회는 대제사장 엘르아살이 이 위대한 사역을 위하여 선발한 이 많은 사람들의 권위보다 어느 한 사람(제롬 장로)을 더 높이 인정할 것은 아니라고 판단했다. 당시 유대인 학자들은 제롬의 라틴역본이 70인역보다 낫다고 판단했다. 그러나 다음 인용문에서 볼 수 있듯이 아우구스티누스는 다소 지나치게 70인역을 신봉한다. "어떤 다른 사람이 히브리어에서 다른 말로 성경을 충실히 번역한다면, 그는 70인 역자들과 일치할 것이 확실하며 그렇지 않고 그들과 일치하지 않을 때에는 더 깊은 예언적 의미가 70인역에 있다고 우리는 믿어야 한다." 아우구스티누스는 예언자들 안에 친히 계셨던 그 성령이 70인 역자들에게도 계셨다고 주장한다. 그래서 "어떤 말씀이 70인역에 있고 히브리 성경에 없을 때에는, 같은 성령이 예언자들보다 70인 역자들을 통해서 말씀하신 것이며, 이들도 예언자들이었음을 알리신 것이다"(898-899쪽). 아우구스티누스는 주전 2세기에 나온 위경 중 하나로서, 70인역 성경을 히브리어 성경과 같은 권위를 가진 정경으로 격상시킨 《아리스테아스의 편지》를 익숙하게 아는 것으로 보인다.

44장. 니느웨 멸망 시점에 대한 히브리어 성경과 70인역의 차이 해명

니느웨 사람들이 멸망하리라는 위협을 어떻게 해석할 것인가? 히브리어 성경에는 40일 후라고 했는데, 70인역에서는 3일 후라고 했다. 니느웨 멸망에 대해서 아우구스티누스는 히브리어 성경에 있는 대로 40일이 지나면 니느웨가 멸망하리라고 했다고 단정한다. 그것은 70인 역자들이 오랜 후에 한 번역이기 때문에 새로운 말을 할 수 있을 것이다. 그러나 다만 의미의 수준이 달랐을 뿐이다. 70인역은 3일 만의 부활을 상징하는 뜻이 있다고 본다. 또 70인역에서는 그리스도의 부활과 승천의 의미에서 독자의 잠을 깨우면서, 단순히 역사적 기록에만 집착하지 말고 더 깊은 예언적 의미를 구하라고 경고한 것과 같다는 것이다. "네가 3일을 얻을 수 있는 그분을 40일에서도 구하라. 너는 40일에서 승천하신 분을, 그리고 3일에서 부활하신 분을 발견할 것이다"(900쪽).

45장. 성전 재건 후부터 그리스도 탄생까지 유대인들이 계속 역경에 처한 이유

성전 재건 후에 유대인 가운데 예언자가 일어나지 않았고 그리스도께서 탄생하실 때까지 유대인들이 계속하여 역경에 처한 것은 예언자들을 통해서 다른 성전이 세워지리라는 약속이 있었다는 증거였다. 유대민족이 바빌론 포로생활 후에 성전을 재건하고 생활이 개선되기를 기대한 바로 그 때, 예언자들이 나타나지 않았으며 국민생활은 확실히 저하되었다. "이 성전의 나중 영광이 이전 영광보다 크리라"(학 2:9)는 예언은 유대민족의 육신 생활이 나아지는 것이나 성전재건을 위한 예언이 아니었다. 당시에 유대인을 위한 왕과 예언자가 없었던 것은 "통치자가 유대를 떠나지 아니하며 치리자가 그의 허리에서 떠나지 아니하기를 준비된 이가 오시기까지 미치리니 그를 모든 백성이 기대하리로다"(창 49:10, 70인역)라는 예언의 실현으로, 오시는 그리스도를 위한 것이었다. 미래 성전 영광은 그리스도와 교회시대를 겨냥한 예언이다.

46장. 그리스도의 성육신 이후 일어난 유대인들의 열국 이산과 유리방황

그리스도는 외형은 사람으로 사람인 처녀의 몸에서 나셨고, 내적으로는 하나님이시며 하나님 아버지에게서 나셨다. 그러나 그리스도는 죽어서 부활해야 했기 때문에 유대인들은 그를 믿지 않고 죽였으며, 그후 유대인들은 로마에게 더욱 비참한 압박을 받았다. 이미 외국인인 헤롯을 임금으로 섬기던 데다가 자기 나라에서 아주 근절되고 세계 각지로 분산되고 만 것이다. 여기에서 아우구스티누스는 중세 1000년 내내 기승을 부린 반유대인주의정서를 유감없이 드러낸다. "그래서 하나님께서는 교회의 원수인 유대인 문제에 관해서 교회에 그 인자한 은혜를 보이셨다. 사도가 말하듯이 '그들의 죄가 이방인들의 구원'(롬 11:11)이기 때문이다"(904쪽). 그러나 교회의 그리스도 복음 증거와 선교를 방해하지 못하도록 유대민족을 흩으셨다.

47장. 그리스도 시대가 오기 전에 천상도성에 속한 이방인들

그리스도 시대가 오기 전에 천상도성에 속한 사람들이 이스라엘 민족 이외에도 있었는지를 논한다. 욥은 이스라엘 사람으로 태어난 것도 아니었고 개종한 사람도 아니었다. 욥은 에돔의 후손으로서 에돔 땅에서 태어나서 거기서 죽었다. 그런데 하나님은 그 시대 사람 중에서 욥만큼 정직하고 경건한 사람이 없다고 칭찬하셨다(욥 1:1, 8; 겔 14:4-20). 아우구스티누스는 종교다원주의자는 아니지만 이스라엘 외에서 천상도성의 거민이 나타났을 가능성을 인정한다. 그러면서도 그리스도 예수의 유일하고 절대적인 중보자직을 놓지 않는다. "하나님과 사람 사이의 유일중보자이신 인간 예수 그리스도(딤전 2:5)에 대한 계시를 받지 않고서도 이 은혜가 허락되었다고 우리는 생각해서는 안 된다"(905쪽).

48장. 구약시대보다 그리스도의 교회 시대를 더 적실하게 말한 학개의 예언

하나님의 집의 영광이 처음보다 더 크리라고 한 학개의 예언(학 2:9)은 스룹바벨 등 1차 바빌론 귀환포로들이 주도한 제2성전 재건에서 실현되지 않고, 그리스도의 교회에서 실현되었다. 옛 성전은 돌로 지었지만, 새 언약의 성전은 살아있는 사람들로 지어졌다. 아우구스티누스는 학개 2장 9절에서 평강을 주기로 한 그곳이 장소가 아니라 사람을 가리킨다고 읽는다. 즉 예수 그리스도가 평강을 받은 '곳'이라는 것이다. "그 반석은 곧 그리스도시라"(고전 10:4)는 말씀은 학개가 예언한 하나님 집의 영광이 그리스도와 교회 안에 나타날 영광임을 가리킨다. 다만 알곡과 가라지가 뒤섞여있기 때문에 교회의 영광이 위대하게 나타나지 못하는 것이다.

49장. 천상도성 거민들과 인간도성 거민들이 뒤섞인 현실교회

교회에는 버림받은 자들이 선한 자들과 뒤섞여서 양쪽이 다 복음의 그물 안에 모여 있다. 해변으로 갈 때까지는 다 그 안에서 무차별하게 바다에서와 같이 헤엄을 치며, 해안에 가서야 즉 종말에 가서야 악한 자와 선한 자가 나뉜다(마 13:47-50). 요한이 "회개하라. 천국이 가까웠느니라" 하고 선포한 후로 이 현상은 계속되었다.

50장. 복음전도자들이 당하는 고난을 통해 더욱 찬란하게 전파되는 복음

그리스도의 복음이 이방인들을 변화시키는 사역은 이사야 2장 3절의 성취다. 이방 땅에 퍼지는 회개와 죄사함의 복음은 성도의 고난과 박해를 통해 더욱 강력하게 이방인들의 심장을 사로잡는다. 성도의 박해와 고난을 통해 복음을 전파하시는 데는, 이방 민족이 자기들을 구속하기 위해 십자가에 달리신 분을 믿으며, 자기들이 악마같이 날뛰면서 흘린 순교자들의 피를 그리스도의 사랑으로 존경하도록 하시려는 뜻이 담겨있다. 그것은 자기들의 법으로 교회를 유린한 왕들이 치유를 받기 위해서 그리스도의 이름에, 곧 지상에서 말살하려고 애쓰던 그 이름에 복종하도록 하시려는 뜻이었다. 즉 거짓 신들을 위해 참 신을 경배하는 사람들을 박해한 그 왕들이 도리어 거짓 신들을 박해하도록 하시려는 뜻이 들어있다.

51장. 이단자들의 반대를 통해 더욱 공고해지는 정통신앙

마귀는 이단자들을 선동해서 그리스도교의 가면을 쓰고 그리스도교를 반대하게 했다. 하지만 이단들이 교회를 떠날 때는 교회를 단련하는 데 도움이 되는 원수였음이 인정된다. 그들의 악한 것이 참으로 그리스도의 정통적 지체인 사람들에게 도움이 되기 때문이다.

52장. 기독교를 박해하는 시대가 다 지났다고 생각하는 사람들의 견해 경계

열 번의 박해가 지나갔고, 적그리스도가 가할 열한 번째 박해 외에는 박해가 없으리라고 생각하는 것이 옳은지를 말한다. 우선 열 번의 박해는 네로Nero, 도미티아누스Domitianus, 트라야누스Trajanus, 안토니우스 피우스Antonius Pius, 세베루스Severus, 막시미누스Maximinus,[18] 데키우스Decius, 발레리아누스Valerianus, 마르쿠스 아우렐리우스Marcus Aurelius, 디오클레티아누스Diocletianus, 막시미아누스Maximianus[19] 치세 동안에 일어난 박해를 가리킨다. 하지만 이 열 번의 박해 이전에도 사도행전 7장의 스데반, 사도행전 12장의 야고보의 죽음, 베드로의 투옥 등 여러 박해들이 있었다. 그렇기 때문에 더는 박해가 없을 것이라고 생각해서는 안 된다. 콘스탄티누스 황제 이후에 등장한 율리아누스는 기독교인들의 고등교육 참여, 즉 기독교인들이 교육받는 것과 가르치는 것을 금지함으로써 교회를 박해했다. "전 세계적으로 성장하며 열매를 맺는 교회가 어떤 나라에서는 왕들의 박해를 받고 어떤 나라에서는 받지 않을 수 있다는 것을 생각하지 않는 것은 큰 실수일 것이다"(911쪽).

---

18 로마제국 25대 황제인 가이우스 율리우스 베루스 막시미누스 트락스Gaius Iulius Verus Maximinus Thrax(184-238년)는 트라키아의 농민 출신으로 세베루스 알렉산데르가 암살되자 부하들의 지지로 독일지역인 마인츠에서 최초의 군인 황제로 추대되었다. 재위기간은 235년-238년.

19 본명은 마르쿠스 아우렐리우스 발레리우스 막시미아누스 헤르쿨리우스Marcus Aurelius Valerius Maximianus Herculius(250-310년)로 286년부터 305년까지 디오클레티아누스와 함께 로마를 분할통치한 로마 황제다. 원래 유일황제였던 디오클레티아누스의 충복으로서 285년에 디오클레티아누스에게 부제로 임명받고 이듬해 제국 서방지역을 다스리는 정제가 되었다. 치세 내내 디오클레티아누스에게 종속되어 있었고 디오클레티아누스가 은퇴할 때 같이 은퇴했다.

53장. 아직도 비밀에 감춰진 최후 박해 시대와 그 양상

최후 박해의 때는 아무에게도 계시되지 않았다. "때와 기한은 아버지께서 자기의 권한에 두셨으니 너희가 알 바가 아니요"(행 1:6-7) 하셨으니, 세계에 남아있는 연수를 계산하고 최후 심판의 때를 산정하는 것은 무익한 짓이다. 기독교가 365년 동안만 존속할 것이라는 통속적인 생각에 휘둘려서는 안 된다.

54장. 기독교가 365년 이상 계속되지 못하리라는 이교도들의 어리석은 거짓말

54장은 그리스도교는 365년 이상 계속되지 못하리라는, 이교도들의 어리석은 거짓말을 반박한다. 그리스도의 육신 강림과 사도들의 전도는 그리스도의 이름이 경배되기 시작한 때로부터 365년이 지난 것이 사실이므로, 그 거짓말을 논박하기 위해서 다른 증거를 찾을 필요가 없다. 지상도성은 무엇이든지, 심지어 사람까지도 거짓 신으로 만들어 제물을 드리면서 숭배했다. 그와 반대로 천상도성은 지상의 순례자들의 공동체로서 거짓 신들을 만들지 않으며, 도리어 참 하나님께만 자신을 참 제물로 바친다. 그러나 두 도성이 다 이 세상에서는 복도 누리고 화도 입는다. 다만 그들이 추구하는 믿음이 다르며 소망이 다르며 사랑이 다를 뿐이다. 그리고 최후 심판에서 서로 나뉘어 각자 종국을 맞는다. 아우구스티누스는 두 도성의 종국이라는 19장의 주제를 소개함으로써 18권을 마무리한다.

결론

18권은 지상도성과 천상도성의 병행 과정을 아브라함 때부터 세상 종말까지 추적하며, 그리스도가 오실 것에 대한 그리스의 무녀$_{巫女}$ 시빌(혹은 시벨레)과 예언자들의 예언을 해설한다. 18권의 중심논지는 예수 그리스도의 탄생과 교회를 통한 이방인 구원계획이 이미 오래 전에 예언된 대로 실현된 하나님의 인류구원사라는 사실이다. 아우구스티누스는 그리스도의 강림과 교회출현의 세계사적 의미를 밝히기 위해 그리스도의 탄생과 교회출현을 세계사 맥락에 재배치한다. 고대 근동에서 가장 오래된 나라인 아시리아와 로마 문명의 산파 역할을 한 유럽의 가장 오래된 네 나라, 시키온, 아르고스, 아테네, 라우렌툼(라티움)의 역사를 이스라엘과 교회의 역사와 비교한다. 아우구스티누스는 주요 사건들과 왕들의 연대기를 중심으로 이러한 비교를 진행한다.

　이렇게 아우구스티누스가 연대기를 중심으로 열국을 비교하는 주요목적은 세 가지다. 첫째, 이스라엘의 조상들이 고대근동의 최고$_{最古}$ 국가 아시리아의 건국조상들과 동시대인들이며 시키온을 제외한 유럽의 어떠한 나라들(아르고스, 아테네, 라우렌툼)보다 더 오래되고 유구한 역사가 있다는 점을 강조하는 것이다. 신화시대 주인공들의 주요 무대인 아르고스와 아테네마저도 히브리인들의 역사에 비하면 역사가 일천하며, 심지어 로마는 거의 유대왕국의 말기인 아하스왕과 히스기야왕 시대에 생긴 나라라는 것이다. 아우구스티누스 당시 로마제국의 토대가 되는 구성원들을 남겨준 나라인 트로이, 시키온, 아르고스, 아테네, 라우렌툼의 역사는 하나님이 일으키신 이스라엘 민족의 역사에 비추어 볼 때 매우 한미하고 보잘것없다는 것이다.

　둘째, 그리스도 예수를 통한 구원은 역사적인 토대 위에서 일어난 구원이며 그 구원의 궁극적 종착지는 온 세계열방임을 보여주는 것이다.

셋째, 인류역사는 하나님의 도성과 인간의 도성의 대립적 병렬의 역사임을 강조하는 것이다. 세계의 모든 제국과 나라는 역사의 지평에 명멸하는 덧없는 인간의 도성이며 오로지 교회를 통해 지상에 뿌리를 내리는 하나님의 도성만 역사의 마지막까지 존속한다는 것이다. 현실의 인류역사에서는 이 두 도성이 뒤섞이고 중첩되고 혼재하지만 종말의 시점에서는 명확하게 나뉠 것이다. 18권은 아우구스티누스가 염두에 두었던 이 세 목적을 잘 수행하고 있다.

그런데 두 도성 병행연대기에는 오늘날 보기에는 다소 황당하고 엉뚱한 면이 없지 않다. 18권에 등장하는 연대기가 다소 자세하고 복잡하지만, 아우구스티누스가 제공하는 정보와 지식이 엄정하게 정확하지는 않아 보인다. 18권에서 제시한 많은 정보와 연대기 산정에는 오류와 억측도 들어있기 때문에 믿을 만하지 않은 경우도 있다. 하나님의 구원사를 보편적인 세상의 연대기에 맞추려고 무리를 했기 때문으로 보인다. 특히 히브리어의 기원 설명은 쉽게 반박할 수 있는 부분이다. 39장에 나오는 히브리어의 기원 추적은 셈족 연구가들이 인정할 수 없는 억측을 담고 있다. 모세 때는 아카드어나 이집트 상형문자나 원셈어protosemitic를 사용했을 것이다. 히브리어는 북서부 셈어로서 가나안어의 방언이며 주전 9세기경에야 틀을 갖춘 언어라고 봐야 한다. 모세는 주전 15-14세기 사람이라 절대 히브리어를 알 수 없었을 것이다. 또 70인역 옹호부분도 논란의 여지를 남기는 논의다. 70인역은 수준이 책별로 천차만별이다. 이사야서의 70인역은 거의 절대적인 의미의 자유역으로서 당시(주전 250년 경) 기준으로 이집트에 거주하던 유대인 디아스포라들에게 시사해설적인 번역도 다수 포함한다. 아우구스티누스가 42장에서 믿는 70인역의 기원은 오늘날 받아들이지 않는 전설이며 《아리스테아스의 편지》의 주장을 답습한 것이다.

  하지만 아우구스티누스는 보편사와 구원사의 연대기적 병행을 추구하는 이 과정에서 분별을 완전히 잃지는 않는다. 예를 들어 23장에서 에리트라이의 예언자가 그리스도에 대해서 뚜렷한 예언을 많이 했다는 주장을 독자적으로 해석한다(871쪽). 에리트라이 여예언자의 경우에서처럼 하나님의 도성 밖에 있는 사람들이 그리스도를 예언하는 것을 아우구스티누스는 어떻게 해석하는가? 아우구스티누스는 기독교인들이 이방인 여예언자들의 이름을 도용해 이런 예언적 시구를 저작했을 가능성을 생각한다. 이방인 무녀가 예수 그리스도 구세주라는 말을 했다는 것을 액면 그대로 받지 않고 아마도 그리스도인들이 만들어내었을 것이라고 본다. 여기서는 매우 합리적이고 현실적인 분석가다운 자질을 보여준다. 그렇지만 우리는 아우구스티누스가 하나님의 구원사를 보편적 연대기에 맞추려고 한 의도는 존중하면서도 그 과정에서 제공한 모든 세부정보들을 전적으로 믿을 수는 없다는 점 역시 인정해야 한다.

  연대기 일람표작성 시도와 70인역 옹호 등을 제외하고는 여전히 흥미로운 통찰들도 엿보인다. 49장에서 교회의 영광이 밝히 드러나지 못하는 이유 설명은 탁견이다. "또 천국은 마치 바다에 치고 각종 물고기를 모는 그물과 같으니 그물에 가득하매 물가로 끌어내고 앉아서 좋은 것은 그릇에 담고 못된 것은 내버리느니라"(마 13:47-48)에 따라 아우구스티누스는 현실교회가 알곡과 가라지의 혼합체라는 점을 인정한다. 현재, 즉 종말 이전의 교회에는 좋은 물고기와 못된 물고기가 뒤섞여있다는 것이다. 종말, 즉 해안에 가면 물고기들은 심판을 받는다. 그렇기 때문에 그것을 지금 심판해서는 안 된다. 이는 교회의 극단적 순결주의 표방이나 그것에 기초를 둔 과격한 치리를 경계하는 것으로 들린다. 아우구스티누스는 도나투스파들과 논쟁하면서 극단적 교회순결주의자의 위험성을 몸소 체험했다. 아우구스티누스의 말은 치리를 아예 하지 말자는 뜻이 아니다. 치리는 하되 공동체 밖으로 그들을 내몰지는 말자는 뜻이다. 심판은 나중에, 마지막 때 있을 것이기 때문이다.

19-22권
두 도성의 완전히 다른 결말

19권: 인류역사의 종국들-평화
20권: 최후 심판의 확실한 집행
21권: 마귀 도시의 예정된 종말
22권: 구원받을 자들의 더 없는 행복과 하나님나라

제19권:

인류역사의 종국들 – 평화

19권은 천상도성과 지상도성의 종말을 논한다. 아우구스티누스는 최고선에 대한 철학자들의 견해와, 금생에서 행복을 얻으려는 그들의 헛된 노력을 관찰하고 논박하면서, 금생과 내세에서 천상도성의 평화와 복락, 곧 그리스도인들의 평화와 행복이 무엇인지를 밝힌다.

서론: 배로의 288개 철학분파 구분(1-4장)

1장. 최고선에 대한 견해 차이로 철학분파를 288개도 만들 수 있다고 본 배로

아우구스티누스는 철학자들의 헛된 꿈과 하나님이 우리에게 주실 행복의 차이를 설명함으로써 이 불행한 세상에서 행복을 얻으려는 인간의 노력에 대한 사람들의 이론을 밝힌다. 철학자들은 선과 악의 끝에 대해 무수히 다른 의견을 내놓았고, 그 문제를 열심히 연구해서 사람을 행복하게 해주는 것을 발견하려 했다. 철학자들은 최고선과 최고악을 영혼이나 신체에, 혹은 이 둘에 두었다. 철학에서 최고선과 최고악을 영혼에 두는 학파, 신체에 두는 학파, 양쪽에 두는 학파, 이 세 분파를 출발점으로 삼아서 마르쿠스 배로는 그 차이점을 세밀하게 분석함으로써 쉽게 288개라는 학파수를 얻었다.[1]

아우구스티누스는 배로의 《철학에 관하여》 서론을 간략하게 소개한다(918쪽). 사람이 '자연히' 원하는 것은 쾌감, 평안, 쾌락,[2] 본성의 기본적 욕구,[3] 이 넷이다. 배로는 쾌감과 평안과 쾌락과 본성의 기본적 욕구를 덕성과 결합하고, 그 중에서 어느 것을 상위에 두고 하위에 두느냐에 따라 여러 학파를 산출해내고, 마지막으로 모든 가능성을 조합하여 위의 결론을 만들어냈다. 예를 들면 신체의 쾌감을 덕성 아래 둘 것인지(덕성 우위-스토아 학파), 덕성 위에 둘 것인지(쾌감우위), 덕성과 결합시킬 것인지(쾌감과 덕성 등위)에 따라 세 학파가 생긴다는 것이다. 이런 식으로 하면 12학파가 생기고 또 사회생활을 어떻게 보느냐에 따라서 24학파가 생기고 더 세분화되면, 즉 신新아카데미파에서 얻는 차이점을 덧붙이면 48학파가 생긴다.[4] 이 48학파가 견유학파의 삶을 채택할지, 아니면 다른 철학자들의 생활방식을 채택할 것인지에 따라 갈라지므로 96학파가 된다. 96학파가 한적한 진리탐구생활, 사회나 국가 일에 봉사하는 생활, 이 둘의 절충과 혼합이라는 세 태도 중 하나를 취하므로 288학파로 분화된다.

이러한 장황한 학파들 논의의 결론으로 배로는 플라톤이 설립하고 그 파의 4대 스승인 폴레모Polemo까지, 자기들의 체계를 확실한 것이라고 주장한 구舊아카데미파만 취하고 다른 학파들은 논박한다(920쪽). 배로는 폴레모의 후계자 아르케실라우스Arcesilaus에게서 시작

---

[1] 관련된 배로의 책 《철학에 관하여》는 현재 남아있지 않다.
[2] 에피쿠로스는 쾌감과 평안의 결합을 쾌락이라고 불렀다.
[3] 신체의 건강, 안전, 완전한 지체, 인간이 갖추고 있는 정신적 능력.
[4] 자신의 견해가 확실하다고 믿는 24학파, 자신의 견해가 불확실하다고 믿는 24학파.

한 학파로서 모든 것은 불확실하다고 주장한 신新아카데미파를 구아카테미파와 구별한다. 그리고 구아카데미파에는 회의나 과오가 없다는 것을 확립하려고 노력한다. 배로는 또 철학의 최고목적이 달라야 독립적인 학파로 인정받을 수 있다고 주장하며, 세분화한 기준으로 다르다고 주장한 많은 철학분파들의 차이를 최소화하거나 제거한다. 사람을 행복하게 해주는 최고선의 추구가 철학의 목적이어야 한다는 것이다.

최고선의 실재를 포함해 모든 것이 불확실하다고 믿는 신아카데미파와, 모든 것은 확실하다고 믿는, 즉 최고 목적이 실재한다고 믿는 구아카데미파는 확실히 다르다. 견유학파의 의복과 관습 관련 견해도 최고선의 문제가 아니다. 자기가 진정한 선이라고 생각해서 추구하는 사람이 견유학파처럼 살아야 하느냐 여부에 대한 것일 뿐이다. 즉 생활태도 채택도 최고선의 문제는 아니다.

2장. 최고선에 대한 배로의 정의 세 가지

배로는 학파를 만들 수 없는 차이점을 이차적인 문제라고 해서 모두 제거하고, 최고선에 대한 세 가지 정의를 얻으며, 우리는 그 중에서 하나를 선택해야 한다고 한다. 배로는 먼저 생활방식 세 가지, 즉 한적한 연구와 진리추구의 생활(명상생활), 쉽게 사업에 투신하는 생활(국가와 사회봉사일, 활동생활), 이 두 가지를 혼합한 생활(혼합생활)을 설정한다. 그러나 최고선과 최고악 문제가 해결되지 않으면 어느 생활방식을 선택하든 의미가 없고 차이가 없다. 생활방식이 최고선의 문제에는 전혀 관여하지 않기 때문이다.

배로는 사회생활, 신아카데미파, 견유학파라는 세 생활 방식에 네 가지 차이점(쾌감, 평안, 쾌락, 자연적 본성추구)을 도입함으로써 철학파를

288개로 늘리지만(921쪽),[5] 결국엔 이런 차이점들은 최고선과는 관계가 없다고 해서 모두 제거하고, 사람을 행복하게 해주는 선이 무엇인지를 연구하는 12학파에 초점을 맞춰 그 중 한 학파만 옳고 다른 것들은 거짓이라고 밝힌다. 이렇게 하여 배로는 세 생활방식 중심의 구별을 제거하여 96개 학파로 줄이고, 견유학파의 특징을 제거하여 48개 학파로 줄인다. 그리고 사회생활에 대한 고려를 제거하면 24학파의 절반인 12학파만 남긴다. 12학파는 모두 최고선을 추구하기에 독립적인 학파라고 부를 수 있다. 12학파는 네 가지(쾌감, 평안, 쾌감과 평안혼성, 자연[천성]의 기본적 요구primigenia)에 셋을 곱하여 나온 것이다. 곧 이 네 가지를 덕성 위에 두느냐, 덕성 아래 두느냐, 아니면 덕성과 결합하느냐에 따라 모두 12가지 경우의 수가 나온다. 그러나 배로는 다시 이 네 가지 중 쾌감, 평안, 이 양자 혼합을 제거한다. 이것들은 본성의 기본적 요구에 포함되기 때문이다. 그러면 본성의 기본적 욕구를 덕성 위에 둘지, 덕성 아래에 둘지, 덕성과 함께 둘 것인지에 따라 나눈 나머지 세 학파 중에 배로는 무엇을 선택하는가? 아우구스티누스는 덕성 때문에 본성의 기본적 요구를 원해야 한다는 학파, 기본적 요구들 때문에 덕성을 원해야 한다는 학파, 덕성과 본성석 요구들은 각각 그 사체 때문에 원해야 한다는 학파 이 세 가지 중에서 배로는 무엇을 선택하느냐고 묻는다.

3장. 최고선에 관한 배로의 견해

배로는 안티오쿠스[6]와 구 아카데미를 추종하면서, 최고선에 관한

---

[5] 조호연·김종흡의 번역본은 이 단락에도 오역이 있으니 마커스 도즈의 영역본과 비교하면서 읽어야 한다.

세 주도적 견해 중의 어느 것을 택했는가? 배로는 사람이 몸만도 아니요 영혼만도 아닌 둘을 합한 것이라는 생각을 택했다. 그러므로 사람을 행복하게 만드는 최고선은 신체적이고 영적인 선들을 포함한다고 한다. 따라서 본성의 기본적 요구들은 그 자체를 위해서 구해야 하며 덕성도 마찬가지로 그 자체를 위해서만 추구해야 한다고 말한다.[7] 그리고 교육에 의해서 전수될 수 있는 생활술인 이 덕성[8]은 영적인 선 중에서 가장 우수한 것이며 생활을 조절하는 기술이다. 배로는 이 셋째 견해를 취하면서 동시에 명상생활과 사회생활을 혼합한 절충형 생활을 주창하고, 이런 삶이 구아카데미아의 노선이었다고 주장한다.

4장. 최고선과 최고악에 대한 스토아학파와 그리스도인들의 대립적 견해

최고선이 자신들 안에 있다고 주장한 철학자들, 즉 스토아파와 달리 그리스도인들은 최고선과 최고악에 대해서 무엇을 믿는가?[9] 이 질문에 대한 그리스도인들은 이렇게 대답한다. "영원한 생명이 최고선이요 영원한 사망이 최고악이며, 전자를 얻고 후자를 피하기 위해서 우리는 바르게 살아야 한다. 그래서 '의인은 믿음으로 산다'(합 2:4)고 말씀에 기록되었다. 우리 자신에게는 믿음으로 살 힘도 없기에, 그분의 도움을 믿는 믿음을 우리에게 주신 분이, 믿고 기도하는 우리를 도와 주셔야 우리는 바르게 살 수 있다."

---

6 주전 80년대 인물로 구아카데미사상과 스토아사상을 조화시킨 철학자다. 키케로와 배로의 스승이다.
7 즉 덕성과 본성적 요구들은 각각 그 자체 때문에 원해야 한다는 학파.
8 모든 생활이 아닌 현명하게 조절된 생활만 덕성이다.
9 4장은 로마서 6-7장 강해에 아주 도움이 된다.

인간 영혼의 근본적 복인 감각과 지성에 대해서는 무엇을 말할 것인가? 감각은 지각을 위해 주셨고, 지성은 진리를 위해 주셨다. 바로 이런 것들을 무력화하는 것이 악이다. 천성의 기본적 요구에 포함되지 않고 학습의 결과로 얻는 덕성(절제, 사려심, 용기)은 인간을 위한 선들 중 가장 높은 자리에 있으면서 끊임없이 악습과 싸운다. 악습과 싸우는 덕성을 소프로수네*σωφροσυνη*, 즉 절제*temperantia*라고 부르는데 이는 육신의 정욕을 제어해서 사악한 행동에 찬성하는 것을 막는다. 죄악에 맞서 싸우는 덕성은 성령의 소욕을 따르는 덕성이다.

> 우리가 아직도 이 내부 투쟁을 하고 있는 동안은, 우리가 승리하며 구하던 행복을 이미 얻었노라고 결코 공상하지 말라. 또 자기 죄악과의 싸움을 계속할 필요가 없을 만큼 현명한 사람은 누군가?(926쪽)

사려심*prudentia*은 선악을 분별하여 악을 범하지 않으려고 부단히 경계하는 덕성이다. 그런데 인간악이 사려심이나 절제로는 제거되지 않는다. 육체는 영혼에 순종하며, 영혼과 육체는 모두 하나님에게 순종하는 것이 자연질서다. 사려심, 절제 등의 덕성을 도야하기 위하여 애쓰는 이 상황 자체가, 우리는 아직 목표를 향해 노력하는 중이지 일을 완결하고 쉬는 것이 아니라는 의미다.[10]

> 하나님을 덜 생각하는 영혼은 그만큼 하나님께 덜 순종하는 것이며, 육체가 영과 맹렬히 싸울수록 그만큼 영에 순종하지 않는 것이기 때문이다. 그러므로 우리가 이 약점, 이 병에 괴롭힘을 당하는 동안은,

---

10 빌립보서 3:12-21을 떠올리게 한다.

어떻게 감히 안전하다고 하겠는가? 안전하지 않다면 어떻게 궁극적인 행복을 이미 누린다고 말할 수 있겠는가?(926쪽)

인간의 불행들을 참고 견디는 용기라는 덕성은 스스로 인생이 불행하다는 것을 증명할 뿐이다. 그러면서도 스토아학파 철학자들은 불행이 너무 심해 견디는 것이 옳지 않은 때에는 자살도 허락한다. 최고선이 자신들 안에 있다고 자랑하며 금생에 자기 힘으로 최고선을 얻어 행복을 얻을 수 있다고 주장하니 이 얼마나 어리석고 모순된 행태인가?

그러므로 우리 그리스도인들은 소망으로 구원을 받은 것같이, 또 소망으로 행복하게 된다. 우리가 내세에 받을 구원을 철학자들은 모르기 때문에 믿지 않고 거부하며, 교만하여 거짓된 덕성을 기초로 삼아 금생의 행복을 조작하려 노력하지만 우리가 내세에 받을 구원은 그 자체가 우리의 궁극적 행복이다.

인간 조건의 참혹함(5-9장)

5장. 참혹한 인간생활의 대표적인 사례, 곤란과 불안이 많은 도시생활

우리의 사회생활은 매우 바람직하면서도 곤란과 불안이 많다. 현자의 생활은 사회적이어야 한다는 생각을 인정하지만 인간관계 속에서 일어나는 많은 갈등이 있으며, 심지어 친구의 배신과 인생의 악을 피하는 자연적 피난처인 가정 자체도 안전하지 않다(930쪽).[11] 더더욱 도시생활에는 더 많은 두려움과 위험이 가득하다. 도시가 클수록 민사, 형사소송이 더 많으며 두려움은 상존한다. 내란이나 유혈사태가 언제든지 터질 수 있는 곳이 도시다. 도회지 중심의 사회생활은 행복을 줄 수 없다.

6장. 현명한 판사도 범한 판단 오류

진상을 알 수 없을 때에 인간의 판단은 오류를 범한다. 재판관들은 법정에 선 사람들의 양심도, 범죄에 대한 진상도 알 수 없기 때문에 판단의 오류를 범하게 된다. 현명한 판사라 할지라도, 많은 중대한 악을 죄라고 생각지 못하고 잘못된 판단을 내리는데, 누구를 해하려는 의도라기보다 무지하기 때문에 생기는 부득이한 일이다.

7장. 다양한 언어 때문에 발생하는, 외국인들과의 친교 좌절과 전쟁들

세계는 넓은 만큼 위험한 일도 많다. 넓은 바다일수록 더 위험한 것과 같다. 우선 이 세상에서는 다양한 언어 때문에 사람 사이에 친교가 막히고 사람과 사람이 분리된다. 로마제국은 예속 민족들에게 멍에를 씌울 뿐 아니라 평화의 유대라고 해서 언어까지도 강요하기 때문에, 통역자들이 많았다. 그러나 이 통일을 얻기 위해서 얼마나 많은 전쟁을 했으며 피를 흘렸으며 사람을 죽였는가? 결국 전쟁, 소위 정의의 전쟁, 혹은 정당한 전쟁 Just War도 참화를 빚어낸다.[12]

8장. 피할 수 없는 금생의 불안과 불확실한 우정

우리는 여기서 불안을 느낀다. 그래서 친구가 많을수록, 또 친구

---

11 930쪽 첫 단락에 나오는 키케로의 탄식은 가정의 환멸과 배신감을 피력한다. 키케로의 탄식은 마태복음 10:36(사람의 원수가 집안 식구)을 생각나게 한다.
12 '정당한 전쟁론'에 대한 저자의 자세한 논평은 이 책 마지막 부분에 제시되어 있다.

들이 넓은 지역에 흩어져 있을수록 인생에 산적한 어느 재난이 그 친구들을 덮치지 않을지 염려가 더 많아진다. 그보다도 더 무서운 일을 염려하게 되는데 우정이 배신, 악의, 불의 등으로 변질하지 않았나 하는 것이다. 그러므로 우리가 매우 사랑하는 사람, 특히 사회에서 유능한 인물이 죽을 때, 우리가 받는 타격이 크지만, 그 사람이 신의나 덕성을 버렸다는 것을, 바꿔 말하면 그들이 정신적으로 죽었다는 것을 알게 되는 것보다는 몸이 죽었다는 소식을 듣는 편이 나을 것이다.[13]

9장. 천사들과 사귀지 못하게 만드는, 다신숭배자들의 마귀숭배

철학자들은 거룩한 천사들과 친교 나누기를 사회생활의 넷째 범위에 두며 신들을 우리의 친구로 삼으라고 권하며(9권 23장 참조), 지상에서의 세 범위를 다시 하늘을 포함한 전 우주로 확대한다. 천사들은 불멸적이나 타락할 수 없기에 천사들과 교제하는 것이 우리를 슬프게 할 염려는 없지만 천사들과 가까이 어울릴 수 없는 것이 인간의 불행이다. 그런데 사람들은 천사와 사귀는 과정에서 악마의 노략질에 넘어가기 쉽고, 자기를 광명의 천사로 가장한 마귀들과 교제하며, 하나님을 믿지 않는 사회에서 마귀들에게 희생이 되고 만다. 그리고 마귀들은 하나님을 배척했기에 더러운 영들의 자유무대로서 마음을 개방한 인간들이 붐비는 사회를 다스리며, 그 사회가 받을 영벌을 함께 받을 것이다.

---

[13] 민주화투사들의 변절과 존경하는 목사들의 타락 이야기를 생각나게 한다. 아우구스티누스의 이 주장은 故 이중표 목사의 별세신학을 상기시킨다.

평화(10-26장)

10장. 금생의 시련을 참고 견딘 성도에게 예비된 상

유일하고 진정한 최고신을 거룩하고 성실하게 예배하는 사람들도 마귀들의 잡다한 시험과 속임수에서 안전하지는 않다. "이 연약한 장막에서 사악한 나날을 보내는 동안, 이 불안한 상태에도 그만한 쓸모가 있기 때문이다. 그것은 평화가 완전하고 절대로 안전한 그곳을 더욱 갈망하도록 우리를 자극한다. 거기서 우리는 본성의 재능을 즐길 것이다"(934쪽). 그러면 금생의 시련을 참고 견딘 성도에게 예비된 상은 무엇인가?

> 만유의 창조주이신 하나님께서 우리의 본성에 주신 모든 것- 선할 뿐 아니라 영원한 재능, 지혜로 치유된 영혼뿐 아니라, 부활로 새로워진 신체의 재능들을 즐길 것이다. 거기서 덕성은 악습이나 재난과 싸울 필요가 없어지고, 승리의 상, 어떤 원수도 흔들지 못하는 영원한 평화를 누릴 것이다(934쪽).

여기에서 아우구스티누스는 타락한 로마와 덜 타락한 교회를 비교하지 않고 가장 타락한 로마와 가장 완전한 미래이상향 천상도성을 비교하는 약점을 보인다.

11장. 성도의 목표며 진정한 순례여정의 완성, 영원한 평화 향유

이 세상에는 확실히 영원한 생명이 없으며, 그런 이 세상일들에 관해서 평화라는 말을 쓰기 때문에, 우리는 천상도성의 최고선을 평화라고 하지 않고 영생이라고 했다(롬 6:22). "예루살렘아 … 그가 네

문빗장을 견고히 하시고 네 가운데 있는 너의 자녀들에게 복을 주셨으며 네 경내를 평안하게 하시고"(시 147:12-14). 영원한 평화를 누리는 행복이야말로 성도의 목표이며 진정한 완성이다. 그것이 영생 중의 평화, 평화 속의 영생이다.

12장. 맹렬한 전쟁과 소란을 일으키는 사람들도 원하는 평화

사실 인간은 기쁨과 평화를 원한다. 맹렬한 전쟁과 소란한 사람들도 모든 피조물이 원하는 이 평화라는 최종 목표를 구한다.[14] "평화로운 생활을 전쟁으로 어지럽히는 사람들도 평화를 미워하는 것이 아니라 자기 마음에 드는 흡족한 평화를 만들고자 하는 것이다"(936쪽).

인간의 변태적인 자만심은 하나님을 흉내 내어 하나님 밑에서 다른 사람들과 같이 하나님의 다스림을 받는 것을 싫어하고 동료에게 자기지배를 강요하려고 애쓴다. 하나님의 공정한 평화보다는 자기들의 불공정한 평화를 애호하는 것이다. 실상 자연의 모든 것은 창조주의 법칙을 따르는 질서에서 편함을 느낀다. 그러나 관리자인 인간은 자유의지에 따라서 얼마든지 타락할 수 있다. 그러나 그렇다고 해서 인간의 모든 행동이 자신의 의지로만 되는 것은 아니다. 여기에도 신의 섭리가 있다.

13장. 보편적 평화를 보존하는 자연의 법

인간사의 모든 소란을 통하여 자연의 법이 보편적 평화를 보존하

---

[14] 미국이 왜 그토록 전쟁을 좋아하는지를 깨닫게 해준다. 미국은 자신들의 절대평화를 위해 선제적 예방전쟁도 불사하는 평화주의 국가다. 참 기막힌 역설이다. 이 점을 더 깊이 생각하려면 더글러스 러미스, "제국의 논리, 미국과 전쟁경제," 〈녹색평론〉(2013년 5-6월), 61-76쪽을 참조하라.

며, 이 평화에 의하여 모든 사람이 공정한 심판자가 주재하는 방법으로 그 보응을 받는다. 즉 하나님은 사람들에게 금생, 곧 현세의 평화에 적합한 것들을 주셨다. 그리고 이 평화를 유지하기 위해서 필요한 모든 것들, 즉 외면적 감각에 적합한 빛, 밤, 공기, 적합한 물, 신체를 유지, 보호, 치유, 미화할 수 있는 것들을 주셨다. 그리고 이 모든 것을 주실 때 조건은 가장 공정하다(일반은총). 이 모든 이점들을 선용하는 사람들은 모두 더 좋고 풍성한 복인 영생의 평화를 누리며 더 나아가 그것이 수반하는 영광과 영예를 누린다. 즉 하나님을 즐기며 하나님 안에서 서로를 즐기기에 합당한 영생을 받을 것이다. 그러나 현재의 복들을 악용하는 사람은 그것들을 잃어버릴 뿐 아니라 다른 복들도 받지 못할 것이다.

14장. 하나님 사랑과 이웃 사랑을 일상에서 실천함으로 누리는 평화

현세적 사물을 사용하는 목적은 지상의 평화를 이루는 것이다. 비이성적인 동물은 신체의 안락과 풍부한 쾌감을 지상가치로 여길 것이며, 고통을 피함으로써 영혼의 평화를 추구한다. 동물이 죽음을 두려워하는 것은 신체와 영혼을 결합하는 평화를 강렬하게 사랑한다는 증거다. 반면에 동물들과는 달리 사람들은 지성이 행동을 자유롭게 조절하는 조화, 즉 이성적 영혼의 평화를 추구한다. 사람은 신체의 평화, 정신의 평화, 이 두 가지 평화를 모두 사람과 하나님 사이의 평화에 예속시켜서 영원한 법에 질서 있게 복종하려고 한다.

하나님 사랑과 이웃 사랑의 으뜸계명(마 22:37-39)에서 사랑의 대상은 하나님, 이웃, 자신, 이 셋이다. 자기 가족을 우선 돌보는 사람이 이웃에까지 사랑을 확장할 수 있다(딤전 5:8). 가정에서 가장은 권세욕 때문이 아니라 자비를 사랑하기 때문에 다스린다. 아내의 복종,

하인과 자녀의 가부장에 대한 순종의무를 부각시킨다는 점에서 아우구스티누스는 여기서 골로새서, 에베소서 등에 나오는 봉건적 가부장적 질서를 옹호한다.

15장. 인간성에 고유한 자유와 죄가 도입한 노예 상태

창세기 1장 26절에서 사람은 동식물을 다스리라는 계명을 받았다. 사람은 비이성적 피조물 외에는 다스리라는 명령을 받지 않았다. 원시시대 의인들이 사람을 지배하는 왕이 아니라 동물을 다스리는 목자인 이유가 여기에 있다. 그러나 사람이 사람의 종의 처지가 된 것은 죄의 결과이기에 공정한 판결이다. 노아가 함의 운명을 예언하기까지는 '종'이라는 말이 나오지 않는다. 라틴어로 '종'은 *servus*인데, 전쟁승리자가 자기가 죽일 수 있는 포로들을 죽이지 않고 살려두고 지킨*servare* 것에서 유래했다.

정의의 전쟁에서는 죄가 있는 자가 패배하며, 반대로 악인이 이기는 경우도 하나님의 심판결과다. 다니엘은 구국회개 기도에서 그러한 고백을 한다(단 9:3-15). 노예상태의 근본원인은 죄며, 죄 때문에 사람이 사람의 종이 된다. 죄를 범하는 자마다 죄의 종이다(요 8:34). 진 자는 이긴 자의 종이 된다(벧후 2:19). 그런데 사람의 종이 되는 것이 정욕의 종이 되는 것보다 낫다. 이 경우 낮은 지위가 종에게 유익하다. 이런 논리에 근거하여 아우구스티누스는 종에게 주인에게 복종할 것을 가르치는 바울의 논법을 옹호한다(엡 6:5). 선한 노예는 어느 의미에서 자유를 획득하고, 만유의 주 안에서 궁극적으로 풀려날 것이다. 이 장의 핵심은 인간성에 고유한 자유와, 죄가 도입된 노예상태에 대한 것으로 의지가 약한 인간은 다른 사람의 종이 아니면서도 자기 정욕의 종이 된다는 점이다.

16장. 평화의 기초인 공정한 통치

이런 근거에 의지하여 의로운 창세기 족장들은 종들을 부렸고 금생의 복과 영생의 복과 관련해서는 가족 내의 모든 식구를 똑같은 사랑으로 돌봤다. 참 성도의 경우 종의 처지를 짐으로 느끼기보다는 가부장의 책임과 권위를 더 무거운 짐으로 느껴야 한다. 가부장은 가정의 평화를 깨뜨리는 자를 징벌함으로써 더 큰 선을 이룰 수 있다. 마찬가지로 일반사회에서도 지배와 순종의 질서는 조화롭게 유지되어야 한다. 가정의 질서와 평화가 사회의 질서와 평화의 기초이기 때문이다.

17장. 천상도성과 지상도성 사이 불화의 원인

천상도성과 지상도성 사이의 평화와 불화를 일으키고 있는 것은 지상도성 거민들의 우상숭배 대상인 정욕의 신들이다.

> 지상도성에 있는 어떤 철학자들은 하나님의 교훈이 정죄하는 학설을 주장했다. 그들은 자기의 추측이나 마귀들에게 속아서, 많은 신들을 초청해서 인간사에 관심을 가지게 해야 한다고 생각했고, 그 신들에 각각 다른 기능과 다른 부분을 배당했다. … 그와 반대로 천상도성은 유일신만 경배해야 될 줄로 알았다(945쪽).

천상도상의 순례자들인 그리스도인들은 지상도성에서 포로나 외인처럼 살고 있으나 구속의 약속과 그 담보로서 성령을 받았다. 하지만 그들은 지상도성의 법에 복종하는 것을 주저하지 않는다. 그런 와중에 천상도성은 반대편에 서서 싫어하는 바가 되고, 분노와 미움과 박해를 받게 되었다. 다만 기독교 신앙의 원수들은 기독교인의 수가 많은 데 놀랐고 하나님이 그리스도인들을 위해 보여주신 분명한 보호의 표징을 보고 놀라 적의가 진정되었다.

> 이 천상도성은 지상에 나그네로 있는 동안, 모든 국민 사이에서 시민을 모집해서 모든 언어를 사용하는 순례자 사회를 형성한다. … 천상도성도 순례 도중에 있는 동안 지상 평화를 이용하며, 신앙과 경건을 해치지 않으면 생활필수품을 얻는 문제에서 할 수 있는 대로 세상 사람들과 합의하고자 하며, 지상평화가 천상평화에 이바지하게 한다. … 우리가 그 평화에 다다른 때에는 이 죽을 생명은 영원한 생명에 자리를 양보하고 우리의 신체는 물질적인 것이 아니라 영적인 것이 된다. 물질적인 몸은 썩기 때문에 영혼을 내리누르지만 영적인 몸은 아무 결핍도 느끼지 않으며 그 지체는 모두 의지에 복종할 것이다. 순례 도상의 천상도성이 믿음으로 이 평화를 누리며, 평화를 얻기 위해서 하나님과 사람에 대한 모든 선행을 할 때 우리는 믿음으로 의롭게 산다. 천상도성의 생활도 사회적인 것이기 때문이다(946쪽).

18장. 신아카데미파의 회의주의와 그리스도교 신앙의 확신의 차이

외부사람들이 흔히 오해하는 것과 달리 기독교 신앙의 확신은 신아카데미파[15]의 회의懷疑와도 다르다. 어떻게 다른가? 모든 것에 대해 반신반의하는 것이 신아카데미파의 특징이라고 배로는 말한다. 그러나 하나님의 도성은 지성과 이성으로 인식하는 것에 대해서 절대적 확신을 품는다. 다만 썩을 몸이 지성을 내리누르기 때문에, "우리

15　1장 각주 6번 참조. 배로는 스토아사상과 구아카데미아 사상을 조화시키려고 한 안티오쿠스의 신아카데미아의 사상에 의존한다.

는 부분적으로 안다"고 한 사도의 말씀과 같이(고전 13:9) 우리의 지식에 한계가 있다는 것을 인정한다. 또 하나님의 도성은 지성이 자체의 도움으로 감각을 이용하여 얻은 증거를 신용한다. 하나님의 도성은 신구약성경을 믿음의 원천이라고 보며, 의인은 믿음으로 살며(합 2:4), 주와 따로 있는 동안(고후 5:6), 즉 육체 안에 거하는 동안 믿음으로 살아가는 것이다.

19장. 그리스도인의 의복과 습관에 대한 권고

믿음으로 하나님에게 오는 사람이 하나님의 계명들을 따라 살기만 하면, 옷이나 생활 습관은 하나님의 도성에서 전혀 중요한 문제가 되지 않는다. 그러므로 철학자들이 그리스도인이 될 때에 그릇된 학설은 반드시 버려야 하지만 경건에 방해가 되지 않는 의복이나 생활양식은 버리라고 하지 않는다. 따라서 보기에 흉하거나 방종한 점만 없다면, 바로가 견유학파에 관련해서 말한 학파 구별은 문제시하지 않는다.

또 진리와 의무가 요구하는 것을 무시하지 않는 한 명상적, 활동적, 양자절충적 생활방식 중 어느 방식을 채택하건 영생을 얻는 데 지장이 없다. 명상생활자도 이웃사랑 계명을 무시하지 말아야 하며, 활동적인 사람도 하나님에 대한 명상을 소홀히 하지 말아야 한다. 정직하게 얻은 직분이나 세력은 아랫사람들을 위하여 선하게 사용하여야 한다(딤전 3:1).[16] 교회의 감독은 지배자가 아니라 위에서 살펴보고 보살피는 자다. 거룩한 한적함을 사모하는 것은 진리를 사랑하기 때문이며, 필요한 사무를 맡는 것은 사랑이 강요하기 때문이다.

---

16   19권 14장을 참조하라.

공직을 맡아 사랑의 봉사를 짐 진다고 해서 하나님 명상의 의무를 전적으로 포기해서는 안 된다.

20장. 완성될 하나님나라를 금생에서 소망함으로 행복한 성도

하나님의 도성의 최고선은 완전하고 영원한 평화다. 죽을 인간들이 태어나서 얻고 죽어서 잃는 그런 평화가 아니라, 아무 악도 없는 평화, 영생하는 존재들이 영원히 즐기는 평화이므로, 그런 내세가 가장 행복하다. 그 내세를 위해서 현세를 이용하는 성도는 비록 실제는 아니고 소망으로만 가진 것이지만, 역시 이미 현세에서 소망으로 행복하다. 금생의 행복을 누린다고 해도 저 세상에 대한 소망이 없다면 그것은 거짓된 행복이며 심각한 불행이다.[17]

21장. 소스키피오가 꿈꾸던 공화국의 이상을 결코 실현한 적 없는 로마

아우구스티누스는 키케로의 대화편에서 공화주의자 소小스키피오가 정의한 것과 같은 로마공화국이 일찍이 있었는지를, 즉 2권 21장에서 논의한 로마가 정녕 정의로 통치하던 공화국인 적이 있었는지를 더 자세히 묻는다. 2권 21장에서 이 주제를 다른 곳에서 상론하겠다고 한 약속을 지키기 위해 여기서 다시 그 문제를 꺼낸 것이다. 가장 최선의 공화국 시절이었던 로마공화국은 하나님의 도성[18]에 비하면 너무나 불의하고 열등한 공화국이었다. 키케로는《대화》,《공화국》등에서 3차 포에니 전쟁의 영웅 소小스키피오와, 2차 포에니 전쟁 영웅이자 소스키피오의 양부 대大스키피오 아프리카누스의

---

[17] 아우구스티누스적인 내세, 영생에 대한 톰 라이트의 비판적 논의는 톰 라이트 저, 최현만 역,《하나님은 어떻게 왕이 되셨나?》(서울: 에클레시아북스, 2013)를 참조하라.
[18] 시편 87:3 "하나님의 성이여 너를 가리켜 영광스럽다 말하는도다."

입을 빌어 로마공화국의 이상적 상태로부터의 타락과 부패를 비판하고 개탄한다. 키케로의 책에서 스키피오는 공화국의 정의는 시민의 행복이라고 말하고, 시민은 온갖 종류의 모임이나 군중이 아니라 법에 관한 공동의 인식과 공동의 이해관계로 연합한 결사체라고 정의한다(156쪽). 아우구스티누스는 이런 의미의 시민을 위한 정의로운 공화국은 실제 로마의 역사상 존재한 적이 없으며 채색된 그림에 불과하다고 본다(157쪽).

공화국은 '국민의 복지'라는 스키피오(또한 키케로)의 정의가 옳다면, 로마 사람들이 국민의 복지를 얻은 일이 없으므로, 로마공화국은 없었다. 진정한 공의가 없는 곳에서는 권리를 서로 인정함으로써 뭉친 사람들의 집단이 있을 수 없으며, 따라서 스키피오나 키케로가 정의한 국민도 있을 수 없으며, 국민이 없으면 국민의 복지도 있을 수 없다. 국민이라고 부를 가치도 없는 잡동사니 군중만 있을 뿐이다. 따라서 공화국은 국민의 복지며, 권리를 서로 인정함으로써 뭉친 사람들이 아니면 국민이 아니며, 또 공의가 없는 곳에는 권리도 없다면 공의가 없는 곳에는 공화국도 없다는 것이 가장 확실한 결론이다(949쪽).

로마제국 자체의 해외영토 정복 자체가 불공정하기에 로마는 바른 공화국이 될 수 없다. 해외영토를 다스리는 로마의 명분이 충족되려면, 로마가 통치하는 것이 외국인들에게 더 유익하고, 불법의 횡행을 막아주며, 정의의 확장이어야 한다. 하나님이 사람을 다루시며, 영혼이 신체를 다스리며, 이성이 정욕과 영혼의 악한 부분을 다스리는 것이 정의다. 열등하고 악한 것이 이성적이고 의로운 자를 섬기는 것이 그들에게 유익하다는 결론이 나온다. 그런 점에서 만민은 의로우신 하나님을 섬겨야 한다. 영혼이 하나님을 섬길 때 자기 신체를 바로 통제할 수가 있으며, 영혼 내부에서 이성이 정욕과 그 밖에 악습들을 바르게 지배하려면 스스로 하나님에게 순종해야 한다(950쪽). 개인에게 공의가 없으면 개인들로 구성된 공동체에게 공의, 즉 권리의 상호인정이 있을 수 없다. 로마처럼 불결한 영을 섬기는 나라에는 공의도, 공화국도 존재할 수 없다. "여호와 외에 다른 신에게 제사를 드리는 자는 멸할지니라"(출 22:20). 로마인들이 성경이 금지하는 다른 신들, 즉 악하고 불결한 신들을 섬겼다는 것에는 의심의 여지가 없다.

22장. 주피터와 여호와 하나님을 동일시하는 배로의 논법 논평

그렇다면 그리스도인들이 섬기는 하나님만 희생을 드려야 하는 진정한 신인가? "네 씨로 말미암아 천하 만민이 복을 받으리니"(창 22:18) 하는 약속이 실현되었다는 것은 기독교 신앙 적대자들도 인정한다. 그 약속은 온 세계에 퍼진 교회에서 실현되었다. 로마인 중 가장 박식한 배로는 이 하나님이 바로 주피터라고 말한다. 배로가 하나님을 최고신이라고 말한 것은 옳다. 가장 박식한 포르피리오스[19]도 기독교 신앙의 열렬한 대적자였지만, 이 하나님을 위대한 신이라고 말한다. 포르피리오스는 자신이 신들이라고 생각한 소중한 존재들의 말을 종합하여 그런 대답을 했다.

23장. 그리스도에 대한 이방신의 신탁을 이용해 기독교를 폄하한 포르피리오스

포르피리오스의 기독교 폄하론을 조목조목 반박하는 23장은 상대적으로 길다(951-956쪽).《신탁의 철학》에서 포르피리오스는 아폴

---

[19] 7권 25장에 포르피리오스에 대한 아우구스티누스의 논박이 나온다.

로의 신탁을 빌어[20] 기독교를 열등하고 부패한 종교라고 비판한다.

> 그 여자[기독교 신앙을 가진 아내]는 제멋대로 미련한 거짓말을 믿고, 죽은 하나님을 헛되이 애탄하게 버려두라. 그의 하나님은 정신이 똑바른 재판관들의 유죄선고를 받고 부끄러운 횡사를 한 것이다 … 아폴로의 이 시구 다음에 포르피리오스는 말을 첨가한다. "아폴로의 이 시구는 그리스도인들의 고칠 수 없는 부패상을 폭로하며 그들보다 유대인들이 하나님을 인정했다"고 말한다(951쪽).

아폴로 혹은 아폴로의 대언자 포르피리오스는 여기서 그리스도의 십자가 처형을 조롱한다. 아우구스티누스는 포르피리오스가 유대인 처지에서[21] 그리스도의 처형을 가장 수치스러운 사형이라고 보았다면, 그 유대인들의 하나님이 명령하신 우상숭배 금지(출 22:20)도 경청해야 일관성이 있다는 점을 강조한다.

또 다른 한편 포르피리오스는 자기가 믿는 신들이 잘 때는 그리스도에 대하여 나쁘게 말하지만 깨어있을 때에는 좋게 말한다고 진술하며 헤카테 여신의 예를 든다(952쪽). "신들은 이 그리스도는 경건했고 영생하게 되었고 그들도 그를 그리워한다고 말했기 때문이다. 그러나 그리스도교인들에 대해서는 부패했으며 오염되었으며 과오가 많다고 했다."

포르피리오스가 인용한 헤카테 여신의 신탁은 그리스도를 칭찬

---

20 아내를 기독교 신앙에서 떼놓으려고 한 신탁청구자에게 아폴로가 한 답변.
21 포르피리오스는 유대교의 일신교 신앙을 호의적으로 보며, 야웨 하나님을 공경하는 히브리인들을 거룩하다고 말하기까지 하지만 기독교에 대해서는 적대적 편견을 드러냈다.

하고 그리스도교인들을 비판하는 데 초점을 맞추고 있다. 아우구스티누스는 그리스도에 대한 아폴로의 비판도, 헤카테의 칭찬도 반대한다. 이 발언의 의도는 로마인들의 그리스도교 개종을 막는 것이었다. 포르피리오스가 하나님을 아버지라고 선언하며, 우리가 어떤 행동으로 그를 숭배할 것인지를 말한 점에서는 옳다. 그러나 포르피리오스가 그리스도인들에 대해 한 말은 잘못이며, 자신이 신들이라고 인정하는 귀신들이 원하는 그대로 그리스도인들을 훼방할 뿐이다. 로마 극장에서 공연하던 음란종교극과 교회에서 듣는 말이나 하나님에게 드리는 예배(희생) 중 어느 것이 인간성품을 타락시키며, 어느 것이 향상시키는가?

히브리 현자들은 천사들이나 거룩한 천상존재들에게 희생제사 드리는 것도 금했다. "만유의 모든 신은 마귀니라"(시 96:5, 70인역). 최고의 하나님을 제외하고는 아무 신에게도 희생을 드리지 말라는 뜻은 청천백일처럼 분명하다. "내가 주께 아뢰되 주는 나의 주시오며 나의 재산이 필요하지 아니하나이다"(시 16:2, 70인역). 하나님의 도성 백성인 우리 자신이 가장 고귀하고 가치 있는 희생제물이며, 성도가 드리는 이 희생은 신비다(10권, 5-6장, 20장). 유대인들이 드린 희생은 장차 있을 것의 그림자였다. 23장 마지막 몇 문장은 직접 인용할 만한 명문이다.

> 그러므로 최고의 유일신이 명령하고 시민들이 하나님의 은총의 도움으로 복종하며 하나님 외에 아무 신에게도 희생을 드리지 않는 그런 공의가 없는 곳에는, 따라서 모든 시민들이 질서정연하게 영혼이 신체를 지배하며 이성이 악습을 지배하는 곳이 아니면, 그래서 개인으로서나 의인들의 공동체로서나 사랑으로 역사하는 믿음으로 살며 하

> 나님을 올바로 사랑하며 이웃을 자기 몸같이 사랑하지 않는 곳에는, 권리를 서로 인정하며 공통된 이익추구를 위해서 뭉친 집단도 없다. … 이런 집단이 없다면 국민 또는 시민도 없고 공화국도 없다. 국민이 없는 곳에는 공화국도 있을 수 없기 때문이다(956쪽).

《하나님의 도성》전체에서 이 인용문은 기독교 신앙에 대한 가장 강력한 변증문이다. 기독교 신앙에 대한 이 놀라운 정치신학적 옹호는 현대에도 여전히 유효한 변증적 지혜를 제시한다. 유일하신 참 하나님에 대한 신앙이 없는 곳에는 이웃사랑이라는 공공윤리도 생겨나지 않으며 이웃의 삶에 대한 배려와 사랑이 없는 곳에는 공화국의 이상 실현이 어렵다는 아우구스티누스의 주장은, 로마가 진정 이상적인 공화국이 되려면 기독교의 하나님을 받아들여야 한다는 결론을 아주 자연스럽게 이끌어낸다.

24장. 국민과 공화국에 대한 아우구스티누스의 올바른 정의

'국민과 공화국의 올바른 정의'에 대해서 생각하면서 어떤 집단이 사랑할 대상에 대한 합의로 뭉쳤다면 그것을 국민이라고 하는 것이 정당할 것이다. 여기서 중요한 '사랑의 대상'에 대해서 생각해보자. 사랑의 대상이 고급이면 국민도 고급이 된다.[22] 이런 의미에서 로마도 한때는 공화국이었으며, 로마공화국 사람들도 사랑의 대상에 대한 합의로 뭉친 이성적 존재들이었다. 그러나 우상숭배를 금하는 하

---

22 자본주의는 돈에 대한 숭배로 뭉친 국민들이 이루는 사회다. 반면에 민주공화국은 헌법적 가치에 대한 사랑으로 뭉쳐진 나라다. 대한민국은 돈에 대한 신적 숭배분위기를 이겨내야만 공화국의 이상을 실현시킬 수 있다. 우리나라의 헌법은 공공성이 강한 공화국적인 기조와 방향을 담고 있다.

나님을 믿지 않고 따르지 않는 나라에서는, 영혼에게 신체에 대한 고유지배권이 없으며, 이성이 악습에 대하여 권위를 행사하지 못한다. 따라서 공의가 없다. 유일하신 참 하나님에 대한 사랑, 즉 경건함을 잃어버렸다면 '진정한 경건이 없는 곳에는 진정한 덕성(공동체적 예의범절, 도덕성)도 없다'고 하겠다.

25장. 공화국의 이상적 미덕인 상호부조의 이웃사랑 원천인 진정한 경건

진정한 경건이 없는 곳에 진정한 덕성도 없다. 신체에 대한 영혼의 지배와 악습에 대한 이성의 지배가 훌륭하더라도 하나님에 대한 순종이 없으면 신체와 죄악을 다스릴 통치권이 없는 것이다. 하나님이 없는 자들의 도덕성은 제한된 가치가 있을 수 있으나 그 자체로 또한 악습이다. 사람에게 복된 생명은 천상적 기원의 선물이다.

26장. 하나님의 백성이 순례 도상에서 이용하는 잠정적, 현실정치적 평화의 가치

육신의 생명은 영혼인 것과 같이 사람의 복된 생명은 하나님이시다. 하나님에 대해서 히브리 백성의 성경은 "여호와를 자기 하나님으로 삼는 백성은 복이 있도다"라고 말했다(시144:15). 하나님에게서 멀어진 백성에게도 독특한 평화가 있으나 종말이 오기 전에 그 평화를 선용하지 않으므로 결국 그것을 즐기지 못한다. 그러나 그들이 이 세상에 있는 동안에 이 평화를 즐기는 것이 우리한테 유리하다. "두 도성이 섞여있는 동안 우리도 바빌론의 평화를 즐기기 때문이다. 하나님의 백성은 순례하는 동안 바빌론과 함께 지내면서 거기서 해방되는 것이다"(958쪽).

성도가 세상 주권자들을 위해 기도하는 이유는 모든 경건과 단정한 중에 고요한 화평을 누리는 생활을 하기 위해서다(딤전 2:2). 예레미야도 바빌론 포로들에게 바빌론의 평화를 위해 기도해야 하는 이유를 말했다. 바빌론의 평화 가운데서 포로들도 평화를 누릴 것이기 때문이다(렘 29:7). 선한 자들과 악한 자들이 함께 누리는 현세적 평화가 바빌론 평화다. 궁극적으로는 우리의 평화는 하나님을 떠나서 존재할 수 없지만 일시적으로 세상 평화의 형식을 빌려서 하나님의 도성 평화를 향유할 수 있을 것이다.

하나님의 도성의 목표지점, 평화 그리고 인간도성의 종착지, 전쟁 (27-28장)

27장. 금생에서는 완전할 수 없는 그리스도인들의 평화 향유

하나님을 섬기는 자들의 평화는 죽을 금생에서는 완전할 수 없다는 것을 인정해야 한다. 지금 이생에서 즐기는 평화는, 모든 사람에게 공통된 것이거나 또는 우리에게 특유한 것이거나 간에 행복을 실제로 즐기기보다는 불행을 위로하는 것에 불과하다. 우리의 의義도 진정한 선을 목표로 한다는 점에서는 참 의라고 하겠지만, 금생에서 그 실상은 덕행이 완성되는 것이 아니라 죄가 용서를 받는 것이다. 따라서 죄와 싸우는 동안은 평화에 결함이 있다. 하나님이 사람을 다스리며 영혼이 몸을 다스리며, 그 다스림이 지극히 즐겁고 쉬워서 아무 속박도 받지 않게 된 생명의 행복한 상태가 우리에게 적합할 것이고, 그 상태가 영원할 것이라고 우리는 확신할 수 있다. 이와 같은 행복한 평화와 이 평화로운 행복이 최고선이다.

28장. 악인들의 종말

하나님의 도성에 속하지 않은 자들은 영원한 불행을 상속할 것이다. 그들의 영혼은 생명이신 하나님에게서 분리된다. 따라서 살았다고 할 수 없으며, 그들의 몸은 영원한 고통을 받을 것이므로 그들의 상태를 둘째 사망이라고 부른다. 이 둘째 사망은 죽어서 끝나지 않는다. 의인들의 종국을 평화라고 하는 데 반해 악인들의 종국은 전쟁이다.

결론

19권은 천상도성과 지상도성의 종말을 논한다. 아우구스티누스는 최고선에 대한 철학자들의 견해와 금생에서 행복을 얻으려는 헛된 노력을 관찰하고 논박하면서, 금생과 내세의 천상도성에서 그리스도인들이 누릴 평화와 행복의 본질을 논한다. 19권의 중심논지는 넷으로 요약할 수 있다.

첫째, 철학으로는 금생의 평안도 얻지 못할 뿐 아니라 내세의 평안도 얻지 못하기 때문에 철학은 아무 쓸모가 없다. 더구나 철학의 목적은 최고선과 행복을 주는 것인데 그것은 불가능하다. 최고선과 행복은 정신 수양이나 도덕적 분투, 혹은 욕망 억제나 부정, 욕망 방출과 긍정 등 어떤 인간적 방법으로도 얻을 수 없다. 오직 기독교 신앙에서 흘러나오는 영성과 성품의 선물이다. 금생의 행복과 내세의 영생을 추구한 로마철학의 모든 분파는 살아계신 하나님에 대한 참된 경배에서 오는 영생의 선물을 모른다.

둘째, 기독교인의 행복은 참된 하나님 한 분을 예배할 때 실현된다. 로마인들이 가장 갈구한 금생의 복락은 평화였다. 10-26장은 평화를 얻고 누리는 방법을 상론한다. 로마인들의 철학과 종교는 그들에게 참된 평화를 주지 못했다. 심지어 로마는 전쟁을 통해서도 평화를 얻으려 했으며, 이러한 로마의 평화는 전쟁을 정당화하기 때문에 참 평화가 아니었다. 하나님과 화해하고, 이웃과 사랑하고, 자신의 정욕적 육체를 억제하고, 악습과 죄악을 통제하는 능력 등에서 참된 평화를 얻는데, 로마의 방탕과 도덕적 부패는 오히려 평화의 적이었다.

여기서 아우구스티누스는 영생이라는 평화 개념을 도입한다. 영생은 하나님을 참되게 예배하고 경외할 때 우러나오는 이웃사랑의 능력으로 실현되는 공동체생활이다. 시편 133편이 그리는 이상적인 형제자매 연합이 결실하는 삶이 영생이요 평화다. 평화로운 사랑의 능력을 유지하는 평화만 진정한 평화다. 로마의 평화는 전쟁을 통해서 강요되는 평화인 데 반해 영생과 조화하는 기독교의 평화는 자기부인을 통한 이웃배려와 이웃사랑 가운데 창조된다. 기독교의 평화는 타자지배가 아니라 타자봉사다. 자신의 욕망을 절제하고 이웃을 사랑하는 가운데 오는 평화다. 타자를 지배하는 것이 아니라 자신을 부인하므로 타자배려적이며 타자지향적 평화다.

이처럼 영생은 영원히 전복되지 않는 평화다. 로마의 평화는 반발과 전복을 수반하지만, 하나님의 도성의 평화는 절대로 전복될 수 없다. 이 평화는 이미 예수 안에서 성령의 감화감동으로 전복轉復된 사람들이 누리는 평화다. 그리스도의 십자가에서 사랑으로 이미 감미롭게 전복된 평화이기 때문에 다시는 절대 전복될 수 없으며 영원하다. 이런 절대적 평화는 (가톨릭)교회를 통해 예비적으로 부분적으로 향유되고 종말론적으로는 이 세상의 종결점, 즉 새 하늘과 새 땅에서 완전히 실현될 수 있다. 하지만 이런 아우구스티누스의 종말론을 받아들이는 가톨릭교회는 그리스도의 예수의 재림을 강조하지 않는다. 교황이 그리스도의 지상의 대리자로 세상을 통치하는 이 교회시대가 천년왕국시대라고 믿는 무천년설 종말론을 취하고 있기 때문이다. 가톨릭교회는 교회와 그리스도의 지상대리자인 교황의 영적 통치가 재림하실 그리스도의 종말통치를 예기하고 선취하고 있다고 주장한다.

셋째, 아우구스티누스는 19권(특히 16, 21, 24, 25장)에서 아주 설득력 있는 논조로 진정한 영성, 덕성이 없는 곳에는 건전한 사회생활, 국가(공화국)가 존재할 수 없다고 말한다. 개개인이 이웃을 사랑하고 자기를 부인하는 덕성이 개발된 곳에서 공화국의 이상실현이 가능해진다는 것이다. 여기서 개인전도를 항상 강조해야 한다는 함의가 나온다. 공화국은 엄청 분투하는 개인들의 상호존중적인 유대감에서 나오기 때문이다. 개인부패가 공동체부패다. 우리나라 공무원들, 가진 자들, 지식인들, 성직자들의 부패는 대중의 부패상의 향도요 반영이다. 의로운 시민이 대통령이다. 의로운 시민이 검찰총장인 나라가 부강하고 문명을 향도하는 역할을 감당한다.

사회구조적 정의를 말하는 교회일수록 개인전도를 통한 시민의 덕성교육, 영성 성장을 더욱 추구해야 한다. 결론적으로 말하면, 《하나님의 도성》이 이상적으로 그리는 기독교인은 하나님을 경외하고 이웃을 불쌍히 여기고 이웃의 존재를 하나님의 선물이라고 생각하는 공공성 강한 기독교인들이다. 이상적인 기독교인은 순례 중인 하나님의 교회에 속하면서도 이 세상을 공화국의 이상과 규범 아래 근사치적으로 변혁하기 위해 분투하는 사람이다.

마지막으로 아우구스티누스는 천상도성 거민들이 장차 완성될 천상 소재 하나님나라에 들어갈 순례자의 신분으로 세상 참여를 한다고 말한다. 그리스도인들의 세상 참여를 소극적으로 혹은 정적주의적으로 흐르게 만들 사상의 실마리가 17장, 26-27장에 있다. 천상도성 거민들은 자신의 신앙을 손상하지 않을 현세의 유익을 누린다. 천상도성 거민들은 지상도성이 주는 평화를 선용하며 신앙에 저촉되지 않는 한 지상도성의 법에도 주저 없이 복종하지만, 지상도성의 다신교 우상숭배에는 절대로 동참하지 않는다.

아우구스티누스는 천상도성과 불화를 일으키는 지상도성의 문제는 다신교 우상숭배라고 본다(945쪽). 유일하신 하나님을 섬기는 천상도성 거민들은 이 다신교 우상숭배에 빠진 지상도성 거민들에게 박해를 받았다. 다만 기독교 박해자들은 "그리스도교인의 수효가 많은 데 놀랐고, 하나님이 주시는 분명한 보호를 보고 놀랐다"(945쪽). 이 지상도성의 박해 때문에 천상도성은 모든 나라에서 모든 언어를 사용하는 사람들 중에서 순례자 사회를 형성해 지상도성의 평화와 신앙에 방해가 되지 않으며 중립적인 법과 제도를 존중한다. "순례도상의 천상도성이 믿음으로 이 평화를 누리며 평화를 얻기 위해서 하나님과 사람에 대한 모든 선행을 할 때에 우리는 믿음으로 의롭게 산다(롬 1:17). 천상도성의 생활도 사회적이기 때문이다"(946쪽).

이처럼 아우구스티누스는 세상 자체를 변혁하여 하나님 통치에 수렴시키려는 노력보다는 막연하게 "사람에 대한 모든 선행"만 강조한다. 이 점은 비판의 여지가 있다. 왜냐하면 이 순례자 이미지에서 감지할 수 있는 소극적이고 정적주의적 세상관 때문에 그리스도인들이 천상 구원만 바라고 세상에 대한 책임을 다하지 않는 탈세상적 이탈자처럼 보일 수 있기 때문이다. 실제로 한국의 대부분 목회자들은 신자가 정치나 사회발전에 관심을 기울이는 것을 순례자 이미지에 호소하여 경계한다. 극단적 박해상황에서 신앙인의 생존 자체가 문제가 될 때에는 이러한 다소 비관주의적인 순례자 사고방식도 불가피한 면이 있겠지만 이렇게 순례자의 영성을 강조하다 보면 역사내재적 마르크스적 혁명주의자들에게 세상경영의 주도권을 빼앗길 가능성이 매우 크다.

천만흥행 영화 〈변호인〉(2013)의 마지막 장면에 등장한, 운동권 학생들의 필독도서가 에드워드 핼리트 카Edward H. Carr의 《역사란 무엇인가What Is History?》인데, 그 책 5장 "진보로서의 역사"와 6장 "지평선의 확대"의 핵심 요지가 바로 역사의 진보에 대한 이성적이고 집체적인 투신의 중요성이다.[23] 이 책의 함의는 핏빛 유혈혁명을 막으려면 역사의 이성적이고 예측가능한 행로를 알아야 한다는 것이다. 카는 역사공부의 유익 중 하나가 '프랑스 대혁명은 5천만 명의 굶주린 빈민들이 있으면 항상 일어나기 마련이다'라는 정도의 예측력을 습득한다는 것이라고 본다.

카는 《역사란 무엇인가?》의 5장 "진보로서의 역사"에서 역사는 신의 섭리를 완성하는 과정이라고 보는 기독교 신학자들, 즉 니콜라이 베르자예프, 아놀드 토인비, 라인홀드 니버Reinhold Niebuhr, 자크 마리탱Jacques Maritain 같은 인물을 거명하며 신랄하게 비판한다. 그런데 놀라운 것은, 이 기독교섭리사관의 옹호자들의 우두머리가 아우구스티누스로 알려져 있다는 점이다. 《역사란 무엇인가》에서 카는 영웅사관, 우연사관, 기독교섭리사관, 역사허무주의, 역사냉소주의를 배척하고, 역사는 이성적이고 집체적인 기층민중이 자기 주변을 지배하는 능력을 확대하는 진보의 과정임을 강조하는 과정에서 기독

---

23 E. H. 카아, 김택현 옮김, 《역사란 무엇인가》(까치글방, 2008), 163-205.

교섭리사관 역사가들을 비판했다. 카는 역사의 모든 과정과 사건은 이성을 가진 역사가가 이해할 수 있으며, 따라서 역사적 변동은 일련의 객관적 법칙에 따라 설명 가능하다고 주장한다. 일련의 법칙을 따라 역사적 사건의 제1발생원인을 설명할 수 있다면, 역사학은 미래를 맞이하고 대처하는 인류의 축적된 지혜와 통찰력 자산이 될 수 있다는 것이다. 역사를 공부하면 우리 선조들이 역사에서 겪었던 숱한 재난과 핏빛 혁명을 미연에 방지할 수 있다고 믿는 것이다.

    카는 여기서 기독교섭리사관을 신비주의라고 단정한다. 베르쟈에프Berdyaev, 니버, 토인비 같은 사람들이 주창하는 신비주의는 역사의 의미가 역사 외부의 어디엔가, 말하자면 신학이나 내세관의 영역 같은 데에 있다고 보는 견해를 지칭한다. 이런 점에서 우리 기독교인들에게는 카의 비판에 응답하며 마르크스계열의 혁명가들이나 사회진보주의자들보다 훨씬 적실하고 이성적이면서도 하나님 의존적인 사회진보사상을 안출할 사명감이 필요하다. 선지자적 비관주의나 순례자적 정적주의는 너무 안일한 기독교 신앙이다.

제20권:
최후 심판의 확실한 집행

20권에서는 최후 심판의 확실한 집행을 가리키는 성경구절을 인용하고 인증하며 간략하게 해설한다. 특히 30장에서는 인간의 최후 심판을 다룬다. 그리스도께서 재림하실 때 마귀가 결박을 당하고 악인들은 정죄의 심판을 받을 것이지만, 의인들은 그리스도와 함께 영원한 하나님나라에 들어가 영원히 살 것이다.

서론(1-4장)

1장. 최후 심판의 확실성과 의미

우리는 그리스도께서 마지막 날에 오셔서 산 자와 죽은 자를 심판하실 마지막 때를 믿는다. 이것이 '최후의 심판'이라는 것은 하나님이 인류 역사의 처음부터 계속 심판을 하셨음을 전제로 하기 때문이다. 범죄한 아담과 하와를 낙원에서 몰아내고 생명나무에 접근하지 못하게 하신 것이 첫 인류심판이다(창 3:23). 죄를 지은 천사를 용서하지 않으신 것도 심판이다(벧후 2:4). 공중의 마귀들과 지상의 사람들에게 불행과 재난과 과오가 가득한 것도 심판이다. 하나님은 집단적으로 벌하실 뿐 아니라 개체(개별자)도 심판하신다. 마귀는 자신이 받는 심판의 고통이 정당한 신적 응징임을 인정한다(마 8:29). 심판을 눈에 보이게 받기도 하고 비밀리에 받기도 하며, 금생이 아니면 내세에 받는다. 사도신경도 최후 심판을 고백한다. 하나님의 심판은 불의가 없고 공정하다(롬 9:14). 20권에서 최후의 심판을 말하면, 왜 악인이 형통하고 의인이 고통을 받느냐는 질문이 더는 필요 없을 것이다. 인간의 역사에는 해결되지 않은 부조리한 사건과 불의하고 원통한 미제사건들이 너무나 많아서 하나님의 정의로움을 확신하기가 힘들다. 세계역사의 저류에는 신원을 호소하는 아벨의 피울음이 흐른다. 나치 치하에서 고난당하다가 죽은 아홉 살 소녀 안네 프랑크의 눈물을 닦아주려면 히틀러와 나치체제에 대해 하나님이 최후 심판을 하셔야 한다. 본회퍼의 눈물을 닦아주시는 하나님은 히틀러를 심판하시는 하나님이다.

2장. 하나님의 정의를 의심하게 만드는 고난과 환난의 무차별적 쇄도

훌륭한 사람, 죄 없는 사람, 경건한 사람, 의로운 사람이 고통과 재난과 질병과 빠른 죽음과 무시를 당하는 반면, 악하고 죄 많으며, 불경건하고 불의한 사람이 오히려 평안과 안정과 장수와 행복을 얻는 것은 무슨 까닭인가? 우리는 하나님의 판단을 측량할 수 없고 그 길을 찾을 수가 없다(롬 11:33). 우리는 하나님이 어떤 심판으로 이런 일들을 행하시거나 허락하시는지 모른다. 다만 이런 일들이 선인과 악인에게 무차별적으로 닥친다는 것을 알아야 한다. 그러나 우리가 최후의 심판을 받을 때, 하나님의 심판이 모두 공정함을 알 것이다. 그리고 금생에서 모르던 이유도 알게 될 것이다.[1]

3장. 선인과 악인을 가리지 않고 타격하는 고통과 환난에 대한 솔로몬의 번뇌

착한 사람과 악한 사람이 똑같이 당하는 일들을 솔로몬은 전도서에서 어떻게 말하는가? 지혜자의 눈은 머리에 있고 우매자는 어둠 속을 걷지만(전 2:13-14), 그들이 당하는 일은 한가지다.

> 세상에서 행해지는 헛된 일이 있나니 곧 악인들의 행위에 따라 벌을 받는 의인들도 있고 의인들의 행위에 따라 상을 받는 악인들도 있다는 것이라. 내가 이르노니 이것도 헛되도다(전 8:14).

그래서 솔로몬은 한 마디로 "모든 것이 헛되도다"고 하였다(전 1:2-3). 물론 이 말은 우리로 하여금 해 아래 헛된 것이 없는 생활, 그 해를 지으신 분 아래 진실이 있는 생활을 사모하게 하려는 말이다. 그리고 이 헛된 날들 속에서 사람이 진리에 순종하느냐 저항하느냐 하는 것이 중요하다. 또 이 헛된 인생 속에서 복을 받느냐 재난을 피하느냐 하는 것이 아니라 내세의 심판에서 어떻게 되느냐 하는 것이 중요하다. 하나님을 경외하는 자는 절대 헛되지 않을 것이다.

> 하나님을 경외하고 그 명령을 지킬지어다. 이것이 사람의 본분이니라. 하나님은 모든 행위와 모든 멸시 받는 사람들을 선악 간에 심판하시리라(전 12:13-14, 70인역).

4장. 최후 심판의 확실성을 증언하는 신약과 구약

최후 심판에 대한 확실성[2]을 먼저 신약성경에서 인용하고(20권 5장

---

[1] 2장은 신정론 논의에서 중요하게 고려하여야 할 부분이며 1권의 논의와 맥락이 닿아있다.

은 모두 신약성경 구절들 인용이나 인증), 다음에 구약성경에서 인용하는 이유는, 구약이 시간상으로는 앞서지만 내용의 가치로는 신약이 앞서기 때문이다. 여기에서 아우구스티누스는 율법 외에 나타난 한 다른 의를 말하는 로마서 3장 20-22절, 천국의 서기관은 새것과 옛것을 그 곳간에서 내어온다는 마태복음 13장 52절을 근거로 구약보다 신약의 가치가 더 높다고 한다.

신약성경에서 말하는 하나님의 심판(5-20장)

5장. 최후 심판의 확실한 집행을 증언하는 구주 그리스도의 말씀

세상 끝에 하나님의 심판이 있으리라고 구세주께서 선언하시는 구절들(마 11:22, 24; 12:41-42; 13:37-43; 19:28; 고전 6:3; 마 25:31-46; 요 5:22-24; 참조. 고전 6:3)이 있다. 주님은 마태복음 11장 24절에서 "심판 날에 소돔 땅이 너보다 견디기 쉬우리라"고 하심으로 심판 날이 있을 것을 분명히 예언하셨다. 마태복음 12장 41-42절에서도 심판 때에 니느웨 사람들이 일어나고 남방 여왕이 일어난다고 말씀하셨다. 이것은 심판과 부활을 모두 이야기하는 것이다. 또 마태복음 13장 37-43절에서 추수할 때 알곡과 가라지를 거두는 비유를 통해 심판을 말씀하셨다. 마태복음 19장 28절에서는 "열두 보좌에 앉아 이스라엘 열두 지파를 심판하리라" 하심으로 제자들과 함께 심판하실 것도 말씀하셨다. 마태복음 12장 27절에서는 "그들이 너희 재판관이 되리라" 하셨다. 열두 보좌는 문자적 해석의 대상이 아니며 완전한 수의 심판

---

2   조호연·김종흡 역본은 '확실성'을 '증명'이라고 번역하는데 이는 어색한 번역이다.

자를 가리키는 표현이다(행 1:26-27; 고전 6:3). 가장 결정적인 말씀은 마태복음 25장 31-41절에서 양과 염소의 비유를 통해 선인과 악인을 구별하는 심판이다. 그 결과에 대해, "그들은 영벌에, 의인들은 영생에 들어가리라"(마 25:42-46) 하셨다. 요한복음은 부활 때 심판이 있을 것을 말하면서 그리스도를 믿는 자는 심판을 받지 않을 것이라고 말한다(요5:22-24).

6장. 첫째 부활과 둘째 부활

첫째 부활과 둘째 부활은 무엇인가? 예수님은 요한복음 5장 25-26절에서 죽은 자들 중에 하나님의 아들의 음성을 듣고 살아나는 자가 있다고 하시는데, 여기서 말하는 것은 첫째 부활인 영혼의 부활이다. 영혼도 죄 때문에 죽기 때문에 이들은 '듣는 자'여서 즉 순종하고 믿고 끝까지 참아서 살아난다. 모든 사람은 죄로 말미암아 죽었고(마 8:22; 고후 5:14-15), 이 모든 죽은 자들을 대신하여 죄가 없으신 분이 죽었으며, 이제 그분으로 말미암아 죄를 용서받아 살게 된 자들은 자기를 위하여 살지 않고 자기를 위해 죽은 자를 위해 산다. 그것을 위하여 첫째 부활이 있는 것이다. 이 부활에는 영원히 복받을 사람들만 참가한다.

그러나 둘째 부활, 즉 몸의 부활에는 복받은 자들과 불행한 자들이 모두 참여한다. 여기서 첫째는 자비의 부활을, 둘째는 심판의 부활을 맞이한다(요 5:28-29). 처음 부활 즉 영적 부활로 일어나지 않은 자들은 둘째 부활인 몸의 부활을 얻은 후에 다시 죽음 속에 던져진다. 요한복음 5장 28-29절에는 첫째 부활 때와 달리 '듣는 자가 살아나리라'는 말씀이 없는데, 이 둘째 부활 때는 모든 사람이 살아나는 것이 아니라 복받은 생명만 살아나기 때문이다.

7장. 두 가지 부활과 천 년 시대에 대한 요한계시록의 증언, 이에 대한 바른 신념

두 가지 부활과 천 년 시대에 대한 요한계시록의 기사와 이에 대한 바른 신념은 무엇인가? 요한계시록 20장 1-6절에서 천 년 동안 왕 노릇 하는, 첫째 부활에 참여하는 자들이 복되다고 말한다. 이것을 육체의 부활로 보고 이 기간에 성도가 편하게 안식을 누린다고 보는 견해가 있으나 이것은 잘못된 견해다. 천사는 강한 자인 마귀를 결박하고, 마귀에게 잡혀있던 자를 해방시켜 줄 것이다. 그런데 이런 일이 여섯째 천 년 동안 일어남으로, 천 년은 하루가 천 년 같다고 한 말씀을 근거로 제6일과 같을 수도 있고, 영원한 성도의 안식을 말할 수도 있다. 그러나 중요한 사실은 마귀는 무저갱에 떨어져 더는 신자들을 해하지 못하고, 전에는 유혹해서 굴복시켰으나 지금은 그리스도에게 속한 나라들을 유혹할 수 없다는 것이다.

8장. 마귀의 결박과 놓임에 대한 요한계시록의 증언

마귀의 결박과 놓임은 어떻게 되는가? 요한계시록에서는 마귀가 "그 후에는 반드시 잠깐 놓이리라"(계 20:3)고 한다. 그렇다고 다시 교회를 유혹할 수 있다는 말이 아니다. 창세 전에 하나님이 예정하시고 선택하신 교회는 결코 미혹되지 않는다. 마귀가 놓이는 때에도 교회가 있을 것이다. 마귀가 천 년 동안 결박된다는 것은, 전력을 다해 유혹하지는 못한다는 뜻이다. 그러나 마귀가 짧은 기간 놓인다. 그리고 교회는 마귀를 대적하여 싸울 것이다. 마귀가 결코 놓이지 않는다면 거룩한 도성의 확고한 용기도 덜 증명될 것이고, 전능자가 마귀의 행악을 어떻게 이용하는지도 덜 분명할 것이다. 전능자는 절대로 성도를 마귀에게서 격리하지 않으시며, 믿음의 거처인 속사람은 보호하시고, 외면적인 시험을 허락하셔서 성도가 유익을 얻게 하신다. 그리고 마귀를 결박하셔서 마귀가 연약한 사람들의 믿음을 방해하거나 빼앗지 못하게 막으신다. 이런 사람들로 교회가 성장하고 완성된다. 그리고 마침내 전능자는 마귀를 놓아서 하나님의 도성이 정복한 원수가 얼마나 강력하였는지를 밝힘으로 구속자, 후원자, 구원자이신 분에게 영광을 돌리게 하신다.

9장. 성도가 그리스도와 함께 천 년 동안 다스리는 나라와 영원한 나라의 관계

성도가 그리스도와 함께 천 년 동안 다스린다는 것은 무슨 뜻이며, 이 천년왕국은 영원한 나라와 어떻게 다른가? 천 년은 그리스도가 처음 오신 기간이다. 성도는 지금도 그리스도와 함께 왕노릇한다. 그리고 이 천년왕국이 끝나는 날에 성도는 자신들을 위하여 예비된 나라, 영원한 나라를 상속받는다. 따라서 천년왕국은 영원한 나라 직전의 상황을 가리킨다(977쪽). 아우구스티누스는 여기서 두 가지 천국을 말한다. 자기가 가르치는 것을 행하지 않는 작은 자(가라지)와 행하는 큰 자(알곡)가 공존하는 천국과, 자기가 가르치는 것을 행하는 자만 들어가는 천국이다. 전자는 현재의 교회요 후자는 미래의 완전케 된 교회다. 현재의 교회가 미래의 완전한 교회로 나아가는 중간 기간인 천년왕국 기간에 교회는 원수들과 충돌하고 싸울 것이고, 심판하는 권세로 교회를 다스릴 것이다. 경건한 순교자들의 영혼은 교회에서 분리되지 않을 것이고 그들도 그리스도와 함께 왕노릇 할 것이다(계 20:4).

10장. 몸만 부활하고 영혼은 부활할 수 없다는 주장 논박

몸만 부활하고 영혼은 부활할 수 없다고 하는 사람들에게 대답한다. 사도는 겉사람이 아니라 속사람이 다시 일어난 사람들을 상대로 이렇게 말한다. "너희가 그리스도와 함께 다시 살리심을 받았으면 위의 것을 찾으라"(골 3:1). "선 줄로 생각하는 자는 넘어질까 조심하라"(고전 10:12). 여기서 넘어짐은 영혼에 대한 말씀이다. 영혼도 넘어진다면 영혼이 다시 일어난다는 것도 인정해야 한다. 다소 이상하지만 아우구스티누스는 이 논리의 연장선에서 영혼의 부활가능성을 말한다.

11장. 세상 종말에 풀려난 마귀가 촉발하는, 곡과 마곡의 교회 박해

세상 종말에 풀려난 마귀는 곡과 마곡을 일으켜 교회를 박해할 것이다. 마귀는 미혹해서 싸움을 붙이려고 한다(계 20:7-8). 이 일은 최후 심판이 임박한 때 있을 것인데, 전 세계의 교회가 견뎌야 한다. 곡과 마곡은 세계의 어느 한 부분을 가리키지 않는다. 교회가 있는 곳이라면 어디든지 원수들이 공격할 것을 말한다. 한국의 일부 교회와 기독교인들은 곡과 마곡을 모스크바와 크렘린이나 중국공산당, WCC, 로마가톨릭, 이슬람 세력과 같은 특정한 나라나 종교라고 단정적으로 믿는 심각한 오류에 빠져있다.

12장. 하늘에서 내려와 소멸한 불에 대한 바른 해석

"하늘에서 불이 내려와 그들을 태워버리고"(계 20:9)라는 구절을 "저주를 받은 자들아 나를 떠나 마귀와 그 사자들을 위하여 예비된 영원한 불에 들어가라"(마 25:41)는 말씀을 근거로 해석해서, 이 불이 악인이 받을 최후의 벌이라고 해석해서는 안 된다. 이 불은 성도의 강경한 저항을 의미한다. 성도의 저항이 적그리스도를 소멸할 불이며 하나님에게서 오는 불이다. 즉 하나님의 은혜가 성도에게 용기를 주며 원수들에게 고통을 주는 것이다.

13장. 적그리스도의 최종 박해가 그리스도의 천년왕국 기간에 일어나지 않는 이유

마지막 박해는 3년 6개월인데(계 11:2; 단 12:7), 마귀가 결박되고 성도가 그리스도와 함께 다스리는 천 년에 포함될 수도 있고, 천년의 일부가 아닐 수도 있다. 그러나 아우구스티누스는 요한계시록 20장 6-7절을 근거로 해서 적그리스도의 마지막 박해가 천년왕국 기간에는 일어나지 않는다고 보는 편을 택한다.

> 이 첫째 부활에 참여하는 자들은 복이 있고 거룩하도다. 둘째 사망이 그들을 다스리는 권세가 없고 도리어 그들이 하나님과 그리스도의 제사장이 되어 천 년 동안 그리스도와 더불어 왕 노릇 하리라. 천 년이 차매 사탄이 그 옥에서 놓여(계 20:6-7).

성도의 치리와 마귀의 결박은 동시에 끝나고 박해는 그 후에 더해진 세월이다. 그러나 그때도 성도가 다스리지 않는다고만은 할 수 없다. 우선 싸움이 격렬할수록 순교의 면류관이 더욱 빛나기 때문이다. 또 천 년 기간에 고난 받는 성도 역시 그리스도와 더불어 왕노릇하였기 때문이다. 그들은 지금도 죽을 지체를 벗어 놓고 왕노릇한다.

14장. 마귀와 그 추종자들이 받을 정죄와 최후 심판과 보응

마귀와 그 추종자들은 불과 유황 못에 던지우고 괴로움을 받을 것이다(계 20:10). 그리고 모든 죽은 자는 부활하여 심판을 받을 것이다. 심판이 끝난 후 하늘과 땅은 없어지는데 이것은 절대적 파괴가 아니라 본질의 변화에 의해서 없어질 것이다. 요한계시록 20장 12절에 책들이 나오는데, 처음에 말하는 책들은 신구약성경이고, 다른 책 곧 생명의 책은 각 사람이 어떤 계명들을 실행했는지 혹은 무시했는지 보여주는 책이다.

15장. 바다와 사망과 음부가 내어주어 심판을 받게 한 죽은 자들의 정체

바다와 사망과 음부가 내어주어 심판을 받게 한 죽은 자들은 누구인가?(계 20:3-14). 바다는 세상을 뜻하는 것으로, 여기에 나오는 이들은 이 세상에 있었던 사람들로 아직 죽지 않은 사람들인데, 세상이 내어주어 심판을 받게 한 것이다. 사망과 음부는 생명이 떠난 사람들을 다시 살려서 내주었다. 바다와 사망과 음부가 내어주어 심판을 받게 한 죽은 자들은 하나님을 모르고 죽은 자들이다. 그러한 자들도 하나님의 최후 심판법정에 서기 위해 다시 부활할 것이다. 무덤 속에 있는 모든 자가 심판주 그리스도의 음성을 들을 것이다. 선한 일을 행한 자는 생명의 부활을 맛볼 것이며 악한 일을 행한 자는 심판받기 위해 부활할 것이다(요 5:28-29).

16장. 새 하늘과 새 땅

이 세계의 모습은 전면적 화재로 사라진다. 이로 인해 우리의 썩을 몸에 합당하던 썩을 원소들의 속성이 사라지고, 우리의 본질은 새로운 속성을 받을 것이다. 우주 자체가 갱신되며 개선되어서, 갱신된 육신을 가진 인류를 맞을 것이다. 그런데 새 하늘과 새 땅에 대해서는 말하는데, 새 바다에 대한 언급은 없다. 여기서 아우구스티누스가 지구소멸론을 말하는 것처럼 보이지만 《하나님의 도성》 전체가 지구소멸론 편에 있는 것처럼 보이지는 않는다. 아우구스티누스는 현재 지구의 모습이 사라진다고 했지, 지구 자체의 질료성이 소멸된다고 말하지는 않았다. 더구나 20권 30장 결론에서 "세계가 불에 타서 갱신될 것이다"(1018쪽)라고 말한다. 즉 아우구스티누스는 지구갱신론에 가까운 편이다.

그러나 일부 극단적인 휴거주의자들[3]은 베드로후서 3장 7-13절을 근거로 지구소화소멸론地球燒火消滅論을 주장한다.

> 이제 하늘과 땅은 그 동일한 말씀으로 불사르기 위하여 보호하신 바 되어 경건하지 아니한 사람들의 심판과 멸망의 날까지 보존하여 두신 것이니라. … 그러나 주의 날이 도둑 같이 오리니 그 날에는 하늘이 큰 소리로 떠나가고 물질이 뜨거운 불에 풀어지고 땅과 그 중에 있는 모든 일이 드러나리로다. 이 모든 것이 이렇게 풀어지리니 너희가 어떠한 사람이 되어야 마땅하냐. 거룩한 행실과 경건함으로 하나님의 날이 임하기를 바라보고 간절히 사모하라. 그 날에 하늘이 불에 타서 풀어지고 물질이 뜨거운 불에 녹아지려니와 우리는 그의 약속대로 의가 있는 곳인 새 하늘과 새 땅을 바라보도다.

오늘날에는 이런 지구소화소멸론보다는 지구갱신론적 새 하늘과 새 땅 견해를 조금 더 설득력 있는 주장으로 받아들인다. 존 스토트John Stott, J. H. 크리스토퍼 라이트Christopher J. H. Wright[4] 같은 복음주의 학자들은 물론이요 크레이그 블레싱Craig Blessing[5] 같은 세대주의자들도 지구갱신론적 새 하늘과 새 땅을 이야기한다. 지구소화소멸론은 자칫하면 지구포기적 휴거론[6]과 쉽게 연결될 수 있으니 주의해야 한다.

---

3 예를 들어 어니스트 앵글리의 《휴거》 시리즈.
4 크리스토퍼 라이트, 정옥배·한화룡 역, 《하나님의 선교》(IVP, 2010).
5 Craig A. Blessing, ed. Darrell L. Bock, "Premillennialism" in *Three Views on the Millenium and Beyond* (Zondervan, 1999), 160-181. 이런 지구갱신론(새 피조물 종말론) 지지자들은 니콜라스 톰 라이트, 위르겐 몰트만, 리차드 미들턴 등이다.

17장. 교회의 무궁한 영광

새 예루살렘 도성이 하늘에서 내려온다(계 21:2-5). 이것은 현재의 것이 아니다. 그 도성에 눈물이 없다는 것은 미래 세계와 성도의 영생과 영원성에 관한 것으로, 분명히 미래에 실현될 것이다.

18장. 최후 심판에 대한 사도 베드로의 예언

베드로후서 3장 3-13절에서 베드로가 죽은 자들의 부활에 대해서는 말하지 않지만, 세상 끝에 있을 이 세계의 파멸에 대해서 충분히 말한다. 하늘과 땅의 멸망에 대한 다양한 해석을 내놓는다. 아우구스티누스는 옛 하늘과 옛 땅이 불타고 해체될 때 성도는 임시로 상층 공중에 가 대기하고 있을 것이라고 본다. 또 영생하여 썩지 않게 된 몸을 가진 성도는 세상을 태우는 대화재를 무서워할 필요가 없다고 한다. 아우구스티누스는 자신의 논리를 뒷받침하기 위해 다니엘과 세 친구들의 실례에 호소한다(단 3:13-27).

19장. 그리스도의 재림 전에 암약할 적그리스도에 대한 사도 바울의 예언

주의 날이 오기 전에 나타날 적敵그리스도에 대해서 사도 바울은 무엇이라고 하는가? 바울은 데살로니가후서 2장 1-12절에서 적그리스도와 심판의 날에 대하여 말한다. 배도자에 대하여 말하고, 적그리스도에 대하여 말한다. 적그리스도는 로마라고 볼 수도 있다. 분명한 사실은 적그리스도가 와서 영혼이 죽은 자들을 미혹한다는 것이다. 그리고 거짓 기적과 표적으로 미혹할 것이다. 그러나 이 모든 것은 하나님의 공의로운 심판을 이루기 위해서 일어나는 일이다.

---

6   본서 서론에 있는 "《하나님의 도성》을 우리 시대에 다시 읽어야 하는 이유"를 참조하라.

20장. 죽은 자들의 부활에 관한 데살로니가전서의 가르침

죽은 자들의 부활에 대해서 사도 바울은 데살로니가전서 4장 13-17절에서 죽은 자들이 부활한다고 한다. 그리스도의 재림시에 살아 있을 사람들은, 부활한 자들과 함께 공중에 끌어올려질 것이다. 그리하여 항상 주와 함께 있을 것이다. 성도는 재림시에 공중에 뿌려졌다가 공중에서 불사의 몸으로 재생할 것이다. 그런데 흙으로 돌아갈 것이라는 말은 생명이 시작하기 전의 상태로 돌아간다는 말이다. 창조 때에 흙에다가 영혼을 불어넣었듯이, 죽음으로 영혼이 없는 흙이 되는 것이다.

구약성경에서 말하는 하나님의 심판(21-29장)

21장. 죽은 자들의 부활과 보응심판에 대한 이사야의 말씀

죽은 자들의 부활과 보응 심판에 관해 이사야는 어떤 말씀을 했는가? 70인역 이사야 26장 19절의 "죽은 자들이 다시 일어나며"는 첫째 부활을, "무덤에 있던 모든 자가 다시 일어나리라"는 둘째 부활을 말한다고 볼 수 있다. 주님의 재림 때 이 땅에 살아있던 자들에 대해서는 "땅 속에 있는 모든 자들이 기뻐하리라. 주의 이슬은 그들의 건강이요"라는 말씀에 나온다. 왜냐하면 '건강'은 영생불사라 볼 수 있기 때문이다.[7] 아우구스티누스가 '건강'을 영생불사라고 번역하는 것은 논리적 비약이라고 볼 수 있지만 전혀 불가능한 착상은 아니다. 또 아우구스티누스는 이사야 66장 12-16절의 말씀을 통해서 우리가 세상 종말에 평안과 행복을 얻을 수 있음을 알 수 있다고 말한다. 불후와 불사의 평화가 하늘에서 지상의 몸들에게 흐를 것이다. 물론 물과 회오리바람과 칼이라는 말을 통하여 벌을 내릴 것도 말한다. 이사야 66장 후반부에서는 최후 심판으로 선인과 악인이 구분된 때를 예언한다.

22장. 악인들의 징벌을 지켜보게 될 성도

성도가 나가서 악인들이 받는 벌을 보리라는 것은 무슨 뜻인가? 이것은 직접 본다는 게 아니라 악인들이 받는 벌을 알게 된다는 뜻이다. 악인은 '바깥 어두운 데'(마 25:30) 있고 선인은 '네 주인의 즐거움에 들어오라'(마 25:21, 23, 70인역)는 말을 듣는다. 선인들은 밖에 있는 일을 알도록 정해졌다. 반면 고통 받는 자들은 안에서 일어나는 일을 모른다.

23장. 적그리스도의 박해와 하나님의 심판과 성도의 나라에 대한 다니엘의 예언

다니엘이 적그리스도의 박해와 하나님의 심판과 성도의 나라에 대해 무슨 예언을 했는지를 다룬다. 다니엘은 다니엘 7장에 기록한 환상을 통하여 네 짐승을 네 왕국으로 보고, 넷째 왕국은 적그리스도에게 정복되며, 이후에 그리스도의 영원한 나라를 본다고 한다. 제롬은 이 네 나라를 아시리아, 페르시아, 마케도니아, 로마로 보기도 한다. 그러나 분명한 것은 적그리스도가 교회를 공격하지만 3년

---

7   이사야 26:19 하반절은 70인역과 불가타역본이 서로 다르다. 개역개정은 히브리어 성경(맛소라 본문)을 취하고 있다. 히브리어 본문, "키 탈 오로트 탈레카 *kî ṭal 'ôrôth ṭallekā*"는 직역하면 "주의 이슬은 빛의 이슬이다"가 된다. '오로트'는 '빛', 혹은 '낮'을 의미하는 명사 오르 *'ôr*의 여성명사형이다. 따라서 히브리어 본문에는 '빛난'이라는 형용사는 없다. '빛의 이슬'(혹은 '낮의 이슬')이라는 표현이 있을 뿐이다. 개역개정은 이 두 명사 '탈 오로트'를 '빛난 이슬'로 옮겼다. 가능한 번역이다. 아우구스티누스가 인용한 불가타역본의 *ros enim, qui abs te est sanitas illis est*는 "왜냐하면 주의 이슬은 그들의 건강이기 때문이다"로 번역할 수 있다.

반이라는 짧은 기간일 뿐이고 곧 하나님의 최후 심판으로 성도가 다스릴 것이라는 사실이다.

24장. 세상 종말과 최후 심판을 예언하는 시편 구절

다윗의 시편 중에서 세상 종말과 최후 심판을 예언하는 구절들을 살펴본다. 시편에도 최후 심판을 암시하는 말씀이 있지만 대개 미약하다. 시편 102편 25-27절은 세계의 높은 부분인 하늘이 없어진다고 하는데 그것을 봐서 세계 자체 역시 없어질 것이다. 시편의 말씀은 신약의 여러 구절(고전 7:31, 마 24:35, 벧후 3:10-11)에서 세상과 천지가 없어진다고 말하는 것을 볼 때 맞는 말이다. 시편 50편 3-5절은 하나님의 최후 심판을 말한다.

25장. 최후 심판과 일부 사람들이 받을 정화의 벌에 대한 말라기의 예언

말라기는 최후 심판과 일부 사람들이 받을 정화의 벌에 대해 예언했다. 말라기 3장 1-6절은 일종의 정화의 벌을 받는 사람들이 있음을 말한다. 이사야 4장 4절도 비슷한 말을 하는데, 악한 자들에게 벌의 심판을 주어 이 정화된 사람들과 분리하여 제거하고 영벌에 처하면 앞으로는 악인들에게 전염되지 않을 것이므로 그런 의미에서 더러움을 씻고 깨끗하게 된다. 그리고 정화된 사람들은 의의 헌물로 주를 기쁘시게 할 수 있다.

26장. 여호와께 기쁨이 되는 성도의 봉헌물에 대한 말라기의 예언

여기에서 아우구스티누스는 말라기 3장 4절의 "유대와 예루살렘의 봉헌물이 옛날과 고대와 같이 나 여호와께 기쁨이 되리라"라는 말씀을 근거로 하여 자기들은 구약의 율법시대로 되돌아갈 것이라고 믿는 유대인들의 허무맹랑함을 비판한다. 율법시대에 드린 헌물은 죄의 헌물이었다. 그래서 먼저 자신의 죄를 위하여 제물을 바쳐야 했다. 그러나 믿음으로 의인이 되고 최후의 심판의 불로 정화가 된 의인에게는 아무 오점도 없다. 그리고 그때야 "옛날과 고대와 같이" 하나님을 기쁘시게 할 수 있다.

27장. 선인들과 악인들을 분리하는 최후 심판

말라기 3장 17절-4장 3절은 최후 심판에서 의의 태양 아래서 영생의 광명으로 '구별함'으로 선인들과 악인들이 분리된다고 한다. 아우구스티누스는 금생에서는 하나님의 심판이 불철저하고 불명료하게 실현된다는 점을 인정하지만 심판 없이 지나간 모든 과거지사가 하나님의 심판에 노출될 것이라고 말한다. 하나님은 일괄정산하신다. 하나님의 심판그물은 성긴 것 같아도 모든 인간의 악행은 하나님의 감찰그물을 벗어날 수 없다. 이병주의 소설 《천망天網》[8]처럼, 하나님은 모든 인간의 악행을 최후 심판자리로 불러내실 것이며 심판하실 것이다.

28장. 모세의 율법에서 최후 심판의 성경적 토대를 발견한 예언자 말라기

아우구스티누스는 말라기의 예를 들어 모세의 율법은 영적으로

---

8 이병주의《천망天網》은 1966년에 '매화나무의 인과因果'라는 제목으로 발표된 작품으로 인과응보적 징벌이야기이다. 소설제목은 노자의 〈도덕경〉 73장 "천망회회 소이불실天網恢恢 疎而不失"에서 나왔다. "하늘 그물은 성기지만 하나도 빠뜨리지 않는다"라는 뜻이다. 소설 줄거리는 완전범죄를 노리는 성참봉네 일가一家의 철저한 몰락과 그 가족이 받는 처절한 징벌 이야기다. 지옥의 실재성을 심리적으로 수용하게 만드는 스토리텔링이 탁월한 소설이다. 이 소설을 읽다보면 이 세상의 모든 악행을 궁극적으로 가리는 최후심판자인 절대자 신이 있어야 한다는 주장을 만나게 된다.

해석해야 하며, 육적인 해석의 불평을 배제해야 한다고 주장한다. 말라기 4장 4절 "너희는 내가 호렙에서 온 이스라엘을 위하여 내 종 모세에게 명령한 법 곧 율례와 법도를 기억하라"를 말하면서 모세의 호렙산 율법선포 안에서 최후 심판자 그리스도를 발견하여야 한다고 주장한다. 율법선포로 선인과 악인의 길을 구분한 모세를 믿었다면 최후 심판의 자리에서 악인과 선인을 갈라내실 그리스도를 믿을 수 있다(요 5:46)는 것이다. 심지어 말라기 당시의 일부 사람들은 이 세상의 도덕적 무정부상황과 허무주의를 토로하며 하나님께 불평했다. "모든 악을 행하는 자는 주의 눈에 좋게 보이며 그에게 기쁨이 된다"(말 2:17)는 불평이 일부 사람들을 허무주의로 몰아가고 있었다. 말라기는 이런 불평자에게 그리스도의 최후 심판을 예고한다.

말라기 자신도 3장 14-15절에서 악인이 창성하고 복을 받는 것을 말한다. 그러나 이런 문제 때문에 하나님의 공의로우신 세상통치를 의심해서는 안 된다. 말라기는 당시 일부 유대인들이 도착된 현실질서에 대해 불평하는 것은 모세의 율법을 잘못 해석했기 때문이라고 본다. 모세의 율법을 영적으로 해석해서 그리스도를 발견해야 하는데 그렇게 하지 않고 육적으로 해석했기 때문이라는 것이다. 그렇기에 말라기를 포함한 구약의 모든 예언자들은 최후 심판을 선언해야 했다.

29장. 최후 심판 직전 엘리야의 대회개 촉구사역

말라기 4장 5-6절은 엘리야가 다시 오리라고 한다. 엘리야는 불수레를 타고 하늘로 올라갔기에 죽지 않았다. 그래서 구주이신 분이 오시기 전에 다시 올 것이며, 와서는 육적으로 해석하는 유대인들을 가르쳐 그리스도에게로 돌이킬 것이다. 예수 그리스도는 바로 세례

요한이 메시아 앞에 온 엘리야라고 보셨다(마 11:14). 최후 심판자 그리스도는 자기 타작마당을 정하게 한 후에 알곡은 곳간에 모아들이고 쭉정이는 꺼지지 않는 불에 던지실 것이다(마 3:11-12).

심판주 그리스도(30장)

30장. 최후 심판과, 암묵적이지만 그리스도를 가리키는 구약성경 구절

구약성경 일부 구절은 하나님이 세상을 심판하시리라는 말씀을 포함하고 있으며, 비록 명백히는 아닐지라도 하나님이 말씀하시는 구절 중에는 의도적으로 그리스도를 언급하는 구절들이 있다. 예를 들어, 예수 그리스도가 하나님이라는 것을 밝히면, 하나님이 오시리라는 구절은 그리스도가 오시는 것으로 해석할 수 있다는 것이다. 이사야 48장 12-16절에서 그리스도를 직접 언급하지 않지만 "주 하나님과 그의 영이 나를 보내셨느니라"(70인역)는 말씀은 그리스도가 오시는 것에 대해 말하는 것이다. 스가랴 2장 8-9절에서도 직접 그리스도를 언급하지 않지만 "전능하신 주께서 나를 보내신 줄 알라"(70인역)에서 '나'는 그리스도임을 알 수 있다. 그 밖에 스가랴 12장 9-10절, 이사야 42장 1-4절에서도 그리스도를 말한다. 이처럼 성경은 예수 그리스도께서 성경에 예언된 모양으로 최후 심판을 집행하실 것을 말한다. 아우구스티누스는 엘리야의 재림 관련 구절을 그리스도의 초림이 아니라 재림과 연결한다. "디셉 사람 엘리야가 오며 유대인들이 믿으며 적그리스도가 박해하며 그리스도가 심판하시며 죽은 자들이 일어나며 선인과 악인들이 분리되며 세계가 불에 타서 갱신될 것이다"(1018쪽).

20권 말미에 아우구스티누스는 21-22권의 주제를 미리 소개한다. 21권은 악인들의 종말을, 22권은 의인들이 받을 복을 다룰 것이다. 이 두 권은 모두 대적들의 논리를 논박하는 형식의 글이 주를 이룰 것이다. 하나님은 결코 거짓말 하실 수가 없기에 반드시 예고하신 대로 심판하실 것이다. 불신자들이 믿기 힘든, 불가능한 일도 하나님은 하신다. 따라서 최후심판 드라마는 반드시 인류역사를 종결짓는 대단원의 드라마가 될 것이다.

결론

20권의 저술 목적은 최후 심판의 확실성을 설득하는 것이다. 신교와 구교의 차이는 물론이요 개신교의 모든 교파와 교단의 차이를 단숨에 극복하는 교회일치의 기준은 사도신경이다. 사도신경의 내용 중 가장 간과되는 것이 다시 오실 그리스도와 그리스도의 최후 심판 신앙일 것이다. 20-22권은 사도신경의 마지막 부분을 다룬다. 20-21권은 산 자와 죽은 자를 심판하러 오실 그리스도에 대한 고백을 집중적으로 논한다. 22권은 거룩한 공교회의 우주적 지향성과 성도에게 선사되는 죄사함과 영생을 다룬다. 이렇게 중요한 사도신경 신앙고백을 오늘날 교회에서는 왜 강조하지 않을까? 하나님의 최후 심판이 중요한 신앙고백으로 자리 잡지 못한 이유가 무엇일까? 20권은 적어도 그리스도의 최후 심판의 확실성을 믿던 시대의 영적 기상의 흔적이다. 20권을 읽고 나면 그리스도의 최후 심판 사상을 소중한 신앙유산으로 받아들이고 귀중하게 여겨야 한다는 자각이 일어난다. 그렇게만 되어도 아우구스티누스가 20권을 쓴 목적이 성취된 것이다.

우리는 현대 교회에서 그리스도의 최후 심판 사상이 퇴조한 요인들이 여럿 있다고 본다. 그 중에서도 중요한 요인은 네 가지를 지적할 수 있을 것이다. 죄와 벌에 대한 유대-기독교 논리를 더는 받아들이지 않는 계몽주의적 인간중심문화 속에 깃든 영적 무감각, 이제는 순교자가 나오지 않으며 신앙의 정절과 경건을 수호하기 위한 순교적 열정을 발동할 수 없을 정도로 식어버린 제도권 기독교, 니체-하이데거 이후로 급속하게 진행된 포스트모더니즘으로 인한 절대적 진리거부 기운, 역사 속에서 일어난 악행들에 대한 미뤄진 역사중간기 심판이다.

첫째, 오늘날은 하늘이나 하나님을 두려워하는 순진한 경건세대가 아니다. 노아시대처럼 하나님을 두렵게 의식하고 지각할 만한 영적 지각시스템이 붕괴되어 버렸다. 고대 은나라의 갑골문자 거의 대부분은 왕들이 하늘의 뜻을 묻고 모든 정책을 결정하려고 복점을 친 종교기록이다. 고대 은나라 통치자들은 전쟁, 도시건설, 농경 등 모든 문제에서 신의 뜻을 묻고 따랐다. 심지어 바빌론의 느부갓네살이나 페르시아의 다리우스도 하나님의 현몽이나 계시를 무서워했고 하나님의 훈계를 받아 자신의 성품과 성치를 고쳤다. 그러나 이제는 기독교의 하나님마저도 현대정신에 윤색당해 사랑은 많지만 '심판'은 하지 않으시는 마음씨 좋은 삼촌이나 이모 수준의 하나님 이미지가 대세가 되었다. 닐 도날드 월쉬Neale Donald Walsch는 *Conversations with God*에서 마음씨 착한 뉴에이지 신의 이미지에 부합하는 하나님을 등장시켜 도시의 삶에 지친 영혼을 위해 친절한 카운슬링을 해준다. 오늘날에는 최후 심판 사상을 원시시대 터부종교의 잔재로 본다.

둘째, 교회 자체가 신앙 때문에 고생을 하거나 억울한 일을 당하지 않기에 애가시편이나 예언서에 나오는 격정 어린 신원요청 구절들을 이제는 중시하지 않는다. 교회 자체가 지극히 세속화되어 교황이나 성직자가 스스로 심판하려고 하지 심판하시러 오는 그리스도를 기대하지 않는다. 세속화된 교회는 성령의 거룩하신 영적 조명이 없는 교회이기에 자신의 죄를 보고 절망하지 않으며, 죄를 책망하는 성령의 음성을 들을 청력도 없다. 세속화된 교회는 영적 백치가 되어 버린 불경건한 현대인들이 하나님을 의식하거나 하나님 앞에서 떨게 하는 거룩한 카리스마를 발휘할 수가 없다.

셋째, 절대 진리를 거부하고 모든 판단은 국지적이며 부분적이어야 한다고 주장하는 포스트모더니즘은 한 분 하나님이 "전 인류를 심판하신다"는 사상을 극단적으로 배척한다. 인간의 심판자는 인간이어야지 신이나 초월적 외부자가 초월적 준거로 인간을 심판하다는 것은 있을 수 없는 희극이라고 본다.

마지막으로, 악이 신속하게 심판받지 않는 현실(전 8:11)에서 행악자들은 더욱 과감하게 악행을 하고 악행의 피해자들은 절망적이고 저항적인 무신론자로 굳어져간다. 앞서 보았듯이 20권은 이러한 심판의 불충분성을 일괄 정산하여 해결하는 최후 심판을 논리적으로 옹호한다! 여러모로 이 네 요인의 영향을 받는 현대인들은 죄-벌-심판이라는 유대-기독교 교리를 극력 배척한다. 이런 맥락에서 20권을 읽으니 그리스도가 하실 최후 심판의 확실성에 대한 아우구스티누스의 논리에 동의하게 된다. 그리스도의 심판을 거부하고 불신하는 현대정신 자체가 그리스도의 최후 심판의 대상이 될 것이라는 확신이 커진다. 인간의 죄와 타락을 말하는 기독교는 유일하게 창조주 하나님의 입장을 대변하는 사상이다. 기독교는 인간에게 아첨하지 않는다. 기독교는 살아계신 하나님에게 충성하는, 하나님에게서 온 복음의 열매다. 기독교는 지구외래적인 복음이며 지구유래적 사상들과는 대립한다. 그리스도의 최후 심판은 지구외래적이며 인간성 밖에서 주신 계시의 산물이다. 기독교는 인간 스스로 착상한 종교사상이 아니다. 최후 심판에 대한 아우구스티누스의 사상이 후대의 기독교 사상에 큰 영향을 미쳤음은 주지의 사실이다.

최후 심판에 대해 아우구스티누스가 행한 성경 인증과 인용은 서방기독교의 종말론에 거의 그대로 유입되었다. 아우구스티누스는 무천년설적이면서도 그리스도의 재림을 강조하는 균형감각을 보여준다. 구약과 신약의 가치 평론에서는 신약 우대적이고 구약 하대적인 세대주의적, 경륜교체주의적[9] 협소한 전망을 보여주지만 최후 심판의 확실성을 강조하는 논법 자체는 대체로 설득력이 있다. 물론 아우구스티누스가 최후 심판의 확실성을 강조하거나 인용하거나 인증하는 성경구절이 적합한지 여부는 개별적으로 재검토해야 한다. 특히 말라기를 최후 심판의 증거 본문으로 사용하는 것이나 20장에서 구약성경에 나타나는 암시적 그리스도 심판(재림)을 논하면서 인용하고 인증하는 성경구절들(사 48:12-16, 70인역; 슥 2:8-9, 70인역)의 인용이나 인증에는 동의하기가 쉽지 않다. 오히려 최후 심판과 관련된 이미지를 풍성하게 간직한 것처럼 보이는 이사야 24-27장은 상론

---

[9] 이스라엘이 더는 하나님이 백성이 아니며 새 이스라엘인 교회가 이스라엘을 대신하고 대체했다는 신학사상으로, 반유대인 정서를 퍼뜨리는 온상이 되었다. 영어로는 supercessionism 혹은 replacement theology라고 말한다. 이와 달리 이스라엘이 여전히 하나님 백성이며 언젠가 다시 하나님께 되돌아올 것이라고 믿는 견해를 반경륜교체주의anti-supercessionism라고 부른다. 아우구스티누스는 대체로 경륜교체주의를 취하지만 오늘날 유대인들의 이스라엘 건국과 신학적 기여 등을 고려하는 많은 신학자들은 반경륜교체주의를 취한다. 필자도 반경륜교체주의를 취한다.

하지 않는다.

전체적으로 20권은 이미 우리에게 익숙한 종말론과 최후 심판론을 논하기 때문에 한국 기독교인들이 이해하는 데는 어려움이 거의 없다. 다만 하나님의 장엄한 심판 드라마를 지나치게 흑백논리로 구사하는 듯한 논법은 영적으로 약간 건조하게 느껴지기도 한다. 이런 아쉬운 점이 있다고 해서 20권의 묵직한 울림을 외면해서는 안 된다. 우리는 20권을 읽으면서 그리스도의 최후 심판 사상을 부정하고 거부하는 현대인들의 영적 무감각과 자기만족적 자기숭배심리를 비판할 수 있는 영적 패기를 얻을 수 있다. 20권에서 우리는 그리스도의 최후 심판에 대한 사도신경의 고백을 한층 더 깊이 음미할 수 있다.

사도신경의 마지막 신앙고백 중 최후 심판 조항, "그리스도 예수가 하늘에 오르사 전능하신 하나님 우편에 앉아 계시다가 저리로서 (하나님 우편보좌로부터) 산 자와 죽은 자를 심판하러 오십니다"는 디모데후서 4장 1-5절을 근거로 삼는다. 이 신앙고백은 우리가 살고 있는 이 세상을 하나님의 심판대상으로 규정함으로써 이 세상을 과격하게 상대화하도록 용기를 고취시킨다. 사도신경이 그리는 세계는 심판 앞에 직면한 교회와 세계다. 누가 심판자인가? 하나님 우편에 앉아 이 세계를 감찰해 오신 그리스도이시다. 그분이 산 자와 죽은 자를 심판하러 오신다. '심판'은 뒤섞인 것들을 구분하고 분리하는 행위다. 지금은 이 세상이 영적으로 살아있는 자(하나님의 언약적 요구에 응답하는 의롭게 된 자)와 죽은 자(하나님의 언약적 요구를 묵살하는 자)가 섞여있기 때문에 살 만한 세상으로 보인다. 그러나 만일에 우리 살아있는 자들이 죽은 자들 한복판(아우슈비츠를 생각해보라)에 있다면, 죽은 자들의 공동체 안에 산 자가 한 명 고립되어 있다면 그것은 살 희망이 없어지는 세상이다.[10] 하나님은 최후 심판 이전에도 수시로 일상생활 속에서, 역사 속에서, 인생의 장엄한 드라마 안에서 산 자와 죽은 자를 가르고 구분하신다. 악인을 순식간에 가려내시고 의인을 신원해 주시는 순간도 있다. 그러나 하나님의 심판은 대부분 유예적이고 우회적이다. 시편 1, 37, 73편이 대표적인 심판 시편이며 시편 91-99편은 줄곧 하나님의 통치행위는 심판행위임을 강조한다. 역사의 중간기에는 악인이 물가에 심긴 나무처럼 번성하기도 한다. 그러나 종말의 시점에는 악인들이 심판을 견디지 못하고 하나님의 바람에 날려 흩어지기 마련이다. 물가에 심은 나무처럼 창성해 보여도 악인은 흔적 없이 사라지거나 약화된다(대조. 렘 12:1-4). 대신 의인의 회중에는 누가 드는가? 복 있는 사람이다.

지금은 산 자와 죽은 자가 섞였기 때문에 악인은 안정감을 느낀다. 의인의 착한 삶 때문에 악인은 이 세계가 얼마나 위기에 처했는지를 놀랍게도 모른다. 놀랍게도 회사자금을 빼돌리는 사장님들은 자기가 위기에 처했는지 모른다. 회사의 돈을 빼돌리지 않는 대다수 선량한 사원들 때문에 회사가 안정감을 느끼는 것이다. 악인이 의인 때문에 행복감을 느낀다는 것은 너무 역설적이다. 악인에게는 종말에 대한 감정이 없다. 이 세상이 별 문제 없다고 느끼기 때문이다. 그러나 의인들은 목이 마르다. 아무리 의롭게 살아도 세상에는 여전히 모순이 가득하기 때문에 의인은 이 세상의 종말을 계속 앙망하는 반면, 악인은 이 세상이 잘못되었다는 것을 느끼지 못하고 태연자약하다. 이런 무감각을 일순간에 산산조각 내시려고 최후 심판주로서 그리스도가 오신다.

---

10 프리모 레비 저, 이현경 역, 《이것이 인간인가?》(돌베개, 2007).

그런데 심판주 그리스도는 어디서 오시는가? "거기로부터"다. 하나님 우편 보좌에 앉은 자리에서 오신다. 세상 만민을 다 감찰하시고 나서 그 감찰 데이터를 바탕으로 심판하신다. 우리가 예수님께서 이 세상을 심판하러 오심을 믿는다는 것의 함의는 무엇일까? 이 세상의 심판을 믿는 사람들은 항상 의인의 회중과 악인의 공동체 사이에서 결단하면서 살아야 하는 윤리적 감수성이 강렬해진다. 윤리적 감수성이 강렬해진다는 말이 중요하다. 의인의 회중은 거기에 속할수록 의로워지게 해주는 공동체다. 악인의 공동체, 즉 죽은 자의 공동체는 윤리적 도덕적 감수성을 현저하게 약화시키는 공동체다. 오늘날 대기업 대부분은 개인의 독립적인 사유 능력을 앗아가고 도덕과 윤리 판단력을 상당부분 압류해버린다.

한나 아렌트의《예루살렘의 아이히만》1-8장은 아우슈비츠의 총실무감독이던 아이히만이 길고 지루한 예루살렘 전범재판을 통해 사형선고를 받는 과정을 자세하게 적은 재판기록이다.《예루살렘의 아이히만》은 관료조직 속에서 도덕 판단능력을 압류당한 개인의 성실성이 얼마나 큰 악을 범하는지를 잘 보여준다. 이런 악을 들추어내고 인류의 양심을 불로 정화하기 위해 그리스도께서 악행자들을 심판하신다. 그분의 심판근거는, 인류가 범한 모든 악행의 궁극적 피해자가 그분이라는 것이다.

사도신경은 음부에 내려가사 완전히 죽은 자들의 동아리에 합류하셨던 예수님이 부활 승천하셔서 하나님 우편 보좌에 앉아 세계를 지금 통치하고 계시고 그 통치 결과인 데이터베이스로 우리를 심판하여 의인과 악인, 살아있는 자와 죽은 자를 나눌 것을 믿는다는 고백이다. 이 고백은 최후 심판을 믿을 뿐 아니라 중간심판을 믿는다. 자신이 최후 심판의 대상인지 여부를 진단하는 방법은 한 가지밖에 없다. 지금 의인의 회중에 속한 사람은 최후 심판 때, 즉 산 자와 죽은 자를 가릴 때 산 자의 진영에 속한다(마 25장 양의 무리). 현재 의인의 회중에 들지 못하고 악인의 동아리, 즉 악인의 오만한 자리와 죄인의 길과 악인의 꾀가 충만한 범악인의 진영에 속하면 최후 심판 때 악인의 진영, 죽은 자의 진영으로 전락하게 된다. 사도신경을 고백하는 것은 이렇게 분명한 심판을 믿는다는 의미다.

그러면 예수님은 어떠한 논리적 근거로 심판하는 권세를 갖게 되시는가? 빌립보서 2장 6-11절이 대답한다. 그리스도 예수께서 심판 권세를 획득하신 근거는 '인자됨을 인하여'서이다. 인자됨은 철저한 순종을 의미한다. 빌립보서에서 이 단락은 그리스도께서 낙차 큰 하강을 통한 성육신을 하셨기 때문에, 사람 중에서 종의 형체를 가져 죽기까지 복종하셨기 때문에 하나님이 그리스도를 만왕의 왕 만주의 주로 삼으셨다고 한다(행 2:34-38). 그리스도께서는 십자가에서 아버지의 뜻을 위해 고난을 당하셨다. 제일 밑에 가신다는 말은 죽은 자의 공동체인 음부에까지 내려가셨다는 의미다. 완전히 죽었다는 말이다. 여기서 음부는 단순한 지옥이 아니라 죽은 자들의 동아리를 가리킨다. 음부에 내려가셔서 다시 부활하셨는데 이번에는 성육신이라는 낙차 큰 하강보다 고도가 훨씬 더 높은 승천을 하셨다. 급진적으로 낮춰졌다가 한층 더 급진적으로 높아지셔서 하나님 우편보좌에 앉으셨다.

그리스도의 이러한 인자됨의 행로는 이사야 13-14장의 바빌론 왕의 행로와 얼마나 대조적인가? 이 인자됨의 행로를 충성스럽게 따름으로써 만왕의 왕, 만주의 주가 되신 그리스도가 십자가와 부활의 원리를 바탕으로 심판하신다. 하나님의 뜻을 따르다가 희생당한 자들을 위로하시고 신원하러 오시는 것이다(사 40:1-11). 그리스도께서는 한편으로는 강한 자로 오시는 강한 팔의 소유자이지만 또 다른 한편으로는 온유한 목자 같은 팔의 소유자시다. 이것이 바로 요한복음 5장 27절 "인자됨으로 말미암아 심판하는 권세를 주셨느니라"는 말씀의 뜻이다. "인자됨으로 말미암아"라는 말은 십자가에서 낙차 큰 자기부인을 통하여 만민의 죄 때문에 죽은 예수님에게 하나님께서 만민의 죄를 심판하는 권세를 주셨다는 말이다. 우리 모두의 죄 때문에 죽으신 예수님이 우리 모두의 죄의 경중을 심판하는 권세를 되받으셨다는 말이다. 예수님이 우리 죄를 대신해서 죽으셨다는 말은 우리 죄를, 우리 운명을 가르실 권세를 받으셨다는 말이다. 예수님은 우리 죄 때문에 죽으셨기에 우리 죄를 따지고 논할 수 있는 심판의 권세를 받으신 것이다. 우리 인류의 죄 때문에 십자가에 못 박혀 죽으신 그 죽음의 대가이자 보답으로 그분이 심판 권세를 받으신 것이다.

심판의 기준은 하나님사랑과 이웃사랑으로 단련된 삶이다. 우리를 심판할 권세가 있으신 예수님께, 산 자와 죽은 자의 경계를 가르는 예수님에게 심판 기준을 묻는다면 예수님은 하나님의 아들 예수 그리스도를 영접했는지 여부라고 말하실 것이다. 하나님의 아들 예수를 영접했다는 말은 하나님사랑과 이웃사랑이 최고의 진리임을 믿고 실천했다는 말이다. 입술로 하는 고백보다 더 중요한 것은 일관성 있는 삶으로 드리는 고백이다. 그래서 제도권 교회에 다니는 사람과 다니지 않는 사람이라는 경계에 따라 의인과 악인을 나눌 가능성을 믿으면 안 된다. 우리 하나님은 하나님 당신의 방식대로 의인과 악인을 나누신다. 십자가에 달려 죽기까지 복종하신 그분을 우리 주와 그리스도로 부활시켜서 존귀케 하시고 승천시키셔서 예수님을 모든 피조물의 주로 세우신 하나님 아버지는 참으로 공평하신

분이다(빌 2:11).

하지만 문제는 주와 그리스도가 되신 그분이 바로 우리를 심판하러 오시는데 역사가 아무리 진행되어도 심판주가 오실 것처럼 보이지 않는다는 점이다. 그동안에 인류 역사는 종교갈등, 계급갈등, 인종갈등 등등 다양한 갈등을 겪어왔다. 이 역사의 마지막까지 남는 갈등의 두 상대방은 누구일까? 요한계시록은 어린 양의 인을 맞은 사람과 짐승의 인을 맞은 사람들의 갈등이 최후의 결승전에 오를 갈등이라고 본다. 나머지 갈등은 준결승, 혹은 예선전 갈등이라는 말이다. 프롤레타리아와 부르주아의 갈등, 서로 다른 문명들 간의 갈등 같은 것은 결승전에 오를 갈등이 아니다. 세계의 마지막 갈등은 어린 양의 인을 맞은 사람과 짐승의 표를 가진 사람의 갈등이다. 이 말은 앞으로 세계의 역사가 진행될수록 갈등의 양상은 예수님처럼 살려고 애쓰는 순결한 무리와 절대 다수의 악한 무리 사이의 전쟁으로 압축된다는 말이다.

요한계시록에 보면 시장을 지배하는 짐승세력이 일어나 어린 양의 인을 맞은 사람은 매매도 할 수 없고 취업도 할 수 없는 그런 상태가 온다. 어린 양의 인을 그 이마에 맞은 사람들은 정규 문명사회의 도시 질서에서 배제당하고, 짐승의 표를 가진 사람만 매매할 수 있다. 요한계시록의 구도에 따르면 이 세계의 마지막은 순결한 예수 그리스도의 제자들과 절대 다수인 바빌론 음녀들의 후예들 간 갈등이다. 이 상황에서 산 자와 죽은 자를 나누러 오시는 심판주 그리스도의 재림을 갈망하게 된다.

이 심판 사상을 믿을 수 있으려면 갈등 구도가 명백히 드러나서 심판의 구도가 드러나야 할 것이다. 역사의 중간기에는 갈등의 당사자가 잘 표시되지 않는다. 그런데 역사에서는 매우 단기간이지만 갈등의 당사자, 즉 누가 선이고 누가 악인지 분명하게 부각되는 순간이 가끔 있다. 예를 들어 1938-1945년에 독일 사람들은 히틀러가 명백하게 악이라는 것을 분명하게 믿었다. 전 유럽인들에게 히틀러는 원초적인 악을 출현시켰다. 그래서 제2차 세계대전을 선악의 갈등으로 본 《나니아 연대기》나 《반지의 제왕》 같은 작품이 나왔다. 모두 2차 세계대전 당시 히틀러에 대한 악몽 때문에 나온 문학작품들이다. 이 두 작품에 나오는 악의 군대는 전부 히틀러를 상징한다. 역사의 종말이 아니더라도 산 자와 죽은 자를 가른다는 확신이 들 만큼 악이 노골적으로 자기 정체를 드러내면서 만민에게 두려운 소심함을 심어주는 에누리 없는 자기정체 폭로가 있다. 이런 때가 바로 산 자와 죽은 자를 심판하러 오시는 것을 확실하게 믿는 때다.

그런데 역사의 대부분 시기에는 이 진리를 믿기가 힘들다. 자신이 악인의 공동체에 속했는지 의인의 회중에 들어 있는지 모호한 상황에서 선과 악을 나누러 오시는 분이 있다는 것을 믿는 것은 굉장한 영적 감수성 없이는 불가능하다. 지금 이 땅에서 악한 자들에게 시달리는 사람만 최후심판을 기다리는 영적 감수성이 자랄 수 있다. 마태복음 5장 4-7절이 이런 때 중요하다. 의에 주리고 목마른 사람이 바로 심판을 재촉하는 사람들이다.

> 애통하는 자는 복이 있나니 그들이 위로를 받을 것임이요 온유한 자는 복이 있나니 그들이 땅을 기업으로 받을 것임이요 의에 주리고 목마른 자는 복이 있나니 그들이 배부를 것임이요(마 5:4-7).

시편 7편 1절 이하도 중요한데, 특히 9-11절에 주목하자.

> 악인의 악을 끊고 의인을 세우소서. 의로우신 하나님이 사람의 마음과 양심을 감찰하시나이다. 나의 방패는 마음이 정직한 자를 구원하시는 하나님께 있도다. 하나님은 의로우신 재판장이심이여 매일 분노하시는 하나님이시로다(시 7:9-11).

매일 분노하시는 하나님이 시편에서 말하는 하나님이다. 이런 시편을 읽으면 심판에 관한 확실한 믿음이 생긴다. 하나님을 두려워하고 삼간다는 말은 하나님을 사랑한다는 말이다. 하나님을 사랑한다는 말은 하나님에 대해서 극히 조심하는 것이며 하나님이 그어놓으신 경계를 존중한다는 뜻이다. 그래서 우리는 이 세계가 얼마나 잘못되었는지를 눈치 채고 감수성 있게 기도해야 한다. 우리 스스로 의에 주리고 목마르지 않으면 이런 기도를 할 수가 없다. 하나님나라에 대한 기도는 의에 주리고 목마른 사람의 기도다. 부조리한 세상을 고치려고 애쓰는 것이 바로 심판하는 자, 살아있는 자와 죽은 자를 심판하는 하나님을 기다리는 행위다. 하나님의 심판을 기다리는 것은 의인이 악인의 진영에 들어가지 않으려고 애쓰는 것을 가리킨다. 하나님의 심판을 믿는 사람들은 의인이 악인의 꾀와 죄인의 길과 오만한 자의 자리를 보이콧하듯이 도덕적 담력을 발휘한다. 이것이 바로 최후 심판을 믿는 행위다. 살아있는 자와 죽은 자를 심판하러 오시는 예수님을 믿는다는 말은 의인의 진영에 속하기 위하여 악인의 진영에 속하지 않는 것이다. 악인의 진영에 속하면 당장 나에게 경제적 반대급부가 있다고 하더라도 거기에 속하지 않는 것이다.

사도신경의 이 고백은 심판이 임박함을 믿기 때문에 도덕적인 자기 억제가 가능하다는 것을 암시한다. 교회가 이러한 고백을 많이 할수록 악한 진영에 타협하기를 거절하는 자발적 비주류 소수들의 공동체가 될 이론적 가능성이 있다. 교회가 이 땅의 악행에 시달리는 사람들의 아우성을 대변하는 중보자 공동체가 되면서 교회의 강대상마다 이 땅에서 아우성치는 사람들의 그 아우성을 하나님에게 타전할 것이다.

마지막으로 묻는다. 그렇다면 지금도 그리스도 예수가 하나님 우편보좌에서 세계를 통치하신다는 증거는 무엇인가? 앞에서 말했듯이 이 세상에는 최후심판만 있는 것이 아니다. 현저하게 다른 사람의 안전을 위협하는 자를 누가 대신 심판하는가? 검찰과 사법부가 산 자와 죽은 자를 갈라준다. 그렇지만 이러한 사법정의는 아주 많이 왜곡되어 있고 단편적이다. 감옥 가야 할 사람이 안 가고, 안 가야 할 사람이 가기 때문이다. 최후 심판은 모든 국가기관, 지상 자치사회의 하위심판을 전복하는 심판이다. 죄를 심판하는 심판이다. 랍벨이《사랑이 이긴다》에서 최후 심판을 부정하거나 좀 모호하게 말하는 부분이 있다. 하지만 최후 심판의 가능성을 모호하게 하거나 약화시키는 것은 기독교가 아니다. 하나님의 최후 심판은 하나님의 무자비성이 아니라 인간의 악행에 대한 정의의 집행의 엄숙성을 강조한다. 그래서《사랑이 이긴다》는 자칫하면 뉴에이지적 하나님, 심판 없는 하나님 사랑을 말하기 쉽다. 뉴에이지 사상의 핵심은 하나님의 심판은 다 빼고 하나님의 사랑만 말하는 거짓 복음이다.

디모데후서 4장 1-4절에 나오는 세 동사를 주목해야 한다. '오르사, 앉다, 다시 오시리'라는 동사의 세 시제를 주목해야 한다. "오른다"는 말은 과거시제다. "앉다"는 말은 현재시제다. "다시 온다"는 말은 미래시제다. 예수님은 지금 어디에 계시는가? 하나님 우편 보좌에 앉아 계신다. 예수님이 거기에서 무슨 일을 하시는가? 교회를 중심으로 세계를 통치하신다. 그 증거는 무엇인가? 무엇보다도 먼저 만국 백성에게 회개의 메시지가 선포되고 복음 메시지가 선포되는 것이 왕적 통치의 산 증거다. 지금도 하나님 보좌 우편에 앉아 계신 예수님은 십자가에 못 박혀 돌아가신 당신 자신이 주와 그리스도가 되었다는 소식을 2천 년 동안 계속 만국에 전파하고 있으시다. 예수님이 주와 그리스도가 되셔서 이 세계를 심판하시는 또 다른 증거는 무엇인가? 교회가 우리 주님의 주되심을 증거하는 복음을 온 세계에 전파하는 것 외에도 예수님 같은 가치가 세계의 중심가치로 부각되고 있다는 사실이 주 예수의 세계통치의 포괄적 증거다.

 예수님의 통치권은 세계만민이 지향하는 표준적이고 이상적 지도력으로 부각되고 있다. 전 세계만민은 이제 권력을 가졌지만 남용하지 않는 지도자를 원하고 권력을 가진 자가 자기희생을 담보로 백성을 통치해야 한다는 사상을 견지하게 되었다. 즉 용인될 수 있는 지도력은 메시아적 지도력뿐임을 세계만민이 서서히 자각하는 단계에 진입했다. 그래서 온 국민을 위하여 희생한 사람이 정권을 잡는, 유사 메시아 지도력이 역사에 많이 나타났는데 그것이 혁명이다. 유사 메시아 지도력이라는 말의 뜻이 중요하다. 국민을 위해서 목숨 바친 사람이 그 나라의 대통령이 되기 시작한 것은 2차 세계대전 이후다. 그때 모든 신생독립국가의 지도자는 독립운동을 한 사람들이었다. 그들은 먼저 자기가 희생을 한 후에 정권을 잡았다. 그것은 세계사에서 어떤 암시를 주는가? 한 나라의 국권을 위해서, 국민을 위해서 십자가에 못 박힌 자가 왕이 되는 시대가 되었다는 말이다. 이것은 왕의 아들이 세습에 의해 왕이 되던 고대왕조 시절과는 완전히 다른 방식으로 지도자가 출현하는 방식이다. 자기 국민을 위해서 많이 희생을 한 사람이 이상적인 지도자에 가까워진다는 말이다. 2차 세계대전 이후에 신생독립국과 최근의 동티모르까지 전부 다 이런 원리로 지도자를 옹립했다.

이처럼 20세기 모든 나라의 지도자는 세습으로 지도자가 된 것이 아니라 백성을 위해 십자가에 못 박힘으로 지도자가 되었다. 이것은 예수님이 하나님 우편 보좌에서 역사를 내비게이션 하신다는 증거다. 예수님과 같은 지도력을 가진 사람이 우리 인류를 다스리기에 적합한 지도자라는 합의가 전 세계에 동시다발적으로 일어나고 있다. 이것이 예수님의 살아계신 증거다.

마지막으로, 인류가 한 운명공동체임을 점점 의미심장하게 자각해 가고 있다. 온 인류가 한 분 하나님의 통치 아래에서 단일 가치로 지배된다는 것이 점점 분명해지고 있다는 점이다. 이런 상황에서 인류가 정한 역사의 중심 목표가 예수님의 하나님우편보좌 통치를 간접적으로 증언하고 있다. 공평과 정의, 개인의 자유도 존중되고 함께 사는 공동체의 능력도 증가하는 방식으로 역사가 발전해간다는 사실은 그리스도의 왕적 통치력을 희미하게나마 반영한다. 요한계시록 7장 7-9절에 따르면 각 나라 각 족속이 자기 민족적 정체성을 갖고 한 나라, 즉 그리스도의 나라(계 11:15)에 발전적으로 흡수통합된다. 이 모든 직간접적 증거들이 바로 우리 주 예수 그리스도가 다스리는 하나님나라의 비전에 부합하는 모습이 아닐까?

제21권:

마귀 도시의 예정된 종말

21권에서는 마귀의 도시의 예정된 종말, 즉 정죄된 자들이 받을 영원한 벌을 논하며, 여기에 대한 불신자들의 반대 의견을 논박한다.

합리적으로 설명할 수 없는 실제 사건들(1-8장)

1장. 21-22권의 논의 순서

21권에서 악마와 더불어 단죄받는 자들의 영원한 형벌을 논한 다음, 22권에서 성도의 영원한 행복을 논할 것이다. 영벌과 영원한 행복을 논하는 이유는 인간의 종말에 대한 교회안팎의 불신앙을 논파하기 위함이다. 성도나 단죄받은 자나 모두 부활해서 육체와 더불어 존재할 테지만, 그 가운데서도 영원한 지복 속에 아무 고통도 없이 존속하리라는 것보다는 육체가 영원한 형벌의 고통 속에 남겨질 것이라는 점이 더욱더 믿기 어려울 것이다. 그렇기 때문에 아우구스티누스는 죄벌이 믿지 못할 것이 아님을 입증하려고 한다. 그래야 성도가 장차 누리게 될 육체의 불사불멸을 믿기가 더 용이할 것이기 때문이다.

2장. 타는 불 속에서 살아남을 수 있는 악인의 몸

아우구스티누스는 몸이 타는 불 속에서 살아남을 수 있을지, 곧 육체가 불에 타면서도 영속할 수 있을지를 논한다. 인간 육체, 혼이 깃들어 살아있는 육체가 절대로 죽음으로 해체되지 않을뿐더러 영원한 불길의 형고[刑苦] 속에서도 존재할 수 있다는 사실을 증명하려고 한다. 화상을 입을 정도의 뜨거운 온천수에서 화상을 입지 않은 채 살고 있는 벌레들의 예가 그 증거가 된다. 불 속에서 고통을 느끼지 않고 사는 것이 신기하다면, 불 속에서 괴로워하면서도 살아있는 것도 신기하지만 믿어야 할 것이다.

3장. 육체적 고통에도 소멸되지 않는 육체

몸이 고통을 당하면 반드시 죽게 되는지, 곧 육체의 고통에는 반드시 육신의 소멸이 뒤따르는지를 다룬다. 아우구스티누스는 우선 고통이 반드시 죽음을 초래하지 않는다고 한다. 고통을 받는 육체가 항상 살아있는 일이 가능하다는 것이다. 첫 번째 죽음은 영혼이 원치 않는데도 육체에서 영혼을 쫓아낸다는 것이다. 반대로 두 번째 죽음은 영혼이 원치 않는데도 육체에 영혼을 붙들어 둔다. 두 죽음의 공통점은 영혼이 자기 육체로 인해 원치 않는 것을 당한다는 점이다. 결국 심판에서 고통의 핵심은 영혼이 육신과 함께 시달린다는 점이다. 육체가 영혼으로 하여금 고통을 당하게 하더라도 그 고통 때문에 영혼이 반드시 죽지는 않는다는 것이다. 이 주장에는 지옥의 불은 소멸의 불이 아니라 고통을 영속적으로 자각시키는 불이라는 함의가 들어있다. 따라서 불이 저 심판당한 악인의 육체에게 고통은 가져다줄 수 있지만 죽음을 가져다주지는 않는다. 그런데도 플라톤 학파는 이 사실을 믿지 못한다.

4장. 불 속에서도 육체가 타지 않고 존속할 수 있음을 보여주는 자연계의 실례들

불 속에서도 육체가 타지 않고 존속할 수 있음을 보여주는 자연계의 실례가 있다. 자연의 어떤 현상은 참으로 기이하다. 불도마뱀은 불 속에 산다. 화산은 불꽃을 뿜으면서도 온전히 그 모습을 간직해 왔다. 죽은 공작새의 몸은 썩지 않는다. 왕겨에 묻어둔 눈은 녹지 않는데, 설익은 과일은 익는다. 불에 관해서도 설명할 수 없는 여러 현상이 있다. 불꽃은 밝게 빛을 내면서도 태우는 것은 모조리 검게 만든다. 돌은 불에 오래 달구면 돌 자체가 빛을 내며 더욱더 붉어지고 급기야 하얗게 변한다. 똑같은 불꽃이 돌에서는 흑백 가운데 한 가지 색깔을 내고 나무에서는 다른 색깔을 낸다.

생석회의 신기한 작용도 놀랍다. 생석회는 은근한 불기를 간직하고 있다. 거기 숨어 있는 불기가 마치 가시적 몸체의 불가견한 혼과 같은 역할을 한다. 차디찬 석회가 물을 뿌리면 도리어 뜨거워진다. 불기가 생석회에 숨었다가 모습을 드러내는 것이다. 기름을 부으면 열이 나지 않는다.

금강석은 쇠로도 불로도 상하는 일이 없다. 오직 염소의 피 외에는 다른 어떤 것으로도 상하지 않는다. 자석 성분이 있는 돌은 쇠를 끌어당긴다. 쇠 반지를 대면 끌어당기고 이 쇠 반지는 다음 쇠 반지를 끌어당긴다. 돌의 그런 위력을 보고 누가 놀라지 않겠는가? 자석 곁에 금강석을 놓아두면 쇠를 끌어당기지 못하며, 이미 쇠를 끌어당긴 경우라도 금강석이 가까이 가면 당장 쇠를 떨어뜨린다.[1]

5장. 이유를 찾을 수 없어도 사실인 많은 일과 현상

불신자들은 자기들은 설명하지 못하면서 우리에게 그 이치를 설명하라고 한다. 시칠리아의 섬에서 나는 소금은 불 가까이 가면 녹아버린다. 가라만테스인들Garamamtae의 샘은 낮에는 너무 차서 샘물을 마실 수도 없는데 밤에는 너무 뜨거워서 손을 댈 수가 없다고 한다. 또 다른 샘은 횃불을 집어넣으면 다른 샘들처럼 불이 꺼지지만, 다른 샘들과는 달리 꺼진 횃불이 다시 켜진다. 소돔 땅에서 나는 어떤 과일은 겉으로는 잘 익은 모양을 하는데 물거나 눌러보면 껍질이 폭삭 꺼지면서 연기나 먼지처럼 사그라진다. 페르시아 땅에서 나는 돌은 내부에 있는 광택이 달과 더불어 커졌다가 줄었다가 한다. 카파도키아에서는 암말이 바람으로 수태를 하는데 그 새끼는 3년 이상 살지 못한다. 인도의 틸로스섬에는 결코 떨어지지 않는 잎을 가진 나무가 자란다.

우리는 하나님 말씀에 의탁한다. 성서를 믿기 싫어하는 불신자들은 스스로 할 수만 있다면, 이 모든 사건들의 이치를 설명해보라. 막상 인간이 이치를 설명하지 못하지만 엄연히 존재하는 사실들, 그리고 자연본성의 이치에 상반되는 것처럼 보이는 사실들을 두고서 과연 무슨 답변을 할 수 있겠는가? 위의 자연현상들에서 보듯, 육체의 영원한 형고와 그 형고 중에도 죽을 수 없다는 두 가지 사실에 대해, 인간이 비록 이치를 대지 못한다고 해서 그런 사실이 존재하지 않으리라는 말은 성립하지 않는다.

---

1 자석의 견인력에 대한 아우구스티누스의 논의는 플리니의 《박물지》에서 얻은 지식에 근거를 둔다(1026쪽의 각주 8번 참조).

6장. 인간의 재주나 마귀의 간계로 생긴 놀라운 일들

그런데 놀라운 일들이 모두 자연의 산물은 아니며, 인간의 재주나 마귀의 간계로 생긴 것도 있다. 불신자들은 마술에 마음이 기운다. 베누스의 신당에 있는 꺼지지 않는 등잔은 석면에 기계장치를 한 것이다. 귀신들은 극히 간교한 수작으로 인간들을 기만한다. 부정한 귀신들이 그런 짓을 할 수 있다면 거룩한 천사들은 얼마나 더 능력이 크겠으며, 많은 이적들을 행하는 자들과 천사들을 만드신 하나님은 그 모든 존재들보다 얼마나 더 능하시겠는가.

사람들은 인간 기술에도 현혹되어 그 기술을 신의 역사役事라고 믿는다. 메카네마타[2]는 인간이 하나님의 피조물을 이용해서 만든 것이다.

7장. 경이로운 사건을 믿을지 여부 결정의 최고 기준, 창조주의 전능에 대한 믿음

이런 사건을 두고 여러 설명을 제시한다. 우리에게 반기를 드는 사람들, 즉 플라톤학파에게 앞서 말한 기이한 사물들의 현상의 이치를 설명하라고 하면, 이는 그런 사물들의 자연스런 특징, 즉 그 사물들의 본성이라고 한다. 그런 능력은 원래 그들의 본성에 속해 있는 것들이라고 대답하면서 그것이 이유의 전부라고 대답한다. 그러나 불꽃이 아그리겐툼의 소금을 녹아 흐르게 하고, 물기가 소금을 톡톡 튀게 하는 것은 오히려 자연본성과 상반된다. 그런데도 그들은 또 그것이 그 소금의 자연본성이라고 말한다. 샘과 횃불, 석면 등등 기이한 현상들에 대해서도 같은 말만 되풀이한다. 나는 그들의 답변이

---

[2] 원래 그리스 연극에서 주로 사람의 눈가림으로 속이는 데 쓰는 요술적 장치. 신전의 천정과 장판에 각각 거대한 자석을 장착한 후에 그 가운데 쇠로 만든 형상이 허공에 떠있게 만드는 현상.

그야말로 간결한 설명이요, 나름 최선을 다해 준비한 충분한 답변이라고 말하겠다. 그러나 하나님이 모든 자연본성들의 조성자인데도 왜 저 사람들은 우리가 더없이 강력한 이유를 제시하는 것을 싫어하는가. 그분은 참으로 많은 것을 창조하실 수 있었으며, 우리 눈앞에 직접 보이거나 믿을 만한 증인들이 오늘날 우리에게 제시해주지 않는다면 불가능하다고 생각할 것을 참으로 많이 조성하실 수 있었는데 왜 저들은 믿지 않으려 하는가.

우리가 하는 설명은 하나님의 권능을 내세우는 일이다. 많은 사람들이 기이한 자연현상들에 대해 아무 설명도 하지 못하면서 문학가들의 기록은 믿는다. 그러면서도 우리가 전능하신 하나님이 장차 그들의 경험과 감각을 초월하는 일을 행하실 것을 말하면, 그들은 우리가 이치를 설명해도 믿으려 하지 않는다. 성경을 보면 하나님은 그분이 예고하신 많은 사건들을 과연 그대로 친히 실행하셨다. 따라서 비록 불가능하게 보이는 일이라도 그분이 장차 행하리라고 말씀했기 때문에 반드시 행하실 것이다. 믿지 않는 백성으로 하여금 믿기지 않는 바를 믿게 하시려고 그분은 미리 약속을 하셨고 약속한 바를 실현하셨다.

8장. 믿음을 가져야 할 두 가지 명분

자연본성이 잘 알려진 어떤 사물에서 이미 알려진 것과는 다른 무엇이 발생하기 시작하더라도 그것이 자연본성에 상반되지는 않는다. 즉 우리가 잘 아는 물건의 속성이 갑자기 변하더라도 그것은 자연본성에 반대되지 않는다.

믿음을 가져야 할 이중의 명분이 있다. 인간 육신은 범죄 이전에는 결코 죽음을 겪지 않을 수도 있었다. 그러나 범죄 후에는 달라져서 사멸성의 온갖 고초에 처했으며, 끝없는 생명을 보전하지 못하게 되었다. 마찬가지로 죽은 이들이 부활할 때 인간의 육신은 우리에게 알려진 바와는 달라질 것이다.

새벽별에 관해 배로는 무엇이라고 말하는가? 《로마민족사》에서 마르쿠스 배로Varro는 천체상의 기이한 사건을 다룬 일화를 언급한다. 카스트로가 기록한 글에 의하면, 금성의 색깔과 크기와 형태와 궤도가 바뀐 굉장한 이적이 있었다고 한다. 우리는 모든 이적들이 자연에 반하는 것으로 말하지만 사실은 그렇지 않다. 이적 역시 하나님의 뜻으로 일어나는 일이니 어찌 자연에 반한다고 할 수 있겠는가? 위대한 조물주의 뜻이 곧 피조된 모든 사물의 자연본성일 텐데, 그렇다면 이적은 자연에 반해 일어나는 것이 아니다. 어디까지나 우리가 알고 있는 자연에 반해 일어나는 것일 뿐이다. 저들은 금성에 일어난 일이 전무후무한 것이라고 말하지만, 거룩한 사람 여호수아가 기왕 시작한 전투가 승리로 끝나기까지 태양이 멈추게 해달라고 주 하나님께 청하자 태양까지도 멈추어 선 일이 성경에 있다(수 10:12-14). 그뿐 아니라 태양이 되돌아와서 아하스의 해시계에 비친 그림자가 10도 뒤로 갔으며, 히스기야왕이 점지된 수명보다 15년을 더 살았다(사 38:1-8). 또 여호수아의 영도로 하나님의 백성이 길을 나서자 위에서 흘러오던 강물은 멈추어 섰고, 아래로 흘러가던 강물은 흘러내려 갔다(수 3:16-17).

또 사람들의 자연본성이 참으로 비슷한 가운데도 각 사람의 용모가 독특하다는 사실이 참으로 놀랍다. 공통점이 없다면 차이도 나지 않을 것이다. 이것도 놀라운데, 쌍둥이의 경우 구별하기가 어려우니 더욱 놀라운 것 아닌가?

소돔인들의 땅에는 아직도 소출이 나지 않는 신기한 일이 있다.

자연 사물들의 창조주께서 그 땅의 자연본성이 참으로 기이한 변화를 거쳐 이처럼 소름끼치는 모습으로 뒤바뀌게 하셨다.

기사, 이적, 이변, 징조는 어떻게 다른가? 하나님이 원하시는 대로 자연본성을 구성하시는 일이 불가능하지 않은 것처럼, 하나님이 원하시는 대로 자연본성을 바꾸시는 일도 가능하다. 자연본성에 상반되는 것처럼 일어나는 것들을 기사, 이적, 이변, 징조라고들 한다. 그런데 이런 것들은 하나님이 장차 인간의 육체에 대해 예고하신 바로 그것을 보이고, 예고하고, 예언하는 역할을 한다. 하나님이 장차 하시려는 바를 아무 장애도 방해하지 못하고, 자연의 아무 법칙도 저지하지 못한다.

악마와 악인에게는 꺼지지 않을 불(9-12장)

9장. 지옥과 영원한 형벌의 성격

여기에서 아우구스티누스는 지옥은, 또 영원한 형벌의 성격은 어떠한지를 말한다. 하나님이 단죄받은 자들의 영원한 형벌에 관하여 예언자를 통해 하신 말씀, 즉 "그들을 갉아먹는 구더기는 죽지 아니하고 그들을 사르는 불은 꺼지지 않으리라"(사 66:24; 또한 막 9:43, 48)는 말씀은 반드시 이루어질 것이다. 아우구스티누스는 마가복음 9장 43-38절을 들어 영벌의 확실성을 논증한다. 우리 주 예수께서 한 단락에서 세 번이나 말씀한 지옥영벌은 우리 영혼을 경각시키기에 충분하다는 것이다.

만일 네 손이 너를 범죄하게 하거든 찍어버리라. 장애인으로 영생에 들어가는 것이 두 손을 가지고 지옥 곧 꺼지지 않는 불에 들어가는 것보다 나으니라. 만일 네 발이 너를 범죄하게 하거든 찍어버리라. 다리 저는 자로 영생에 들어가는 것이 두 발을 가지고 지옥에 던져지는 것보다 나으니라. 만일 네 눈이 너를 범죄하게 하거든 빼버리라. 한 눈으로 하나님의 나라에 들어가는 것이 두 눈을 가지고 지옥에 던져지는 것보다 나으니라. 거기에서는 구더기도 죽지 않고 불도 꺼지지 아니하느니라(막 9:43-38).

그러면 이사야 66장 24절과 마가복음 9장 48절에 모두 나오는 구더기와 불은 무엇을 가리키는가? 구더기를 자의적字義的으로 육체에 가해지는 고통을 상징하는 말로 해석할지, 또는 물체적인 것에서 비물체적인 것으로 건너가는 전의적轉義的 어휘로 보아 영혼을 괴롭히는 고통을 빗댄 말로 이해할지는 각자 선택할 일이다. 불은 육체에 가해지는 형벌고통이라고 보고 구더기는 영혼에 가해지는 고통의 일부라고 돌리거나, 다시 말해 전자는 자의적으로, 후자는 전의적으로 이해해도 된다는 것이다. 그러나 아우구스티누스 자신은 둘 중 하나를 택하라면 둘 다 육체에 가해지는 형벌고통을 비유적으로 말하는 단어로 보겠다고 말한다. 이 과정에서 외경 집회서 7장 17절의 불가타 역본을 참조한다. "불경건한 자의 육신이 받는 벌은 불과 벌레라."

구더기와 불에 대한 아우구스티누스의 해석은 영혼을 육체에 비해 우대하는 헬라적 사상의 일부를 반영하는 것처럼 보인다. 육신이 불과 벌레로 고통을 당하는데 영혼은 아무런 영향을 받지 않고 무감각하거나 자신의 육체를 중립적으로 바라볼 수 있겠는가? 지옥형고를 받을 대상을 말하면서 육체와 영혼을 구분하는 것이 무슨 유익이 있는지 선뜻 납득하기 힘들다.

10장. 비물질적인 악령인 귀신들을 고통스럽게 하는 물질적인 지옥의 불

지옥의 불이 물질적인 것이라면, 비물질적인 악령인 귀신들을 태울 수 있느냐는 의문이 생긴다. 인간들의 영이 비물질적이면서도 지금 물질적 지체 안에 있을 수 있듯이, 그때 가서 자기 육체의 사슬에 묶여있는 것도 가능하다. 따라서 귀신들의 영 혹은 귀신이라는 영들이 아무 육체가 없더라도, 즉 비물질적 존재이면서도 물질적 불에 시달리는 일이 가능할 것이다.

11장. 형벌 기간이 범죄 기간보다 길면 안 된다는 항변 반박

형벌을 받는 기간이 범죄를 저지른 기간보다 길지 않아야 정당하지 않느냐는 질문에 답한다. 그런데 지상도성에서도 극히 짧은 시간에 저지른 범죄에 대해 아주 오랜 시간의 형벌을 받는다. 살인, 간통, 신성모독 등이 비근한 예다. 첫째 죽음의 형벌로 인간들을 사멸하는 도성에서 제거하는 것처럼, 둘째 죽음의 형벌로 인간들을 불멸하는 도성에서 제거한다. 현세의 형벌과 마찬가지로 둘째 죽음으로 단죄받은 자도 영원한 생명을 누리는 것이 허용되지 않는다.

12장. 구주의 은혜에서 제외된 사람들이 영벌을 받는 이유

구주의 은혜에서 제외된 사람들이 영벌을 받는 것은 처음 범죄가 그만큼 중대하기 때문이다. 인간이 하나님 안에서 많은 기쁨을 누리면 누릴수록 하나님을 저버리는 일이 그만큼 더 불경스런 짓이었다. 영원할 수 있었던 그 선을 자기 안에서 짓밟았으므로 영원한 악을 당하는 것이 마땅한 처지가 되었다.

생시나 사후에 정화되는 죄벌과, 죄를 정화하지 않는 죄벌(13-16장)

13장. 사후의 형벌이 정화의 명분을 줄 수도 있다는 의견 소개

악인들이 사후에 받는 벌이 악인을 정화하기 위한 것이라는 신플라톤주의 철학자 플로티누스의 생각을 소개한다.[3] 플로티누스는 징벌의 목적은 징벌 자체가 아니라 개선이라고 말하며 영벌의 가능성을 의심한다. 아우구스티누스는 이런 신플라톤주의 철학의 사후징벌관이 엿보이는 또 다른 글을 인용한다. 베르길리우스의 《아이네이스》 6권 (라틴어 원전 733-742행)은 사후징벌은 모두 정화의 기능이 있다고 주장하는 사람들의 생각을 반영한다. 《아이네이스》 인용단락의 핵심주장은 죽은 사람들은 결국 죄를 씻을 기회를 얻는다는 것이다. "옛적의 죄악에 대한 벌을 받아 고통을 견디며 정결하게 되려 한다. 어떤 자들은 세상이 보도록 높이 달려서 속속들이 바람이 통과하게 하며, 어떤 자들은 깊이 물든 죄책을 붙는 불이나 닥쳐오는 파도에 씻는다"(1043쪽)고 말하며 베르길리우스는 바람(공기), 물, 불이 결국 흙에 감염된 죄를 씻어낸다고 본다. 물, 불, 바람이 원소의 성질상 육체의 질료인 흙보다 더 우월하기에 육체에 깃든 죄를 씻어낼 수 있다고 본 것이다. 아우구스티누스는 베르길리우스의 이러한 사상을 즉각 반박하지 않고 일부 사람들이 금생에서 당하는 고통이 정화작용을 한다는 점은 인정한다고 말한다. 이 말은 무엇을 의미하는가? 아우구스티누스는 죽은 후에 받는 벌도 정화작용을 할 수 있다는 여지를 남기는 것처럼 보인다.

또 아우구스티누스는 영원한 벌은 저 심판 이후에 있을 터이므로

---

3   *Enneades*, 3.2.41 1043쪽 각주 32.

사후에 잠시 벌을 받는 사람들 모두 영원한 벌을 받으러 가는 것은 아니라고 말한다. 어떤 사람들은 이 세상에서 용서받지 못한 죄를 장차 올 세상에서는 용서받을 수 있다는 것이다.[4] 13장은 가톨릭교회의 연옥교리의 가장 분명한 토대가 되는 출처임이 분명하다.

14장. 금생에서 인간성이 받아야 하는 일시적 벌들

현생에서 아무 죄벌도 받지 않은 채 사후에만 벌을 받는 사람은 아주 드물다. "땅 위에서 살아가는 인생은 한낱 시험이 아니더이까?"(욥 7:1, 70인역)[5]라고 단언하듯이, 인생은 오로지 시험이다. 그리고 지혜롭지 못함과 경험 없음, 그 자체가 적지 않은 형벌이다.

15장. 내세에서 미리 이 금생에 역진해 와서 역사하는 하나님의 은혜

뿌리 깊은 악에 빠져있는 우리를 구출하려고 하나님이 은혜로 하시는 일은 모두 내세에 속하며, 내세에서는 모든 것이 새로워진다. 그러니 우리는 지금 희망을 품고 걸어가자. 날마다 영으로 나아가면서 육의 행실들을 억제하자(롬 8:13). 영원한 평화에 대한 희망을 품은 현세의 전쟁이, 해방은 엄두도 못내는 포로생활보다 낫다.

16장. 중생한 사람들의 생애 전반을 지배하는 은혜의 법

은혜의 법은 중생한 사람들의 생애 전반을 지배한다. 영광을 누리도록 마련된 자비의 그릇에 하나님은 너무나 큰 자비를 쏟아주신다. 아동기는 육욕에 복종하는 시기다. 소년기는 악덕 어린 쾌락에 굴복

---

4   이것은 후에 가톨릭교회의 연옥 교리로 발전한다.
5   개역개정 욥기 7:1은 이렇다: "이 땅에 사는 인생에게 힘든 노동이 있지 아니하겠느냐?"

하고 만다. 그런데 계명을 알아듣고 율법의 권위에 복종할 나이가 되면 악덕에 대항하는 싸움을 받아들여야 하고, 단죄받을 죄악에 떨어지지 않도록 과감하게 싸워야 한다. 모든 죄를 하나님의 사랑으로 극복할 때, 악덕이 비로소 패배했다고 여길 것이다. 그 사랑을 선물하는 분은 하나님뿐이신데, 하나님과 인간의 중개자인 인간 그리스도 예수를 통하지 않고는 그 선물을 주지 않으신다. 청년기에는 율법의 계명을 받고도 악덕의 기승으로 처음에는 곧잘 패배한다. 그러나 주의 은총으로 쓰라리게 뉘우치거나 지성으로 육체를 제압하여 결국 승리자가 된다. 그러므로 누구든지 영구적 벌을 피하고 싶다면 세례만 받아서는 안 되고 그리스도 안에서 의로워져야 한다.

오리게네스파 자비론자들의 내세관(17-22장)

17장. 영원히 벌을 받는 사람은 없으리라고 생각하는 사람들 비판

영원히 벌을 받는 사람은 없으리라고 생각하는 사람들이 있다. 오리게네스는 악마와 천사들마저 막중한 죄상에 상응하는 중하고도 오랜 형벌을 받은 다음에는, 그 형벌에서 벗어나 거룩한 천사들과 합류해야 한다고 믿었다.

18장. 최후 심판에서 성도의 탄원 때문에 정죄받지 않으리라는 생각 논박

최후 심판에서 성도의 탄원 때문에 아무도 정죄받지 않으리라고 생각하는 사람들이 있다. 그들은 성도가 하나님의 심판에서 악인들을 위해 기도해주리라고 주장한다. 그들은 "하나님이 … 노하심으로 그 긍휼을 막으실까?"(시 77:9, 70인역)라는 시편 말씀이, 하나님이 결코 자비를 거두는 일이 없음을 보여주므로 모든 사람에게 구원이 오리라고 주장하는 셈이라고 말한다. 이들은 특히 자기 처지에 맞추어서 이러한 논리를 편다.

19장. 이단자도 그리스도의 몸에 속하므로 모든 벌을 면한다고 장담하는 사람들

또 이단자들도 그리스도의 몸에 속하면 모든 벌을 면하리라고 장담하는 사람들이 있다. 과거에 어떻게 살았든, 또 어떤 이단이든 어느 불경에 떨어졌든 상관없이 그리스도의 몸에 참여하면 벌을 면하리라고 주장하는 것이다.

20장. 세례받은 후에 많은 죄와 오류에 빠져도 상관이 없다고 하는 사람들 논박

이 용서를 모든 사람에게 약속하지 않고, 가톨릭교회에서 세례를 받은 사람들에게 국한하며, 그들이 후에 많은 죄와 오류에 빠져도 그것은 상관이 없다고 하는 사람들이 있다. 이들은 "떡도 하나요 많은 우리가 한 몸이라"(고전 10:17)는 말씀을 근거로 하여 이렇게 주장한다. 아우구스티누스는 정통교회에 참여하고 합당한 성례를 받아온 사람들은 성례를 받았다는 한 가지 이유 때문에 영원히 죽는 것을 면하고 영생을 누릴 것이라는 자들의 견해를 논박한다.

21장. 가톨릭신앙을 간직한 사람은 결국 구원받으리라고 단정하는 사람들 논박

가톨릭신앙[6]을 간직한 사람이라면, 아주 못되게 살았더라도, 그래서 마땅히 지옥불에 타야 할지라도 신앙의 기초 때문에 구원받으리

---

6   여기서는 로마가톨릭신앙으로 발전하기 전의 '보편신앙'을 말한다(앨리스터 맥그라스 저, 김기철 역, 《신학이란 무엇인가?》[복있는 사람, 2014], 965). 주전 5세기 이전의 초대교회 신앙은 '보편적'이라는 의미의 가톨릭교회였다.

라고 단정하는 사람들이 있다. 달리 말해 가톨릭신앙, 즉 정통신앙이 있는 자들은 저 불의 형벌이 끝난 다음에는 해방되리라는 것이다. 이들은 "끝까지 견디는 자는 구원을 얻으리라"(마 24:13)는 약속을 잘못 해석하여 이런 오류에 빠졌다. 정통신자가 악한 생활을 했다면, 그 악한 생활 때문에 나무와 풀과 짚으로 집을 세운 사람 같지만, 결국은 불로 구원을 받을 것이라고 믿는 오류를 범한다는 것이다. 여기서 아우구스티누스가 비판하는 구원절대주의는 오늘날 한국 교회의 구원파적 이단사상과 매우 흡사하다.

22장. 자선행위를 하면서 지은 죄는 최후 심판에서 면책된다는 생각 논박

자선행위를 하면서 지은 죄는 최후 심판에서 정죄를 받지 않으리라고 생각하는 사람들이 있다. 이들은 "긍휼을 행하지 아니하는 자에게는 긍휼 없는 심판이 있으리라"(약 2:13)는 구절, 즉 자비를 베풀지 않는 사람은 무자비하게 심판을 받을 것이라는 구절을 근거로 제시하며, 자선을 행하는 자는 최후 심판을 면할 것이라고 주장한다. 이들은 또한 마태복음 25장 33절의 양과 염소를 구분하는 심판과, 6장 12절의 "우리가 우리에게 죄 지은 자를 사하여 준 것같이 우리 죄를 사하여 주시옵소서" 하는 말씀에 입각해 이런 오도된 확신을 했다. 이들은 마태복음 6장 14-15절도 자신들의 주장을 지지한다고 믿는다.

하나님의 말씀을 근거로 자비론자들 반박(23-27장)

23장. 악마도 악인도 영원한 형벌을 받지 않으리라는 생각 논박

23장부터는 앞의 자비론자들의 주장을 반박한다. 악마도 악인도 영원한 형벌을 받지 않으리라고 생각하는 사람들에게 아우구스티누스는 성도의 영원한 생명이 끝이 없다면, 영원한 형벌 역시 그 벌을 받을 사람들에게 끝이 없으리라고 주장한다. "저주받은 자들아 … 영원한 불에 들어가라"(마 25:41절), "세세토록 밤낮 괴로움을 받으리라"(계 20:10), "지옥에 던져 어두운 구덩이에 두어"(벧후 2:9, 70인역)[7] 등과 같은 말씀을 근거로 하여 마귀나 악인의 덜 영원한 형벌론을 논박한다.

24장. 하나님 심판에서 죄인들은 성도의 기도로 용서받으리라는 생각 논박

하나님 심판에서 죄인들은 성도의 기도 힘으로 모두 용서받으리라고 생각하는 사람들을 논박한다.[8] 인간들에게도 벌은 영원하다. 다만, 지금 교회가 인류 가운데 교회의 원수 노릇을 하는 사람들을 위해서 기도하는 것은 지금이 결실을 풍부히 할 회개의 때이기 때문이다. 또 성도가 어떤 사람들을 위해 기도하지 않는다면 하나님이 달리 하신 말씀이 있기 때문이다. 교회는 악한 천사들을 위해서는 기도하지 않는다. 죽은 불신자들이나 신앙 없는 사람들을 위해서

---

[7] 개역개정 베드로후서 2:9은 이렇다: "주께서는 경건한 사람을 시련에서 건져 내시고 불의한 자는 형벌 아래에 두어 심판 날까지 지키시며." 불의한 자는 최후 심판에서 단죄받기 전에 이미 징벌을 받고 있다는 뜻이다. 최후 심판의 순간까지 받는 징벌의 효과가 정화인지 회개유도인지 아니면 그 죄인에게 심판정당성을 납득시키기 위함인지 확실치 않다.

[8] 16세기 가톨릭교회의 면죄부 제도는 21권 24장의 논리에 의해 비판받을 수 있다.

도 기도하지 않는다. 더 나아가 하나님의 분노는 영속한다. 사멸하는 인생이야말로 하나님의 분노이며, 그 속에서 인간은 덧없는 삶을 살고 그 삶은 그림자처럼 지나가 버린다. 그런 분노 중에도 하나님은 자비를 베푸는 일을 잊지 않으신다. 이 자비는 영벌을 받는 사람들이 응당 받아야 하는 것보다 더 순하고 가벼운 벌을 받게 하시는 자비다.

아우구스티누스는 니느웨 사람들의 본보기를 예로 든다. 죄인들이 무너지는 방법은 두 가지다. 하나는 소돔 사람들처럼 자기 죄로 벌을 받는 길이고, 다른 하나는 니느웨 사람들처럼 현세에서 뉘우침으로써 죄가 소멸되는 길이다. 하나님의 예고하신 대로 악한 니느웨는 무너졌지만, 선한 니느웨가 새로이 세워졌다.

희망을 품는 사람들에게는 자비가 내릴 것이다. 완전한 사랑은 두려움을 밖으로 내쫓으므로 사랑에는 두려움이 없다. 나그넷길에서 주님의 감미로움을 맛보거나 흡족할 만큼 먹지 못한다면, 우리는 갈수록 주리고 목마른 사람이 될 것이다. 그리스도에게 희망을 품는 사람들에게 그리스도께서는 당신의 많고 많은 감미로움을 완성하여 주신다. 인간이 이 육체 속에 머물러 있을 동안에 자기를 위해 마련되어있던 것을 소홀히 하고서 이 육체를 떠난 뒤에야 그것을 찾으려고 하는 것은 허사일 뿐이다. 단지 그 자비를 얻기에 합당한 사람이 최후 심판에서 용서받는다. 주를 두려워하는 자들에게 숨겨두신 주님의 선하심은 크다.

25장. 이단파나 가톨릭교회에서 세례를 받은 후 악한 생활에 빠지거나 이단과 분파로 넘어간 자들의 운명

이단파의 세례를 받고 후에 악한 생활에 빠진 자들, 가톨릭신자로 세례를 받고, 후에 이단과 분파로 넘어간 자들, 가톨릭교회에서 세례를 받고, 그 안에 머무르면서도 범죄와 부도덕한 생활을 계속한 자들, 이런 자들이 성례의 특전으로 영벌을 면한다는 주장을 논박한다.

우선 세례로 씻음 받은 사람이 모두 구원받는 것은 아니다. 사도들은 "육의 행실들, 즉 음행, 부정, 방탕, 우상숭배, 마술, 원한, 싸움, 시샘, 분노, 모략, 불목, 분열, 질투, 주정, 폭음 폭식, 그 밖의 비슷한 짓"들을 하는 자들은 하나님나라의 상속자가 될 수 없다고 하였다. 가톨릭교회에서 세례를 받았더라도 마찬가지다. 그들은 성례가 상징하는 평화의 끈에 묶여 있지 않기 때문에 도리어 더 엄격한 심판을 받는다.

배교자들은 특히 더욱 그렇다. 신앙을 저버린 사람, 혹은 신앙을 저버린 사람에서 아예 신앙을 공격하는 사람으로 변한 자라면, 신앙을 한 번도 지니지 않으므로 저버린 일도 없는 사람보다 더 나쁘다. 행실이 못된 사람들도 마찬가지다. 자기 안에 그리스도가 머무시게 하려면 자신이 그리스도 안에 머물러야 한다.

26장. 그리스도가 터가 되셨으며 불의 시련을 거쳐 구원이 보장되었다는 말씀의 뜻

'그리스도가 터가 되셨다'(고전 3:11)는 것은 최후 심판대에 선 모든 인류의 최후 심판 면제기준이 그리스도의 속죄능력에 대한 신앙과 신뢰라는 말이다. 여기서 아우구스티누스는 행동으로 반드시 표현되는 신앙을 강조한다. 가톨릭 신자도 행동하지 않는다면 구원이 없을 것이다. 또 그리스도를 기초로 삼는다 해도 반드시 구원받는 것은 아니다. 그리스도를 마음속에 모신다면서 지상 것과 현세적인 것을 모두 그분보다 앞세우며, 합당하고 허용된 것이라 할지라도 그분보다 앞세운다면, 그리스도를 기초로 모시고 있는 것이 아니다. 그리스도를 기초로 하는 사람은 기초 위에다 금이나 은이나 보석으로 집을 짓는 사람이다. 아내가 없는 사람은 어떻게 하면 하나님의 마음에 들까 하고 하나님의 것을 생각한다. 그 대신 나무와 마른 풀과 짚으로 집을 짓는 사람은 어떻게 하면 아내의 마음에 들까 하고 세상일을 걱정한다(고전 7:33). 이 모든 것은 환난의 날에 불로 나타날 것이다.

더구나 집을 나무나 마른 풀이나 짚으로 세워서는 안 된다. 오직 왼편에 있는 자들만 최후의 영원한 단죄를 받아 저 영원한 불 속으로 던져질 것이다. 그리고 이 불이 오른편에 선 사람들을 시험한다. 하지만 그 가운데 어떤 사람들은 시험을 하되 그리스도라는 기초 위에 그들이 세운 것으로 드러나는 건축물을 불태우지 않고 태워 없애지도 않는다. 그러나 다른 사람들은 달리 시험하는데, 그 위에 세운 것을 불태워서 그로 인해 손해를 보게 한다. 그래도 그들은 구원을 받을 것이다. 그리스도를 기초로 단단히 설정했고, 출중한 사랑으로 그 기초를 간직했기 때문이다.

저 모든 것은 정화하는 불에 타버릴 것이다. 혈연을 육적으로 사랑하더라도 주 그리스도보다 앞세우지 않고 그리스도가 없으니 차라리 그들이 없는 편이 낫다고 여기는 사람은, 만약 유혹의 위기에 말려들더라도 불을 거쳐서 구원을 받을 것이다. 어느 사람을 그리스도 때문에 사랑한다면 어떻게 그 사람을 그리스도보다 더 사랑할 수 있겠는가? 결국 불의 시련을 거쳐 구원이 보장되었다는 것은, 덜 중대한 허물과 과실을 지은 자들은 심판의 날에 그 신앙이라는 건축물의 터인 그리스도의 속죄공로 덕분에 구원을 받게 될 것이라는 말이다(고전 3:15). 위에서 살펴본 것처럼 아우구스티누스는 주로 아내와의 사랑에 대한 충직성을 정욕과 쾌락에 빠진 일탈과 대조해가며 여러 수준의 심판 상황을 설명한다(1062쪽).

> 합당한 결혼생활에서 사치스러운 쾌락과 지상적인 사랑을 즐긴 것이므로 이것은 비록 저주는 받지 않을지라도 고난의 불에 타고 말 것이다. 또 죽음으로 이별하며 기쁨을 소멸시키는 모든 재난도 이 불에 대해서 연료로서 작용한다. 따라서 그(신자)가 세운 상부건축은 없어질 것이며 그에게 기쁨과 쾌락을 주던 것이 없어짐으로써 그에게 고민이 있을 것이다. 그러나 그는 터의 덕택으로 이 불에서 구원을 얻을 것[이다].

27장. 자선행위가 면죄하지 못하는 일상적인 큰 죄

자선을 행하기만 한다면 죄를 저질러도 본인에게 해롭지 않으리라고 맹신하는 자들을 반박한다. 특히 일상적 죄라도 그것이 큰 죄라면 자선행위가 그 죄 범한 자를 심판에서 풀어주지 못한다. 죄 중에 고집을 부리는 한, 용서받지 못한다. 만일 부자가 날마다 몇 푼씩 자선을 베풀면서 살인과 간음을 저지른다면 어떻게 용서를 받겠는가? 남의 것을 많이 훔쳐서 그 가운데 아주 일부를 가난한 사람들에게 베풀면서 자기는 그것으로 그리스도를 먹여 살린다고 생각한다면 되겠는가? 자기는 자선행위를 통해 면책권을 사들였다고 생각하면 얼마나 난센스인가? 누가 자기 죄를 대속하기 위해 자선을 한다면, 먼저 자기 자신을 대상으로 시작해야 한다. 우리가 지나간 죄에 대해 빌 때 그 기도가 받아들여지도록 주 그리스도에게 자비와 용서를 빌어야 한다.

궁핍한 형제는 그리스도 안에 있다. 하나님은 누구에게 빵을 주었는지가 아니라 어떤 마음으로 주었는지를 눈여겨보신다. 그리스도 안에서 그리스도를 사랑하는 사람이라면, 그리스도께 다가가는 마음으로 자선을 베풀어야지, 그리스도에게서 멀어지면서도 벌을 받지 않겠다는 마음에서 자선을 베풀면 안 된다.

우리가 용서한다면 우리에게도 용서를 내리실 것이다. 우리가 죄를 짓기에 "우리가 우리에게 잘못한 이를 용서하듯이" 하고 기도하는 것이지, 그러한 기도를 하기에 죄를 지어도 된다는 뜻이 아니다. 또 이 기도를 통해 우리는 비록 중죄에서 벗어날지라도 죄가 없다는 생각을 하지 않는 법을 배운다. 종에게 무자비한 주인의 이야기도 상기해야 한다. 자비가 심판보다 훨씬 기쁨을 준다.

우리는 성도에게 우리를 맡긴다. 성도의 공덕은 그만큼 다양하다. 자신의 기도로든 성도의 간구로든, 인간이 얻을 해방은 일단 영원한 불 속으로 던져졌을 경우에 시간이 얼마 흐르더라도 불에서 벗어나게 해주는 그런 해방이 아니다. 결코 영원한 불로 던져지지 않게 해주는 그런 해방이다.

결론

21권은 크게 다섯 부분으로 나뉜다. 1부(1-8장)는 합리적으로 설명할 수 없는 실제 사건들을 다룬다. 2부(9-12장)는 악마와 악인에게는 꺼지지 않을 지옥불을 논한다. 3부(13-16장)는 정화되는 죄벌과 죄를 정화하지 않는 죄벌을 논한다. 13장은 가톨릭의 연옥교리로 발전할 수 있는 정화적 불심판 사상을 소개한다. 4부(17-22장)는 오리게네스파 자비론자들의 내세관을 비판한다. 5부(23-27장)는 자비론자들을 한층 더 강하게 반박한다. 21권의 핵심은 지옥실재론과 악인 영벌론이다. 지옥 자체를 믿지 않는 불경건한 자들을 지옥의 영벌신앙으로 겁박해 어느 정도 개과천선케 할 수 있을지는 미지수다. 그러나 지옥실재론과 영벌론을 고대인들의 낡은 형이상학의 잔재라고 치부하는 것은 경솔하다. 우리는 21권의 지옥영벌론이 케케묵은 기독교 교리가 아니라 정통기독교의 신앙고백 중 하나이며 이 교리를 진지하게 다루어야 함을 부인해서는 안 된다. 이런 점에서 우리는 하나님의 최후 심판에 의한 악인들의 영벌가능성을 상기시켜 준 아우구스티누스에게 감사해야 한다. 옛것보다 지금 것이 더 낫다는 모더니즘 영향으로 옛것이라면 무조건 낮춰보려는 심리가 우리 현대인에게 있음을 인정하고 초기 기독교의 지옥영벌론을 차분히 살펴볼 필요가 있다.

21권은 지옥의 영벌을 자초할 수 있는 참혹한 악행들이 일어나는 이 지구적 인간중심적 삶을 과감하게 상대화할 수 있는 담력을 제공한다. 인간의 죄성을 더 깊이 받아들이고 죄에 대한 하나님의 공변된 심판의 정당성을 수용해야 한다는 것이다. 다만 아우구스티누스는 지옥영벌에 처할 죄악을 신약성경에 비추어 논의하는 데 초점을 맞추기보다는 지옥영벌을 초래하는 죄악은 하나님을 믿지 않는 불신앙과 불경건이라는 말로 일반화한다. 즉 하나님을 안 믿는 자들의 종말이 지옥영벌인 것처럼 말한다. 이 점은 논란의 여지가 있다. 오히려 신약성경은 지옥영벌을 자초하는 악행은 이웃사랑이라는 강령을 배척한 무자비하고 인류혐오적 죄악이라고 말하기 때문이다. 지옥영벌을 자초하는 악행은 하늘에서 오는 진노를 촉발하는 소돔과 고모라형 죄악이다. 창조질서를 어기거나 가난한 자들을 학대하는 죄가 소돔과 고모라의 죄악이었다(창 19장; 겔 16:49). 21권에서 아우구스티누스가 말하는 지옥영벌론은 '불신자 일반'을 정조준하는 교리처럼 들리는데 실제 신약성경에서 말하는 지옥영벌은 이웃사랑강령에 의도적으로, 지속적으로 불순종한 행위자를 겨냥한다.

로마서 1장 18-31절은 지옥영벌을 자초하는 인간의 총체적 타락을 고발한다. 로마서 1장 18-31절은 철저하게 창세기 3-11장을 해석한다. 창세기 3-11장은 창조, 아담과 에덴동산, 죄와 벌, 죄용서와 회복, 인류죄악의 확장과 심판 이야기다. 예수 그리스도를 만나기 전 모든 인류는 창세기 3-11장의 어딘가를 지나가고 있다. 대개는 그러면서 하나님이 안 보인다고 잡아뗀다. 그러나 천체, 별, 태양, 극미생물, 극저심해, 극고궁창, 조류, 짐승, 사람, 예술 등 모든 만물은 분명히 하나님을 알게 해주는 신적 능력과 신성이다(토 그노스톤 데우). 하나님은 의도적으로 이 하나님을 알려주는 것 즉, 신적 능력과 신성을 만물 안에 심어 그들에게 당신을 보여주셨다. 타 아오라타(보이지 아니하는 것들)가 감지되고 분별되며(누우메나[수동분사형, being discerned]) 분명히 감지되고 인지된다(카쏘라타이). 하나님의 영원한 능력(뒤나미스)과 신성(데이오테스)이 만물 안에 분명히 보여 그들은 하나님을 모른다고 할 수 없다. 이렇게 만물이 하나님의 영원하신 뒤나미스와 데이오테스를 환히 드러내는 이유는 인간이 하나님을 모른다고 핑계치 못하게 하기 위함이다. 창세기 3-11장의 결론은 창조주 하나님을 경배하여야 하는 인간이 하나님 경배를 그치는 즉시 자연숭배나 피조물숭배로 일탈할 수밖에 없다는 것이다.

이런 피조물 숭배자들이 바로 불의로 하나님의 진리를 막는 사람들이며, 하나님의 진노를 자초하는 사람들이다. 이들은 불경건(아세베이안)과 불의(아디키안)의 사람들이다. 하나님에 대한 두려움도, 삼감도 없는 불경건자들이 지옥형벌 초래자들이다. 그들은 비도덕적인 악행이나 직업을 통해 하나님에게 속한 인류공동체를 파괴하고 균열을 일으키는 불의의 사람들이다. 그들은 인류의 연대성, 언약적 책임성과 신실, 인류공동체를 묶는 양심의 끈과 결속을 잘라버리는 자들이다.

창세기에서 경건치 않음과 불의를 행한 자들은 아담, 가인, 라멕, 노아시대의 네피림, 아낙자손, 바벨탑축조세대다. 창세기 18-19장에 나오는 소돔과 고모라, 아드마와 스보임 사람들 역시 불경건과 불의의 세대를 대표한다. 이들은 모두 불의로 하나님의 진리(태양 같은 보편적 자비, 사랑, 긍휼, 정의와 공평, 나눔)를 억제하는 자들이다(카쏘오 katexou 동사의 현재능동분사, 카테콘톤). 그들의 죄는 하나님에 대한 인격적인 반항이요 적대행위면서 동시에 하나님의 형상으로 창조된 자신의 인간성을 파괴하는 죄악이다. 그들의 죄에는 하나님 대적지향성, 자기자신파괴지향성, 가정파괴지향성, 형제살해지향성, 인류공동체 문명 파괴지향성이 있다. 아무리 작은 죄도 이 다섯 가지 방향의 파괴에 참여한다. 온 인류를 죄와 죽음의 저주 아래 굴러 떨어뜨린 죄는 하나님처럼 전능과 영생을 강탈하려는 죄다. 선악을 알게 하는 나무열매는 형제자매를 지배하고 억압하려는 지배자가 노리는 금단의 열매다. 역사적으로 누가 선악을 판단하는 일을 독점하며 영생을 누리려고 발버둥쳤는가? 분서갱유를 일으킨 진시황, 이집트의 파라오, 독일 3제국의 히틀러, 중국 모택동, 소련의 스탈린 같은 자들이 선악판단권과 영생향유권을 구사했다. 아담의 원죄는 타자 지배욕망과 영생욕구다. 이들이야말로 지옥영벌 자초자들이다.

하나님은 인류애를 파괴하는 이러한 악행자들에게 진노하신다. 역사중간기에 표출되는 진노다. 이 역사중간기 하나님의 진노는 지옥영벌을 예기케 하는 진노 폭발이다. 하나님은 두 가지 방식으로 진노를 표출하신다. 첫째, 하늘에서 진노를 보내어 심판하신다. 노아홉수심판이 대표적이다. 인간 죄에 대해 하나님은 지상에서 악행자들을 멸절하는 심판으로 응대하신다. 이 멸절심판이 물론 죄를 없애지는 못한다. 지옥영벌은 인간 존재 멸절이 아니라 하나님의 공의 만족을 위한 영벌이며, 죄인들의 악행으로 발생한 희생에 대해 정의를 바로잡는 영벌이다. 이 영벌은 단순히 보복감정을 만족시키는 것이 아니라 우주적 토대인 하나님의 공의와 정의를 만족시키는 법적 절차다.

둘째, 신적 유기를 하신다. 지속적으로 하나님을 반역하는 인류를 죄악된 욕망, 부끄러운 욕심, 하나님을 상실한 마음 가운데 있도록 내버려두신다. 악행을 중단시키지 않으시고, 악행의 자기파멸적 행로를 보고도 방치하시는 하나님의 무간섭, 무관여가 신적 유기다. 이 신적 유기의 결과로 역사의 중간기에 심판받지 않고 묵과된 모든 죄악과 악행을 일괄 정산하는 심판이 바로 최후 심판이며 그 결과가 지옥영벌이다.

이 신적 유기 아래 있는 인간들이 지옥영벌에 들어갈 가능성이 큰 자들이다. 온갖 종류의 죄악을 저지르면서도, 그러한 죄악이 하나님이 심판하시면 사망선고를 내리실 죄악인 줄 알면서도, 자기도 행할 뿐만 아니라 그런 일을 하는 자들을 옳다고 선언하는 자들이다. 이런 의미에서 볼 때 하나님을 상실한 사람들은 원시부족이 아니다. 도시화되고 가장 인간화된 문명을 이루는 자들이 하나님을 상실한 사람들이다. 그러한 자들에게는 경건이 없다. 하나님을 예배하려는 마음과 가난한 이웃을 동정하는 마음이 경건의 핵심이다. 하나님을 예배하지 않는 곳에 고아와 과부들에 대한 불타는 사랑이 있을 수는 없다.

누가복음 16장 19-31절은 지옥영벌에 처해진 죄인의 생생한 사례를 보여준다. 탐욕스러운 부자와 거지 나사로의 엇갈린 운명을 말하는 이 본문은 예수님이 실제로 지옥영벌을 믿었음을 보여주는 강력한 증거이다. 본문의 부자는 자색옷을 입고 있는 것을 볼 때 헤롯 왕가에 속한 부자로 보인다. 그는 자색옷과 고운 베옷을 입고 날마다 호화롭게 연회를 열 정도로 부자였다(분봉왕급 인물). 그런데 나사로라고 불리는 거지가 개들이 먹는 음식 부스러기를 먹으려고 했는데 그의 몸은 상처투성이로 피가 흘러내렸다. 개들이 그 상처를 핥을 정도로 상처가 밖으로 터졌다. 그런데 부자는 언뜻 보면 지옥영벌을 자초할 정도로 적극적으로 죄를 범한 것처럼 보이지 않는다. 그런데 자신의 집 대문 앞에 거지가 온 것을 알고도 묵살한 것 자체가 큰 허물이요 이스라엘의 기본적 언약적 헤세드의 배척이었다. 부자와 나사로 사이에는 빙하의 크레바스만큼이나 넓은 간격이 있었다. 공감이 전혀 안 되는 간격이었다.

세월이 흘러 나사로도 죽고 부자도 죽었다. 죽음 앞에서 둘은 평등을 경험했다. 그런데 나사로는 천사들에게 붙들려 아브라함의 품에 안기고 부자는 불꽃(지옥) 가운데서 괴로움을 당했다. 아브라함의 품은 하나님나라를 의미한다. 거지 나사로가 안긴 아브라함의 품은 위로의 극치였다. 부조리하고 불공정한 세상에서 가난을 겪으며 굴욕적인 대우를 받던 나사로는 자신의 원통함을 신원해주는 아브라함의 품 안에서 쉰다. 그런데 부자는 음부의 불꽃 가운데서 괴로움을 당하며 목 타는 갈증을 느낀다. 부자는 지옥의 실재를 맛보았다. 그래서 부자는 아브라함에게 자신을 건져달라고, 아직 살아있는 자신의 다섯 형제들에게 나사로를 보내 음부의 고통을 알리게 해달라고 호소한다. 그러나 아브라함은 거절한다. 음부와 아브라함의 품은 너무나 거리가 멀기 때문이다. 또 아브라함은 부자의 살아있는 오형제가 모세와 선지자의 말을 듣지 않는다면 죽은 자 가운데서 파송된 하나님의 사신(나사로) 말도 안 들을 것이라고 단언한다. 사후에 부자와 거지의 처지는 부자에게 불리한 방향으로 역전되었다.

여기서 새삼스럽게 깨달을 수 있는 것은 모세와 선지자들의 말의 핵심이 가난한 동포들에 대한 사랑 실천강령이었다는 것이다. 모세오경과 선지자의 말을 거절하는 자들은 죽은 자 가운데서 파송된 사신의 말도 안 들을 것이라는 사실이 충격적이다. 본문은 가난한 자에 대한 동정심을 상실하고 죽음의 연회를 즐긴 부자의 양심을 각성시키는 예언자적 신탁이다. 부자의 사명은 가난한 이웃돌봄이다. 부자의 돈이 가난한 자들에게 거룩하게 낭비되지 않는 한 부자에게 그 돈은 우상이 될 것이며 그 돈 때문에 부자의 영혼은 음부의 불꽃으로 내던져진다는 것이다.

21권에서 비판적 보완이 필요한 주제 또 하나는 오리게네스파의 자비론에 대한 아우구스티누스의 가혹한 비판이다.[9] 칼빈주의 5대 강령 중 하나가 제한속죄론이다.[10] 인류 중 선택받은 자들을 위해서만 그리스도께서 속죄죽음을 당하셨음을 강조하는 교리다. 그런데 20세기 중반부터 칼 바르트와 위르겐 몰트만 같은 이들은 그리스도의 십자가 죽음의 효력이 제한된 선민들에게 국한되지 않고 만민에

---

9   김명용, "몰트만의 만유구원론과 구원론의 새로운 지평," 〈장신논단〉 16(2000), 269-297; 신옥수, "몰트만의 통전적 구원론," 〈한국기독교 신학논총〉 95/1(2015), 127-154. 몰트만은 빌립보서 2:6-11을 비롯한 몇몇 신약 구절을 근거로 지옥이 천국보다는 덜 영원하다는 소위 "지옥 잠정성론less co-eternal hell"을 제시한다. 위의 두 논문은 예수의 속죄효력을 보편화하는 몰트만의 만유화해론을 소개한다. 몰트만의 만유화해론에 대한 비판을 보려면 김영한, "몰트만의 보편 화해론에 대한 비판적 고찰," 〈조직신학연구〉 1(2002), 119-135쪽을 참조하라.

10 앨리스터 맥그라스 저, 박규태 역, 《기독교, 그 위험한 사상의 역사》(국제제자훈련원, 2009), 427.

게로 확장된다고 주장한다.

그리스도의 속죄죽음이 음부의 문을 열어젖힌 사건이라고 보는 몰트만은 "십자가에 달려 죽은 그리스도의 십자가"가 하나님에게 죄를 범한 죄인들에게 영원한 죽음의 벌을 선고하는 현장이 아니라고 본다.[11] 몰트만은 최후의 심판에 적용되는 의는 하나님의 공의가 아니라 칭의라고 해석한다. "그것은 복수하는 의, 곧 그의 것을 그에게 돌려주는 의, 악한 사람들에게는 악한 것을, 선한 사람들에게는 선한 것을 되돌려주는 의가 아니라, 법을 세우며 회복하고 의롭게 하는 예수 그리스도의 아버지 되신 아브라함의 하나님의 의이다"[12]라고 말한다. 몰트만은 "최후 심판은 종말이 아니라 시작이다. 그것의 목적은 영원한 하나님의 나라를 건설하기 위한 만물의 회복이다"[13]라고 말하며 만일 예수가 최후의 지옥영벌을 선고하는 심판자라면, 자신이 공생애 내내 강조한, 죄인들에 대한 무조건적인 사랑과 영접과는 완전히 다른 사상에 따라 움직이는 셈이 된다고 말한다. 최후 심판 때 실현되는 의와 죄인을 의롭게 하는 칭의의 의가 같다는 것이다. 따라서 몰트만은 아우구스티누스가 인용한 지옥영벌 관련 성경구절들이 말하는 '심판과 멸망'은 천국보다는 덜 영원한less co-eternal 질서라고 주장한다. 《하나님의 도성》 21권에서 아우구스티누스가 주장한 것과는 달리 몰트만은 마가복음 9장 49절에 나오는 '지옥의 불'도 지옥영벌을 위한 불이 아니라 정화의 불purifying fire이라고 해석한다.[14] 따라서 몰트만은 바르트의 보편화해론처럼[15] 심판적

---

11 위르겐 몰트만 저, 김균진 역, 《오시는 하나님Das Kommen Gottes》(대한기독교서회, 1998), 433.
12 몰트만, 위의 책, 432.
13 위의 책, 433.

종말론보다는 만유회복적 종말론을 주창한다. 이러한 몰트만의 주장은 21권에 나오는 오리게네스파, 즉 자비파의 종말론과 가깝다.

여기서 아우구스티누스의 완고한 지옥영벌론을 현대화하려는 몰트만의 시도를 간취할 수 있다. 몰트만의 잠정적 지옥론은 불신자 일반을 정조준하는 아우구스티누스의 지옥영벌론의 인상을 어느 정도 완화하고 하나님의 무자비하고 가혹한 이미지를 순화한다. 이 과정에서 몰트만은 하나님의 지옥심판의 엄중성을 완화하며, 하나님의 최후 심판을 말하는 성경의 주장보다는 너그럽고 도량이 많은 하나님 이미지를 부각시킨다. 그래서 아우구스티누스 계열의 신앙인들은 칼 바르트의 보편화해론과 몰트만의 만유회복론을 가혹하게 비판한다. 하지만 바르트와 몰트만을 그렇게 가혹하게 비판하는 입장에도 비판의 여지가 있다. 왜냐하면 바르트와 몰트만의 주장에도 지옥영벌론을 받아들이지 못하는 '성년'이 된 현대인들에게 기독교 신앙의 정당성을 옹호하는 변증 기능이 있기 때문이다. 아우구스티누스의 엄중한 지옥영벌론에 호소해야 할 경우가 있고, 바르트와 몰트만의 '잠정지옥론과 만유회복론'에 호소해야 할 경우가 있다. 오리게네스 학파에 대한 아우구스티누스의 혹독한 비판은 그 시대의 특수한 상황을 반영한다고 봐야 한다.

한 가지를 환기하고 21권을 마무리하고자 한다. 21권의 결론에서 몰트만의 만유회복론을 소개한 목적은 몰트만의 주장을 교조적으로 옹호하려는 것이 아니라 아우구스티누스의 지옥영벌론을 보완해보자는 것이다. 아우구스티누스의 지옥영벌론 신봉자들이, 몰트만의

---

14 같은 책, 418.
15 김영한, "칼 바르트의 보편화해론에 대한 비판적 조명", 169-172, "바르트의 의인론에 대한 비판적 조명",《현대신학과 개혁신학》(성광문화사, 1996), 199-201.

만유회복론과 같은 주장을 계기로 다시 살아난 오리게네스파의 자비종말론의 취지를 경청해 새로운 종합synthesis을 이룰 필요성이 있다는 것이다. 지옥영벌론은 하나님의 최후 심판의 확실성과 엄중성을 경각시키는 데 유익하고, 만유회복론은 복음을 지옥과 최후 심판과 같은 부분교설의 묶음으로 축소해버린 축소주의적 기독교 신앙 이해의 편협함을 극복하는 데 도움이 될 것이다.

제22권:

구원받을 자들의 더 없는 행복과 하나님나라

마지막 22권은 구원받을 자들의 더 없는 행복과 하나님나라의 영원한 지복을 설명한다. 여기에서 성육신과 기적적인 것들에 대한 변증이 나오는데, 당시의 오류들을 반박하기 위한 것이다.

부활과 영생을 신앙과 이성으로 궁구한다(1-10장)

1장. 선을 버린 자들에게도 자유의지를 박탈하지 않은 이유

마지막 22권은 하나님의 도성의 영원한 행복을 논한다. 하나님의 도성이 영원하다는 것은, 수많은 세기를 거치지만 결국은 언젠가 끝난다는 뜻이 아니라, 복음서에서 말하는 것처럼 "그 나라가 무궁할 것이라"(눅 1:33)는 뜻이다.

피조물 가운데 영보다 훌륭한 것은 없으니, 하나님은 영들에게 지성을 주었고, 당신을 관조하고 수용할 수 있는 존재를 세우셨으며, 그들을 한 사회로 결집하셨다. 그 사회를 일컬어 우리는 거룩한 도성, 드높은 도성이라고 부른다. 그 존재들(천사)에게 하나님은 자유의지를 주셨고, 그 가운데 행복을 저버리는 피조물들은 하나님을 저버릴 수 있게 되었다.

하나님이 선을 저버린 자들에게서 자유의지를 박탈하지 않으신 이유는, 악의 존재를 허용하지 않는 것보다는 악에서 선을 만드는 일이 더 유능하고 더 좋다고 판단하셨기 때문이다. 그래서 하나님은 인간에게도 똑같은 자유의지를 주셨다.

2장. 하나님의 영원하고 불변한 의지

하나님의 의지는 영원하며 불변한다. 하나님의 의지는 상반되어 보이는 것들조차도 당신이 선하고 의롭다고 예지한 결과 내지 목적으로 향하게 만든다. 하나님이 인간들 안에서 일하시는 의지에 의하면, 하나님이 친히 원하는 바가 아니라 하나님이 당신의 사람들로 하여금 그것을 원하게 하시는 것 또한 하나님이 원하시는 바라고 한다. 다시 말해서, 하나님이 미래사를 알지 못하는 타자들로 하여금 무엇을 원하게 하시는 그것을 우리는 하나님이 원하신다고 말을 한다. 이런 식으로 의지를 말하다보면 하나님은 많은 것을 원하시지만 시행하지는 않으시는 것처럼 보인다. 하지만 하나님은 그분의 의지대로 과거사와 현재사만 아니라 미래사도 이미 다 이루셨다.

3장. 성도의 영원한 지복과 악인들의 영원한 형벌

불신자들이 실현되리라고 생각하지 않은 예언들이 실현된 것과 같이, 하나님이 예언자들을 통해 하신 예언들도 모두 실현될 것이다. 영원한 복과 영원한 형벌의 일들을 약속하신 이는 한 하나님이시며, 이러한 일들이 다 실현되리라고 약속하셨기 때문이다.

4장. 인간 육체의 천상 거처 이동 가능성을 의심하는 현자들 논박

인간의 지상 육체가 천상 거처로 옮겨갈 수 없다고 주장하는 세상 현자들이 있다. 이들은 몸의 부활에 반대하면서, 키케로가 《공화국》 제3권에서 한 말을 인용한다.

> 헤라클레스와 로물루스를 신으로 위하게 된 데 대해서 키케로는 말한다. '그들의 몸은 하늘로 가져가지 않았다. 지구상에서 생긴 신체가 지구가 아닌 곳에서 존재한다는 것은 자연이 허락하지 않을 것이기 때문이다'(1076쪽).

하지만 이것은 어리석은 생각이다. 지상의 몸보다 우수한 무형체의 영들이 지상의 신체들과 결합하는 것이 놀라운 일이다. 지상의 몸이 천상의 신체보다 우수한 것과 결합을 유지하면서 감각과 생명을 받을 수 있다면, 그러한 일이 천상의 신체에게도 충분히 가능하다고 보는 것이다. 지상의 몸에 생명을 주신 하나님이 원하신다면 지상의 몸을 천상의 몸으로 올리지 못하실 이유가 없다.

5장. 일부를 제외하고는 다 믿는 육신의 부활

온 세상이 육신 부활을 믿는데도 여전히 믿기를 거부하는 자들이 더러 있다. 믿음에 대한 놀라운 사실 세 가지가 있다. 첫째는 그리스도의 지상의 몸을 하늘이 받아들였다는 것을 우리가 믿는 것이다. 그것은 하나님이 예언하신 것인데 우리가 믿지 못할 일을 믿게 된 것이다. 둘째는 세상이 그리스도의 몸 부활을 믿는다는 것이다. 그것은 이미 실현 성취된 것을 믿는 믿음이다. 셋째는 제대로 배운 적 없고 이교 세계의 학문을 모르던 평범한 제자들이 민족들 가운데서 영혼을 구령했고 희귀한 철학자들까지도 개종자로 얻었다는 사실이다.

6장. 로마의 로물루스 신격화와 대조되는 교회의 그리스도 사랑

로마 사람들은 로마 건설자 로물루스를 사랑했기 때문에 신으로 만들었고 교회는 그리스도를 하나님이라고 믿었기 때문에 사랑하였다. 키케로는 사람들의 학식이 깊고 개화된 시대에 박식한 부류의 사람들이 로물루스를 신으로 믿는 것에 놀랐다고 말한다. 그러나 누가 그를 신이라고 믿었는가? 주변국들이 로물루스를 신으로 믿은 것은 종주국인 로마를 두려워했기 때문이다.

> 그러나 그리스도는 영원한 하늘 도성의 건설자지만, 그 시민들이 그가 건설자였기 때문에 그를 하나님이시라고 믿은 것이 아니라, 이 믿음 때문에 그가 건설자가 된 것이다. 로마는 건설과 헌납이 끝난 후에 그 건설자를 신으로 삼아 신전에서 경배했지만, 이 예루살렘은 하나님이신 그리스도를 믿음의 기초로 삼아 그 위에서 건설과 헌납을 추진했다(1080쪽).

7장. 온 천하가 그리스도를 믿는 신앙으로 돌아오게 된 이유

세계가 그리스도를 믿게 된 것은 하나님의 권능의 결과지, 사람이 설복한 결과가 아니다. 로물루스는 키케로보다 600년 전에 살았던 인물이다. 로물루스가 살던 당시도 신화를 믿지 않는 세련된 학식의 시대였다. 이런 정황으로 볼 때 키케로 시대에 로물루스의 거짓된 신성을 믿는 것은 어리석은 일이었다. 그러한 키케로 시대에 그리스도의 부활과 승천이 일어날 수 있었고 실제로 일어났다는 증명이 없었다면, 진리 자체의 신성 또는 신성의 진리성을 그것을 확인하는 기적들이 증명하지 않았다면, 사람들은 그 일을 듣거나 믿는 것을 거부하며 불가능한 일이라고 하여 멸시해 버렸을 것이다.

8장. 그리스도를 믿게 하는, 끊이지 않는 기적들

세계가 그리스도를 믿도록 하기 위해 기적들이 있었으며, 세계가 믿게 된 지금도 기적은 그치지 않고 일어난다. 즉 기적이 일어나는 것은 우리가 믿게 하려함이다. 전에 일어난 기적이 왜 지금은 일어나지 않느냐고 묻는 사람들이 있다. 세상이 믿기 전에는 믿게 하려고 기적이 필요했다. 양도논법으로 설명하자면, 믿을 수 없는 일들이 실제로, 즉 눈으로도 볼 수 있게 일어나서 보지 못해서 믿지 못하던 일에 대한 신앙을 만들어냈거나, 그렇지 않으면 그 사실 자체가 아주 믿을 만해서 인간을 설득하여 그 사실을 믿게 만들 기적이 따로 필요치 않았거나 둘 중 하나다. 하지만 이런 양도논법은 불신앙이 너무하다는 비판을 하게 한다. 기적은 믿음을 주기 위해서 일어나는 것이며 지금도 그 기적은 성경과 성도의 기도와 성자들의 유물을 통해서 일어나고 있다.

밀라노에서 소경이 빛을 보았다. 카르타고에서 인노켄티우스[1]가 치료를 받았다. 인노켄티아[2]라는 여자가 유방암이 나았다. 어떤 사람은 세례 후에 풍이 나았다. 빅토리아나[3]에서 마귀 들린 젊은이가 나았다. 한 처녀가 마귀 들린 데서 벗어났으며 맹인여자가 빛을 보

---

1 부지사의 전고문관. 그는 치질 치료를 받았다(1084쪽).
2 카르타고 시내에 문벌이 가장 높고 매우 경건한 부인(1086쪽).
3 히포 레기우스에서 50킬로미터도 떨어지지 않은 시골에 있던 저택(1088쪽).

앉으며 루킬루스[4] 주교의 종기가 나았다. 스테파노 덕택에 사제 에우카리우스[5]가 되살아났다. 히포 처녀도 되살아났고 갓난아기도 되살아났다. 우잘리에서 페트로니아가 병약함에서 치유되었다. 히포에서 청년 둘이 수전증이 나았다.

9장. 그리스도에 대한 믿음을 고취하는 순교자들을 통한 기적

8장의 기적들은 그리스도께서 부활하시고 승천하셨다고 전하는 그 믿음을 증거하는 것이다. 또 순교자들은 이 믿음에 대한 증거들이다.

10장. 자신이 아니라 하나님 경배를 유도한, 기적을 일으킨 순교자들의 겸손

참 하나님이 경배를 받으시도록 많은 기적을 행한 순교자들은, 스스로 신으로 인정되려고 몇 가지 기사를 행하는 귀신들보다 훨씬 더 존경을 받을 만하다. 반대론자들은 자기들의 신들과 우리의 순교자들을 비교하면서, 자기들도 죽은 자들에게서 신을 얻었다고 할 수 있다. 하지만 우리의 순교자들은 우리의 신이 아니며, 순교자들의 하나님과 우리의 하나님은 같은 분이다. 우리가 드리는 제물 역시 순교자들에게 드리는 것이 아니라 순교자들과 우리의 하나님에게 드리는 것이다. 그렇다면 기적을 행한다고 할 때 우리는 어느 편을 더 믿을 수 있는가? 자신이 신으로 인정되려고 기적을 행하는 편인가, 아니면 오직 사람들이 하나님을 믿으며 그리스도를 하나님으로 믿게 하려고 기적을 행하는 편이겠는가? 우리는 진실을 말하면

---

4 히포 부근에 있는 시니타의 주교(1089쪽).
5 스페인 사람으로서 칼라마에 오래 살고 있던 사제(1089쪽).

서 기적을 행하는 자들을 믿어야 할 것이다.

몸은 부활한다(11-21장)

11장. 지상적인 몸은 중량 때문에 하늘로 승천할 수 없다고 주장하는 자들 논박

여기에서는 원소에는 중량이 있으므로 지상의 몸이 하늘에서는 살 수 없다고 주장하는 플라톤학파를 논박한다. 플라톤학파는 원소의 무게를 내세워 육신의 부활을 부정한다. 이들은 우주의 가장 큰 원소 두 가지는 서로 제일 멀리 떨어져 있으며, 중간에 있는 두 원소인 공기와 물이 이 둘을 서로 연결한다고 한다. 첫째 원소는 땅으로 흙을 말하며, 둘째 원소는 물, 셋째 원소는 공기, 넷째 원소는 하늘이다. 인간의 몸은 흙으로 되어있으므로 하늘에 살 수 없다고 한다. 하지만 첫째 원소를 가진 새와 물고기가 넷째 원소인 하늘과 둘째 원소인 물에서 사는 것을 보면서, 하나님이 사람들의 몸에 가장 높은 하늘에서 사는 능력을 주실 수 없다고 말할 수는 없다. 또 영혼은 훨씬 고귀하다. 아리스토텔레스는 영혼을 육체의 다섯째 물체라고 했고,[6] 플라톤은 전혀 물체가 아니라고 했다. 여하튼 만약 영혼이 제5의 물체라면 나머지 것들보다 상위의 것임에 틀림없고 만약 물체가 아니라면 더욱더 모든 물체들을 초월한 것이다.

---

6 1097쪽 각주 27번. 아리스토텔레스는 영혼을 다섯째 물체라고 하지 않고, 네 원소 위에 있는 다섯째 본성 또는 원소라고 함.

12장. 몸의 부활을 두고 그리스도인을 조롱하는 불신자들 논박

아우구스티누스는 불신자들이 육신 부활을 두고 그리스도인을 조롱하는 중상들을 반박한다. 우리의 논적들은 세밀한 질문들로 부활에 대한 믿음을 조롱한다. "너희 머리털 하나도 상하지 아니하리라"(눅 21:18)는 본문을 가지고 "모든 몸이 같은 신장과 힘을 가질 것인가?", "대소 차이가 있을 것인가?", "몸을 가지지 못하고 낙태한 아이는 어떻게 되는 것인가?", "부활시 몸의 부피는 어떻게 되는 것인가?" 등이 그런 질문이다. 또 "하나님이 미리 아신 자들을 또한 그 아들의 형상을 본받게 하기 위하여"(롬 8:29)라는 말씀을 모든 사람이 그리스도와 키와 몸집과 같이 된다는 뜻으로 해석한다면, 키와 몸집이 줄어들 경우가 많을 것이며, 그렇게 몸의 많은 부분이 없어지면, "너희 머리털 하나도 없어지지 아니하리라"는 말씀은 어떻게 되느냐고 묻는다. 제일 곤란한 문제는 굶주린 사람이 할 수 없이 다른 사람의 살을 먹었을 때, 그 살은 어느 사람에게 돌아갈 것이냐는 질문이다.

13장. 낙태아들의 부활 가능성

여기서는 위와 같은 논적들의 반대론에 대하여 답한다. 낙태아는 태중에서 살았다가 죽었다고 하더라도, 그들이 부활하리라는 것을 감히 긍정하지도 못하고 부정하지도 못한다. 다만 그들을 죽은 자들에게서 제외하지 않는다면, 그들이 부활에 참가하지 못할 까닭을 알 수 없다. 굳이 적용을 한다면 출생한 유아들에 대하여 말하는 것을 낙태아들에게도 적용해야 할 것이다.

14장. 유아들의 부활체

유아들은 장성한 몸으로 부활할 것인가? 아직은 없는, 더 정확하게 말하면 아직 나타나지 않는 모든 것의 도안이 신체의 본질에 찍혀 있으며, 시간이 경과하면 존재하게 된다. 부활 시에 모든 사람의 몸집이 같아질 것이라면, 여기서 가장 큰 사람들의 몸을 줄여 그 만큼 잃어버리게 되는 일이 없도록, 모든 사람들이 거인이 될 것이다. 그렇지 않다면 "너희 머리털 하나도 상하지 아니하리라" 하신 말씀과 상치하기 때문이다.

15장. 부활한 자들의 몸에 나타난 변화와 불변화

그리스도께서 부활하실 때에 죽으실 때와 똑같은 몸집으로 부활하신 것은 확실하다. 하지만 그리스도의 몸이 축소되거나 커지지 않은 것처럼 모든 사람은 부활 시에 각각 젊었을 때의 몸집으로 부활할 것이다. 사도가 그리스도의 분량이 충만하리라고 한 것은 신장의 분량이 아닌 연령의 분량이 충만함을 말한다고 보아야 한다.

16장. "성도가 하나님의 아들의 형상을 본받는다"는 말의 뜻

"하나님이 그 아들의 형상을 본받게 하기 위하여 미리 정하셨다"(롬 8:29)는 말씀은 속사람에 대한 것으로 해석할 수 있으며 "이 세대를 본받지 말고 오직 마음을 새롭게 함으로 변화를 받으라"(롬 12:2)는 말씀은 그리스도께서 죽을 몸을 쓰심으로써 우리의 형상을 본받으신 것처럼, 우리는 인생을 입음으로써 그분의 형상을 본받으라는 것으로 해석할 수 있다.

17장. 여자들의 부활한 몸

여자들의 부활한 몸은 여전히 여성일까? 부활하면 정욕이 없기 때문에 여성과 남성으로 부활할 것을 의심하지 않는 것이 더 지혜롭다고 본다. 창조 때처럼 벌거벗어도 부끄럽지 않은 상태로, 정욕이 제거되고 본래의 상태는 보존될 것이기 때문이다. 인류의 시초에는 남자가 잠든 사이에 갈빗대를 취해 여자를 만들었다. 이 사건을 그리스도와 교회의 관계를 예표하는 것으로 보는 것이 합당하다. 성경에서 여자를 창조할 때, '형성하였다', '만들었다'는 표현 대신 '세우다'라는 표현을 사용한 것은, 사도가 교회를 그리스도의 몸, 즉 교회를 '세운다'는 말을 하는 것과 일치한다고 보는 것이다.[7] 마태복음 22장 23-33절에서 예수님은 사두개인과 대화하시면서 부활 시에 남성과 여성은 있지만 혼인은 없을 것이라고 하셨다.

18장. 그리스도와 그리스도의 충만과 그의 몸된 교회

여기서는 완전한 사람이신 그리스도와 그리스도의 충만과 그분의 몸인 교회에 대하여 말한다. 완전한 사람은 머리와 몸으로, 몸은 모든 지체로 구성되며, 지체들은 때가 오면 완성되리라는 것이다. 그러나 교회가 세워지는 동안 이 몸에 매일 지체들이 첨가된다.

19장. 부활시 모두 제거되는 신체상의 손상과 결함들

금생에서 신체의 아름다움을 손상하는 결함들은 부활시 모두 제거될 것이며, 신체 본연의 재료는 그대로 있으면서 그 속성과 분량

---

[7] 창세기 2:22; 에베소서 4:12. 한글성경(개역한글, 개역개정)은 창세기 2:22에서 '세우다'는 표현을 사용하지 않고 '만들었다'는 표현을 사용했다.

이 변경되어 신체를 아름답게 만들 것이다.

> 깎아버린 머리털과 손톱을 부활시에 제자리에 다시 두어서 기형이 생긴다면, 제자리로 돌리지 않을 것이다. 그러나 그것들은 없어지는 것이 아니라 그 재료가 변화되어 어디든지 배치되며 각 부분의 균형을 유지할 것이다. … 사람이 타고나는 기형은 우리 죽을 인간들이 벌을 받고 있기 때문이라고 설명할 수밖에 없지만, 그 기형적 부분은 부활시에 그 재료가 완전히 보존되며 기형만 소멸되어서 회복되리라고 생각한다(1106쪽).

20장. 부활시 다시 결합되는 우리 몸의 재료

우리 몸의 재료는 아무리 흩어지더라도, 부활시에는 모두 다시 결합될 것이다. 아우구스티누스는 죽은 사람들의 살이, 그 살을 먹어 산 사람의 살이 되었을 경우 부활시에는 누구의 것이 되겠느냐는 질문에 이렇게 답한다.

> 먹을 것은 없고 배는 고프고 해서 부득이 사람의 고기를 먹었다는 것은 고대 역사에도 있고, 우리의 시대에도[8] 알게 된 불행한 경험인데, … 굶주린 사람이 먹은 살은 모두 공기 중으로 증발하고, 그것을 전능하신 하나님이 다시 부르실 수 있다고 우리는 말했다. 그러므로 그런 살은 처음에 살이 되었던 그 사람에게로 돌아갈 것이다(1108쪽).

---

[8] 1108쪽 각주 34번. 로마가 410년에 고트족에게 오랫동안 포위를 당했을 때 있었던 극심한 기근을 언급하는 것처럼 보인다. 그러나 그 때에 인육人肉을 먹었다고 말한 사람이나 문서는 없다.

21장. 성도가 덧입게 될 신령한 몸과 그 새로움

생전이나 사후에 몸에서 떨어져 나간 것은 무덤 속에 남아 있는 것과 함께 몸에 회수되어 부활할 것이며, 이전의 동물적 육체에서 새로운 신령한 몸으로 변하여 썩지 않고 죽지 않게 될 것이다.

영원한 생명(22-30장)

22장. 죄의 결과인 불행과 재난에서 인류를 구원하시는 그리스도의 은혜

인류는 그 처음 죄의 당연한 보응으로 불행과 재난을 받으며, 그리스도의 은혜가 아니면 아무도 구원받지 못한다. 어떤 과오가 인생을 부패시키는가? 악한 행동과 생각은 모두 악인의 행실이지만, 실은 오류와 그릇된 사랑이라는 뿌리에서 나오는 것이며 아담의 모든 후손이 그 뿌리를 갖고 태어난다. 그러나 하나님은 단죄한 자들을 전적으로 버리지 않으며, 또 분노하시지만 자비를 거두지 않으시며, 금지와 교육으로 인류가 지각하게 함으로써 인류가 태어날 때부터 지니는 어두운 악덕들을 경계하며 그것의 충동들에 맞서 저항하게 하신다.

이승의 삶은 무슨 악으로 가득 차 있는가? 인류가 당하는 죄벌은 악인들의 사악과 악의에만 해당하는 게 아니라 온 인류의 공통된 조건과 불행에 해당한다. 이러한 악에서 우리를 해방하는 것은 하나님의 은총뿐이다. 오직 구세주 그리스도, 우리 주 하나님의 은총이 아니고는 이렇게 불행스럽고 지옥 같은 처지에 있는 인생이 해방될 길이 없다.

23장. 모든 이를 타격하는 악 외에 선인들을 고통스럽게 하는 현세의 불행

선인과 악인 모두에게 공통적인, 현생의 이런 악 이외에도 의인들이 인생에서 만나는 고유한 수고가 있다. 의인들은 악덕에 대항하여 싸움을 벌이고 그만큼 전투와 같은 시험과 위험을 자주 마주친다. 의인들은 끊임없는 경계심으로 자기를 살핌으로써 진리인 듯 보이는 것들과 죄에서 자신을 지켜야 한다.

24장. 단죄받아 손상된 이생의 삶을 가득 채운 창조주의 은총

단죄받아 손상된 이생의 삶을 창조주께서는 은총으로 가득 채워주셨다. 선하신 하나님이 인류의 불행을 그나마 얼마나 좋고 많은 선으로 가득 채워주셨는지를 지금부터 고찰할 것이다. 먼저는 하나님은 사람이 죄 짓기 전에 자식을 낳고 번성하여 온 땅에 퍼지라고 말씀하면서 사람에게 복을 베푸셨는데, 범죄 후에도 그 생육과 번성의 복을 거두지 않으셨다. 죄의 결과로 우리는 죽게 되었지만 하나님은 생식, 즉 종자를 생산하는 놀라운 힘은 가져가지 않으셨다.

태초의 선익善益인 생식 외에도 또 하나의 선익이 있는데 그것은 하나님을 닮는 상사성의 역능이다. 인간은 하나님의 형상을 구현하는, 하나님 형상 구현적 존재이면서 자신을 닮은 존재를 번성케 하는 능력을 구유具有받았다. 창조주 하나님은 발육하게 하시며 아름다운 형태를 만드시는 조형자시다. 하나님은 영적 본성과 육체적 본성을 결합해 당신 자신을 닮은 인간을 창조하셨다. 영은 명령하고 육은 복종하는 한 생물체를 만드신 분은 하나님 자신이다.

더 나아가 하나님은 또 다른 선익을 주셨다. 즉 인간 영혼에 지성을 주셨다. 지성이 있기에 인간 영혼은 지식과 학습 능력을 지니게 되었고, 진리를 파악하고 선을 사랑할 수 있다. 지식은 덕을 갖추게 하고 현명하게 하며 정의롭게 싸우게 하여 악습들을 이기게 한다. 인간의 모든 것이 탐구 대상이다. 인간에게 동물과 다르게 이토록 훌륭한 육체를 주신 이유는 그만큼 위대한 영혼을 섬기라는 것이 아닐까?

창조계의 아름다움과 유용함은 아무 말로도 다 묘사할 수 없다. 인간이 수고와 불행에 던져지고 단죄받기는 했지만, 관대하신 하나님은 인간이 아름다운 피조물들을 바라보고 즐길 수 있게 하셨다.

25장. 몸의 부활을 끝까지 믿지 않는 자들의 고집 비판

예언된 바와 같이 온 세계가 몸의 부활을 믿는데도 고집스럽게 그 것을 부정하는 사람들이 있다. 믿지 못할 기적을 무수히 행하시는 하나님의 전능이 부활로써 그리스도를 증명하셨다. 이는 이미 예언된 일의 증거다. 전능하신 하나님은 거짓이 없이 이 모든 것을 하실 수 있다. 그리고 부활의 몸에는 신체의 유일한 오점인 썩음이 없다.

> 그러므로 우리는 그가 하실 수 없는 일을 믿지 않음으로써, 그분이 하실 수 있는 일을 믿어야 한다. 그가 거짓말을 하실 수 있다고 믿지 않음으로써 그가 약속하신 일을 하시리라고 믿어야 한다. 이것은 세상과 같은 믿음을 가지는 것이며 세상의 믿음은 하나님이 예언하셨고 칭찬하셨고 약속하셨고 지금 실현된 것을 보이신다(1120쪽).

26장. 영혼이 행복하려면 모든 종류의 몸에서 해방되어야 한다는 포르피리오스

포르피리오스는 영혼이 행복하려면 모든 종류의 몸에서 분리되어야 한다고 했다. 여기에 대해 플라톤은 최고신이 신들에게 결코 그 몸에서 쫓겨나지 않으리라고 약속했다고 반박한다. 창조되지 않은 하나님이 자기가 창조한 신들에게 영생을 약속할 때, 하나님은 불가능한 일을 하겠다고 명백히 말씀하신 것이라고 플라톤은 말한다. 그러므로 불가능한 일을 하겠다고 약속한 하나님이 몸을 썩지 않고 죽지 않는 영적인 것으로 일으키신다는 것이다. 즉 불가능한 일들을 하시는 하나님이 이 일도 하시리라는 것이다. 영혼의 행복을 위해서 모든 종류의 몸에서 도망할 필요가 없고, 썩지 않는 몸을 받을 필요가 있다.

27장. 플라톤과 포르피리오스의 상충되는 의견들 중간 어딘가에 있는 진리

플라톤과 포르피리오스가 위와 같이 상충하는 의견을 서로 양보할 수 있었다면 진리에 도달하였을 것이다. 플라톤은 영혼이 몸 없이는 영원히 존재할 수 없다고 주장하였고, 포르피리오스는 정화된 영혼, 거룩한 영혼들은 썩을 몸의 불행으로 결코 돌아가지 않으리라고 하였다. 이와 같은 두 사람의 말을 공동으로 주장한다면, 영혼은 몸으로 돌아가리라는 것과 그 몸 안에서 영혼은 복되고 영원한 생명을 누리리라는 결론을 내릴 수 있게 된다. 하나님은 복된 영혼들이 자기의 영원한 몸을 입고 영원히 살리라고 하신다.

28장. 부활신앙에 공헌할 수 있는 플라톤, 라베오, 배로의 사상

플라톤이나 라베오Labeo나 심지어 배로까지도 각자 의견을 통일할 수 있었다면, 부활에 대한 진정한 믿음에 공헌하였으리라. 플라톤과 라베오가 예를 든 부활한 사람들은 그저 죽었다가 다시 살아난 사람이지, 다시는 죽지 않는 사람이 아니다.

그리스도교 신앙이 가르치는 바와 같이, 영혼은 몸을 받아 아무 불행도 없이 영원히 살리라는 것을 시인한다면, 그들은 또한 배로를 따라, 영혼은 이전의 몸으로 복귀하리라는 진리를 받아들여야 한다. 그렇게 한다면 몸의 영원한 부활이라는 문제는 전적으로 그들 자신의 말로 해결될 것이다(1123쪽).

29장. 내세에 하나님을 뵙게 될 성도의 지복

성도는 내세에 어떠한 상태로 하나님을 뵐 것인가. 성도는 영생한 신령한 몸을 입고 육적으로 사는 것이 아니라 영적으로 살게 될 때 하나님이 주시는 능력에 따라 믿는 대로 볼 것이다.

성경에 "모든 육체가 하나님의 구원하심을 보리라"(눅 3:6)고 한 말씀은 "모든 사람이 하나님의 그리스도를 보리라"는 뜻으로 쉽게 해석할 수 있다. 확실히 사람들은 몸을 입으신 그리스도를 보았고, 산 자와 죽은 자를 심판하러 오실 때에도 몸을 입으신 그를 볼 것이다(1127쪽).

또 하나님은 영이시기 때문에 우리의 신령한 몸이 그분을 볼 것이다.

내세의 신천신지에서 우리가 몸을 입고 몸을 통해서 물질적 형태들을 볼 때에, 모든 것에서 하나님이 도처에 계시며 모든 것을(물질적인 것까지도) 주관하시는 것을 아주 분명히 보리라는 것은 충분히 가능하며 개연성이 많다. 지금은 하나님의 보이지 아니하는 것들을 그의 만드신 만물을 통해서(롬 1:20) 보며 이해하려고 할 때에 거울로 보듯 희미하며 부분적이요, 물질적으로 나타난 것, 즉 몸의 눈으로 보는 것보다 믿음으로 믿는 것이 더 중요하다. … 그와 같이 우리가 내세에 가질 새 몸의 영안으로 주위를 볼 때에도 우리의 몸에 의해서 영이신 하나님이 만물을 주관하시는 것을 관찰할 것이다(1128쪽).

그러므로 두 가지를 생각할 수 있다. 첫째, 마음의 속성과 같은 것이 있을 정도로 우리의 영안이 훌륭해서, 영이신 하나님과 모든 영적인 것들을 인식할 수 있다. 둘째, 모든 피조물에서 하나님을 우리의 영으로 뚜렷이 보며 또 우리의 신령한 몸(영체)의 시력이 미치는 모든 물체에서 몸으로도 볼 것이다.

30장. 하나님의 도성에서 누릴 영원한 행복과 안식

하나님의 도성에 있을 영원한 행복과 영원한 안식을 생각한다. 그때는 아무 악도 없으며, 아무 선도 부족하지 않으며, 만유의 주로 만유 안에 계시는 위대하신 창조주 하나님을 썩지 않을 몸의 지체와 기관으로 찬양할 것이다. 거기에는 진정한 평화가 있고 아무도 자기나 다른 사람의 행동으로 해를 받는 일이 없을 것이다. 또 덕의 근원이신 하나님 자신이 덕성에 대한 상이 되실 것이다.

> 하나님은 우리의 소원의 목표가 되실 것이니, 우리는 그를 끝없이 보며, 싫증 없이 사랑하며, 피로함 없이 찬양할 것이다. … 그 도성에서는 모든 시민에게 한결같은 자유 의지가 있을 것이며 아무도 그 자유 의지가 분열되지 않고 모든 악에서 해방되어 모든 선으로 충만하며 영원한 기쁨을 끊임없이 즐기며, 과거의 죄와 벌을 잊되, 해방된 것과 해방해주신 분에 대한 감사를 잊지 않을 것이다(1130-1131쪽).

참으로 그 도성에는 그리스도께서 피를 흘려 우리를 구원하신 그 은혜의 기쁨이 있고 밤이 없는 위대한 안식일, 하나님이 최초의 피조물들 사이에서 기뻐하신 그런 안식일이 있을 것이다. 그 때에 우리는 하나님이 베푸시는 복과 거룩하게 하심으로 충만할 것이다.

> 하나님이 우리를 회복해주시고 더 큰 은혜로 완전하게 만드실 때에, 우리는 영원히 쉬면서 그가 하나님이심을 항상 볼 것이다. 그가 만유의 주로서 만유 안에 계실 때에 우리도 그로 충만하게 했기 때문이다. 우리의 선행도 우리 것이 아니라 그의 것임을 깨달을 때에 이 안식을 우리가 즐길 수 있도록 우리의 선행으로 돌려질 것이다. … 우리가 이 일을 완전히 아는 것은, 우리가 완전히 쉬며, 그가 하나님이심을 완전히 아는 때일 것이다. … 그 때에 우리는 쉬면서 보며, 보면서 사랑하며, 사랑하면서 찬양할 것이다(1132-1133쪽).

30장은 거의 몽환적인 천상도성 생활 묘사로 마무리된다. 그러나 그곳에서도 인간의 자유의지가 보장되며 다만 분열되지 않는다. 로마서 7장 14-24절에서 묘사하는 자유의지의 분열과 파탄은 극복된다. 하나님의 법을 즐거워하는 마음과 육신의 자아 속에 역사하던 또 다른 마음 사이의 갈등이 존재하지 않는다. 영화된 영혼은 과거의 죄를 지식적으로는 기억하겠지만 감각적으로 잊어버린다. 천상도성은 지구역사와 기억을 보존하되 하나님의 자비와 사랑을 극도로 찬양하는 방식으로 기억할 것이다. 창세기 2장 2-3절이 말하는 하나님의 안식이 완전히 실현될 것이다. 하나님을 버림으로써 신이 되고자 했던 창세기 3장 5절의 어리석은 순간이, 하나님의 은혜에 의해 순종을 위한 결단의 순간으로 화할 것이다. 하나님을 반역하고 그분의 뜻을 거역함으로써 하나님처럼 되는 것이 아니라, 하나님과 연합하고 동거함으로써 '신들'이 되어 가는 환희를 맛볼 것이다. 22권의 마지막 몇 문장은 기억해두어야 할 명문이다. "그 때에 우리는 쉬면서 보며, 보면서 사랑하며, 사랑하면서 찬양할 것이다." 이 문장이 30장을 후렴구처럼 장식하고 있다. 30장의 마지막 단락은 13년에 걸쳐 《하나님의 도성》을 저술한 아우구스티누스의 자기만족적 완료감을 피력한다.

> 나는 하나님의 도움을 받아 이 방대한 저서를 이제 완결했으니, 책임을 다할 줄로 생각한다. 내가 한 말이 너무 적거나 너무 많다고 생각하는 사람들은 나를 용서하라. 내가 한 말이 알맞고 충분하다고 생각하는 사람들은 나와 함께 하나님께 감사하라. 아멘. 아멘(1133쪽).

이 방대한 책을 읽고 독후감을 남긴 필자는 이 대목에서 가슴 깊은 곳에서 우러나오는 아멘을 덧붙인다. 마치 가이사 앞에 서서 복음을 변증하려고 했던 사도 바울의 기상을 보는 듯하다. 자기 시대를 움직이는 근본적인 가치관과 세계관을 정면으로 분석해 기독교 신앙의 정당성과 긴급성을 옹호한 아우구스티누스가 오늘 우리에게 "기독교 신앙을 변증하고 옹호해 보라"고 도전한다.

아우구스티누스는 기독교 신앙이 로마쇠락의 원인이라고 공공연히 비난하는 대적자들의 고소에 《하나님의 도성》이라는 변론문을 제출했다. "너희 마음에 그리스도를 주로 삼아 거룩하게 하고 너희 속에 있는 소망에 관한 이유를 묻는 자에게는 대답(아폴로기아)할 것을 항상 준비하되 온유와 두려움으로 하고 선한 양심을 가지라 이는 그리스도 안에 있는 너희의 선행을 욕하는 자들로 그 비방하는 일에 부끄러움을 당하게 하려 함이라"(벧전 3:15-16). 프리드리히 니체는 기독교 신앙을 게르만 민족의 웅혼한 기상을 병들게 한 노예윤리요 노예철학이라고 비난했고, 칼 마르크스는 기독교를 민중의 아편이라고 단죄했다. 세계역사의 주무대를 장식한 세상의 가이사급 정신적 및 물리적 영토의 지배자들은 모두 기독교 신앙을 배제하거나 무시하거나 주변화시키려고 분투했다. 그럴 때마다 기독교 신앙의 정당성을 옹호하고 선포한 위대한 변증가들이 등장했다. 기독교를 개독교라고 힐난하고, 기독교는 이제 재기불능의 파산을 맞았다고 주장하는 우리 시대의 모든 비난과 중상모략을, 가슴에 꽂히는 비수처럼 느낀 사람만 기독교복음의 장엄함과 정치精緻함, 열방포용적 기상과 자기소진적 희생성을 옹호할 수 있을 것이다.

결론

22권은 주장과 논박으로 구성되어 있다. 전체적으로 22권은 하나님의 도성의 천상공간 존재설을 바탕으로 중심 주장 셋을 전개한다. 첫째, 기독교 신앙은 제국의 중심종교가 되었으며 이제 기독교 신앙은 '보편적(카톨릭적)' 신앙으로 발돋움했다. 아직도 기독교 신앙을 받아들이지 못한 자들은 시대에 뒤떨어진 자들이다. 기독교 신앙의 로마제국 내 전파와 확산은 하나님의 권능과 섭리의 결과다. 아우구스티누스가 기독교 신앙을 세상 사람들에게 받아들이도록 설득하는 중심동력은 사도들의 기적이며 지금도 교회를 중심으로 일어나는 기적들이다. 기적이 로마 대중의 신심을 자극하고 천상도성에 대한 관심을 진작했다.

둘째, 기독교 신앙의 궁극적 실현처소는 지상이 아니라 천상에 있는 하나님의 도성이다. 천상 하나님의 도성이 지구역사의 의미가 총괄적으로 해명되는 곳이다. 그렇다고 죄와 죽음이 역사하던 금생(이생)이 아무런 의미가 없는 것은 아니다. 금생에서 받은 복은 생육과 번성의 복이며, 금생에서는 하나님의 형상을 구현하는 데 유익한 많은 일들이 있었다. 금생의 의의는 하나님 형상을 구현하는 것이다. 그러나 지구역사라는 드라마의 대단원은 죽은 자의 육체부활로 시작되는 천상도성에서 마무리된다. 천상에 있는 하나님의 도성은 신령한 몸으로 부활한 성도가 받는 나라다. 그 나라는 그리스도와 함께 천 년(지상에서 교회생활한 시간이 그리스도와 함께 다스린 시간)을 다스린 성도가 하나님에게 상속받은 하나님나라다. 이 하나님나라는 신령한 몸으로 부활한 성도로 가득 찰 것이다. 하나님나라에 참여하려면 신령한 몸으로 부활해야 한다. 그래서 몸의 부활이 중요하고 이 부활한 몸은 중력의 억류시도를 이기고 천상의 공간으로 올라갈 것이다(4장). 몸의 부활을 믿지 못하고, 몸의 중량 때문에 지상적 몸이 천상도성에서 살지 못할 것이라고 말하는 플라톤주의자들(포르피리오스)은 어리석고 고집이 세다. 결국 여기서도 아우구스티누스는 몸과 영혼의 분리를 구원이라고 주장하는 포르피리오스의 주장을 플라톤학파의 원조인 플라톤의 말로 제압하는 이이제이以夷制夷 논법을 구사한다.

셋째, 비록 지상의 인간도성 로마는 야만족에게 침략당하지만 하나님의 도성은 난공불락의 불멸도성이며 결국 승리하는 도성이다. 22권 전체에 걸쳐서 아우구스티누스의 시선은 하늘에, 플라톤적인 이상사회인 천상기원적 하나님의 도성을 향해 있다. 단순한 타계주의적 도피주의를 조장하려는 의도는 아니었다. 당시 기독교가 로마제국의 공식종교로 지정되었지만, 기독교의 메시지는 정치권력을 지향하지 않으며 영적 감화력에 의존해 영향을 발휘한다는 뜻이었다. 기독교회는 지상의 권력쟁투정치가 아니라 신비한 천상의 도성 새 예루살렘과 관계해야 한다는 것이다. 아우구스티누스가 하나님의 도성을 말하면서, 도피주의를 옹호하려고 그 도성에 도달하기 위한 교회와 그리스도인의 순례자로서의 미덕을 강조한 것이 아니다. 플라톤적 이원론을 이용하기는 하지만, 영성으로 육욕을 이기자는 설득이다. 베드로전서 2장 11절의 나그네. 세상권력 취득이나 기득권 사수가 아니라, 영원한 하나님의 도성을 가리키며 움직이는 이정표가 되자는 말이다. 순례자는 세상포기적 염세주의나 비관주의가 아니라 향도적 견인적이라는 말이다.

그런데 22권에서 한 가지 아쉬운 점은《하나님의 도성》전체를 마무리하는 드라마적 서사가 누락되었다는 점이다. 아우구스티누스는《하나님의 도성》전체에서 무천년설의 종말론을 전제로 하고 말하지만 22권은 물론이요 아무데서도 무천년설 종말시나리오를 개진하지 않는다. 몸의 부활과 관련하여 호기심을 불러일으키는 쟁점들[9]에 답변하느라고 책 전체의 대미를 장식하는 서사^{narrative}를 제시하지 못했다. 각 쟁점들에 대해 때로는 시원시원하고 때로는 유보적인 의견을 개진하지만 이런 쟁점들은 어디까지나 기독교형이상학 분야의 쟁점들이라 그리스도인들의 건덕에 얼마나 도움이 될지는 미지수다.

특히 29-30장은 책 전체에서 대단원의 결론이다. 그런데 여기서도 하나님의 도성에서 인간의 극적 성취의 순간을 효과적으로 표현하지 못한다. 지옥영벌로 굴러 떨어지는 인간들과 달리 영원복락에

---

[9] 낙태아의 부활, 유아들의 부활, 여자들의 부활체는 이생의 여성성을 담보하는지 여부 등, 손상된 몸의 부활, 부활체와 이생에서의 몸 사이에 있는 연속성과 불연속성 등.

들어가는 그리스도인이 누리는 예외적으로 황홀한 미래생활만 부각시킨다. 이 과정에서 인류 대다수가 어떠한 운명에 처할지에 대한 전망이 누락되어 있다. 사람들의 사소한 호기심에 답하는 한편 마음과 몸의 부활과 천상도성 이동 가능성을 불신하는 사람들의 주장을 논박하는 데 치중하느라 예수 그리스도가 인류역사 전체의 목적을 성취하시는 장엄한 순간을 그려내지 못한다. 이레네우스의 '총괄갱신recapitulation'[10] 사상 같은 장엄한 신학서사가 대미를 장식하지 못한 것이 아쉽다. 그래서 그런지 22권에는 29-30장을 제외하고는 명문이 상대적으로 적다.

《하나님의 도성》이 취하는 무천년설 종말론에서는 그리스도가 다스리시는 천 년이 지금 현재 진행 중에 있으므로 미래에 다가올 천 년은 없다고 보기 때문에 사실 미래에 대해 할 이야기가 별로 없다. 그래서 그런지 무천년설 종말론의 극적 긴장은 천년왕국 이후 시대에 일어날 일이 아니라 성도가 그리스도와 함께 이 땅을 통치하는

---

10 이레네우스의 총괄갱신론Recapitulation은 영지주의자들과의 논쟁에서 착상된 사상으로 인류의 참된 기원과 그 종착점에 관한 교설이다. Recapitulation은 '다시 머리로 돌아가기'라는 뜻이다. 창조의 시작과 그 목적으로 되돌아가 하나님의 만유창조를 완성해간다는 말이다. 따라서 총괄갱신론보다는 만유회복론이 더 나은 용어다. 이 교설의 핵심은 하나님이 아담에게 두신 원래 창조목적-하나님의 형상을 구현해 마침내 하나님처럼 되는 것-이 아담의 범죄로 좌절되자 마지막 아담인 예수 그리스도가 와서 하나님의 인간창조 목적을 성취했다는 것이다. 이레네우스의 '하나님 되어감의 신학사상'은 뒤에 나오는 희랍교부들(특히 아타나시우스등)에게 영향을 미쳤다. 그리스도는 아담의 죄와 불순종을 훨씬 상회하는 순종을 바쳐 인류를 아담의 원죄적 속박에서 해방했고 당신의 구원을 통해 믿는 자들에게 하나님처럼 성숙하고 변형되어 가는 길divinization을 열어주셨다. 그리스도는 다시 인간을 하나님과 연합시키고 결속시킴으로 인간이 하나님의 영생에 참여하게 했다. 이레네우스는 지속적인 성장이 하나님처럼 되어가는 길임을 강조했으며 그리스도의 만유회복 목적은 성도가 아담의 순수한 상태로 회복되는 것을 넘어 그리스도의 장성한 분량에까지 자라나는 것이라고 주장했다. 그리스도를 통한 하나님의 구원은 하나님을 닮아가도록 격려하는 신적 추동이라는 것이다. 이 교설에 대한 자세한 논의를 보려면, 후스토 L. 곤잘레스 저, 이형기·차종순 역,《기독교 사상사 I》(장로교출판사, 1998), 202-206쪽을 참조하라.

천 년 시대에 있다. 《하나님의 도성》이 22권에서 전개했더라면 좋았을 무천년설 종말 시나리오는 다음과 같다.

(1) 천년왕국 시대 돌입: 세상에 대한 교회의 영적 통치시대로서 로마가톨릭의 경우 교황과 주교단이 대표하는 영적 교도권이 그리스도의 통치를 대행한다. 개신교에서는 성도의 공동체인 교회의 세상을 향한 복음전파사역과 사회봉사, 사회변혁 활동이 그리스도의 통치를 대행한다고 본다. 교회시대에는 사탄이 일시적으로 결박되고(계 20:2-3), 첫째 부활(중생)에 참여한 성도가 그리스도와 함께 영적 방백의 권위로 세상 사람들을 감화감동시켜서 그리스도의 왕권 앞에 순복시키는 왕 같은 제사장 역할을 수행한다(계 5:10). 교회와 그리스도인들이 왕 같은 제사장의 역할을 하는 것(벧전 2:9) 자체가 천 년 왕국시대의 섭리라는 것이다.

(2) 대배교와 대환난의 동연적同延的 발생: 아우구스티누스는 이미 열 황제에 의한 박해시기가 지났고 또 다른 박해가 올 것을 예상했다. 410-426년에 서로마제국 자체가 대환난 시대에 접어들었고 제국 내의 교회도 이 환난을 피하지 못했다. 그렇다고 해서 아우구스티누스가 당시 시대를 바로 그리스도의 재림을 급박하게 재촉하는 종말의 때로 본 것 같지는 않다. 무천년설 시나리오에 따르면 천년기가 끝나고 종말이 이를 무렵(교회시대의 마지막 시기) 사탄이 잠깐 풀려나 교회와 그리스도인들이 기독교 신앙을 대배교하며 이와 연동하여 대환난이 일어난다(계20:3).

(3) 그리스도의 재림: 그리스도의 재림으로 천년왕국이 끝난다. 놀랍게도 《하나님의 도성》에는 예수의 재림에 관한 논의가 상대적으로 적다.

(4) 대부활과 성도의 공중영접: 이미 죽은 신자와 불신자가 심판

을 받기 위해 부활하고, 부활한 성도와 생존한 성도가 그리스도를 영접하기 위하여 공중으로 끌어올림을 받는다(살전 4:17). 공중영접은 22권이 다룬다.

(5) 최후 백보좌 심판: 악인이 심판을 받고 둘째 사망 곧 불못에 던져진다(계 20:14).

(6) 새 하늘과 새 땅 건설: 영원한 하나님의 도성에서 영원한 복락과 평화가 실현된다. 29-30장은 천상거처로 이동한 성도가 우주 천궁 어딘가에서 영원한 복락을 누리는 인상을 준다. 지구이탈적 천상도성 이미지가 《하나님의 도성》의 대단원을 장식하는 점은, 앞서 언급한 게르하르트 로핑크의 아우구스티누스 유산 비판을 상기하게 해준다. 인간역사의 숱한 쟁점, 원통함과 억울함, 고난과 고통, 민족과 나라의 상쟁과 각축의 역사가 지구의 토대를 벗어나 역사 밖, 지구 밖 천상도성에서 완전히 해소된다는 점은, 지구에 하나님나라가 임하기를 간구한 지구 잔존 성도에게는 아쉬움을 남긴다. 우리는 수십만 년에 걸친 우주여행 끝에 도달하는 또 다른 지구 프록시마 B(스티븐 호킹 추천별)나 토성의 제2위성 타이탄(영화〈인터스텔라〉추천별)까지 가지 못하는, 지구라는 삶의 조건에 매인 사람들이다. 이 조건을 이해하는 메시아의 재림을 앙망한다.

확실히 우리는 지금도 종말의 영적 전투를 치르며 자신의 죄와 자신을 둘러싼 세상과 대치하는 전선을 형성하고 있다. 요한계시록 2-19장이 묘사하는 영적 긴장에 매여있다. 우리는 당연히 산 자와 죽은 자를 나누고 가르고 구분하는 심판을 기다린다. 이미 예수 그리스도를 주라고 고백한 하나님의 자녀는 십자가에서 이미 예수님과 함께 못 박힌 죽음을 맛보았기 때문에 다시는 심판을 받지 않을 것을 믿는다(요 3:16-21; 딤후 4:1-8). 그럼에도 우리 그리스도인들은 알곡과 가라지, 양과 염소(마 25:31-46), 반석 위에 지은 집과 모래 위에 지은 집(마 7:24-27)을 나눌 심판을 영적 긴장 가운데서 예기한다. 우리에게는 생명의 면류관을 받을 자와 의의 면류관을 받을 자를 특별히 구별하여 상 주시기 위하여 심판하시는 주님을 대면할 영적 공력이 심히 모자라기 때문이다. 실로 공력을 검증하기 위한 하나님의 심판(고전 3장) 예고는 우리를 긴장시킨다. 물론 그리스도가 왕이 되시는 하나님나라의 완성과정에서 심판은 필수불가결한 절차라는 사실을 부정하게 할 정도의 긴장은 아니다. 따라서 그리스도의 최후 심판을 믿는 성도는 지혜로운 청지기(불의한 청지기-눅 16장)처럼 거룩하고 냉정하게 이해타산을 할 줄 알아야 한다. 종말의 순간을 준비해야 한다는 말이다.

따라서 인자하시고 선하신 하나님이 심판하실 리가 없다는 일부 서구 신학자들의 주장은 지나친 면이 있다. 하나님의 심판이 무섭고 잔혹하기 때문에 하나님의 죄 용서와 구원의 은총이 위대하고 찬란한 것이다. 천상의 세계에서는 의에 주리고 목마른 순교자급 성도가 하나님의 신원하심, 즉 심판을 요청하는 기도에 몰두하고 있다(계 4-5장). 하나님은 그리스도 예수의 복음 때문에 순교한 당신의 백성을 그리스도와 함께 세상을 심판하는 공동 심판자로 부르신다(마 19:28-30; 고전 6장 1-6; 골 3:1-40; 계 14장; 참조. 전 11-12장).

우리는 죄와 죽음, 질병, 재난 등을 통해 생전에 이미 최후 심판을 예비적으로 경험한다. 세상에서 일어나는 참혹한 재난과 전쟁과 같은 것은, 하나님이 세상을 인자하게 통치하신다는 것을 도무지 믿을 수 없게 하는 '성도 폐부 시험용' 재난이요 고통이다(참조. 렘 20:7-13). 죄와 죽음이 역사하는 옛 세상은 성도의 신앙을 시험하는 고통과 재난들로 가득 차 있다. 성도의 육체도 이 죄와 죽음 앞에서 산산조각

나며 마침내 해체된다. 이 비극을 대반전시키는 하나님의 플랜 B가 바로 몸의 부활이다. 22권이 그리는 영생공동체는 몸의 부활을 통한 신령한 공동체 생활이다. 22권은 당시에 만연하던 희랍적 영혼불멸사상을 배척하고 몸의 부활신앙을 강력하게 피력한다. 몸의 부활사상이 물질적 육체적 차원의 삶의 항구적 가치를 높이는 결정적 지렛대임을 역설한다.

별지부록 1: 《하나님의 도성》 부별 주제 요약

1부	1-5권	번영과 고난을 신들의 숭배나 그 숭배에 대한 금지의 탓으로 돌리는 로마 사람들을 반박한다.
	6-10권	사람들에게 재앙이 결코 면제되는 것은 아니지만, 신들을 숭배하면 죽음 이후의 내세에 도움이 된다고 주장하는 로마의 이교도들을 논박한다.
2부	11-14권	하나님의 도성과 인간의 도성의 탄생과 대립적 병렬의 역사를 말한다.
	15-18권	세계사와 구속사를 연동시키며 하나님의 도성과 인간의 도성의 병렬적이고 대립적인 병진竝進의 역사를 개관한다.
	19-22권	하나님의 도성과 인간의 도성의 완전히 다른 종국을 다룬다.

별지부록 2: 《하나님의 도성》 권별 요약

1권	서고트족에 의한 로마 약탈을 기독교의 다신숭배 금지 탓이라고 비난하는 이교도들을 반박한다(81쪽).
2권	기독교가 로마에 들어오기 전 시대부터 로마인들이 겪은 재난의 역사를 통해, 로마인들이 자신들이 섬긴 신들에게 보호받지 못했을 뿐 아니라 오히려 관습의 부패와 영혼의 사악함 때문에 도덕적이고 영적인 재난에 휩싸였음을 증명한다(128쪽).
3권	로마의 건국 이후(그리스도 강림 이전) 다신숭배만 시행되었을 때조차 로마인들은 항상 외적인 재앙에서 구원을 받지 못했다(173쪽).
4권	로마제국의 정치적 확장과 번영은 주피터나 이교 신들 덕택이 아니라 한 분인 참 신, 지복의 창시자인 그분의 권능과 섭리의 결과다(222쪽).
5권	로마제국의 번영을 별자리 운명론에 돌리는 점성가들을 논박하며 로마의 번영은 하나님의 일반은총 덕분이라고 말한다. 로마인 자신들의 미덕과 하나님의 섭리 때문에 로마의 번영과 세계적 확장이 실현되었다(270쪽).
6권	영생을 위해서 신들을 숭배해야 한다고 말하는 자들을 논박하며 특별히 가장 존경받는 로마철학자 마르쿠스 배로Marcus Varro의 조잡한 신학을 철저하게 비판한다(320쪽).
7권	로마제국의 주신主神들인 야누스, 주피터, 사투르누스, 그외 도성신학이 강조하는 "신들"을 숭배한다고 해서 영원한 생명을 얻을 수는 없다(352쪽).
8권	플라톤학파의 자연신학이 강조하는 신들에 대한 숭배가 내세의 복을 확보하는 데 전혀 유용하지 않음을 논증하며 특히 플라톤학파의 철학의 대변자인 아폴레이우스의 마귀중재론을 격렬하게 비판한다(400쪽).
9권	마귀중재론, 혹은 마귀 지복중재론의 허구성을 폭로하고 영원한 지복을 부여하는 예수 그리스도의 유일중재자직을 옹호한다(448쪽).

10권	선한 천사들은 하나님과 인간을 중재하기 때문에 숭배되어야 한다고 주장하는 신플라톤학파의 철학자 포르피리오스를 논박한다(478쪽).
11권	선한 천사들과 악한 천사들이 분리됨으로써 두 도성이 처음으로 형성된 이야기를 다루며 창세기 1장의 세계 창조에 대한 이해를 제시한다(535쪽).
12권	천사들의 타락은 본성 타락이 아니라 의지 타락이다. 악한 의지를 지닌 악한 천사들이 불행한 것은, 회개할 기회를 얻지 못하기 때문이다. 사람은 영원부터 있던 것이 아니라 창조주는 하나님이다(580쪽).
13권	죽음은 벌이며, 아담의 죄는 불순종의 의지 때문이다. 불순종의 의지가 후손에게 유전된다는 원죄설을 옹호한다(619쪽).
14권	첫 사람 아담이 지은 죄의 성격을 분석하며 죄가 인간의 육적 생활과 악한 감정의 원인이 되었다고 가르친다. 특히 성욕에 따르는 수치감은 불순종에 대한 벌임을 밝히면서 사람이 죄를 짓지 않았더라면, 부끄러운 감정 없이 자녀를 낳았을 수도 있다고 말한다(655쪽).
15권	창세기의 가인과 아벨부터 홍수까지 사건들을 중심으로 두 도성의 발전과 대립적 병진의 역사를 개관한다(699쪽).
16권	노아부터 아브라함까지 역사 속에서 일어난 두 도성의 발전을 다루고 아브라함부터 이스라엘의 왕조까지 역사에서는 천상의 도성만 다룬다(746쪽).
17권	사무엘-사울-다윗-시대와 열왕기 시대와 예언자 시대부터 그리스도 강림 때까지 하나님의 도성의 역사를 다룬다. 또 열왕기, 시편, 솔로몬 문서에 기록된 예언들을 그리스도와 교회에 관련지어 해석한다(801쪽).
18권	아브라함 때부터 세상 종말까지 지상도성과 천상도성이 병행한 과정을 추적하며, 그리스도에 대한 시빌과 예언자들의 예언에 대해 언급한다(847쪽).
19권	최고선에 대한 로마철학자들의 견해와 금생에서 행복을 얻으려는 그들의 헛된 노력을 관찰하고 논박하면서, 금생과 내세에서 평화와 행복은 천상도성 곧 그리스도를 통해서만 얻을 수 있다고 주장한다(917쪽).
20권	최후심판과 최후심판에 대한 신약과 구약의 말씀을 예거한다(961쪽).
21권	마귀의 도시에 예정된 종말, 즉 정죄된 자들이 받을 영원한 벌을 논하며 이 지옥영벌론에 대한 불신자들의 반대 의견을 논박한다(1020쪽).
22권	하나님의 도성의 종말, 즉 성도의 영원한 복을 논하며, 몸의 부활 교리를 옹호한다(1072쪽).

별지부록 3: 《하나님의 도성》 각 권 및 각 장별 요약

제1권: 서고트족의 로마 유린은 기독교 때문인가

서문: 영광스러운 하나님의 도성

로마 유린이 기독교 때문이라는 주장에 대한 논박(1-7장)

1장. 서고트족의 410년 로마 유린 생존자들의 기독교 비난 논박

2장. 피난처가 된 교회와 그리스도

3장. 자신들을 구원하지 못했던 신들을 여전히 믿는 로마인들의 맹목신앙 비판

4장. 구원에 무기력한 유노의 성소와 환난 날의 피난처가 된 그리스도의 교회

5장. 로마가 외국도성을 노략질할 때보다 관대했던 서고트족의 정복자 알라릭

6장. 피정복민들의 신전을 초토화한 로마인들

7장. 그리스도의 이름으로 실행된 알라릭의 친절

고난의 신비와 유익(8-9장)

8장. 악인과 선인을 가리지 않는 복과 불행

9장. 세상의 정과 욕심을 초극하게 하는 환난

　무덤이 없는 이는 하늘에 의해 덮인다(10-29장)

10. 결코 약탈당할 수 없는 정금 같은 신앙인격

11장. 허무한 인생에도 불구하고 빛나는 성도의 삶

12장. 하나님께 갈무리되는, 제대로 매장되지 못한 가련한 시신들

13장. 하나님의 품 안에서 안식을 누리는 그리스도인

14장. 적에게 사로잡힌 성도를 버리지 않으시는 하나님

15장. 무분별한 자살예찬 경계

16장. 적군의 성폭력도 앗아갈 수 없는 정결한 영혼

17장. 징벌이나 불명예에 자살로 맞서거나 맞서지 않은 사람 모두에 대한 배려

18장. 타인의 정욕으로 파괴될 수 없는 정신적 순결 옹호

19장. 루크레티아의 자살로 자살하지 않은 여자들을 비난하지 말아야 할 이유

20장. 그리스도인들이 자살해서는 안 되는 이유

21장. 사람을 죽여도 살인죄로 단죄되지 않는 경우

22장. 자살은 강한 정신력의 표징이라는 이방인들의 속설 논박

23장. 줄리우스 시저와의 투쟁에서 패배해 자살한 카토 비판

24장. 자살보다는 극한의 고난과 굴욕을 참아낸 레굴루스

25장. 자살이 용납될 수 없는 이유

26장. 쉽사리 모방해서는 안 되는 어떤 순교자의 행동

27장. 죄를 피하기 위해서라도 자살을 택해서는 안 되는 이유

28장. 정결한 여자 그리스도인에게 가해진 성적 폭력의 비신화화

29장. 당신의 백성마저도 구원해주지 않았다고 하나님을 비난하는 자들

기독교 비방자들 논박(30-36장)

30장. 억제되지 않은 욕정을 방출하고 살기를 원하는 로마인들

31장. 권력욕과 지배욕 때문에 도덕적 방벽이 무너진 로마

32장. 로마를 쇠락하게 만든 퇴폐적 종교제의 연극

33장. 국가적 쇠락기에 접어들고도 조금도 진정되지 않는 로마인들의 악덕

34장. 로마의 완전파멸을 막고 계시는 하나님의 자비

35장. 하나님의 도성 안에 들어와 있는 인간의 도성 시민들

36장. 로마의 다신교 숭배를 막아 재난을 초래했다고 비난받는 기독교 신앙 옹호

결론

제2권: 로마제국 쇠락은 기독교 때문인가

로마는 기독교 도래 전부터 쇠락하기 시작했다(1-3장)

    1장. 로마 쇠락이 기독교 탓이라는 로마 이교도들의 주장 논박

    2장. 1권 요약

    3장. 기독교가 도입되기 전에도 로마를 타격한 재앙

로마인들의 도덕적 부패: 연극과 다신들(4-14장상)

    4장. 로마인들의 덕성교육에 무관심한 로마의 여러 신들 비판

    5장. 무녀신 시빌레 여신축제의 외설로 오염된 로마인들의 도덕성

    6장. 거룩한 생활을 전혀 가르치지 않는 이교도의 여러 신들

    7장. 부도덕하고 타락한 로마의 신들을 모방해 타락한 로마인들

    8장. 외설적인 공연으로 신들의 비위를 맞추다가 도덕적으로 무너진 로마

    9장. 살아있는 명망가를 조롱하고 야유하는 시인들을 엄벌에 처한 로마

    10장. 악마숭배에 가까운 로마의 퇴폐적인 신 숭배제의 비판

    11장. 신들을 위해 연극공연을 수행한 배우들을 예우한 그리스

    12장. 신들의 명예 보존보다는 인간들의 명예와 위엄 보존에 더 민감한 로마

    13장. 도저히 숭배해서는 안 되는 음탕하고 부패한 로마의 신들

    14장상. 로마의 신들보다 더 공경을 받아야 할 그리스철학자 플라톤

플라톤 vs. 로물루스: 전체 작품의 축소판(14장하-16장)

    14장하. 로마 쇠락을 초래한 로마의 신들

    15장. 허영심과 자아숭배에서 착상된 로마의 세 주신

    16장. 공평과 정의에 무관심했던 신들 때문에 법을 수입해야 했던 로마

로마의 쇠락과 부패에 대한 살루스티우스의 온건한 견해(17-20장)

    17장. 악행과 불의로 점철된 로마의 역사

    18장. 포에니 전쟁 승리감으로 망가진 로마공화국의 도덕성과 정의감

19장. 기독교가 로마에 들어오기 전부터 목격된, 로마공화국의 증대된 부패

20장. 기독교를 맹렬히 비난하는 자들이 추구하는 지극히 세속적 행복과 욕망

로마의 쇠락과 부패에 대한 키케로의 극단적 급진적 견해(21-24장)

21장. 로마의 쇠락과 부패 원인에 대한 키케로의 진단

22장. 로마의 도덕적 부패와 정치적 쇠락을 고치는 데 나태한 로마의 신들

23장. 현세의 부침을 주재하시는 참된 하나님

24장. 잔인무도한 술라를 도덕적으로 통제하지 못한 악마적 신들

요약과 결론(25-29장)

25장. 사악한 영들에게 지배되는 로마인들

26장. 악행 교사에 능하지만 도덕적 훈계에는 미온적인 로마의 악마적 신들

27장. 신들에게 헌정된 외설적 연극으로 무너지는 로마의 공적 질서

28장. 공화정을 붕괴시키는 로마의 외설종교와는 너무나 다른 기독교

29장. 로마인들에게 들려주는 감동적인 기독교 복음

결론

제3권: 로마제국, 내우외환과 천재지변으로 무너지다

1장. 로마공화국을 몰락시킨 권력투쟁적 내전의 장본인들

살루스티우스가 칭찬했던 시대의 해악과 무질서들(2-17장)

2장. 로마인들이 섬기는 신들의 무능력과 무관심

3장. 로마가 섬기는 신들의 악덕, 간통과 불륜

4장. 실용적 목적으로 날조된 건국조상들의 황당무계한 계보

5장. 신-인간의 간통으로 태어난 로마의 건국자 로물루스

6장. 형제살육으로 건국된 로마

7장. 마리우스 군대의 일리움 파괴를 보고도 도와주지 않은 일리움의 신들

8장. 자신의 도성도 지키지 못한 트로이의 신들을 경배하는 어리석은 로마

9장. 누마 폼필리우스의 평화치세의 참된 원인

10장. 누마의 평화치세를 버리고 광기어린 전쟁과 팽창욕구로 일탈한 로마

11장. 신들의 무기력을 예증하는 아폴로 신상 전설

12장. 로마를 구원하는 데 전혀 도움이 안 된 로마의 신들

13장. 로물루스 치하에 벌어진 사비니족 여자들의 납치와 강제결혼 만행

14장. 알바를 정복한 후부터 권력욕에 탐닉한 로마의 자기파멸적 팽창

15장. 로마가 섬기는 신들의 가호를 받지 못한 로마의 왕들

16장. 초기 공화정 시대에 발생한 외부적 재앙들

17장. 집정관이 다스리던 시대에 발생한 재앙을 보고도 돕지 않은 로마의 신들

포에니 전쟁과 그 결과들: 치명적 위기(18-22장)

18장. 포에니 전쟁 중에도 로마를 도와주지 않은 로마의 신들

19장. 상처뿐인 포에니 전쟁 승리에 대한 아우구스티누스의 비판

20장. 로마의 동맹국도 돕지 못하는 로마의 신들

21장. 도덕성 최고시대였다던 포에니 전쟁기에도 열패했던 로마의 도덕성

22장. 소아시아 거주 로마시민들을 학살명령에서 지켜주지 못한 로마의 신들

내부의 해악들과 무질서 상황들(23-31장)

23장. 온갖 종류의 흉조로 로마공화국을 괴롭힌 내부적 재앙들

24장. 그라쿠스 형제의 급진적 사회개혁 비판

25장. 로마의 화목을 훼방한 여신에게 화목의 신전을 바친 어리석은 로마인들

26장. 평화의 여신 콘코르디아를 위해 봉헌된 많은 신전들도 막지 못한

내란들

27장. 마리우스와 술라의 무자비한 권력투쟁을 방치한 로마의 신들

28장. 마리우스파를 학살하고 권력을 잡은 술라의 만행도 방치한 로마의 신들

29장. 외부적 재앙뿐 아니라 내란으로부터도 로마를 지켜주지 못한 신들

30장. 그리스도 강림 1세기 전 대재앙에 빠진 로마를 구원하는 데 무력했던 신들

31장. 서고트족의 로마 유린을 기독교 탓으로 돌리는 논리의 오류

결론

제4권 : 로마제국은 다신숭배 덕분에 번영한 것이 아니다

1장. 로마신들의 정체를 폭로하는 1권의 중심논지 요약

2장. 410년 로마의 재난을 기독교 탓으로 돌리는 로마인들을 논박하는 2-3권

로마제국보다 더 궁극적이고 영원한 하나님의 도성(3-7장)

3장. 정복전쟁을 통한 로마의 자기확장욕 비판

4장. 정의가 없는 나라의 정체

5장. 대제국의 존재론적 취약성

6장. 고대 아시리아 정복국가 니누스의 멸망궤적을 따르는 로마제국

7장. 로마제국의 융성에 아무 기여도 못한 로마의 신들

로마 다신교에 대한 아우구스티누스의 견해(8-23장)

8장. 로마의 융성과 발전을 주재했다고 할 만한 신부재증명

9장. 로마제국의 융성과 발전에 전혀 기여하지 못한 주피터

10장. 지나치게 세분화된 신들의 관장영역에서 드러나는 다신교체제의 무지몽매

11장. 주피터와 동일시되는 여러 신들

12장. 신과 우주 전체를 일신일체로 보는 자들의 견해 논박

13장. 이성적인 인간만 신의 일부라고 주장하는 자들의 견해 논박

14장. 로마의 전쟁승리의 논공행사 조롱: 빅토리아 여신 vs. 주피터

15장. 자기팽창 욕망을 부인하는 선한 사람들의 미덕

16장. 평안을 배척하고 멸시하는 로마인들

17장. 최고대권을 쥔 주피터 숭배로도 불안한 로마인들

18장. 행운의 여신 숭배보다 더 나은 행복과 불운의 이치 연구

19장. 행운의 여신과 사귀는 것보다 더 중요한 바른 삶의 추구

20장. 지혜와 신중함, 사려분별을 앗아가는 로마인들의 과도한 종교집착

21장. 참된 하나님의 선물인 행복

22장. 다신교체제의 유용성을 자랑하는 로마신학자 마르쿠스 배로 논박

23장. 지복의 여신 펠리키타스를 무시하고도 거대한 제국으로 성장한 로마

로마의 철학적 견해들(24-32장)

24장. 하나님이 주실 선물들을 신격화한 로마인들

25장. 참된 행복을 선사하시는 참된 하나님

26장. 자아분열적 성도착증에 사로잡힌 악마적 영의 집체인 주피터

27장. 로마의 국가 제사장 스카이볼라가 구분한 세 종류의 신

28장. 다신숭배로 얻은 것이 전혀 없는 로마

29장. 사상누각 같은 로마제국의 번영과 성장

30장. 키케로의 입을 빌어 로마의 무지몽매를 논박하는 아우구스티누스

31장. 마르쿠스 배로의 제한된 하나님 이해

32장. 악한 지배층과 거짓 종교의 견고한 동맹관계

기독교의 발흥(33-34장)

33장. 역사의 대주재 하나님

34장. 유일하신 참 하나님 경배에서 이탈한 유대인들의 가혹한 운명

결론

제5권: 로마의 번영은 하나님의 섭리였다

운명론(점성술)에 대한 반박(1-8장)

    1장. 하나님의 섭리로 설명할 수 있는 로마제국의 번영

    2장. 쌍둥이의 다른 운명을 해명하는 데 무기력한 점성술 운명론

    3장. 점성가 니기디우스의 쌍둥이 탄생 설명 논박

    4장. 쌍둥이 운명의 행로를 해명하는 점성술의 허구성을 반증하는 야곱과 에서

    5장. 점성가들의 자기모순

    6장. 이성 쌍둥이 운명을 해명하는 데는 더욱 무기력한 점성술

    7장. 출생시 정해진 운명에 영향을 끼치려는 길일 택일의 자가당착 비판

    8장. 세네카의 입을 통해 별자리 운명론을 논박하는 아우구스티누스

하나님의 예지와 인간의 자유의지 문제(9-10장)

    9장. 하나님의 예지와 인간의 자유의지의 공존가능성

    10장. 하나님의 예지능력과 인간의 자유의지 둘 다 옹호하는 아우구스티누스

로마의 번영에 대한 설명(11-23장)

    11장. 인생의 생사화복과 세계역사를 주재하시는 하나님의 보편적 섭리

    12장. 로마의 번영과 확장을 가능케 한 로마인들의 자질과 덕성

    13장. 더 큰 악덕을 억제하는 작은 악덕인, 칭찬에 대한 로마인들의 욕구

    14장. 하나님을 경외하는 마음 아래서 길들여져야 하는 칭찬받으려는 욕망

    15장. 로마인들에게 주신 현세적 상급

    16장. 천상의 도성 시민들이 받게 될 훨씬 더 신령한 보상

    17장. 로마인들의 전쟁승리 안에 담긴 자기파멸적 욕망

    18장. 하나님의 도성을 위해 희생한 신앙영웅들이 받을 상급

    19장. 진정한 명예심과 지배욕의 차이

    20장. 로마인들의 일탈된 명예 추구 비판

21장. 하나님 섭리의 산물인 로마제국
22장. 기독교 수용 전후로 로마가 치른 전쟁 비교를 통한 기독교옹호
23장. 동고트족 이교도 라다가이수스의 공격에서 로마를 구원해주신 하나님

그리스도인 황제의 참된 행복(24-26장)

24장. 기독교를 받아들인 기독교인 로마 황제들의 행복한 치세
25장. 기독교인 황제인 콘스탄티누스에게 베푼 하나님의 번영
26장. 테오도시우스 황제의 믿음과 경건
결론

제6권: 로마의 다신숭배는 영생을 주지 못한다

1장. 현세의 행복은 물론 사후 세계의 영생을 보장하는 데도 무능한 로마의 신들

배로의 삼중신학(2-9장)

2장. 로마신들의 계보를 연구한 마르쿠스 배로에 대한 조롱과 비판
3장. 배로의 저작원칙에 대한 논의
4장. 인간이 만든 로마 다신교체제의 정체 폭로
5장. 배로의 삼중신학: 신화신학, 자연신학, 도성신학
6장. 배로에게 대항하는 신화신학과 도성신학
7장. 신화신학과 도성신학의 유사성과 일치점
8장. 자신들의 신들을 자연적 이치로 해석하는 이교도 학자들 논박
9장. 로마신들의 역할을 통합적으로 배분하는 데 무력한 신화신학과 도성신학

네로의 가정교사 세네카의 견해(10-12장)

10장. 세네카의 입을 빌어 로마의 도성신학을 비판하는 아우구스티누스

11장. 유대인들에 대한 세네카의 편견

12장. 영원한 생명을 선사할 수 없는 이방인들의 신들

결론

제7권: 영원한 생명은 어디에서 오는가

선택된 신들과 직무와 명예(1-4장)

1장. 로마의 주신들이 로마인들에게 영생을 줄 수 없는 이유

2장. 로마가 선택한 주신들

3장. 신들의 위계질서를 혼란케 하는 신들의 혼란스러운 관할영역 비판

4장. 불명예스러운 일로 유명한 신들보다 더 나은 대접을 받은 열등한 신들

자연신학의 해석(5-7장)

5장. 로마의 신들에 대한 자연주의적 해석 비판

6장. 창조주 하나님을 더듬어 찾으려고 분투하는 마르쿠스 배로

7장. 야누스와 테르미누스를 별개로 구분하는 어리석음

야누스와 주피터에서 파생된 신들(8-13장)

8장. 야누스의 얼굴 숫자에 대한 혼란

9장. 주피터와 야누스의 수위권을 둘러싼 혼란

10장. 주피터와 야누스의 정체성을 둘러싼 혼란

11장. 주피터의 여러 호칭

12장. 돈의 신으로도 불리는 주피터

13장. 사투르누스와 게니우스 또한 주피터와 동일한 신이 되는 논리 조롱

그 외 잡신들(14-26장)

14장. 자가당착에 빠진 신들의 직무 충돌현상

15장. 별들과 신들에게 같은 호칭을 붙이는 어리석음

16장. 로마 다신교체제 안에 깃든 혼란과 모순

17장. 로마 다신교체제의 난맥상을 인정하는 마르쿠스 배로
18장. 로마신화의 본질을 폭로하는 아우구스티누스
19장. 가증스러운 사투르누스 인신희생제의 관습 비판
20장. 풍요의 신을 기리는 엘레우시스의 케레스 의식
21장. 수치스러운 정액과 종자의 신 리베르를 기리는 외설적인 연극공연 비판
22장. 넵튠, 살라키아, 베닐리아 여신 숭배에 깃든 로마인들의 정욕
23장. 땅의 여신 텔루스와 또 다른 땅의 여신 프로세피나의 역할 중첩 조롱
24장. 텔루스의 여러 별칭들에 담긴 혼란
25장. 아티스를 위한 거세에 대한 그리스 현인들의 가르침
26장. 대지 모신 종교의식에 들어있는 혐오스러운 요소

자연철학자들의 허구와 일관성 부재(27-28장)

27장. 참된 하나님 예배를 거부하는 자연철학자들의 허구 비판
28장. 일관성을 결여한 배로의 신학 체계

예수 그리스도 안에서 성취된 영원한 생명(29-33장)

29장. 자연신학자들이 세분화한 세상 영역들을 홀로 통치하시는 하나님
30장. 자연은총의 원천이신 창조주 하나님 찬양
31장. 자연은총을 완성하는 특별 구속은총
32장. 성경과 이스라엘 구원사 안에 계시된 특별계시
33장. 사악한 영들의 사술을 폭로하는 진리의 빛 기독교 찬양

불태워진 누마 폼필리우스의 저서와 물점(34-35장)

34장. 로마원로원이 불태워버린 누마의 저서
35장. 불태워진 누마의 책만큼이나 해로운 배로의 도성신학 체계
결론

제8권: 플라톤주의자들의 '중재자 신' 숭배가 영생을 줄 수 있는가?

1장. 자연신학을 주창하는 플라톤주의자들의 오류

최선의 철학이지만 영적 무지몽매에 갇힌 플라톤철학(2-12장)

2장. 이탈리아학파와 이오니아학파의 창시자와 중심주장

3장. 소크라테스 인문주의 철학의 상대적 우월성

4장. 플라톤철학의 삼분법

5장. 최선의 신학적 토론 상대자, 플라톤주의자들

6장. 기독교 신학에 어느 정도는 접근하는 자연철학

7장. 에피쿠로스학파나 스토아학파 철학자들보다 훨씬 나은 플라톤주의자들

8장. 윤리학에서도 앞자리를 차지하는 플라톤주의자들

9장. 기독교 신앙에 가장 근접해 있는 플라톤주의자들의 철학

10장. 모든 철학자들의 학문보다 압도적으로 우월한 기독교

11장. 플라톤이 기독교적 지식에 접근할 수 있었던 이유 추측

12장. 하나님에 대한 지식이 있었음에도 다신숭배를 정당화한 플라톤주의자들

플라톤주의자들과 논쟁하다(13-27장)

13장. 신에 대한 플라톤의 이해

14장. 세 종류의 이성적 혼

15장. 마귀들이 인간보다 지위가 더 우월하다고 보기 어려운 이유

16장. 마귀들의 태도와 행동에 대한 플라톤주의자 아풀레이우스의 견해

17장. 인간들에게 악덕을 고취하는 영들 숭배의 부적절성

18장. 선한 신들의 호의를 입으려면 마귀들의 후원을 받아야 한다는 종교

19장. 사악한 영들을 돕는 마술의 불경건성

20장. 마귀의 중재 없이도 신과 인간은 교제 가능함

21장. 마귀들을 사자와 통역으로 부리는 신들의 무지몽매함

22장. 마귀숭배의 필요성 논박

23장. 이집트의 미신 폐지를 주도한 헤르메스 트리스메기스투스

24장. 이집트 종교의 오류를 공개적으로 인정한 헤르메스

25장. 거룩한 천사들과 인간의 공통점

26장. 사자 숭배적이고 사자 접촉적인 이교도들의 종교 비판

27장. 순교자들에게 부여되는 영예의 성격

결론

제9권: 마귀숭배론과 천사숭배론의 허구―신플라톤주의자들의 자연신학 논박

1장. 9권의 중심 논제

2장. 인간을 하나님께 인도하는 선한 영들의 중재사역 부정

악령들과 정념들(3-8장)

3장. 마귀들에게 이성이 있다고 말한 아풀레이우스

4장. 격정에 대한 소요학파와 스토아주의자들의 견해

5장. 그리스도인들의 덕성을 단련하는 격정

6장. 마귀들을 격동시키는 격정에 대한 아풀레이우스의 견해

7장. 신들과 마귀들을 구분함으로써 신들의 명예를 보호하려는 아풀레이우스

8장. 신들, 마귀들, 인간들의 차이점과 공통점에 대한 아풀레이우스의 견해

영적 중개자들로서의 악령들(9-13장)

9장. 인간이 마귀의 중재로 신들과 교제할 수 있다는 주장의 허구성

10장. 인간이 영원한 육체를 가진 마귀들보다 덜 비참한 이유

11장. 인간의 혼이 육체의 감금에서 풀려나면 다이몬이 된다는 플라톤주의자

12장. 인간과 다이몬의 본성을 구별하는 세 성질에 대한 아풀레이우스의 견해

13장. 마귀들이 신과 인간의 사이를 중재할 수 없는 이유

또 다른 중재자의 가능성(14-15장)

14장. 가멸적인 인간이 참된 복을 향유할 수 있는 가능성

15장. 하나님과 인간의 참된 중보자 예수 그리스도

중재자 신은 없다(16-18장)

16장. 천상의 신들이 마귀들의 중재를 요구한다고 주장하는 플라톤주의자들의 궤변

17장. 최고선에 참여하여 복된 생명을 얻게 하는 참 중보자 예수 그리스도

18장. 인간과 하나님 사이의 중재자로 자임하는 기만적인 마귀들

거룩한 천사들(19-23장)

19장. 다이몬 숭배자들 사이에서도 좋은 의미가 아닌 말, 다이몬(마귀)

20장. 마귀들을 교만하게 만드는 지식의 종류

21장. 하나님의 자녀들을 구출하시기 위해 정체를 드러내신 예수 그리스도

22장. 거룩한 천사들의 지식과 마귀들의 지식의 차이

23장. 거룩한 천사들과 심지어 의로운 인간들에게도 '신'이라는 호칭을 쓰는 성경

결론

제10권 : 성육신의 신비-천사숭배론의 허구에 대한 심층 반박

서론(1-3장)

1장. 하나님과 인간 사이를 중재한다고 여기는 영들의 진짜 의도

2장. '위로부터 오는 빛의 조명'에 대한 플로티노스의 견해

3장. 창조자에 대한 앎이 불완전·불충분하여 천사숭배를 가르친 플라톤주의자들

희생제사(4-7장)

    4장. 희생제사를 받으시기에 유일하게 합당하신 창조주 하나님

    5장. 하나님이 바라시는 희생

    6장. 하나님이 찾으시는 참되고 완전한 제사

    7장. 참되신 한 분 하나님만 경배하도록 이끄는 거룩한 천사들의 자기부인

기적들과 예배(8-22장)

    8장. 믿음을 굳게 하시려고 천사들의 수종을 통해 친히 사용하신 기적

    9장. 마귀숭배와 연관된 불법적 기술 비판

    10장. 귀신들을 불러냄으로써 혼이 정화된다고 약속하는 기만적 접신술 비판

    11장. 귀신들의 차이점을 알고자 포르피리오스가 아네보에게 보낸 서한

    12장. 참되신 하나님이 거룩한 천사들을 통하여 일으키신 기적들

    13장. 인간의 지각과 인식 수준에 맞춰 자신을 보이시는 하나님

    14장. 현세적인 번영과 관련해서도 경배를 받으실 한 분 하나님

    15장. 하나님의 섭리를 이루는 도구인 거룩한 천사들

    16장. 오로지 하나님에게만 거룩한 예배를 드리라고 가르치는 거룩한 천사들

    17장. 언약궤와 율법과 약속을 권위 있게 만들어준 하나님의 기적적인 징후들

    18장. 하나님의 백성을 훈육하는 기적들의 신빙성을 의심하는 자들 논박

    19장. 눈에 보이지 않는 한 분 하나님에게 드리는 눈에 보이는 제사의 타당성

    20장. 하나님과 인간 사이의 중보자가 드린 최고이자 참된 제사

    21장. 성도를 시험하고 영광스럽게 하기 위해 악령들에게 잠시 위임된 권한

    22장. 마귀들에 대항하는 권세와 참된 마음의 청결의 원천

영적 정화: 포르피리오스와의 논쟁(23-32장)

    23장. 혼의 정결을 규제하는 제원리에 대한 플라톤주의자들의 견해

    24장. 인간의 본성을 정화하고 갱신하는 유일하고 참된 원리

    25장. 그리스도의 성육신의 신비를 믿음으로 의롭게 된 모든 성도

    26장. 참되신 하나님 신앙과 악령 숭배 사이에서 방황하는 포르피리오스

    27장. 아풀레이우스의 오류보다 더 악한 포르피리오스의 불경건

    28장. 포르피리오스의 무지몽매

    29장. 주 예수 그리스도의 성육신을 받아들이지 못하는 불경건한 플라톤주의자들

    30장. 플라톤주의에 대한 포르피리오스의 수정과 변경

    31장. 인간의 혼이 하나님과 영원히 공존한다고 주장하는 플라톤주의자들 논박

    32장. 포르피리오스는 보지 못한, 그리스도의 은혜를 통한 보편적 구원의 길

    결론

제11권: 천상의 도성과 지상의 도성, 그리고 그 각각의 기원

서론(1장)

    1장. 두 도성의 기원과 종국에 관한 서설

중보자의 역할과 정경의 권위(2-3장)

    2장. 중보자 예수 그리스도를 통하지 않고는 알 수 없는 하나님

    3장. 성령께서 저작하신 정경과 그 권위

삼위일체 하나님의 천지 창조물과 그 사역에 관한 논의(4-28장)

    4장. 무시무종적 우주항상존재론 반박

    5장. 우주 이전의 시간이나 우주 밖의 공간 존재가능성 담론의 무의미성

    6장. 우주창조와 시간 시작의 동시성 옹호

7장. 태양이 창조되기 전 있었던 첫 삼일에 대한 추론

8장. 하나님이 엿새 노동 후 '안식하셨다'는 선언의 의미

9장. 천사들의 창조시점에 대한 성경의 가르침

10장. 단순하고 불변하시는 삼위일체 하나님의 본질과 속성

11장. 하나님의 도성과 인간의 도성의 형이상학적 기원

12장. 약속된 상을 받을 의인들의 복과 아담·하와가 낙원에서 누린 복 비교

13장. 타락한 천사들의 타락의 성격

14장. "마귀는 진리 속에 없었고 진리에 서지 못했다"는 말씀의 의미

15장. "마귀는 처음부터 범죄했다"는 말씀의 의미

16장. 피조물들의 차이와 등급을 측정하는 기준

17장. 본성의 타락에서 온 악의와 의지의 타락에서 비롯된 사악한 범죄

18장. 반대현상과 대조할 때 더욱 찬란한 우주의 아름다움: 미학적 신정론

19장. "하나님이 빛과 어둠을 나누셨다"는 선언의 의미

20장. "빛이 있으라 하시매 빛이 있었고 그 빛이 하나님의 보시기에 좋았더라"

21장. 모든 피조물에 매기신 하나님의 자기만족적 승인과 자아성취적 희열

22장. 하나님의 창조 자체 안에 흠결과 악이 있다고 주장하는 사람들 반박

23장. 하나님이 선재적 악의 억제를 위해 세상을 창조했다는 오리게네스 비판

24장. 삼위일체 하나님의 존재를 알려주는 피조세계의 상징들

25장. 플라톤의 철학 삼분 체계

26장. 인간성 안에 있는 삼위일체 하나님의 형상

27장. 존재와 존재에 대한 지식과 이 두 가지에 대한 사랑

28장. 삼위일체 하나님의 형상을 닮기 위해서 인간이 힘써야 할 일: 사랑

하나님께 충성한 거룩한 천사들(29-34장)

29장. 하나님의 본질과 하나님이 피조물들을 지으신 이유를 아는 거룩한

　　　　천사들

　　30장. 처음 수로서 완전수인 여섯(6)

　　31장. 완성과 안식을 기리는 제7일

　　32장. 천사들이 우주보다 먼저 창조되었다는 오리게네스파의 견해 반박

　　33장. 서로 분열된 두 천사 집단을 각각 '빛'과 '어둠'이라고 불러도 되는 이유

　　34장. 물을 나눈 궁창이 천사를 가리키며 물은 아예 창조되지 않았다는 견해 반박

　　결론

제12권: 기원들—천사의 타락과 인간 창조

천사들(1장하-9장)

　　1장. 선한 천사들이나 악한 천사들이 공유한 본성

　　2장. "하나님께 반대되는 존재는 없다"는 명제가 항상 옳은 이유

　　3장. 악한 천사들로 불리는 일단의 천사들이 타락한 원인 추론

　　4장. 우주의 미를 손상시키지 못하는 무이성적-무생명적 피조물

　　5장. 하나님의 영광을 나타내는 피조물의 종류와 위계질서적 본성

　　6장. 선한 천사들의 행복과 악한 천사들의 불행

　　7장. 악한 의지의 작용인을 탐구하려는 욕심 경계

　　8장. 방향이 잘못된 사랑으로 초래된 의지 타락

　　9장. 거룩한 천사들의 본성은 물론이요 선한 의지도 지으신 하나님

인간 창조(10-28장)

　　10장. 우주항상존재론의 연장으로 인간도 항상 있었다는 주장 반박

　　11장. 세계의 과거에 이미 수천 년이 지났다는 주장 비판

　　12장. 세계 자체의 순환적 자기갱신설 비판

　　13장. 인류가 창조된 지 얼마 되지 않았다는 주장을 비난하는 사람들 논박

　　14장. 세계의 주기적 시대순환설 비판

15장. 하나님이 새로운 목적이나 뜻을 위해 인간을 창조하셨다는 견해 비판

16장. 하나님만큼 영원하지는 않은 천사들

17장. "하나님께서 영원 전부터 사람에게 영생을 약속하셨다"는 말의 뜻

18장. 주기적 시대순환설에 맞서 하나님의 목적과 의지를 옹호하는 건전한 신앙

19장. 무한한 것들은 하나님의 지식으로도 파악할 수 없다는 주장 반박

20장. 세세무궁함에 대한 해설

21장. 인간의 영혼이 행복과 불행의 순환적 경험에 매였다고 보는 자들의 불경건

22장. 한 사람 창조로 시작된 인류 창조

23장. 첫 사람 아담의 죄와 의인들의 성별된 공동체 출현을 모두 예견하신 하나님

24장. 하나님의 형상대로 창조된 인간의 영혼과 본성

25장. 아무리 미세한 피조물도 천사의 피조물이라고 보면 안 되는 이유

26장. 하나님의 창조사역으로 생겨난 자연적인 존재들과 피조세계의 형태들

27장. 하나님의 천사창조를 믿는 동시에 천사들의 인간 창조도 믿는 플라톤학파

28장. 장차 인류가 받을 상급과 벌 둘 다를 예견하신 하나님

결론

제13권: 기원들–인간의 타락과 그 함의

타락의 결과: 죽음(1-11장)

1장. 원죄적 반역에 대한 징벌로 작정된 죽음

2장. 영혼의 죽음과 몸의 죽음

3장. 원죄설 옹호

4장. 중생한 기독교인들에게도 죽음의 벌이 따르는 이유와 그 죽음의 숭

고성

　　5장. 악한 죽음도 선용하는 의인

　　6장. 신심과 의덕을 갖춘 성도에게 영광이 되는 죽음

　　7장. 의의 열매를 풍성하게 맺게 하는 죽음

　　8장. 선을 보존하고 성취하려고 죽은 성도의 고귀한 죽음

　　9장. 죽음의 시점에 대한 아우구스티누스의 사색

　　10장. 살아있는 자들에게 이미 역사하고 있는 죽음

　　11장. 한 사람이 살아있으면서도 동시에 죽었다고 말할 수 있는 이유

타락의 결과: 둘째 죽음—죽음은 죄에서 온다(12-18장)

　　12장. 창세기 2:17에서 하나님이 첫 사람 아담에게 경고하신 첫 죽음의 성격

　　13장. 인류의 첫 조상 아담과 하와가 받은 벌의 성격

　　14장. 첫 사람이 누린 자유의지

　　15장. 아담이 하나님을 버린 후에 찾아온 첫째 사망

　　16장. 영혼과 육체의 분리가 벌이 아니라는 그리스철학 비판

　　17장. 지상적 몸의 영원불멸성을 반대하는 플라톤학파 반박

　　18장. 지상적 몸으로는 중력을 벗어난 천상계에 거주할 수 없다는 철학 비판

타락의 결과: 몸의 물질적 및 영적 양상들에 대한 고찰(19-23장)

　　19장. 영혼은 몸이 없어야 영생할 수 있다고 믿는 포르피리오스 논박

　　20장. 죽음 후의 안식을 누리는 성도의 더 영광스러운 회복 소망

　　21장. 에덴동산의 역사성과 영적 해석의 정당성 옹호

　　22장. 부활 후 성도가 입게 될 몸

　　23장. 육체적 몸과 신령한 몸

첫째 아담과 둘째 아담(24장하)

24장. 아담에게 고취시킨 생령과 제자들에게 고취시킨 성령의 관계 결론

제14권: 기원들—두 종류의 사랑, 두 종류의 도성
서론(1-5장)

1장. 서로 다른 평화를 추구하는 두 도성: 인간의 도성과 하나님의 도성

2장. 열등한 욕망에 휘둘리는 육신적 생활의 원천, 마음의 결함

3장. 죄의 원인을 육체에 전가하는 그리스의 육체멸시 사상 반박

4장. 육체를 좇는 삶과 대조되는, 하나님을 좇는 삶

5장. 신체와 영혼의 본성에 관한 플라톤 학파의 사상 비판

타락한 인간 의지와 타락하지 않은 인간 의지(6-14장)

6장. 인간에게 있어서의 의지의 결정적 중요성

7장. 사랑과 애착의 차이와 불가분리적 연결성

8장. 고통과 슬픔에 대한 스토아학파의 치우친 견해 비판

9장. 마음의 동요와 감정도 그리스도인들이 선용하는 경우

10장. 죄의 원인이 아니라 죄의 결과인 마음의 동요

11장. 타락된 본성을 치유해 회복시키실 수 있는 창조주 하나님

12장. 인류의 첫 조상이 지은 죄의 성격

13장. 악한 행위에 앞서 존재하는 악한 의지

14장. 범죄 자체보다 더 문제인 범죄자의 교만

타락한 인간 행동과 타락하지 않은 인간 행동(15-28장)

15장. 인류의 첫 조상에 대한 징벌의 공정성 옹호

16장. 정욕의 일반의미와 특수의미

17장. 죄를 범한 아담과 하와를 덮친 수치심

18장. 성교 행위에 수반되는 수치심의 원천

19장. 지혜로 억제해야 할 분노와 정욕

20장. 정당한 수치심을 이해하지 못하는 견유학과 비판

21장. "생육하고 번성하라"는 창조축복에 잠입한 정욕

22장. 하나님이 처음부터 제정하신 가정과 결혼제도

23장. 범죄가 없었더라도 허용되었을 자녀생산 옹호

24장. 생식을 위한 성기의 정당한 사용과 그 조건

25장. 진정한 행복

26장. 범죄 이전의 아담과 하와가 누렸을 이상적인 결혼생활

27장. 천사나 사람의 악행도 막을 수 없는 하나님의 섭리

28장. 지상의 도성과 천상의 도성 비교

결론

제15권: 인류 구속의 역사 – 창조부터 홍수까지

서론(1장상)

1장. 인류를 가르는 두 계보와 각 계보에서 추구하는 목적의 차이

전쟁 중인 두 도성:(1장하~8장)

–가인과 아벨, 이삭과 이스마엘/하갈, 로물루스와 레무스

2장. 하나님과 단절된 육신의 사람들과, 하나님의 약속이 지탱해주는 사람들

3장. 잉태하지 못하던 사라를 통해 태어난 약속의 아들 이삭

4장. 평화를 얻기 위해 전쟁도 불사하는 지상도성의 자기모순

5장. 동생을 살해하고 에녹성을 건설한 가인과 로마를 건설한 로물루스

6장. 지상 순례 중인 하나님의 도성 시민들에게 있는 징계와 치유

7장. 하나님도 돌이키는 데 실패하신 완악한 가인과 가인의 범죄 원인

8장. 최초의 인간도성 건설자 가인의 역사성 옹호

연대기상 난점들과 성서의 여러 판본의 권위 논의(9-16장)

    9장. 홍수 이전 사람들의 장수와 큰 체구 문제

    10장. 히브리어 성경과 라틴어 성경의 홍수 이전 사람들의 나이 계산의 차이점

    11장. 므두셀라의 홍수 이후 생존 가능성을 부정하는 아우구스티누스

    12장. 성경의 장수 기록을 믿지 못하는 사람들에 대한 답변

    13장. 홍수 이전의 장수자들의 연령과 생존연대 계산 문제

    14장. 고대인들의 장수를 의심하는 견해에 대한 결론적 반박

    15장. 천상도성 시민들의 계보를 이어간 영적 장자들

    16장. 인류 초창기 때의 근친혼을 옹호하는 아우구스티누스

가인으로부터 홍수까지 역사(17-21장)

    17장. 가인 계열과 셋 계열의 병렬적 역사

    18장. 아벨과 셋과 에노스의 이름에 담긴 기독교적 의미

    19장. 그리스도의 부활승천과 교회의 완전 봉헌(영화)을 예표하는 '에녹'

    20장. 가인 계보와 셋 계보의 비대칭적 병렬

    21장. 한 덩어리 아담에게서 갈라져 나온 두 그릇: 진노의 그릇과 긍휼의 그릇

홍수(22-27장)

    22장. 하나님의 아들들과 사람의 딸들의 통혼으로 급속하게 타락한 세상

    23장. 천사들과 여자들의 결혼을 말하는 창세기 6:2에 대한 문자적 해석 비판

    24장. 창세기 6:3 "그러나 그들의 날은 백이십 년이 되리라"는 말씀의 뜻

    25장. 이성적 판단의 통제 아래 작동하는 하나님의 진노

    26장. 그리스도와 교회를 상징하는 노아의 방주

    27장. 노아의 홍수와 방주에 대한 역사적 신빙성과 그것에 대한 비유적 해석 옹호

결론

제16권: 인류 구속의 역사—홍수부터 이스라엘 왕정 초기까지

셈의 후예들: 아브라함 언약 체결 이전 인류의 전반적 상황 고찰(1-11장)

    1장. 홍수 이후 노아에서 아브라함 사이에 하나님을 따라 산 가족

    2장. 노아의 세 아들과 관련된 예언의 의미

    3장. 노아의 세 아들 계보

    4장. 여러 방언 시대를 열어젖힌 바벨탑 축조사건

    5장. 바벨탑 축조사태를 조사하러 '내려오셨다'는 말의 뜻

    6장. "자, 우리가 내려가서"에서 삼위일체론을 끌어내는 아우구스티누스

    7장. 멀고 먼 섬에서 사는 동물들의 기원 추론

    8장. 기괴하게 생긴 종족들의 기원

    9장. 둥근 지구를 의심하는 것처럼 보이는 아우구스티누스

    10장. 아브라함 때까지 셈의 후손 가운데 보존된 하나님의 도성('신앙 공동체')

    11장. 히브리어가 인류 최초의 언어라고 믿는 아우구스티누스

아브라함과 하나님이 맺은 언약(12-34장)

    12장. 아브라함에서 시작된 새 계보

    13장. 데라의 아들 나홀 가계 언급 누락 이유

    14장. 하란에서 일생을 마친 데라

    15장. 하나님의 명령을 따라 아브라함이 하란을 떠난 때

    16장. 하나님이 아브라함에게 하신 약속들의 순서와 내용

    17장. 아브라함 시대 인간의 3대 도성: 시키온, 이집트, 아시리아

    18장. 첫 번째 약속: 가나안땅을 아브라함에게 기업으로 주신 하나님

    19장. 이집트에서 사라의 정조를 지켜주신 하나님

    20장. 아브라함과 롯의 우호적 결별

    21장. 확증된 하나님의 약속: 아브라함과 후손에게 가나안땅 영구 상속 약속

22장. 롯을 구출하고 멜기세덱의 축복기도를 받은 아브라함

23장. 의롭다고 인정받은 아브라함

24장. 창세기 15장에서 아브라함이 바친 제물의 의미

25장. 사라와 하갈의 불화에 직면한 아브라함

26장. 할례를 명하신 하나님

27장. 할례받지 않은 아브라함 남자 후손의 운명

28장. 이름이 바뀐 아브라함과 사라

29장. 마므레 상수리 숲의 세 방문자

30장. 소돔과 고모라의 재기불능적 멸망

31장. 웃음동이 이삭 탄생

32장. 하나님의 이삭 번제명령의 참 목적

33장. 나홀의 손녀 리브가를 아내로 맞은 이삭

34장. 사라의 사후에 그두라를 다시 아내로 취한 아브라함

아브라함부터 다윗까지 역사(35-43장)

35장. 리브가의 쌍태몽 계시의 참뜻

36장. 아브라함의 복을 상속받는 이삭

37장. 에서와 야곱의 갈등에 담긴 예언

38장. 야곱의 밧단아람 머슴살이에 맺힌 열매

39장. 야곱이 '이스라엘'로 개명된 이유

40장. 이집트로 내려간 야곱 후손의 수

41장. 유다에게 야곱이 해준 축복

42장. 요셉의 두 아들을 축복할 때 손을 교차해 안수한 이유

43장. 모세 시대에서 순식간에 열왕기 시대로 넘어가는 구속사

결론

제17권: 인류 구속의 역사—성서와 열왕기 시대의 예언

예언자 시대의 시공간적 의미(1-3장)

1장. 예언자 시대

2장. 아브라함의 가나안땅 상속 약속의 역사적 실현과 영적 실현

3장. 예언의 삼중적 지향: 지상적 예루살렘, 천상적 예루살렘, 두 예루살렘 모두

한나와 사무엘과 사울의 예언—새로운 제사장 제도(4-7장)

4장. 한나의 기도 속에 예언된 교회시대

5장. 예수 그리스도를 통한 새 제사장직 예언이 남긴 아론 제사장직 폐지 예언

6장. 이스라엘 제사장직의 영원존속 예언의 재해석

7장. 이스라엘왕국 파탄으로 분리된 영적 이스라엘과 육적 이스라엘

시편을 통한 다윗과 솔로몬의 예언(8-20장)

8장. 다윗의 아들에 관한 약속의 성취자 그리스도 예수

9장. 시편 89편의 그리스도 예언과 사무엘하 7장의 나단 예언의 연결성

10장. 지상 예루살렘 관련 약속의 궁극적 성취현장

11장. 그리스도의 성육신의 목적과 마귀정벌을 위한 성육신

12장. 다윗에게 베푼 하나님의 인자를 애타게 찾는 탄원과 애가의 자리

13장. 다윗에게 약속하신 평화의 궁극적 실현자 그리스도

14장. 다윗이 편찬한 시편

15장. 그리스도와 교회에 대한 시편의 예언들

16장. 그리스도와 교회에 대한 예언시로서 시편 45편

17장. 시편 110편의 그리스도의 제사장직 예언, 시편 22편의 그리스도 고난 예언

18장. 그리스도의 죽음과 부활을 예언하는 시편들

19장. 유대인들의 불신과 고집을 증언하는 시편 69편

20장. 다윗과 솔로몬의 치세와 공적, 솔로몬의 저작으로 알려진 그리스도 예언

솔로몬과 그리스도 시대까지의 메시아 대망 예언(21-24장)

21장. 솔로몬 이후의 유다와 이스라엘의 왕들

22장. 예언자들을 통해 우상숭배의 길에서 당신 백성을 지켜주신 하나님

23장. 남북왕국 멸망, 북이스라엘 포로 미귀환, 유다 포로귀환, 로마 지배 시작

24장. 유다의 마지막 시기 예언자들과 그리스도 탄생시기 생존 예언자들 결론

제18권: 지상도성과 하나님의 도성의 계보 참조

1장. 14-17권 요약

2장. 아브라함 출생 이후에 성도와 같은 시대에 있던 지상도성 왕들과 그 연대

3장. 아브라함이 100세일 때 아시리아 왕들과 시키온 왕들

4장. 야곱과 그 아들 요셉의 시대

5장. 이집트에서 세라피스 신으로 숭배한 그리스 아르골리스 아피스왕과 그 시대

6장. 야곱이 이집트에서 죽었을 때 아르고스와 아시리아를 다스린 왕들.

7장. 요셉이 이집트에 체류하던 시대의 왕들

8장. 모세 시대의 이집트, 그리스, 아시리아의 왕들

9장. 아테네가 건설된 때와 그 이름의 유래에 대한 배로의 설명

10장. 아레오바고라는 이름과 데우칼리온의 홍수에 대한 배로의 견해

11장. 모세의 출애굽 시대와 여호수아가 죽었을 당시 고대 근동과 유럽의 왕들

12장. 출애굽부터 여호수아가 죽은 시대까지 그리스 왕들이 제정한 거짓 신 숭배

13장. 사사시대의 황당한 설화들

14장. 신학적 시인들이 노래한 대상의 정체

15장. 아르고스 멸망기와 동시대 사건인 피쿠스의 라우렌툼 왕국 획득

16장. 트로이 멸망 후에 신으로 추대된 디오메데스와 새가 되었다는 그 동료들

17장. 인간의 믿지 못할 변형에 대한 마르쿠스 바로의 이야기

18장. 귀신들의 술책으로 사람들이 변한 듯한 현상에 대한 아우구스티누스의 견해

19장. 사사 압돈 시대에 이탈리아에 도착한 아이네아스

20장. 사사 시대 이후 이스라엘 왕들

21장. 사후에 신으로 인정된 라티움 초대 왕 아이네아스와 12대 왕 아벤티누스

22장. 로마 건설 시대 사건과 인물: 아시리아왕국 멸망과 히스기야의 유다 통치

23장. 그리스도에 대해서 명료하게 예언한 에리트라이의 여예언자

24장. 북왕국 이스라엘 열 지파의 유배와 동시대에 신으로 격상된 로물루스

25장. 유다의 시드기야왕과 로마의 타르퀴니우스 프리스쿠스왕 시대 철학자들

26장. 유대인들 포로기와 동시대에 종결된 로마 왕정

27장. 하나님의 이방인 구원계획을 예언한 문서 예언자들

28장. 그리스도에 관한 호세아와 아모스의 예언

29장. 그리스도와 교회에 관한 이사야의 예언

30장. 새 언약에 대한 미가와 요나와 요엘의 예언

31장. 이방인들의 구원에 대한 오바댜, 나훔, 하박국의 예언

32장. 하박국의 기도와 노래에 있는 예언

33장. 그리스도와 이방인 구원에 대한 예레미야와 스바냐의 예언

34장. 그리스도와 교회에 관한 다니엘과 에스겔의 예언

35장. 학개, 스가랴, 말라기의 예언

36장. 에스드라서와 마카베오서의 그리스도 예언

37장. 이방 철학의 어느 근원보다도 더 오래된 예언의 권위

38장. 위경과 같은 종교문서들이 정경에 포함되지 않은 이유

39장. 아주 오래된 히브리어와 히브리인들의 오래된 기록문화 옹호

40장. 이집트의 과장된 과학 역사 '10만 년설' 비판

41장. 철학자들의 백가쟁명 같은 대립과 대조되는 정경의 책들의 조화

42장. 구약성경의 그리스 번역본인 70인역의 번역과정에 관여하신 하나님

43장. 다른 역본 성경보다 70인역을 더 높게 평가하는 아우구스티누스

44장. 니느웨 멸망 시점에 대한 히브리어 성경과 70인역의 차이 해명

45장. 성전 재건 후부터 그리스도 탄생까지 유대인들이 계속 역경에 처한 이유

46장. 그리스도의 성육신 이후 일어난 유대인들의 열국 이산과 유리방황

47장. 그리스도 시대가 오기 전에 천상도성에 속한 이방인들

48장. 구약시대보다 그리스도의 교회 시대를 더 적실하게 말한 학개의 예언

49장. 천상도성 거민들과 인간도성 거민들이 뒤섞인 현실교회

50장. 복음전도자들이 당하는 고난을 통해 더욱 찬란하게 전파되는 복음

51장. 이단자들의 반대를 통해 더욱 공고해지는 정통신앙

52장. 기독교를 박해하는 시대가 다 지났다고 생각하는 사람들의 견해 경계

53장. 아직도 비밀에 감춰진 최후 박해 시대와 그 양상

54장. 기독교가 365년 이상 계속되지 못하리라는 이교도들의 어리석은 거짓말

결론

제19권: 인류역사의 종국들—평화

서론: 배로의 288개 철학분파 구분(1-4장)

1장. 최고선에 대한 견해 차이로 철학분파를 288개도 만들 수 있다고 본 배로

2장. 최고선에 대한 배로의 정의 세 가지

3장. 최고선에 관한 배로의 견해

4장. 최고선과 최고악에 대한 스토아학파와 그리스도인들의 대립적 견해

인간 조건의 참혹함(5-9장)

5장. 참혹한 인간생활의 대표적인 사례, 곤란과 불안이 많은 도시 생활

6장. 현명한 판사도 범한 판단 오류

7장. 다양한 언어 때문에 발생하는, 외국인들과의 친교 좌절과 전쟁들

8장. 피할 수 없는 금생의 불안과 불확실한 우정

9장. 천사들과 사귀지 못하게 만드는, 다신숭배자들의 마귀숭배

평화(10-26장)

10장. 금생의 시련을 참고 견딘 성도에게 예비된 상

11장. 성도의 목표며 진정한 순례여정의 완성, 영원한 평화 향유

12장. 맹렬한 전쟁과 소란을 일으키는 사람들도 원하는 평화

13장. 보편적 평화를 보존하는 자연의 법

14장. 하나님 사랑과 이웃 사랑을 일상에서 실천함으로 누리는 평화

15장. 인간성에 고유한 자유와 죄가 도입한 노예 상태

16장. 평화의 기초인 공정한 통치

17장. 천상도성과 지상도성 사이 불화의 원인

18장. 신아카데미파의 회의주의와 그리스도교 신앙의 확신의 차이

19장. 그리스도인의 의복과 습관에 대한 권고

20장. 완성될 하나님나라를 금생에서 소망함으로 행복한 성도

21장. 소스키피오가 꿈꾸던 공화국의 이상을 결코 실현한 적 없는 로마

22장. 주피터와 여호와 하나님을 동일시하는 배로의 논법 논평

23장. 그리스도에 대한 이방신의 신탁을 이용해 기독교를 폄하한 포르피리오스

24장. 국민과 공화국에 대한 아우구스티누스의 올바른 정의

25장. 공화국의 이상적 미덕인 상호부조의 이웃사랑 원천인 진정한 경건

26장. 하나님의 백성이 순례 도상에서 이용하는 잠정적, 현실정치적 평화의 가치

하나님의 도성의 목표지점, 평화 그리고 인간도성의 종착지, 전쟁(27-28장)

27장. 금생에서는 완전할 수 없는 그리스도인들의 평화 향유

28장. 악인들의 종말

결론

제20권: 최후 심판의 확실한 집행

서론(1-4장)

1장. 최후 심판의 확실성과 의미

2장. 하나님의 정의를 의심하게 만드는 고난과 환난의 무차별적 쇄도

3장. 선인과 악인을 가리지 않고 타격하는 고통과 환난에 대한 솔로몬의 번뇌

4장. 최후 심판의 확실성을 증언하는 신약과 구약

신약성경에서 말하는 하나님의 심판(5-20장)

5장. 최후 심판의 확실한 집행을 증언하는 구주 그리스도의 말씀

6장. 첫째 부활과 둘째 부활

7장. 두 가지 부활과 천 년 시대에 대한 요한계시록의 증언, 이에 대한 바른 신념

8장. 마귀의 결박과 놓임에 대한 요한계시록의 증언

9장. 성도가 그리스도와 함께 천 년 동안 다스리는 나라와 영원한 나라의

관계

10장. 몸만 부활하고 영혼은 부활할 수 없다는 주장 논박

11장. 세상 종말에 풀려난 마귀가 촉발하는, 곡과 마곡의 교회 박해

12장. 하늘에서 내려와 소멸한 불에 대한 바른 해석

13장. 적그리스도의 최종 박해가 그리스도의 천년왕국 기간에 일어나지 않는 이유

14장. 마귀와 그 추종자들이 받을 정죄와 최후 심판과 보응

15장. 바다와 사망과 음부가 내어주어 심판을 받게 한 죽은 자들의 정체

16장. 새 하늘과 새 땅

17장. 교회의 무궁한 영광

18장. 최후 심판에 대한 사도 베드로의 예언

19장. 그리스도의 재림 전에 암약할 적그리스도에 대한 사도 바울의 예언

20장. 죽은 자들의 부활에 관한 데살로니가전서의 가르침

구약성경에서 말하는 하나님의 심판(21-29장)

21장. 죽은 자들의 부활과 보응심판에 대한 이사야의 말씀

22장. 악인들의 징벌을 지켜보게 될 성도

23장. 적그리스도의 박해와 하나님의 심판과 성도의 나라에 대한 다니엘의 예언

24장. 세상 종말과 최후 심판을 예언하는 시편 구절

25장. 최후 심판과 일부 사람들이 받을 정화의 벌에 대한 말라기의 예언

26장. 여호와께 기쁨이 되는 성도의 봉헌물에 대한 말라기의 예언

27장. 선인들과 악인들을 분리하는 최후 심판

28장. 모세의 율법에서 최후 심판의 성경적 토대를 발견한 예언자 말라기

29장. 최후 심판 직전 엘리야의 대회개 촉구사역

심판주 그리스도(30장)

30장. 최후 심판과, 암묵적이지만 그리스도를 가리키는 구약성경 구절

결론

제21권: 마귀 도시의 예정된 종말
합리적으로 설명할 수 없는 실제 사건들(1-8장)

1장. 21-22권의 논의 순서

2장. 타는 불 속에서 살아남을 수 있는 악인의 몸

3장. 육체적 고통에도 소멸되지 않는 육체

4장. 불 속에서도 육체가 타지 않고 존속할 수 있음을 보여주는 자연계의 실례들

5장. 이유를 찾을 수 없어도 사실인 많은 일과 현상

6장. 인간의 재주나 마귀의 간계로 생긴 놀라운 일들

7장. 경이로운 사건을 믿을지 여부 결정의 최고 기준, 창조주의 전능에 대한 믿음

8장. 믿음을 가져야 할 두 가지 명분

악마와 악인에게는 꺼지지 않을 불(9-12장)

9장. 지옥과 영원한 형벌의 성격

10장. 비물질적인 악령인 귀신들을 고통스럽게 하는 물질적인 지옥의 불

11장. 형벌 기간이 범죄 기간보다 길면 안 된다는 항변 반박

12장. 구주의 은혜에서 제외된 사람들이 영벌을 받는 이유

생시나 사후에 정화되는 죄벌과, 죄를 정화하지 않는 죄벌(13-16장)

13장. 사후의 형벌이 정화의 명분을 줄 수도 있다는 의견 소개

14장. 금생에서 인간성이 받아야 하는 일시적 벌들

15장. 내세에서 미리 이 금생에 역진해 와서 역사하는 하나님의 은혜

16장. 중생한 사람들의 생애 전반을 지배하는 은혜의 법

오리게네스파 자비론자들의 내생관(17-22장)

17장. 영원히 벌을 받는 사람은 없으리라고 생각하는 사람들 비판

18장. 최후 심판에서 성도의 탄원 때문에 정죄받지 않으리라는 생각 논박

19장. 이단자도 그리스도의 몸에 속하므로 모든 벌을 면한다고 장담하는 사람들 논박

20장. 세례받은 후에 많은 죄와 오류에 빠져도 상관이 없다고 하는 사람들 논박

21장. 가톨릭신앙을 간직한 사람은 결국 구원받으리라고 단정하는 사람들 논박

22장. 자선행위를 하면서 지은 죄는 최후 심판에서 면책된다는 생각 논박

하나님의 말씀을 근거로 자비론자들 반박(23-27장)

23장. 악마도 악인도 영원한 형벌을 받지 않으리라는 생각 논박

24장. 하나님 심판에서 죄인들은 성도의 기도로 용서받으리라는 생각 논박

25장. 이단파나 가톨릭교회에서 세례를 받은 후 악한 생활에 빠지거나 이단과 분파로 넘어간 자들의 운명

26장. 그리스도가 터가 되셨으며 불의 시련을 거쳐 구원이 보장되었다는 말씀의 뜻

27장. 자선행위가 면죄하지 못하는 일상적인 큰 죄

결론

제22권: 구원받을 자들의 더 없는 행복과 하나님나라

부활과 영생을 신앙과 이성으로 궁구한다(1-10장)

1장. 선을 버린 자들에게도 자유의지를 박탈하지 않은 이유

2장. 하나님의 영원하고 불변한 의지

3장. 성도의 영원한 지복과 악인들의 영원한 형벌

4장. 인간 육체의 천상 거처 이동 가능성을 의심하는 현자들 논박

5장. 일부를 제외하고는 다 믿는 육신의 부활

6장. 로마의 로물루스 신격화와 대조되는 교회의 그리스도 사랑

7장. 온 천하가 그리스도를 믿는 신앙으로 돌아오게 된 이유

8장. 그리스도를 믿게 하는, 끊이지 않는 기적들

9장. 그리스도에 대한 믿음을 고취하는 순교자들을 통한 기적

10장. 자신이 아니라 하나님 경배를 유도한, 기적을 일으킨 순교자들의 겸손

몸은 부활한다(11-21장)

11장. 지상적인 몸은 중량 때문에 하늘로 승천할 수 없다고 주장하는 자들 논박

12장. 몸의 부활을 두고 그리스도인을 조롱하는 불신자들 논박

13장. 낙태아들의 부활 가능성

14장. 유아들의 부활체

15장. 부활한 자들의 몸에 나타난 변화와 불변화

16장. "성도가 하나님의 아들의 형상을 본받는다"는 말의 뜻

17장. 여자들의 부활한 몸

18장. 그리스도와 그리스도의 충만과 그의 몸된 교회

19장. 부활시 모두 제거되는 신체상의 손상과 결함들

20장. 부활시 다시 결합되는 우리 몸의 재료

21장. 성도가 덧입게 될 신령한 몸과 그 새로움

영원한 생명(22-30장)

22장. 죄의 결과인 불행과 재난에서 인류를 구원하시는 그리스도의 은혜

23장. 모든 이를 타격하는 악 외에 선인들을 고통스럽게 하는 현세의 불행

24장. 단죄받아 손상된 이생의 삶을 가득 채운 창조주의 은총

25장. 몸의 부활을 끝까지 믿지 않는 자들의 고집 비판

26장. 영혼이 행복하려면 모든 종류의 몸에서 해방되어야 한다는 포르피리오스

27장. 플라톤과 포르피리오스의 상충되는 의견들 중간 어딘가에 있는 진리

28장. 부활신앙에 공헌할 수 있는 플라톤, 라베오, 배로의 사상

29장. 내세에 하나님을 뵙게 될 성도의 지복

30장. 하나님의 도성에서 누릴 영원한 행복과 안식

결론

전체 결론:
하나님나라 운동 관점에서 보는 《하나님의 도성》의 의의

이렇게 하나님의 도성과 인간의 도성의 각축과 평행적 대결은 종료되었다. 천상도성의 실체는 아직 완성되지 않았다. 하나님의 도성의 궁극적 소재所在는 부활한 몸이 지구중력을 극복하고 형이상학적 천상계로 이주해 구성할 공간이다. 지상에서는 이 천상도성을 구성할 순례자들의 분투가 일어난다. 순례자들은 자신의 죄와 정욕과 싸우는 동시에 지상도성의 우상숭배적 습속과 우상숭배자들이 가하는 박해와 모멸을 감내하며 천상도성으로 순례의 길을 걸어간다. 이 순례자들 대다수가 모여있는 곳이 가톨릭교회다. 아우구스티누스 당시 가톨릭교회는 유럽과 아시아와 아프리카에 퍼져 있는 국제적 친교모임일 뿐이지 로마교황이 주도하는 지금과 같은 가톨릭교회는 아직 아니다. 《하나님의 도성》 어느 부분에서도 로마를 강조하거나 교황을 언급하지 않는다. 심지어 주교들의 역할도 전혀 언급하지 않는다.

《하나님의 도성》이 말하는 가톨릭교회는 인종과 국가, 민족과 계급장벽을 뛰어넘는 국제적 친교다. 《하나님의 도성》은 창조-타락-구속으로 구성된 기독교세계관으로 세계역사를 조감하고 세계사의 목적지를 내다본다. 인간역사를 순환론적으로 보던 그리스-로마철학자들과 달리 아우구스티누스는 역사를 철저히 직선적 전진드라마로 보았다. 인간역사는 시작과 끝이 있는 드라마라는 것이다. 역사는 완벽하게 선하시고 공의로우신 창조주 하나님이 무無에서 창조하신 지구에서 펼쳐진 드라마였고, 시작과 끝이 있는 피조물인 지구는 하나님과 함께 영원한 하나님의 도성에 있을 당신의 동역자들을 뽑아 단련시키기에 적합한 중간계인 셈이다. 이런 점에서《하나님의 도성》은 타계주의적이다.

아우구스티누스는 죄인인 인간의 운명에 특별히 주목한다. 인간은 하나님이 지으신 지구 위에서 영생하도록 초청받은 피조물이었으나 자유의지를 가졌던 인간은 아담의 죄로 영생을 상실했다. 인류 조상 아담이 하나님이 세우신 좋은 창조질서를 깨뜨렸기 때문이다. 아담의 타락 결과 모든 인간은 아담 원죄의 본성적 상속자가 되었으며 교만, 변덕, 탐욕, 자기파괴적 자기애의 숙주가 되어버렸다. 하나님에게만 알려진 그러나 인간에게는 여전히 베일에 가린 이유들로 하나님은 인류의 일부를 구원의 그릇으로 택하셨다. 원래 모든 아담 후손들은 죄와 죽음의 권세 아래 멸망당하기로 작정되었지만, 하나님은 무궁한 자비와 긍휼을 베푸셔서 아담 후손 일부를 멸망에서 구원하셨다(롬 9:22-23). 이후에 인류역사는 하나님이 택하신 긍휼의 그릇들이, 자기애로 가득 찬 진노의 그릇들 사이에서 정화적 환난과 연단을 당하다가, 마침내 하나님이 주재하시는 영원한 평화가 지배하는 하나님의 도성으로 들어가는 과정이다. 아우구스티누스의 여러 사상은 인류역사의 전환기에 의미 있게 작동한다는 점에서 한시적으로 유효하다. 이제 마지막으로 한국 교회와 그리스도인들에게《하나님의 도성》이 어떠한 적실성이 있는지 고찰하고자 한다. 이를 위해 《하나님의 도성》의 두 도성론의 실천적 함의를 좀 더 자세히 살펴본다.

대립과 경쟁의 평행선을 달리는 인간의 도성과 하나님의 도성

아우구스티누스는 국가를 하나님께서 타락한 인간을 통치하는 대리기구로 세우신 신적 기관이라고 보고 국가의 형벌권, 법령선포 및 시행권, 군대지휘권 등을 인정했다. 국가는 개인이 자신의 행복과 소명을 성취하는 통로요 장이다. 아담의 타락으로 생긴 무질서를 억제해 타락한 인간들 수준에서라도 지상에서 누릴 수 있는 평화와 질서를 유지한다는 점에서 국가는 하나님의 권선징악적 통치와 의인 단련적 통치를 대행한다.

《하나님의 도성》은 세상 국가인 로마제국의 황혼기 낙조를 보면서 기독교 신앙의 영원하고 불가시적인 진실이, 관찰가능하고 가시적인 인류의 정치적·사회적 상황이라는 엄혹한 현실과 어떠한 관계인지 규명하고자 했다. 이 두 세계가 각축하는 현실사회에서 신실한 기독교 신자는 어떻게 살아가야 할까? 자기애가 지배하고 보통 사람들의 복지는 거의 사라졌으며 선인과 악인이 도저히 구분할 수 없을 정도로 뒤얽힌 이 불의한 세상에서 어떻게 하면 신자가 성공하면서도 공정하게, 이 필사적必死的 차안此岸 너머의 천상의 보상을 추구하며 살아갈 수 있을까? 이것이 목회자적 신학자이던 아우구스티누스의 질문이었을 것이다.

아우구스티누스의 이중 도성론의 핵심은 현실을 매우 잘 반영한다. 비록 구원으로 선택된 자들과 저주로 선택된 자들이 이 세상에서 철저히 뒤얽혀 살아가고 있어도, 종국적 운명 차이 때문에 두 계층의 사람들이 나타나기 마련이며 그들이 각각 두 도성, 즉 지상 인간의 도성과 천상 하나님의 도성 거주민이 된다. 지상도성 시민은 타락한 아담과 하와의 갱생 못한 후손으로서 아담의 타락으로 저주받은 자들이다. 이들은 하나님의 사랑을 거부하고 배척했기 때문에 하나님의 사랑을 모르며 하나님 아닌 것들을 사랑하고 탐닉한다. 이들에게는 재화와 노예적 봉사에 대한 집착적 욕망과 타자지배적 성향이 현저하다. 반면에 하나님의 도성 시민들은 지상의 인간도성에 대해서는 "순례자들이며 외국인들이다." 그들이 사랑하는 대상은 권력이나 쾌락이 아니라 하나님이기 때문이다. 어느 정치체제도, 심지어 제도교회도 하나님의 도성 그 자체는 아니다. 게다가 두 도성에는 이중국적 같은 것이 없다. 모든 인간은 두 도성 중 하나에만 속한다.

최소 공의는 구현하지만 하나님의 공의는 배반하는 세상국가

《하나님의 도성》은 국가론을 체계적으로 제시하지는 않는다. 아우구스티누스의 '공의$_{justice}$'는 이웃사랑과 상호부조에서 결실한다. 이 공의는 모든 구성원에게 정당한 몫을 주는 플라톤적 공의 개념을 뛰어넘는다. 그런데 이러한 공의를 인간 본성의 도덕심이나 국가의 법령을 통한 강제의무규정으로는 실현할 수 없다. '공의'를 가능케 하는 토대는 하나님만 사랑하는 마음뿐이다. 이 공의를 실현한 곳이 공화국이다. 그런데 19권이 말하듯이 로마제국은 결코 하나님의 도성이 될 수 없다. 참된 의미의 공의가 없기 때문이다. 참된 공의는 유일하신 하나님에 대한 경배와 경외에서 시작되는데 로마제국은 음란하고 폭력적인 신들을 섬기는 다신숭배 사회다. "참된 공의가 없는 곳에는 공화정주의자 카토나 스키피오가 외친 것과 같은 로마공화정의 이상은 결코 실현될 수 없다." 로마는 하나님의 도성은커녕 자신이 꿈꾸는 공화정치체제도 유지할 수 없다. 공의를 배척하면 대규모 강도떼의 나라 외에 다른 것은 될 수 없기 때문이다. 물론 이런 비관주의 때문에 아우구스티누스가 국가무용론을 주창한 것은 아니다.

지상 국가가 흠결이 있고 불공정하지만 하나님의 목적에 이바지하는 점도 있다. 토마스 홉스Thomas Hobbes(1588-1679년)가 《리바이어던》 1부 13장에서 말한 대로, 국가는 총체적 무질서 상황, 즉 '만민에 대한 만민의 투쟁' 상황을 막고 사회질서를 유지하는 통로가 될 수 있다. 초개인적인 괴물체로서 국가(리바이어던)는 지리멸렬한 시민들의 무질서와 쟁투를 막는 차악적 요청물이다.[11] 이렇게 국가는 최소 수준에서 공정을 구현하는 수단이며 하나님의 선물과 자비의 표현이 될 수 있다. 국가는 징벌권을 통해 악인들을 억제한다. 하나님은 저주받기로 택정된 인간들의 죄악들을 최후심판 때에 궁극적으로 심판하시지만 지상국가의 형벌권을 이용해서서 모든 저주받은 자나 구원받은 자를 직접적으로 징벌하신다. 국가통치자들은 본성(자연법)과 관습과 실정법을 거스르는 모든 죄와 악행들을 징치한다. 이 수준에서 국가는 지리멸렬한 무정부 상황이나 만민의 만민에 대한 투쟁 상황보다는 나은 공의와 질서를 유지한다. 지상국가의 통치자에게는 하나님의 법에 어긋나지 않는 법을 제정할 권리가 있다. 지도자가 악하건 선하건 간에 시민은 정치지도자에게 복종할 의무가 있다. 여기에는 헨리 데이비드 소로Henry David Thoreau(1817-1862년)가 착상한 수준의 시민불복종 사상이 없다. 다만 세속정부와 하나님에 대한 복종의무가 서로 충돌할 때에는 반드시 하나님께 복종해야 한다. 굳

---

11 토머스 홉스 저, 최공웅·최진원 역, 《리바이어던Leviathan》(동서문화사, 1988), 129-134.

이 말하자면 이 점이 시민불복종 사상의 맹아라고 볼 수 있다.

교회와 국가

이론적으로 이상적인 공의국가가 존재할 수 있으나 인간의 죄성과 타락 때문에 이 세상 어디에도 공의로운 이상국가가 나타나지 않았다. 그리스도의 가르침을 따르지 않고 배척하는 곳에는 이상적인 국가가 세워질 수 없다. 그리스도의 철저한 사랑과 영적 감화력에 의한 100% 문민통치를 실현하지 않는 한 인류의 어떠한 역사발전에서도 이상적 공정국가가 등장할 수 없다. 아우구스티누스는 "그리스도의 종들이-왕이건 제후건, 재판관이건 병사이건 상관없이- 이 철저히 타락한 세상국가의 악을 견디면서 자신을 위한 한 영광스러운 자리를 천상왕국에서 얻기 위해 노력해야 한다"고 말한다. 아우구스티누스는 로마제국이 기독교를 국가의 공식종교로 받아들인 결정이 하나님이 예정하신 섭리라고 믿었지만 로마제국에 대한 기독교의 영향력은 미미할 것이라고 내다보았다. 아우구스티누스는 "만일 기독교가 로마제국 안에서 마땅히 경청되어야 할 정도로 경청되고 받아들여지면 로물루스, 누마, 브루투스, 그리고 다른 로마의 명망가들이 성취한 로마보다는 훨씬 더 높은 수준으로 로마공화정을 성별시키고 강화시키며 확장시킬 것이라"고 전망했다.

아우구스티누스는 로마가 기독교를 공식적으로 국가적으로 영접하는 것이 하지 않는 것보다는 낫겠지만, 국가적으로 기독교를 수용했다고 해서 로마가 하나님의 도성으로 변하지는 않는다는 점을 분명히 했다. 오히려 카르타고의 테르툴리아누스처럼 로마를 제2의 바빌론으로 보았다. 설령 로마황제가 로마교황을 겸하여 로마제국과 교회가 하나의 기구로 통합된다고 하더라도 그 통합된 기관도 하나님의 도성이 될 수는 없다고 본 것이다. 왜냐하면 하나님의 도성 시민권은 개인단위의 결단을 통해 취득되는 것이지, 기구나 단체 명의로 취득되는 것이 아니기 때문이다. 이런 점에서 볼 때 한국의 보수교회 출신 정치가들이 특정지방자치 단체를 하나님에게 봉헌하겠다고 한다든지 성시화聖市化한다는 표현이 얼마나 무모하고 교만한 시도인지를 깨닫게 된다. 최고지도자의 행정명령이나 법령으로 한 도시나 국가를 하나님에게 봉헌할 수는 없기 때문이다.

부록

부록 1: 과연 유일신 신앙은 인류문명의 적인가
부록 2: 주요 용어, 인물, 사건 해설
부록 3: 〈지상의 도성과 하나님의 도성의 계보〉 일람표

부록 1

———— 과연 유일신 신앙은 인류문명의 적인가?
기독교 신앙의 배타성과 그 참 의미[1]

로마의 세계 통치를 찬양하는 시오노 나나미의 《로마인 이야기》

시오노 나나미가 쓴 《로마인 이야기》 열다섯 권은 그 자체로 참 재미있는 책이다. 이 책들은 작은 도시국가이던 로마가 어떻게 세계국가로 성장해 마침내 그토록 거대한 영토(유럽 거의 대부분과 사하라 이북의 아프리카와 메소포타미아와 중근동)를 그토록 오랫동안(500년간이나!!) 다스릴 수 있었는지를 추적한다. 이 책은 용기, 희생정신, 민중지향적이며 비특권적 정치, 패배자까지 동화시키는 관용정신과 실용성 등을 구현한 로마인들의 세계경영의 경륜을 아낌없이 예찬한다. 에드워드 기번의 《로마제국 쇠망사》나 교회사 중심의 로마사 특히 성 아우구스티누스가 426년에 완성한 《하나님의 도성》을 통해 로마역사의 전개과정을 배운 그리스도인은 세속역사가의 눈에 비친 기독교의 또 다른 면모를 발견하는 기쁨을 느낄 것이며, 일반 역사 안에도 하

---

[1] 이 글은 2011년 〈복음과 상황〉 12월호 발행인 논단에 같은 제목으로 투고했던 원고를 약간 수정한 것으로, 시오노 나나미의 열다섯 권짜리 《로마인 이야기》의 독후감이다. 이 글은 아우구스티누스가 상대한 로마의 이교도처럼, 약간 다른 논리로 기독교를 로마제국의 분열과 쇠락요인으로 보는 시오노 나나미의 주장을 논박하려는 시도다.

나님의 공평과 정의 통치에 근사치적으로 접근하려는 분투가 여전히 있었음을 발견할 것이다.

시오노 나나미는 주전 753년 로물루스의 로마 건국과 주전 509년 로마공화정 시작(브루투스), 주전 27년 옥타비아누스의 제정帝政 시작과 같은 로마사의 중추적 사건을 공화정과 제정의 창조적 갈등의 빛 아래서 해석한다. 특히 1-6권까지 전반부에서는, 로마를 원로원과 민회 중심의 공화정(집단지도)으로 통치할 것이냐, 아니면 군권과 정치권력을 독점한 1인 황제의 통치력으로 다스릴 것이냐를 두고 로마인들이 얼마나 치열하게 투쟁했는지를 잘 보여준다. 시오노 나나미는 1천 년 이상 존속한 로마의 역사(주전 753년-주후 476년 서로마 멸망)가 로마 이후에 전개될 서구정치의 원리들을 범례적으로 제시했다고 평가한다. 시오노 나나미는 열다섯 권 전체에 걸쳐서 민중의 삶을 개선하기 위한 통치자의 부단한 희생, 피지배족까지 동화시키는 융합정신, 원칙과 가치를 지키되 상황에 능동적으로 대처하는 실용정신, 민중지향적 공정성이 특징인 법치주의 등 세계국가로서 로마가 인류사에 남긴 유산을 잘 소개한다.

특히 이 책의 전반부에서 인상적으로 강조하는 사실은, 황제가 다스리던 시대에도 공화정과 평민지향성이라는 공정통치의 기본가치가 사라지지 않았다는 것이다. 로마황제는 오리엔트의 황제와는 비교할 수 없을 정도로 서민적이었다. 황제가 쓰는 면류관이 없었고, 있다고 하더라도 전쟁에서 동료병사를 구해준 전사에게 준 시민관이 로마황제가 받는 최고의 영예였다. 초창기의 로마황제, 적어도 이상화된 로마황제는 하늘에서 내려온 다툴 수 없는 절대권력의 소유자가 아니라 동료를 구하는 로마의 영예로운 제1시민이었으며 공공봉사정신의 화신이었다. 따라서 로마황제의 궁궐은 민중의 주거지와 거의 간격이 없는 도시 한복판에 있었으며, 황제를 옹위하는 거대한 관료조직도 없었다. 기근이나 화재, 전쟁 등으로 민중의 삶의 터전이 황폐해지면 황제는 물론 귀족들도 사유재산을 모두 민중의 삶의 터전을 복구하는 데 바쳤다. "로마가 하루아침에 건설되지 않았다"는 말은 로마가 공정한 법치주의 전통과 유력자 가문과 지도자들의 희생적 솔선수범으로 구축된 나라였다는 뜻이다.

이런 이상화된 황제통치가 절정에 이른 때는 96-180년 사이에 있었던 오현제 시대다. 로마공화정 시대와 공화정의 정신을 살린 제정 초기(주전 1세기 중엽의 줄리우스 시저의 등장부터 주후 180년의 마르쿠스 아우렐리우스의 치세까지)가 로마인들이 가장 행복하던 시기라고 간주했다. 11권 《종말의 시작》에는 143년에 오현제 시대의 말기에 한 그리스인 청년(26세)이 원로원에서 로마가 이룬 문명사적 업적을 찬양하는 사건을 소개한다. 〈로마에 바치는 송가〉로 명명된 이 연설에서 그리스인 아리스티데스는 로마제국의 법치와 다문화·다종교·다민족 세계국가를 이룩한 로마의 용광로적 융화정신과 관용정신을 찬양한다. 이 송가는 넷째 현제 안토니우스 피우스 치세 5년에 지어져서 제위 계승자인 22세의 마르쿠스 아우렐리우스에게 바쳐졌다.

로마의 행복한 시절과 관련하여 시오노 나나미가 시종일관 강조하는 사실 중 하나는, 다신교적, 다원교적, 다문화적, 다인종 사회를 가능케 한 로마의 법치주의가 보편적인 행복의 조건이었다는 사실이다. 제정의 기초를 다진 줄리우스 시저 시대 이래로 로마제국 본토인뿐 아니라 로마에게 정복당하여 속주가 된 스페인, 프랑스(갈리아), 브레타뉴(영국), 오리엔트 지방(아르메니아와 시리아), 아프리카(옛 카르타고 지역과 이집트)의 속주민까지 평화와 행복을 누렸다고 한다. 로마적인 공평과 정의를 누리며 로마제국의 그늘 아래 사는 것에 속주민들도 만족했다고 한다. 로마제국은 패배당한 민족까지 로마시민화하여 로마라는 용광로 안에 융해시켰기 때문이라는 것이다. 로마는 문화와 예술은 그리스에서 배우고, 군사적 용맹은 게르만과 갈리아에서 뽑아 쓰고, 풍성한 부와 화려한 보석은 오리엔트에서 수입하여 사용함으로써 보편적인 세계국가 이상을 실현했다는 것이다. 시오노 나나미는 로마제국이 이러한 다원적·관용적·융합지향적 가치를 추구했다는 증거로 주후 96년부터 180년까지 소위 오현제 시대를 연 황제 중 셋이 스페인 등 속주민 출신이라는 것을 든다.

시오노 나나미는 이런 멋진 로마제국이 급격하게 몰락한 원인 중 하나가 배타적 유일신 신앙인 기독교의 로마황실 접수라고 본다. 기독교는 로마 전통신들은 물론 다른 이교도(심지어 유대교)의 존재도 용납하지 않고 모조리 기독교인화하려는 과도한 선교열정 때문에 로마의 다원주의적 관용정신, 즉 로마의 황금률 같은 문명질서를 파괴했다는 것이다. 13권부터 나나미는 주후 313년 콘스탄티누스 황제의 밀라노칙령 이래로 로마의 모든 다원교적 종교들, 특히 로마의 전통종교들이 불법화되고 추방되고 박멸되는 과정을 비교적 소상하게 기록한다. 시오노 나나미는 390년대에 테오도시우스 황제가 교회의 성직자들을 특권화하고, 기독교를 국교화함으로써 교회의 타락과 부패가 더욱 가속화되었다고 본다. 이처럼 《로마인 이야기》 제9권부터 중요한 순간을 다룰 때마다 다신교적 세계관을 가진 시오노 나나미는 로마의 아름다운 다신교적 다원주의적 세계관을 기독교적 배타성이 어떻게 침식했는지를 부각한다. 시오노 나나미는 밀라노칙령 이후를 기독교 승리의 시기로 보고 기독교가 로마공화정과 제정초기의 이상들을 어떻게 부식시키는지를 묘사한다.

로마적 '다원주의'와 충돌한 '배타적' 일신교 기독교

7권《악명 높은 황제들》은 기독교 일신교 신앙의 배타성의 예고편인 66-73년 유대전쟁을 아주 소상하게 다룬다. 시오노 나나미는 본질적으로 유대인의 대파국적 소멸과 추방으로 끝난 유대전쟁을 로마적 다신교 세계관과 유대교의 편협한 일신교 신앙의 충돌사건으로 본다. 로마의 다문화적·융화주의적 세계국가 이상에 들어가기를 거부한 유대교도들이 유일신 신앙으로 운영될 신정국가를 정립할 열망을 포기하지 않았기 때문에 일어난 사건이 유대전쟁이라고 본다. 시오노 나나미는 "유대인이 우리에게 견디기 어려운 존재인 까닭은 제국의 다른 주민과 유대인들은 다르다는 그들의 집요한 주장 때문"이라고 말한 동시대 로마역사가 타키투스의 말을 인용함으로써 피지배자의 동화정책을 통한 제국융합정책에 반발한 유대인들의 일신교적 열정을 은근히 비판한다. 그러면서 로마제국의 종교관용, 다원주의적 세계관이 유대교의 일신교적 배타성보다 더 나은 문명질서라고 말한다.

그러나 시오노 나나미가 로마사 전체에서 간과한 가장 중요한 사실은, 로마의 다원주의는 '로마제국이라는 국가에 바치는 충성심'이라는 배타적 가치를 떠받드는 다원주의요 관용이라는 점이다. 로마는 국가주의 종교의 나라였고, 로마제국의 수도 황궁 언덕과 공공건물 중심지에 건립된 제우스 신전이나 비너스 신전 등 제신들의 신전들을 보면 로마가 외견상 다신들의 제의를 허용하는 듯 하지만 실상은 로마국가의 존립과 번영을 지고의 가치로 여기는 국가숭배종교라는 배타적 이념을 주창했다는 점이다. 국가라는 배타적 구원자에 대한 숭배가 로마 다신교제의의 본질이었는데 시오노 나나미는 이 점을 간과했다. 이 점은 9권《현제의 세기》에서 잘 드러난다. 98년부터 117년까지 로마를 다스린 오현제 시대 둘째 황제였던 트라야누스에게 소아시아 비티니아 총독 소 플리니우스가 보낸 공문서한에 보면 트라야누스와 지방속주 총독 모두 기독교도를 로마제국의 안정과 통일성을 저해하는 반사회적 범죄자로 보고 있음을 알 수 있다. 트라야누스법으로 알려진 황제포고령은 기독교도의 신앙의 본질적 가치를 문제시하기보다는 로마제국의 안녕과 질서유지에 해를 끼치는지를 중심으로 기독교인 탄압여부를 결정했다. 이 지방 총독은 기독교인으로 고발당하는 자가 너무 많으며 사회적 지위와 성별과는 무관하게 기독교도들이 계속 늘어날 추세임을 보고한다. 도시만 아니라 지방도 이 광신에 오염되고 있음을 보고한 것이다. 총독은 황제에게 기독교도를 색출해 법정에 세워 배교를 유도할 것임을 알린 뒤 배교자를 위해 법정에 로마황제 초상화와 그 초상화에 제사를 드릴 때 쓸 향과 포도주도 준비해놓았음도 덧붙인다(9권《현제의 세기》, 184-185쪽).

11권《종말의 시작》은 로마체제에 편입되기를 거부하는 기독교도들에 대한 로마 대중의 적의가 점증하는 것을 보도한다. 마르쿠스 아우렐리우스황제는 166-167년에 로마제국의 수도를 덮친 페스트와 당시에 점고되던 북방민족의 위협 등으로 우울해진, 제국의 수도 로마인들의 민심을 회복하기 위해 국가주도로 로마 전통신들에게 대규모 제사를 드렸다. 당시 로마시의 변경인 12, 13, 14구에 집중적으로 거주하던 기독교도들이 로마 전통신들에 대한 충성갱신의례에 불참하자 로마인들의 반감이 증폭되기 시작했다. 기독교도들은 아테오, 즉 신이 없는 자, 불경건자, 무신론자로 불리게 된다. 다신교적 세계관에 익숙한 로마인들에게는 로마 전통신들의 신격神格을 전혀 인정하지 않는 일신교도 기독교도들이 신들의 공존을 인정하지 않는 무신론자로 보인 것이다.

당시 기독교도들을 향해 로마 대중의 반감과 적의가 심화된 또 다른 이유는 기독교도들이 공공생활이나 공공사업이나 복지사업에 불참했기 때문이다. 로마의 시민의무를 배척한 셈이다(11권《종말의 시작》, 138-139쪽). 로마의 전통신 참배자들이 보기에 기독교도들은 신의 나라의 도래를 기다리면서 로마체제 밖에 살 뿐만 아니라 사악하고 타락한 로마 사회에 참여하면 천년왕국의 도래가 지연된다고 믿고 있었다. 이런 상황에서 수도장관이자 아우렐리우스 황제의 스승격인 루스티쿠스가 최초의 로마 순교자인 기독교변증가 유스티아누스Justin the Martyr를 심문하고 처형하는 일이 일어났다. 루스티쿠스는 유스티아누스에게 트라야누스법의 근본취지를 말하며 기독교 신앙이 내면의 확신을 넘어 공공생활까지 관장하면 반사회적 반국가적 죄악이 된다는 점을 강조했다. "로마의 신들을 믿고 그 믿음으로 통합되어 있는 로마제국 안에서 그 믿음을 거부하는 기독교도는 로마법에 따르면 반국가행위를 저지른 죄인이다. … 우리 로마인의 신들에게 제물 바치기를 거부한 자를 로마법(트라야누스법)에 따라 채찍질을 한 뒤 참수형에 처한다"(《종말의 시작》, 145쪽).

12권《위기로 치닫는 제국》에서 시오노 나나미는 마치 자신이 로마제국의 트라야누스법의 대변인이 된 것처럼 로마의 다신교적 관용과 기독교의 일신교적 배타성을 비교하며 기독교 신앙의 배타적 완매성頑昧性을 꼬집는다. 40세에 황제가 되어 로마 사회의 규율을 회복시키려다가 기독교를 박해한 황제가 된 데키우스는 최초로 성직자뿐 아니라 일반신자까지 탄압한 황제였다. 북방야만족이나 동방의 페르시아에게 수세이던 로마황제가 보기에, 로마제국이 타락한 악의 제국이라고 믿는 기독교도는 로마제국이라는 공동체 안에 살면서도 그것을 적대시하는 세력이 될 수 있었다(로마제국 안에서도 행복을 누리지 못한 거룩한 그리스도인!!). 데키우스는 기독교의 확산을 막기 위해 기독교도가 아니라고 명기한 증명서를 발행하기로 결정하고 일반 시민들이 이 증명서를 휴대하도록 강제했다(250년). 로마제국 내의 도시나 마을에는 증명서를 발급하는 특별위원회가 설치되었고 불려나간 시민들은 로마의 전통신들 형상에 참배하고 그 앞에서 연기를 내고 있는 재 위에 향료부스러기를 떨어뜨려야 했다(제사). 사람들은 향료가 타오르는 연기 속에서 자기는 기독교도가 아니라고 선언해야 기독교도가 아님을 입증하는 증명서가 발급되었다(12권《위기로 치닫는 제국》, 232쪽). 이 과정에서 많은 기독교신자들이 동요했고 다수의 배교자가 양산되었다. 카르타고의 주교 키프리아누스는 은신함으로써 일시 위기를 모면했지만 반 년 후에 주교직에 복귀하고 258년에 마침내 순교자의 반열에 오른다.

로마제국의 이러한 필사적인 기독교도 통제에도 불구하고 데키우스 치세 때 북방에서 고트족이 침입했고 로마의 속주들(니코메디아, 비티니아, 아테네, 엘레우시스)이 연쇄적으로 함락당했다. 국내의 평화조차 보장이 안 되는 상황에서 로마인들은 망연자실하여 전통신들을 모신 신전으로 쇄도했다. 야만족에 대한 두려움과 전염병 창궐에 대한 공포로 로마인들은 신전으로 쇄도해 과거의 로마인들을 도왔듯이 지금도 로마인들을 도와달라고 전통신들에게 열렬히 기원했다(《위기로 치닫는 제국》, 250쪽). 신전 앞에 놓인 제단 위에서 희생양을 태우는 연기가 끊이지 않았다.

이런 때에도 기독교도들은 요지부동이었다. 두려움과 절망감에 사로잡힌 로마의 대중은 국난을 맞아 로마의 전통수호신들에게 드리는 기도에도 참여하지 않는 기독교도들에게 감정이 폭발했고 로마제국의 기독교도에 대한 박해 강도는 높아진다. 기독교도에 대한 익명고발은 기각하는 트라야누스법을 어겨가면서 기독교도를 색출하고 처벌하기 시작했다. 데키우스는 치안유지대책의 일환으로 고발이 없어도 기독교도들을 처벌했고, 데키우스 강경책은 기독교배교자들을 양산하는 한편 순교자도 1천 명 정도 배출했다. 데키우스의 기독교탄압책을 2년 만에 회복한 발레리아누스황제는 기독교 신앙 배척증명서를 모든 로마인들이 발급받아 휴대할 것을 법령으로 강제했다. 로마 대중은 나라가 국난을 겪고 있는데 자기들의 공동체에 틀어박힌 채 공무도 병역도 회피하면서 로마시민권자로서 의무를 다하려 하지 않는 기독교도들을 비난했다.

 2세기 역사가 타키투스 시대부터 로마의 지성인들이 주로 품고 있던 일신교에 대한 혐오감이 3세기 중엽부터 로마 대중에게 확산되었다《위기로 치닫는 제국》, 256쪽). 이때 기독교 변증가들의 활동도 개시된다. 야만족침략이나 전염병 창궐을 기독교도 탓이라고 돌리는 로마 대중의 비판을 역비판하기 시작한 것이다. 235년에 죽은 알렉산드리아의 오리게네스는 다음과 같이 주장했다《위기로 치닫는 제국》, 256-257쪽).

> 그리스도의 가르침을 믿는 자들은 로마제국 황제보다 강한 존재이고 황제의 어떤 행정관보다 강력하고 로마원로원의원이나 로마시민 누구보다도 강력한 존재이다. 로마인이 믿는 신들에게 바치는 제의는 언젠가는 지상에서 사라질 것이다. 현세의 지배자들에게 바치는 충성서약도 지금처럼 황제상 앞에서 하지 않게 되는 날이 반드시 온다. 따라서 야만족 침입으로 일어나고 있는 현재의 비참한 상황도 로마인이 말하는 것처럼 절망적인 상황이 아니다. 야만족도 언젠가는 우

리 교회의 가르침에 눈을 떠서 지금과 같은 야만적이고 잔혹한 정신을 버리게 될 것이다. 따라서 현재의 비참함은 야만족이 그리스도의 가르침에 귀의할 때까지 신이 우리에게 내린 시련이라고 생각하면 된다.

3세기 중엽 기독교도들에 대한 로마 대중의 혐오감을 바탕삼아 일반 기독교 신자까지 탄압했던 데키우스황제를 로마제국의 통치대의라는 맥락에서 변호하며 시오노 나나미는 다음과 같이 말한다(《위기로 치닫는 제국》, 230쪽).

> 로마인들은 자신들이 믿는 신들과는 다른 신을 믿는다는 이유로 기독교도를 탄압하지 않았다. 로마인은 다신교 민족이다. 다신교는 많은 신을 믿는다기보다 다른 신을 믿는 사람도 인정한다는 사고방식이다. 따라서 어떤 신을 믿든지 간에 그 자체는 죄가 되지 않았다. 다만 믿는 사람들끼리 배타적인 집단을 만들고 그 집단이 반사회적인 행동을 취하면 죄가 되었다. … 현명한 황제들이 제국을 다스렸다는 이유로 후세가 '오현제' 시대라고 부르게 된 시대에도 기독교도에 대한 탄압이 이루어진 것은 로마황제들의 기독교 탄압이 신앙탄압이 아니라 반사회적 활동에 대한 탄압이라는 증거다. 하지만 탄압의 대상은 그리스도의 가르침을 믿는 개인이 아니라 그리스도의 가르침을 남에게 퍼뜨리는 것을 자신의 사명으로 확신하고 실제로 그 사명을 완수하고 있는 주교를 비롯한 성직자 계급이었다.

시오노 나나미는 오리게네스를 비롯한 기독교도들이 '현세의 지배자에게 바치는 충성서약' 자체를 우상숭배라고 규정한 것은 오해라고 본다. "로마황제에게 충성서약을 할 수 없다는 기독교회쪽의 생각에는 무슨 오해가 있었던 게 아닐까하고 나는 생각한다"(257쪽). 일신교도인 기독교도가 로마황제에 대한 충성서약을 거부한 것은 로마황제가 곧 신이라고 생각했기 때문이었다는 것이다. 시오노 나나미가 보기에 로마황제에게 향을 피우는 것은 황제의 건강을 기원하는 행위일 뿐이다. 국기에 경의를 표하는 정도의 행위라는 것이다. 로마제국 황제상은 신상이라기보다는 주민공동체인 로마제국의 상징이었다. "로마제국과 기독교의 대립은 종교항쟁이 아니라 문명대립"《위기로 치닫는 제국》, 258쪽)이라는 것이다.

258년에 데키우스를 이어 제위에 등극한 발레리아누스는 로마 전통신들에게 바치는 제의를 거부한 기독교 성직자는 추방하거나 사형시킨다는 정책을 발포하고 처음으로 교회와 기독교도의 재산을 몰수하는 정책을 도입한다. 하지만 페르시아 국왕 샤푸르의 공격 때문에 이러한 기독교 탄압은 중단되고 이후 45년간, 즉 303년의 디오클레티아누스의 대박해시까지 기독교회는 평화를 누린다. 260년을 고비로 로마제국은 국가존속 자체가 의심스러운 위기에 돌입한다. 기독교 박해에 열심을 내던 발레리아누스가 페르시아에 생포되는 재앙을 겪었다. 당시 기독교 호교론자 락탄티우스는 《기독교도를 탄압한 자들을 덮친 최후에 대하여》에서 "발레리아누스는 신에게 덤벼든 황제였다. 신은 멋진 방법으로 그를 징벌했고. … 그가 당한 재앙은 그리스도의 적에게 반드시 응분의 벌을 내리신다는 일례다"라고 말했다.

바로 이런 이유로 로마인들은 기독교도를 레스 푸블리카Res Publica(공화국공동체)에 대한 의무 배척자로 간주했다《위기로 치닫는 제국》, 396쪽). 그러나 기독교도에게는 로마제국이 멸망하고 나타날 하나님나라가 레스 푸블리카였다. 3세기 중엽 기독교도는 공직이나 병역을 피하는 것과 같은 소극적 저항을 계속했으며, 로마제국을 하나의 대가족으로 파악하고 그 안에 사는 모든 사람들의 운명공동체라고 생각하던 로마 황제들은 기독교도들의 저항을 반국가적 행위라고 판단했다. 기독교의 결사 자체가 반국가적 조직 결성죄가 된다는 것이다. 트라야누스가 말한 죄가 바로 그것이다.

로마의 종교관은 개인적으로 무엇을 믿든 자유지만 제사 지낼 때는 반드시 참여해야 한다는 것이었다. 신앙을 버리기보다는 잠시 제쳐두고 공공행사에 참여하라는 것이다. 고대는 이런 의미에서 다신교세계였고 남이 믿는 신을 전혀 인정하지 않는 유대교가 이질적으로 보였다. 타키투스는 유대교를 미신이라고 공격했는데 기독교는 이런 유대교를 모태로 해서 생긴 일신교였다는 것이다(《위기로 치닫는 제국》, 397쪽). 나나미가 해석한 '신앙을 잠시 제쳐둔다'는 것이 기독교인에게 불가능하다는 것을 당시 카르타고의 호교론자 교부 테르툴리아누스가 주장했다. 테르툴리아누스는 익명고발을 무혐의 처분하고 공공연한 기독교도를 탄압한 트라야누스법 자체가 불합리하고 모호하다는 점을 밝히면서(《변명》) 왜 기독교를 반사회적이라고 하면서 끝까지 잡아 색출 처벌하지 않느냐고 따진다.

이런 트라야누스법의 극한 실행자가 3세기 말과 4세기 초에 등장한 디오클레티아누스황제다. 시오노 나나미는 12권 후반부에서 로마제국 말기의 기독교 홍기 원인을 논한 두 명의 유명한 로마역사가, 즉 계몽주의 시대 영국 역사가 에드워드 기번의 《로마제국 쇠망사》(1766-1788년)와 20세기의 영국 역사가 에릭 R. 도즈의 *Pagan and Christian in an Age of Anxiety* (Cambridge Univ. press, 1965)의 논점을 요약한다(《위기로 치닫는 제국》, 401-406쪽).

두 학자가 거의 유사한 원인들을 들었다. (1) 기독교도가 사회적 적응성은 높이면서도 단호한 일신교를 내세운 점이 로마제국의 다종교적 다원주의의 혼란에서 해방의 힘으로 작용했다. 기독교의 절대적 배타성이 발흥의 원인이 되었다. (2) 영혼불멸설로 대표되는 미래적, 내세적 삶을 주창함으로써 로마제국의 종말에 대한 확신을 심어주고 기독교회가 로마제국의 대안임을 지속적으로 확신시켰다. 3세기 로마인들에게 현세는 매력을 상실했고 미래에 목을 맨 병든 영혼들이 급증했다. (3) 초기 교회지도자들이 일으킨 숱한 기적은 대중의 종교적 열기를 고조시켰다. (4) 초기 기독교인들의 순수하고 금욕적 생활방식이 로마제국의 타락한 성도덕과 문란에 비하여 강력한 흡인력을 행사했다. (5) 규율과 단결을 특징으로 하는 공동체적 삶의 방식으로 교회는 독립적 사회구성력을 발휘해 국가 속의 국가를 형성했다. 기독교 신앙은 현실생활에도 유익을 주었다. 상호부조, 로마가 자랑하던 공공정신의 계승과 발전, 기본생활을 보장하는 사회복지로 과부, 고아, 노인, 실업자, 사회추방자 등을 재활복구시켰다. 교회의 장례식 봉사 등 포괄적인 사랑과 우애실천은 강력한 소속감을 창조했다. (6) 누구에게나 열린 기독교 신앙의 보편적 개방성이 강력한 선교원동력이었다. 기독교는 노예들에게도 열린 종교였다.

야만족에게 모든 것을 빼앗기고 마을을 떠날 수밖에 없어서 도시로 몰려든 사람들, 야만족과의 전장이 되어 황폐케 된 농경지를 버리고 도시로 나와 일거리를 찾는 사람들, 만기제대했으나 군단기지 근처에서 제2의 인생을 시작할 수도 없는 사람, 친구도 가족도 없는 제대군인들, 인플레와 디플레 때문에 이자로 살아갈 길이 막힌 이자생활자, 자유의 몸이 되었으나 주인과 밀접관계를 누리지 못하고 내

팽개쳐진 해방노예들 같은 사람들이 기독교회에 들어와 하나님의 사랑을 맛보았다. 농촌보다 도시, 특히 로마, 안디옥 알렉산드리아에 기독교인이 늘어난 이유가 바로 이것이다(《위기로 치닫는 제국》, 404쪽).

시오노 나나미는 이상의 이유들 외에 한 가지 이유를 추가한다. 유대교가 아니라 기독교가 번영한 이유는 일신교 관점은 양보하지 않았으나 많은 점에서 로마제국에 상당히 양보했기 때문이라는 것이다. 즉 교회가 유대교와는 달리 로마제국에 대하여 절충적이고 타협적인 적응주의 태도를 유지했기 때문에 번성했다고 본다. 우상숭배, 할례, 제국의 공직과 병역 등의 영역에서 기독교가 유대교보다는 융통성을 더 크게 발휘했다고 본다(롬 13장 바울의 권면). 이 점은 나나미의 자가당착적 분석이 아닐 수 없다. 기독교의 배타성이 기독교의 발흥의 원인이라고 본 기번과 도즈의 논지를 수용하면서도, 기독교의 발흥원인이 현실순응적 태도라고 본 것은 기이해 보인다. 그러나 "기독교가 승리한 요인은 로마가 약해지고 있었기 때문이다. 로마제국은 활력을 유지하는 데 가장 중요한 요소인 자신감과 자긍심을 상실했다"라고 말함으로써 다시 균형감각을 되찾는다(《위기로 치닫는 제국》, 418쪽).

발레리아누스의 생포와 죽음으로 초래된 로마제국의 불안정은 38세의 군인 황제 디오클레티아누스의 등장으로 진정되고 기독교는 사상 최악의 탄압을 받기에 이른다. 디오클레티아누스는 자기의 절대성을 원로원과 로마시민의 위임이 아니라 로마 전통신들에게서 구한다. 로마가 숭배하는 신들 30만 중 최고신 주피터가 수여한 권위에 호소할 수밖에 없었다(제13권 《최후의 노력》(한길사, 2005), 127쪽).

디오클레티아누스는 몇 차례에 걸친 로마제국 재건 작업의 대미를 로마제국의 질서에 항구적 도전세력으로 떠오른 기독교탄압 프로젝트로 장식한다. 12권에서도 보았듯이 3세기 중엽 이후 황제들 중 로마재건에 투신한 황제들은 모두 기독교탄압에 열을 내었다. 로마의 전통신들을 믿지 않으면 로마제국을 신뢰하지 않을 것이라는 위기의식의 발로였다. 다신교도들인 로마 대중에게 일신교도인 기독교도들은 자기들의 하나님만 인정하고 나머지 신들은 모두 비신격화하기 때문에 로마제국의 기초를 허물어뜨리는 세력인 셈이다. 다른 신들의 존재 자체를 우상이라고 공격하는 기독교 신앙 자체가 반사회적 행위였다(《최후의 노력》, 136쪽).

303년 2월 24일에 디오클레티아누스의 황제칙령이 반포됨으로써 가장 철저하고 파괴적인 기독교탄압이 시작되었다. 기독교회는 토대부터 파괴되었고, 신도들의 모임은 엄금되었고, 미사나 장례식도 금지되었다. 성서나 미사 도구와 같은 교회 관련 모든 물건들이 소각되었다. 기독교도는 재판을 받을 때도 로마법의 보호를 박탈당했으며 신도들의 기부를 통해 축적된 교회재산은 몰수되어 지방단체나 직능단체에 기부되었다. 모든 기독교도들은 공직에서 추방되었다. 이에 대한 기독교도의 반발은 직간접으로 나타났다. 디오클레티아누스 황궁 안에는 연이어 화재가 발생했고 소아시아와 시리아에서 기독교인들이 주도하는 폭동도 일어났다(《최후의 노력》, 139쪽).

이 박해포고령과 함께 공포된 후속박해칙령들은 로마의 다신교가 사실상 다원주의적 관용종교가 아니라 로마국가주의라는 배타적 유일신 신앙임을 유감없이 드러냈다. 투옥된 성직자들에게 로마의 신들에게 제물을 바치라는 셋째 칙령과, 고발 없이도 익명으로 기독교도를 색출해 처벌하라는 넷째 칙령은 가장 비로마적이고 잔혹한 강압조치였다. 유대교나 기독교는 배타적 유일신 신앙을 보유하고 있으나 아무에게도 야웨 하나님께 제물을 바치라고 강요하지 않는다.

그러나 시오노 나나미가 그토록 예찬해 마지않는 로마의 다신교제의는 기독교도들에게 로마신들에게 제물을 바치는 의식을 강요했으며 거부자는 사형이나 강제노동에 처했다(《최후의 노력》, 139-140쪽). 303-304년 사이에 제국의 지방에 몰아친 엄청난 박해 선풍은 309년까지 살아있었으며 309년에 해제된 이후 감옥이나 강제노역장에서 석방된 신자가 많았다. 이 사태는 312년에 콘스탄티누스황제가 밀비우스 전투를 치르고 뒤이어 밀라노칙령을 공포할 때까지 계속되었다.

콘스탄티누스가 동방 정제 리키니우스와 합동으로 공포한 밀라노칙령에는 다음과 같은 선언이 들어있다. "우리 두 사람은 모든 신하에게 신앙의 자유를 인정하는 것이 가장 합리적이며 최선의 정책이라는 합의에 이르렀다. 그것이 어떤 신이든 지고의 존재가 은혜와 자애로써 제국에 사는 모든 사람을 화해와 융화로 이끌어주기를 바라면서"(《최후의 노력》, 246쪽). 기독교가 모든 사람을 화해와 융화로 이끄는 제국통합적인 기능을 맡아줄 것을 기대한 것이다. 따라서 로마제국의 국가유일신 종교는 본질을 바꾼 것이 아니다. 로마 전통신들 대신 기독교도의 신에 기대어 자신의 본질을 유지한 것이다. 밀라노칙령 이후에 기독교 신앙은 원래의 순수한 배타성 대신 로마국가종교가 보유하던 사악한 배타성을 상속함으로써 반사회적이고 반문명적 배타성을 드러내기 시작한다. 로마전통 종교나 유대교에 대해 물리적 폭압이나 유린을 감행하는 전투적 배타성을 드러낸 것이다.

기독교의 배타성이 로마제국이 단일한 국가제의 아래 유지되고 있을 때는 고도의 윤리적 순수성과 결합되어 있었으나, 밀라노칙령 이후에는 종교권력의 보루를 의미하기 시작했다. 기독교 진흥책의 일환으로 콘스탄티누스는 자신의 사유재산을 교회에 기부했으며

(《최후의 노력》, 319쪽) 성직자를 비과세대상으로 삼음으로써 로마제국 전역에 거짓 개종자들을 양산하는 길을 열었다. 성직자에게 세금을 면제해주는 것과 같은 특권을 교회에 부여함으로써 순수하지 못한 동기로 입교하는 사람들이 생긴 것이다. 교회역사가인 교부 유세비우스도 《교회사》에서 신앙보다 이익을 얻기 위해 기독교에 입문하는 자가 많음을 개탄했다. 결국 콘스탄티누스황제의 기독교진흥책은 순수한 종교적 동기로 추진한 것이 아니라 제국을 통치하는 방편으로 추진한 것임이 드러난다(《최후의 노력》, 344쪽). 로마 전통적 신으로는 4세기 당시 로마제국의 정치적 안정이라는 필요를 충족시킬 수 없었다. 황제가 이제 원로원과 로마시민에게 권력을 위임받아 다스리는 자가 아니라 천상천하의 대주재인 하나님의 대리자로서 다스리는 자라는 신학적 인식을 주입해야 했다. 콘스탄티누스 자신이 배타적인 로마국가종교의 최고제사장이라는 의식은 기독교 공인 이후에도 조금도 약화되지 않았다. 콘스탄티누스는 여전히 로마의 전통신들의 제의를 주관했고 제국의 안정과 통일 유지에 혼신을 다했다. 콘스탄티누스의 핵심관심은 로마제국의 국가적 존엄과 통치권 유지에 있었다.

콘스탄티누스의 후임자 콘스탄티우스황제(337-361년)는 기독교의 특권화를 가속화하고 확장했지만, 콘스탄티우스의 후임자 율리아누스(361-363년)는 기독교의 비특권화와 로마전통종교의 부활을 추구했다. 콘스탄티우스황제는 성직자의 사유재산 보유를 인정했고 모든 우상숭배를 금지하는 법령을 공포했다. 주피터나 포세이돈 같은 신이나 아우구스투스와 카이사르 같은 신격군주의 초상화나 부조상들은 우상으로 단죄되었고 이집트의 이시스 신전, 시리아의 태양신전도 폐쇄되었다. 로마의 전통신들을 모신 신전들이 잇달아 폐쇄되었다(14권《그리스도의 승리》, 103-104쪽). 콘스탄티누스-콘스탄티우스 황제 부자는 기독교를 공인하는 단계를 넘어, 기독교를 우대하고 특권화했으며, 로마의 전통 종교를 배격하는 단계까지 이르렀다. 마침 이 시기에 이집트 성자 안토니우스가 별세했는데(356년) 106세까지 장수한 이 성자의 언행록이 베스트셀러가 되었다. 거기에는 아리우스파 단죄에 대한 엄청난 열심熱心이 분출되어 있었다. 이처럼 배타적인 기독교교권이 로마 황실을 장악하자 로마제국 자체도 점점 배타적이 되어갔다.

지상 세속권력과 야합한 기독교회의 배타성은 거의 폭력 수준으로 표현되었다. 로마제국에게 박해받던 기독교회가 주창한 일신교적 배타성이 공익적이고 비정치적인 배타성이었다면, 로마제국의 정치권력에 편승한 제도권 기독교회의 배타성은 인간의 양심을 억압하는 해악스러운 배타성이었다. 종교권력의 중심으로 부상한 교회는 탐욕과 오만의 교차점이 되었다. 탈세를 위해 성직자 직업군으로 탈출하는 자들이 속출했고 콘스탄티우스 황제 부자의 성직자 면세 정책 때문에 지방자치단체의 유력자들의 기독교도화 추세가 가속화되었다.

이런 상황에서 자신을 플라톤과 아리스토텔레스의 제자로 자처한 율리아누스황제는 기독교발전을 억제하는 정책을 실행하기 시작했다(361년). 기독교도들이 파괴한 그리스 로마신전 재건 명령을 내리는 한편, 300년 전에 파괴한 예루살렘 성전 재건도 명령했다(《그리스도의 승리》, 201, 206쪽). 그동안 기독교회가 누려온 모든 특권을 폐지했다. 그러나 율리아누스의 노력도 배타적 유일 종교권력으로 부상하던 교회권력을 막기에는 역부족이었다. 밀라노의 주교 암브로시우스(374-397년)에게 영향을 받은 기독교황제 테오도시우스의 치세는 배타적 기독교 신앙의 부정적 면모가 절정에 도달한 시점이었다. 테오도시우스황제는 380년부터 395년까지 15년 동안 로마의 전통종교와 이단 배척을 위해 15가지 칙령을 공포했다(《그리스도의 승리》, 340쪽).

388년에 자신의 통치에 저항하던 반란군을 제압한 44세의 테오도시우스황제는 처음 로마를 방문해 원로원을 소집해 충격적인 발언을 한다(《그리스도의 승리》, 372쪽). "로마인의 종교로서 그대들은 유피테르(주피터)가 좋다고 보는가? 아니면 그리스도가 좋다고 보는가?" 이 질문 앞에서, 이 강압적이고 배타적인 기독교 앞에서 로마제국의 전통적 다신교의 보루인 원로원이 무너진다. 기독교의 국교화가 시작된 것이다. 건국 초기부터 로마인과 함께 걸어온 원로원은 1141년 만에 기독교에 항복하고 이 시점을 전후로 원로원 의원 대다수가 기독교도가 된다. 자결한 원로원 의원은 단 한 명뿐이었다. 고대 미술과 예술품, 문예도 함께 희생되었고 도서관들도 폐쇄되었다. 고대의 숱한 장서들은 소멸되었고 고대의 지적 유산 상당수가 소멸되었다. 393년에는 주피터에게 바치는 제의인 그리스의 올림픽도 금지되었다. 올림픽은 주전 776년에 처음 열린 이래로 1169년 만에 종결되었다. 393년은 다신교적, 다종교적 그리스와 로마문명의 사망 연도인 셈이다.

시오노 나나미에 대한 우리의 응답

다신교적 관용으로 통치하던 로마제국과 배타적 기독교의 갈등에 대한 시오노 나나미의 논의를 개략적으로 살펴보았다. 이제 배타적 기독교 신앙에 대한 시오노 나나미의 이해가 얼마나 피상적인지 말하고자 한다. 한마디로 시오노 나나미는 313년 이후의 기독교회가 구사한 배타성에 대한 선입견으로 제국 초기의 기독교도들이 보여준 배타성을 재단하는 오류를 범했다. 콘스탄티누스 이후에 기독교의 배타성은 기독교 신앙의 순수성이 배제되고 권력기구화된 제국 기관의 종교로서의 배타성이라는 점을 먼저 밝혀야 한다. 1-4세기 초까지 기독교회는 배타적이었으나 그것은 기독교회의 신앙윤리와 지조를 지키기 위한 배타성이었다. 소小플리니우스의 보고서에서 볼 수 있듯이 제국 초기 기독교인들의 결사나 맹세는 아무것도 유해한 것이 없었다. 로마제국의 전통종교제의에 참여하지 않는 것이 곧 로마제국의 안전을 위협하는 행위라고 보아서는 안 된다. 율리아누스도 인정했듯이 기독교회는 4세기경에 이미 종적이 사라진 로마공화정의 공공정신, 희생적 시민부조정신 등을 계승하고 있었고 로마제국의 참된 가치를 계승하고 있었다. 하지만 《로마인 이야기》 14, 15권이 잘 보여주듯이 기독교는 4세기 말 테오도시우스 이래로 특권적 종교권력으로 로마 황실과 상층부를 장악함으로써 아주 부정적인 의미의 배타성을 노정했다. 로마전통 종교에 대한 무차별적 파괴와 배척, 로마의 예술품들과 문예유산에 대한 몰지각한 소멸, 그리고 유대교에 대한 차별과 압제와 같은 행동으로 그러한 배타적 우월감을 과시했다.

따라서 우리는 《로마인 이야기》에서 시오노 나나미의 기독교의 배타성에 대한 비판적 논의를 313년 이후 기독교가 보여준 배타성에 대한 비판으로는 수용할 수 있으나 유일신 신앙 자체의 배타성에 대한 비판으로는 수용할 수 없다. 콘스탄티누스 이후 역사적 기독교가 연출하고 보여준 아주 미성숙한 기독교회의 배타성에 대한 비판은 교회가 자초한 면이 있으나, 그것이 기독교의 배타적 신앙 자체에 담긴 문명사적 의의를 평가절하하는 구실이 되어서는 안 된다. 성경이 말하는 기독교 신앙은 배타적인 외양을 띠고 있으나 보편적인 공익을 위한 배타성을 추구한다. 예수 그리스도를 통한 하나님의 계시만 참이라고 믿는 기독교 신앙은 기독교회나 기독교인을 특권화하거나 절대화하지 않는다. 배타적이고 절대적인 진리를 믿는 기독교회나 기독교인들은 오히려 자기를 비워 종의 형제를 가지는 극한적인 자기비하와 자기비움을 실천한다. 배타적인 진리실천과 신앙을 확보하기 위한 배타적 유일신 신앙 주창인 셈이다.

기독교 신앙은 그리스도 예수를 통한 하나님의 계시와 구원만 신봉한다는 점에서 확실히 배타적이다. 그런데 기독교인이 지키려고 하는 그 배타적인 진리 자체는, 자기를 비워 스스로 가난케 되신 하나님의 아들이 계시하신 하나님만 인류가 믿어야 할 진리임을 세상 만민에게 보여주는 데 전력투구한다. 313년경에 로마제국이 기독교를 공인하면서 선포한 밀라노칙령의 결구가 보여주듯이 콘스탄티누스와 리키니우스 황제는 기독교 신앙의 배타적 통일성에 기대어 제국의 통합과 안정을 도모하려고 했다. 이들은 자기부인의 영성, 이웃사랑을 위한 희생과 봉사의 가치를 대표하던 기독교영성을 통해 로마제국의 정신적 부패를 치료해보려고 했다.

기독교 신앙의 배타성을 주장하는 십계명 1-3계명과 요한복음 14장 6절, 사도행전 4장 12절은 온 세계를 창조하신 유일하신 야웨 하나님과 그 유일하신 하나님을 올바르게 대표하고 계시하는 유일하신 중보자(요 1:18) 나사렛 예수의 배타적 지위를 선포한다. 예수님의 배타적 하나님 친자 의식은 자신의 특권을 보증하기 위한 것이 아니라 하나님 아버지에 대한 자기복종을 극대화하기 위한 것이었다. 기독교의 일차적인 배타성은 타종교를 무시하고 배척하는 야만적인 배타성이 아니라, 유일하신 하나님에 대한 교회 자신의 배타적, 일편단심적 충성심을 유발하는 배타성이다. 교회는 자기복무적selfserving이 아니라 타자지향적이며 온 세계의 유익을 위해 배타적 진리를 주장한다.

결론

성경적 기독교는 다채로운 이미지를 표출한다. 절대복종, 자기비움, 하나님의 배타적 계시, 세계경영(통치)적 비전과 같은 이미지가 기독교라는 용어 안에 혼효混淆되어 있다. 그러나 성경적 배타성은 가장 겸손하고 가장 진실하고 정의로운 하나님의 통치를 확장하는, 자기부인을 위한 배타성이다. 참된 성경적 배타성은, 온 세상을 위하여 자기 몸을 대속물로 주기 위한 배타적 자기다짐이다. 타자배제적 배타성이 아니라, 자기희생적 배타성이다. 그리스도의 배타적 주장이 참된 진리를 파수하고 구현하기 위한 배타성이듯, 참된 기독교의 배타성은 종국에 온 세계만민에게 공의를 구현하고 겸손한 자기부인의 영성을 드러내는 계기가 되어야 한다. 이것은 성령의 부단한 감동으로만 가능하다. 성령이 임한 그리스도인들만 세계만민을 위한 진리의 증인, 예수모방적 증인이 될 수 있다. 그러나 현실에서는 성령의 역동적인 사역의 결과가 아니라, 배타적인 기득권 사수, 종파적 확신 사수, 권력과 돈의 사수, 영토와 명예와 같은 것의 취득을 위한 배타성이 기독교적인 것으로 나타날 때가 많다. 현실에서는 하나님 앞에 자기를 죽기까지 복종시킨 자기부인의 그리스도의 참된 제자가 아니라 온갖 이유로 교회의 권력자가 된 자들이 기독교/기독성을 대표하기 때문이다.

현실 기독교 대부분은 유급성직자 집단이 운영하는 교회(가톨릭교회/개신교/정교회 등 모든 제도기독교)가 대표하기에, 교회가 과연 참다운 그리스도다움을 대표하는지 늘 비판적으로 검토해야 한다. 2000년 교회사와 120여 년의 한국 교회사를 보면 기독교도들이 내세우는 하나님이 부족신tribal god 같은 협애함을 대표하는 경우가 적지 않았음을 알 수 있다. 하나님의 초상권을 강탈한 종교권력자들은 자기의 욕망을 위해 인류의 유익을 위한 배타적 주장을 도용했다. 자기비움이나 희생, 하나님 사랑과 이웃사랑을 위한 자기소모, 자기해체, 자기부인 대신, 혈과 육의 권력집중, 권력영속화를 위해 기독교의 배타성에 호소할 때가 많았다. 이런 타락하고 변질된 기독교는 타자배제적이고, 분쟁촉발적이고, 정복주의적이다. 이 경우 '기독교적'이라는 형용사나 수식어는 실재와 이름 사이에 커다란 간격이 있는 거짓 언어가 되어버린다.

'기독교적'이라는 전칭형용사는 기독교의 참된 본질을 대표하는 이들에게 쓰이기보다는 그것을 이용해서 현실권력/기득권을 사수하거나 확장하려는 세력에 인질로 잡히기 쉽다. 시리아 안디옥교회에서 최초로 '그리스도인'이라는 말이 나왔을 때 그것은 그리스도에 대한 배타적 충성을 바치는 사람들에 대한 국외자의 반응이었다. 그리스도에 대한 배타적인 충성심은 겉으로는 호전성을 띠는 것처럼 보이고 주류문화를 보이콧하는 종파주의적인 완고함을 의미할 수도 있다. 그러나 〈디오그네투스의 편지〉라는 초대교회의 단편문서를 보면 기독교인의 배타성은 자기희생을 위한 배타성이었다. 2세기 트라야누스 황제 시절 비두니아의 총독이던 소小플리니우스가 황제에게 보낸 보고서에도 기독교인들이 따로 모여 맹세하지만 사회의 미풍양속을 해칠 만한 맹세는 전혀 없다고 적혀 있다. 로마제국의 수도인 로마 14구역에 집중적으로 거주하던 기독교인들의 자발적 고립화와 주류 동화거부는 로마 대중들의 편견과 증오심을 촉발했으나 그들이 이성과 양심의 기준에 비추어 볼 때 탈선했다는 기록은 전혀 없다(시오노 나나미의 증언과 아우구스티누스의 《하나님의 도성》 증언 일치).

다만 늘 문제가 되는 것은 변질된 기독교의 배타성이다. 그것은 타자배제적, 신앙특권화, 공로주의화, 정복주의적 권력추구를 의미한다. 기독교적이라는 형용사를 붙이는 것을 정당화할 수 있는 경우는, 그 형용사를 붙였을 때 하나님 사랑과 이웃사랑을 비범하게 구별될 정도로 철저하게 실천하는 경우다. 기독교적 기업은 기독교적 가치를 더욱 철저하게, 아예 거룩하게 구별될 정도로 구현할 때 정당화될 수 있다는 말이다. 기독교적 배타성은 그것을 사용하는 사람들이나 집단에게 엄청난 부담감(윤리적 신앙적)을 안겨주는 말이다. 기독교적 배타성을 주창하는 사람들은 온 세상 사람들에게 하나님의 영광을 보여주어 세상 사람들로 하여금 하나님에게 영광 돌리도록 해줘야 한다는 사명감에 결박되어 있어야 한다는 말이다. 기독교적이라는 무한가치를 자기 것처럼 전유專有하려면 그에 걸맞은 고결한 인격과 삶과 문화와 교양을 보여주어야 한다.

부록 2 ———— 주요 용어, 인물, 사건 해설

서론

펠라기우스 Pelagius(360-418년). 브리타니아(현 영국) 출신 수도사이던 펠라기우스는 아우구스티누스의 대표적 논적論敵으로서 자유의지론과 금욕주의를 옹호했다. 펠라기우스는 원죄의 인간성 오염 자체를 믿지 않았으며 아담 이후에 태어난 인간은 여전히 선을 행할 수 있다고 주장했다. 하나님이 창조하신 인간성과 그것을 선용하는 인간의 선한 의지가 하나님의 율법을 준행할 수 있게 한다는 것이다. 펠라기우스는 원죄설뿐 아니라 유아세례도 부정했다. 현존하는 저작은 없으며 오로지 418년에 열린 카르타고 공의회가 펠라기우스의 사상을 단죄한 항목을 통해 펠라기우스사상의 궤적을 찾을 수 있다.[1]

전천년설. 전천년설은 현재의 교회시대가 대환난이 올 때까지 지속

---

1 Joseph Pohle, "Pelagius and Pelagianism," *The Catholic Encyclopedia* Vol. 11(Robert Appleton Company, 1911).

된다고 보는 관점이며 교회시대의 끝에 환란이 오고 대환난이 성도와 교회를 타격하기 전에(그러나 환난의 절정 때) 그리스도가 재림해 이 땅에 천년왕국을 세운다고 믿는다. 전천년설은 세대주의 전천년설과 역사적 전천년설로 나뉘지만 넓게 보면 같다. 세대주의 전천년설은 이스라엘 나라와 민족의 영광스러운 회복을 문자 그대로 믿으며 따라서 현재의 이스라엘에 대해 지극히 우호적이다. 이스라엘의 미래에 대한 구약의 약속이 아직도 더 성취되어야 한다고 믿는다. 반면에 역사적 전천년설은 예수 재림 이후 천년왕국이 있을 것을 믿는다는 점에서 세대주의 전천년설과 같으나 이스라엘의 회복에 대한 구약의 약속이 실제적인 이스라엘 나라와 민족이 아니라 교회를 통해서 다 실현되었다고 본다. 새 이스라엘이 옛 이스라엘을 대신했다고 본다. 그리스도께서 세상종말에 있을 대환난의 절정기에 재림하셔서 문자 그대로 천 년 동안 왕노릇하신다. 전천년설주의자들의 종말 시나리오는 다음과 같다

1) 대환난의 절정기에 그리스도 재림
2) 죽은 성도의 부활(계 20:5-6)
3) 부활 성도와 생존 성도의 공중영접(살전 4:16-17)
4) 사탄의 감금(계 20:2-3)과 적그리스도의 멸망(계 20:3)
5) 천년왕국의 건설 진행, 이스라엘의 민족적 회개와 그리스도 영접
6) 천 년 끝에 일어날 곡과 마곡 전쟁, 사망과 음부의 불못 투척심판 (계 20:11-15)
7) 사탄이 불과 유황못에 던져짐
8) 악인의 부활과 심판(계 20:11-15)
9) 새 하늘과 새 땅 건설

전천년설의 특징은 역사에 대한 비관주의이며, 역사적 발전, 제도와 법의 개선, 환경과 민주주의, 노동인권 같은 사회의 중심쟁점에 무관심하다는 점이다. 전천년설주의자들은 이 모든 쟁점을 재림 예수가 해결하도록 맡겨버린다. 칼 헨리는 《복음주의자의 불편한 양심》에서 전천년설주의자들의 역사포기적 신앙일탈을 비판한다.

[1권]
3장

트로이Troy 전쟁. 트로이는 고대 터키의 유럽 쪽 항구도시로서 그리스가 개척한 해외식민지 항구다. 고대 그리스어로는 일리온Ἴλιον, Ilion으로 불리고 라틴어로는 트로이아Trōia 혹은 일리움Īlium으로 불린다. 주전 8세기 경 그리스 시인 호메로스의 《일리아스》와 《오뒷세이아》의 배경인 트로이 전쟁의 중심무대다. 《일리아스》는 '일리움에 관한' 시라는 뜻이다. 트로이 전쟁은 트로이왕자 파리스에게 빼앗긴 그리스왕 메넬라오스의 아내 헬렌을 되찾아오기 위한 10년에 걸친 전쟁으로서, 그리스의 네 도시국가 왕들이 트로이왕자 파리스와 파리스의 형 헥토르와 전쟁을 벌여 마침내 트로이를 정복한다. 트로이 전쟁은 그리스군대의 편을 든 아테나와 헬레나(유노), 트로이 편을 든 바다의 신 포세이돈 사이의 전쟁이기도 한데, 이 전쟁은 똑같이 주피터(유피테르, 제우스)라는 최고신을 섬기는 두 나라 사이의 전쟁이기도 했다. 아우구스티누스는 주피터가 역사를 주관할 능력이 없는 거짓된 신임을 논증하기 위해, 때로는 로마 건국 신화를 언급하기 위해 이 트로이 전쟁사화를 빈번하게 언급한다. 주피터는 자신을 믿던 트로이 사람들을 구해주지 못한 무능한 신이라는 것이다. 아우구스티누스는 로마가 그토록 높이는 주피터가 이렇게 무책임하고 무능하다면 다른 나머지 열등한 로마의 신들에게는 전혀 기대할 것이 없다는 야유를 퍼붓는다.

[2권]
5장

무녀신 시빌레 Cybele. 원래는 소아시아 아나톨리아 지방에서 숭배하던 모신의 이름으로 고대 그리스 프리기아 지방을 중심으로 시빌레 여신숭배가 확산되기 시작했다(주전 6세기). 프리기아의 국가공인 종교가 받드는 여신이었다. 시빌레 여신숭배를 관장하는 사제들은 거세를 강요당한 시빌레 여신의 배우자이자 목동의 신 아티스Attis 제사도 관장한 것으로 알려진다. 시빌레 여신이 로마에서는 대모신Great Mother으로 격상되어 숭배되었으며 로마제국은 시빌레 무녀신탁(2차 포에니 전쟁에 승리하기 위해 자신을 적극 숭배하라고 명령한 신탁)을 근거로 하여 시빌레 숭배를 공식 국가종교 행사로 수용했다.

9장

키케로의 《공화국론*De Republica***》**. 키케로는 주전 1세기 로마의 정치가, 문장가였으며 원로원 보수파의 거두로서 줄리우스 시저의 권력집중을 견제하다가 죽임을 당했다. 이 책은 주전 54-51년 사이에 쓰인 여섯 권짜리 대화체 정치담론집이다. 소크라테스의 대화록 같은 형식으로 구성되었다. 키케로가 태어나기 수십 년 전에 죽은 3차 포에니 전쟁의 영웅 소小 스키피오 아프리카누스Scipio Africanus Minor가 늙은 현자의 역할을 맡는다.

14장

프리아푸스Priapus. 그리스 신화에 등장하는 한미한 신으로서 시골을 무대로 활동하는 신이다. 푸리아푸스는 가축, 유실수, 정원, 남성의 성기를 보호하는 풍요의 신이다. 프리아푸스는 성기가 아주 크고 항상 발기되어 있는 신으로 유명하다. 프리아푸스라는 이름에서 과도발기증을 의미하는 의학용어 프리아피즘priapism이 나왔으며, 외설시Priapeia라고 불리는 말도 나왔다. 한국식으로 말하면 로마의 예술과 문학에서 정력의 화신(변강쇠)으로 등장한다.

케노케팔루스Cynocephalus. 그리스어로 개의 머리dog head를 의미하는 키노케팔리*Cynocephaly*에서 나온 신의 이름으로 개의 얼굴을 한 성스러운 이집트의 원숭이baboon를 가리킨다. 마르쿠스 도즈 영어역본 각주에는 "개의 머리들로 대표되는 이집트의 남신들"이라고 했다. 루칸Lucan(8,832)이 *semicanes deos*(a half-dog deity)라고 불렀다.

페브리스Febris. 로마신화에 나오는 신으로 영어로 '열'을 의미하는 Fever의 어원이기도 하다. 페브리스는 열과 말라리아를 육화한 여신이면서도 사람들을 열과 말라리아로부터 보호해주는 여신이다. 페브리스는 고대 로마에서 신전이 세 개 있었는데 그 중 하나가 로마황궁단지 팔라틴 언덕과 벨라브룸Velabrum 사이에 있었다. 로마신화의 남신 페브루스Februus에서 파생되었을 가능성도 있다. 외설스러움과 정직함의 특징을 갖고 있다. 이 여신의 신전에는 열이 날 때 사람들이 착용하는 액땜용 장신구들이 안치되어 있었다.

16장

스파르타의 리쿠르고스 Lycurgos of Sparta. 델피의 아폴로 신탁에 따라 스파르타를 상무주의적 국가로 개조한 스파르타의 전설적인 입법가다. 리쿠르고스의 국가개조적 개혁은 시민들간의 평등equality among citizens, 군사적 용맹성military fitness, 엄정성austerity을 실현하는 데 기여했다.

17장

사비니족Sabines. 고대 이탈리아 반도의 아펜니노 산맥에 살던 부족으로서 로마가 건국되기 전 라티움지역에 거주했다. 《하나님의 도성》에서 언급하는 사비니족 여인 납치와 강제결혼, 그로 인한 로마와 사비니족의 전쟁사화는 로마의 태조 로물루스가 사비니족의 여인들을 강제로 납치해 로마 청년들과 결혼시킨 사건에서 발단했다. 사비니족 출신 여인들이 로마인들과 사비니족 사이에 자녀들과 함께 평화의 분리선을 만들어 전쟁을 종식시켰다.

루크레티아의 남편 콜라티누스 Lucius Tarquinius Collatinus. 콜라티누스는 주전 509년에 건설된 로마공화국의 첫 집정관들 중 하나였다. 콜라티누스의 동료집정관이 루키우스 유니우스 브루투스Lucius Junius Brutus다. 이 두 사람은 로마왕정을 무너뜨리고 공화정을 세우는 데 지도력을 발휘했으나 콜라티누스는 로마 민중에게 이전 왕실에 대한 증오심을 촉발시켰다는 죄목으로 추방당했다. 콜라티누스의 아내는 스푸리우스 루크레티우스 트리키피티누스Spurius Lucretius Tricipitinus의 딸이었다. 콜라티누스가 유배 중인 때에 무너진 왕정의 마지막 왕인 루키우스 타르퀴니우스 수페르부스Lucius Tarquinius Superbus의 아들이자 콜라티누스의 사촌인 섹투스 타르퀴니우스Sextus Tarquinius가 루크레티아를 겁간하려고 노예 한 명을 대동하고 밤중에 루크레티아를 찾아갔다. 만일 자기 요구에 따르지 않으면 노예와 간통했다고 뒤집어씌울 것이라고 위협했다. 섹투스 타르퀴니우스가 떠난 후 루크레티아는 친정아버지와 남편에게 사건의 자초지종을 다 고백했고 자신의 결백을 호소했다. 남편과 친정아버지는 루크레티아의 결백을 믿어주었으나 루크레티아는 수치심을 못 이기고 단검으로 자신의 가슴을 찔러 자결했다.

마르쿠스 카밀루스Marcus Camillus(주전 446 – 365년). 마르쿠스 카밀루스는 로마공화국의 제2태조라고 불릴 정도로 로마공화국 정착에 혁혁한 공을 세운 장군이자 정치가다. 네 번의 전쟁에 나가 이겼고, 다섯 번이나 독재관에 선출되었으며, 로마의 제2건국자라는 명예도 얻었다. 주전 406-396년에 치른 로마의 베이Veii의 에트루리아와 그 동맹국인 팔레리Falerii와 카페나Capena 전쟁의 승전 영웅이었다. 카밀루스는 베이성을 철저하게 광범위하게 노략했다. 남자들은 다 죽이고 여자들과 어린이들은 다 노예로 삼았다. 또 베이의 에트루리아에 로마인들을 이주시키자는 계획에 반대했다. 카밀루스는 자신이 베이성 약탈에서 얻은 전리품의 10분의 1일을 델피의 아폴로신에게 바치기로 한 서원을 준행하지 않아 논란을 불러일으켰다. 로마의 술객들은 이 일로 로마의 신들이 그를 불쾌하게 여긴다고 말하기 시작했다. 로마 원로원은 카밀루스와 같이 참전한 시민들을 고소했고 시민군사들이 사취한 금의 상당부분을 국고로 회수했다.

18장

가이우스 살루스티우스 크리스푸스 Gaiu Sallustius Crispus(주전 86년-주후 35년). 살루스티우스는 평민 출신의 로마공화주의 정치가요 역사가였다. 제1차 삼두정치 체제 아래서 줄리우스 시저 편에 섰다. 주전 5세기 그리스 역사가인 투키디데스Thucydides에게 주된 영향을 받은 살루스티우스는 실명으로 저작된 역사책이 현존하는 최초의 로마역사가다. 주전 63년에 L. 세르기우스 카틸리나의 음모로 일어난 카틸리나 전쟁을 기록한 《카틸리나 음모》, 주전 111-105년에 누미디안족들과 치른 전쟁을 기록한 《유구르타 전쟁》, 그 외에 파편적으로 남아있는 주전 78-67년 로마의 역사적 격변을 기록한 《역사들The Histories》이 살루스티우스의 저작들이다.

23장

가이우스 마리우스 Gaius Marius(주전 157-86년). 마리우스는 전례 없이 일곱 차례나 집정관에 뽑힌 로마의 정치가요 장군으로서, 땅이 없는 로마시민도 군인이 되는 길을 열어주고 여단을 작은 연대 단위로 세분화하는 등 로마군제를 개혁한 것으로 유명하다. 여러 게르만 부족의 침략을 막고 로마를 지켰기에 로마의 제3건국자라는 명예를 얻었다. 로마가 공화정에서 제정으로 넘어가던 시기에 가장 큰 영향을 끼친 정치가였으나, 연소한 동료이자 정적이던 술라에게 정치적 영향을 빼앗겨서 노년은 쓸쓸했다.

마르쿠스 아틸리우스 레굴루스 Marcus Atilius Regulus(주전 307-250년). 레굴루스는 로마의 정치가요 군인이었으며 주전 267년과 256년에 로마의 집정관을 역임했다. 주전 256년에 1차 포에니 전쟁에 참전해 승전을 거듭하다가 주전 255년에 현 튀니지 지역에서 카르타고에 생포되었다. 레굴루스는 로마와 카르타고의 평화협상을 중재하고 돌아오는 조건으로 석방되었으나, 원로원을 격동시켜서 카르타고의 평화협상안을 거절하도록 설득한 후에 약속대로 카르타고로 돌아갔다. 카르타고로 돌아가서는 고문을 당해 죽었다고 한다. 사후에 로마인들에게 시민적 용기의 전범典範으로 추앙되었다.

루키우스 코르넬리우스 술라 펠릭스 Lucius Cornelius Sulla Felix(주전 138-78년). 술라는 로마의 정치가요 장군이었다. 집정관을 두 번 역임하고 독재관 제도를 부활시켜 독재관이 되기도 했다. 마르쿠스 테렌티우스 배로Marcus Terentius Varro의《로마장군 열전》과 플루타르코스의《영웅전》(원제는《비교열전Parallel Lives》)에서 술라는 스파르타의 장군이자 전략가인 리산데르Lysander에 병렬되었다. 연장자이자 동료 마리우스가 민중의 권리를 확대하는 개혁을 추구한 반면, 술라는 귀족과 원로원으로 대표되는 기득권질서를 수구하려고 했다. 마리우스를 패퇴시키고 제2차 포에니 전쟁 이후 폐지되었던 독재관직을 복구하여 스스로 독재관이 되었다. 독재관이 된 후 원로원과 선출직 공직자들의 권한을 강화하는 헌법 개정을 시도했다.

24장

본도의 왕 미트리(라)다테스 6세 Mithridates VI of Pontus. 주전 120-63년간 터키 지역인 북아나톨리아 본도와 아르메니아 지역을 통치한 왕으로서 로마공화정 말기의 로마의 강력한 숙적 중 하나였다. 로마의 유명한 장군 세 명(술라, 루키우스 루키니우스 루쿨루스Lucius Licinius Lucullus, 그나이우스 폼페이 마그누스Gnaeus Pompey Magnus)과 전쟁을 치렀을 정도로 미트리다테스 6세는 로마를 성가시게 했다. 주전 1세기에 미트리다테스와 로마 사이에는 전쟁이 세 차례(주전 88-84년, 83-81년, 75-63년) 있었다. 1차 전쟁은 부장인 가이우스 핌브리아Gaius Flavius Fimbria를 대동한 로마의 술라가 이겼다. 2차 전쟁은 루키우스 루키니우스 무레나Lucius Licinius Murena의 지휘를 받은 로마가 졌다. 3차 전쟁은 루쿨루스(주전 75-66년)와 폼페이(주전 66-63년)가 영도한 로마가 이겼다. 미트리다테스가 주전 63년에 죽은 후에 로마는 아나톨리아를 지배하기 시작했다.

29장

가이우스 무시우스 스카이볼라 Gaius Mucius Scaevola. 가이우스 무시우스 스카이볼라는 주전 509년에 에트루리아와 치른 전쟁에서 용맹을 떨친 로마의 유명한 청년이다. 적에 포로로 잡혀가도 로마인의 용감한 기개를 과시한 것으로 유명하다. 자신의 오른팔을 불속에 넣고도 고통을 감내했다고 한다. 그래서 '왼손잡이 스카이볼라'라는 별명을 얻었으며, 에트루리아왕은 그 광경에 충격을 받아 스카이볼라를 석방해 고국으로 돌려보냈다.

대大스키피오Publius Cornelius Scipio Africanus(주전 236-183년). 스키피오 아프리카 혹은 스키피오 대大아프리카누스로 불리는 스키피오는 2차 포에니 전쟁의 영웅이자 로마의 정치가이다. 2차 포에니 전투를 종결한 자마 전투에서 한니발을 격파한 것이 가장 유명한 공적이다.

가이우스 파브리키우스 루시누스 모노쿨라리스 Gaius Fabricius Luscinus Monocularis. 알레트리움Aletrium에서 고대 로마로 이주한 파브리키 가문의 첫 조상으로 '외눈박이'(모노쿨라리스Monocularis)라는 별명이 이름에 붙어있다. 주전 284년에 타렌툼으로 간 로마 평화협상사절단 중 한 사람이었으며, 주전 282년에 집정관에 선출되었다. 로마가 헤라클레아Heraclea의 왕 피루스Pyrrhus에게 패한 후 파브리키우스는 피루스와 평화협상을 하도록 파견되었다. 피루스는 포로석방을 위해 속전을 요구했으나 파브리키우스는 요지부동이었다. 결국 피루스는 속전도 못 받고 포로들을 풀어주었다. 파브리키우스는 피루스왕의 뇌물에도 흔들리지 않았다. 주전 278년에 집정관으로 선출되었다. 파브리키우스는 공직자의 엄정한 자기관리와 뇌물로도 타락시킬 수 없는 청렴성의 상징이다. 단테는《신곡》20장에서 파브리키우스를 탐욕을 대적하는 청렴미덕의 전범으로 그렸다. 파브리키우스는 가난하게 죽었지만 국가가 대신 장례를 치러주었다.

[3권]
3장

비너스Venus. 사랑, 미, 성애sex, 다산, 번영, 욕망을 관장하는 여신이다. 트로이 멸망에서 살아남아 이탈리아로 건너온 아이네아스Aeneas의 어머니로서 로마인들의 어머니신이다. 줄리우스 시저도 비너스가 자신의 조상이라고 선언했다. 숱한 로마의 전통종교제의에서 숭배하는 여신이다.

안키세스Anchises. 그리스 신화에서 안키세스는 카피스Capys와 테미스테Themiste의 아들이다. 테미스테는 일루스Ilus의 딸이며, 일루스는 트로스Tros의 아들이다. 안키세스는 아이네아스의 아버지이며 트로이 근처 영지인 다르다니아Dardania의 제후였다. 그리스 신화에서 안키세스가 유명한 이유는 미의 여신 비너스의 인간 연인이었기 때문이었다. 이 둘 사이에 태어난 사람이 아이네아스다.

불칸Vulcan. 고대 로마의 종교와 신화에서 화산과 불의 신이다.

로물루스Romulus. 로물루스는 로마의 창건자다. 로물루스는 팔라티노 언덕에, 동생 레무스는 아벤티노 언덕에 로마를 건설하자고 다투다 로물루스가 레무스를 살해했다. 자신의 이름을 따 로마로 이름 지은 그 도성은 각처에서 몰려든, 땅 없는 피난민들의 보금자리가 되었다. 로물루스는 사비니족 여인들을 납치해 로마에 몰려든 미혼 남자들과 강제결혼을 시켰고 그 결과 사비니족과 로마 사이에 전쟁이 발발했다.

4장

마르쿠스 테렌티우스 배로 Marcus Terentius Varro(주전 116 – 27년). 고대 로마의 학자요 저술가다. 로마의 문헌학자 루키우스 아엘리우스 스틸로 Lucius Aelius Stilo 문하에서 공부하다가 후에는 아테네로 가서 안티오커스 문하에서 수학했다. 헤시오도스의 《신통기》 등을 토대로 로마신들의 계보를 정리한 신학자이기도 하다.

가이우스 플라비우스 핌브리아 Gaius Flavius Fimbria. 주전 84년에 죽은 로마의 정치가 가이우스 마리우스의 열렬한 추종자였다. 1차 미트리다테스 전쟁에 참전했다.

9장

누마 폼필리우스 Numa Pompilius(주전 753-673년). 로마의 2대 왕으로 누마의 재위기간(주전 715-673년)은 유다왕 히스기야의 재위 기간과 거의 겹친다. 누마는 로마의 가장 중요한 종교·정치제도를 완비한 왕으로 알려져 있으며 로마를 종교의 나라로 탈바꿈시켰다.

13장

티투스 타티우스 Titus Tatius. 주전 748년에 죽은 것으로 알려진 티투스 타티우스는 사비니족 여인들이 로마에 강제납치되었을 때 사비니족의 왕이었다. 타티우스는 로마를 공격해 카피돌지역을 점령했으나 로마인의 아내가 된 사비니족 여인들이 친정식구들에게 로마 공격을 만류하자 로물루스와 화해했다. 후에 라비니움 사람들의 복수심에 찬 공격을 받아 살해되었으며 그 결과 로물루스 단독으로 로마와 사비니를 통치하게 되었다. 딸 타티아Tatia는 로마의 2대 왕 누마 폼필리우스의 아내가 되었고, 아들은 타티이Tatii라는 로마 명문가문의 조상이 되었다.

툴루스 호스틸리우스 Tullus Hostilius(주전 673-642년). 호스틸리우스는 누마를 승계한 로마의 3대 왕이다. 누마와 달리 툴루스는 야전사령관형 왕으로 로마 인근의 알바 롱가Alba Longa를 정복해 로마에 편입시켰다. 알바 롱가는 로마의 봉신국가가 되었다. 그런데 알바의 독재자 메티우스 푸페티우스Mettius Fufetius가 로마를 배반하자 툴루스는 알바를 파멸시키고 남은 주민들을 로마에 강제 편입시켰다. 툴루스는 피데네와 베이족과 사비니족과는 계속 전쟁했다. 종교문제에는 거의 관심이 없었지만 재앙과 천재지변이 연속하여 로마를 타격하고 자신도 병이 들자 미신적 종교심으로 가득 차게 되었다. 툴루스는 누마의 책을 읽고 누마가 권고한 대로 주피터 엘리우스 신에게 희생제물을 드리려고 시도했다. 그러나 예식 절차를 정확하게 따르지 않았고, 그 결과는 자신과 가문이 벼락에 맞았고 잿더미로 변했다. 주피터의 진노 때문이라고 믿어졌다.

호라티우스Horatius, 호라티우스 집안의 형제와 쿠리아티우 집안의 형제. 리비우스에 따르면 호라티우스 집안에는 삼형제가 있었다. 이들은 로마와 알바의 전쟁(툴루스 호스틸리우스 왕 재위기간, 주전 672-642년)에 참전했다. 각 나라 대표전사들의 결투를 통해 전쟁승패를 결정짓고 전쟁을 종식시키자는 협약에 따라 로마를 대표해 호라티우스 삼형제가 알바의 쿠리아티우스 삼형제와 결투를 하였다. 쿠리아티우스 삼형제는 다 부상을 입었고 호라티우스 삼형제 중 둘은 살해되었다. 호라티우스 삼형제 중 마지막으로 살아남은 푸블리우스가 도망가는 시늉을 하다가 방향을 틀었다. 그러자 부상한 쿠리아티우스 삼형제가 푸블리우스를 추격하다가 하나씩 푸블리우스에게 살해당했다. 푸블리우스가 승리의 전리품을 갖고 집에 돌아오자 여동생이 슬픔으로 통곡했다. 여동생은 쿠리아티우스 형제 중 하나와 약혼을 했는데, 약혼자를 자기 오라버니가 살해했기 때문이다. 푸블리우스는 여동생을 살해하면서 다음과 같이 외쳤다. "적의 죽음을 애도하는 모든 로마 여인들은 파멸할지어다." 푸블리우스는 여동생 살해죄로 사형선고를 받았으나 아버지의 탄원으로 목숨을 건졌다.

16장

루키우스 유니우스 브루투스 Lucius Junius Brutus. 로마공화국의 창건자이자 주전 509년의 첫 집정관 중의 하나로 알려져 있다. 줄리우스 시저 암살자들로 유명한 데시무스 유니우스 브루투스Decimus Junius Brutus 와 마르쿠스 유니우스 브루투스Marcus Junius Brutus의 조상인 유니우스 가문의 조상이다.

18장

포에니 전쟁the Punic Wars. 주전 264-146년 사이 약 120년간 세 차례에 걸쳐 일어난 전쟁으로 페니키아족이 세운 식민도시 카르타고와 로마의 지중해 제해권 쟁취전쟁이었다. 포에니는 라틴어 푸니쿠스 Punicus 혹은 포에니쿠스Poenicus에서 유래했다. 포에니 전쟁은 기존강국 카르타고와 신흥강국 로마의 전쟁으로, 카르타고의 통제 아래 있던 시칠리아를 거쳐 지중해로 뻗어가려던 로마가 카르타고를 도발해 발발했다.

19장

칸나이 전투 The Battle of Cannae. 주전 216년 8월 2일에 이탈리아 남동부 아풀리아에서 일어난 전투로 한니발 휘하 카르타고군이 루키우스 아밀리우스 파울루스Lucius Aemilius Paullus와 가이우스 테렌티우스 배로Gaius Terentius Varro 휘하 로마를 결정적으로 패퇴시킨 전쟁이다.

20장

사군툼인들Saguntines. 사군트Sagunt는 스페인 동쪽 해안의 고대 도시였으며 로마의 동맹이었다. 2차 포에니 전쟁 때 한니발의 공격을 받았으나 로마군대의 지원이나 로마신들의 가호를 받지 못했다. 로마의 신들이 로마는 물론이요 로마의 동맹도 돕지 못하는 사례로 거론

되었다.

21장

소小 스키피오 Scipio. 자마 전투에서 한니발의 카르타고 군대를 격파한 스키피오 아프리카누스Scipio Africanus와 다른 스키피오 아밀리아누스 아프리카누스로 3차 포에니 전쟁 중이던 주전 146년에 카르타고를 파괴한 장군이다.

24장

그라쿠스 형제들 Tiberius Gracchus, Gaius Gracchus. 주전 2세기에 로마를 개혁하려고 하다가 참살당한 형제들이다. 둘 다 호민관으로 일할 때 여러 개혁입법을 제정해 통과시키려 하다가 원로원 권문세가의 저항을 받아 살해되었다.

형 티베리우스 그라쿠스의 사회양극화 해결정책은 '셈프로니우스 농지법lex Sempronia agraria'이라고 불리는 농지개혁 법안에 집약되었다. 이 법안 내용은 다음과 같다. 첫째, 국유지 임차 상한선을 500유게라jugera(약 1.3km²)로 제한하고 아들 명의로 한 명당 250유게라까지 더 보유할 수 있도록 했다. 단 한 가문이 토지를 1,000유게라 이상 소유할 수 없다. 둘째, 국유지 임차권은 상속하지만 양도할 수는 없다. 셋째, 1,000유게라가 넘는 토지는 유상몰수하여 땅 없는 농민에게 무상분배한다. 이 법안의 요체는 자작자영농민층의 사회정치적 재활이었다(주전 133년).

동생 가이우스 그라쿠스의 주요 개혁법안은, 자작농 육성법인 농지개혁법, 밀을 빈민에게 싼 값에 제공하는 곡물법, 17세 미만 시민 징병 금지법, 공공사업을 진흥하여 고용을 창출하는 공공사업법, 식민지에 시민을 이주시켜 경제적 부흥을 꾀하는 식민지법, 로마 시민권의 확대를 추구하는 시민권 개혁법, 신흥계급인 에퀴테스(기사) 계급이 배심원을 독점하게 하여 귀족층의 사법 불의를 견제하는 사법 배심원법이다. 이 모든 법안은 로마의 권문세가와 지주세력의 보루인 원로원의 격분을 사기에 충분했다.

29장

골족Gauls. 철기시대와 로마시대(주전 5세기부터 주후 3세기까지)에 골지방(프랑스)에 거주하던 켈트족이다. 줄리우스 시저가 7년간 전쟁을 거쳐 정복한 족속이기도 하다. 이 7년 전쟁에 대한 기록이 시저의 《갈리아 전기》다.

고트족Goths. 동게르만족의 일부로 서고트족과 동고트족으로 나뉜다.

30장

퀸투스 세르토리우스Quintus Sertorius (주전 123-72년). 사비니족 지역인 누르시아 출신의 로마정치가이자 군인이었다. 에스파냐 지역을 장악하기 위한 전투에서 군사적 지도력을 발휘했고 로마원로원과 등을 지며 8년 간이나 에스파냐를 직접 통치했다. 그 후 골지방에서 킴브리족과 투톤족의 침략에 맞서 로마의 영토를 지키는 전쟁을 지휘했다(주전 105년, 102년). 마리우스와 술라의 내전(주전 87-86년) 때 마리우스 편에 섰다.

루키우스 세르기우스 카틸리나Lucius Sergius Catilina (주전 108-62년). 원로원

의 손아귀에 장악되어 제 기능을 못하던 로마공화정을 전복하려는 음모를 두 차례나 꾸몄다가 실각한 정치가다. 주전 65년에 집정관들을 살해하고 권력을 장악하려는 첫 음모에 연루되었다. 그러나 실제 역사가들은 이 음모에 카틸리나가 연루되었을 가능성은 희박하다고 본다. 둘째 음모는 주전 63년 일부 귀족들과 불만 가득한 퇴역군인들 도움으로 공화국을 전복하려고 한 시도였는데, 키케로가 이 음모를 폭로했다. 그 결과 카틸리나는 로마를 떠나 망명해야 했다.

마르쿠스 아이밀리우스 레피두스 Marcus Aemilius Lepidus(주전 89/88-12년). 옥타비아누스와 마르쿠스 안토니우스와 함께 제2차 삼두정치에 참여한 로마정치가다.

퀸투스 루타티우스 카툴루스 Quintus Lutatius Catulus(주전 149-87년). 주전 102년 로마공화국의 집정관으로서 루타티아 가문의 지도적 인물이었다. 당시 카툴루스의 동료집정관이 가이우스 마리우스다. 두 사람은 이내 불화에 빠졌고 카툴루스는 마리우스와 술라의 내전 (주전 88-87년)때에 술라 편에 가담했다. 마리우스파가 주전 87년에 로마 권력을 다시 장악하자 카툴루스는 박해를 당하는 것 대신 자살을 택했다.

그나이우스 폼페이우스 마그누스 Gnaeus Pompeius Magnus(주전 106-48년). 주전 60년대 중반 마르쿠스 리시니우스 크랏수스와 줄리우스 시저와 함께 제1차 삼두정치를 이끈 로마의 대정치가요 장군이다.

[4권]

3장

푸블리우스 베르길리우스 마로 Publius Vergilius Maro(주전 70–19년). 가이사 아우구스투스 시대 로마의 국민시인이었으며 《아이네이스Aeneis》의 저자다. 《아이네이스》는 호메로스의 《일리아스》나 《오뒷세이아》와 같은 양식으로 쓰인 로마 건국 서사시다. 《아이네이스》는 트로이왕국의 몰락귀족 아이네아스가 자신의 운명을 성취하기 위해 천신만고 끝에 카르타고를 거쳐 마침내 이탈리아 해안에 도착하는 과정을 그린 대서사시다. 《아이네이스》는 주전 29-19년 사이에 쓰였는데, 강약약강强弱弱强조 6음보dactylic hexameter로 쓰인 9896행으로 구성되어 있다. 12권 중 첫 여섯 권은 아이네아스 일행이 트로이에서 출발하여 이탈리아에 도착하기까지의 방황을 그리며, 나머지 여섯 권은 라틴 토착족속들에 대한 트로이인들의 궁극적 승리를 그린다. 아이네아스는 《일리아스》에도 살짝 등장하는 인물이다. 베르길리우스는 아이네아스의 무연결적인 방황들을 의미 있게 연결하여 로마 건국과도 연결한다. 《아이네이스》에서 베르길리우스는 포에니 전쟁의 발발원인, 로마인들의 전통적 미덕, 줄리어스-클라우디오 왕조의 정통성 옹호 등도 다룬다.

10장

넵튠Neptune**과 살라키아**Salacia. 넵튠은 로마신화에서 바다의 신으로 주피터와 플루토의 형제신이다. 살라키아는 넵튠의 아내다.

플루토Pluto. 음부 지하세계를 관장하는 신이다. 재물의 신인 플루토스와 중첩되어 불리기도 한다.

프로세르피나Proserpina. 봄철을 관장하는 로마여신이며 플루토의 아내다.

사투르누스Saturnus. 고대 로마신화의 주신主神 중 로마 황궁터가 있는 언덕인 카피톨을 관장하는 신이다. 생성, 해체, 풍요, 농업, 정기적 갱신, 해방을 관장하는 신이기도 하다. 후에는 시간의 신으로 불리기도 했다. 사투르누스의 통치 기간은 풍요와 평화의 황금기로 그려진다. 로마관공서 복합건물 센터에 있는 사투르누스 신전에는 국보들이 안치되어 있었다.

16장
콰이에스Quies. 로마신화에서 평화의 여신이다.

17장
빅토리아Victoria. 고대 로마종교에서 승리의 여신으로 로마황궁터인 팔라티노 언덕에 이 여신을 모시는 신전이 있었다. 전쟁에서 이기고 돌아온 개선장군들이 빅토리아를 숭배했다. 주후 382년에 기독교를 믿는 황제였던 그라티아누스Gratianus가 빅토리아 여신 신전을 철거하자 로마 대중 사이에 큰 분노가 일어났다.

18-19장
펠리키타스Felicitas와 **포르투나**Fortuna. 펠리키타스는 고대 로마의 신적 풍요, 지복, 축복을 관장하던 여신이다. 여인의 생식력과 장군의 승리운도 관장했다. 펠리키타스는 행운의 여신인 포르투나의 특징과 자질을 일부 공유했다. 포르투나는 예측불가능했고 포르투나의 활동은 대체로 부정적인 결과를 초래한 반면에 펠리키타스는 긍정적인 의미가 있었다. 포르투나는 포르투나 물리에브리스Fortuna Muliebris로 불리는 경우도 있다.

27장

퀸투스 무시우스 스카이볼라 Quintus Mucius Scaevola Pontifex. 주전 1세기 로마 정치가요 법학자, 국가제사장Pontifex으로 봉직하다가 주전 82년 로마 전통 종교의 터부를 깨뜨렸다는 죄목으로 공개처형을 당했다. 스카이볼라는 로마법학을 체계화했으며 국가제사장으로 일하면서 로마의 신학도 체계화하였다. 도성신학을 높이고 시인들의 신화신학을 멸시했다. 여기에서 국가제사장 스카이볼라는 2권 29장에 나오는 용감한 청년 스카이볼라와 다른 인물이다. 2권 29장에 나오는 스카이볼라는 주전 509년에 에트루리아와 치른 전쟁에서 적에게 체포되고도 로마인의 용기를 보여주기 위해 자기 팔을 불 속에 던졌다.

30장

마르쿠스 툴리우스 키케로 Marcus Tullius Cicero(주전 106-43년). 주전 1세기의 로마공화정의 대표적 수호주의자 정치가, 철학자, 사상가다. 줄리우스 시저의 암살모의의 배후 조정자로 알려진 키케로는 시저의 종신 독재관 취임이 로마공화정을 무너뜨리는 헌법파괴라고 보고 원로원의 젊은 의원들(브루투스, 카시오스 등)을 부추겨 시저 암살을 도모한 것으로 알려졌다. 키케로는 집정관 재직시에 카틸리나의 공화정 전복 음모를 발견하고 음모 가담자 다섯 명을 처형했다. 줄리우스 시저 암살 후 시저의 정치적 동반자인 마르쿠스 안토니우스의 적이 되었는데, 키케로를 국가의 적으로 단죄한 제2차 삼두정치 체제하에서 죽임을 당했다.

[5권]

3장

푸블리우스 니기디우스 피굴루스 Publius Nigidius Figulus(주전 98 – 45년). 니기디우스는 로마공화정 후기의 학자요 키케로의 친구였다. 마르쿠스 배로 다음으로 학자적 명성도 누렸다. 피타고라스적 요소를 받아들인 것으로 알려졌다.

8장

루키우스 안나이우스 세네카 Lucius Annaeus Seneca(주전 4–주후 65년). 로마의 스토아철학사상가, 정치가, 작가였다. 네로 황제의 가정교사요 자문관이었다. 네로 암살모의에 가담했다는 죄목으로 자살을 강요당했다. 세네카의 형은 루키우스 유니우스 갈리오 안나이우스Lucius Junius Gallio Annaeus로 신약성서에 나오는 갈리오와 동일 인물이라고 보기도 하지만 확실치 않다. 《하나님의 도성》에서 언급하는 시인 루칸Lucan이 세네카의 조카다. 루칸은 1권 12장에서 인용한 "무덤이 없는 이는 하늘에 의해 덮인다"는 시를 썼다.

18장

티투스 만리우스 토르콰투스 Titus Manlius Torquatus(주전 ?–299년). 주전 4세기 로마공화국 정치가로서 집정관을 세 번이나 했고, 독재관으로도 세 번이나 선출되었다. 주전 361년에 골Gaul족과 치른 전쟁에 참전해 공을 세웠다. 말더듬이이라고 해서 아버지에게서, 로마에게서 추방당해 곤경을 겪었지만 아버지를 원망하지도 않고 지극한 효심을 보였을 뿐만 아니라 국가를 위해 큰 공을 세웠다. 그 결과 주전 353년에 독재관에 임명되었고 주전 340년에 세 번째로 로마의 집정관이 되었다.

마르쿠스 푸리우스 카밀루스 Marcus Furius Camillus(주전 446-365년). 카밀루스는 로마의 군인이자 권문세가 출신 정치가였다. 리비우스와 플루타르코스에 따르면 네 차례 전쟁에서 승리했고 다섯 차례나 독재관에 취임했다. 로마의 제2창건자로 추앙되었다. 1권 17장 인물해설 참조.

마르쿠스 쿠르티우스 Marcus Curtius. 쿠르티우스는 하데스의 신을 위해 자신을 희생한 로마의 신화적 청년이다. 주전 362년 로마 대지진 때 로마의 가장 귀한 것을 하데스 신에게 바쳐야 한다는 신탁을 받고 그 신탁을 성취하기 위해 로마의 가장 귀한 것인 무기들, 로마인의 용기, 로마의 무용을 상징하는 말 탄 자기 자신을 지진으로 깊이 파인 땅속에 던지게 해 하데스신의 진노를 막았다는 전설이 전해져 오고 있다.

데키우스 가문 Decii. 평민출신의 명문가로서 로마를 위해 희생한 인물을 배출했다. 대표적인 인물이 주전 495년에 로마공화국이 귀족파와 평민파로 분열할 때 평민파 대표로 선출된 마르쿠스 데키우스Marcus Decius다.

마르쿠스 호라티우스 풀빌루스 Marcus Horatius Pulvillus. 고대 로마가 왕정에서 공화정으로 넘어가던 과도기에 활동한 로마의 정치가요 집정관 이었다(주전 509년과 507년).

루키우스 발레리우스 푸블리콜라 Lucius Valerius Publicola(주전 ?-503년). '민중의 친구Publicola'라는 이름인 푸블리콜라는 로마 왕정을 전복하고 공화정을 창건한 혁명적 귀족정치가 네 명 중 하나다. 주전 509년에 루키우스 유니우스 브루투스의 동료집정관이 되었다.

루키우스 퀸티우스 킨킨나투스 Lucius Quintius Cincinnatus(주전 519-430년). 킨킨나투스는 주전 460년에 집정관으로, 458년, 439년에 독재관으로 섬긴 로마의 귀족출신 정치가로 시민적 미덕의 전범典範으로 숭앙되었다. 시종일관 평민파와 대적했으나 청렴결백한 정치가의 전범이었다. 관직에 대한 탐욕을 철저히 극복하고 소박한 삶을 체질화한 인물이다.

23장

라다가이수스Radagaisus. 주후 405년에 로마를 침략한 동고트족의 왕으로 주후 406년에 죽었다. 라다가이수스는 기독교가 장악한 로마 원로원을 로마의 전통신들에게 희생제물로 바치려고 계획했으나 반달족의 스틸리코Stilicho 장군에게 처형당했다. 라다가이수스가 지휘한 군사 일부가 410년에 서고트족 알라릭왕이 로마를 유린할 때 합류했다.

알라릭Alaric(주후 370-410년). 알라릭 1세로 불리는 이 서고트족의 왕(치세 395-410년)은 아우구스티누스가《하나님의 도성》을 집필하는 계기가 된 410년 로마 유린의 장본인이다.

플라비우스 클라우디우스 율리아누스 Flavius Claudius Julianus(주후 331-363년). 배교자 율리아누스라고 알려진 이 로마황제는 361-363년 치세 동안에 로마전통종교를 부흥시키고 기독교를 은근히 억압하고 배척했다. 신플라톤철학에 심취하여서 기독교를 배척했다. 기독교 공인을 주도한 콘스탄티누스 황실가문의 마지막 왕이었으나 가문의 전통을 버리고 기독교에 적대적이었다.

플라비우스 그라티아누스 Flavius Gratianus(주후 359-383년). 375-383년에 로마황제에 올랐던 그라티아누스는 로마의 전통종교들을 배척하고 기독교를 선호했다. 황제에게 부여된 신성을 부정하고 로마원로원에서 빅토리아 여신 제단을 철거했다.

26장

플라비우스 테오도시우스 1세 Flavius Theodosius I(주후 347-395년). 379-395년에 로마를 다스린 테오도시우스는 로마가 동서로마제국으로 분열되기 전 마지막 황제로서 기독교 신앙이 두터워서 아우구스티누스에게 극찬을 받았다. 니케아신조를 받아들인 기독교를 로마제국의 국가교회로 세우는 칙령들을 반포했다. 393년에 그리스 올림픽의 이교제의 축제를 금지시켰다. 테오도시우스 사후에 아들 아르카디우스Arcadius는 동로마를, 호노리우스Honorius는 서로마를 다스렸다. 아우구스티누스가 《하나님의 도성》을 집필하던 당시 황제가 바로 호노리우스였다.

[6권]

2장

테렌티아누스 마우루스Terentianus Maurus. 2세기 말에 왕성하게 활동한 라틴문법학자요 산문작가였다.

[7권]

2장

야누스Janus. 로마종교에서 시작과 전환을 관장하는 신이다.

주피터Jupiter. 로마신화의 최고신으로 천둥, 번개, 하늘을 관장하는 신이다.

게니우스Genius. 출생 순간부터 죽을 때까지 개개인을 따라 다니는 신이다. 다이몬이라고 불리기도 한다.

메르쿠리우스Mercury. 재정적인 이익을 관장하는 신이다. 이 신 이름은 라틴어 메르크스 merx(영어로는 merchandise)에서 유래했을 것이다.

아폴로Apollo. 음악, 진실, 예언, 치유, 태양과 빛, 역병과 시 등을 관장하는 복합기능적 신이다. 제우스와 레토의 아들신이다. 델피 신전의 주인으로 많은 신탁을 낸 신이다.

마르스Mars. 전쟁과 농업보호를 관장하는 신이다. 서열상 주피터 다음인 로마의 주신이다.

불카누스Vulcan. 불과 화산의 신이다.

솔Sol. 고대 로마에서 태양의 신으로 숭배된 신이다.

오르쿠스Orcus. 서원을 파기한 자의 징벌을 관장하는 지하세계의 신이다.

리베르Liber. 원예, 포도농사, 풍요와 자유를 관장하는 신이자 정액 방출을 관장하는 신이기도 하다.

텔루스Tellus. 땅의 여신이자 농업을 관장하는 신이다. 로마의 주신主神 스물 중 하나다.

케레스Ceres. 농업, 곡물, 풍요와 모성적 관계를 관장하는 여신이다.

유노Juno. 주피터의 아내로 로마국가의 특별보화요 특별고문신이다. 사투르누스의 딸이자 마르스와 불칸의 어머니이다. 주피터와 미네르바와 함께 로마의 3대 신으로 숭배되었다.

루나Luna. 달의 여신이다. 프로세피나 여신과 헤카테 여신과 함께 자주 나타난다.

다이아나Diana. 사냥과 달, 출생을 관장하는 여신이다. 그리스 여신 아르테미스의 로마 이름이다.

미네르바Minerva. 지혜와 예술, 무역, 전략을 관장하는 여신이다. 그리스에서는 아테나 여신으로 불린다.

베스타Vesta. 화덕불, 집과 보금자리, 가족을 관장하는 여신이다.

메나Mena. 월경을 관장하는 여신이다.

비툼누스Vitumnus. 태아에게 생명을 주는, 로마의 한미한 남신이다.

센티누스Sentinus. 엄마의 자궁 안에 있는 태아에게 사고와 지각력을 주는 신이다.

7장

테르미누스Terminus. 경계, 지계표, 끝을 관장하는 남신이다.

9-10장

퀸투스 발레리우스 소라누스 Quintus Valerius Soranus(주전 130-82년). 주전 2세기의 시인, 문법학자, 호민관이었다. 술라가 독재관일 때 처형당했다.

20장

엘레우시스Eleusinian. 고대 그리스에서 가장 성대하게 기린 신비적 종교축제였다. 이 종교축제를 주전 1700년부터 주후 4세기까지 기렸다. 이 종교축제의 중심신념은 이 종교에 입문한 사람들에게 부활의 소망이 있다는 것이었다. 이 종교축제에서 드라마의 중심부분은 데메테르가 음부세계의 신 하데스에게 죽은 딸을 되돌려달라고 요구하는 장면이다.

22장

베닐리아Venilia. 바다의 신 넵튠의 정부情婦로, 넵튠의 정식부인인 살라키아와 경쟁하는 여신이다.

25장

포르피리오스Porphyrios(주후 234-305년). 두로에서 태어난 신플라톤주의 철학자로서 자기 스승 플로티누스의 저작목록인 《엔네아데스Enneades》를 출간했다. 마귀중재신학을 주창했다는 이유 때문에 《하나님의 도성》 전체에서 기독교의 대적자요 이교주의의 옹호자로 그려진다.

[8권]

서문과 12장

아풀레이우스Apuleius(주후 124-170년). 2세기의 라틴 산문작가로서 신플라톤주의 철학 사상가다.

2장

탈레스Thales(주전 624-546년). 소크라테스 이전의 자연철학자로 소아시아(터키)의 밀레토스학파의 창시자다. 고대 그리스 7현賢 중 하나로 만물의 근원을 묻는 아르케철학을 열었다. 탈레스는 유물론자로서 만물의 근원은 물이라고 보았다.

아낙시만드로스Anaximandros(주전 610-546년). 밀레토스학파(이오니아학파)의 창시자인 탈레스의 제자로 아낙시메네스와 피타고라스를 제자로 두었을 정도로 영향력이 큰 철학자였다. 자연이 법칙에 의해 지배되고 있다고 주장했다. '무한자(아페리온)'가 만물의 근원이라고 주장했다.

아낙시메네스Anaximenes(주전 585-528년). 아낙시만드로스의 연소한 친구이거나 제자였던 아낙시메네스는 단일물질기원론을 주장했다.

아낙사고라스Anaxagoras(주전 510-428년). 아테네에 철학을 처음 도입한 철학자로서 생의 말기에 불경건죄로 아테네 대중에게 고소당했다. 만물의 불변을 주장한 파르메니데스에 응답해 세계는 중요한 불가멸적인 입자들의 혼성물이라고 주장했다. 물질의 변화는 이 입자들의 상대적인 우세와 결여로 설명된다고 보았다. 처음으로 비물질적인 이성 혹은 마음(누스Nous)이라는 개념을 철학에 도입했다. 이오니아학파의 유물론적 세계기원설과 소크라테스의 정신기원설 사이의 과도기적인 주장을 대표한다.

디오게네스Diogenes of Apollonia. 5세기 그리스철학자로서 만물의 근원을 공기라고 보았다. 디오게네스는 공기가 지성적이라고 보았다. 다른 모든 만물은 공기의 응축과 희소화의 결과라고 했다.

아르켈라우스Archelaus. 5세기 그리스철학자로서 아낙사고라스의 제자이며 소크라테스를 가르쳤을 가능성이 큰 인물이다. 만물의 운동원리는 뜨거운 것과 찬 것의 분리이며, 이 분리를 통해 지구와 인간과 동물이 생성됐음을 설명하려고 했다.

12장

플로티노스Plotinus(주후 204/5-270년). 3세기에 플라톤철학을 부흥시킨 신플라톤학파의 창시자로 만물은 세 개의 원리, 즉 일자一者, 지성, 영혼으로 구성된다고 보았다.

이암블리쿠스Iamblichus(주후 245-325년). 시리아 출신 신플라톤주의 철학자다.

23장

헤르메스 트리스메기스투스 Hermes Trismegistus. 모세와 동시대의 이집트 철학자로서 이집트의 미신 폐지를 주도했다.

아폴로니우스Apollonius of Tyana(주후 15-100년). 주후 1세기의 그리스의 신피타고라스주의 철학자로 나사렛 예수와 동시대 인물이었다.

크세노파네스Xenophanes of Colophon(주전 570-475년). 주전 5세기의 그리스 철학자, 신학자, 시인, 사회비평가였다.

[9권]

4장

아울루스 겔리우스 Aulus Gellius(주후 125-180년). 2세기 로마의 작가요 문법학자였다.

[10권]

13장

리쿠르고스Lycurgus(주전 800년?-730년). 스파르타의 전설적인 입법자로서, 델포이의 아폴론 신탁에 따라 스파르타 사회를 시민간의 평등, 군사적 민첩성, 엄격성을 총체적으로 구현하기에 최적화된 군국주의 국가로 만들었다. 플루타르코스의《영웅전》이 리쿠르고스에 대한 정보를 잘 제공한다.

[11권]

23장

오리게네스Origen(주후 184/185 – 253/254년). 3세기 알렉산드리아에서 활동한 그리스 교부로서 본문비평, 주석, 풍유적 성경해석과 같은 분야에 많은 영향을 끼쳤다. 무념영혼선재설, 만유화해론, 성부에 대한 성자의 비동등성(아리우스파)과 같은 주장 때문에 오늘날에도 논란을 일으키는 인물이다.

[12권]

11장

제사장 벨레이우스 파테르쿨루스Velleius Paterculus(주전 19 – 주후 31년). 예수님과 거의 같은 시대에 활동한 로마역사가로 줄리우스 시저의 죽음부터 옥타비아누스의 죽음에 이르는 로마역사를 이해하는 데 가장 유용한 정보를 제공한다.

[14권]

2장

키티움의 제논 Zenon of Citium(주전 334-262년). 키프로스의 키티움 출신의 그리스 사상가로 스토아철학의 창시자다. 견유학파의 도덕적 사상에 기반을 둔 스토아철학은 덕성 있는 삶을 살아감으로써 선과 마음의 평화를 추구하라고 가르쳤다.

20장

견유학파Cynicism. 자연과 조화를 이루며 덕을 실천하는 것을 지상과제로 삼은 4세기 그리스의 철학이다. 이성적인 인간은 엄격한 정신 훈련과 자연친화적 삶을 살아야 행복을 얻을 수 있다고 가르쳤다. 재산, 권력, 성, 명성에 대한 모든 욕망을 배척했다.

[16권]

17장

시키온Sicyon. 고린도와 아가야 지방 사이에 있는 펠로폰네소스반도의 북쪽 지역을 다스리던 고대 그리스 국가로서 18권의 성서인물 연대기의 비교연표에 자주 등장한다. 미케네왕 아가멤논이 시키온을 미케네에 복속시키면서 시키온왕국은 사실상 종결되었다.

[18권]

10장

케크롭스Cecrops. 유세비우스에 따르면 고대 그리스 아테네를 다스린 신화적인 왕이었다. 반인반수의 외모였을 것으로 추정되는 케크롭스는 아테네의 첫 왕이 되었다. 케크롭스는 아테네 사람들에게 문화를 가르쳤는데, 결혼, 독서, 글쓰기, 장례의식을 가르쳤다고 전해진다.

데우칼리온Deucalion. 그리스 신화에서 데우칼리온은 프로메테우스의 아들이다. 데우칼리온은 아버지 프로메테우스의 도움으로 제우스가 보낸 방주를 타고 홍수에서 구출되었다. 구약성경의 노아, 고대 수메르의 우트나피쉬팀Utnapishtim 같은 인물이다.

13장

트립톨레무스Triptolemus. 고대 아티카왕 셀레우스의 아들로서 엘레우시스 종교축제의 주인공인 데메테르와 관련 있다. 아담과 같은 최초의 인물이라는 설도 있다.

42장

프톨레마이오스 왕조the Ptolemaic Kingdom. 알렉산드로스대왕 사후 마케도니아제국이 넷으로 분열되었을 때 이집트에 들어선 왕조다. 주전 305년 프톨레미 1세가 창건하였으며 주전 30년 클레오파트라의 죽음으로 옥타비아누스의 로마에게 복속되었다.

[19권]

1장

폴레모Polemo. 생몰연도 미상인 주전 3세기의 그리스의 아테네철학자로 탁월한 플라톤주의 철학자였다. 플라톤의 직계 제자였다. 크세노크라테스의 제자이기도 했으며, 철학은 연구하기보다는 실천해야 한다고 주장했다. 자연과 조화를 이루는 삶이 최고의 삶이라고 주장했다.

아르케실라우스Arcesilaus(주전 316-241년). 플라톤철학의 회의주의를 대표하는 신아카데미파의 중심철학자다. 진리를 발견할 수 있는 지각의 능력을 의심했다. 실재는 반드시 확실하게 이해되어야 한다고 주장한 스토아철학과 대립했다.

3장

안티오쿠스Antiochus(주전 125-68년). 플라톤계열의 철학자로 라릿사의 필로의 제자이며 키케로와 배로의 스승이다. 주전 80년대에 주로 왕성하게 활동했으며 구아카데미사상과 스토아사상을 조화시킨 철학자다. 마음(지성)은 참과 거짓을 식별할 수 있다고 주장했다.

21장

소小스키피오 아이밀리아누스 Scipio Aemilianus. 3차 포에니 전쟁의 영웅 소小스키피오 아프리카누스Scipio Africanus Minor(주전 185-129년)를 가리킨다. 아프리카누스라는 별칭을 얻은 스키피오가 또 한 명 있다. 2차 포에니 전쟁 중 자마전투에서 한니발을 격파했으며 이 전쟁의 업적으로 아프리카누스라는 이름을 얻은, 대大스키피오Publius Cornelius Scipio Africanus(주전 236-183년) 혹은 스키피오 대大아프리카누스로 불리는 스키피오가 바로 그 인물이다. 여기 21장에 나오는 소小스키피오는 그 대스키피오의 조카이자 양아들이다.

[21권]

5장

가라만테스인들Garamantes. 고대 리비아 남서쪽에 문명을 발전시킨 족속들로서 정교한 관개체제를 개발하고 베르베르왕국을 세웠다. 주전 500년부터 주후 700년까지 사하라 사막 이북 아프리카 지역에 문명을 존속시켰다.

[22권]

28장

코르넬리우스 라베오 Cornelius Labeo. 고대 로마역법과 에트루리아 종교의 교훈들에 관한 저술을 남긴 신학자요 저술가다. 배로 이후에 활동한 학자 중에서 가장 중요한 로마의 신학자로 알려져있다. 라베오는 보통 신플라톤주의자로 분류된다. 주후 3세기경의 사람으로서 칼리굴라의 죽음 이후와 디오클레티아누스황제 등극까지 군인황제들이 다스리던 로마제국의 종교에 대해 글을 썼다.

〈지상의 도성과 하나님의 도성의 계보〉 일람표[1]

이스라엘 역사	아시리아	시키온	아르고스[2]	아테네	라우렌툼(라티움)	비고
아브라함 탄생 (갈대아)	2대 니누스 (벨의 아들)	2대 유롭스 (아기말테우스의 아들)				
아브라함의 갈대아 탈출과 하나님의 언약	4대 나누스 (니나아스)	5대 텔크시온				
이삭 출생	5대 아라리우스					
아브라함 죽음 (175세), 이삭(60세), 쌍둥이 출생	7대 벨레우스 (크레드크레스)	7대 투리아(마)루스				
이삭 연약	8대 아르마미트레스	8대 테우키포스	1대 이나쿠스			
야곱 이스라엘 개명	9대 벨로쿠스		2대 포르네우스[3]			

1 이 일람표는 18권에 언급된 모든 연대기를 바탕으로 만들었다.
2 고린도 시나방(아크로폴리스)에 있던 도서관이었다.
3 별름을 제정하고 재판체도를 도입해 그리스에서 명성을 얻었고, 그의 아우 페고우스는 시간과 수를 세는 방법을 가르쳐 신으로 숭배되었고, 이나쿠스왕의 딸 이오도 문자와 유익한 관습을 제정했기 때문에, 신으로 숭배되었다.

					프로메테우스6
이삭 죽음(180세)					
야곱 죽음(147세)	10대 발테우스	에다투스	3대 아피스4 4대 아르구스5		
모세 탄생	14대 시포루스	12대 오로토폴리스	5대 크리아라두스		
출애굽	아스카다네스	마르투스	트리오파스	카스톨룸	
가나안 정착	18대 아민타스	16대 코리스	10대 다나우스	4대 에리크토니우스	
사사 드보라	23대 담파레스		벨랑7	파루스(사투르누스의아들)8 아들;9 파우누스(피쿠스의아들)10	
사사 삼손	타우타메스	폴리피데스	라티누스	메네스테우스(아테네)	

4 함대를 끌고 이집트로 가거서 죽자, 세라피스라는 이름으로 이집트의 최고신으로 숭배되었다.
5 아르구스왕은 그리스 사람들에게 농사를 가르쳤으며 신으로 인정되었다.
6 이 시대에 유명한 지혜자 프로메테우스가 살아 있었고, 형제 아틀란스는 위대한 점성가였다. 그리스 신화가 많이 생기던 시대였다.
7 아가멤논의 도시 미케네로 세력이 옮겨간다.
8 비료를 이용하는 방법을 발견한 유능한 농부.
9 그 시대에 이탈리아를 지배하고 있었고, 그리스인들 이후에 그들에게서 로마 민족이 유래했다.
10 라우렌툼의 2대 왕으로 신으로 숭배되었다. 죽은 사람들을 신으로서 숭배한 것은 토로이 전쟁 전이었다.

766

사사 엘리(삼상1:9)	빌맛11		16대 벨렉투스(아티네)	4대 실비우스(라티움)12
사울, 사무엘, 다윗 솔로몬, 르호보암	29대 오네우스			
히스기야/아하스	로마 건국			
북이스라엘 열 지파 아시리아13 유배	로물루스왕의 실종과 신격화14			
예루살렘 파괴, 시드기야 바벨론 포로	타르퀴니우스 프리스쿠스15			
70년 포로생활 이후	7대 타르퀴니우스를 축출하고 로마 왕정 폐지. 사모의 피타고라스 철학 시작			누마(페르시아)

---

11 시키온왕국은 959년의 역사를 마감한다.

12 이 시대에 라티움의 왕은 실비우스들이라고 불렸으며, 영토는 같은 라티움이었지만, 알바 용이라고 부르기 시작했다. 알바와 로마는 친척 관계였다.

13 아우구스티누스는 아시리아 유배를 갈대아 유배라고 말하는데 유배하고 말하는데 기억 착오처럼 보인다.

14 로마의 입양 원인 중 텔레피도(행 20:17) 텔레스카 실이 있었다고 한다.

15 로마의 입양 원인 중 미텔테메이 피타루스카 실이 있다고 한다. 나머지 다섯 현인은 아테네의 솔론, 라케다이모니아의 킬론, 고든도의 크레오불루스, 프리에네의 비아스였다. 이들 이후에는 아낙시만드로스, 아낙시메네스, 크세노파네스, 그 다음은 피타고라스였고, 그때부터 그런 사람들을 철학자라고 부르기 시작했다.

767

——— 참고문헌

외국어 서적

Augustini, Aurelii. *De Civitate Dei: Contra Paganos Libri I-XXII*. Ed. Dragan Nikolić. Aristeus Books, 2012.

Augustine. A. *The City of God* [De civitate Dei]. Trans. Marcus Dods, in *The Nicene and Post-Nicene Fathers*. Ed. Philip Schaff. First Series. Vol. II. Eerdmans Publishing Company, 1956.

Battenhouse, Roy W. *A Companion to the Study of St. Augustine*. Oxford University Press, 1969.

Blessing, Craig A. "Premillennialism," in *Three Views on the Millenium and Beyond*. Ed. Darrell L. Bock. Zondervan, 1999.

Deane, Herbert A. *The Political and Social Ideas of St. Augustine*. Columbia University Press, 1963.

Hamilton, Victor P. *Genesis 1-17*. Eerdmans, 1990.

Levenson, Jon D. *Creation and the Persistence of Evil*. Princeton University Press, 1999.

González, Justo L. *Essential Theological Terms*. Westminster John Knox Press, 2005.

한국어 서적과 번역 서적

간조, 우찌무라. 양현혜 역.《우찌무라 간조의 회심기》. 홍성사, 2001.

곤잘레스, 후스토 L. 이형기·차종순 역.《기독교 사상사 I》. 장로교출판사, 1998.

곤잘레스, 후스토 L. 이형기·차종순 역.《기독교 사상사 II》. 장로교출판사, 1998.

김영한.《현대신학과 개혁신학》. 성광문화사, 1996.

김회권.《성서주석 이사야 I》. 대한기독교서회, 2006.

김회권.《하나님나라 신학으로 읽는 사도행전 2》. 복있는 사람, 2007.

나나미, 시오노. 김석희 역.《로마인 이야기》1-15권. 한길사, 1992-2006.

니이브, J. L. 서남동 역.《기독교 교리사》. 대한기독교서회, 1995.

라이트, 니콜라스 톰. 최현만 역.《하나님은 어떻게 왕이 되셨나?》. 에클레시아 북스, 2013.

라이트, 크리스토퍼 J. H. 정옥배·한화룡 역.《하나님의 선교》. IVP, 2010.

로핑크, 게르하르트. 정한교 역.《예수는 어떤 공동체를 원했나? 그리스도 신앙의 사회적 차원》. 분도출판사, 1985.

맥그라스, 앨리스터. 박규태 역.《기독교, 그 위험한 사상의 역사》. 국제제자훈련원, 2009.

맥그라스, 앨리스터. 김기철 역.《신학이란 무엇인가?》. 복있는 사람, 2014.

머튼, 토마스. 정진석 역.《칠층산 The Seven Storey Mountain》. 바오로 딸, 2009.

몰트만, 위르겐. 김균진 역.《오시는 하나님 Das Kommen Gottes》. 대한기독교서회, 1998.

몸젠, 테오도르. 김남우·김동훈·성중모 역.《몸젠의 로마사》1-3권. 푸른역사, 2013-2015.

박영실. "신의 도성에 나타난 어거스틴의 로마사 이해성경과 신학."〈성경과 신학〉36(2004), 341-369.

박영철. "마키아벨리 사상에 있어서의 'fortuna' 개념."〈동국사학〉22(1988), 99-230.

박종현 역주.《플라톤의 국가政體》. 서광사, 2005.

베르길리우스, 푸블리우스 마로. 천병희 역.《아이네이스》. 숲, 2002.
사우어, 에릭. 권혁봉 역.《세계 구속의 여명》. 생명의 말씀사, 1972.
아우구스티누스, 아우렐리우스. 김평옥 역.《고백록》. 범우사, 2002.
아우구스티누스, 아우렐리우스. 조호연·김종흡 역.《하나님의 도성》. CH북스, 2007.
안재원. "로마공화정은 왜 몰락했을까?"〈경향신문〉 2016년 12월 23일자.
월쉬, 닐 도날드. 조경숙 역.《신과 나눈 이야기 Conversations with God》 1-3권. 아름드리, 2000.
전진문.《경주 최 부잣집 300년 부의 비밀》. 민음인, 2012.
틸리히, 파울. 송기득 역.《그리스도교 사상사》. 대한기독교서회, 2005.
카아, E. H. 김택현 역.《역사란 무엇인가》. 까치글방, 2008. 1
포칵, J. G. A.《마키아벨리언 모멘트: 피렌체 정치사상과 대서양의 공화주의 전통》. 나남, 2011.
플루타르코스. 천병희 역.《플루타르코스 영웅전》. 숲, 2010.
헨리, 칼 F. H. 박세혁 역.《복음주의자의 불편한 양심》. IVP, 2009.
홉스, 토머스. 최공웅·최진원 역.《리바이어던 Leviathan》. 동서문화사, 1988.

논문

김경희. "'로마의 위대한 힘[Virtus romana]' 개념을 통해 본 이탈리아 르네상스 초기 인문주의자들의 정치사상: 페트라르카와 살루타티를 중심으로."〈한국정치연구〉 13(2004), 231-257.
김명용. "몰트만의 만유구원론과 구원론의 새로운 지평."〈장신논단〉 16(2000), 269-297.
김영한. "몰트만의 보편 화해론에 대한 비판적 고찰."〈조직신학연구〉 1(2002), 119-135.
러미스, C. 더글러스 Lummis, C. Douglas. "제국의 논리, 미국과 전쟁경제. 이라크 침공 10년에 생각해봐야 할 것."〈녹색평론〉 (2013년 5-6월), 61-76.
목창균. "김기동 계열의 귀신론과 질병관."〈한국기독교 연구논총〉 13(1995),

245-270.

신옥수. "몰트만의 통전적 구원론." 〈한국기독교 신학논총〉 95/1(2015), 127-154.

월즈, 앤드류Walls, Andrew. 이문장 외 역. "초대교회에서 배우는 21세기 교회모델." 《기독교의 미래》. 청림, 2006.

이만열. "소말리아는 왜 해적의 나라가 되었나?" 〈복음과 상황〉 246(2011년 4월호).

김회권 ———

서울대학교에서 영어영문학을, 장로회신학대학원에서 신학을 공부하고, 미국 프린스턴신학대학원에서 성서신학 석사 및 철학 박사 학위를 받았다. 박사 논문은 이사야서를 주제로 썼다. 2001년 귀국하여 두레교회 부목사로 1년 반 동안 사역했고, 2002년 12월 일산두레교회를 개척해 4년간 목회했다. 지금은 숭실대학교 교목실장 겸 기독교학과 교수, 서울 가향교회 신학지도목사로 섬기고 있다. 저서로 《대한기독교서회 100주년 기념 성서주석 이사야 I》를 비롯해 《김회권 목사의 청년설교 1, 2, 3》, 《하나님나라 신학으로 읽는 모세오경》(단권수정증보판), 《하나님나라 신학으로 읽는 사도행전 1, 2》, 《하나님나라 신학으로 읽는 여호수아·사사기·룻기》, 《하나님나라 신학으로 읽는 사무엘상, 사무엘하》, 《하나님나라 신학으로 읽는 다니엘서》 외 다수가 있고, 역서로 현대성서주석 시리즈 중 《신명기》, 《열왕기 상·하》, 《아가》, 《예레미야》가 있다.

하나님의 도성, 그 빛과 그림자

김회권 지음

2018년 8월 27일 초판 1쇄 발행

펴낸이 김도완   **펴낸곳** 비아토르
등록 제406-2017-000014호(2017년 2월 1일)   **주소** 경기도 파주시 문발로 197 102호(우편번호 10881)
전화 031-955-3183   **팩스** 031-955-3187
전자우편 viator@homoviator.co.kr

편집 이여진   **디자인** 임현주
제작 제이오   **인쇄** 민언프린텍   **제본** 정문바인텍

ISBN 979-11-88255-17-7 03230   **저작권자** ⓒ 김회권, 2018

이 도서의 국립중앙도서관 출판예정도서목록(CIP)은 서지정보유통지원시스템 홈페이지(http://seoji.nl.go.kr)와 공동목록시스템(http://www.nl.go.kr/kolisnet)에서 이용하실 수 있습니다.(CIP제어번호: CIP2018026562)